图书在版编目（CIP）数据

国际领土变更公投案例研究 ：比较视域中的“台独”公投 / 王英津等著. -- 北京 ：九州出版社，2019.10
ISBN 978-7-5108-8335-4

Ⅰ. ①国… Ⅱ. ①王… Ⅲ. ①台湾问题－研究 Ⅳ. ①D618

中国版本图书馆CIP数据核字(2019)第213575号

国际领土变更公投案例研究：比较视域中的“台独”公投

作　　者　王英津　庄吟茜 等　著
出版发行　九州出版社
地　　址　北京市西城区阜外大街甲 35 号（100037）
发行电话　（010）68992190/3/5/6
网　　址　www.jiuzhoupress.com
电子信箱　jiuzhou@jiuzhoupress.com
印　　刷　三河市九洲财鑫印刷有限公司
开　　本　710 毫米 ×1000 毫米　16 开
印　　张　38.25
字　　数　625 千字
版　　次　2019 年 11 月第 1 版
印　　次　2019 年 11 月第 1 次印刷
书　　号　ISBN 978-7-5108-8335-4
定　　价　118.00 元

台湾研究文库
TAIWANYANJIUWENKU

中国人民大学科学研究基金项目（15XNI005）资助成果

国际领土变更公投案例研究

——比较视域中的“台独”公投

王英津　庄吟茜　等著

九州出版社
JIUZHOUPRESS
全国百佳图书出版单位

目　录

第四编　台湾地区公民投票

导论（一）：研究缘起、方法与特色

第二次世界大战结束以来，许多殖民地、半殖民地、托管地、保护国、非自治领等，在相关国家和联合国托管理事会的监督下，纷纷通过公民投票实现了独立建国或并入他国，使得公民投票成为实现自决权的重要方式。进入20世纪90年代后，世界上的领土变更公投案例呈现出新的特点：一是案例数量日渐增多；二是多假借自决名义，以“独立”之名行“分离”之实。在这种背景下，公民投票异化成了分离主义的重要武器。近些年来，随着乌克兰的克里米亚、英国的苏格兰、伊拉克的库尔德、西班牙的加泰罗尼亚等“独立”公投事件的相继出现，国际社会对此给予了高度关注。学者们从一系列公投案例中看到了公投制度被异化为切割国家主权工具的趋向，认为公投案例激增的背后实际上暴露出了国际法的不确定性以及人们对自决权原则的误读或曲解。公投制度被分离势力所利用是一种非常危险的事件。虽然它采取比较温和的形式，但其最终目标是脱离母国、实现独立建国。因此，其对民族主权国家的危害性不容小觑。

一、研究现状述评

（一）中国大陆学界的研究述评

近些年，分离主义运动在世界范围内盛行，大陆学界对于关涉领土变更的分离性公投的探讨也日渐增多，学者们多以民族主义与地区主义两个视角加以论述，尤其以民族主义视角居多。大陆学界关于领土变更公投的研究成果，主要有以下四类：一是著作类，譬如王英津著的《自决权理论与公民投票》，魏贻恒著的《全民公决的理论与实践》，廉思著的《当代全民公决制度的类型研究》，张颖、马海伟主编的《国外四国公民投票通论》等。二是论文类，譬如王英津的《关于“分离权”问题的法理分析》（2010）、庄吟茜的《苏格兰公投与克里米亚公投的比较分析——基于公投类型和分离权双重视角》（2017）和《西方分离权与民主分离理论研究》（2017）、柯艺伟的《民族主义视角下苏格兰公投事件分析》（2017）等。三是时评类，媒体界对国外分离性公投案例进行了跟踪研究，他们大多聚焦具体案例的评论，譬如对苏格兰、克里米亚、加泰罗尼亚等公投案例的评析。四是相关类，大陆学界对分离性公投的研究还分散在关于民族分离主义运动的研究成果之中，譬如杨恕著的《世界分裂主义论》（2008）、刘泓等著的《当代国外民族分离主义与反分裂研究》（2016）、王链主编的《世界民族主义论》（2017）、郝时远等主编的《当代世界民族问题与民族政策》（1994）、潘志平主编的《民族自决还是民族分裂——民族和当代民族分立主义》（1999）等著作中均含有涉及分离性公投的部分内容。

对于上述研究成果，我们应给予积极的肯定和高度的评价，同时也应指出，它们大多不是针对领土变更议题的分离性公投进行的专门研究，因而也就难以提出具体而有效的应对分离性公投的策略和办法。与西方学界、台湾学界关于公投制度及其实践的研究现状相比，大陆学界的研究显得相对薄弱，尤其是对分离性公投问题的研究更是投入甚少，在某种程度上说尚处在起步阶段，罕有深入而系统的分析。具体体现在以下几个方面：（1）研究成果不仅数量较少，而且相对分散。除了前述几部相关著作之外，国内有关反分离性公投的理论成果，通常散见于对民族分离主义问题的研究著作中，把民族分离主义视为对民族主义误读、误用的表现。对于反分离性公投的研究，也就集中于从理论上论述对既成国家主权的不可分割性，进而论证分离主义的非法性。其实，这些反分离性公投的理论论述，并未触及分离性公投理论本身存在的问题。（2）研究视角不够多元。公投既关涉国际法的法律问题，也关涉政治学的民主、主权等问题，尤其在公投实践的异变给多民族国家带来的主权挑战问题上，需要政治学和法学相结合的多重视角，但目前大陆学界的研究大多局限于某一学科。（3）意识形态色彩过浓，批判多于说理（其实西方分离理论的意识形态色彩也很重，但强大的理论建构能力巧妙掩盖了这一点）。总体上看，国内学界对分离性公投大多秉持反对的态度，但批判的理论深度不够，尤其对分离性公投背后的“权利”与“道德”叙事分析不足；（4）理论深度有限，未能建构出可与西方学界分庭抗礼的理论，其主因是对世界分离性公投案例尤其是对非西方、非英语地区的案例研究不足，故而难以从事实经验中概括出抽象理论。（5）成果形式比较单一——大部分是学术论文，这从侧面反映出国内学界对该问题的关注程度尚不是那么系统和深入，进而很难提出系统性的理论论述，其在一定程度上影响了国内学界对现实问题的解释与回答。（6）在研究内容上存在“避重就轻”现象，过多地关注分离性公投案例的动态和热点问题，而对于分离性公投所涉及理论中的一些难点问题和前沿问题，则缺乏有深度的挖掘和剖析，甚至对有些难点问题“绕道而行”。（7）研究理路较为狭窄，在批驳分离性公投案例时，过多地拘泥于国家主权不可分割性的论述，而对于其他相关基础理论问题则缺乏深入的关注和探讨。

（二）中国台湾学界的研究述评

在我国台湾地区，由于民主政治及“台独”的需要，岛内学界对于公投制度的研究成果相对较多。具体说来：（1）译著相对丰富。譬如，廖揆祥等翻译了 Maija Setala 著的《公民投票和民主政府》，吴宜容翻译了大卫·巴特勒、奥斯丁·兰尼的《公民投票的实践与理论》，许云翔等翻译了 Percy B. Lehning 编著的《分离主义理论》，等等；（2）专门研究著作颇多。例如，曹金增著的《解析公民投票》、陈隆志主编的《公民投票与台湾前途》、陈隆志与陈文贤主编的《国际社会公民投票的类型与实践》和《国际重要公民投票案例解析》、李昌麟著的《全球公民投票制度之探讨》、林佳龙主编的《民主到底：公投民主在台湾》和《比较公民投票制度》、张台麟著的《法国第五共和实施公民投票之研究》等。这些成果中，陈隆志与陈文贤主编的《国际重要公民投票案例解析》可算得上台湾第一部系统而全面地研究公投案例的著作，但该书的案例并非是全部关涉领土主权变更的案例，有些是内部民主治理层面的公投案例。需要指出的是，该书的立论基点是为“台独”公投提供理论支撑，故将自决性公投与民主性公投混淆在一起。此外，台湾学界也有大量关于公投案例研究的学术论文。总体说来，台湾学界对于领土变更公投案例的研究，不论在理论水准抑或成果数量方面，都是比较前位的。但是，他们的相关研究也有其局限性：（1）基本上是对西方公投理论的介绍和传播，缺少创新性内容。他们研究公投案例的范式、方法、理论工具大多来自西方，具体说来，就是基于西方自由主义理念，强调人权、民主、自由等价值的重要性，以此来为其分离主义性质的公投提供“合法性”基础。（2）对公投及其相关理论进行歪曲解释，旨在为“台独”辩护。譬如，为达到这一目的，不惜歪曲国际法上的民族自决原则，将其演化为“住民自决”；再如，歪曲“人民主权”理论，片面强调“2300 万人决定论”；等等。针对台湾学界的这些研究成果，大陆学界需要结合政治学、国际法的相关理论对具体公投案例进行重新解析，以看清“台独”学者解析公投案例的错误所在。

（三）西方学界的研究述评

西方学者一般从三个方面研究关涉领土变更的公投理论及实践：（1）将该类公投纳入直接民主研究的范畴。公投是直接民主的一种实现形式，将公投纳入直接民主研究通常涉及公投与民主的关系，这有助于从基础理论角度拓宽对公投的认识。例如，John Haskell 的“Direct Democracy or Representative Government? Dispelling the Populist Myth”、Frank Frost Abbott 的“The Referendum and the Recall among the Ancient Romans”、Theo Schiller 的“Direct Democracy in Modern Europe”等。（2）专门研究公投。其包括公投的理论、制度与实践，具体涉及公投的概念、起源、演变、类型、合法性、相关范畴、性质、价值、功能、局限等。例如，Markku Suksi 的“Bring in the People: A Comparison of Constitutional Forms and Practices of the

Referendum"、Claes H.de Vreese 的"The Dynamics of Referendum Campaigns: An International Perspective",以及译成中文的代表作大卫·巴特勒、奥斯丁·兰尼的《公民投票的实践与理论》和 Maija Setala 的《公民投票和民主政府》。(3)按国别研究公投。公投制度及实践仅存在于部分国家和地区,包括瑞士、法国、德国、英国、意大利、北欧国家、澳大利亚、美国等发达国家,也包括巴基斯坦、白俄罗斯、缅甸、委内瑞拉、东帝汶等发展中国家和地区。代表成果有 Bruno Kaufmann 和 M. Dane Waters 的"Direct Democracy in Europe: A Comprehensive Reference Guide to the Initiative and Referendum Process in Europe"、Hanspeter Kriesi 的"Direct Democratic Choice: The Swiss Experience"、Byron Criddle 的"Politics by Plebiscite in France",等等。不过,在西方学界的公投研究成果中,从民主政治和自决的角度来研究公投制度的相对较多,而从分离角度来研究公投制度的则较少。这是因为,历史上西方国家很少面临其内部地方单位运用公投制度来从事分离的问题(在西方国家大量地出现分离性公投是近些年的事,例如 1995 年加拿大的魁北克公投、2014 年乌克兰的克里米亚公投、2014 年英国的苏格兰公投)。

从立场和态度上看,西方学界对分离性公投的态度很不一致,主要可分为三类:一是"支持者",这类学者通常与具体的分离主义势力有牵连;二是"反对者",他们多从维护国家统一和社会秩序的角度反对分离性公投;三是所谓"中立者"。以上三者之中,第三类学者居多,他们通常从现存制度、民族权利和民族认同的角度研究分离主义,虽然一般不支持分离主义,但对分离主义的态度则有些含糊,特别是在涉及所谓"专制国家"中的分离主义问题时,往往采取双重标准,以维护"人权""民主""自由"等为由,谴责有关国家的反分裂斗争。

在分离主义运动中,公民投票成为分离势力除了武装暴力脱离母国之外的另一种手段,同时,某些面对分离势力威胁的国家也希望通过公民投票维持母国在分离地区的利益与影响。如 Vincent Anesi 和 Philippe De Donder 对于公民投票的研究,在"Voting under the Threat of Secession Accommodation Versus Repression"中他们建立了一个可以显示分离的可能性并试图寻找大多数选民认同以及可以包容少数选民意愿的简单公民投票模型。在学术界,对分离性公投的研究以具体个案的分析居多,其中尤其以苏格兰公投最为学者重视,如 Elisenda Casanas Adam 的"Self-Determination and the Use of Referendums: the Case of Scotland"（2014），Crowther Jim、Ellen Boeren 和 Alan Mackie 的"Yes or No? Older People, Politics and the Scottish Referendum in 2014"（2018），McEwen Nicola 与 Bettina Petersohn 的"Between Autonomy and Interdependence: The Challenges of Shared Rule after the Scottish Referendum"（2015）。除了对苏格兰公投的研究，克里米亚公投也常被学者作为研究的对象。譬如 Tierney Stephen 的"Sovereignty and Crimea: How Referendum Democracy Complicates Constituent Power in Multinational Societies"（2015）、Burke-White 和 William W. 的"Crimea and the International legal Order"（2014）、Thomas W. 的"Referendum in Crimea: Developing International Law on Territorial Realignment Referendums"（2016），他们大多认为克里米亚公投既没有遵循乌克兰宪法，也不符合国际法的相关规定，同时也不适用救济性分离原则，因而不具有合法性。

西方学界对于关涉领土变更的分离性公投的研究大多以自由民主主义为底色，坚信"人权高于主权"，因此大部分学者都承认"分离权"的存在，并支持特定条件下的公投分离。例如，Alfred Cobban、Hans Kelson、Gregory H. Fox 等学者大都从这一视角来讨论一个国家的一部分从该国家分离出去的合法性问题。总体而言，对于分离主义运动以及公民投票问题的研究一直都是政治学和法学领域的研究热点，研究成果较为丰硕。随着分离性公投案例的增多，对关涉领土变更的公投研究与日俱增，由此拓展开来的研究方向呈现出多元化态势，研究主题相对丰富。针对具体案例的研究也十分深入，可以说，西方学界在分离性公民投票的宏观理论层面和微观运作层面都有着深入研究。对此，我们应给予积极的肯定和高度的评价。但同时，也需要指出，西方学者的研究有时坚持双重标准，大多以西方国家的利益作为出发点，兼具西方中心主义和功利主义的色彩，甚至将"分离理论输出"作为肢解和搞垮战略对手的重要手段。

二、研究意义

领土是国家必不可少的基本构成要素，可谓"国之基石"，直接关系着国家的主权、安全和发展，属于国家的核心利益，向来被各主权国家高度重视。反对分离主义，维护国家领土完整，对中国来说，仍是一项长期、艰巨的任务。全面、系统、深入地研究关涉领土主权变更的公投案例具有十分的重要性和紧迫性。

（一）现实意义

加强对国际社会公投案例的研究，区分不同公投案例的类型及具体情形，反对借助公投来从事分离主义，在当前乃至今后相当长的一段时期内具有重要的现实意义。

第一，有助于正确认识、分析和评价国际社会层出不穷的分离性公投现象。2017 年 9 月 25 日和 10 月 1 日，伊拉克库尔德地区和西班牙加泰罗尼亚地区相继举行分离性公投，在此之前的 2014 年，乌克兰的克里米亚和英国的苏格兰亦先后出现分离性公投。本著作能帮助人们正确认识和评价诸如此类的公投事件。通过对这些案例的研究，澄清目前研究界和舆论界在该问题上的误区，揭示滥用公投制度来分裂国家主权的问题所在，更好地捍卫国家主权和领土完整。

第二，有助于我们汲取世界上其他国家处理分离性公投的经验和教训。我们要深刻认识分离性公投对多民族国家主权完整的新挑战，揭示分离性公投的内在演进逻辑，认清分离性公投的危害。目前分离性公投在世界上有扩散趋势，国外在处置分离性公投方面既有相当的建树，也存在相当的不足。本著作通过案例分析的形式，梳理国外处理分离性公投的主要做法，汲取有关国家应对分离性公投的经验和教训，以建构我国的反分离性公投理论。

第三，有助于我们更好地应对"台独"公投。"台独"势力长期致力于利用分离性公投从事分裂国家活动，挑战我国的领土和主权完整。本著作有助于我们从理论上揭穿"台独"公投的本质、危害及其错误所在，以便从理论上彻底批驳"台独"公投。2017 年底，台湾"公投法修正案"正式通过，大幅下调公投门槛，为日后举行"台独"公投打开方便之门。当下，已有多位"绿委"抛出公投提案，岛内的公投闹剧必将愈演愈烈，如何应对"台独"公投是摆在大陆面前的一项重要政治任务。本著作将在深入研究国外分离性公投理论与实践的基础上，提出大陆应对"台独"公投的政策建议。

第四，有助于防范我国境内个别民族分离主义势力煽动公投，威胁国家主权。为防止加泰罗尼亚公投、苏格兰公投在国际社会产生的外溢效应蔓延到我国，我们应深入研究公投与民族国家主权的关系，提早堵死民族分离势力利用公投从事分裂活动的路径。我们有必要通过相关案例来了解领土变更公投的法理和实践，特别是要澄清国际法上关于自决性公投的行使主体和适用条件，及其被分离主义滥用的情形和具体表现。

（二）理论意义

除了上述重大的现实意义之外，领土变更公投案例研究还具有重要的理论意义。

第一，加强对分离性公投案例研究有助于推动反分离理论的创新。一些地区分离主义势力常常打着公投的旗号来从事“独立”建国活动。譬如，在加拿大魁北克省和中国台湾地区，均出现过分离性公投。那么如何看待和评价加拿大魁北克省曾举行过的分离性公投？“台独”势力一直在推动所谓的“公投制宪”“公投立法”，还酝酿直接就“台湾独立”议题发动公投，以实现“独立建国”的目的。对于大陆来说，要从理论上回答：为何魁北克可以进行分离性公投，而台湾不可以？台湾问题和魁北克问题有何不同？需要我们全面研究公民投票及其关联问题。

第二，公民投票究竟是一种什么性质的制度？它的本质以及基本属性是什么？它通常就哪些议题进行表决？这些议题中是否包含领土分离？如果不包含，国际社会在领土变更问题上的公民投票又是怎么回事？从权能和效力上看，它是否可以高于国家主权？它与“主权在民”理论有什么区别和联系？主权国家内部的人民是否都可以发动分离性公投？公民投票的“民”是一国的全体人民还是一国的部分人民？由此又引申出许多相关理论的问题，如公民投票与人民主权、自决、民主等到底是什么关系？这一系列的问题都需要我们从理论上做出科学的回答。

第三，目前学界关于领土变更公投案例的研究，多为对单个案例的研究，且多关于新近单个案例的评述，这难免会因案例研究数量的局限，加之篇幅限制，致使很难发现存在于其中的规律性现象。通过案例研究的形式对公投理论及其实践进行梳理、剖析，可以更好地分析当今世界以及我国台湾地区的公投现象，并藉此推动中国大陆学界对于公投（尤其是分离性公投）理论、制度与实践的研究。

第四，有助于辨析公投和相关范畴的复杂关系。公民投票的合法性往往被认为是毋庸置疑的，故其常被借用来从事分离性活动，这给民族国家主权造成重大冲击。事实上，这是由于未能厘清公投和相关范畴的关系所导致，故本著作将通过案例分析的形式来系统梳理公投与民主、宪法、自决、主权等相关范畴的关系，以便更好地把握公投的性质、功能、合法性限度等。

第五，有助于正确选择和使用批驳"台独"公投的理论武器。在研究"台独"公投时，经常面临无法区分和正确使用几个易混概念："自决""独立""分离"和"分立"。如自决与分离都是一个国家的一部分从整体中脱离出去而实现独立建国，这是两者在表面上或形态上的相似点，但从深层次上看，两者存在重要区别。再如，在汉语中"独立"的含义有时与分离相同，有时在一定程度上能够构成因果关系，但两者不能互相替代。只有认清这些基本理论问题，才能正确选择和使用批驳"台独"公投的法理依据和理论工具。

三、研究方法

领土变更公投案例研究属于基础性和应用性兼备的研究，既涉及国际法，也涉及国内法。对于这些案例，我们可以从领土争端的历史、性质、主题以及争端所涉及的法律问题等方面入手加以研究。研究过程中要注意公投个案的特殊性，从争端的缘起、发展与解决，分离实体的诉求、主张、依据、中央政府（或联邦政府）的态度、解决的法理基础和事实依据等方面进行研究，从众多个案中提炼出具有普遍性的原则、规则和标准，概括出能为各国反对分离主义提供可资借鉴的经验及教训。鉴于分离性公投问题的跨学科性，该著作也透过多学科的视野，运用交叉学科的研究方法，发掘跨学科的优势，形成自身的特色。本著作研究的案例数量众多，几乎涵盖了比较典型的所有案例。具体说来，在案例研究过程中，我们主要采用了以下研究方法：

第一，历史分析法。研究分离性公投案例的由来与发展，需要对案例的演变过程进行历史回顾，梳理其发展和变迁脉络，以便更好地分析分离性公投的成因、现状和走向。

第二，事实分析法。通过事实研究，指出公投是一把“双刃剑”。由于公投制度本身的内在缺陷，使得其很容易被利用或滥用，成为分离势力分裂国家的工具。因此，有必要结合公投理论和实践对其适用限度以及与相关范畴关系问题进行系统梳理，揭示单方面分离性公投的非法性。

第三，案例分析法。深入研究分离性公投，既需要对分离性公投的理论进行研究，也需要对分离性公投的典型案例（例如魁北克、克里米亚、苏格兰、加泰罗尼亚等地区的公投）进行研究。唯有如此，才能在公投案例中更好地把握分离性公投对民族国家主权的新挑战。

第四，制度分析法。公投是直接民主的一种形式，需要通过制度来规范。目前凡存在公投的国家和地区（除英国等个别国家）均确立了成文公投制度（或是宪法中的公投制度，或是专门的公投法），但这些国家的公投制度有所不同，故而需要通过制度分析法来研究分离性公投案例。

第五，比较分析法。只有通过对不同国家公投制度及其实践的比较分析，才能发现它们的相似性和差异性，进而从中归纳出公投实践的一般规律、基本经验和教训等，以此关照和研析我国台湾地区公投现象，并针对“台独”公投的特殊性提出我们的应对之策。

四、框架、观点与特色

本著作总共研究了十六个案例。从当事国看，既有发达国家，也有发展中国家；从公投类型来看，既有自决性公投，也有民主性公投；既有协议式分离性公投，也有单方面分离性公投；既有民族分离性公投，也有地区分离性公投。总体而言，本著作的研究框架和主要观点大致如下：

（一）框架与内容

导论（一）部分，主要介绍本研究的缘起、研究现状、研究意义、研究框架、主要内容和观点、研究方法、特色与创新等内容，属于对该著作的一般性介绍。

导论（二）部分的主要贡献是，建构了本著作研究领土变更公投案例的分析框架。以往中西方学术界按照不同的标准对公投制度进行了不同的类型划分，其中最具影响力的是李帕特分类法和伦尼分类法。这两种分类方法有其合理性，但也有其局限性。为此，本著作根据公民投票所依据的法律规范是国际法还是国内法将公民投票划分为自决性公民投票和民主性公民投票，并就两者的区分做了深入比较。

接下来，该著作分四编进行具体研究：第一编是关于自决性公投案例的研究，第二编是关于分离性（民主性）公投案例的研究，第三编是理论概括与探讨，第四编是台湾地区公民投票。四编总共分二十四章，分别对历史上和新近几年发生的关涉领土变更的公投案例进行全面研究，这些案例大致包括西撒哈拉公投、萨尔公投、外蒙古公投、北爱尔兰公投、波罗的海三国公投、科索沃公投、魁北克公投、波多黎各公投、东帝汶公投、南苏丹公投、巴斯克公投、克里米亚公投、苏格兰公投、加泰罗尼亚公投、库尔德公投等；这些案例的选择既有全面性，又有典型性，基本涵盖了历史上关涉领土变更的主要公投案例。在此基础上，对我国台湾地区的“台独”公投进行深度剖析，驳斥其所谓理论依据，指出其错误所在。

需要指出的是，本著作不仅注重公投个案的研究，而且注重在个案研究的基础上，概括和总结出公投的普遍性特征。具体说来，主要有以下几个方面：

第一，系统地分析公投与民族国家主权的关系问题，尤其是分离性公投对民族国家主权的新挑战，并归纳国外应对分离性公投的正面经验和反面教训。除了系统梳理公投理论和实践（包括自决性公投、治理民主性公投）之外，本著作尤其注重对分离性公投的研究，特别是在对分离性公投进行类型细化的基础上，深入探讨公投与民族国家主权的关系问题。

第二，厘清公投的性质、功能及其分类。主要侧重从概念、性质、功能、分类等系统梳理公投理论，既包括一般性公投，也包括本著作关注的核心——分离性公投。本著作提出了将分离性公投划分为单方面分离性公投和协议式分离性公投的观点，以便看清公投的性质及其合法性限度。

第三，界定和区分了公投与相关范畴的关系。通过概念和理论辨析，尤其通过公投与民主、公投与主权关系的梳理，认清在理论和实践中一些常常被混淆的、与公投相关的概念范畴，以廓清公投之合法行使的限度，指出公投的合法性困境。内容包括：公投与直接民主；公投与间接民主（代议制民主）；公投与主权；公投与违宪审查；公投与直接选举。

第四，公投滥用的新动向与未来走势。当今世界范围内，公投（特别是分离性公投）实践有所增多，并表现出一些与传统分离性公投不同的新特征，这对民族国家主权形成了新挑战，需要我们对之倍加关注。内容包括：公投滥用的新动向；公投在国际社会产生的“蝴蝶效应”及其危害；公投对民族国家主权完整的挑战；分离性公投对国际关系的影响——兼论单方面公投引发的大国间冲突。

（二）特色与创新

本著作较为系统、全面地对西方国家的公投制度及世界范围内利用公投制度来进行领土变更的相关问题进行了研究，并提出了一系列的创新理论和观点。

第一，进一步细化和完善了自决性公投与民主性公投相区分的分析框架。基于多年对公投问题的研究，在辨析国际社会公投案例的基础上，我们建构了自己的分析框架。该框架的基本内容是：①公投 = 自决性公投 + 民主性公投；②自决性公投 = 领土独立性公投 + 领土归属性公投；③民主性公投 = 全国民主性公投 + 地区民主性公投；④地区民主性公投 = 对内治理型公投 + 对外分离型公投；⑤对外分离型公投 = 协议式分离公投 + 单方面分离公投。该分析框架通过对公民投票制度进行层层类型细分，有助于清晰地辨识某个公投案例的性质、类型，这对于反对和防止借着民主性公投来从事分离主义活动具有重要的理论和现实意义。

第二，是中国大陆学界第一部系统而深入研究关涉领土变更公投案例的著作。长期以来，“台独”理论包装师们一直借用国外有关领土变更公投案例来为他们的“台独”公投进行注释、辩护和论证，大陆学界尽管做过一些批驳，但欠系统、深入。鉴于此，本著作运用自决性公投与分离性公投相区分的分析框架，对历史上关涉领土变更公投的主要案例进行深度解析，进而指出，“台独”公投在实质上是分离性公投，而非国际法意义上独立性公投，自决权并非“台独”公投的挡箭牌。本著作是大陆学界对“台独”公投理论及实践的首次全面回应，从学理、法理和现实三个角度对“台独”公投进行了有力的驳斥。

第三，通过“以案说理”的形式对公投与相关范畴的关系进行了梳理和解析。从理论上全面地厘清公投与自决，公投与民主，公投与国家主权、人民主权的复杂关系，从而便于准确地认识公投现象及其与相关范畴的关系，避免在实践中将自决性公投和民主性公投混用或滥用，清晰指出了形形色色打着“自决”“民主”“人权”“公投”等旗号来分裂国家主权行径的错误所在。

第四，提出我国应对“台独”公投的对策建议。本著作在理论与现实相结合的基础上，具体揭示了“台独”势力运用公投制度来进行所谓的“住民自决”“领土变更”的错误所在。针对台湾岛内的政治生态现状及“台独”公投动向，并结合外国政府反对分离性公投的经验和教训，提出了我国应对“台独”公投的对策建议，这对于我们捍卫一个中国框架及中国领土主权的完整具有重要意义。

导论（二）：公民投票案例分析框架的建构

公民投票是当今世界上广泛应用的一种表决制度。以往学界在对其进行研究的过程中，由于忽视从某些视角去分析公民投票的内在特质，结果使得人们不能对其进行正确辨识。为了科学地使用公民投票，反对或防止其被某些别有用心的分离势力所利用，本章欲就公民投票类型划分问题再做进一步的研究。

所谓公民投票，通常是指全体公民通过行使投票的权利对国家或社会的重大或特定问题进行表决的制度。狭义上的公民投票主要是指国家全体公民或社会全体成员就某一项重大事务进行投票表决的制度，广义上的公民投票除了包括其狭义上的含义之外，还包括某一地方行政区域单位（州、省、市、区等）的全体居民对有关地方事务进行投票表决的制度。本著作所使用的公民投票是指广义上的公民投票。公民投票有时还被称为“全民公决”或“公民表决”，但严格地说，“公民投票”比“全民公决”具有更为宽泛的含义。公民投票表决的事项很多，既包括全国性的，也包括地方性的。在理论上，虽然“全民公决”意味着全体公民或全体居民都有权利参与投票，但在实践中，全体公民或全体居民未必都参与投票。因此，在强调“全体性”的场合下，使用“全民公决”一词更为妥当，在不强调“全体性”的场合下，使用“公民投票”一词更为合适。在一般情况下，“全民公决”与“公民投票”可以互换使用。需要说明的是，基于分析语境的需要，也基于学术概念使用上的规范起见，本著作将统一使用“公民投票”这一术语。

关于公民投票一词，有两个英文名词必须加以说明。referendum：意指公民直接对立法机关通过的议案或是人民本身主动所提出的创制性议案进行投票表决，所表决的议题通常包括制宪案、修宪案、重大或一般法案。plebiscite：专指对领土、主权有争议的国家或地区，人民以投票决定其前途。它除了被译为“公民投票”之外，还有学者将其译为“公民自决”。广义的公民投票通常是指：只要具有投票的形式即可被称作公民投票。因此，本著作在探讨以自决权为研究时，采用“plebiscite”意义上的公民投票；在探讨以直接民主为研究对象时，则采用“referendum”意义上的公民投票。需要说明的是，我们这里使用的是“referendum”，而不是“referenda”，这是采纳了《牛津英文辞典》（Oxford English Dictionary）的建议：“referendum”在逻辑上倾向于意指针对某一项议题进行投票的复数形式（此时的“referendum”以单数名词出现）。至于拉丁字“referenda”这一复数名词，意指“与许多议题有关的事务”。

一、以往学界对公民投票的类型划分及其局限

以往中西方学术界按不同的标准对公民投票进行了不同的类型划分。以下是比较典型的几种对公民投票的分类方法：

（一）李帕特（A. Lijphart）分类法

（1）控制的与非控制的公民投票。如果政府能决定公民复决是否举行、何时举行以及议题表决的内容，那么这样的公投被称为控制的公民复决。如果公民复决是由人民的创制权所发起，则可被视为非控制的公民复决，人民发起公民复决的观点是想对现状造成改变，而这种改变正是政府所抗拒的。（2）支持支配的与反对支配的公民投票。一项公民投票是属于支持支配的还是属于反对支配的，要看其结果是对政权产生支持，还是造成不利。大部分的公民复决既是控制的，又是支持支配的，理由之一是创制权仅在极少数国家实施。只有在政府能够控制公民复决，稳操胜券时才会举办公民投票。当然也会有例外，如 1972 年挪威加入欧洲共同体，公民复决的结果与当权派的

建议背道而驰，选民反对加入欧洲共同体。[1]

（二）伦尼（A. Ranney）分类法

（1）政府控制的公民投票。在这种形式下，一个政府有权力控制什么时候举行公民投票，以及什么样的议题将发布给公民。大部分国家的公民投票都是这种形态。（2）宪法上规定的公民投票。有些国家的宪法规定，某些特定事务（特别是宪法修正案），只有经公民直接投票表决通过后才能被采用。政府决定修改的措辞在成为法律之前须经过选民的同意。（3）民众请愿的公民投票。有些国家和地区如瑞士和美国的许多州，允许选民提出对某些法令的公民投票请愿书，向立法机关的法案提出挑战。如果收集到所需签名的数目，就必须举行一次投票，而且如果民众都投票反对此法令，即使政府想维持这个法令也难以维持。（4）民众创制发起的公民投票。一般选民被容许提出一个特定的请愿，要求将某些政府尚未采行的法案交给人民。这些请愿者可以决定法案的措辞，如果他们得到需签名的数目，此法案必须在下次选举之前被拟好，如果此法案在公民投票时得到多数票而通过，此法案就会变成法律。[2]

除了上述典型的划分方法之外，我国也有学者对公民投票的类型划分问题进行了系统研究，例如有学者按照投票主体范围的不同，将公民投票划分为:（1）独立国家在有投票权的公民范围内进行的公民投票。（2）以民族或种族为基础进行的公民投票，内容往往与独立建国问题相联系。（3）居民公决，或称住民公决，是以某一特定地区的居民（住民）为基础进行公民投票。同时，还按照公民投票是否为法律规定的必经程序的不同，将公民投票划分为:（1）强制性的公民投票。该类公民投票往往被法律赋予系某些事项有效成立的必要条件，如以制宪为议题的公民投票。（2）任意性的公民投票。主要包括由公民倡议而进行的公民投票；由议会自愿提交的公民投票；由行政首脑在认为必要时提交的公民投票；应多数地方政府要求进行的公民投票。[3]

以上对公民投票的类型划分，均有其不同的标准和视角，也均有其不同

---

① Arend Lipjhart, *Democracies: Patters of Majoritarian and Consensus Government in Twenty-One Countries*, New Haven: Yale University Press, 1984. p. 58.

② ［美］巴特勒、兰尼编著:《公民投票的理论与实践》，吴宜容译，台湾韦伯文化事业出版社 2000 版，第 35—39 页。

③ 魏贻恒著:《全民公决的理论与实践》，中国人民大学出版社 2007 年版，第 100—103 页。

程度的合理性。从李帕特分类法和伦尼分类法所研究的对象来看，它们所针对的不是普遍意义上的公民投票，而是针对特定领域内的公民投票。也就是说，它们针对的均是一个主权国家内部民主政治意义上的公民投票，而不涵盖国际法层面上作为领土变更方式的公民投票（即仅仅是在民主层面上对公民投票所做的类型划分）。但是，这种划分方法有一个致命的缺陷，那就是，它无法也不可能对于国际法意义上作为领土变更手段的公民投票和国内民主政治意义上作为直接民主手段的公民投票做出明确地界分，以致于在实践中很容易将这两种公民投票混同起来。某些地区或民族分离主义势力正是借着两者的相似，以“自决”“公投”为旗号来为其分裂活动制造理论依据。大多数相关国内学者虽然将国际法上的公民投票纳入了研究视野，但在划分类型时也通常是将其作为多个类型中的一种，而不是直接与国内宪政意义上作为民主手段的公民投票直接对应起来。这样一来，由于其针对性不强，难以凸显出国际法上公民投票的适用对象和特点，确定新的标准来划分公民投票的类型，已势在必行。

二、本书所建构的分析框架及其依据

目前学术界对公民投票概念的理解和使用比较混乱。为了弥补以往学界在此研究上的不足，也为了防止有人利用这种混乱来从事损害国家主权的活动，本章根据公民投票所依照的法律规范是国际法还是国内法将公民投票划分为自决性公民投票和民主性公民投票两种类型。前者是国际法意义上作为领土变更方式的公民投票，后者是国内法意义上作为直接民主手段的公民投票。自决性公民投票通常是指创设领土边界以实现独立建国或决定领土归属以合并到他国的公民投票；民主性公民投票通常是指在一个主权国家的既定疆域内，人民对全国性或地方性重大事务进行集体表决的公民投票。为进一步说明这种划分的内容，分述如下：

（一）第一层次划分：自决性公民投票VS民主性公民投票

1. 自决性公民投票

该类型的公民投票通常具有以下几个基本特点：

第一，在英文中，自决性公民投票更多的是用“plebiscite”来描述。它与国际法上的自决密切相关，是自决权的实现方式。该类型公民投票的一个重要特点就是，在举行公民投票时，并不存在既定的法律意义上的领土疆界或领土归属（当然，这里通常有一个历史上形成的习惯界限，否则无法确定参与投票者的范围）；相反，这个领土疆界或领土归属正在等待着由公民投票来决定。

第二，该类型的投票是第一个层次的、超越国家的、超宪法性的公民投票，是要缔造新国家的人民自决投票。自决性公民投票更多是与独立建国联系在一起的。它的适用范围一般是殖民地、被压迫民族或被外国占领的地区。

第三，实施这类公民投票必须具备相应的条件，即必须是归属不明的地区、殖民地和托管地等才能进行。通过这种投票方式，自由表达实现民族自决的人民的意志，自由确定其民族领土的命运。但该制度应保证生活于该领土之上的全体居民的投票以充分自由的方式进行，并应当由国际组织进行监督，其合法性取决于居民意志是否真正得到充分自由的表达。

第四，这里的“民”指居民、住民，而不能称之为“公民”。因为公民是指具有某国国籍的人，而事实上这时候国家还没有建立，投票者的国籍尚不清晰。所以，这时的投票者还不能称之为“国民”或“公民”，严格说来，这时的投票也不能称之为“自决性公民投票”，而只能称之为“自决性人民投票”。这里的“人民”比较笼统，既可以指“公民”或“国民”，也可以指“居民”或“住民”。但为了文中表述上的前后统一，也为了表述上的习惯，笔者在此还是将“自决性人民投票”表述为“自决性公民投票”。[①]

第五，投票结果的效力高于宪法。一般来说，自决权公民投票的举行先

① 需要说明的是，“自决性公民投票”这一称呼在法理上存在着内在矛盾，因为既然是自决，一般意味着尚未独立建国，因而也就谈不上一个国家内部的公民；反过来，既然是公民，也就意味着他已属于某个国家，而事实上国家这时还未建立。所以“自决性公民投票”这个概念前后有些矛盾。笔者也曾试图使用“自决性全民公投”这一概念，这个概念的好处是，这里的“全民”可以笼统地指全体人民，这样可以模糊“民”具体所指的是不是“公民”。但“全民公投”和“全民公决”也存在一定的不足，尽管它们在含义上等同于公民投票，且含义更直白，但它们不属于规范的学术概念。权衡最后，还是使用“自决性公民投票”这一概念。

于国家的成立，先于宪法的制定。此刻没有宪法，它正等待着自决性公民投票去创制，其是独立建国之后的行动，因而自决性公民投票的行为及其结果的效力高于宪法。从这种投票权利的性质上来说，它属于原生性权利或本源性权力的范畴。所以，它不受宪法的约束，只受国际法的调整。

第六，投票的议题通常与独立建国相联系。尽管自决的实现形式通常除了独立建国之外，还包括并入他国与他国合并等其它方式，但最主要的还是独立建国，所以围绕着实现形式所设计的表决议题也更多地是以独立建国为主要内容。正因如此，自决性公民投票还被称为“缔造新国家的人民投票”。

2. 民主性公民投票

该类型的公民投票通常具有以下几个特点：

第一，指民主意义上的公民投票，它是相对于自决意义上的公民投票（即自决性公民投票）而言的。在英文中，通常用“referendum”来指称。该类型公民投票是实现直接民主的重要方式。

第二，它是指公民在实现独立建国后，依照宪法和法律就特定公共政策议题而进行的投票。其与自决性公民投票的不同在于它发生在独立建国之后；与选举的不同在于公民投票一般是“决事”，而选举是“选人”，即后者是递补公职的途径，并不提供直接或可靠的方法影响政策内容。因此，民主性公民投票是直接民主的手段，一般并不用来代替代议机构，而只是一种补充。

第三，它通常是依照宪法和法律而进行的，它的适用范围或情形通常是西方发达的民主国家，而不是一般的发展中国家，更不是尚未独立建国的殖民地、被压迫民族或被外国占领的地区。

第四，“民”指国民、公民。此时国家已经建立，参加投票的人都属于国家名义下的人，是名副其实的“公民”，此时的投票是真正意义上的“公民”投票。公民投票在不同国家也有不同的称呼，譬如，在西方大陆法系国家通常将其称为“国民投票”。

第五，该类投票结果的效力低于宪法。它必须在宪法和法律的范围内运行，必须依据宪法和相关法律的规定来操作。从权利性质的角度来看，该投票权属于派生性权力或过程性权力的范畴。该投票的结果可以是建议性的，也可以是强制性的。至于建议性公民投票的结果，由于该类公投仅是征询或了解全国民众的意见，不具有法律强制力，实施顾虑较少，只要以行政命令规定实施方法即可。建议性公民投票的结果虽不具法律强制力，但其结果通常是政府施政的重要参考，可解决政府施政上的疑虑。

为了清楚起见，以上两种公民投票的具体区别，可进一步概括为下表（表 0–1）的内容：

表 0–1：自决性公民投票与民主性公民投票比较表

	自决性公民投票	民主性公民投票
与宪法的关系	高于宪法	低于宪法
与建国的先后关系	独立建国前	独立建国后
所行使权利的性质	本源性权利	过程性权利
实现方式	独立建国、合并	复决、创制

（资料来源：作者自制）

总之，自决性公民投票和民主性公民投票属于不同层次、不同范畴和不同时序阶段的行为，不能随意地对它们进行概念的转换或嫁接。随意转换或嫁接在理论上是不合理的，在实践中是有危害的。当然，两种类型的公民投票之间也存在着联系，例如，两种公民投票都依据于主权在民或人民主权理论，都体现了人民当家作主这一政治价值，等等。

（二）第二层次划分（Ⅰ）：自决性公民投票的具体类型

自决性公民投票主要有两种基本形式，即领土归属性公民投票和领土独立性公民投票。分述如下：

1. 领土归属性公民投票

是指国际法承认的特定条件下，由某一领土上的居民通过投票来决定该领土的归属。由于历史原因，当一个地区的主权归属出现争议时，采取该地区居民公决是解决问题的选择之一。世界近代史上就曾经多次出现根据当地居民的意愿决定领土归属的事例。譬如，1860 年萨瓦和尼斯根据其居民的愿望与法国合并。1919 年《凡尔赛和约》规定，德国萨尔区的行政管理由国际联盟负责，为期 15 年，期满后通过全民投票决定该地区的最后归属。在 1935 年 1 月的全民投票中，绝大多数居民赞成与德国合并。第一次世界大战后的 1920 年至 1921 年间，石勒苏益格、克拉根富特、上西里西亚、肖普朗等地区就是由战败国或战败国占领区居民在国际监督下以投票表决方式决定其归属的。现代国际政治实践中，公民投票作为领土变更的方式之一，其运用日益频繁。1961 年英属喀麦隆举行公民投票，结果其北部居民赞成加入尼日利亚，南部居民则同意与喀麦隆合并。1969 年西伊里安经过全民投票与印度尼西亚实现统一。时间较近的一例是，可可斯群岛根据 1984 年 12 月通过的《可可斯群岛人民自决法案》的规定，并在联合国使节团的监督下，该岛人民通过投票决定与澳大利亚合并，并获得联合国大会的追认。

2. 领土独立性公民投票

是指原殖民地和其他被压迫民族的人民根据民族自决权原则在争取独立的过程中通过公民投票来和平地实现独立建国。如 1962 年西萨摩亚通过公民投票获得独立，1972 年巴布亚新几内亚的居民经过公民投票独立建国，等等。反映这类公民投票的事例很多，在此不一一列举。在涉及领土变更的这两种自决性公民投票中，独立性公民投票的数量比归属性公民投票的数量要多。通过公民投票来决定领土的独立符合民族自决权原则，它已被国际法和国际社会的实践所承认，是一种合法的领土变更方式。

（三）第二层次划分（Ⅱ）：民主性公民投票的具体类型

民主性公民投票作为直接民主的实现方式具有许多积极的意义，但在现实中有些政治团体或个人却将其作为实现特定政治目的的工具。根据民主性公民投票的议题和地域范围，可将其分为全国范围的民主性公民投票（简称全国性民主公投）和地区范围的民主性公民投票（简称地区性民主公投）。

1. 全国性民主公投

指针对整体性事务而在全国范围内举办的民主性公民投票，从举办过民主性公民投票的国家的情况来看，其表决议题涉及了国家和社会生活的方方面面。虽然各国付诸公民投票的议题有所不同，但大多是关系到国家前途命运和国计民生的重大问题。概括起来，主要有：

（1）宪法议题。包括：新宪法、宪法修正案或宪法性法律草案的通过，中央政府体制的改变，国号的变更，选举制度的改革，主权国家划分行政区或建立新区，等等。执政者基于宪法的规定或政治谨慎的考量，通常会通过公民投票的方式来获取上述行动的合法性。

（2）政策议题。主要包括：国家经济建设、文化建设和社会领域的重大改革措施或直接涉及国计民生和国家利益的重大问题。例如，重大建设工程的立项，某项福利政策的调整，宏观调控的改革，市场规则的制定，等等。

（3）选举议题。包括：通过公民投票直接选举产生总统（如新加坡一直采用公民投票的方式直接选举产生总统），通过公民投票确认某人的国家元首地位，以及决定是否提前或延期进行总统或议会大选，等等。当然，这是就广义的公民投票而言的，若单就狭义的公民投票而言，其与直选有重要区别，即公投是“决事”，而直选是“选人”。

（4）国际议题。主要是指国防和外交的议题，通常包括：参加或退出某个国际组织或国际行动，批准或废除国际性条约等事项。例如，2002 年 3 月 3 日，瑞士举行公民投票，议决是否赞成瑞士加入联合国。

（5）道德议题。例如，在西方国家中，出于人权保障和人道主义的考虑，“堕胎”经常是引发广泛争论的议题之一，许多国家通常会以公民投票方式来决定“堕胎法”的通过、修正或限制等。

（6）领土议题。国家之间达成解决领土争端的协议，交由本国公民投票决定是否接受该协议。

（7）其他议题。在实际政治运作中，时常会遇到非常棘手的问题，若不很好地加以解决，往往会造成政党对立，议事瘫痪。此时解决问题的通行做法是将各方相持不下的议题交付公民投票。

2. 地区性民主公投

主要针对地区性事务而举办的公民投票，所谓地区性事务是指在地方行政区域内仅涉及该地区人民利益的地方公共事业，其议题主要是地区性公共政策或关系该地区人民利益的重大事务，这里的“地区”实际上是对公民投票参加者的范围的界定。换句话说，投票者必须是在法律意义上属于这个行政区域的人，否则，无权参加该地区所举办的公民投票。例如，日本京都关于大楼限建的规定比其他地方严格，其是为了保护古都风貌，但这只适用于京都地区，故由京都地区的居民来投票决定。

三、该分析框架在领土主权变更公投研究中的应用

分析至此，有一个问题需要讨论，领土主权变更是否可以成为民主性公

民投票的议题？答案是肯定的。但是，对该议题进行公民投票的主体必须是一个国家的全体人民，亦即只有全国民主性公民投票才能决定领土主权的变更，这可从 18 世纪以来在所有主权国家内就领土主权变更所举办的公民投票的事例中得知。地区民主性公民投票只有在特殊情况下才可涉及领土主权变更议题（后有详析，此不赘述）。

自决性公民投票和民主性公民投票均能以领土主权变更为表决议题，但两者就领土主权变更所作的投票在行为主体、适用范围、法律依据、表决议题和结果效力等方面都有很大不同。然而，在政治生活中，总有人利用这两种公民投票在领土主权变更问题上的某些表面相似性，故意将二者混淆起来，以便为实现他们的特殊目的寻找理论依据。为了今后在领土主权变更问题上正确地区分和运用这两种公民投票，也为了人们能够看清某些分离主义势力所推动的以领土主权变更为议题的所谓“公民投票”之错误所在，笔者现将两者在适用于领土主权变更问题上的不同作以下概括，并列表（表 0–2）如下：

表 0–2：自决性公民投票和民主性公民投票适用于领土主权变更比较表

	自决性公民投票	民主性公民投票	
		全国民主性公民投票	地区民主性公民投票
投票主体	自决领土之上的居民	一国之全体人民	地区之全体人民
适用范围	去殖民化过程中的领土独立和归属	主权国家就领土变更的决策	不适用于领土变更，除非得到全体人民或中央政府的批准和授权
法律依据	国际法上的自决权原则	国内宪法和有关法律	中央政府的批准和授权
表决议题	独立、合并、并入等	割让、分离等	除非全体人民或中央政府同意，否则不能以分离或同意割让为议题
国际监督	联合国参与监督	联合国不参与监督	联合国不参与监督
结果效力	一般为强制性效力	一般为强制性效力	一般为咨询性效力

（资料来源：作者自制）

在一般情况下，地区民主性公投的议题不涉及关系全体国民利益的领土主权变更问题，即便在特殊情况下涉及这一议题，通常也附有特殊条件和程序，那就是必须经过中央政府的批准或授权，甚至有时在中央政府不能做主的情况下，还必须要举办全国民主性公投来决定是否同意地区民主性公投就领土主权变更问题进行表决。从国际实践来看，通常只有在“协议式分离”的情况下才允许以领土主权变更为议题进行表决。那么，什么是“协议式分离”呢？简单而言，就是若主权国家内部的某个地区意欲通过民主性公投从该国分离出去，则必须与该国其他地区的人民或代表该国的中央政府进行协商，取得其他地区人民或中央政府的同意，并就分离程序等问题达成相关协议。笔者将这种情况下举行的公民投票称为“协议式对外分离性公民投票”（简称“协议式对外分离公投”）。为了更清晰地说明这个问题，笔者将这种类型的公民投票放置于一个更为广阔的公民投票体系框架结构中加以考察。在此，笔者将公民投票分为自决性公民投票和民主性公民投票，民主性公民投票又分为全国民主性公民投票和地区民主性公民投票，地区民主性公民投票又分为对内治理性公民投票和对外分离性公民投票，对外分离性公民投票又分为单方面对外分离性公民投票和协议式对外分离性公民投票。如图 0–1：

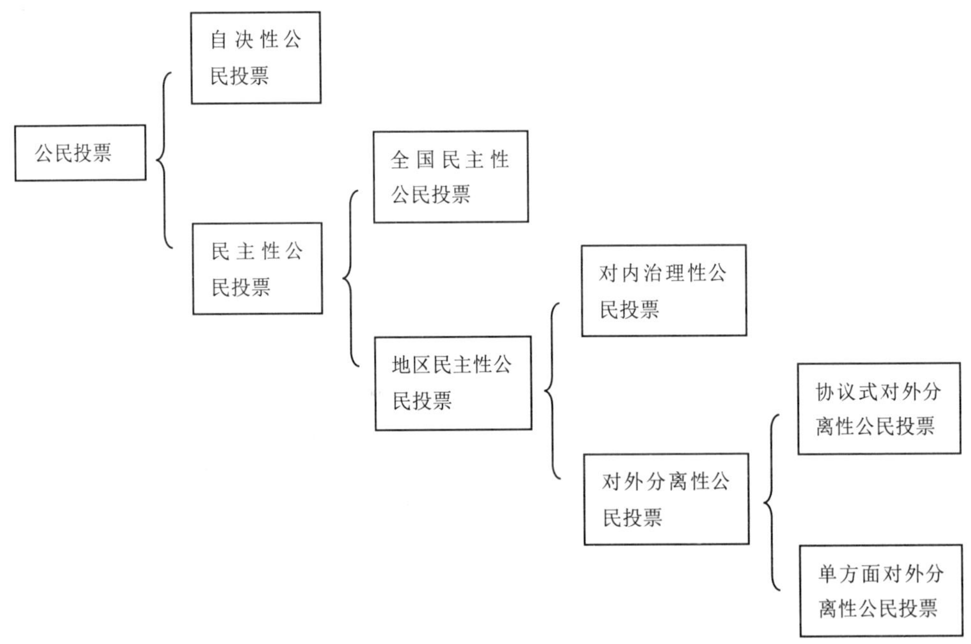

图 0–1：公民投票类型划分示意图

（资料来源：作者自制）

在上述框架中，就以领土主权变更为议题的地区民主性公民投票而言，只有协议式对外分离性公民投票具有合法性。加拿大魁北克的公民投票、英国苏格兰的公民投票之所以顺利举行，就是因为二者均属于这一类型。这种公民投票是中央政府与区域行政单位协议的结果，因而在国内法意义上并非违法行为，也不会引发地区冲突。但是，如果没有经过中央政府的批准或与中央政府事先达成分离的有关协议和程序，单方面擅自举行的对外分离性公民投票，那么不仅在理论上不具有合法性，而且在实践中也很难取得成功。

为何单方面的对外分离性公民投票不具有合法性呢？这是因为，既然是民主性公民投票，那就意味着先有固定的法律意义上的疆界，在这个疆界内的某一部分领土，并不仅仅属于这一部分领土之上的人民，而是属于这个疆界范围内的全体人民。倘若仅由该部分领土之上的人民进行投票，则必须经过全体人民的同意或中央政府的批准，否则其无权就领土变更进行表决，而只能由一国之全体公民进行投票。所以，地区民主性公民投票不能就某地区是否从国家整体中分离出去进行表决，除非该国宪法赋予了区域行政单位这一权利；否则，该公投就是非法的、无效的，很可能引发战争和内乱。从政治实践看，即使一个国家的全体人民同意或中央政府批准某地区民主性公民投票可以就领土主权变更为议题进行表决，其结果也往往是咨询性的，仅供中央政府对该领土主权变更问题进行决策时参考。

四、该分析框架的理论和现实意义

（一）理论意义

概括起来，该分析框架的理论意义有三：

一是突破了原来多数西方学者将公民投票的类型研究局限于特定领域（特别是民主政治领域）的做法。以往学术界对公民投票的类型划分，要么单纯局限于民主领域，要么单纯局限于国际法领域。笔者认为，这失之偏颇。事实上，公民投票既存在于国内民主政治领域，也存在于国际法领域。为了在覆盖两个领域的普遍意义上进行分类，笔者主张将公民投票划分为自决性公民投票和民主性公民投票，这样的类型划分更具有普适性。

二是将国际法上的自决性公民投票与国内法上的民主性公民投票直接对应起来，具有更强的比较性或对照性。这便于理论上的梳理和分析，不仅可以用其来分析学术界有关公民投票的某些观点的利弊得失，进而对其作出恰当的评判，而且可以看清许多打着“自决”旗号的分离主义的本质。

三是公民投票作为一种实现自决权的手段或方法，在国际实践中经常被加以运用。按照现行国际法，它有自己特定的适用范围和运作模式。但在现实政治中，总有些“政治精英”打着行使“自决权”和“全民公投”的旗号来从事分离主义活动。那么，自决权与公民投票到底是什么关系？公民投票能否用来充当分离主义的工具？该分析框架从理论上彻底澄清了关于自决权和公民投票关系问题上的诸多误解，从而防止对公民投票制度的滥用。

（二）现实意义

该分析框架有利于在实践中对不同类型的公民投票进行科学地运用，有利于避免不同类型的公民投票之间的混用，也有利于对有关公民投票的性质和问题进行准确地判断。譬如，在现实生活中，独立、分离、分立三种行为虽然都以独立建国为目标，但按照自决性公民投票和民主性公民投票的划分标准，殖民地和其他被压迫民族以独立建国为议题的公民投票属于自决性公民投票，一个主权国家的组成单位以分立、分离为议题的公民投票属于民主性公民投票。笔者认为，以独立为议题的公民投票属于民族自决的范畴；而以分立或分离为议题的公民投票则属于民主政治的范畴，必须由全体公民参加，而不能只是其中的一部分人。厘清这一点对于我们认清现实中某种公民投票的性质和实质至关重要。不同性质的投票行为，具有不同的投票主体、范围和议题，以及不同的投票规则。该分析框架及其延伸的观点对于世界各国反对假借自决权或公投的名义来从事分裂国家活动，维护国家主权和领土完整，具有重要的理论和实践意义，特别是对于我国能够站在理论高度来透视和反对形形色色的“台独”公投具有更直接的意义。

第一编
自决性公民投票案例

第一章　西撒哈拉公民投票

西撒哈拉（Western Sahara）[①]以前是西班牙的殖民地，故又被称为西属撒哈拉（Spanish Sahara），1975 年由联合国改为现名。从 20 世纪 60 年代开始，联合国就在不断推动西撒哈拉的去殖民化运动，主张通过公投决定其未来的政治地位。1991 年摩洛哥与西撒哈拉签订停火协议后，联合国又持续推动西撒哈拉公投的进程，迄今未果。西撒哈拉公投符合国际法上的民族自决原则，具有合法性，但由于摩洛哥的坚决阻挠，以及西方大国对摩洛哥的支持，使得公投一直被搁置。那么，如何看待西撒哈拉公投案例？该案例给海峡两岸分别带来哪些启示？本章试图在解析案例的基础上做出评价、概括和总结。

---

① 西撒哈拉位于非洲西北部，北接摩洛哥，东邻阿尔及利亚，南与毛里塔尼亚接壤，西濒大西洋，海岸线长约 900 公里。境内几乎全是沙漠，属热带沙漠气候，其西部沿海气候湿润，东部高原气候干燥。西撒哈拉面积达 266,000 平方公里，人口 586,000（2016 年）。西撒哈拉拥有重要的经济资源，磷酸盐乃是该地区的首要资源，建有先进的开采场，储量名列世界第四位，仅次于美国、俄罗斯和摩洛哥；其次是铁、石油、钾、铜和锌等；再者，西撒哈拉还拥有丰富的水产资源，该地区的沿海盛誉为世界水产资源最丰富的海域。大多数的居民从事畜牧，主要饲养羊与骆驼，此外因渔业资源丰富，渔业也是居民赖以维生的方式。参见张孟仁：《西撒哈拉公民投票实践分析》，载陈隆志、陈文贤主编：《国际重要公民投票案例解析》，台湾新世纪文教基金会、台湾联合国研究中心 2010 年版，第 309 页。

一、西撒哈拉问题的历史叙事

西撒哈拉地区最早的居民是黑人，公元前后罗马帝国征服该地区，开始了白人统治的历史。公元7世纪阿拉伯人入侵该地区，开启了阿拉伯人和当地居民柏柏尔人的融合过程，现在的西撒哈拉人（Saharawi）就是阿拉伯人和柏柏尔人的混合人种，他们在中世纪中期建立了自己的王朝，信奉伊斯兰教。[①]11世纪，西撒哈拉与今天的摩洛哥、毛里塔尼亚以及马里、阿尔及利亚的部分地区同属于柏柏尔人建立的穆拉比特王国。15世纪中叶，葡萄牙殖民主义者入侵非洲西北部，占领撒哈拉。19世纪末，葡萄牙在西撒哈拉的殖民统治逐步被西班牙替代。1884年，西班牙与当地部落首领签订的一系列“保护”协定，将西撒哈拉从沿海到内地的广大地区（里奥德奥罗）划为“保护地”。1904年，西撒哈拉成为西班牙的殖民地。随后西班牙与正在加紧侵略西北非的法国签订一系列条约，以经纬线来划分西撒哈拉与法属摩洛哥、阿尔及利亚和毛里塔尼亚之间的界线。1934年，法国正式承认西班牙对西撒哈拉的占领。1958年西班牙将其改划为海外省。

1956年摩洛哥从法国的殖民统治下独立，其不承认殖民者划分的界线，随之对西班牙所占领的西撒哈拉地区提出了主权要求，并于1957年向国际法庭控告西班牙。原先毛里塔尼亚对西撒哈拉地区并无主权要求，但在西班牙的怂恿下，1960年从法国独立出来的毛里塔尼亚也认为西撒哈拉是其领土的一部分。至此，西撒哈拉争端由一方变为多方，致使问题更加复杂化。阿尔及利亚支持毛里塔尼亚对西撒哈拉的领土要求，并以阿尔及利亚与西撒哈拉有共同边界为由，作为第四方介入争端。[②]20世纪60年代末，摩洛哥、毛里塔尼亚和阿尔及利亚三国就共同反对西班牙殖民统治达成一致协议，并采取统一行动向西班牙施加压力。

除了这三国的反对行动之外，西撒哈拉内部在1968年由巴西里

① 曹华、刘世英：《西撒哈拉问题政治透析》，载《四川理工大学学报（社会科学版）》2005年第3期，第26页。

② 余建华、沈跃萍：《悬而未决的西撒哈拉争端》，载《阿拉伯世界》1993年第4期，第4页。

（Mohamed Sidi Brahim）所领导的撒哈拉国家解放运动成立，1970 年撒哈拉解放先锋组织也相继建立。[①]1973 年 5 月，在阿尔及利亚的支持下，西撒哈拉的萨基亚哈姆拉和里奥德奥罗人民解放阵线（简称西撒哈拉人民解放阵线或西撒人民阵线）宣布成立，决定诉诸武装斗争取得独立。

1973 年 12 月 10 日，联合国大会通过 3162 号决议，要求西班牙同摩洛哥、毛里塔尼亚和其他有关国家在联合国主持下，就西撒哈拉举行公民投票问题进行讨论。迫于国际舆论，西班牙于 1974 年 8 月宣布将于次年上半年在西撒哈拉举行联合国监督下的公民投票，以决定西撒哈拉的未来地位。这一宣布遭到了坚持对该地区拥有主权的摩洛哥和毛里塔尼亚的强烈反对。在摩、毛两国的压力下，西班牙与两国于 1975 年 11 月 14 日签订了《马德里协定》，规定西班牙于 1976 年 2 月 26 日结束在西撒哈拉的殖民统治后，将西撒哈拉的行政权转移给这两个国家。西班牙撤出后，摩洛哥占领西撒哈拉北部 17 万平方公里，毛里塔尼亚占领西撒哈拉南部 9 万多平方公里。然而，该秘密协议完全不为西撒人民阵线所接受，进而成为引发西撒哈拉战争的火种。阿尔及利亚对于摩洛哥与毛里塔尼亚瓜分西撒哈拉的行径给以大力谴责，并支持西撒人民阵线于西班牙撤离后的第二天（亦即 1976 年 2 月 27 日）宣布成立阿拉伯撒哈拉民主共和国（Sahrawi Arab Democratic Republic，简称 SADR）[②]，并向摩洛哥与毛里塔尼亚宣战，西撒哈拉问题由此演变成西撒人民阵线与新占领者之间的战争。自此以后，西撒人民阵线与摩洛哥、毛里塔尼亚军队之间的武装冲突持续不断。

在争取独立方面，西撒人民阵线虽获得了阿尔及利亚的经济、外交和军备的援助，但仍无法与摩洛哥及毛里塔尼亚匹敌，被迫撤退到阿尔及利亚的廷杜夫，据其为反攻基地，展开对这两个新殖民国家的浴血奋战。1978 年毛里塔尼亚发生军事政变，西撒人民阵线随机应变，主动宣布对毛里塔尼亚单方面停火，毛里塔尼亚新政权也表示愿意和解。经过阿尔巴尼亚的调解，毛里塔尼亚新政权与西撒人民阵线签订和平协议，毛里塔尼亚宣布放弃对西撒哈拉的领土要求，将军队和行政管理人员撤出西撒哈拉南部，并在西撒人民

① 此组织即是当初对抗西班牙与随后反抗摩洛哥统治的西撒哈拉人民阵线（Polisario Front）的前身。

② 对于该政权实体，不同的国家基于不同的政治考量，分别秉持不同的政治态度。截至目前，该政权实体获得了非洲、拉丁美洲和许多第三世界国家等 70 多个国家的正式承认，但其迄今并未能成为联合国的成员国。

阵线与摩洛哥的冲突中保持中立。毛里塔尼亚单方面退出西撒哈拉争端，终止与摩洛哥同盟关系的举动，令摩洛哥大为恼火。摩洛哥随即派兵占领了毛里塔尼亚退出的西撒哈拉南部地区，并于1980年构筑起了一条南北绵延2720公里的防御墙，将西撒人民阵线阻于域外，同时向西撒哈拉移民近20万。至1987年，摩洛哥几乎控制了西撒哈拉地区90%的领土，认为西撒哈拉是摩洛哥的一部分；而西撒哈拉人民阵线仅控制西撒哈拉地区10%的领土。这样一来，西撒哈拉地区被一分为二。摩洛哥在其所控制的西撒哈拉领土上设立了三个区，并建立了各级行政管理机构和地方议会；而西撒人民阵线在其所控制的西撒哈拉地区设置了五个行政区，并在阿尔及利亚廷杜夫境内设立难民营。

西撒哈拉问题本质上是殖民主义的遗留问题，常年战争不断，北非地区动荡不安，大量难民无家可归，引起国际社会的高度关注。非洲统一组织从20世纪70年代就呼吁在西撒哈拉全面停火，并通过公民投票来决定西撒哈拉的未来地位。1984年第20届非洲统一组织会议召开之际，阿拉伯撒哈拉民主共和国加入非洲统一组织（2002年7月更名为非洲联盟）。不过，在阿拉伯撒哈拉民主共和国正式加入非洲统一组织后，摩洛哥随即宣布退出这个区域性国际组织，使得非洲统一组织无法在冲突两方之间作有效的折冲协调。[①] 除了非洲联盟之外，联合国、国际法院、欧盟以及一些大国都一直关注着西撒哈拉问题的发展态势，组成了有关西撒哈拉问题的专门机构，做出过一系列决议，但一直没有取得突破性进展。西撒哈拉问题的久拖不决，不仅严重阻碍了马格里布地区的经济和社会发展，还对地区稳定及一体化建设造成极为不利的影响。[②]

二、联合国决议及公投方案设计

从20世纪60年代起，联合国大会和非殖民化特别委员会分别通过多项

① 张孟仁:《西撒哈拉公民投票实践分析》，载陈隆志、陈文贤主编:《国际重要公民投票案例解析》，台湾新世纪文教基金会、台湾联合国研究中心2010年版，第320页。

② 赵慧杰:《西撒哈拉问题与马格里布一体化》，载《西亚非洲》2010年第8期，第61页。

决议，要求西班牙给予西撒哈拉人民以自决权，支持西撒哈拉通过公投的方式来决定未来前途。

（一）透过公投决定西撒哈拉地位

联合国大会在1966年通过西撒哈拉去殖民化的决议，要求西班牙放弃殖民地，让西撒哈拉人民藉由公民投票来决定自己的未来地位。1976年西班牙结束对西撒哈拉的殖民统治后，西撒人民阵线随即与新占领者摩洛哥陷入了长期的武装对抗。为了和平解决双方的纠纷，20世纪70年代以来，联合国积极地为西撒哈拉冲突进行了多次斡旋，并通过了多项决议，尤其几任联合国秘书长一直致力于寻找西撒哈拉问题的解决方法。1990年3月下旬，时任联合国秘书长佩雷斯·德奎利亚尔（Perez de Cuellar）造访摩洛哥、西撒人民阵线总部和阿尔及利亚，组织三方就和平解决西撒哈拉问题进行会谈，提出了一项“在联合国监督下解决争端的和平计划”，其主要内容是：建议实现停火；在协议生效后6个月举行公民投票，以最终决定西撒哈拉前途；由联合国派维和部队与文职官员组织和监督公民投票。这一建议为冲突双方基本接受。1990年6月27日，安理会通过658号决议批准了该和平计划，并同意组建“联合国西撒哈拉公民投票特派团”以具体负责落实该计划。1991年4月29日，安理会一致通过实施解决西撒哈拉问题计划的690号决议。该决议主张在联合国维和部队和文职官员监督下，冲突双方尽快交换战俘和被捕的西撒哈拉平民，然后尽快通过公民投票让西撒哈拉人民自由选择独立抑或并入摩洛哥。对于这项决议，摩、撒、阿三方均表示欢迎，先后宣布将尊重联合国监督和投票结果。于是，在联合国积极推动下，1991年7月，西撒人民阵线与摩洛哥达成停火协定，并一致同意在联合国监督下于1992年1月举行决定西撒哈拉归属问题的公民投票。只是后来因双方在确定投票人名单问题上争执不下，使得原本举行的公投被搁置。

1997年3月美国前国务卿贝克（James Baker）出任联合国西撒哈拉问题的特使，在其主持下，摩洛哥与西撒人民阵线先后在里斯本、伦敦与休斯敦举行四次谈判，阿尔及利亚与毛里塔尼亚以观察员身份与会。1998年11月和12月，时任联合国秘书长安南先后访问毛里塔尼亚、西撒哈拉、摩洛哥、阿尔及利亚和西撒人民阵线营地廷杜夫，向有关各方提出加快解决西撒哈拉问题的方案，[①] 该方案先后被有关各方接受。但双方仍无法就投票人资格问题达成一致，致使公投迟迟无法推进。2003 年 1 月 14 日至 17 日，贝克访问摩洛哥、阿尔及利亚、毛里塔尼亚和廷杜夫难民营，与上述国家及西撒人民阵线领导人会谈，重提以前解决西撒哈拉问题的计划，再次强调在摩洛哥的主权下予以西撒哈拉人民自治权，四年后再由西撒哈拉人民通过公投方式决定自己的最终地位。之后，贝克又提出了一个修正版的解决方案，但该方案并未被摩洛哥接受。

（二）公投方案及议题设计

在联合国所提出的诸多建议方案中，关于西撒哈拉的公投方案以如下两个最为典型：

其一，佩雷斯方案。1989 年 6 月，佩雷斯提出了旨在解决西撒哈拉争端的公投计划。该计划的主要内容是：任命一位秘书长特别代表，全权负责在西撒哈拉组织公民投票；在联合国监督与协助之下，公投方案提供给西撒哈拉人民两个选项：一是独立，二是归入摩洛哥；同时成立联合国西撒哈拉公民投票特派团，包括民事、军事和治安三个小组，负责监督停火，组织公民投票。

其二，贝克方案。2001 年 6 月，联合国特使贝克提出了另一个旨在解决西撒哈拉争端的框架协议草案，其主要内容是：西撒哈拉最终地位可经由当地居民在协议执行五年内举行公投以决定其前途，而在举行公投之前西撒哈拉可享有高度自治，包括教育、文化、渔业资源，但是外交与国防须交由摩洛哥负责；参加公投的选民必须在投票前一年全部居住在西撒哈拉。[②] 该框架协议草案中的公民投票包括了西撒哈拉纳入摩洛哥、在摩洛哥统治下维持

---

① 该方案的基本内容是：允许现有争议的三个部落共 65000 人以个人身份参加投票人身份验证，另外启动其他已被查验者的申诉方式；难民署着手遣返难民工作：1998 年 12 月 1 日起公布已查验过的投票人名单，全部投票人验证工作至 1999 年 4 月结束，12 月举行公民投票。参见张孟仁:《西撒哈拉公民投票实践分析》，载陈隆志、陈文贤主编:《国际重要公民投票案例解析》，台湾新世纪文教基金会、台湾联合国研究中心 2010 年版，第 317 页。

② “贝克计划”（Plan Baker）的提出，是由于摩洛哥长期拖延，联合国秘书长任命前美国国务卿贝克（James Baker）为特使，居中协调，希望借美国的影响力和其个人的声望，试图为冲突双方找出折中方案。经过四年的努力，贝克在 2001 年 6 月提出了一个能够让摩洛哥接受的安排，就是先保证摩洛哥对西撒哈拉的主权，然后让这个地区自治，并能够以此为基础在四年后举行公民投票。

自治以及完全独立等三项选择。[①]

概而言之，佩雷斯方案中关于西撒哈拉未来前途的设计主要有两个选项：一是独立，二是纳入摩洛哥；而贝克方案中关于西撒哈拉未来前途的设计包括三个选项：一是完全并入摩洛哥，二是在摩洛哥统治下享有高度自治；三是完全独立。对比上述两个方案不难看出，两个方案的相同之处是都含有独立与纳入摩洛哥两个选项；不同之处是，贝克方案中增加了“在摩洛哥统治下高度自治”的选项。

从摩洛哥的角度看，“独立”选项绝对不能被接受，充其量同意在其管辖下的自治选项，故其拒绝接受任何一种公投方案。摩洛哥坚决要求在西撒哈拉主权属于摩洛哥的前提下讨论问题的解决办法，西撒人民阵线则坚持执行联合国的解决方案，双方水火不容难以协调。[②]

（三）专设特派团负责公投事务

1991 年 4 月 29 日，根据联合国安理会一致通过第 690 号决议，成立联合国西撒哈拉公民投票特派团，作为公投的推动、实施和监督组织。按照决议，公投特派团的任务是：监督停火；核查该领土内摩洛哥部队的裁减情况；监督将摩洛哥和波利萨里奥阵线部队限制在指定地点的情况；与双方采取措施，确保释放所有西撒哈拉政治犯或被拘留者；监察交换战俘（红十字国际委员会）；执行难民遣返方案（联合国难民事务高级专员）；查验和登记有资格投票的人数；组织并确保自由、公正的全民投票，并公布投票结果。依照计划，西撒哈拉全民投票应于 1992 年 1 月举行，但结果未能遵循原定时间表进行。于是，安理会只好做出决议，延长西撒公投特派团的任务期限。事实表明，此后延长公投特派团任务任期的做法，被安理会反复使用了几十次（其中，重要几次可参见表 1-1），这足以表明公投道路的坎坷。

① 张孟仁：《西撒哈拉公民投票实践分析》，载陈隆志、陈文贤主编：《国际重要公民投票案例解析》，台湾新世纪文教基金会、台湾联合国研究中心 2010 年版，第 315 页。

② 张孟仁：《西撒哈拉公民投票实践分析》，载陈隆志、陈文贤主编：《国际重要公民投票案例解析》，台湾新世纪文教基金会、台湾联合国研究中心 2010 年版，第 316—317 页。

表 1–1：安理会延长西撒公投特派团任务期限的部分决议文

时间	安理会决议文	内容
2000.5.31	1301 号决议文	决定再次延长特派团任务期限，并首次提出在努力执行联合国解决计划的同时，寻求一切途径和方法解决西撒哈拉争端。
2001.2.27	1342 号决议文	在贝克主持下，摩洛哥与西撒人民阵线代表在德国柏林协商会晤，双方各持己见导致会议无果而终。为此，安理会通过该决议文，将西撒哈拉公投特派团的任务期限延长至 4 月 28 日。
2001.11.26	1380 号决议文	安理会通过 1359 号决议后，遭到西撒人民阵线与阿尔及利亚的强烈反对。在摩洛哥、阿尔及利亚与西撒人民阵线三方磋商未果的情况下，安理会通过该决议文，决定将西撒公投特派团的任务期限延长至 2002 年 2 月 28 日。
2003.3.25	1469 号决议文	2003 年，贝克计划触礁后，和平进程迟滞不前的挫折感，使其于 2004 年辞去特使的职位。安理会通过该决议文，将联合国驻西撒公投特派团任务期限延至 2003 年 5 月 31 日。
2007.4.30	1754 号决议文	2007 年 4 月，摩洛哥政府向联合国建议西撒哈拉实行自治。为此，安全理事会通过该决议文，决定将西撒公投特派团的任务期限延长至 2007 年 10 月 31 日。
2009.4.30	1871 号决议文	从 2007 年开始，摩洛哥和西撒人民阵线恢复的谈判进程已进行了四轮，但仍无较大进展。为第五轮谈判暖身，安理会通过该决议文，将西撒公投特派团任务期限延长至 2010 年 4 月 30 日。

（资料来源：作者自制）

从实践效果来看，尽管特派团的任务期限多次被延长，以便推动西撒人民阵线与摩洛哥就西撒哈拉问题进行谈判，期间耗费了大量的人力、物力和财力，但一直收效甚微。

三、国际法院关于西撒哈拉问题的咨询意见

联合国在对西撒哈拉问题做出决议的过程中，就所遇到的相关法律问题请求国际法院发表咨询意见。因此，联合国关于西撒哈拉问题的解决方案，不可能绕开国际法院就西撒哈拉问题发表的咨询意见。联合国大会于1974年12月13日通过第3292号决议，在该决议中请求国际法院就以下两个问题发表咨询意见：（1）西撒哈拉在西班牙殖民统治时期是否是一块不属于任何国家的领土（无主地）？如果对第一个问题的回答是否定的话，那么（2）该领土与摩洛哥王国以及毛里塔尼亚实体之间的法律关系是怎样的？[①]

1975年10月16日，国际法院对西撒哈拉在西班牙殖民时期的法律地位发表了咨询意见，认定西撒哈拉在西班牙殖民时期并非无主地，它与摩洛哥王国和毛里塔尼亚实体之间均不存在领土主权关联。

（一）西撒哈拉是否是无主地

法院认为，要清楚地回答第一个问题，必须先厘清“无主地”和“先占”的关系；后者是国际法上（合法地）取得领土主权的一种方式，所占的领土在实施先占行为时为无主地，即该领土在当时并不处于任何国家的主权之下，这是先占的一个必要条件。因此，法院认为，仅可在如下情形下才能认定西撒哈拉在西班牙殖民时期属于“无主地”，即该领土在当时不属于任何人，各国均可以通过“先占”获得其主权。[②]

在本案中，有关各方向法院提交的信息表明，西撒哈拉在西班牙殖民时期有自己的居民，这些居民虽然是游牧性的，但它们在社会和政治上以部落为基本组织形式，且由部落首领代表他们行事。此外，西班牙在对西撒哈拉建立和进行殖民统治时也并不主张其基于先占创设了对当地的主权。事实表明，西班牙殖民西撒哈拉时，并未采取“占领无主地”的程序，尤其在1884

① ［英］詹宁斯、瓦茨修订：《奥本海国际法》（第一卷第二分册），王铁崖等译，中国大百科全书出版社1998年版，第151页。

② Western Sahara, Advisory Opinion, I. C. J. Reports 1975, pp. 38-39.

年12月16日的皇家训令中，西班牙并未将自己的行为视为对无主地实施的先占，而是宣布国王通过同西撒哈拉当地部落首领缔结协定的方式，将里奥德奥罗纳入本国的保护范围。①

有关各方对国家与当地首领签订的协定性质和法律价值发表了不同的意见，但法院认为无须回答西班牙对西撒哈拉建立的殖民统治所依据的权源的合法性。法院仅需回答西撒哈拉在西班牙殖民时期是否属于无主地。基于以上原因，法院认为该问题的答案是否定的。②为此，法院认为无须就如下主张发表意见，即摩洛哥主张西撒哈拉在当时为摩洛哥的领土，因此它并非无主地；毛里塔尼亚主张当地部落属于毛里塔尼亚实体的组成部门，因此它并非无主地。不论法院对上述两个主张得出什么结论，它们均不会改变法院对于第一问题给出的回答。③

（二）西撒哈拉领土与摩洛哥和毛里塔尼亚实体之间法律联系

在讨论西撒哈拉去殖民化问题时，西撒哈拉在西班牙殖民时期的地位问题是有关各方争议的问题之一。摩洛哥主张该领土在当时就属于摩洛哥，毛里塔尼亚则主张该领土属于毛里塔尼亚实体。在这里，法院认为第二个问题所指的法律关联将影响西撒哈拉的去殖民化政策，认为联合国大会所指的法律关联并非仅限于摩洛哥王国和毛里塔尼亚实体与西撒哈拉直接建立的领土关联，还应包括它们与该领土上居民之间的关联。因此，应结合西撒哈拉领土上的人民之生活方式及其社会和政治组织形式来界定摩洛哥王国和毛里塔尼亚实体在西班牙殖民统治时期与西撒哈拉的法律联系。④

关于在西班牙殖民时期摩洛哥与西撒哈拉的关系，法院经过审查和分析后认为，在那个时期摩洛哥与西撒哈拉之间不存在任何领土主权联系，同时认为摩洛哥与西撒哈拉的某些部落仅存在效忠关系，并对这些部落展示了某些权威或影响。然而，法院认为，在对联大提交咨询的第二个问题给出最终答案前，还需要考察毛里塔尼亚与西撒哈拉之间的法律联系，因为毛里塔尼亚主张的法律联系与摩洛哥的主张存在重叠。接着，法院考察了毛里塔尼亚

---

① 毛俊响、王历编著:《国际法典型案例评析》，中南大学出版社2016年版，第54页。

② Western Sahara, Advisory Opinion, I. C. J. Reports 1975, pp. 39-40.

③ 孔令杰编著:《领土争端成案研究》，社会科学文献出版社2016年版，第125—126页。

④ 孔令杰编著:《领土争端成案研究》，社会科学文献出版社2016年版，第127—128页。

实体在西班牙殖民时期与西撒哈拉之间的法律联系。与摩洛哥同西撒哈拉的法律联系不同，毛里塔尼亚在当时并不是一个主权国家。毛里塔尼亚也明确承认毛里塔尼亚实体在当时并不构成一个国家，且毛里塔尼亚在当前的国家地位并不具有溯及力。既然毛里塔尼亚在当时并非主权国家，法院所要考察的法律关系就不是领土主权关系，而是其他性质的法律联系。[①]

法院认为，有关信息表明，在西班牙殖民时期，居住在西撒哈拉地区的部落与毛里塔尼亚存在种族、语言、宗教、文化和经济联系，但西撒哈拉的领土与毛里塔尼亚实体在西班牙殖民时期并不具有主权关联，二者之间不存在部落效忠关系，西撒哈拉领土也不是该政治实体的组成部分。但这一结论并不意味着西撒哈拉领土与毛里塔尼亚实体在西班牙殖民时期不存在任何法律联系。事实表明，西撒哈拉的多数居民在西班牙殖民时期具有游牧性，这导致西撒哈拉的部落与周围地区的领土之间存在某种法律性质的联系，几乎所有西撒哈拉游牧部落的迁徙路线均穿越殖民边界，即当今毛里塔尼亚共和国的领土。

基于以上分析，法院认为，在西班牙殖民时期，居住在西撒哈拉的某些部落与摩洛哥之间存在效忠关系。同时，游牧部落的权利，包括其对土地的权利也构成了毛里塔尼亚实体与西撒哈拉的领土之间的法律联系。然而，摩洛哥王国与毛里塔尼亚实体在当时与西撒哈拉之间均不存在主权联系。法院认为，它们之间这种非主权性质的法律联系并不能成为西撒哈拉实施联合国大会 1960 年 12 月 14 日做出的 1514 号决议的障碍，尤其是该领土上的人民依据民族自决权原则自由表达自己真实意愿的权利，包括进行公民投票，自行决定其前途。此结论被认为是该咨询意见案中最重要的成就，它强调了人民自决原则在去殖民化进程中的重要作用。[②]

其实，国际法院咨询意见体现了《联合国宪章》中关于非自治领土的国际法的发展，使“自决原则适用于所有非自治领土”。在该案中，国际法院进一步确认了这方面的法律。虽然联合国大会请求法院做出咨询意见的问题并没有直接提及自决问题，但是，法院称，无论问及的问题是什么，法院的答复必须考虑到“可适用的非殖民化原则”，作为“组成请求所包含问题的框架

---

① 孔令杰编著:《领土争端成案研究》，社会科学文献出版社 2016 年版，第 132—133 页。

② 毛俊响、王历编著:《国际法典型案例评析》，中南大学出版社 2016 年版，第 54 页。

中的一个重要组成部分”。因此，法院的意见提及了《联合国宪章》第一条和《给予殖民地国家和人民独立宣言》的有关规定，并声称这些规定“确认并强调了自决权的适用需要有关人民的意志的自由和真正表现”。而且，法院坚持，自决原则的有效性被解释为尊重人民自由表达意志的需要，是不受以下事实影响的，即在某些情形下大会不要求与一定地区居民进行协商。[①]

国际法院的以上咨询意见被联合国大会所采纳。从一般意义上说，国际法院的咨询意见并不具有法律拘束力，但这些咨询意见被联合国采纳并吸收进有关决议后，其就因此而具有间接拘束力，至少对摩洛哥具有政治上、舆论上的压力，这对敦促西撒哈拉问题的解决具有重要意义。

需要指出的是，对于国际法院的咨询意见，学界也有不同的声音。有学者认为，国际法院关于西撒哈拉案的咨询意见，其态度是暧昧的，致使其价值十分有限，至少没有解决西撒哈拉的实际问题。西撒哈拉问题一直得不到解决与国际法院的这一暧昧态度直接相关。国际法院承认西撒哈拉在 1884 年之前与摩洛哥有法律关系（虽然不是主权性质的关系），而这就给了摩洛哥出兵的借口。目前西撒哈拉三分之二土地仍在摩洛哥的控制之下，西撒哈拉居民依然无法自治，这跟咨询意见在该问题上的模糊态度是分不开的。[②]

四、公投何以窒碍难行：事实分析

联合国从 1991 年开始派驻“联合国西撒哈拉公民投票特派团”（简称“西撒公投特派团”），监督双方停火，并协助就西撒未来地位问题举行公投。从实际情况看，实现全面停火已经落实，但这只是解决问题的第一步，解决问题的关键是第二步——自决公投，但由于种种原因，自决公投迟迟未能如期举行，其主要原因是：

---

① ［英］詹宁斯、瓦茨修订：《奥本海国际法》（第一卷第二分册），王铁崖等译，中国大百科全书出版社 1998 年版，第 93—94 页。

② 毛俊响、王历编著：《国际法典型案例评析》，中南大学出版社 2016 年版，第 62 页。

（一）双方围绕投票人资格的分歧

西撒哈拉公投遇到的第一个难题是投票人资格的问题。投票人范围的确定先于投票，投票人的范围不同，投票结果会随之不同。在西撒哈拉公投中，对地域范围的确定并无较大冲突，但就“此地域上的哪些人可以参加投票”的问题，摩洛哥与西撒哈拉人民阵线各执一端，对选民资格的认证成为西撒哈拉公投的重大分歧。

1991 年 4 月 19 日，联合国提出了一项公民投票的详细计划书，其中包含举行公民投票的时间表及认证委员会工作的指导方针。4 月 29 日，联合国安理会通过第 690 号决议，通过了该计划，并决定成立西撒公投特派团。9 月 6 日，摩洛哥与西撒人民阵线宣布停火，但为了争取到对自己有利的投票结果，双方都对参与投票的选民资格提出了各自的意见，并分别列出了一个新名单，表示其所列之人也应该参加投票。同时，双方均否认对方所列名单，互不让步。[①] 联合国官员曾就此问题多次与双方代表磋商，但一直未取得进展。

1991 年 12 月联合国提出了投票人的资格条件，除了西班牙在 1974 年所作的人口普查数据当中所列人员，以下三种人员也可视为有资格参加投票：（1）父亲为西撒哈拉人（仅限一代人）；（2）1974 年 12 月 1 日前在西撒哈拉地区连续居住 6 年以上者；（3）1974 年 12 月 1 日前在西撒哈拉间断居住 12 年以上者。[②] 后两个条件明显有利于摩洛哥，其遭到西撒人民阵线的强烈反对。1993 年 3 月 2 日，联合国安理会通过有关西撒哈拉问题的第 809 号决议，要求摩洛哥和西撒人民阵线在此后三个月内解决双方在确定投票者资格标准问题上的分歧，以便在年底之前举行公投；同时要求联合国秘书长加利加紧外交努力，让他“以 1974 年人口普查结果为基础，先统计那些普查结果里有

---

① 据西撒人民阵线驻阿尔及利亚大使哈基姆 1991 年 10 月 5 日在招待会上称：西撒哈拉地区的摩洛哥人和原西撒哈拉本土居民之比为 9 ：1，即摩洛哥人约 60.5 万，其中驻军 20 万，警察和治安人员 3 万，1975 年向西撒移民 20 万，1991 年又移民 17.5 万；而西撒哈拉人不足 20 万。如上述人员都有公民资格，投票结果肯定对摩洛哥极为有利，根本不能反映真实民意。因此，应按 1974 年西班牙尚未撤出西撒哈拉时，进行公民登记的西撒哈拉人为有资格的投票人，举行公投。但是，摩洛哥却坚持由“司法确认的”现有居民进行投票表决。于是，双方僵持不下。参见张孟仁：《西撒哈拉公民投票实践分析》，载陈隆志、陈文贤主编：《国际重要公民投票案例解析》，台湾新世纪文教基金会、台湾联合国研究中心 2010 年版，第 313—314 页。

② Andreu Solà-Martin, *The United Nations Mission for the Referendum in Western Sahara*, New York: Edwin Mellen Press, 2006, p. 60.

资格的投票者，同时对其他可能的投票资格问题进行讨论，尽快组织公民投票的必要准备工作”。[①] 但后来摩洛哥与西撒人民阵线仍无法就投票者资格问题达成一致。

1994 年，联合国重新提出了投票人资格标准:（1）1974 年西班牙殖民政府时期参加过人口普查的人;（2）生活在西撒哈拉但因某种原因未被登记在西班牙名册上的人;（3）前两种人的直系亲属或后代;（4）父亲在西撒哈拉出生的人;（5）在西撒哈拉连续居住 6 年或间断居住 12 年的人。[②] 这一方案得到了摩洛哥与西撒人民阵线的初步同意，但是接下来的投票人资格认证又陷入了僵局，公民投票受阻。时至 1997 年，联合国提出公投时间表，拟于 2000 年 7 月举行公投。然而，投票人资格认证从一开始便出现问题。一方面，在摩洛哥政府的支持下，提交投票的申请人激增，这使得有资格投票者中亲摩洛哥的势力不断壮大但也增加了投票人资格认证的工作量，无法在现有时间内完成；另一方面，西撒人民阵线对难民登记等问题行动迟缓，导致投票人资格认证工作无法向前推进。

西撒哈拉公投的延宕，主要是因为摩洛哥对投票结果并无获胜把握，故希望借着移民来增加亲摩洛哥立场的投票者人数。可是，要使这些新增移民具有投票资格，就必须推迟公投时间，以让之满足资格认证的相关条件，进而提高自己获胜的可能性。从西撒人民阵线来说，无论摩洛哥如何准备，其坚持只接受以 1974 年西班牙所做的户口普查为基准进行公投。[③] 这样看来，双方始终无法在投票人资格认定上达成一致意见。

（二）双方围绕公投选项的分歧

西撒人民阵线认为，它是西撒哈拉人民的唯一合法代表，坚持按照非洲统一组织决议和联合国决议与摩洛哥进行直接对话和谈判，通过公投自决来决定西撒哈拉的独立地位。而摩洛哥认为，西撒哈拉在历史上就是摩洛哥的领土，西撒哈拉的最终地位选择，只能是“纳入摩洛哥”或“摩洛哥辖下的自治”。所以，针对联合国所设计的两个公投版本，只要含有独立选项，摩洛

---

① 余建华、沈跃萍:《悬而未决的西撒哈拉争端》，载《阿拉伯世界》1993 年第 4 期，第 9 页。

② Stephen Zunes and Jacob Mundy, *Western Sahara: War, Nationalism and Conflict Irresolution,* New York: Syracuse University Press, 2010, p. 198.

③ 张孟仁:《西撒哈拉公民投票实践分析》，载陈隆志、陈文贤主编:《国际重要公民投票案例解析》，台湾新世纪文教基金会、台湾联合国研究中心 2010 年版，第 313 页。

哥一概严词拒绝。[①]

就西撒哈拉公投问题而言，虽然西撒哈拉人民自决权的实现及是否独立不应以摩洛哥的同意为前提，但从现实情况来看，倘若缺少摩洛哥政府同意，西撒哈拉很难通过公民投票获得独立。于是，在双方关于投票者资格分歧长期不能得到解决的情况下，联合国在后来设计的调解方案中渐渐倾向于“西撒哈拉在摩洛哥统治下高度自治”。[②]

2001 年 6 月，联合国提出了以西撒哈拉自治为前提的《西撒哈拉地位框架协议》草案。其主要内容为：西撒哈拉公投将于年内举行，以确定西撒哈拉的最终地位；公投前，西撒哈拉地区在摩洛哥的统治下享有高度的自治权，外交、国防及安全事务由摩洛哥负责，其余内部事务由“西撒哈拉自治政府”负责；对参与投票的选民规定为“在公投前的一年中定居于西撒哈拉的公民”。双方重新开始谈判，可一旦谈判涉及公民投票，便遭到摩洛哥的抵制，谈判走向破裂。

2002 年，联合国提出一份以《西撒哈拉地位框架协议》为基础的“和平计划”。该计划提出：（1）在五年内举行公民投票，以决定西撒哈拉地区是否独立；（2）公投的选民包括联合国驻西撒哈拉特派团于 1999 年 9 月公布的名单与联合国难民署 2000 年 11 月公布的遣送回国人员名单所列之人，也包括自 1999 年 1 月 30 日起不间断居住在西撒哈拉地区的人；（3）在公投前，成立一个由特派团及联合国难民署所公布的两个名单中所列西撒哈拉人选举出的“西撒哈拉政府”（Western Sahara Authority）。应该说，该计划中规定的选民名单相较于《西撒哈拉地位框架协议》所规定的“公投前一年居住于西撒哈拉地区的人”更为公平；同时，该计划也限制了投票人的总数，可以在西撒哈拉人与摩洛哥人之间维持一个平衡，仍给予西撒哈拉人民以通过公投实现独立的希望。但是，该计划对摩洛哥没有明显的优势，并且摩洛哥无法控制公投前选出的“西撒哈拉政府”，[③] 该计划遭到摩洛哥的强烈反对，并称该

---

① 表面上看，摩洛哥在西撒哈拉问题上的主张大致经历了坚决收复并反对全民公投、同意举行公投与要求西撒哈拉地区自治三个阶段。但是，这些主张在本质上并没有区别，都是坚决反对西撒哈拉地区脱离摩洛哥而实现独立。

② Stephen Zunes and Jacob Mundy, *Western Sahara: War, Nationalism and Conflict Irresolution*, New York: Syracuse University Press, 2010, p. 221.

③ 该计划中的“西撒哈拉政府”是在特派团及联合国难民署所公布的两个名单中所列西撒哈拉人选举出来的，使得摩洛哥难以掌控这个政府的运行，进而可能会丧失对西撒哈拉地区的实际掌控。

计划破坏了“摩洛哥的主权”，最终该“和平计划”无果而终。

2007年4月，摩洛哥提出“撒哈拉自治计划”。据此计划，西撒哈拉将在摩洛哥主权范围内实行高度自治，西撒哈拉的外交与安全由摩洛哥政府控制，而西撒哈拉自治政府则在社会、经济、文化等方面享有充分权力。4月30日，联合国安理会通过1754号决议，对摩洛哥提出的这一计划表示肯定，但为安抚西撒人民阵线，决议同时重申，安理会支持达成一个“双方能接受的政治解决方案，此方案必须保证西撒哈拉人民公投的权利”。[①] 但是该计划遭到了西撒人民阵线的强烈反对，在之后的和谈中，摩洛哥与西撒人民阵线仍旧不接受对方的提议，谈判陷入僵局。

由上可知，联合国提出的《西撒哈拉地位框架协议》与摩洛哥提出的“撒哈拉自治计划”在事实上已然限制甚至取消了西撒哈拉的“独立”的选项。框架协议虽然也提到“公民投票决定西撒哈拉最终地位”，但与“公民投票决定西撒哈拉是独立或是与摩洛哥合并”相差甚远。很显然，框架协议倾向于让西撒哈拉在摩洛哥统治下实行自治。另外，框架协议中将参与投票人的资格界定为“公投前一年定居于西撒哈拉的人民”，显然有利于摩洛哥。因此，摩洛哥乐意接受框架协议。相反，西撒人民阵线则反复重申完全不接受所谓的“自治”安排。

（三）国际因素的介入及影响

西撒哈拉问题表面上是西撒哈拉人民争取民族自决权的问题，但实际上是涉及马格里布地区多国利益的复杂问题。地缘大国在西撒哈拉地区的战略利益，以及与摩洛哥的不同关系，决定了他们在西撒哈拉公投问题上的不同政治立场和态度。外来势力的插手和地区各国国家利益的冲突，大大加剧了西撒哈拉问题的复杂性。

首先，西班牙因素。西班牙是西撒哈拉历史上的宗主国，其对西撒哈拉问题的解决负有法律和道义上的义务。但是，西班牙不仅未根据联合国的要求在西撒哈拉地区举行公投以决定该地区的前途，反而同摩洛哥与毛里塔尼亚签订《马德里协议》，将西撒哈拉地区交由摩洛哥、毛里塔尼亚控制，问题被严重复杂化。撤出西撒哈拉之后，西班牙以一种“中立者”姿态积极地参

① Stephen Zunes and Jacob Mundy, *Western Sahara: War, Nationalism and Conflict Irresolution*, New York: Syracuse University Press, 2010, p. 245.

与西撒哈拉问题。这种“积极的中立”实际上就是在支持公平、公正的全民公投与支持摩洛哥之间尽力寻求平衡点，以最大限度地保证西班牙的利益。当西班牙在西撒哈拉的利益大过在摩洛哥的利益时，西班牙倾向于支持西撒人民阵线；反之，则支持摩洛哥。西班牙基于维护自身利益，在西撒哈拉问题中所秉持的“积极的中立”态度，严重影响了该问题的解决，其对西撒哈拉问题的产生与公投迟迟得不到举行负有不可推卸的责任。值得注意的是，过去西班牙的民意倾向于支持西撒哈拉独立，一些政坛上的人物同样抱以同情的立场。在西班牙的西撒哈拉人权和独立组织，多次在西班牙举行示威游行，呼吁国际社会支持 1991 年的联合国决议，促成西撒哈拉公投自决，成立西撒哈拉共和国。但是，2004 年萨巴特罗上台后，西班牙的官方立场开始转变，背离前几任政府的原有立场，即便支持联合国对西撒哈拉的解决方案，却从之前同情西撒人民阵线的态度转而接近摩洛哥的立场。西班牙并不认为“贝克方案”足以能够完全解决西撒哈拉的争端。不过，萨巴特罗政府并非代表所有政党与民意的立场。[①]

其次，阿尔及利亚因素。西撒哈拉是阿尔及利亚通往大西洋距离最近的“走廊”。阿尔及利亚作为与西撒哈拉接壤的大国之一，从冲突爆发开始即给予了西撒人民阵线极大的支持与援助，坚决支持西撒哈拉人民的独立意愿，多次强调赋予西撒哈拉人民自决权，反对强邻摩洛哥占领西撒哈拉。1975 年 11 月 1 日，阿尔及利亚代表在联合国安理会上发言：“如果大量摩洛哥人进入撒哈拉领土，将对西北非地区和平带来严重后果。”为此，在“阿拉伯撒哈拉民主共和国”成立之日，就首先获得了阿尔及利亚的承认。随之，阿尔及利亚向西撒人民阵线提供武器、装备，并把阿境内的廷杜夫地区作为西撒人民阵线游击队的根据地和西撒哈拉难民营，还表示愿为西撒哈拉提供“实现其人民的民族愿望所需要的政治、道义和物质支持”。[②] 值得注意的是，阿尔及利亚站在支持西撒人民阵线的立场，其实有自己的利益考虑：一是担心摩洛哥兼并西撒哈拉会使其扩张野心膨胀，进而对自己不利；二是利用西撒哈拉问题作为筹码，要摩洛哥积极改善摩阿关系，解决两国一直存在的边界

① 张孟仁：《西撒哈拉公民投票实践分析》，载陈隆志、陈文贤主编：《国际重要公民投票案例解析》，台湾新世纪文教基金会、台湾联合国研究中心 2010 年版，第 318—319 页。

② 赵慧杰：《西撒哈拉问题与马格里布一体化》，载《西亚非洲》2010 年第 8 期，第 59 页。

纠纷。[①]

再次，美国因素。可以说，美国在西撒哈拉问题上的立场和政策在很大程度上影响着西撒哈拉和平进程，而美国在该问题上的立场和政策则是完全从属于其全球战略尤其是北非战略。众所周知，美国为确保其在北非地中海沿岸及南大西洋东岸的海空军基地，控制西地中海和欧洲通往南大西洋的航道，积极给予摩洛哥以物资援助。虽然美国在对摩洛哥的政策上几度微调，但总体而言，美国在西撒哈拉问题上对摩洛哥秉持支持态度，实际上默许了摩洛哥的某些行为，阻碍了公投的进程。1975 年，西班牙在美国的支持下，通过《马德里协议》将西撒哈拉置于摩洛哥与毛里塔尼亚的控制之下，使西撒哈拉地区原本通过全民公投实现去殖民化的问题转变成为摩洛哥与西撒人民阵线之间有关西撒哈拉地区主权归属的争议。冲突爆发后，由于美国在军事、经济、外交等各方面对摩洛哥给予大力支持，摩洛哥在西撒哈拉问题上的立场更为强硬，尤其是在选民资格问题上丝毫不肯让步，绝不接受任何不利于摩洛哥的决议。某种意义上说，西撒哈拉问题的产生和难解，是美国基于战略利益而对西撒哈拉问题直接或间接干预的结果。

最后，法国因素。在西撒哈拉问题解决过程中，法国也是不得不提的大国因素之一。作为摩洛哥的前宗主国，法国对摩洛哥采取了支持的立场。法国明确表示支持摩洛哥的西撒哈拉政策，甚至直接将西撒哈拉称为摩洛哥的“南方诸省”，以彰显在此问题上的立场。法国也曾暗地里向摩洛哥保证：一旦联合国安理会做出不利于摩洛哥的决议，法国将使用其否决权以确保摩洛哥的利益。[②] 此外，法国还向摩洛哥提供大量军事援助，在战场上给予摩洛哥大力支持。

不难看出，西撒哈拉问题的肇始及其发展，同周边国家、美国、法国及西班牙有着密不可分的关系。对于西撒哈拉独立问题，除了阿尔及利亚等国家秉持支持态度之外，其他大国（譬如美国、英国、法国、德国、加拿大、意大利、澳大利亚、俄罗斯或日本等）均不愿意承认其主权。因此，摩洛哥在西撒哈拉公投问题上的强硬立场，与上述大国的支持态度是分不开的。

---

① 曹华、刘世英:《西撒哈拉问题政治透析》，载《四川理工大学学报（社会科学版）》2005 年第 3 期，第 28 页。

② Hakim Darbouche and Yahia H. Zoubir, ‘Conflicting International Policies and the Western Sahara Stalemate’, *The International Spectator*, Vol. 43, No. 1, 2008, pp. 91-105.

五、易混问题澄清：理论分析

西撒哈拉公投历来备受国际社会广泛关注，其涉及面之广，延续时间之长，都是其他公投案例所不曾有的。由于该案例本身的复杂性，致使人们对其存在一些模糊的认识，故有必要在此加以分析和澄清。

（一）西撒哈拉公投不等于分离主义

从性质上说，西撒哈拉公投属于自决性公投，而非民主性公投。按照去殖民化的常态做法，1976 年西班牙撤出之后，西撒哈拉就应该获得独立，但因摩洛哥和毛里塔尼亚军队的入侵而未能实现。从国际法上说，西撒哈拉以前受西班牙的殖民统治，其有行使自决权的正当性，但西班牙于 1976 年撤出西撒哈拉后，摩洛哥和毛里塔尼亚随即对西撒哈拉地区实行分区占领，使其自决权一直未能行使，故西撒哈拉人民的自决权仍然可以继续行使。正因如此，当年阿尔及利亚针对摩洛哥和毛里塔尼亚对西撒哈拉的瓜分占领行为就谴责道："这是新殖民主义行为，阿尔及利亚将不会袖手旁观，而会积极支持西撒人民阵线的独立解放运动。"[①] 换言之，西撒哈拉问题本质上是战后去殖民化运动的遗留问题，是一个未得到彻底解决的民族独立问题的延续，是"未完成的民族解放运动"。所以，不宜将西撒哈拉的独立诉求与一般意义上的分离主义混同起来，它们完全是两码事。

需要指出的是，虽然西撒哈拉拥有自决权主体资格，但其作为自决权主体的性质前后有所变化。1963 年以前，其为殖民地；而自 1963 年以来，西撒哈拉被联合国列为非自治领土，是目前全球尚存的 17 个非自治领土之一，也是目前非洲大陆唯一的非自治领土。二战后，以前那种狭义的殖民地已经不可能再存在下去，非自治领成为其的一种延续状态，属于广义的殖民地。非自治领土通过自决公投决定自己的未来地位，也就成为去殖民化的重要组

① 赵慧杰:《西撒哈拉问题与马格里布一体化》，载《西亚非洲》2010 年第 8 期，第 59 页。

成部分。[①] 因此，1990 年，联合国大会重申西撒哈拉问题是一个去殖民化问题，仍有待西撒哈拉人民自己解决。根据 2016 年联合国大会非殖民化特别委员会宣布的去殖民化任务名单，《给予殖民地国家和人民独立宣言》仍适用于西撒哈拉。[②]

（二）西撒哈拉的自决权会受到新限制

虽然西撒哈拉仍拥有自决权，但其自决权的行使会受到诸多限制。概括起来，有以下两个方面：

首先，行使自决权的手段会受到限制。主要是因为：其一，联合国不再主张通过武装斗争的方式来行使自决权。本来自决权的实现主要是依靠武装斗争（民族解放战争）和公民投票两种手段。二战后，民族解放战争是实现自决权的主流方式，也使得大批殖民地因此而得以独立建国，但时至今日，国际法和联合国主张采取和平手段来解决领土争端。通过武装斗争来行使自决权的做法尽管没有被国际法禁止，但显然已不再被提倡。其二，西撒哈拉与摩洛哥在 1991 年签订了全面停火协议，既然如此，武装斗争的方式就不能再继续运用。只能通过和平的方式来实现，即通过与摩洛哥的和平谈判，然后再经由西撒哈拉地区的公民投票来决定。对于西撒哈拉来说，现在的问题是，武装斗争不能再继续采用，而和谈方式又不能迫使摩洛哥有所让步，这使得西撒哈拉在行使自决权问题上陷入了困境。在不能充分保障公民投票顺利实施的情况下，西撒哈拉就与摩洛哥签订停战协议，无疑捆绑了自己的手脚。目前西撒哈拉所能采取的手段也只有跟摩洛哥进行谈判，但只要摩洛哥坚持其原有的立场和政策不让步，就难以有结果，除非西撒哈拉自己做出妥协。

其次，行使自决权的选项受到限制。从国际法上说，西撒哈拉实现自决权的选项有三：一是独立建国；二是与摩洛哥合并；三是摩洛哥辖下的高度自治。但是，西撒哈拉公投问题的解决并非仅仅取决于国际法的法理，更取决于西撒哈拉与摩洛哥之间的力量对比，以及复杂的地缘政治格局。这个问题不是一个纯粹的法律问题，只要得不到摩洛哥的同意，西撒哈拉公投的

---

① 西撒哈拉自 1963 年后，不再是完全的殖民地，而是非自治领土。尽管其仍存在去殖民化的任务，但不同于完全殖民地时期。

② 自联合国创立以来，已有 80 多个前殖民地获得了独立。其中，所有 11 个托管领土均通过独立或与独立国家自由结合的途径实现了自决。目前还剩下 17 个非自治领土未被去殖民化，因此，去殖民化的进程还没有完成。

选项，就难以提供“独立”这一选项。除了摩洛哥的态度外，开始倾向于支持西撒哈拉独立的联合国，后来也越来越主张“摩洛哥辖下的高度自治”的选项。

（三）客观看待联合国对公投选项的态度变化

众所周知，联合国在西撒哈拉公投选项上是开放的，没有特别的倾向性，但后来联合国渐渐偏向“摩洛哥辖下的高度自治”方案。对于这一变化，有学者认为，联合国在处理西撒哈拉地区冲突问题上，有失公正性、客观性，并认为联合国之所以支持摩洛哥的“撒哈拉自治计划”，原因是：摩洛哥在西撒哈拉问题上的态度几乎从未改变，即决不允许西撒哈拉独立。为了换取摩洛哥的让步，尽快举行公民投票，联合国首先对摩洛哥的自治计划做出肯定。同时，鉴于美国在联合国中的地位和影响，联合国为了迎合它，采取了与其一致（即支持摩洛哥）的政策。

对于联合国在处理西撒哈拉问题上的前后变化，学界褒贬参半。那么，究竟如何看待联合国的这一变化？究竟是联合国随着对问题深入了解而更加现实，抑或为了片面追求问题的解决去迎合强权，进而丧失了应有的公正性？或者两者兼而有之？

首先，联合国的主张并未超越其有关法律文件的规定。根据联大 1960 年 12 月 15 日通过的 1514 号决议，非自治领土通过建立主权独立国家、与一个独立国家合并或并入一个独立国家都可以说是达到了完全的自治。[①] 换言之，独立、与他国合并或成为他国之一部分都是实现自决权的形式，非自治领土人民可以自由地做出选择。1970 年《国际法原则宣言》中明确宣布：“一个民族自由决定建立自主独立国家，与某一独立国家结合或合并，或采取任何其他政治地位，均属该民族实施自决权之方式。”[②] 从国际法文件看，联合国关于西撒哈拉未来地位的选项设计，尽管有所微调，强调的重点开始倾向于“摩洛哥辖下的高度自治”，但这并未超出国际法关于自决权实现方式的规定。

其次，联合国是国家间组织，而非超国家组织，它的决议对于摩洛哥并

① Christian Tomuschat, *Modern Law of Self-Determination*, London: Martinus Nijhoff Publicachers, 1993, p. 287.

② 王铁崖、田如萱主编：《国际法资料选编》，法律出版社 1981 年版，第 7 页。

非具有直接拘束力，仅具有建议性质和敦促作用。国际法院的咨询意见支持西撒哈拉人民拥有和行使自决权，这与联合国大会的意见基本一致，成为联合国大会作出有关西撒哈拉问题决议的依据和支撑，增强了联合国大会或安理会决议的合法性与正当性。况且，联合国大会和安理会的决议，以及国际法院的咨询意见，仅仅认定西撒哈拉拥有自决权，至于西撒哈拉如何行使自决权（实现方式），以及自决结果是什么，这需要由摩洛哥和西撒哈拉进行协商。如果摩洛哥坚决反对西撒哈拉选择“独立”这一选项，联合国大会和安理会、国际法院也无能为力。换句话说，联合国和国际法院仅解决西撒哈拉行使自决权的正当性问题，而无法掌控西撒哈拉行使自决权的结果。即便是联合国设计的公投方案，对于摩洛哥和西撒哈拉来说，也仅具有建议的作用，是否被接受，还要取决于摩洛哥和西撒哈拉之间的博弈与谈判。①

（四）恰当处理谈判与公投的关系

西撒哈拉作为历史遗留问题，具有自身的复杂性。19 世纪末 20 世纪初，西班牙和法国对马格里布地区进行殖民占领时，并未将历史上同属一个国家的西撒哈拉与摩洛哥、毛里塔尼亚划归同一个国家进行殖民统治，而是由西班牙和法国按照经纬线进行分割占领，当时殖民列强根本不会考虑当地的地理和部族分布状况，这为日后争端埋下了祸根。② 二战后，这些殖民地要行使民族自决权，决定自己的未来地位，其就会遇到一个问题：这些被分割占领的殖民地是需要分别行使自决权从其宗主国下脱离出来，各自独立建国，还是先独立出来的部分不能独立建国，等待另一部分从其他宗主国下独立出来后一起独立建国，抑或先独立出来的部分先独立建国（如摩洛哥），再对其他部分（如西撒哈拉）主张领土主权，这是一个很复杂的问题。从国际法的

---

① 如果转化一个视角，或许更有助于我们理解问题的背后原因。譬如，2000 年发生的“巴黎—达喀尔汽车拉力赛事件”不仅表明西撒人民阵线力量远不如从前，内部分歧增大，而且降低了西撒人民阵线的国际信誉以及国际社会对其争取独立事业的支持。这一事件使得联合国特使贝克改变了原来的主意，决心放弃正在实施的和平计划，回到摩洛哥早先提出的“恢复政府权力”的主张，即在五年多时间内，将西撒哈拉并入摩洛哥，故其在 2001 年 5 月 5 日会晤西撒人民阵线领导高层时主张：鉴于事实上公投无法举行，建议用“与摩洛哥合并”取代公民投票，同时赋予西撒哈拉某种程度的独立，但不包括财政、国防、警察、外交等（参见陈建民:《西撒哈拉问题的现状与解决之道》，载《阿拉伯世界》2003 年第 4 期，第 4 页）。这一方案当然遭到了西撒哈拉方面的拒绝，但不难发现，联合国特使贝克的新方案也是事出有因，并不能简单地被指责为“畏惧强权，有失公正”。

② 余建华、沈跃萍:《悬而未决的西撒哈拉争端》，载《阿拉伯世界》1993 年第 4 期，第 4 页。

角度看，其没有规定得这么细化，只是原则性规定了殖民地、半殖民地、非自治地区等拥有自决权；从选项上看，仅规定有独立建国、并入他国或与他国合并等形式；从自决权的国际实践来看，也没有固定化的模式。未来问题如何解决，可能更多地取决于双方的意愿以及协商谈判。

笔者认为，未来西撒哈拉地位的僵局突破需要处理好“谈判”与“公投”的先后关系，即“先谈判、后公投”，还是“先公投、后谈判”，摩洛哥和西撒哈拉在这个问题上存有严重分歧，摩洛哥坚持前者，而西撒哈拉则坚持后者。摩洛哥认为，必须将相关问题谈妥后，确保在选项中不能有“独立”这一选项，在双方对于选举人资格、结果选项达成一致意见后，才能付诸公民投票；而西撒哈拉坚持先进行公民投票（因为各种迹象表明，它会赢得这场投票），然后在投票结果的基础上跟摩洛哥进行谈判，这样会增大西撒哈拉方面的谈判筹码。双方分别从对己方有利的角度出发，坚持各自的主张。在这种情况下，如何协调双方的冲突，就需要我们对公民投票有一个正确的认知。从法理上，公民投票是解决问题的最具合法性的手段；但事实上，公民投票只是一个解决问题的策略手段。公民投票不应取代西撒人民阵线与摩洛哥的直接谈判，双方应通过直接谈判来言明和协调彼此的立场。譬如，摩洛哥如果赢得投票，它将会采取哪些措施；西撒人民阵线如果赢得投票，它必须承诺做些什么。倘若不通过直接谈判而就这些问题达成一致，那么贸然举行公民投票，其后遗症不堪设想。比较妥善的办法是，联合国有责任让双方先通过直接谈判，达成一项政治解决方案，然后再通过公民投票来批准这一方案。[①]

六、该案例之于两岸关系的启示

西撒哈拉公投与“台独公投”在性质上是不同的，前者属于自决性公投，后者属于民主性公投。虽然两者性质不同，但这不影响前者能给后者带来某些启示。

如前所述，西撒哈拉问题本质上是战后去殖民化运动的遗留问题，其

① 陈建民：《西撒哈拉问题的现状与解决之道》，载《阿拉伯世界》2003年第4期，第3页。

政治地位公投是符合国际法上民族自决原则的正义行为。为此，联合国早在1966年联合国大会就通过了西撒哈拉去殖民化的决议，呼吁让西撒哈拉人民藉由公民投票来决定自己的未来地位；后来又为解决西撒哈拉问题先后做出过多个决议案。自20世纪60年代迄今，已愈半个世纪（即使从双方签署停火协议后拟于1992年1月举行公投算起，亦时过近30年），然而，公投事宜却迟迟无法推动。期间，联合国几任秘书长还从中斡旋了几十次，但亦收效甚微。这一状况的出现与摩洛哥的阻挠是分不开的，因为摩洛哥担心公投可能会使西撒哈拉实现独立。从法理上说，摩洛哥的阻挠行为是违背国际法的，理应受到国际法的制裁，但美国、法国、西班牙等大国均在马格里布地区有自己的利益，均站在支持摩洛哥的立场上，不希望西撒哈拉独立建国。正因背后有大国的支持，摩洛哥便无视联合国的相关决议和国际法院的咨询意见，并在西撒哈拉公投问题上态度日趋强硬，致使已预定举行的公民投票一再延宕。

从国际法上看，西撒哈拉政治地位公投是合法的、正当的；但从现实政治看，西撒哈拉自身并不具备推动公投的实力和能力，且无法从外部获得西方大国的支持，所以在实力法则面前，即使合法的西撒哈拉公投也显得无能为力。事实表明，合法性与实力的组合状况对于问题能否顺利解决至关重要。从现实看，合法性与实力的搭配组合主要有以下四种：一是最利于成功解决问题的组合，即既有解决问题的合法性基础，又有解决问题的实力；二是虽欠缺解决问题的合法性基础，但具备解决问题的实力；三是虽有解决问题的合法性基础，但欠缺解决问题的实力；四是最不容易成功解决问题的组合，即既缺乏解决问题的合法性基础，又缺乏解决问题的实力。参见下表（表1-2）。

表1–2：某一政治实体的合法性与实力搭配简表

	具有合法性	欠缺合法性
具有实力	类型①：既有合法性，又有实力	类型②：虽欠缺合法性，但有实力
欠缺实力	类型③：虽有合法性，但欠缺实力	类型④：既欠缺合法性，又欠缺实力

（资料来源：作者自制）

分析至此，自然会引出一个中国的现实问题：西撒哈拉公投案例对于海峡两岸处理未来关系有何启示或警示？

笔者认为，尽管台湾问题与西撒哈拉问题存在着重大区别，但倘若按照以上所列四种组合来分析大陆或台湾的情形，基本情况应该是：大陆属于类型①，既具有反对“台独”公投的合法性，又具有反对“台独”公投的实力。而台湾则属于类型④，既不具有发动“台独”公投的合法性，也不具备推动“台独”公投的实力。

西撒哈拉公投案例给大陆方面的启示是，两岸的实力对比，决定了大陆方面能够挫败任何形式的“台独”公投，正如十九大报告所说：“我们有坚定的意志、充分的信心、足够的能力挫败任何形式的‘台独’分裂图谋。我们绝不允许任何人、任何组织、任何政党、在任何时候、以任何方式、把任何一块中国领土从中国分裂出去！”。虽然大陆方面具备反对“台独”公投的合法性和实力，但实力仍有待进一步提升和壮大。唯有如此，才能从根本上震慑和遏制住“台独”公投之类的分裂活动。同时，大陆方面只有不断壮大自身实力，才能为未来两岸统一奠定坚实基础；没有实力作为后盾，两岸复归统一恐会遥遥无期，所以，大陆方面不断发展和壮大自我是实现国家完全统一的硬道理，也是根本保障。

西撒哈拉公投案例给台湾方面的警示是，西撒哈拉公投在符合国际法自决原则、具备合法性的情况下，只因自身缺乏应有实力，其公投迟迟难以推展。由此反观“台独”公投，其属于单方面民主性分离公投，根本不具有任何合法性。试想：西撒哈拉公投在具备合法性基础的条件下其结果尚且如此，那么，既不具有合法性又无实力支撑的“台独”公投怎么会成功呢？岛内那些一心想推动“台独”公投的分裂势力，应该从西撒哈拉公投案例中认真汲取教训，否则，继续一意孤行，到头来只会“搬起石头砸自己的脚”。

第二章　萨尔地区公民投票

德国萨尔地区的两次公民投票是国际社会典型的自决性公民投票案例，不仅反映了西方大国复杂的政治博弈，也展示了自决性公民投票行使的主体限制和特殊条件。那么，萨尔地区的两次公投发生的背景是什么？如何界定萨尔公投的性质？萨尔自决性公民投票有哪些特点？它与一般的自决性公投有何不同？这些都是我们认识萨尔公投的核心问题和基本面向。通过该案例的研究，对我们进一步认清“台独”势力主张的“台湾地位未定论”及“台独”公投的非法性，具有重要的理论和现实意义。

一、案例简介及解析

萨尔地区位于法、德两国交接的边境地带，紧邻法国的阿尔萨斯—洛林，是欧洲第二大原煤出口地。1381 年开始，除历史上两个短暂时期（即 1681—1697 年，1792—1815 年）属于法国之外，萨尔一直是德国的领土。一战后，为惩处战败国，协约国与德国于 1919 年缔结的《凡尔赛合约》规定：萨尔的行政权移交给国际联盟，由国际联盟五人委员会进行管理，为期 15 年，期满后以公民投票的方式决定萨尔的主权归属。1934 年 6 月 4 日，国际联盟行政院批准阿洛伊西委员会（the Aloisi’s Committee）提出的关于举行公民投票的建议，并成立了一个筹划、运作公民投票的机构。1935 年 1 月 13 日，在国际维和部队的监督下，萨尔地区顺利举行了第一次公民投票。此次投票总共有 527987 人参加，投票率高达 97.86%，除去无效票与空白票，共有 477089 票支持萨尔并入德国，有 2124 票支持萨尔并入法国，还有 46613 票支持萨尔继续由国际联盟管辖。从结果来看，支持萨尔并入德国的得票率为 90.36%。[①] 基于此，国际联盟行政院随后做出正式决议，宣布萨尔将于 1935 年 3 月 1 日归入德国。

二战结束后，遭受过德国入侵的法国强烈要求肢解德国，萨尔地区再次成为法国对德政策中的一个重要问题。1945 年 7 月 7 日，美国把萨尔地区移交法国。此后，法国在萨尔地区采取了一系列分离行动。萨尔地区与法国类似被保护国与保护国的关系，其日渐成为一个“半独立政治实体”。直至联邦德国成立后，其要求萨尔重新回归德国。同时，东西方对峙的日趋加剧，也促使法国做出与德国和解的决定。于是法、德两国就萨尔问题展开了谈判。1954 年 10 月 23 日，双方签署了解决萨尔问题的原则性协定，即 1954 年《萨尔法规》[②]，并达成针对新法规进行公民投票的协议。1955 年 10 月 23 日，萨尔地区就《萨尔法规》举行了公投。此次投票共计 641132 人参加，投票率为 96.7%。结果显示，反对《萨尔法规》(实际上表示赞成萨尔回归西德）的占 66.05%，达到了预先规定的 2/3 多数的门槛（具体参见表 2—1）。[③] 为此，法、德两国于 1956 年 10 月 27 日，在卢森堡签订了新的萨尔协定，约定萨尔地区分两阶段加入西德，即 1957 年 1 月 1 日完成政治上的加入，1959 年 12 月 31 日完成经济上的加入（实际提前到 1959 年 7 月 5 日）。[④]

---

① http://www.sudd.ch/event.php?lang=en&id=de011935.

② 1954 年《萨尔法规》规定：萨尔的“欧洲化”地位将置于西欧联盟的保护之下，西欧联盟理事会将选举一名欧洲长官对萨尔负责。该长官有权代表萨尔在外交和防务领域的利益，并且有权监督新的《萨尔法规》的实施。如果萨尔公民投票的结果是反对《萨尔法规》，则代表萨尔人民欲终止现行的“自治”并选择归属德国版图。参见 Jacque Freymond, *The Saar conflict, 1945—1955*, New York: F. A. Praeger, 1960, p. 171.

③ https://www.cvce.eu/obj/en-26859090-52d0-4850-9019-92748182042a.

④ 王绳祖主编:《国际关系史》(第八卷)，世界知识出版社 1995 年版，第 220 页。

表 2–1：萨尔地区两次公民投票结果数据表（1935 和 1955 年）

	选项	票数	得票率（%）
1935 年公投结果	支持萨尔并入德国	477089	90.36
	支持萨尔继续由国际联盟托管	46613	8.83
	支持萨尔并入法国	2124	0.40
	无效票 / 空白票	2161	0.41
	总计	527987	100
	登记的选民数	539542	—
1955 年公投结果	同意《萨尔法规》	201973	31.50
	反对《萨尔法规》	423434	66.05
	无效票 / 空白票	15725	2.45
	总计	641132	100
	登记的选民数	662839	—

（资料来源：作者根据 http://www.sudd.ch/event.php?lang=en&id=de011935；https://www.cvce.eu/obj/en-26859090-52d0-4850-9019-92748182042a 提供的数据整理）

从两次公民投票可以看出萨尔问题具有比较特殊的国际背景与地域特色，主要包括以下几个方面：

（一）民意倾向：影响萨尔公投结果的重要因素

从 1919 年到 1933 年十几年间，萨尔地区的归属问题实际上并非一个很大的问题。舆论普遍相信届时萨尔地区将重新并入德国，甚至有人断言公投结果将会是 95%—99% 的人支持萨尔并入德国。[①] 然而，从 1933 年 1 月希特勒上台后，萨尔问题的复杂性骤然增强，主要是因为纳粹党大肆迫害共产党人、犹太人、社会党人和天主教徒的做法，使得萨尔地区出现反对归入德国的声音，并以社会党人主办的《人民之声报》和德国难民创办的《德意志自

① C. J. Hill, 'Great Britain and the Saar Plebiscite of 13 January 1935', *Journal of Contemporary History*, Vol. 9, No. 2, 1974, p. 3.

由报》为先锋。由于他们的宣传，反对并入德国的人数比例一度高达40%。[①]最后，一面倒支持并入德国的投票结果也并不能说明萨尔民众热切渴望并入德国。因为根据当时萨尔的民意显示，萨尔的民众虽不愿意并入法国，但也担心自身难以独立于两强夹缝之中，故放弃了“独立建国”的选项，最终回归德国就成为了不得已的选择。[②]

二战期间，位于德国前线的萨尔，因拥有大型钢铁企业，成为轰炸的重点，损失惨重。死亡人数占总人口的4%，被捕人数超过总人口的10%，基本设施被毁近半，政治生活、经济生活全面停滞，陷入瘫痪，急需重建。[③]战后初期，法军取代美军进驻萨尔地区并推行各项政策，尤其注重与萨尔经济上的联合。法国承诺向萨尔提供足够的食物，使口粮的供给水平高于法国其他地区，并消除萨尔和法国之间的所有贸易限制。法萨经济联合的政策使萨尔极度低迷的经济初现复苏之色，因而饱受战争之苦的萨尔人民基于生活境况的好转并未对法国的政策表示出强烈反对。在当时法国全面掌控萨尔政治、经济、社会的状况下，萨尔人民对自身前途走向的选项仅有两项：一是支持萨尔完全并入法国，二是经济文化融入法国而政治自治。因此，初始拥有一定的社会基础并活跃于萨尔的政治力量，大都是积极推动萨尔与法国合并的团体，其中尤以“萨尔法兰西协会”与“萨尔回归法兰西运动”两组织最为知名。这两个组织的成员几乎都是昔日流亡法国的萨尔人，不仅长期接受法国及西欧政治思想的熏陶，而且其中很多人士拥有法国国籍。在法国的支持下，两组织积极推动萨尔并入法国的行动。之后，随着萨尔的政治、经济和社会秩序逐渐正常化，萨尔人民的实际需求发生变化，不再仅限于经济层面，同时也希望获得更多的政治权利。法国合并萨尔的可能性在国际各项主客观因素影响下逐步降低。这就导致两个主张法萨合并的团体因逐渐失去社会基础而式微，主张萨尔政治上自治，经济文化上与法国紧密结合的力量渐渐获得更多民意支持。

1946年底，萨尔地区的军事政府批准萨尔基督人民党与萨尔社会民主

---

① 梁占军:《1935年萨尔全民公决与英国外交》，载《史学月刊》2004年第11期，第76页。

② 杜子信:《萨尔问题及其公民投票的省思》，载陈隆志、陈文贤主编:《国际重要公民投票案例解析》，台湾新世纪文教基金会、台湾联合国研究中心2010年版，第142—144页。

③ Paul Preston and Michael Partridge, ‘British Documents on Foreign Affairs : Reports and Papers from the Foreign Office Confidential Print, Part Ⅳ, from 1946 through 1950’, *Series F Europe 1947,* Vol. 7, 2001, pp. 264-265.

党的组党申请，不久又批准成立成立萨尔民主党。1947 年 10 月 5 日，萨尔举行了战后的第一次议会选举。法国支持的萨尔基督人民党取得胜利，其党主席约翰内斯·霍夫曼（Johannes Hoffmann）出任萨尔政府的最高首长。在 1947 至 1955 年执政期间，霍夫曼政府坚持的萨尔方案一定程度上符合法国的主张。执政初期，除共产党以外，并没有其他真正反对其萨尔方案的势力存在，极少数政治异议人士也被驱逐出境，而且萨尔人民的结社、集会、游行及组党权利都受到限制，人民仅享有非常有限的民主自由权利，政坛上对萨尔国际地位及前途走向方面的讨论呈现一言堂情形。[①]1949 年 9 月，德意志联邦共和国建立后，霍夫曼政府为了继续保持萨尔的“自治”，一方面，分别在 1950 年及 1953 年两度与法国签署“法国—萨尔协议”，以期与法国建立更紧密的经济文化交流，凸显萨尔的“自治”地位；另一方面，通过多种措施阻挠亲德势力的壮大，如禁止并取消萨尔民主党，驳回亲德的基督民主联盟及德意志社会民主党的组党申请等。[②] 霍夫曼政府的政治高压政策引发萨尔人民的不满，在 1952 年的议会选举中，萨尔基督人民党仅险胜对手获执政连任，而三个被禁的政党组成的反对势力都获得了 24.5% 的得票率，萨尔民意逐渐发生变化。1955 年 9 月 4 日，三个亲德党派（萨尔基督教民主联盟、德国社会民主党萨尔分支和已经恢复活动的萨尔民主党）组成祖国联盟呼吁萨尔民众：“坚定不移地投身祖国，在萨尔保持德国文化，并同任何篡改民意的企图作斗争”，亲德派领袖休伯特·奈（Hubert·Nye）宣称，“萨尔本地居民赞成法规者，即自绝于民族和乡土，背弃祖国的信念，是卖国贼”。公民投票一周前的 10 月 14 日，祖国联盟再次呼吁波恩援助，以使萨尔与德国重新统一，并且提出“两个地区之间削减关税，改善通讯联络，增进文化交流，并在全德事务部设立萨尔委员会，对萨尔与德国重新统一的有关问题进行调查研究”。[③] 亲德势力竭尽全力引导主流民意逐步转向支持回归德国。

除了上述因素的影响，萨尔地区的主流民意的转向还受到历史、文化等方面因素的影响，主要包括以下几个方面：

---

① 杜子信：《萨尔问题及其公民投票的省思》，载陈隆志、陈文贤主编：《国际重要公民投票案例解析》，台湾新世纪文教基金会、台湾联合国研究中心 2010 年版，第 148 页。

② 杜子信：《萨尔国籍投票的分析》，载《新世纪智库论坛》2010 年第 49 期，第 56 页。

③ ［英］杰弗里·巴勒克拉夫，雷切尔·F·沃尔：《国际事务概览（1955—1956 年）》，陆英等译，上海译文出版社 1985 年版，第 129 页。

第一，宗教因素。萨尔人民大多数是虔诚的天主教徒，约占人口总数的70%，分别归特利尔（Trier）和斯佩耶尔（Speyer）两大主教区管辖。其中，特利尔主教区占萨尔的五分之四，对萨尔人民的影响力很大，而斯佩耶尔主教区地域范围较小，影响不算太大。这两个教区都在德国境内，因此两大教区的主教均反对萨尔从德国分离出去，也坚决反对萨尔并入法国。为实现萨尔的"自治"，法国及萨尔自治当局曾派出宗教人士前往梵蒂冈，"请求梵蒂冈承认萨尔独特的政治地位"，[①]将萨尔主教区同德国本土的主教区分离，并在萨尔创立独立的萨尔主教区。法国的这种做法遭到了管辖萨尔的主教区主教们的抵制。特利尔教区主教宣称，反对任何将萨尔从德国分离出去的政策。梵蒂冈不同意萨尔教区从德国分离出去，表示在最终确定边界调整前，反对任何临时性质的教区边界调整，主张保持原有特利尔教区的完整版图。在政策主张上，萨尔教区主教及神职人员与霍夫曼政府也是基本对立的。1952年11月19日，主教巍尔（Wehr）发表了一封公开信，谴责"萨尔当局拒绝成立亲德政党的政策"。[②]

第二，国家认同因素。在萨尔出生的人口占住民总数的83%，他们从出生就是德国人，具有"在一个德意志民族环境下的共同认同感"。[③]萨尔当局官员也只是在经济上比较支持与法国联合，并不支持在政治上与法国联合，并认为如果萨尔要在政治上融入法国，还需要许多年的时间，同时他们认为"高达90%的萨尔人民会支持法萨经济联合，而且有同样多的萨尔人民反对法萨合并"。[④]相比之下，萨尔的亲法人数较少，并且在萨尔未来政治地位问题上还存在分歧，一部分倾向于政治、经济上都并入法国，一部分人更倾向于萨尔实现"自治"。法国经济政策的利好只能换取萨尔人民对法萨经济联合的共识，尚不能得到对法萨政治联合的认同。除此以外，因德国引发战争给法国人带来的痛苦所留下的深深烙印，致使他们还没有准备好向萨尔人提供与法国人所享有的同等政治权利。法国在制定萨尔政策时并没有将萨尔人民

---

① O. Roegele, 'Aspects of the Saar problem', *The Review of Plititics*, Vo1. 14, No. 4, 1952, p. 90.

② Jacque Freymond, *The Saar conflict,1945—1955*, New York: F. A. Praeger, 1960, p. 117.

③ Stefan Wolff, *Disputed Territories: The Transnational Dynamics of Ethnic Conflict Settlement*, New York: Berghahn Books, 2004, p. 88.

④ Paul Preston and Michael Partridge, 'British Documents on Foreign Affairs: Reports and Papers from The Foreign Office Confidential Print, Part Ⅳ, from 1946 through 1950', *Series F Europe 1947,* Vol. 7, *Austria, General Europe and Germany, Jan. 1947—Dec. 1947*, University Publications of America, 2001, p. 26.

当作法国人，甚至仍然将萨尔人民当作德国人，例如，萨尔人民的法国护照上印有“Sarrois”的标记。[①] 当萨尔和法国本土的利益发生冲突时，法国采取的举措大多是倾向本土的，甚至是选择牺牲萨尔的利益。因此，是法国而非萨尔的政治经济利益在决定萨尔贸易分布上起着主导作用。法国推动萨尔经济重建的前提依旧是能否与其国家利益相契合。这种做法更激发了萨尔人民对国家认同和民族主义的强化，其不利于法萨政治联合的进一步发展。

（二）萨尔问题上的法德博弈

作为主要利益攸关方的法、德，在萨尔问题上的立场有些对立。法国的主张侧重“安全”，希望尽可能削弱德国、肢解德国，并得到萨尔的主权，最低限度是实现法萨经济联合。决策主要基于两个方面的考量：一方面，是基于自身经济发展的考虑，因萨尔拥有丰富的煤炭资源，是西欧第二大原煤出口区，并利用洛林的铁矿石，建有大型钢铁联合企业，成为西欧重要的钢铁工业基地，不仅能够平衡法德的工业实力，还可以为法国经济的发展输送动力；另一方面，是基于自身安全的考虑，萨尔的煤钢资源可以为德国再度发动战争提供强大的能源支持，控制萨尔成为法国遏制德国战略的重要一环。而身为战败的一方，德国很难在大国的协商中拥有话语权，只能借助与萨尔的历史联结关系巩固其影响力，并透过外交手段在复杂的欧洲政治生态中争取更大利益。法德在萨尔问题上的博弈过程具体参见下表（表 2–2）：

① M. June Boeckman, Manfred Halpern, and Arnold H. Price, *The Present Status of the Saar*, 1 Doc. and St. Papers, 1948, p. 446.

表 2–2：法德两国围绕萨尔问题的博弈过程简表

	法国		德国	
	时间	博弈	时间	博弈
一战后	1919 年 1 月 18 日	巴黎和会上，法国提出肢解德国，侵占萨尔的要求。	1919 年 5 月	因《凡尔赛合约》的苛刻，德国民众强烈愤慨。几乎所有的德国政治派别都要求拒绝签署。
	1934 年 9 月 27 日	法国外长巴都在日内瓦表示，如果萨尔警察力量不足，法国政府愿意出动军队帮助维持萨尔公决期间的社会秩序。①	1933 年 1 月 30 日	希特勒上台后，在萨尔鼓励狂热的民族主义，并采取恐怖活动打击反对回归德国的力量。
二战后	1945 年 7 月 10 日	法国军政府接管萨尔所有管理事务，开始推行“既成事实”的政策。	1949 年 5 月 23 日	德意志联邦共和国(FRG)宣告成立，并开始对法国的单边行动进行反制和制约。
	1945 年 9 月	在美、苏、英、法四国外长会议上，法国首次公开提出萨尔经济上与法国合并，政治上与法国保持特殊联系。②	1949 年 10 月 7 日	民主德国政府宣告成立，战后德国分裂的局面至此完全形成，一定程度上降低了西方国家遏制、防范德国的必要性。
	1946 年 2 月 12 日	法国将萨尔区脱离德国法占区的照会呈递盟国。③	1949 年 10 月 31 日	德国加入了欧洲经济合作组织（萨尔已在法国的支持下成为该组织的非正式成员），其战略地位提升。

① E. L. Woodward and Rohan Butler, eds., *Documents on British Foreign Policy,* London: H. M. Stationery Office, 1956, p. 134.

② 陈乐民著:《战后西欧国际关系（1945—1984）》，中国社会科学出版社 1987 年版，第 31 页。

③ 这一举动给正在筹划联邦德国政府的英美两国带来困扰，因为萨尔的分离不仅会影响联邦德国政府的成立，还会涉及德国工业化标准和赔款问题。

续表

二战后	1946 年 9 月	法国允许萨尔进行市级的议会选举，之后支持亲法政党获得执政权。	1950 年 3 月 3 日后	联邦德国总理阿登纳通过多种方式提醒盟国，法国的行为已引发德国极端民族主义者的不满，恐诱发联邦政府的执政危机。
	截至 1946 年 10 月	法国在萨尔扶植亲法政党，法国对萨尔四个政党予以认可，包括萨尔基督教人民党、萨尔社会民主党、萨尔共产党和萨尔民主党。①	1951 年 3 月 4 日	联邦政府总理阿登纳发表关于萨尔协定的声明，对其表示强烈反对。
	1947 年 3 月 10 日	在美、苏、英、法四国外长会议上，法国提交了一份重申法国在萨尔主张的备忘录。②	1951 年底	联邦德国加紧与萨尔反对派联络。
	1947 年 5 月 23 日	成立萨尔宪法委员会，起草萨尔宪法。③	1952 年 1 月 27 日	因法国设驻萨尔大使一事，阿登纳发表联邦政府新闻公告以加入共同防务的考虑为筹码表达不满。
	1948 年 3 月 30 日	成立法国和萨尔区的关税同盟。	1952 年 2 月 2 日	在联邦德国支持下，德国基督教民主联盟在萨尔建立分部，名称为萨尔基督教民主联盟。④

① 这四个政党的主张或多或少都与法国的萨尔政策相一致。萨尔基督教人民党完全支持在经济上同法国合并、在政治上脱离德国且倒向法国的政策。萨尔社会民主党支持经济上与法国合并，政治上脱离德国但不倒向法国，而是更倾向于自治。萨尔共产党支持经济上与法国联合，但反对政治上脱离德国。萨尔民主党与法国的政策相悖，但影响力相当小。

② 该备忘录声称萨尔将从管制委员会移出，萨尔居民获取单独的公民权地位，法国负责萨尔的外交事务，一个法国高级专员将领导在普遍、秘密选举基础上的法律实体和政治实体。

③ 宪法规定了萨尔应脱离德国，在经济上和财政上与法国联合起来；政治上实行自治；防务和对外关系由法国掌管。法国政府的代表被授予广泛的权力，可以禁止任何危害宪法或法国与萨尔之间关税同盟的立法。

④ 它的支持者不仅包括萨尔反对派，还包括萨尔主教区主教们和神职人员，其政策主张与基督教人民党基本对立。

续表

二战后	1948 年 4 月 1 日起	萨尔区与双占区之间的贸易按对外贸易处理，萨尔区已全面脱离德国，并入法国。	1953 年 2 月 29 日	康拉德·阿登纳（Konrad Adenauer）致函欧洲委员会，指出萨尔没有真正的基本自由。
	1951 年 1 月 1 日	“法国—萨尔协定”正式生效。	1953 年 4 月 23 日	联邦议院发表声明重申萨尔是德国的领土。
	1952 年 1 月 25 日	法国政府任命驻萨尔大使，在外交上承认萨尔国家实体的身份，以达到进一步分离萨尔的目的。	1955 年 9 月	联邦德国在临近萨尔的莱茵—法尔茨州设有领导中心专门支持反对《萨尔法规》的运动。
	1952 年 3 月	法德双方进行长达 8 个月的谈判，因无法在经济上达成共识而最终宣告失败。		
	1954 年 10 月 23 日	法德签署《萨尔法规》确定“萨尔将置于欧洲联盟结构中的《萨尔法规》之下；在公民投票批准这一法规之后直至缔结和平条约，不得触动这一法规”。[①]		

（资料来源：作者自制）

法、德两国在萨尔问题上的不同政策，对公投结果产生了重要的影响。一战后，萨尔表面上被委托给国际联盟管理，成为一个相对“自治”的政治实体，但管理权实质上由法国掌控。一是因为国际联盟所任命的“萨尔委员会”运转高效但不民主，且联盟主席是法国人，握有较大的决策权，其主要任务是满足法国的工业需要和传播法国的社会价值观；[②] 二是因为萨尔高层行政官员、重要工业、矿业等领导人都由法籍人士担任。在法国政府的支持下，法籍主席主导委员会决策，凭借各类机构的制度性安排及驻扎在萨尔全境的法国驻军大幅限制萨尔人民的政治权利，如取缔人民自由集会、游行等权利，萨尔人民沦为二等公民。这种高压政策不仅没能使萨尔逐步融入法国，反而引发萨尔人民的不满。相对地，尽管纳粹德国的恐怖活动也使民意有过波动，但最终大部分萨尔人还是倾向回归德国。

① 周琪、王国明主编:《战后西欧四大国外交（1945—1988）》，中国人民公安大学出版社 1992 年版，第 284 页。

② C. J. Hill, ‘Great Britain and the Saar Plebiscite of 13 January 1935’, *Journal of Contemporary History*, Vol. 9, No. 2, 1974, p. 121.

二次世界大战结束后，法国在其吞并萨尔的意图遭到盟国反对的情况下，开始调整政策，搭建萨尔与法国的经济文化共融圈，主要包括:（1）推行“既成事实”的治理方式，扶植一个“自治”的萨尔政府;（2）成立萨尔宪法委员会，草拟宪法，为萨尔的“自治”构建法理基础;（3）给予萨尔人民一定的选举权，规定议会由选举产生，实行内阁制。但是，从政党政治的发展、言论自由的尺度及自治政府的运作等方面都可以看出萨尔人民所享有的仅是有限的政治参与权，[①] 加上霍夫曼政府与法国基于自身利益的考虑在维持萨尔“自治”政策上达成一定程度的战略共识，而采取亲法的政策，并制定许多限制公民权利的法令，引发萨尔人民的不满。在 1952 年底的萨尔议会选举中，霍夫曼政府仅取得刚过半数席次的选举结果。该结果表明，萨尔的主流民意已出现反弹趋势。1947 年、1952 年两次议会选举结果均显示法国政府与霍夫曼政府高估了萨尔民意对他们的支持。同时，德国方面，因战败国身份，只能采取较为远程或隐性的方式影响萨尔民意，但对于萨尔的归属从未妥协。1955 年 5 月，西欧联盟根据《巴黎条约》的相关规定正式接手筹备萨尔人民投票的相关事宜，并督促萨尔霍夫曼政府修改有关法令，保障萨尔人民的民主自由权。在萨尔人民获得政治权利后，由霍夫曼政府与法国支持的主张“自治”阵营与由德国支持的主张重归德国阵营，在公投筹备与初始阶段就因立场南辕北辙进行了激烈的对抗。双方皆以捍卫己方意识形态而采取情绪化及负面操作方式攻讦对手，赞成《萨尔法规》的支持者被批判为“分离主义者”及“卖国贼”，而反对《萨尔法规》的人士则被谴责为“国社党人”及“纳粹分子”，整个萨尔社会呈现撕裂状态。最终的选举结果表明主流民意再次倒向重归德国。

（三）英、美、苏三国在萨尔问题上的立场和态度

基于地缘、历史等因素，萨尔成为战后大国的重要角力场。英国历来采取的都是均势外交政策。一战后，战败的德国已经失去了与英国争夺欧洲霸主的可能；而法国作为《凡尔赛合约》的最大受益国，俨然变成最有实力与英国争夺霸权的大陆国家。在战后的新形势下，英国希望扶植德国成为制约法国称霸的重要力量，反对过分削弱德国，以保持欧洲大陆的相对均衡。在

① 杜子信:《萨尔问题及其公民投票的省思》，载陈隆志、陈文贤主编:《国际重要公民投票案例解析》，台湾新世纪文教基金会、台湾联合国研究中心 2010 年版，第 146 页。

萨尔问题上，英国仅对法国的主张给予有限支持，并向其施加了必要的压力。“鲁尔危机”后，作为欧洲政治主导者的英国将德国整合到西方大国的政治版图与经济网络中，以制约法国，隔绝苏联，促进欧洲经济复兴作为当时外交政策的主轴。从 1933 年 10 月德国宣布退出裁军大会和国际联盟之后，英国就一直希望能够劝说德国重新回到谈判桌，英国人相信，“只要德国还置身国际联盟以外，就不会存在确立和保持欧洲和平的真正基础”[①]。德国将萨尔问题的合理解决作为恢复谈判的前提，借此英国希望通过萨尔问题的解决促成德国早日恢复与英法的裁军谈判。而在一战后，实力大增的美国为了争夺战后的领导权，也将处理战后德国问题作为主要的着力点之一，企图打破一直由欧洲列强主宰的国际格局。出于制衡英法，维护战后欧洲稳定的目的，美国反对过分削弱德国，且支持德国平等地加入国际社会。因此，美国强烈反对法国对萨尔主权的主张，且以民族自决原则来增加其主张的合法性。对德战略构想在“巴黎和会”上受挫后，美国开始调整其欧洲战略，一是恢复了对欧洲的孤立主义外交，二是主导战后德国赔款问题的解决，以稳定欧洲的政治经济形势，实现经济扩张。

显而易见，英国在法国对德政策上的态度是矛盾的：一方面，拉拢法国，希望其在战后德国的问题上发挥更积极的作用；另一方面，不赞同法国对德国过于严苛的处理方式，希望保留一个较为完整的德国。美国在战后初期主张严厉惩处德国，后调整为选择保留性支持法国的萨尔政策，同意萨尔在政治上脱离德国，在经济上与法国联合，但萨尔领土的最终政治地位将留待对德最后和约时解决。之后，国际形势发生新的变化。实力逐渐增强的苏联不仅成为唯一可以与美国对抗的超级大国，而且也不断加紧在欧洲的扩张，这一变化引起以美国为首的西方国家的恐慌。基于现实需要，美国转而设想建立德国中央政府，复兴西占区的德国，将其打造为抵御苏联的前哨战。显然，这与法国肢解德国，反对建立任何形式德国联邦政府机构的主张相矛盾。为了整合西欧共同对抗苏联，美国希望取得法国的支持并促成法德和解。于是，美国借助马歇尔计划加大了对法国的援助，作为回报，法国最终同意英美重建德国经济的要求。此后东西方对抗的日趋严峻化，再次使英美认识到武装联邦德国，增强西欧防务力量的必要性。随后，英美向法国施压，希望促成

---

① Nicholas Rostow, *Anglo-French Relation,1934—1936*, New York: St. Martin's Press, 1984, p. 49.

法德和解，共建欧洲一体化，加之法国也希望能够借助欧洲一体化的多边架构去约束和牵制德国，并做出集体安全的重要性远远超过归并萨尔的评估结果，权衡利弊之后终于在萨尔问题上让步，以和解替代复仇。

二、关于该案例两次公投的解析

（一）公投启动：大国协商谈判的结果

萨尔两次公民投票的启动都是被动的，是大国协商谈判的结果，合法性来源分别为1919年《凡尔赛和约》和1954年法德《萨尔协定》的有关规定，其投票结果受到国际法及国际社会的认可和保护。

萨尔公民投票缘于德国的战败，是两次世界大战处理战败德国政策的一部分。古代和近代的战争赔偿大多具有惩罚战败者的性质，战争赔偿的数额取决于战胜者的自由意志，多少带有任意倾向。在战胜者看来，战争赔偿的法理基础就是胜利者的权利，该权利基本无需论证。[①] 因此，萨尔居民在公民投票发起中的作用是相对被动的，并不具有主动选择的权利。在国际法上，民族自决权着重体现其人本价值，但萨尔问题的解决及其公民投票的举行却取决于各国的政治博弈。即便如此，萨尔人民在最终投票中还是起到了决定性的作用。投票在国际组织的监督下进行，其结果比较真实地反映了萨尔的主流民意，受到国际法与国际社会的承认与保护。

由国际联盟介入的萨尔第一次公民投票和由联合国介入的萨尔第二次公民投票，其启动依然以大国的政治利益分配为考量关键。整个过程展现的不仅是反对异族统治的民族主义，更多的是上演了大国之间复杂的利益博弈。一战后，萨尔公民投票的运作既成为平衡法国与英美等战胜国分配战后利益的杠杆之一，使法国不会获利过多，成为威胁英美统治地位的对手，也不至

① 在有的和约中只是偶尔被论证为以弥补战争消耗或总体损失为目的的偿付。例如，1866年8月13日普鲁士和符腾堡间的和约规定："符腾堡国王陛下有义务在两个月内支付800万古尔登，以部分补偿普鲁士的战争消耗。" 而1871年《德法和约》则简单宣称："法国应向德意志皇帝陛下支付50亿马克款项。" 转引自苑爽：《两次世界大战后美国处理德国战争赔偿问题的政策演变》，华东师范大学人文学院历史系世界史专业博士学位论文，2008年6月，第1页。

于获利过少，以影响盟国的团结；又成为平衡法德之间实力的杠杆之一，使法国得到一定的战争赔偿，又使德国保留了复苏的潜力，避免被彻底肢解。而二战后，萨尔问题的解决因纳粹德国崛起的前车之鉴及东西方对峙加剧的影响更具复杂性。萨尔问题再次成为大国间协商的焦点，并且成为法国与联邦德国谈判的重要筹码之一。自决性公民投票是法德之间难以达成共识的情况下，相互妥协的产物，一方面增强大国政治博弈结果的合法性，另一方面以法律的方式平息双方或多方的不满与争议，也便于执政党将萨尔政策失败的责任推给萨尔的民族主义。

（二）公投性质：自决性而非民主性公投

公民投票有两种基本形式：民主性公民投票（referendum）和自决性公民投票（plebiscite）。[①] 自决性公民投票通常是指创设领土边界以实现独立建国或决定领土归属以合并到他国的公民投票，适用范围一般是殖民地、被压迫民族或被外国占领的地区；而民主性公民投票通常是指在一个主权国家的既定疆域中，人民对全国性或地方性重大事务进行集体表决的公民投票。[②] 从萨尔地区两次公民投票的情形看，它们均属于自决性公民投票，这主要是由萨尔的法律地位所决定的。众所周知，1920—1935 年之间的萨尔领土管理是根据《凡尔赛条约》，由代表国际联盟的国际管理委员会被委托行使原属于德国政府的所有权力，包括任命和解职官员，以及设立其认为必要的行政和代表机构。因此从法律地位上看，萨尔属于托管地。

二战后，在 1945 年 2 月召开的雅尔塔会议上，英、美、苏三国达成了肢解德国的共识，但没有制定具体的肢解方案，而在之后 7 月的波茨坦会议上，三国不再热衷讨论肢解德国的问题，也未对战后德国政治安排制定相应的政策，仅在最后的公报中提及“在占领期间，应视德国为一个统一的经济整体”[③]，以便盟国间协调对德经济政策与赔款问题。1945 年至 1956 年，萨尔作为法国的占领区，经济上与法国合并，政治上与法国保持特殊的政治关系。对于萨尔的政治地位问题，联邦德国政府根据 1945 年 6 月 5 日签署的

① 关于两种公投形式的详细界分，请参见王英津著:《自决理论与公民投票》，九州出版社 2007 年版，第 219—221 页。

② 王英津著:《自决理论与公民投票》，九州出版社 2007 年版，第 214—215 页。

③ ［苏］萨纳柯耶夫、崔布列夫斯基编:《德黑兰、雅尔塔、波茨坦会议文件集》，生活·读书·新知三联书店 1978 年版，第 511 页。

《关于击败德国并在德国承担最高权力的宣言》主张，德国并没有像1937年12月31日那样失去领土主权，德国边界仅是用来划分占领区的，不应作为德意志联邦共和国管辖权超出领土范围的法律依据。[①]联邦政府有权利和有义务维护德国的整体权益，只有通过和平条约才能改变德国的领土地位。因此，1951年5月29日，德意志联邦共和国总理阿登纳（Adenauer）致信联合国高级专员主席麦克洛伊（McCloy）提及，联邦政府已在一份说明中抗议了1950年3月3日法国与萨尔领土协定的缔结，并于1951年2月9日的照会中，要求联合国高级委员会密切关注萨尔政府的驱逐措施，保障萨尔地区任何居民都不会受到迫害，报复或歧视。[②]同时，表态在没有将萨尔与德国的其余领土进行政治分离的前提下，法国将萨尔纳入自己的海关和货币领域的举动是不能被所有西方盟国接受的。萨尔宪法的序言确实包含有关与德国政治分离的条款，但没有母国最高立法机构通过的这项决议是不能根据国际法或宪法的规定对德国产生影响的。英、美、法三国政府也认可这一点，并多次向联邦政府保证，萨尔问题的最终解决将通过和平协议的方式。[③]法国为了更有效地维护其在萨尔的经济地位，它希望借助国际宪章、宪法等来确保其“既成事实”的地位，并推动与萨尔的政治同化。1947年，法国军政府开始建立萨尔自治的法律基础，起草宪法。该宪法需经过法国的最终批准而非德国，适用范围仅限萨尔地区而非法国其他地区，宪法序文明确规定了萨尔地区的国际地位，尤其是与法国的关系：萨尔独立于德国，法国接管萨尔地区的外交、防卫与代理权，萨尔实行法国有关关税和货币流通的法律规定，任命法国代表负责颁布维护经济联盟的法令，并对执行章程进行监督。从法律上，萨尔成为法国占领区的一个区域，[④]法国在萨尔的基本权力被重新界定，其对萨尔的控制权也从军政府转移给法国高级专员。但法国在与萨尔政治的同化方面却实难取得较深入的进展。

萨尔人民的两次投票均是一个被分裂、被异族统治的民族对是否愿意接受分裂现状所进行的表决，其是国际社会典型的自决性公投案例。因此，萨

---

① *Documents on the Saar,* Office of the U.S. High Commissioner for Germany, September 1, 1951, pp. 304-307; *Does. on Int'l Affairs*, 1951, pp. 244-248.

② Western Frontiers of Germany: *The Saar*, 3 Dig. Int'l L., 1964, pp. 406-408.

③ Western Frontiers of Germany: *The Saar*, 3 Dig. Int'l L., 1964, pp. 408-409.

④ Western Frontiers of Germany: *The Saar*, 3 Dig. Int'l L., 1964, pp. 395-396.

尔的两次公民投票符合自决性公民投票特定的适用范围、原则及合法性条件，其投票结果也应受到国际法和国际社会的承认与保护。

（三）公投类型：自决性公投中的领土归属性公投

涉及领土变更的自决性公民投票主要有两种基本类型，即领土归属性公民投票和领土独立性公民投票。所谓归属性公投是指国际法承认的特定条件下，某一领土上的居民通过投票来决定该领土的归属。由于历史原因，当一个地区的主权归属出现争议时，采取该地区居民公决是解决问题的选择之一。[①] 领土独立性公民投票是指原殖民地和其他被压迫民族的人民根据民族自决权原则在争取独立的过程中通过公民投票来和平地实现独立建国。[②] 两者的区别主要表现在：一是公民投票的选项不同，归属性公民投票主要解决的是地区主权的归属问题，选项设计多为加入 A/ 与 A 合并，加入 B/ 与 B 合并，而独立性公民投票主要解决的是地区是否独立，拥有领土主权的问题，选项设计多为独立，不独立；二是是否成立新的国家，归属性公民投票不会诞生新的国家，只可能会改变主权国或宗主国的领土范围，而独立性公民投票可能会出现新的国家。在国际实践中，独立性公投的数量比归属性公投的数量要多。

从历史上看，萨尔地区原本并不属于法国，两次世界大战后，法国对萨尔也仅是占领，并没有获得萨尔的领土主权，因此萨尔回归德国并没有损害法国的主权和领土完整，法国也就不具备否决萨尔领土变更的最终权力。由此可知，基于大国博弈和协商下的两次萨尔公投，是关涉领土主权归属的自决性公投。该类公投通常针对的是一些有主权争议的地区，但这种主权争议的地区必须是托管地或占领地等具有殖民地性质的地区，这是得以举行领土归属类自决性公投的根本前提。对于一般意义上的领土争议，国际上的通行做法是由当事方协商谈判解决，几无诉诸公投的先例；即便有，其与此类自决性公投的性质也并不相同。从实践中来看，领土归属公投属于自决性公投中的极少数。当然，历史上不乏有一些地区也是通过公民投票来决定其归属的。

---

① 王英津：《国际法上自决性公民投票刍议》，载《国际关系学院学报》2009 年第 1 期，第 51 页。

② 王英津著：《自决理论与公民投票》，九州出版社 2007 年版，第 225 页。

三、该案例并非“台独”势力援引的例证

萨尔公投不能成为其他国家内部某一地区或民族进行分离运动的佐证。我们注意到，某些“台独”势力为求得从中国分离的“合法性”，无所不用其极，不仅搬出“台湾地位未定论”，还牵强地将台湾与萨尔或其他行使自决权的地区（或民族）混为一谈，试图举行“台独”公投。为揭示这些论调的错误之处，笔者在此作如下分析：

台湾的主权归属问题早在1945年日本战败后，就已得到解决。台湾问题的实质是两岸围绕着中国代表权引发的争议，而非台湾的领土主权是否属于中国的争议。后者是“台独”对历史的歪曲，既不符合历史史实，也不存在法理依据。所谓的“台湾地位未定论”，是由美国最早提出的。朝鲜战争爆发后，美国总统杜鲁门下令第七舰队侵入台湾海峡，出于替自己的侵略行为作辩护，1950年6月27日，美国总统杜鲁门发表声明：“台湾未来地位的决定必须等待太平洋安全的恢复，对日和约的签订或经联合国考虑。”[①] 该论述与《旧金山对日和约》如出一辙，强调日本根据《开罗宣言》和《波茨坦公告》放弃对台湾的权利，但没有明言将其归还中国，所以台湾的主权地位是不确定的，需要未来太平洋秩序恢复后再重新确定。20世纪90年代，这一论调被岛内“台独”势力所利用；尤其在2003年台湾“公民投票法”生效后，“台独”势力又将该论调作为“台独”公投的法理依据。“台湾地位未定论”是错误的，萨尔公投也不能作为“台独”势力援引的案例。

第一，该论调所依据的《旧金山对日和约》（1951年）是非法无效的。这主要是因为以下几个方面的原因：

首先，该和约由美国一手炮制，并将在对日作战中作用最大的中国排除在和约的缔约国之外。1950年10月26日，美国政府提出一份关于对日和约问题的备忘录，其中提出缔约国家是所谓“任何或一切愿意在所建议的和可能获得协议的基础上缔约的对日作战国家”，而并不以对日作战为前提。对于

① 朱松岭、许崇德、易赛键:《“法理台独”理论根源之批判》，载《福建师范大学学报（哲学社会科学版）》2010年第3期，第7—8页。

此备忘录，中国外交部长周恩来代表中国政府发表严正声明，“中华人民共和国中央人民政府是代表中国人民的唯一的合法政府，它必须参加对日和约的准备、拟制与签订……对日和约的准备和拟制如果没有中华人民共和国的参加，无论其内容与结果如何，中央人民政府一概认为是非法的，因而也是无效的。”[①]1951 年 9 月 8 日，在美国操纵下，旧金山对日和会的 49 国与会代表（除苏联、波兰和捷克外），签订了《旧金山对日和约》。9 月 18 日，周恩来外长代表中国政府发表声明指出：没有新中国参加的对日单独和约“是非法的，无效的，因而是绝对不能承认的”[②]。《旧金山对日和约》作为终战合约，其目的是结束日本与诸国的战争关系，而中国、印度、缅甸等对日作战国家却被排斥在会议之外，苏联、波兰等国拒绝签字，显示出合约的片面性与不完整性。另外，“条约不约束第三方”的原则（或称“条约相对效力原则”），指出条约在原则上只对缔约国有拘束力，对第三国是它国之间的行为，既无损也无益。根据《维也纳条约法公约》第 2 条第 1 项第 8 款明文规定，“第三国是指非该约当事国的国家，当事国是指同意承受条约拘束及条约对其生效的国家。”就《旧金山对日和约》而言，中国是第三国，由于受到排斥，未能参与缔结该约，该约无权对于中国的领土主权进行处分。因此，《旧金山对日和约》涉及台湾归属问题的规定，对于中华人民共和国不具备法律拘束力。

其次，《旧金山对日和约》违背了已签署的多边国际条约对于台湾归属的认定。1941 年 12 月 9 日，中国政府已在《中国对日宣战布告》中宣布“一律废止”中日条约，其中包括割让台湾的《马关条约》。根据国际法中的战争法规则，战争开始，关于战争或中立的条约立即生效。《中国对日宣战布告》生效，而《马关条约》自然废止，日本侵占台湾的法律依据不复存在。[③]1943 年 12 月 1 日，中、美、英三国发布了《开罗宣言》。这是涉及台湾归属问题的第一个多边国际条约，界定了日本侵占台湾的非法性，[④]其中明确规定将日本自甲午战争以来窃取的中国领土如台湾澎湖等地归还中国，并否定了《马关条约》，在领土问题上认可中国废止中日条约的宣战公告。1945 年 7 月 26

① 《周恩来外长关于对日和约问题的声明》（1950 年 12 月 4 日），载田桓主编：《战后中日关系文献集（1945—1970）》，中国社会科学出版社 1996 年版，第 89—91 页。

② 田桓著：《战后中日关系文献集（1945—1970）》，中国社会科学出版社 1996 年版，第 103—104 页。

③ 郑昱：《台湾问题的国际法辨析》，载《中山大学学报论丛》2004 年第 6 期，第 146—147 页。

④ 张久营、孔令德、寇子春：《从〈开罗宣言〉、〈波茨坦公告〉两个国际法文件看台湾地位——兼批在台湾地位问题上的种种“台独”谬论》，载《资料通讯》2005 年第 7、8 期，第 15 页。

日，《波茨坦公告》(《美、中、英促令日本投降之波茨坦公告，美国、中国、英国政府领袖批准》）发布，公告将《开罗宣言》列为日本无条件投降必须遵循的重要规定之一，使台湾等被日本窃取的全部中国领土主权归还中国得到又一国际条约的进一步认定，同时明晰地列举了日本战败后其领土主权的范围。[①]《开罗宣言》和《波茨坦公告》的缔约国中、美、英、苏均为反法西斯战争中最主要的国家，两者均属于严肃的国际法律文书，表明缔约国以庄严条约的形式，对台湾归还中国作了具有国际义务性质的认同和承诺。根据国际法的规定，确定一个文件是否具有条约的法律性质，最有决定性的因素“是它是否意图在各缔约国间创设法律权利和义务”[②]。《开罗宣言》和《波茨坦公告》均明确表示各缔约国一致承担的国际责任，并且不仅仅是“关于原则和政策的一般性声明”，而是对“法律义务”要求坚决承担，虽未以条约冠名，但其多边条约性质不容置疑，法律效力也不容置疑。1945 年 9 月，日本投降，并在《日本无条件投降书》中承诺“忠诚履行波茨坦公告各项规定之义务”。从国际法的角度看，将台湾归还中国的法律程序已全部完成，在法律上并不存在任何争议。如韩国国际法教授襄载湜所言：“日本对台湾之领土主权应自投降书签署日起便已丧失，台湾当然归属为中国领土。”[③]

再次，中国已按照相关国际条约的规定完成对台湾地区的正式接收。1945 年 10 月 25 日，中国台湾省受降主官陈仪接受了日军第十方面军长官兼台湾总督安藤利吉的降书，并代表中国政府向世界宣告：“从今天起，台湾、澎湖列岛正式重入中国版图，所有一切土地、人民、政事皆已置于中国政府主权之下。”[④] 至此，《开罗宣言》与《波茨坦公告》的相关规定，已得到缔约方有效的履行，也就是说在国际法上发生了约束的法律效力，即条约已生效，应得到国际法与国际社会的保护。因此《旧金山对日和约》对“既成事实”的台湾地区归属问题进行重新界定，刻意增设模糊空间，难掩美国强行介入台湾问题、干涉中国内政的动机。

---

① 韩永利、关敬之：《〈开罗宣言〉对台湾及钓鱼岛归还中国的认定》，载《太平洋学报》2014 年第 4 期，第 88 页。

② ［英］劳特派特修订：《奥本海国际法》（上卷第二分册），王铁崖、陈体强译，商务印书馆 1971 年版，第 324—325 页。

③ 戚如高编选：《抗战胜利前国民党政府接受台湾准备工作档案史料选》，载《民国档案》1989 年第 3 期，第 30—34 页。

④ 戚其章：《一个伪命题“台湾地位未定论”》，载《探索与争鸣》2009 年第 9 期，第 14 页。

第二，台湾问题与萨尔问题存在本质上的不同。萨尔问题是一个国际问题，依照《凡尔赛条约》第四十五条的规定，德国“把该领土的治理权放弃并给予具有受托者资格的国际联盟”。国联通过一个由国联行政院任命的五人治理委员会行使这种委托权，居民保留他们的德国国籍。1934 年，依照《凡尔赛条约》的规定举行的公民投票，该领土的治理权交还了德国。第二次世界大战后，萨尔成为“半独立政治实体”，有自己的政府、立法机关等，并以自己的名义成为各种条约的缔约方，如《欧洲人权公约》。它和法国成立财政、经济与关税同盟。1948 年与法国订立的一个条约规定了萨尔的司法组织。萨尔最终通过 1956 年的法德条约重新成为德意志联邦共和国的一部分。[①] 然而，台湾问题是中国内战的遗留问题。通过比较可以发现，法国和日本分别对萨尔与台湾地区的控制虽然都是战争引发的，都是战胜方的“战利品”，但存在很大的差别。首先，一战、二战后未进行公民投票前的萨尔与日据时期的台湾在国际法上的地位是不同的。一战后的萨尔是托管地，尽管实际治理权掌握在法国手中，但其并不拥有主权；二战后的萨尔是法国的势力范围，是“半独立的政治实体”，法国为了兼并萨尔，在萨尔试图推行“既成事实”的治理。而日据时期，台湾地区的主权被日本非法窃取，在政治上和经济上完全受到日本的统治和支配。日本在台湾地区的治理是兼于日本本土治理与殖民地治理之间的方式，具有一定的长期性；其次，导致萨尔问题和台湾问题产生的根本诱因不同。萨尔问题是两次世界大战德国战败的直接产物，而台湾问题则是中国内战的结果。换言之，前者是国际问题，后者是国内问题，两者不能相提并论。

除此之外，二者在解决主权归属问题上的方式也有所不同。在萨尔的归属上，原主权国家德国是战败的一方，在对萨尔问题的处理上仅拥有较弱的话语权，法国是战胜国之一，拥有较强的主导权，但因受到欧洲均势乃至世界格局的羁绊，最后不得不采取公民投票的方式解决。而台湾的主权在 1945 年二战结束时已经归还中国，中国作为反法西斯战争的最重要贡献国之一，拥有近乎决定性的主导权，这是中国在亚太战区的地位和作用所决定的。以美英为代表的盟国对于台湾回归中国是支持和乐见的，并对于台湾事实性地

---

① ［英］詹宁斯、瓦茨修订:《奥本海国际法》(第一卷第二分册)，王铁崖等译，中国大百科全书出版社 1998 年版，第 101 页。

回归中国给予了承认。台湾问题已转变为国内问题，是历史问题。因历史遗留问题导致台湾当局行使台湾地区管辖权的现状并不能改变台湾领土主权属于中国的性质。这一点与萨尔问题有着根本的区别。

综上分析可知，台湾地区并不具备萨尔式自决性公民投票的要件。部分"台独"势力希冀借用美国所谓"台湾地位未定论"，否定中国拥有对台湾地区领土主权，而将台湾地区视为"无主地"，进而像萨尔地区一样通过自决性公民投票来决定台湾的主权归属。如前所述，"台湾地位未定论"本身就是伪命题，台湾并不拥有和行使国际法上自决权的主体资格，也不具备发动自决性公民投票的条件。因此，萨尔公投不能成为发动"台独"公投的案例依据。萨尔问题与台湾问题存在"形似神异"的迷惑性，容易被混淆、利用，必须彻底澄清。

第三章　波多黎各公民投票

波多黎各自治邦（The Commonwealth of Puerto Rico），位于加勒比海的大安地列斯群岛东部，包括波多黎各岛及别克斯、库莱夫拉等小岛。它北临大西洋，南濒加勒比海，东与美属维尔京群岛、英属群岛隔水相望，西隔莫纳海峡，同多米尼加共和国为邻。面积 9104 平方公里，人口 341 万（截至 2016 年），其中拉丁裔美国人占 76.2%。现在的波多黎各人有四分之三为西班牙人后裔，非白人（混血或黑人）约占四分之一，首府为圣胡安。

一、波多黎各地位的历史演变

波多黎各，原名叫圣胡安岛（San Juan），于 1521 年由西班牙改为现名。波多黎各在西班牙语里的意思是“富裕之港”，由此名称可知波多黎各在当时的富裕繁景。

波多黎各原为印第安人泰诺部落居住地，1493 年 11 月 19 日，哥伦布在第二次航行中至此，并命名为圣胡安岛。1508 年西班牙人胡安·庞塞·德莱昂在岛上建立殖民据点，次年被任命为总督。1509 年沦为西班牙殖民地。岛上原有的土著印第安人自此沦为奴隶，被驱赶到农场和金矿做工，同年，行政中心波多黎各建成。1521 年西班牙将圣胡安岛（San Juan）改名为波多黎各。1511年泰诺人在其首领瓜伊巴那领导下发动起义，遭殖民当局镇压，有6000名印第安人遭到屠杀。16世纪中叶，泰诺人被消灭殆尽，殖民者从非洲运来黑人充当奴隶，种植甘蔗。此后波多黎各先后受到海盗骚扰和英、法、荷等国的袭击。18世纪中叶，移民和黑奴不断增加。经过长期斗争，波多黎各终于被西班牙赋予某些地方自治权。不过，从这时算起到美西战争后该岛变为美国殖民地，仅有一年的时间。1898年美西战争爆发，西班牙战败，波多黎各被割让给美国。美国首先对波多黎各的行政管辖采取了军政府的形式，在对该岛的两年治理中，军政府建立起学校、公路、铁路、医院和卫生设施。1900年美国《福勒克法案》（The Foraker Act）的出台标志着美国对波多黎各武官统治的结束。美国国会在波多黎各确立了文官控制，总督、内阁和波多黎各立法机构两院当中的一院由美国总统任命。波多黎各人选举立法机构的另一院以及一位驻首都专员，该专员将在华盛顿代表该岛利益，在国会有发言权但无表决权。波多黎各人还免于缴纳美国税收。美国统治波多黎各之初，并未赋予波多黎各应享有的自由、民主和公正的权利，直到1917年美国国会通过《琼斯法案》后，美国才赋予波多黎各民众“美国公民”的身份，提供波多黎各民众更多参与地方政府的机会。①

第二次世界大战后，联合国大力推动去殖民化运动，波多黎各的殖民地地位问题开始引起国际社会的关注，这迫使美国开始重视波多黎各的政治地位问题。1947年美国国会允许总督由选举产生。1950年，美国授予波多黎各制定宪法的权力。波多黎各于1952年颁布宪法，成立波多黎各共和国。根据该宪法，波多黎各在实现内部自治的前提下，保持和美国的联系。美国国会通过法律给予波多黎各美国联邦领土地位，在内部事务方面享有高度自治，可以自行选举总督和立法机构，但外交、国防、关税等重要部门仍由美国控制。此时波多黎各在身份上仍属于美国的殖民地，只是能行使部分主权而已。在政治不对称的待遇下，波多黎各于1967年举行了第一次的政治地位公投。1972年以来，联合国非殖民化特别委员会多次重申波多黎各人民享有自决和

① 在《琼斯法案》中，总督仍然由总统任命，但成立了两院制的立法机构。两院包括19人的参议院和39人的众议院，所有成员由当地选举产生。但是总督和美国总统有权否决任何一条已经被波多黎各立法机构通过的法律。也就是说，美国公民权身份没有给波多黎各岛民带来完全的政治权利。参见［美］安哥尔·科利亚多—施瓦茨著：《美国最后一块殖民地：波多黎各》，陆静怡编译，九州出版社2012年版，第8页。

独立的不可剥夺的权利。1977年美国总统福特向国会提交了《1977年波多黎各立州法》，主张把波多黎各变成美国的第51州。1982年11月，美国总统里根发表声明，支持波多黎各成为美国的一个州。1993年11月，波多黎各再次就与美国的关系举行公投，结果多数人仍主张维持美国的自由联邦地位。2012年11月6日，波多黎各进行了第四次公投。2017年6月11日，波多黎各岛就与美国之间的地位关系举行第五次公投（具体公投结果参见下文，此不赘述）。

表3–1：波多黎各政治发展过程大事记简表（1493–2017年）

年份	波多黎各重要大事记
1493	哥伦布航行至美洲，首次登陆圣胡安岛
1521	西班牙将圣胡安岛改名为波多黎各
1809	西班牙将波多黎各设为西班牙的海外省
1868	波多黎各发生独立运动，随即被镇压平息
1898	美西战争爆发，西班牙战败后将波多黎各割让给美国
1900	美国通过《平民政府组织法》（又称为《福勒克法》）[①]
1917	美国通过《琼斯法案》（the Jones Act）赋予波多黎各人美国公民身份[②]
1947	波多黎各开始自行选举总督
1948	波多黎各人民首次选举自己的总督（在此以前是由美国政府指派）
1950	美国国会通过公共法第600号，赋予波多黎各制定宪法的权力[③]
1952	波多黎各自治领宪法实施
1967	波多黎各举办第一次政治地位公投
1976	美国福特总统宣布支持波多黎各建州

① 根据此法，美国总统有权任命波多黎各总督、行政委员会、最高法院法官。《福勒克法》不仅规定了波多黎各政府组织，亦规定了美、波之间的各项关系，尤其是经贸方面的关系。

② 美国政府修正《平民政府组织法》，放宽波多黎各人的政治参与权。美国政府在修正案中亦加入人权法案，使波多黎各人民可以享有和美国人民相同的自由平等权。在此之前，波多黎各是美国人民（nation），而非美国公民（citizen）。

③ 波多黎各独立运动人士策划刺杀美国杜鲁门总统失败，独立建国者更加积极行动。波多黎各的政治问题，迫使美国不得不重视。是年，美国国会通过公共法第600号，赋予波多黎各制定宪法之权。

续表

1977	波多黎各入美法案（the Puerto Rican Statehood Act of 1977）提出
1991	波多黎各地方政府向民众倡议并授权民众通过公投来决定未来政治地位
1993	波多黎各举办第二次政治地位公投
1997	众议院内政委员会主席杨格提出“美国—波多黎各政治地位案”
1998	波多黎各通过公投法案
1998	波多黎各举办第三次政治地位公投[①]
2009	奥巴马政府承诺会处理波多黎各的政治地位问题
2009	联合国处理非殖民地国家的特别委员会通过一项对波多黎各人权处理的特别草案，呼吁美国正视波多黎各的基本权问题
2012	波多黎各举办第四次政治地位公投
2017	波多黎各举办第五次政治地位公投

（资料来源：作者自制）

目前，波多黎各拥有美国联邦领土地位，享有内部自治权，自行选举总督和立法机构。但与美国诸州不同的是，波多黎各人虽然拥有美国公民身份，但不能参加美国总统普选，只能参加美国总统选举初选；有权选举一名无表决权的美国众议院议员；波多黎各人虽然不用缴纳美国联邦所得税，但相较美国诸州，波多黎各所获联邦拨款更少。截至目前，波多黎各围绕与美国的地位关系问题一直争论不休。

二、历次政治地位公投及结果

1952 波多黎各自治领宪法实施后，尽管在民主发展的过程中取得了一定的自治权利，经济获得较快发展，但政治身份问题依然没有得到解决；加之，

① 1997 年 2 月，美国众议院内政委员会主席杨格提出“美国—波多黎各政治地位案”，1998 年，该议案成为众议院第 856 号案。当时美国总统克林顿及其民主党籍国会议员，均一致支持 856 号议案。该议案在众议院通过，却在参议院被阻挡下来。这一年，波多黎各举行第三次政治地位公投，开票结果是成为美国一个州的得票率未过半，继续维持现状。

波多黎各本土独立运动的此起彼伏、高失业率、投资环境的不断恶化等因素的综合作用，波多黎各先后发动五次公投以决定其未来政治方向。

（一）历史上五次公投回顾

1. 第一次公投（1967 年）

1967 年，波多黎各众议院以政治利益为由举行第一次政治地位公投。该公投共有三个选项，即“独立”（independence）、“自由邦联（即维持现状）”（commonwealth）、“成为美国的一州”（statehood）。公投结果，“支持独立”的公民有 0.6%，支持维持现状的公民有 60.4%，支持成为美国一州的公民有 39.0%。[①] 从数据结果看，虽然支持维持现状的比例最高，但支持成为美国一个州的比例也不低，这反映出波多黎各人民对于未来地位选择的分歧。

2. 第二次公投（1993 年）

1993 年，波多黎各举行第二次政治地位公投。这次公投之所以发动，主要是因为主张维持现状者想要藉由公投来寻求人民对于维持现状的支持，该公投选项与第一次公投相同。结果显示，支持独立选项的得票率为 4.5%、支持维持现状选项的得票率为 48.9%，而支持成为美国的一州选项的得票率则有 46.6%。[②] 这次公投结果表明，波多黎各人民对于维持政治现状较为支持，由此可以看出波多黎各对美国有很高的依赖程度，同时也可以看出美国对波多黎各的发展确实扮演着非常重要的角色。正是在美国经济的援助之下，波多黎各享有较优惠的经贸待遇，所以人民仍倾向维持政治现状。[③]

3. 第三次公投（1998 年）

1998 年 8 月 13 日和 14 日，波多黎各众议院和参议院分别通过《公民投票法》。同年 12 月 13 日，波多黎各举办第三次政治地位公投，与前两次公投不同的是，这次的选项共包括五个：“自由邦联（即维持现状）”“与美国建立自由联盟”“成为美国的一州”“独立”“以上皆非”。此次公投的投票率约 71%，支持自由邦联选项的得票率为 0.06%，支持与美国建立自由联盟选项的得票率为 0.29%，支持成为美国一州选项的得票率为 46.69%，支持独立选

---

① 波多黎各 1976 年公投统计结果详见：http://en.wikipedia.org/wild/Puerto_Rican_status_referendum,_1967。

② 波多黎各 1993 年公投统计结果详见：http://en.wikipedia.org/wiki/Puerto_Rican_status_referendum,_1993。

③ 黄琬珺：《波多黎各公投与政治意义》，载陈隆志、陈文贤主编：《国际重要公民投票案例解析》，台湾新世纪文教基金会、台湾联合国研究中心 2010 年版，第 289 页。

项的得票率为2.55%，而“以上皆非”的选项得票率为50.42%。[①] 结果表明，支持“成为美国一州”的选民数仍居高不下。

4. 第四次公投（2012年）

2012年11月6日，波多黎各进行了第四次政治地位公投。此次公投由两轮投票构成，在第一轮中，波多黎各人就“在与美国关系上是否想改变现状”进行投票。180万人具有投票资格，其中有6.5万人放弃了第一轮投票；在参加投票的人中，54%的人支持改变关系。随后，波多黎各人就如何做出改变进行选择，有“成为美国一州”“扩大自治权”和“完全独立”三个选项供投票者选择。在后轮投票中，只有130万人进行了投票，其中支持成为美国第51个州的得票率为61%，支持扩大自治权的得票率为33%，而支持完全独立的得票率为5%。[②] 这次公投结果几乎是1993、1998年两次公投的翻版，唯一不同的是在“成为美国一州”和“扩大自治”两个选项的差距正日益缩小。另外，支持“成为美国一个州”者的比例已经超过了前三次的比例，反映出波多黎各民众在国家政治地位问题上的新倾向。

5. 第五次公投（2017年）

2017年6月11日，波多黎各就与美国之间的地位关系举行第五次公民投票。此次公投有三个选项：“成为美国的第51个州”“维持现状”“与美国实行自由联系下的内部自治或独立”。如果多数人选择第三个选项，波多黎各还会在10月再次举行公决，在两者中作出最终选择。本次公投仅有23%的合格选民参与了投票。投票结果显示，支持成为美国一个州的得票率为97%，支持维持现状的得票率为1.32%，支持完全独立的得票率为1.5%。[③] 虽然这次投票中有97%的投票者支持波多黎各成为美国第51个州，但因此前没有得到美国联邦政府批准，且投票率仅为23%，其结果不被美国承认。

---

① 波多黎各1998年公投统计结果详见：http://en.wikipedia.org/wiki/Puerto_Rican_status_referendum,_1998。
② 波多黎各2012年公投统计结果详见：http://en.wikipedia.org/wiki/Puerto_Rican_status_referendum,_2012。
③ 波多黎各2017年公投统计结果详见：http://en.wikipedia.org/wiki/Puerto_Rican_status_referendum,_2017。

表 3-2：波多黎各五次政治地位公投结果数据表

年份	独立	维持现状	成为美国的一个州	与美国建立自由联盟	扩大自治权	以上皆非
1967	0.6%	60.4%	39.0%	—	—	—
1993	4.5%	48.9%	46.6%	—	—	—
1998	2.55%	0.06%	46.69%	0.29%	—	50.42%
2012	5.0%	—	61%	—	33%	—
2017	1.5%	1.32%	97%	—	—	—

（资料来源：作者自制，备注："—" 表示该选项不存在）

（二）公投选项及其支持力量

自 20 世纪 60 年代以来，就与美国的地位关系，波多黎各举行了五次公民投票。尽管这五次公投的选项不尽相同，但核心内容主要有以下三项：成为美国的一个州；完全独立；维持现状。

支持"成为美国的一个州"者认为，无论从政治或经济角度来看，"维持现状"或"独立"对波多黎各或美国均不是有利的选项，而成为美国的一个州，才是有利的选择。关于建州的主张虽是在 20 世纪下半期、波多黎各成为自由邦联后就不断有人提出，但真正得到重视是在 1976 年美国福特总统宣布支持波多黎各成为美国的一个州以后。在波多黎各，支持建州的主要政党是"新进步党"（The New Progressive Party）。

支持"独立"者认为，"成为美国的一州"或"自由邦联"两个选项都不能彻底解决波多黎各政治地位的困境，"独立建国"才是最佳选项。支持独立建国者的主要政党是"波多黎各独立党"（Puerto Rican Independence Party）和"波多黎各社会党"（Puerto Rican Social Party），这两个党均为社会主义政党。波多黎各独立党成立于第二次世界大战后，主张透过选票而非暴力来达成建国理想。虽然支持独立建国者仅为少数，但他们选举时采取固守票源的策略，致使主张自由邦联者及建州者难以取得绝对多数的得票率。波多黎各社会党信奉马克思主义，较重视国际关系的支持，特别是在联合国中，波多黎各社会党经常与古巴联手，共同谴责美国。此外，他们认为独立根本不需要过渡时期，而且认为无需与美国协商。社会党和独立党最大的差别在于，社会党不排斥通过武装暴动达到独立，而独立党则主张采取温和的、非武力方式争取独立。[①]

主张“维持现状”者认为，波多黎各能拥有高度的自治权，又能跟美国结盟成为邦联，是最佳选择，因为大多数波多黎各人属于中低阶层农民，对独立建国并无强烈意愿，他们多关心经济民生问题，且认为跟美国切断关系并无益处。支持“维持现状”者以“人民民主党”（The Popular Democratic Party）为主要代表。[②]

以上三种支持力量一直都存在，但发展势头并不一致。自 1967 年第一次公投以来，波多黎各本土民众的政治民主化考量逐渐偏向务实，他们更愿意选择留在美国扩大自治权利甚至加入美国联邦享受更大的经济利益，因而主张“独立”的力量始终难以壮大。在很多波多黎各民众看来，身为美国公民是一个骄傲。目前他们虽能够自由进入美国，但无权投票选举美国总统或国会议员，倘若成为美国的第 51 个州，他们就可以享有完全的美国公民权。为达到此目的，波多黎各人甚至在华盛顿首府成立“波多黎各州美国委员会”进行游说活动。但波多黎各最终能否成为美国的一个州，不是公民投票结果单方面所能决定。对于美国来说，公投结果仅仅是波多黎各民众的一种意愿表达；即便波多黎各公投结果是选择“成为美国的一个州”，但最终能否如愿加入，还将取决于美国政府的态度和意愿。

三、波多黎各公投的混合性质

从五次公投的制度依据来看，是波多黎各运用自身民主制度就未来政治地位问题向美国表达民意。这样一来，波多黎各公投在性质上究竟是自决性公投抑或民主性公投，就显得有些模糊，这使得一些人认为波多黎各五次公

① 黄琬珺：《波多黎各公投与政治意义》，载陈隆志、陈文贤主编：《国际重要公民投票案例解析》，台湾新世纪文教基金会、台湾联合国研究中心 2010 年版，第 294—295 页。

② 黄琬珺：《波多黎各公投与政治意义》，载陈隆志、陈文贤主编：《国际重要公民投票案例解析》，台湾新世纪文教基金会、台湾联合国研究中心 2010 年版，第 295 页。

投是民主性公投。

为更好地看清这一问题，需先对自决性公投和民主性公投的特点进行比较。一般而言，主要不同有：其一，民主性公投具有反复操作性、单方面发动性，其效力通常有咨询性和拘束性两种；而自决性公投则不同，通常具有单次操作性，不可反复行使；发动前一般经由宗主国与殖民地国家（或地区）彼此协商，双方就未来地位选择问题达成共识甚至签署协议，这样宗主国就会认可或接受该公投的结果。该公投结果对宗主国具有法律拘束力，其必须依照公投结果去处理相关事宜。其二，自决性公投是国际法上的概念，而民主性公投是国内法上的概念。前者与去殖民化相关联，后者直接与民主政治相关联。后者一般不直接涉及去殖民化问题，因为去殖民化是涉及本国与他国的关系问题，而不是国内民主所能解决的问题。即便涉及去殖民化议题，也是凝聚本国的民意，向他国表达去殖民化的一种愿望，是启动去殖民化进程的一个步骤，所以这里涉及的是去殖民化议题的公投，带有民主性公投的色彩。

波多黎各公投与通常公投的不同在于，后者一般只具有单一性质，即要么是自决性公投，要么是民主性公投；而波多黎各公投的性质较为复杂，它在根本上是自决性公投，但同时具有民主性公投的特点。

要认清这一问题，首先要厘清波多黎各与美国的关系。就目前来说，波多黎各与美国的关系是殖民地与宗主国关系的延续状态，也就是说，虽然两者关系不再是纯粹的殖民地与宗主国的关系，但仍带有这种关系的性质。譬如，波多黎各虽然拥有部分主权权力和自治权，但美国仍掌控着其外交、国防等最为重要的主权权力，所以，波多黎各是一个享有不完全主权的国家。这种性质的国家在 20 世纪 80 年代前都被称作“殖民地”，后来改称为“海外领地”。对此，颇具权威的《奥本海国际法》对波多黎各与美国的关系做了如下阐释：“波多黎各的‘联邦’地位是 1952 年通过新宪法时取得的，而实际上相当于与美国的一种形式上的联系，但波多黎各不是美国的一部分。波多黎各是内部自治的，但由美国负责对外事务。就《联合国宪章》第十一章而言，波多黎各过去是一个非自治领土，美国作为它的管理国，按照第十一章对波多黎各负有某些义务。1952 年的宪制改革后，美国已解除了这些义务。但在 1973 年，二十四国委员会通过一个决议，似乎认为波多黎各仍然是非自治的殖民地，而且委员会的报告已经过大会核准，然而，波多黎各并没有回到美国的第十一章义务的范围以内。"[①] 单就波多黎各而言，它既不是完全的殖民地，也不是完全独立的实体，"作为未合并建制的领地，属于美国，但不属于美国的一部分"[②]。

正因如此，2009 年 4 月，联合国非殖民化特别委员会在哈瓦那召开会议，讨论波多黎各问题。会议最后虽然没有提出具体的解决方式，但有一个共识，即联合国会帮助波多黎各解决其国家地位问题，并呼吁美国尊重波多黎各的独立权与自主权。2009 年 6 月 15 日，联合国非殖民化特别委员会通过一项决议草案，呼吁美国政府应正视波多黎各人民的权利，波多黎各拥有加勒比海及拉丁美洲国家的民族特性，与美国人的民族特性有所不同，唯有给波多黎各独立的国家主权，方能使波多黎各更加繁荣富强。同时，特别委员亦要求美国政府释放波多黎各的政治犯。会议决议更强调，如果波多黎各在 2009 年举办公投，美国政府要尊重并遵守其公投决定，最迟于 2011 年以前要实践波多黎各的公投决定。[③] 联合国的上述行动表明，波多黎各问题是一个国际法上的去殖民化问题，是在联合国推动的去殖民化运动的高潮退去之后残存下来的问题。目前波多黎各的去殖民化任务仍未彻底完成，有待于进一步推动。那么如何彻底去殖民化？从国际法和国际社会的实践来看，主要有三种选择：或完全独立，或成为宗主国的一部分，或加入他国。就波多黎各而言，彻底解决其去殖民化路径无非有两条：要么加入美国，成为美国的一个州，进而享有与其他州公民同等的待遇和权利，结束当前"二等美国公民"的状态；要么完全独立，美国放弃对波多黎各的部分主权权力。总之，目前这种带有殖民性质的关系缺乏继续存在下去的合法性。[④]

---

① ［英］詹宁斯、瓦茨修订：《奥本海国际法》（第一卷第一分册），王铁崖等译，中国大百科全书出版社 1995 年版，第 253 页。

② ［美］安哥尔·科利亚多—施瓦茨著：《美国最后一块殖民地：波多黎各》，陆静怡编译，九州出版社 2012 年版，第 168 页。

③ 黄琬珺：《波多黎各公投与政治意义》，载陈隆志、陈文贤主编：《国际重要公民投票案例解析》，台湾新世纪文教基金会、台湾联合国研究中心 2010 年版，第 298—299 页。

④ 不过，这是从国际法角度来说的，但实际情况非常复杂。从国内法角度看，有些规定与国际法规范未必完全相符，譬如，依据法国第五共和国宪法（1958 年），法国的海外属地可以选择继续为共和国的海外领地或海外省，或者选择成为海外省（如果还不是海外省），或者单独地或集体地成为法兰西共同体的成员。1990 年 1 月 1 日，马提尼克、瓜德罗普、留尼汪和法属圭亚那是海外领地；马伏脱、圣皮埃尔和密克隆有"集体领土"的地位；新喀里多尼亚（及其附属地）、法属波利尼西亚、法属南方和南极领地、瓦利斯和富图纳岛是海外领地；法属波利尼西亚也是法兰西共同体的成员。法国海外省被认为是法兰西共和国的一部分。参见［英］詹宁斯、瓦茨修订：《奥本海国际法》（第一卷第一分册），王铁崖等译，中国大百科全书出版社 1995 年版，第 251 页。

就迄今已经举办的五次公投来说，它们都带有明显的民主性公投性质。1952 年，自治宪法的通过开启了波多黎各政治民主化新时代。一方面，波多黎各结束了过去的纯美国殖民状态而获得高度自治；另一方面，宪法确立了波多黎各作为美国海外自治领而享有独立决定自身事务的权利。波多黎各依照自身的民主制度来发动公投，以便达成内部共识、凝聚内部意志后，再与美国就未来地位进行协商谈判；俟双方达成一致意见后，再举办未来前途议题的公投。该民主性公投的功能在于启动后续的自决性公投。

需要指出的是，尽管波多黎各公投具有上述二重性质，但这两重性质并非处于同一层次，自决性公投是第一层次的，民主性公投是第二层次的。波多黎各五次公民投票的重要意义在于其所表达出的国家前途意识，亦即通过民主性公投向美国表达意欲解决政治地位的诉求，以启动解决波多黎各政治地位问题的自决性公投。但美国基于自身战略利益的考量，一直不主张但又无法直接阻拦波多黎各进行启动决定其未来地位的公投，故对波多黎各发动公投一直保持沉默，当出现不利于自身的公投结果时，只好借口自己并未同意公投而不承认公投结果的法律效力。虽然公投结果对美国并不具有法律约束力，但仍有相当程度的政治意义，那就是：它不仅凝聚了内部民众的共识，也让国际社会关注波多黎各人民的自主权与国家问题。

波多黎各公投是自决性公投，主要是因为：一是波多黎各有被殖民的历史，而去殖民化很容易跟国际法上的自决联系在一起；二是波多黎各公投的议题选项设计当中存在着未来地位的选项，而这些选项通常是在自决性公投当中。问题的复杂在于，波多黎各公投是运用国内法上的民主制度来实现国际法上的自决。这一现象是在新的历史时期所体现出来的一个重要特点，是去殖民化与民主化相互交织的产物。过去为去殖民化而举办的公民投票，多是在殖民地、非自治领土等落后地区，那些地区根本没有民主制度可利用，他们举办公民投票是基于人民主权原理。而二战后，随着世界范围内兴起的民主化浪潮，即便是没有完成去殖民化任务的国家或地区，也大多进入了民主发展的序列（当然，民主发展水平的高低是另一回事），这时它们为自决而发动公投时就会利用其民主制度（包括民主性公投）来进行，如此一来，自决性公投与民主性公投就交织在一起。这种现象除了波多黎各公投外，还有西撒哈拉公投等。综上所述，笔者认为，波多黎各公投在根本上是作为美国的海外领地而发动的自决性公投，但同时兼具民主性公投的特点。

四、公投选项的影响因素和走向

（一）波多黎各视角的分析

波多黎各举办过五次公民投票，虽然因没有事先征得美国的同意或许可，而由波多黎各单方面发动，使得其公投结果对美国不具法律约束力，但从美国对波多黎各的政治让步来看，公投还是达到了一定程度的目的。

1. 试图通过加入美国以摆脱经济困境

波多黎各的经济模式是在 1947 年建立起来的，长期以来的经济停滞或倒退使波多黎各面临严重的经济危机。从 2000 年和 2010 年的经济数据对比来看：2000 年波多黎各公债是 242 亿美元，到 2010 年公债上升到 622 亿美元；2000 年波多黎各经济增长了 3%，到 2010 年经济下滑到 –3.6%；2000 年波多黎各股票指数是 6930 美元，到 2010 年却是 2028 美元，这个下降说明在股票市场，本地资金在本地公司中减少，波多黎各的经济危机影响到了所有社会阶层；2000 年有 28% 的人口接受了食物票券，到 2010 年这个数字上升到了 35%，波多黎各 40% 以上的人都生活在贫困线以下。[①] 而近年来，波多黎各经济持续衰退，债务高达 700 亿美元，公共机构和服务的开支逐年缩减，政府无力偿还和承担。根据当地统计部门提供的数据，2017 年波多黎各 46% 的民众生活在贫困线以下，失业率高达 11.5%。经济学家普遍预测未来几年波多黎各经济将继续衰退。[②] 面对持续恶化的经济和社会危机，许多当地居民选择逃离波多黎各。新进步党一直推动波多黎各正式成为美国的一个州。如果加入美国获得成功，其居民不仅可以获得与美国其他州平等的政治权利，还可获得更多联邦政府资金的支持，从而缓解自身经济和社会危机。

2. “独立”选项的支持率一直很低

当前，波多黎各处于美国海外领地的政治地位，每年享有美国大量的财

① ［美］安哥尔·科利亚多—施瓦茨著：《美国最后一块殖民地：波多黎各》，陆静怡编译，九州出版社 2012 年版，第 180 页。

② 冯俊扬：《波多黎各能否成为美国的第 51 个州》，载新华网，2017 年 6 月 12 日，http://www.xinhuanet.com/world/2017-06/12/c_1121128444.htm。

政补助来发展经济，波多黎各民众也无须向美国缴纳所得税。在美国的经济援助下，“独立”选项的比例很难得到提高。就现实而言，波多黎各的完全独立似乎不切实际。从人口生活分布来看，目前大约有 300 万—400 万的波多黎各人仍居住在波多黎各，但居住在美国各地的波多黎各人已达 500 万—600 万，双方在婚姻、工作、经济、生活等方面已建立了紧密联系。波多黎各人自己也承认，若没有美国的各项援助，波多黎各无法自行发展下去，因为波多黎各是一块资源缺乏的地方，需要外来的援助与广大的市场。[①] 事实上，从 1967 年波多黎各第一次公投开始，“独立”选项就从未获得过民众的广泛支持，历史上支持“独立”选项的民众次高比例的为 1993 年公投时的 4.5%；1998 年公投中，“独立”选项的支持率仅为 2.55%；2012 年公投中，“独立”选项的支持率虽有较快增长，达到 5.50%，但与“维持现状”和“成为美国一个州”两个选项的支持率相比差距明显；2017 年公投中，支持独立选项的支持率为 1.5%。五次公投结果显示，选择民族独立的民众从未占据主流，甚至得票率从未达到两位数，相反希望加入美国联邦并成为其一州的民众成为新世纪以来的主流。

（二）美国视角的分析

1. 波多黎各成为美国一个州，会加重美国的经济负担

主要原因有三：其一，美国政府完全掌控了波多黎各的外交、国防事务，同时无须向波多黎各拨付大量联邦资金，这对美国来说是非常有利的局面。倘若要吸纳波多黎各成为第 51 个州，不仅无法给美国带来额外的实际收益，相反却要在每年给波多黎各增加很多财政补贴，这势必增加美国的财政负担。就单单如此高昂的政府赤字对于当下经济不振的美国来说并不是一笔“划算的买卖”。其二，居住在美国的 4780 万拉美裔美国籍人已经成为美国最大的少数民族，占美国人口的 15.5%，至 2050 年西语裔人的比例预计将达到 24.4%。很多主张成立第 51 个州的支持者认为，这是波多黎各的机会。但是，美国西语裔人口的迅速增长，使美国的主要种族——白种人意识到自己在不断地失去主导地位，他们担心自己被变成“少数民族”，为此，在波多黎各成立州这个特定议题上，他们必然采取阻拦的态度以防止西语裔人口对他

① 黄琬珺：《波多黎各公投与政治意义》，载陈隆志、陈文贤主编：《国际重要公民投票案例解析》，台湾新世纪文教基金会、台湾联合国研究中心 2010 年版，第 301—302 页。

们主导地位的侵蚀和挑战。其三，倘若美国接纳波多黎各为第 51 个州，那么已经沉寂多年的华盛顿特区成立州的议题可能又要重启。[①] 所以，美国国会和政府在波多黎各成为其第 51 个州问题上的态度始终是消极的，对于 1967、1993、1998、2012、2017 年连续五次当地公民投票的结果，美国国会一直不予理睬。如果美国国会不转变态度，波多黎各政府发动的公投只能是一厢情愿的政治游戏。种种迹象显示，美国接纳波多黎各为自己的一个州，短期内不太可能。

2. 波多黎各走向完全独立，不符合美国的利益

自 1898 年以来，美国出于自身政治、经济利益考量，对波多黎各进行长期殖民控制，是其一贯的、未改变的战略，将其由纯粹殖民地变为海外领地，无非是在去殖民化浪潮不可阻挡的情势下变换的“殖民手法”而已。波多黎各对于美国而言，具有重大的战略意义，特别是作为美国在巴拿马运河的战略防御中的重要一环，其不可落入他国之手。早在美西战争爆发之前，美国政界、军界就已经对波多黎各的战略重要性做了合理评估，对通过军事力量夺取波多黎各做了充分准备，这为美国在美西战争之后顺利管治波多黎各铺平了道路。在当今美国的全球战略中，波多黎各有着不可忽视的战略地位，美国不会轻易放手让波多黎各走向完全独立。

（三）未来走向

从美国来说，它希望与波多黎各的地位关系能够维持现状，因为这对美国最为有利，既可以行使波多黎各的部分主权权力，[②] 又无须付出很大的经济代价。若波多黎各走向完全独立，尽管自己不必再付出任何代价，但也不能再行使波多黎各的主权权力，这对美国是不利的。倘若允许波多黎各加入美国，尽管美国行使波多黎各的主权权力更加顺畅，但对波多黎各经济支援的力度肯定要加大，这对美国来说，也是不利的。正因如此，美国对波多黎各企图改变现状的公投，置若罔闻，借口没有经过美国国会的批准而不承认其

---

① ［美］安哥尔·科利亚多—施瓦茨著：《美国最后一块殖民地：波多黎各》，陆静怡编译，九州出版社 2012 年版，第 167 页。

② 政治上，美国国会对波多黎各事务享有绝对话语权；经济上，美国大企业长期控制波多黎各的工业、农业、制造业以及服务业；军事上，20 世纪 50 年代，波多黎各别克斯岛又以安全保护为交换条件再次让渡波多黎各领土主权，美国随即开始对波多黎各实行军事驻扎。参见师嘉林：《波多黎各政治身份问题初探》，载《武陵学刊》2017 年第 5 期，第 84 页。

法律效力。但美国这一态度不符合国际法和联合国的去殖民化行动。从国际法的角度来讲，美国要么允许波多黎各成为自己的一个州，享有与美国其他的州民众一样的权利；要么允许它独立建国。无论以上哪种选项结果，都标志着完成了去殖民化的任务，但不能维持波多黎各目前这种带有殖民色彩的海外领地身份。从去殖民化的角度看，美国将波多黎各的政治地位由殖民地改为海外领地，赋予波多黎各自治权，这表明美国在帮助波多黎各在去殖民化的道路上迈出重要一步，对于这一点我们必须予以肯定；但另一方面，它与联合国所倡导的彻底去殖民化相比，任务还没有完成，仍有很长的一段路要走，这是让人焦虑的。

在波多黎各公投的三个选项（即“维持现状”“完全独立”“成为美国一个州”）之中，“维持现状”选项是波多黎各所不满意的状态，否则，就不会反复发动公投；换言之，反复发动公投行为，本身就表明波多黎各对目前现状是不满意的，是希冀改变的。试想，如果满意的话，何必还要反复公投呢？在剩余的两个选项中，“完全独立”选项的支持率一直很低，很显然，这个选项不符合多数民众的需要，也不是他们期待的方向。因此说，反复公投的目的就是要向美国表达一个民意，那就是希望加入美国、成为美国的一个州。五次公投的结果数据也反映出这一点。在波多黎各看来，最佳选项是“成为美国的一个州”，其次是“维持现状”，最后是“完全独立”。归根结底，美国和波多黎各之间的根本分歧在于，美国倾向于主张维持现状，而波多黎各倾向于加入美国、成为美国的一个州，其他的都是次要分歧。

从历史上看，但凡曾经享有自治权利的地区或国家，在经过一段时间的过渡后大都实现了完全独立。譬如，南非于 1910 年实现自治并于 1961 年退出英联邦建立完全独立的共和国、新加坡于 1959 年实现自治并于 1965 年实现完全独立、塞内加尔于 1958 年实现自治并于 1960 年实现完全独立等，即使是当今的澳大利亚、新西兰、加拿大、巴布亚新几内亚以及圭亚那，它们都在英联邦内部获得了独立，成为名副其实的主权国家。[①] 但是，现在波多黎各的问题在于，其多数民众不支持走向“完全独立”，所以，这个问题不完全是一个美国阻挠其“独立”的问题。客观地说，如果波多黎各坚定地走向完全独立，美国也未必会竭力阻拦，这可以从美国对波多黎各政治地位问题

① 师嘉林：《波多黎各政治身份问题初探》，载《武陵学刊》2017 年第 5 期，第 84 页。

的积极表态得到印证。譬如，1998 年 9 月 17 日，美国参议院通过了众议院提交的 279 号议案，该议案理解并支持在美的波多黎各移民有权表达自己对波多黎各未来政治身份的关心，同时允许波多黎各于 1998 年年底举行公投解决其政治身份问题。《波多黎各身份法案》(the Puerto Rican Status Act) 要求公投结束后，波多黎各应该有一个 12 年的过渡期来调整其新的政治身份。根据美国国会相关法规，国会乐于接受基于宪法有效性的波多黎各自主决定方式，规范化的公投程序使国会有理由相信波民众对于其政治身份的选择可以做出明智的决定。① 美国宪法第四条第三款规定："国会得准许新州加入联邦，如无有关各州之州议会及国会之同意，不得于任何州之管辖区域内建立新州；亦不得合并两州或数州，或数州之一部分而成立新州。国会有权处置合众国之属地及其他产业，并制定有关这些属地及产业的一切必要的法规和章则；本宪法中的任何条文，不得作有损于合众国或任何一州之权利的解释。"② 根据美国宪法的上述规定，国会有权决定波多黎各的政治身份，国会必须履行其道德和法律义务支持波多黎各民众民族自决的权利。

当然，美国在处理国际事务时经常言行不一，也是一个不争的事实。尽管口头上同意，但未必在实际行动上真正支持。未来波多黎各问题的解决，美国需要担负重要的责任。从美国三权分立体制的具体分工来说，美国宪法中的联邦财产和领地条款赋予国会管理美国海外领地的专属权力，并交由国会参众两院各专门委员会全权负责波多黎各事务。因此，国会就成为决定波多黎各事务的最高权力机构，未来波多黎各政治问题的解决取决于美国国会的态度与决策。当然也不否认，美国总统的权力以及波多黎各政党纷争的局面也对波多黎各政治问题的解决产生了较大影响。③

① 师嘉林:《1998 年公投后的波多黎各教育困境》，载《当代教育实践与教学》2016 年第 8 期，第 266—267 页。

② 朱福惠、胡婧主编:《世界各国宪法文本汇编 (美洲、大洋洲卷)》，厦门大学出版社 2015 年版，第 594 页。

③ 师嘉林:《波多黎各政治身份问题初探》，载《武陵学刊》2017 年第 5 期，第 86 页。

五、为何波多黎各能而台湾不能

有些“台独”人士认为，作为美国殖民地延续状态的波多黎各，可以选择加入美国，或者独立建国，或者维持现状。既然这样的话，台湾以前是日本的殖民地，那么也可以像波多黎各一样，自由选择自己的未来地位和前途：或成为美国的第51个州，或加入日本，或“独立建国”。笔者认为，这种说法纯属混淆是非。

第一，波多黎各问题和台湾问题是性质不同的两个问题。前者是一个涉及国际法上自决权的问题，而后者是一个国内法上的主权不可分割的问题。台湾为中国领土的一部分，不是任何一个国家的殖民地。台湾当局是中国境内存在的一个与中央政府对抗的事实上的政权，不具备国际法上自决权主体资格，其未来地位的解决所依据的是国内法（宪法）而非国际法，需要由两岸双方在一个中国框架下通过协商谈判来解决，国际社会不可介入。台湾之于中国，与波多黎各之于美国，是性质不同的问题，没有任何可比性。所以，波多黎各可以公投政治地位问题，台湾则不可以通过公投来表决其政治地位问题。

第二，波多黎各和台湾是地位不同的两个实体。相对于美国，波多黎各在整体上是一个国家，至少是一个单独的政治实体，只不过其主权行使受到了某些限制、是不完全主权国家而已。波多黎各未来政治地位的解决可以通过公投向美国表达自己的意愿，而且这个意愿是全体波多黎各人民经过公投的结果。然而，台湾则不同，它是中国领土的一部分，不是一个单独的政治实体，它不能单方面提出涉及领土主权变更的诉求，因为台湾领土的主权所有权属于海峡两岸的全体中国人；后退一步，即便要提出，也需要由海峡两岸的全体中国人共同来表决，而非由台湾单方面来表决。

第三，波多黎各自决性公投与台湾分离性公投是性质不同的两种公投。波多黎各的殖民历史并没有彻底终结，它从美国的殖民地变为目前的海外领土，虽然在去殖民化的道路上向前迈进了一步，但仍没有彻底完成去殖民化的任务，其发动自决性公投是为了完成这一任务，所以其公投是受到国际法支持的，是合法的、正当的行为。而台湾问题则不同，尽管台湾以前曾是日本的殖民地，但在 1945 年日本将其交还中国以后，台湾被殖民的历史就已宣告终结，它不存在去殖民化的任务。正因如此，在联合国公布的殖民地名单中就没有“台湾”的名字，故台湾不能够发动关涉领土变更的公投。其实，台湾所谓“自决性公投”实质上是分离性公投，只是打着自决权的名义来从事分离，为其分离行为增加“合法性”而已。

通过对波多黎各公投案例的解析，我们可以更好地把握自决性公民投票的适用原则及各种规则，以防自决权被分离主义势力曲解、滥用。从理论上说，自决与分离是不同的，前者是合法的，受国际法保护；而后者在国际法上不被支持，在国内法几乎不被允许。但自决权经常被“台独”势力借用来粉饰其分裂行为的“合法性”，这种“伪自决权”具有一定的迷惑性和煽动性。对此，我们应保持警惕。

第四章　直布罗陀公民投票

直布罗陀位于地中海西侧直布罗陀海峡北岸，是一块面积仅 6.7 平方公里的半岛地区。公元 8 世纪摩尔人入侵伊比利亚半岛后，以其首领塔里克（Jabal Tariq）命名此地，该名阿拉伯语意为“塔里克之山”，后演变为西班牙语“Gibraltar”。公元 15 世纪，西班牙人推翻了穆斯林在伊比利亚半岛数百年的统治，控制了直布罗陀。

1700 年末，无子嗣的西班牙国王卡洛斯二世去世，王位继承事宜引发了重大争议。1701 年，路易十四宣布费利佩五世为西班牙国王，但哈布斯堡家族要求由卡洛斯大公继承该王位。以此事为导火索，爆发了波及欧洲多国的西班牙王位继承战争。英国为平衡波旁王朝的力量而加入奥地利阵营。战争中，英国于 1704 年占领了直布罗陀。1713 年 7 月 13 日，法国、西班牙与英国、荷兰等国签订了《乌德勒支合约》，确认了费利佩五世的西班牙王位，以及直布罗陀由英国管辖的事实。该合约约定西班牙将直布罗陀“永久性地”割让给英国。几百年来，除了留在直布罗陀的少量西班牙人外，先后有英国人、热那亚人、马耳他人、摩洛哥人、葡萄牙人等来自周边地区的人们移居至此。这些人经过多年的融合形成了兼具地中海气息的英国式生活方式。当代直布罗陀人多数可以掌握英语和西班牙语两种语言。

尽管西班牙被迫将直布罗陀割让给英国，但其并不甘心，长期以来一直希望收回直布罗陀。为此，英国和西班牙在直布罗陀问题上始终存在着重大争议。在二战后去殖民化浪潮与英国、西班牙两国利益需求的共同推动下，直布罗陀先后举行了两次试图决定其主权归属的公民投票。直布罗陀自身的特殊性赋予了直布罗陀公投以独特的研究价值。

一、案例简介：背景、过程及结果

（一）1967 年第一次公投

二战结束以及联合国的建立，大大加速了全球范围内的去殖民化浪潮。这对于试图收回直布罗陀的西班牙来说是个难得的机会。西班牙曾将直布罗陀案提交至海牙国际法院，后者在对本案的裁定中认定直布罗陀的性质是殖民地。联合国也于 1946 年将直布罗陀列入了“非自治领土”名单之中。1963 年 9 月，西班牙首次向联合国 24 国委员会（即联合国非殖民化特别委员会）提出了直布罗陀问题。1964 年 10 月，西班牙以切断与直布罗陀的通讯相威胁而试图把英国拉到谈判桌前，希望后者执行联合国大会第 1514 号决议所通过的《给予殖民地国家和人民独立宣言》。然而英国方面认为关于直布罗陀的主权并不存在争议，他们不会受制于联合国关于主权问题的建议，也无意于就直布罗陀的主权归属与西班牙政府展开谈判。

1966 年 12 月中下旬，联合国托管理事会和联合国大会先后通过了关于直布罗陀问题的第 2231 号决议，其主要内容如下：（1）对于解决去殖民化问题上的拖延表示遗憾；（2）要求英国和西班牙在考虑到这片土地上人民利益的情况下继续谈判；（3）要求英国与西班牙政府无障碍的磋商，加快直布罗陀的去殖民化进程；（4）要求无论如何都要在联合国大会第 22 次会议召开之前尽快向 24 国委员会出具一份报告。[①]

该决议与西班牙的意愿较为一致，但直布罗陀当局对其并不认可。直布罗陀首席大臣约书亚·哈桑（Joshua Hassan）对联合国托管理事会表示：直布罗陀安于相当大程度的自治状态，他们无意成为西班牙的一部分或者以任

① D. S. Morris, R. H. Haigh: *Britain, Spain and Gibraltar 1945–1990: The Eternal Triangle*, London: Routledge, 1992, p. 28.

何形式处在西班牙主权之下。[①]

西班牙于1967年4月12日公布了一项禁令，表示在与直布罗陀相邻的区域领空禁止所有外国航空器通过。英国方面本已准备执行联合国的决议，计划于1967年4月18日启动谈判，然而西班牙实施的航空管制使英国的态度发生了根本性的转变。1967年6月，英国海外发展国务大臣朱迪斯·哈特夫人（Mrs Judith Hart）在下议院称，直布罗陀将要举行一场选择主权归属的公投，时间很可能在当年9月份，具体内容为：让直布罗陀居民从以下两个选项中，选出哪个更加符合他们的利益：（1）按照西班牙政府于1966年5月18日向英国政府提出的条款，转移到西班牙主权之下；（2）自愿保持与英国的联系，保留本地民主机构，且英国继续履行当前的责任。

对于该次公投，西班牙政府从根本上不予认可。在西班牙方面发布的外交照会上，他们称之前的联合国决议已经表明此事应由英西两国直接谈判来解决，并进一步称英国这一单方面决定违背了联合国推荐的思路，即去殖民化以及谈判的解决方式。联合国24国委员会于1967年9月1日通过了一项决议，表示支持西班牙的立场，否定公投的方案并要求双方直接展开谈判。英国和直布罗陀方面对该决议提出谴责，称其为偏袒西班牙的协议，并计划于该年10月10日举行公投。

届时公投如期举行，选票的第二个选项获得了压倒性的优势：在12762名注册投票者中，12138人对于维持与英国关系的现状表示支持，仅44人支持转移到西班牙主权之下。对于该项结果，联合国托管理事会于该年12月16日发表决议，称该项公投违背了联合国分别于1966年12月和1967年9月通过的两项决议，要求双方继续展开谈判。西班牙方面试图用联合国决议来否认公投结果乃至公投本身的效力，而英国和直布罗陀则对这份决议表现出强烈的异议。英国常驻联合国代表卡拉顿勋爵（Lord Caradon）表示该决议与联合国不相匹配，也是托管理事会的耻辱。约书亚·哈桑称“这是歪曲事实，蓄意欺骗的一天”。[②]

公投结束后，双方在根本问题上依然僵持，争议愈演愈烈。英国联邦事务大臣乔治·汤普森（George Thompson）于1968年3月访问直布罗陀，讨

---

① Gold, P, *Gibraltar: British or Spanish?* London: Taylor & Francis Group, 2005, p. 17.

② Gold, P, *Gibraltar: British or Spanish?* London: Taylor & Francis Group, 2005, p. 18.

论直布罗陀新宪法的事宜，拟在新宪法序言中声明对英国女王陛下统治的认可以及未经民主表达不得变更主权的原则。1969 年 5 月 30 日，直布罗陀新宪法正式颁布并生效，在上述内容基础上进一步细化了其政府架构，明确了英国在外交和军事上的权力。在经济方面，英国向直布罗陀拨款 400 万英镑，并从摩洛哥、马耳他等国向直布罗陀输入劳动力。而西班牙方面则继续不断在联合国大会提出直布罗陀问题，同时进一步加强了对直布罗陀的边境封锁，切断了与直布罗陀的电信连接。此后的十余年内，直布罗陀都处于西班牙的高度封锁状态之下。

（二）2002 年第二次公投及后续发展

第一次公投之后，西班牙政局经历了重大变化。1975 年西班牙独裁者佛朗哥（Francisco Franco）去世后，该国开启了民主化的进程，许多政策也开始调整。1980 年，英西两国签署《里斯本协定》，均表示同意开启谈判。1982 年，西班牙解除了直布罗陀边境上的部分封锁。1984 年 11 月 27 日，西班牙与英国共同发表《布鲁塞尔宣言》，决定西班牙将于 1985 年 2 月 15 日正式解除对直布罗陀的禁令，这为英国留出了解决直布罗陀主权归属问题的商量余地。多年来这一宣言遭到了来自直布罗陀方面持续的反对，而直布罗陀主权归属问题也并未取得实质性突破。不过也正是从此开始，英国的态度发生了微妙的变化。出于缓和与西班牙之间关系的考量，英国渐渐表现出了谈判的意愿。两国准备通过欧盟的配合再次启动这一议程，并一致认可了共享主权的方案。但此举遭到了直布罗陀从官方到民间的大规模抗议。

1997 年 5 月，托尼·布莱尔（Tony Blair）领导的工党取得了执政权，西班牙看到了解决直布罗陀问题的转机。西班牙外交部长阿贝尔·马图特斯（Abel Martutes）提出了与英国共享直布罗陀主权的方案。当时，直布罗陀爆发了大规模游行，民众要求西班牙承认他们在欧盟层面的权利，并希望得到英国新一届政府的支持。而此时英国新任外交部长罗宾·库克（Robin Cook）还正忙于处理香港交还中国这一更为要紧的问题。所以，英国方面并没有很快做出回应。该年 10 月的北约峰会后，马图特斯与库克展开了关于直布罗陀问题的会谈。在马图特斯提出的方案中，直布罗陀将获得更大的自治权，当地居民可以选择拥有英国国籍、西班牙国籍或者这两个国家的双重国籍。库克回应称，问题的关键仍在于直布罗陀人民的意愿。

2002年6月7日，直布罗陀政府向议院提出举行公投的动议，一周后该动议被正式通过。选票的内容为“你是否赞同英国与西班牙分享直布罗陀的主权？”要求投票人对此选择“是”或“否”。实际上，投票的结果是可以预见的，直布罗陀方面举行公投的用意主要在于表态。直布罗陀领导人彼得·卡鲁阿纳（Peter Caruana）表示，公投的目的就在于否决英西两国共享主权的方案，以及传达出对直布罗陀人民意愿的尊重和对自身权利的维护，直布罗陀的主权、政治权利和未来未经直布罗陀人民同意不得侵犯。[①]

此次投票结果显示，公投获得了87.9%的投票率和98.87%的反对票。直布罗陀首席大臣发表声明称，这次公投向世界传递出三条信息：其一，这是我们的家乡；其二，我们是享有政治权利的人民，我们不会放弃这些权利；其三，这些权利包括自由决定我们自己的未来的权利。[②]英国和西班牙对这一次公投的态度较为一致，均表示不认可此次公投。

此次公投之后的数年里，矛盾一度呈现出缓和的趋势。2004年10月，英西两国发布了联合公告，表明暂时搁置直布罗陀的主权争议，建立三方对话论坛。2006年9月，英、西、直三方于西班牙科尔多瓦签署合作协议，在教育、交通、通信等多个方面展开合作。

不过，西班牙与英国、直布罗陀两方的争执依然时有发生。2013年7月，直布罗陀政府准备在周边水域建设人工珊瑚礁，这一举动遭到了西班牙方面的反对。后者称该片区域属于自己的领海，而且人工珊瑚礁也会对渔业产生不良影响。之后，西班牙又加强了进出直布罗陀的边境检查作为惩罚措施，致使直布罗陀交通瘫痪。[③]此外，2016年英国脱欧公投以赞成脱欧占多数的结果告终，直布罗陀跟随英国共同脱离欧盟，这也给英、西、直三方关系的发展增添了新的不确定因素。欧盟本来一直在三方之间起着调和矛盾的作用，如今它们失去了这个共同的平台。没有欧盟的牵制，三方继续谈判合作的进程就缺少了关键的推动力量，而主权争议引发的矛盾也丧失了有效的缓冲地带。

---

① Gold, P, *Gibraltar: British or Spanish?* London: Taylor & Francis Group, 2005, p. 315.

② Gold, P, *Gibraltar: British or Spanish?* London: Taylor & Francis Group, 2005, p. 316.

③ 张纲纲:《英西直布罗陀争端之鉴》，载《南风窗》2013年第24期，第76—77页。

二、案例解析：非典型殖民地与混合型公投

直布罗陀公投案中既包括一些法律解释、概念辨析层面的问题，也涉及较深层面的利益考量和国家间斗争。遵循这样的思路，笔者从以下几个角度对该案例进行解析：

（一）直布罗陀属性：非典型殖民地

去殖民化是西班牙关于直布罗陀主权归属问题一直以来的主张。英国凭借长期控制直布罗陀的历史事实以及强大的国家实力而在整个领土争端中占据着主动地位，这是西班牙所无法比拟的优势。但西班牙成功利用了二战后大规模去殖民化运动的潮流，并成功地争取到联合国的支持，还迫使英国做出了某些妥协和改变。这一思路使得西班牙在法律和道义上挽回了许多劣势。而在介入公投事件的过程中，联合国也正是基于去殖民化这一点才做出了有利于西班牙的决议。那么，是什么因素导致了直布罗陀无法像多数殖民地那样顺利实现去殖民化呢？问题的关键在于直布罗陀在多大程度上拥有殖民地属性。

从性质上来讲，直布罗陀属于殖民地范畴的领土是没有争议的。从历史上看，直布罗陀是英国通过《乌得勒支合约》获得大量殖民地以及优厚殖民权力的一部分，这是不容否认的历史事实。① 就最直观的标准来看，联合国非自治领土的名单上迄今尚有直布罗陀。② 非自治领土是联合国对于尚未取得自治和独立地位的各个领土的统称。该称谓意味着联合国成立后，殖民地已经不再具有国际法意义上的合法性，而且这些地区日后的发展方向就是实现自治并建立起现代化的制度，联合国将积极推动这一历史进程，并最终彻

① 英国通过《乌得勒支合约》得到了地中海的直布罗陀和梅诺卡岛，北美洲的哈德逊湾和新斯科舍，西印度的圣基茨岛，并得到向西属美洲殖民地贩卖黑奴的为期三十年垄断权，以及每年向该地区派出一艘货载 620 吨商船的权利。参见钱乘旦、徐洁明著:《英国通史》，上海社会科学院出版社 2002 年版，第 200 页。

② 在联合国官方公布的非自治领土名单中，标明了自 1946 年起至今，直布罗陀都是受英国管理的非自治领土。参见《非自治领土》，载联合国官网，http://www.un.org/zh/decolonization/nonselfgovterritories.shtml。

底根除殖民主义。[①]不过，直布罗陀自身的特点决定了它与一般意义上的殖民地有着较大的区别：大多数殖民地都遭受到宗主国经济上的剥夺和政治上的奴役，他们经过现代政治文化的启蒙和洗礼之后，均产生了摆脱殖民统治并实现国家独立的愿望；而直布罗陀不同，其被英国控制之后很难说受到了真正意义上的压迫和剥削，英国之所以控制它，主要是因为其处于地中海通往大西洋的关键隘口，地理位置十分重要，而不是它有多少财富和资源。英国在其统治时期不仅没有对直布罗陀进行苛刻的盘剥，相反，还对该地区进行了不少投入，后来随着民主化浪潮的兴起，英国在该地区推行宪政，实行民主化，并赋予了直布罗陀高度自治地位。这些措施还使得直布罗陀民众在主观上对英国产生了一定认同感，这与其他殖民地强烈反对殖民统治的现实情况形成了鲜明比照。

此外，还有一个关键的问题是，在直布罗陀政治地位问题上坚持去殖民化的思路，也面临着话语和现实的双重困境。纵然直布罗陀属于殖民地，但是在其地域和人口都十分狭小的情况下，随着长时间的“殖民”统治，已经造成人口结构和社会结构的改变，甚至“被置换”。换而言之，在英国统治其两百余年的发展和演化过程中，直布罗陀的殖民属性和色彩呈递减趋势，甚至已不具有一般殖民地的特征。例如，人口的混合导致无法清晰地界定殖民与被殖民的边界，利益的融合也使得二者在某种程度上形成了利益共同体。联合国正是基于这些现象和因素，才反对直布罗陀贸然进行自决性公投，并认为直布罗陀的居民多是殖民居民，因此他们的愿望并非头等重要。[②]很显然，殖民地色彩的日益淡化和自决主体资格的不断模糊化，致使直布罗陀在去殖民化问题上遇到了以下困惑：其一，直布罗陀的主要居民究竟是本土居民，还是后来的“殖民居民”？这个问题的回答直接涉及联合国关于其“殖

① 《联合国宪章》第 11 章的标题为“关于非自治领土之宣言”，其中第 73 条部分摘录如下：“联合国各会员国，于其所负有或担承管理责任之领土，其人民尚未臻自治之充分程度者，承认以领土居民之福利为至上之原则，并接受在本宪章所建立之国际和平及安全制度下，以充分增进领土居民福利之义务为神圣之信托，且为此目的：（子）于充分尊重关系人民之文化下，保证其政治、经济、社会及教育之进展，予以公平待遇，且保障其不受虐待。（丑）按各领土及其人民特殊之环境、及其进化之阶段，发展自治；对各该人民之政治愿望，予以适当之注意；并助其自由政治制度之逐渐发展。”参见《第十一章：关于非自治领土之宣言》，载联合国官网，http://www.un.org/zh/sections/un-charter/chapter-xi/index.html。

② ［英］詹宁斯、瓦茨修订：《奥本海国际法》（第一卷第二分册），王铁崖等译，中国大百科全书出版社 1995 年版，第 150 页。

民居民”的定性是否准确的问题。在 1970 年至 2012 年的人口结构中，直布罗陀人始终占到总人口的 75% 以上。[①] 而这些占绝大多数的直布罗陀人均是英国占领后 200 多年的时间里长期混居形成的一个族群。无论联合国如何界定它所指称的殖民居民，都一定和直布罗陀人有大面积的交集，因而联合国将直布罗陀的多数居民认定为“殖民居民”，显得有些勉强。在历史发展过程中，随着民众的杂居和通婚，究竟哪些人是直布罗陀的当地居民恐怕已经很难界说清楚，这将使得直布罗陀自决问题由“如何自决”变成“是否还需要自决”的问题。其二，自决主体的模糊不清。承接上一个问题，倘若确实如联合国所称，直布罗陀多数居民都是殖民居民，那么其就会造成直布罗陀范围内自决权主体的缺失，进而出现直布罗陀不具备自决性公投的条件，甚至从根本上不具备自决条件的情形。

总体看来，直布罗陀尽管仍然属于殖民地，但其殖民地色彩被冲淡，故笔者将其性质界定为非典型殖民地（即是殖民地，但不是典型的殖民地）。

（二）公投性质：自决 + 民主的混合属性

诚然，公投制度存在这样或那样的问题，但其在当代主流政治文化环境下仍广受认可，是公认的反映人民意愿的最重要方式之一，也是在去殖民化过程中实现自决权的重要方式和手段。按照公民投票所依据规范的不同，可将其分为自决性公民投票和民主性公民投票。[②] 如果仅仅从去殖民化的角度来讲，直布罗陀公投在性质上属于自决性公民投票，这是因为：直布罗陀公投有国际法上的依据。一系列国际法文件涉及了自决权问题，这些文件均肯定了作为反对殖民统治和民族压迫有力武器的自决权和自决原则。[③] 例如《关于准许殖民地国家及民族独立之宣言》指出：“所有的人民都有自决权；依据这个权利，他们自由地决定他们的政治地位，自由地发展他们的经济，社会

① “HM Government of Gibraltar, Census of Gibraltar 2012”, from https://www.gibraltar.gov.gi/new/sites/default/files/HMGoG_Documents/Full%20Census%20Report%202012%20FINAL.pdf.

② 王英津著:《自决权理论与公民投票》，九州出版社 2007 年版，第 214—217 页。

③ 此类文件包括：1945 年《联合国宪章》、1952 年联合国大会通过的《关于人民与民族自决权的决议》、1955 年亚非“万隆会议”通过的《亚非会议最后公报》、1960 年联合国大会通过的《关于准许殖民地国家及人民独立之宣言》、1966 年联合国大会通过的《公民权利和政治权利国际公约》和《经济、社会、文化权利国际公约》、1970 年联合国大会通过的《关于各国依联合国宪章建立友好关系及合作之国际法原则之宣言》等。具体整理可参见王英津著:《自决权理论与公民投票》，九州出版社 2007 年版，第 34—36 页。

和文化”，“在托管领地和非自治领地以及还没有取得独立的一切其他领地内立即采取步骤，依照这些领地的人民自由地表达的意向和愿望，不分种族、信仰或肤色，无条件地和无保留地将所有权力移交给他们，使他们能享受完全的独立和自由”。[①] 存在着大量成功且广为国际社会所认可的、通过公民投票独立建国或并入他国的案例，这些案例使自决性公民投票可以成为一项正式的国际惯例。这个意义上，直布罗陀公投有着一定的国际法依据。

但是，如果进行更深入、更细致的研究，便会发现其中仍存在许多更为复杂之处。

其一，直布罗陀公投缺乏联合国的支持和监督。在公投实践形成的国际惯例当中，自决性公民投票通常在联合国的参与或监督之下进行。该条件本身具有很强的合理性，因为对于尚未成为主权国家或者主权国家一部分的主体所作出的创设或变更主权的行为，既需要对其合法性做出判断，也需要权威而中立的第三方见证甚至提供一些帮助，联合国无疑是履行这些职能最合适的选择。从国际实践看，联合国作为去殖民化的推动者，始终大力支持去殖民化运动。可是，在两次直布罗陀的公投当中，联合国不仅没有扮演积极的推进者，而且始终是公投的反对者，甚至在 1967 年公投前后联合国发布的三项决议更是西班牙在争议中经常援引的文件。暂且不论联合国的态度和行为所引发的争议，但这两次遭到联合国反对的公投至少已经和一般的自决性公投产生了重大的区别。

其二，直布罗陀公投中的自决性与民主性交织在一起，使其成为混合型公投。一般来说，自决性公民投票发生在宪政秩序建立之前，而民主性公民投票则是在既定宪政秩序之下展开的。在直布罗陀被殖民统治的很长一段时间里，其拥有自决权以及公投权，因为联合国将其列为“非自治领土”并且积极推进去殖民化进程。但在 1967 年和 2002 年的两次公投之间的这个时段，英国已经先后通过推动直布罗陀立宪，赋予直布罗陀居民正式英国国籍等方式对直布罗陀进行了事实上的民主化改造。改造行为本身就表明直布罗陀已经在相当大程度上被纳入英国的宪政秩序之内，而一系列的改造在客观上也巩固和完善了英国与直布罗陀的既有关系格局，还增进了直布罗陀居民对英

① 参见《关于准许殖民地国家及民族独立之宣言》，载联合国官网：http://www.un.org/zh/documents/treaty/files/A-RES-1514（XV）.shtml。

国的认同。直布罗陀后来的政治地位帮助它利用了现有的民主机制，故公投亦具有民主性公投的某些性质。

综上分析，直布罗陀公投涉及殖民地的主权归属，具有自决性公投的特点，但在民主化改造之后，两次公投（特别是2002年公投）又具有了民主性公投的某些特点。总体看来，直布罗陀公投是一种兼具自决和民主双重属性的混合公投。但是，这两种属性不能等量齐观，公投的自决性是第一位的，民主性是第二位的。

（三）共享主权方案的得失

英西共享主权的方案是1997年两国谈判时西班牙率先提出来的，后来发展为两国均可接受的解决方案，并且成为2002年公投的选项之一。应该说，由西班牙最初提出的这个方案，是在不触碰西班牙自身底线，且不逾越国际法的情况下最大限度地调和了直布罗陀和英国的需求，这是值得肯定的地方。西班牙的思路在理论上和实践上均能找到相应的支撑依据。

在理论层面，共享主权方案涉及主权是否可分这一争论。传统主权理论将主权界定为绝对的、不可分割的、不可转让的，当时这种界定在很大程度上适应了绝对主义民族国家大量涌现这一历史进程的需要。然而，随着全球化进程的展开，开始出现了大量突破传统意义上国家主权的情形。[①] 这些现象使得主权不可分论受到了挑战。这种背景下，主权可分论应运而生。但是，如果承认主权可分论，就容易被干涉主义和分离主义所利用。于是，主权可分论与主权不可分论的争议一直不断。关于主权是否可分问题，有一种较有解释力的观点是：主权可从构成上区分为主权所有权和主权行使权，前者不可分，后者可分、可转让、可共享，但这种转让和共享不能造成对主权所有权的损伤。[②] 就直布罗陀问题而言，其实就是英、西两国搁置对直布罗陀的主权争议，双方暂时共享直布罗陀的主权行使权（具体体现为管辖权或治理权）。这是化解英、西两国领土争端的新思路。

在实践层面，国际法中有一套与共享主权相对应的共管制度。所谓共管，

① 这些情形包括但不限于：（1）联邦与各成员邦对主权力的分割；（2）共管；（3）一国或国际机构行使了法律上属于别国的主权；（4）领土的租借与抵押。参见《全民公决、民族自决与主权原则——从国际法角度谈直布罗陀全民公决》，载《政法学刊》2004年第1期，第10页。

② 关于这一区分方式的具体论述参见黄嘉树、王英津：《主权构成：对主权理论的再认识》，载《太平洋学报》2002年第4期，第3—15页。

即两个或两个以上国家对某一特定领土共同行使主权。[①]共管是国际法上一项历史悠久的领土争端解决方式。19 世纪初以来的 100 多年里，共管曾经被各国广为采用。例如在 1814 至 1815 年的维也纳会议之后，共管成为一项欧洲国家处理领土争端的普遍性制度安排。不过，随着二战后现代国际法体系的建立，共管逐渐失去了各国的青睐。但在 20 世纪仍然存在着一些共管的实例，例如本案例的当事国英国就曾与法国共同管理新赫布里底群岛，又如波黑联邦与塞族共和国对布尔奇科地区的共管，以及萨尔瓦多、洪都拉斯和尼加拉瓜对丰塞卡湾的共管，等等。[②]

现代国际法体系形成之后，共管只不过是由殖民地走向独立的过渡形态。英、西两国在直布罗陀问题的共享主权方案中，西班牙希望它是一种过渡形态，最终结果仍是其收回直布罗陀而实现“民族统一”，而英国同意该方案则是为改善同西班牙的关系而作出的妥协。这种矛盾已经决定了共享主权的方案很容易跟随情势的变化而难以维系。另外，从直布罗陀的角度看，它并不接受这种方案。共管制度虽然在当代国际实践中有大批成功案例，但已呈现大大减少的趋势，而且多以不稳定的形态出现。因此，对于直布罗陀而言采用国际法的共管思路与诸多现实问题相冲突，可操作性不强。

（四）英、西两国的现实主义思维

英国和西班牙两国在直布罗陀问题上的争夺有其现实必然性。在它们看来，领土的完整意味着国际上的声望和地位以及国内的士气和凝聚力。作为西方世界曾经的头号强国，西班牙将自己直接控制的直布罗陀被迫割让给对手英国，这本身就意味着莫大的耻辱。而对当今的英国来说，昔日的“日不落帝国”已经崩溃，直布罗陀等海外领地的存在是其曾经辉煌的历史见证，也为英国在海外保持影响力提供很大帮助。

英、西两国强烈的现实需求是显而易见的。直布罗陀面积虽小，但却关

① 邵津主编:《国际法》(第二版)，北京大学出版社、高等教育出版社 2005 版，第 97 页。

② 国际法上比较典型的共管案例是英国参与过的对新赫布里底群岛的共管。在 20 世纪初，英国和法国签署了一系列协议，建立了两国对位于南太平洋的新赫布里底群岛共同享有的主权。两国约定了共管政府的功能，高级官员的构成，对来自英、法以及当地的不同国民的管辖方式，司法机关的设立等内容。在这个共管政府的体系下，为土地占有以及民事交易留下了法律空间。新共管状态持续了半个多世纪，直到 1980 年 7 月 30 日瓦努阿图共和国正式成立才宣告结束。在共管实践大大减少的历史背景下，新赫布里底群岛的共管案例是一个常常被讨论的典型案例。参见 Shaw, M.N., *International Law* (*Sixth Edition*), New York: Cambridge University Press, 2008, p. 229.

联着多方面的利益。首先，直布罗陀位于地中海西口，具有重要的战略地位和军事价值。作为曾经的英国皇家海军基地，直布罗陀在1805年的特拉法加海战和1854年至1856年的克里米亚战争中都起到过关键作用。目前在北约中，直布罗陀地区的军务由英国负责。这些因素都将使得英国不会轻易放弃对直布罗陀的管辖。然而，西班牙则希望减少客观上受到的安全威胁，更希望凭借地理上的优势获得在周边海域更大的主动权。其次，直布罗陀独特的地位使其在法制和监管上有着诸多独特之处，为避税、赌博以及走私等活动大肆开展提供了便利条件，给西班牙的经济带来了极大的消极影响。[①] 另外，由于《乌得勒支合约》签订年代久远，直布罗陀周边海域的归属没有得到规定，1982年《联合国海洋法公约》的颁布也带来了海域归属方面的争议。西班牙在批准加入《联合国海洋法公约》时即发表声明称不承认直布罗陀拥有领海，而英国则坚持直布罗陀拥有三海里宽度的领海。这些现实问题的存在都迫使西班牙需要积极争取在直布罗陀地区的主动权。

当直布罗陀这一因素与其他因素交织在一起时，英、西两国又需要采取变通的方式，因时因势的不同而调整自己对待问题的标准。例如英国在1967年公投期间与直布罗陀持同样的立场和观点，而后来为缓和与西班牙的关系，英国接受了西班牙的共享主权方案并且反对直布罗陀的公投结果。西班牙则在另一个与直布罗陀类似的问题上采取了完全不同的标准：在直布罗陀海峡的另一侧，西班牙长期占领着摩洛哥北侧的休达地区。1580年，西班牙国王腓力二世继承葡萄牙王位，开始对葡萄牙占领着的休达地区进行统治。1688年的《里斯本条约》正式将该地区由葡萄牙割让给英国。在1956年摩洛哥从西班牙统治之下独立之后，该国政府多次主张休达地区的主权，并将此举与西班牙主张直布罗陀主权相提并论。但西班牙则坚称该地区是其不可分割的一部分，休达与直布罗陀不具有比拟性。[②]

总之，直布罗陀问题在很大程度上是英、西两国为实现自身的国家利益而相互争斗产生的历史遗留问题。它既受到两国博弈的牵制，又能在某些时

---

① 直布罗陀对西班牙经济影响主要在以下几个方面：（1）直布罗陀当局实行免税政策，大量西班牙公司在直布罗陀从事逃税甚至洗钱活动；（2）由于汇率因素导致直布罗陀价格低廉，进而吸引大量西班牙人到直布罗陀消费；（3）直布罗陀是向走私的重要渠道。具体内容参见孔刚：《直布罗陀争端——盟友的碰撞？》，载《世界知识》2013年第17期，第41页。

② 参见俞金尧：《西班牙争直布罗陀是否心虚？》，载《中国社会科学报》2013年9月11日，第B04版。

候反过来影响两国博弈的走势。

三、案例延伸问题探讨

（一）民主改造实体的“去殖民化”问题

面对直布罗陀的殖民地属性，英国凭借自身实力，不断剔除不利因素，以获取实际控制直布罗陀的主动权。其处理办法是：一方面宣称直布罗陀为自己的管辖范围，例如 1962 年，英国根据《联合国宪章》第 73 条关于非自治领土的规定，向联合国递交了直布罗陀经济、社会和教育等情况的报告，宣示了自己对直布罗陀地区的合法权力；另一方面又在直布罗陀积极采取各种措施以模糊其殖民地属性。最明显的做法就是在 1968 年推进直布罗陀新宪法的制定，加速其民主化的进程。倘若从更广阔的视角来审视，除了直布罗陀外，还存在类似的案例，譬如波多黎各于 1952 年起至今始终维持着“美国自由邦”的地位。这类属于广义殖民地范畴的非自治领土有一个共同的特点，即它们尚未来得及完成去殖民化的任务，就遇到了民主化浪潮，这样就颠倒了本来沿循的先去殖民化再实现民主化的逻辑次序。因为在通常情况下，民主化往往发生在民族国家建立或民族独立之后，而非之前。

也就是说，英国的上述做法，打破了去殖民化与民主化原有的泾渭分明，使二者在某种意义上发生了交融甚或置换，并有借后者取代前者之嫌。那么，如何看待这种反常规逻辑的路径？是否意味着完成民主化后，直布罗陀就不再存在去殖民化的政治任务？或者说，实现了民主化是否就意味着去殖民化的任务已经完成？理论上讲，民主化与去殖民化的根本区别在于：民主化处理的是人民与政府之间的关系问题，属于国内法范畴；而去殖民化解决的是殖民地与宗主国之间的关系问题，属于国际法范畴。前者是践行公民权利以实现人民当家作主的过程，而后者是争取民族独立以成为主权国家或主权国家一部分的过程。显然两者是不同场域、不同位阶、不同指向上的问题。从国际实践看，某个政治实体完成去殖民化并不意味着其完成了民主化的任务；反之，完成了民主化的任务也不意味着完成了去殖民化的任务。因此，它们并不排斥，可同时进行，但不能相互替换和取代。

直布罗陀去殖民化过程中的民主化还引发了两个更深层次的问题。其一，英国对直布罗陀的民主化改造并非全然是单一色彩，而是兼带或暗含着去殖民化的目的。例如政府给予直布罗陀居民英国国籍的行为，既可以看作是直布罗陀居民获得相应民主权利的过程，也可以视为直布罗陀居民从殖民地居民转变成现代国家公民的过程。更何况，直布罗陀内部本就存在着并入英国的观点。[①] 由此可见，实难将两者截然分开，但它们之间的模棱两可，导致了去殖民化的复杂性，其结果很有可能是以民主化取代去殖民化，出现直接将殖民地转变为宗主国合法领土的情形。法属圭亚那就是例证，其自愿加入法国，并接受法国的改造。[②] 其二，去殖民化过程中存在殖民地治理问题。在既未通过民主化改造而成为宗主国的一部分，又未诉求自决以独立建国的特殊时期，这种介乎于传统殖民地与现代主权国家之间的地位形态，为它们发挥独特的政治、经济庇护和军事功能提供了便利。由于支配或利用这一灰色地带的往往是大国及相关利益集团，该类现象的存在有其一定的必然性。但对于目前仍具有国际法意义上殖民地属性的地区而言，其不仅给去殖民化任务带来了更大难度，而且也使得殖民地治理问题更加突出。

（二）联合国相关规范性文件的效力问题

本案例中，尤其是在 1967 年公投前后，联合国以发布决议的方式，多次介入纠纷解决。针对决议本身，英、西、直三方表现出了不同的态度。英国和直布罗陀均认为，联合国决议只是建议性质的，无法对它们构成实际的约束力。用联合国决议的内容来约束英国和直布罗陀、并衡量公投的有效性既不符合国际法规则，也违背了联合国的基本精神。而西班牙则认可这些决议的效力，并且在争论中常常援引相关决议。联合国决议是否构成国际法渊源以及在多大程度上具有法律效力成为问题的关键所在。

在国际法领域，人们经常使用《国际法院规约》第 38 条第 1 款的规定

---

① Gold, P, *Gibraltar: British or Spanish?* London: Taylor and Francis Group, 2005, p. 335.

② 法属圭亚那与直布罗陀的情况有许多类似之处。根据《不列颠百科全书》中的“法属圭亚那”英文词条，法属圭亚那于 1946 年正式从殖民地转变为法国的海外省，并在 1974 年被法国赋予行政区地位。2010 年，在法属圭亚那举行的公投当中，否决了增加其自决权的提议。这些事实表明法属圭亚那的去殖民化最终指向是成为法国领土的一部分，且法属圭亚那居民对此高度认可。See *French Guiana*, from https://www.britannica.com/place/French-Guiana.

来确定国际法渊源的范围。该款规定，国际法院在审判时应当适用：普遍或特别国际条约；国际惯例；一般法律原则；作为确定法律原则之辅助资料的司法判例和公法学家学说。其中前两者为直接、主要的渊源，而后两者不可直接被援引。如果以这个范围做标准，那么联合国决议并不构成严格意义上的国际法渊源。不过，联合国决议内容差别很大，形式也各不相同，需要分类讨论。许多联合国决议是对联合国宪章的解释和细化，在这个意义上它们能够具有，而且应当具有国际法上的约束力，甚至本身可以作为许多国际条约的效力基础，故而可以被认为是广义上的国际条约。例如《给予殖民地国家和人民独立宣言》就是宪章第 11 章《关于非自治领土之宣言》的具体化。① 此类决议可以被看作是国际法的辅助渊源，其国际法效力是比较明确的。它们的显著特点是概括性强，具备普遍适用性，广受认可，且与宪章高度契合，可以在国际法实践中被援引。

但是，在 1966 年至 1967 年联合国就直布罗陀问题所作出的决议并不属于这种情况，这三个决议针对的是非常具体的问题，为英、西、直三方创设了义务，可以看作是对《给予殖民地国家和人民独立宣言》的适用。在传统国际法中的实在法学派理论看来，国际法效力的根据就在于各国的共同同意。常设国际法院在 1928 年“荷花号案”② 中指出：“对各国有约束力的法律规则，源自各国的自由意志，该自由意志表现为在公约中的表达或被普遍接受为法律原则的惯例。”③ 这一原则后被 1969 年《维也纳条约法公约》等一系列现代国际法的重要规则所采用。可见，为一国创设义务的国际文件至少需要当事国的共同同意作为前提。即使是英国所提出的将本案提交国际法院的方案，也需要先由当事国达成一致后将案件提交国际法院，才能表示当事国接受国

① 杨泽伟：《再论国际组织决议的法律效力问题》，载《法商研究》1998 年第 6 期，第 92 页。

② 1926 年 8 月 2 日，法国邮船“荷花号”在公海领域与一艘土耳其船发生碰撞，造成 8 名土耳其人死亡。次日，土耳其当局对抵达君士坦丁堡的“荷花号”进行调查，并最终依据土耳其法律审判了“荷花号”的值班人员，法国海军上尉戴蒙（Monsieurs Demons）。法国对此判决表示抗议，并最终与土耳其签订特别协议，就土耳其的管辖权问题和对戴蒙的赔偿问题将该案交由常设国际法院解决。国际法院在论证土耳其管辖权的合法性时指出，国际法的约束力源于基于各国普遍承认或认可的自由意志，而并没有国际规则禁止国家将其法律与法院管辖权延伸到其领域之外的人、物和事，故而土耳其对本案拥有自由裁量权，其对本案的审判符合国际法。参见梁淑英主编：《国际法案例教程》，知识产权出版社 2001 年版，第 18—19 页。

③ *S.S. Lotus (Fr. v. Turk.), 1927 P.C.I.J. (Ser. A) No. 10 (Sept. 7)*, from http://www.worldcourts.com/pcij/eng/decisions/1927.09.07_lotus.htm.

际法院的管辖以及在未来的判决中为其创设的义务。相较而言，由于缺乏当事国事前的同意，决议本身在程序上就存在着一定瑕疵。反对三份联合国决议的英国和直布罗陀并非对决议所依据的《殖民地宣言》持有异议，而是反对这些决议在它们未同意的情况下为其创设义务。因此，三份决议并不足以构成对英、西、直三方的约束力。

四、该案例之于我国的启示

直布罗陀主权归属何去何从，并不直接与中国发生关联。对于我国的研究者来说，如果希望研究更有意义，除了要发掘它在理论研究层面的知识增长点之外，还应当发现其对我国相关实践的启示。与任何主权纠纷一样，直布罗陀主权纠纷涉及了国家认同和国际法两大层面的问题。我国在处理台湾问题时，也需要从这两个角度出发，参考直布罗陀案例中的经验与教训。

（一）应重视国家认同对主权归属的影响

国际法、国家实力对比、国际形势、偶然机遇等客观因素固然能够影响到主权归属，但说到底，自决权的实现都要追溯到该地区居民的主观意愿和倾向。具体而言，这种意愿和倾向就是国家认同，即作为整个群体的当地居民认可自己对于特定国家的归属，接受自己具有该国国籍，享有该国法律赋予的权利并承担相应义务的事实。鉴于殖民地的特殊情形，不存在进行正常政治社会化的前提，这往往导致居民的认同缺失或者对宗主国的畸形认同。无论殖民地最终的出路是独立还是并入业已存在的现代主权国家，对于殖民地人民国家认同的塑造和维护都是一项长久而系统的工程，一旦消极处理或处理方式不当就会造成不可逆的后果。

直布罗陀问题长期僵持不下，以至于实际上一直保持着“隶属于英国而高度自治”的现状。对于这种现状，直布罗陀和英国两方面显然都是积极赞同的，关键的变量就在西班牙的态度。西班牙方面长期以来都坚持收回直布罗陀，也采取了一些富有策略性的方案，但其经常在边境和海域问题上表现出强硬、对抗的态度，采取激烈的手段。这极容易导致问题的恶化，也使得西班牙争取到的联合国支持和谈判成果等有利条件被极大地抵消了。正如特里艾（J. E. Triay，共享主权方案的支持者）所指出的那样：“西班牙人更倾向于对抗他们的敌人，而非化敌为友。他们不像英国人那样懂得如何与对手交朋友。”[①]

自《乌德勒支合约》签订以来，英国已经实际享有直布罗陀的主权达300年。多年的发展已经让直布罗陀人习惯了归属于英国的事实。实际上，直布罗陀居民也未必对英国有着高度的认同，况且英国在《布鲁塞尔宣言》之后的战略选择也引起了直布罗陀方面极大的不满。不过相较于西班牙来说，英国长期统治形成的认同本就牢固得多，而英国自身也具备强于西班牙的实力。因此直布罗陀人民既不希望，也没必要做出改变。这样的前提下，西班牙的被动局面是很难挽回的。

我国面临着尚未解决的台湾问题，台湾地区民众的国家认同状况同样是影响两岸统一进度和质量的关键变量。当前，台湾民众的国家认同呈现出了复杂的变化。鉴于“台独”势力在岛内推动“去中国化”等“文化台独”活动，大陆方面应当在国家认同的构建方面做出努力，以抵制和消除“台独”活动对一个中国框架的负面影响。

（二）该案例并非“台独”公投的佐证

直布罗陀的立场选择在一定程度上有其合理性，但不可高估其意义。笔者认为直布罗陀通过公投而维持现状的选择是符合国际法的。但是，直布罗陀的公投案例很容易被“台独”势力所歪曲和利用。为此，我们需要对两者的不同进行分析和归纳。

第一，在性质上，直布罗陀在本质上仍是去殖民化问题，而台湾问题是中国内战的延续问题。问题性质决定了两者是否享有自决权以及公民投票权。如前所述，尽管直布罗陀在某种程度上成为非典型性的殖民地，但无论其如何发展变化，它的底色依然是殖民地属性。这一点体现在：一方面，直布罗陀依旧在联合国“非自治领土”的名单之中，其是国际法和国际社会承认的事实；另一方面，直布罗陀的政治地位问题仍然没有得到最终解决，表明了去殖民化的任务还没有结束。台湾问题的不同则在于，联合国“非自治领土”

---

① Gold, P, *Gibraltar: British or Spanish?* London: Taylor & Francis Group, 2005, p. 329.

名单里并不包括台湾，换言之，台湾不存在去殖民化的任务，也就没有所谓的自决权问题。更重要的是，二战结束之际，几个重要的国际文件皆已载明日本必须归还台湾给中国，并且当时的国民政府也已经完成了收回台湾主权的相关程序。

第二，民主化进程让两者具有表面上的相似性，但这并不能掩盖他们在公投类型上的重大差异。因性质上的不同，衍生出了两者公民投票的类型的不同。根本上看，直布罗陀公投是自决性公投，而所谓的“台独”公投则是民主性公投。为什么台湾某些学者要将直布罗陀公投与“台独”公投联系在一起？是因为他们看到了直布罗陀公投的民主性，也正是因为民主性，才让“台独”势力看到两者的可比性。民主性来源于民主化，但二者民主化的背景和指向截然不同：一方面，前者发生在去殖民化过程中，其稀释了直布罗陀的殖民性质，增加了去殖民化任务的复杂性，而后者出现于两岸对峙情势下，其淡化了台湾政权的非法色彩，增添了两岸统一的难度；另一方面，前者是通过内部主权以解决外部主权的问题，隐含着外部主权尚未实现的问题，而后者则是出现在对外主权属于中国的前提下如何解决人民当家作主的问题。两者的根本不同在于，直布罗陀公投是带有民主性质的自决性公投，而台湾的“台独”公投则是披着“自决”外衣的民主性公投。前者尚属合法，但后者却是对民主性公投的错误延展。

第三，直布罗陀公投是合法公投，而台湾地区的“台独”公投是非法公投。由于直布罗陀仍是广义上的殖民地，它拥有自决权以及可通过任一方式来实现这种自决权的合法性。但台湾的问题在于，“台独”公投是非法的。其一，即便是台湾地区在中国内部实现了西式民主体制，但这种体制下所谓的民主权利也仅限于其地域范围内的自治事务，而不涉及变更边界的权力。因为变更边界的事项与其他省份或整个国家的利益皆息息相关，其显然超出了自治的范畴，在任何国家都是不允许的。若强行举行“台独”公投，其就是违法行为，中央政府有权采取任何方式捍卫国家领土和主权的完整。退一步说，即便是台湾要举行变更“领土”边界的公投，也必须征得全体中国人民的同意或者至少是中央政府的批准。[①] 而这一前提在直布罗陀是不存在的，直布罗陀在法理上有自主决定自身的未来政治地位的权利，其不受制于西班

① 王英津著：《两岸政治关系定位研究》，九州出版社2016年版，第398页。

牙和英国的中央政府，而且这种权利得到联合国的承认和保护。

上述比较表明，直布罗陀问题与台湾问题有着重大不同，不能将两者混为一谈，“台独”势力企图将直布罗陀公投作为“台独”公投的佐证，是不成立的。

第五章　波罗的海三国公民投票

“波罗的海三国”是指爱沙尼亚、拉脱维亚和立陶宛，这三国西面和北面毗邻波罗的海、里加湾和芬兰湾，东面和南面与俄罗斯联邦、白俄罗斯及波兰接壤。由于它们的地理位置处于西欧、北欧与俄罗斯的交界地带，所以它们具有很多过渡性样貌，兼具东、西欧特征；在宗教上偏向西欧，三国不信奉东正教；在民族特性上偏向俄罗斯，属于斯拉夫民族。该三国于 1940 年被苏联强行吞并，时过 50 年后，它们先后通过公投从苏联脱离出来，获得独立。关于三国公投的类型和性质问题，历来备受争议。正因这一问题的模糊性，该案例常常被分离主义势力援引来论证“分离权”的存在及合法性问题。为厘清问题的原委和本质，本章在梳理波罗的海三国与苏联关系的基础上，对相关问题的历史及法理进行还原和解析，最后得出研究结论。

一、三国公投的历史背景

（一）强权夹缝中的短暂独立

13 世纪左右，在反抗条顿骑士团侵略的过程中，立陶宛人受天主教文化的洗礼，与波兰结成联盟，并于 1569 年建立波兰—立陶宛大公国。同一时期，拉脱维亚与爱沙尼亚则是先后接受新教的路德教派。因此，波罗的海三国的宗教信仰有别于俄国的东正教。[①]18 世纪初，俄国与瑞典爆发大北方战争，1721 年俄国取得最后胜利，因而取代瑞典称霸波罗的海，爱沙尼亚与拉脱维亚遂落入俄国统治；18 世纪末，立陶宛也被俄国吞并。之后，俄国统治者多是通过日耳曼贵族对其进行统治，故而这一时期波罗的海三国文化并没有被斯拉夫化。19 世纪俄国统治者曾对该地区实施同化政策，但此时波罗的海三国的发展程度已经相当高，不可能再被任何其他性质的文化所同化。[②]由于波罗的海三国拥有自己相对独立的民族发展史、民族文化与宗教信仰，使得三国较早形成了对自身民族的认同感。

从总体上看，20 世纪之前，三国长期受外国统治。至第一次世界大战爆发，才出现波罗的海三国独立建国的难得契机。当时，属于协约国阵营的沙俄，与同盟国的德国处于交战之际，俄国却于 1917 年 11 月爆发社会主义革命，内部的动荡迫使其宣布停战。之后，德国亦于 1918 年战败，随后解体。影响波罗的海地区权力布局的俄、德两个国家先后崩解，三国建立民族国家的时机到来。立陶宛 1918 年 2 月 16 日宣布独立，爱沙尼亚随后于同月的 24 日发表独立宣言；拉脱维亚的独立声明则是在同年的 11 月 18 日宣布。[③]1920 年 7 月，三国的独立得到苏俄政府承认，于是进入了为期 20 年的独立发展时期。在此期间，三国在政治上先后确立了西方议会民主制度；三国都加入了国际联盟；三国于 1934 年 9 月在日内瓦签订协定，建立波罗的海联盟。正是这一特殊历史使三国对民族独立与民族自决有了更深刻的认识，为日后三国恢复民族独立奠定了坚实基础。[④]

（二）苏德密约下的强权吞并

波罗的海三国的近代历史，真可谓一部处于区域强权夹缝中的生存史。苏联与纳粹德国的崛起，注定波罗的海三国难逃遭受大国宰制的命运。与英法的谈判破裂后，苏联转而寻求与德国达成协议，以延缓它对苏联的进攻，

① 魏百谷：《波罗的海三国独立公投之研析》，载陈隆志、陈文贤主编：《国际重要公民投票案例解析》，台湾新世纪文教基金会、台湾联合国研究中心 2010 版，第 97 页。

② 贺梦娴：《从波罗的海三国独立看苏联民族分离主义》，载《西伯利亚研究》2016 年第 5 期，第 83 页。

③ Romuald J. Misiunas and Rein Taagepera, *The Baltic States: Years of Dependence 1940-1990*, California: University of California Press, 1993, p. 8.

④ 贺梦娴：《从波罗的海三国独立看苏联民族分离主义》，载《西伯利亚研究》2016 年第 5 期，第 84 页。

使自己的备战工作能够得以完成；德国为了在进攻英法之前将苏联稳住，以防止自己东西受敌、两线作战，也打算暂时与苏联达成默契。1939 年 8 月 23 日，苏德签订了附有秘密议定书的《苏德互不侵犯条约》，确定将爱沙尼亚和拉脱维亚纳入苏联的势力范围，同年 9 月 28 日签订的《苏德友好边界条约》，又把立陶宛纳入了苏联的势力范围。[①]

两次世界大战的间隔期间，波罗的海三国虽然曾是独立的国家，但就在《苏德互不侵犯条约》签订后，苏联为加强在波罗的海地区的军事存在，遂于 1939 年 9 月到 1940 年 8 月分两阶段逐步吞并该地区。首先胁迫爱沙尼亚、拉脱维亚及立陶宛分别在 1939 年 9 月 28 日及 10 月 10 日与苏联签订互助协定，允许苏联在各国驻留 25000 名部队。波罗的海三国新选出的国会同在 1940 年 7 月 21 日开议，而苏联在国会大楼内外进驻军队，进行武力胁迫，迫使三国国会投票通过，以加盟共和国的身份申请加入苏联。苏联最高苏维埃随后于 8 月初开会，分别通过三国的申请加盟案，于是立陶宛苏维埃社会主义共和国、拉脱维亚苏维埃社会主义共和国和爱沙尼亚苏维埃共和国，成为苏联的加盟共和国。[②] 自此之后，波罗的海三国处于苏联的强权统治之下，尽管名义上依据苏联宪法享有高度自治权与自由脱离权，实际上则受到严密的组织控制。[③]

（三）民主浪潮中的独立运动

苏联对各加盟共和国的强权控制长达几十年，直至 20 世纪 80 年代末期，苏联领导人戈尔巴乔夫上台全面推行改革、实行“公开性”、民主化的政策之后，才对各加盟共和国的管控有所松动。在此背景下，波罗的海三国的独立运动再度兴起和发展，并成功脱离苏联而独立。1988 年，三国分别成立了人民阵线组织，提出实行民主的政治制度、自由市场经济以及承认民族语言为官方语言、限制外族人迁入等主张。这些组织成立之初，苏联领导人将其看作是支

---

① 徐隆彬:《苏联对波罗的海三国的吞并——基于〈苏联历史档案选编〉的考察》，载《当代世界社会主义问题》2014 年第 4 期，第 16 页。

② Romuald J. Misiunas and Rein Taagepera, *The Baltic States: Year of Dependence 1940-1990*, California: University of California Press, 1993, pp. 15-20.

③ 魏百谷:《波罗的海三国独立公投之研析》，载陈隆志、陈文贤主编:《国际重要公民投票案例解析》，台湾新世纪文教基金会、台湾联合国研究中心 2010 版，第 95 页。

持改革的力量，给予支持和默许。[①] 在一定意义上说，20 世纪 80 年代后期，戈尔巴乔夫实施改革开放政策，放宽社会控制与媒体审查，促使反对运动的风潮四起。波罗的海解放运动成为苏联加盟共和国寻求独立的先锋性运动。[②]

在波罗的海三国独立的过程中，三个关键节点值得关注。其一，1989 年 8 月是《苏德互不侵犯条约》签订 50 周年。8 月 23 日，波罗的海三国约 200 万人以手牵手排成不间断“人链”的方式纵贯三国，以抗议《苏德互不侵犯条约》的签订，和苏联对波罗的海三国的“非法占领”，这一天后来成为“欧洲斯大林主义和纳粹主义受害人纪念日”或“国际黑丝带日”。迫于百万人游行压力，苏德密约解密，苏联并吞波罗的海国家的秘密协议终于公开，这更助长了民族意识的火苗。苏德秘密协议解密后，三国的最高苏维埃相继通过决议，谴责 1940 年 7 月当时国会投票表决加入苏联为非法之举，并要求与莫斯科中央协商独立事宜。其二，1990 年 12 月 24 日，苏联最高苏维埃为时势所趋，进而宣布苏德密约无效，此举令 1940 年波罗的海三国并入苏联的合法性更加遭到质疑，这进一步强化了三国寻求独立的立场。[③] 其三，戈尔巴乔夫为维持苏联体制，提出了苏维埃联盟改组的构想，并草拟新的联盟条约，择 1991 年 3 月 17 日，就新联盟条约进行公民投票。戈尔巴乔夫欲通过公民投票，以凝聚联盟的整体民族意识。对波罗的海三国而言，新联盟公投的举办，名义上虽可提高共和国的自治程度，实际上则中断了独立之路，因此，断然对联盟政府所主导的公投进行联合抵制。为表明反对加入新联盟的决心，立陶宛决定先行举办独立公投，随后爱沙尼亚和拉脱维亚跟进公投。[④]

从以上回顾不难看出，波罗的海三国追求独立建国，有其必然性、正当性。首先，由于三国加入联盟并非自愿，大批民族主义者因反对加入苏联而遭到逮捕、枪杀或流放，严重影响到三国的发展并引起当地民族的不满；其次，在经济自主权问题上，三国受到苏联高度集权的中央管理体制的压制，三国加入苏联时，其经济发展与生活水平同瑞典、芬兰等国相仿，但后来已

---

① 陆南泉等著:《苏联兴亡史论》，人民出版社 2002 年版，第 807 页。

② Valters Nollendorfs et al., *The Three Occupations of Latvia, 1940-1991*, Riga: Occupation Museum Foundation, 2005, p. 38.

③ 魏百谷:《波罗的海三国独立公投之研析》，载陈隆志、陈文贤主编:《国际重要公民投票案例解析》，台湾新世纪文教基金会、台湾联合国研究中心 2010 版，第 98 页。

④ 魏百谷:《波罗的海三国独立公投之研析》，载陈隆志、陈文贤主编:《国际重要公民投票案例解析》，台湾新世纪文教基金会、台湾联合国研究中心 2010 版，第 104 页。

被北欧诸国拉开距离，这种落差使人们认为加入苏联是巨大的不幸；再次，为加强统治，苏联政府向三国大量移民，加剧了民族矛盾；大量外族人特别是俄罗斯族人的迁入，引起当地人口民族占比的变化，从而引发当地民族对于丧失本民族特色的担忧，为此产生强烈的民族保护意识，集中表现为排俄情绪。[①]

二、三国公投的过程与结果

（一）发表独立宣言

波罗的海三国民族主义意识不断高涨，三国政府不顾苏联的违宪指责，相继发表独立宣言。立陶宛率先于 1990 年 3 月 11 日通过独立宣言并宣布独立。随后，苏联政府即以威胁及经济制裁等行动，试图压制波罗的海三国的独立运动。继立陶宛之后，爱沙尼亚随即于 1990 年 5 月 4 日通过独立宣言，并宣布进入独立建国的过渡期，拒绝苏联政府的一切权利。拉脱维亚议会则于同日通过独立宣言，名称为“关于恢复拉脱维亚共和国独立的宣言”，当时议员总额为 200 席，支持通过独立宣言的议员人数为 138 名，占议员总数的 69%。拥有最高苏维埃 134 席次的最大政党“拉脱维亚人民阵线”全数投下赞成票，但另有 57 名保守派的共产党以及其他阵线的议员，选择离开会场，未参与投票。[②]拉脱维亚在通过独立宣言后，附加但书表示，该宣言仅在“转型时期”结束后，始生效力。[③]

（二）发动独立公投

鉴于立陶宛要发动独立公投，苏联政府公开阻止，并宣称其为违宪行为。但是，即便如此，立陶宛仍依原定计划于 1991 年 2 月 9 日进行了公投，

① 贺梦娴:《从波罗的海三国独立看苏联民族分离主义》，载《西伯利亚研究》2016 年第 5 期，第 84 页。

② Artis Pabriks and Aldis Purs, ‘*Latvia*’, in David J. Smith, Artis Pabriks, Aldis Purs and Thomas Lane, eds., *The Baltic States*, London: Routledge, 2002, p. 60

③ 魏百谷:《波罗的海三国独立公投之研析》，载陈隆志、陈文贤主编:《国际重要公民投票案例解析》，台湾新世纪文教基金会、台湾联合国研究中心 2010 版，第 103—104 页。

其议题是“你是否赞成立陶宛成为一个独立的民主共和国”，在此次投票中，84.43% 的合格投票者参与了投票，结果显示 90.47 % 的民众支持立陶宛独立。[①] 接着，爱沙尼亚于 1991 年 3 月 3 日举行独立公投，投票议题为“你赞成恢复爱沙尼亚共和国的独立吗”，此次公投中，参与投票的人数约 95 万人，赞成独立的人数占 77.83%。[②]3 月 3 日当天，拉脱维亚也举行独立公投，投票的议题是“你是否赞成一个独立民主的拉脱维亚共和国”，投票结果显示，有效票中的 73.68% 支持拉脱维亚脱离苏联、实现独立建国。

公投结束后，爱沙尼亚最高苏维埃于 1991 年 8 月 20 日宣布独立，随后则是拉脱维亚最高苏维埃在 1991 年 8 月 21 日宣布国家独立。爱沙尼亚与拉脱维亚之所以选择在此时宣布独立，主要有两个考量：其一，苏联政府对独立谈判之事一再拖延，倘若苏联解体，有利于实现独立；其二，两国认为，倘若波罗的海三国行动一致，可获更多的国际社会支持，况且一旦保守派政变成功，后果不堪设想，因此决定立即宣布独立，使三国站在同一战线上。波罗的海三国在独立公投通过后，选择恢复苏联统治前的宪法而非制定新宪法。[③] 具体参加下表（表 5–1）：

表 5–1：1991 年波罗的海三国独立公投概况表

	立陶宛	爱沙尼亚	拉脱维亚
宣布独立时间	1990 年 3 月 11 日	1991 年 8 月 20 日	1991 年 8 月 21 日
公投时间	1991 年 2 月 9 日	1991 年 3 月 3 日	1991 年 3 月 3 日
公投问题	“你是否赞成立陶宛成为一个独立的民主共和国？”	“你赞成恢复爱沙尼亚共和国的独立吗？”	“你是否赞成一个独立民主的拉脱维亚共和国？”
参与投票率	84.7%	82.9%	87.6%
支持率	93.2 %	78.4%	74.9%

（资料来源：作者根据相关资料汇整而成）

① Gary Hartman, ‘The Origins and Growth of Baltic Nationalism as a Force for Independence’, *Lithuanian Quarterly Journal of Arts and Sciences*, Vol. 38, No. 3, 1992, p. 7.

② James Crawford, *The Creation of States in International Law* (Second edition), Oxford: Clarendon Press, 2006, p. 394.

③ Rett R. Ludwikowski, ‘Constitution Making in Former Soviet Dominance’, *Georgia Journal of International & Comparative Law*, Vol. 23, No. 2, 1993, p. 155.

需要指出的是，波罗的海三国的公投及独立过程，并不是完全一致。立陶宛系先宣布独立，后发动独立公投；而爱沙尼亚与拉脱维亚两国均系先举行公投，后宣布独立。

三、苏联与国际社会的态度及反应

（一）苏联的立场及反应

面对波罗的海三国诉诸国际法上的自决原则寻求恢复独立，苏联政府坚称波罗的海三国的独立并非国际法层次的问题，而是国内的宪政议题。苏联政府的理由是波罗的海三国于1939至1940年间，相继同意苏联军队进驻，并经由各自的国会决议加入苏联。并且，苏联政府认为三国的独立宣示并不符合苏联的宪法规定。[①]立陶宛宣布独立后，苏联领导人戈尔巴乔夫立刻宣布独立是非法行为。随即苏联军队于公投后的2月10日，在波罗的海举行大规模军事演习，意欲给立陶宛施压。针对爱沙尼亚的独立行为，苏联对其实施经济制裁，例如中断石油与天然气供应。1991年5月戈尔巴乔夫派出高层代表分别与波罗的海三国进行谈判。但是，苏联代表团的谈判主轴放在经济议题上，故意淡化和回避波罗的海三国急于解决的独立问题。1991年8月19日苏联爆发了反对戈尔巴乔夫的“8·19事变”，保守派所组成的“国家紧急状态委员会”控制政权后，立即加派军队进驻立陶宛，下令占领拉脱维亚的重要据点并封锁边界，以及命令坦克部队续留爱沙尼亚首都塔林。8月21日政变失败，戈尔巴乔夫重新视事，下令部队撤出波罗的海三国各大城市。9月6日，苏联最高苏维埃临时会通过决议，正式承认立陶宛、拉脱维亚与爱沙尼亚为独立国家。

从整个过程来看，苏联对于波罗的海三国独立运动及其公投的最初反应，原本想以武力威胁作为因应策略。然而，戈尔巴乔夫鉴于国内面临改革后的政治与社会动荡，以及来自国际社会的外部压力，不敢贸然进行大规模的武

① Peter Van Elsuwege, ‘State Continuity and Consequences: The Case of the Baltic States’, *Leiden Journal of International Law*, No.16, 2003, p. 379.

力镇压。“8·19 事变”后，苏联颓势浮现，已无力挽回波罗的海三国独立的局势，而不得不给予承认。①

需要指出的是，早在“8·19 事变”发生之前，苏联最重要的成员单位——俄罗斯共和国已于 1991 年 7 月 31 日与立陶宛签订条约，正式承认立陶宛独立。继而在 8 月 24 日，正式承认拉脱维亚和爱沙尼亚独立。②

（二）国际社会的立场及反应

立陶宛于 1990 年 3 月 11 日宣布独立时，西方国家虽支持其独立，但为了不影响到戈尔巴乔夫总统的权力，并未给予外交上的国家承认。此时欧美国家的心态是非常矛盾的，一方面他们不愿破坏戈尔巴乔夫既有的改革成果，不希望事态升级以致阻碍他们推行“和平演变”的进程，另一方面他们站在人道主义和自决的立场上又不得不支持波罗的海三国的独立行动。鉴于承认三国独立可能会对本国与苏联关系造成负面影响，以及可能引发来自苏联方面的反弹，西方国家在赫尔辛基最后文件上签字，该文件承认战后边界的合法性，这就事实上承认了苏联在波罗的海三国的主权（1973—1975 分阶段签署）。根据赫尔辛基最后文件，边界不能轻易被更改，除非通过谈判，并得到三十四个签约国的一致同意。这些规定限制了欧美国家采取行动的能力。以美国为例，美国一直在三国首都派有官员，收集信息，转达美国的关注。立陶宛在 1990 年 3 月 11 日宣布独立前，已把独立声明等文件秘密传给华盛顿，美国提出了修改意见，并同意发表。兰茨贝吉斯也说：“不开这种绿灯，我们是不会采取断然行动的。”③ 波罗的海三国独立之时，美国正处于布什担任总统时期，布什政府一方面发表声明称苏联政府使用武力反对和平民主选举的政府没有正义可言，以此表达对波罗的海三国人民的关怀，但同时又表示欣赏苏联领导人戈尔巴乔夫所选择的改革道路，而波罗的海事件很可能阻碍改革进程；④ 美国参议院以 99 票对 0 票通过了谴责苏联在波罗的海军事行动的决议，但这项决议没有拘束力。总体上看，直到“8·19 事变”，美国一方面

① 魏百谷：《波罗的海三国独立公投之研析》，载陈隆志、陈文贤主编：《国际重要公民投票案例解析》，台湾新世纪文教基金会、台湾联合国研究中心 2010 版，第 107—108 页。

② 韩克敌：《波罗的海三国独立与美苏交涉（1991）》，载《俄罗斯中亚东欧研究》2010 年第 2 期，第 57 页。

③ ［法］若韦尔：《改变世界的六天》，鲁方根译，载《国外社会科学文摘》2000 年第 6 期，第 64 页。

④ 'Bush Statement on Lithuania', *New York Times*, January 14, 1991, p. A.7.

宣称不承认苏联吞并波罗的海三国的合法性，但也没有明确表态支持三国从苏联独立出去。除了推迟首脑会晤，布什政府并未对苏联政府采取任何实质性的制裁措施。①

"8·19 事变"后，欧美各国的顾忌大大减小，于是纷纷给予波罗的海三国外交承认。冰岛 1991 年 8 月 22 日公开承认三国独立，是承认三国独立的第一个西方国家；丹麦于 8 月 24 公开承认波罗的海三国独立；欧共体于 8 月 27 日给予承认；美国则于 9 月 2 日承认三国独立。② 在苏联政府 9 月 6 日正式承认三国独立之前，已有 50 多个国家正式承认波罗的海三国的独立。③

在取得苏联与国际社会的承认后，爱沙尼亚、拉脱维亚与立陶宛最终于 1991 年 9 月 17 日正式成为联合国会员国。至此，波罗的海三国多年诉求的独立目标彻底实现。

四、三国独立公投：自决而非分离

国际社会对波罗的海三国独立公投秉持支持的态度，有人藉此解释为"国际社会对分离公投的支持"，以此论证"分离公投"的合法性。正如有台湾学者论述："从波罗的海三国的独立实践看，显然不符合现实主义学派所认为国家主权优于人民自决原则的论述，反而为自由主义学派的观点，亦即某一领域人民有权自由决定建立独立国家，或与某一独立国家某一领域人民有权自由决定建立独立国家，或与某一独立国家自由结合，提供有力的佐证。三国独立运动的成功，活化了国际法上的自决权原则。"④ 为认清这些观点的错误所在，我们首先要厘清波罗的海三国独立公投在性质上属于自决，而非

① 韩克敌:《波罗的海三国独立与美苏交涉（1991）》，载《俄罗斯中亚东欧研究》2010 年第 2 期，第 60—62 页。

② 美国是第 37 个承认波罗的海三国的国家，落后于大多数欧洲国家。布什 1991 年 7 月底访问苏联时拒绝了兰茨贝吉斯顺访维尔纽斯的邀请。在承认三国独立后，美国官方一再强调波罗的海三国是特例，美国不会承认除了波罗的海三国以外的任何其他共和国。参见韩克敌:《波罗的海三国独立与美苏交涉（1991）》，载《俄罗斯中亚东欧研究》2010 年第 2 期，第 62 页。

③ 韩克敌:《波罗的海三国独立与美苏交涉（1991）》，载《俄罗斯中亚东欧研究》2010 年第 2 期，第 58 页。

④ 魏百谷:《波罗的海三国独立公投之研析》，载陈隆志、陈文贤主编:《国际重要公民投票案例解析》，台湾新世纪文教基金会、台湾联合国研究中心 2010 版，第 110 页。

分离。这主要基于以下理由：

（一）三国独立并未援引苏联宪法的分离条款

波罗的海三国的独立曾被苏联政府指责为违宪行动，事实上，波罗的海三国在发动公投及宣布独立时并未援引苏联宪法第 72 条的分离条款。[①] 众所周知，波罗的海三国决定举办独立公投之际，共和国本身并无公投法的存在，唯当时尚处于苏联的集权体制之下，尽管包含波罗的海三国在内的 15 个加盟共和国，在宪法上均拥有自治权与退出联盟的自由权，但由于苏联集权体制的原因，使得宪法第 72 条规定徒具空文。事实表明，苏联对加盟共和国脱离的法令，直至 1990 年 4 月才经苏联最高苏维埃表决通过。根据此法令，各加盟共和国在最高苏维埃的提议，或公民总数 10% 以上联署，得申请举行公民投票。投票结果需超过 2/3 以上公民同意，才能脱离苏联。公投后，另有五年的过渡期，以解决各种问题，第五年必须再举行一次公民投票，同样要 2/3 的公民赞成，才能成为独立国家。若公民投票未获通过，须十年后才能再重新申请。苏联坚持此法令为加盟共和国脱离的唯一合法途径，戈尔巴乔夫一再要求波罗的海三国须依此法律进行。[②] 由此可见，这一法令采取的是“表面允许、实质限制”策略，即通过设置复杂而严格的程序来限制波罗的海三国从苏联脱离出去。倘若波罗的海三国依循该法令设定的条件和程序来脱离苏联，其既不能凸显自身基于反对密约、兼并基础上而实现独立的合法性，也无法在事实上完成这么复杂的脱离程序。故三国在脱离苏联的过程中，拒绝依循苏联宪法中有关加盟共和国退出联盟的规定，亦数度拒绝戈尔巴乔夫所提的新联盟条约和公民投票，其意义在于凸显它们自始至终拒绝承认苏联统治的合法性。[③]

在波罗的海三国独立的合法性依据问题上，美国学者卡塞斯（Antonio Cassese）认为，波罗的海三国采取援引国际法上禁止密约、兼并的规则而不是苏联宪法第 72 条，是一种策略考量，主要考虑有二：其一，可以促使戈尔巴乔夫总统对它们适用不同于其他共和国的标准；其二，可以避免受 1990 年

① 苏联宪法第 72 条规定：“每一加盟共和国均保有自由退出苏联之权。”

② 茅慧青：《波罗的海三国独立经过》，载台湾《问题与研究》1992 年第 31 卷第 6 期，第 88 页。

③ 魏百谷：《波罗的海三国独立公投之研析》，载陈隆志、陈文贤主编：《国际重要公民投票案例解析》，台湾新世纪文教基金会、台湾联合国研究中心 2010 版，第 105 页。

4 月份苏联最高苏维埃通过的一项法令的约束。[①] 我国学者白桂梅对此也有过深入的分析："苏联解体被一些学者援引为在殖民地范畴以外适用自决权原则的例子，并用它证明自决权包括分离权的观点。实际上波罗的海三国和其他共和国的独立都不是行使苏联宪法中规定的分离权的结果。波罗的海三国历史上曾经是独立国家，只是在 1940 年才被强行并入苏联版图的。因此，这三国在要求独立时并没有援引苏联宪法第 72 条规定的分离权，而是提出恢复 1940 年以前的独立地位，将它们独立要求的合法性建立在国际法禁止密约、兼并的基础上。因此波罗的海三国要求独立根本就没有也没有必要援引分离权，更谈不上行使分离权。"[②]

经过以上分析不难发现，波罗的海三国的独立公投是基于国际法上自决原则的自决性公投，而非基于苏联宪法第 72 条的分离性公投。

（二）性质和类型：非典型自决性公投

现代国际法上的自决主要是指殖民地人民和其他被外国统治和压迫的民族（包括托管领土和非自治领土上的人民）有权摆脱殖民统治、争取独立、建立新国家的原则或权利。国际法上的自决被严格限定在去殖民化语境中，在通常情况下，自决的主体是殖民地、半殖民地、托管地、非自治领地、附属地、被保护国等。但是，除此之外，还有一些特殊情形。奥本海国际法在论及自决原则的特殊性时指出，"除殖民情况外，可能涉及自决还有：国家内部具有独特的地方个性的一部分往往用主张某种程度的自治或独立方法来谋求决定自己的政治或宪法结构（1990 年，许多国家对立陶宛主张独立的响应就是用立陶宛人民有自决权利的言词来表达的）"。[③] 联合国大会曾几次确认在外国控制下的人民利用他们所使用的必要手段行使他们的自决权利是合法的。[④] 联合国于 1980 年发表的《联合国决议中的自决权》（The Right to Self-Determination of United Nations Resolutions）报告指出，若忽略自决原则，而

---

① 参见《王铁崖纪念文集》，第 134 页。转引自白桂梅著：《国际法上的自决》，中国华侨出版社 1999 年版，第 188 页。

② 白桂梅著：《国际法上的自决》，中国华侨出版社 1999 年版，第 188 页。

③ ［英］詹宁斯、瓦茨修订：《奥本海国际法》（第一卷第一分册）王铁崖等译，中国大百科全书出版社 1995 年版，第 256 页。

④ ［英］詹宁斯、瓦茨修订：《奥本海国际法》（第一卷第一分册）王铁崖等译，中国大百科全书出版社 1995 年版，第 255 页。

以国家统一及领土完整为法律框架，遮掩殖民与外来统治的本质，则人民有权行使自决权。该报告更指出，凡在历史上曾经独立过或自治于固定领土、拥有独特文化，以及有能力恢复自治者，皆有权行使自决权。[①]

按照以上论述和分析，如果一个主权国家被另一个主权国家非法吞并，那么前者摆脱后者的行为就应该属于自决或独立。这是因为：其一，当年波罗的海三国并入苏联属于强行军事占领，系非法行为。苏德密约的签订导致波罗的海三国落入苏联的势力范围，苏联以武力威胁，迫使三国国会通过接受其决议。根据《维也纳条约法》的规定，一国同意承受条约的拘束，系以威胁或使用武力对一国施行强迫，所取得的同意，不具有法律效力。另外，按照"一项权利不能源自于违法的行为"的基本法律原则，合法利益不能获自非法行为，以及根据 1980 年联合国大会第 35 届会议通过的《关于全面执行〈给予殖民地国家和人民独立宣言〉的行动计划》的规定，坚决反对外国军事干涉、侵略与占领，因为这使世界各地人民的自决权利或其他人权受到压制。据此，波罗的海三国人民有权通过行使自决权来摆脱苏联的非法军事占领和外来统治，符合国际法关于自决原则的精神。[②] 其二，苏联吞并波罗的海三国的秘密条约是非法的、无效的。1989 年 12 月，波罗的海三国最高苏维埃发表了关于 1939 年《苏德互不侵犯条约》的政治和法律评价的呼吁书，称根据该条约的秘密议定书和以后苏德签订的其他有关条约，波罗的海三国加入苏联是在"军事占领的严酷条件下实现的"，并非三国的自愿行为。苏联对波罗的海三国的吞并不能用苏联在德国威胁面前试图保卫自己的"合法利益"来作解释和辩护。鉴于此，三国代表建议苏联最高苏维埃通过专门法废除 1939 年 8 月 23 日签署的《苏德互不侵犯条约》、1939 年 9 月 28 日签署的《苏德友好边界条约》以及 1939 至 1940 年期间签订的其他苏德协定，承认那时期的所有秘密条约在法律上都是不能成立的，并从签署之日起就无效。[③] 对于苏联的这种兼并他国领土的行为，西方国家大多不予承认。以美国为例，历届政府均不承认苏联对三国的吞并，立陶宛、拉脱维亚和爱沙尼

① Hector Gros Espiell, *The Right to Self-Determination of United Nations Resolutions*, UN Doc E/CN.4/Sub.2/405/Rev.l, para. 89, 1980.

② 魏百谷：《波罗的海三国独立公投之研析》，载陈隆志、陈文贤主编：《国际重要公民投票案例解析》，台湾新世纪文教基金会、台湾联合国研究中心 2010 版，第 102 页。

③ 李兴汉：《波罗的海三国的独立与苏联解体》，载《东欧中亚研究》2000 年第 3 期，第 83 页。

亚的公使馆及外交使团一直在华盛顿运作如常，且地位与他国无异。同时，美国与波罗的海三国的民族主义组织一直保持着紧密联系。至 1989 年，苏联正式承认当年以签订密约的方式对波罗的海三国的吞并是违反国际法的。

在国际上，类似苏联吞并波罗的海三国案例还有很多，譬如，1936—1940 年间被非法吞并的埃塞俄比亚、奥地利、波兰、捷克斯洛伐克等。这些被吞并的国家虽然失去了主权独立性，却被国际社会公认为其继续维持着国家资格。正因如此，即便波罗的海三国被苏联军事占领之后，它们仍以国际法主体继续存在，并且该“继续性”为多数西方国家所承认。从法理上说，虽然波罗的海三国丧失了“事实上的主权”，但其“法理上的主权”却被保留了下来，故其独立被认为是恢复行使主权。典型的例证是，1991 年 9 月 12 日，联合国安理会第 3007 次会议审查爱沙尼亚、拉脱维亚与立陶宛要求加入联合国的申请且无异议通过，并建议联合国大会接纳波罗的海三国为联合国会员。当时，安理会在决议文中表示：“爱沙尼亚共和国、拉脱维亚共和国和立陶宛共和国的独立，是经由对话，在有关各方的同意下，按照三国人民的愿望与抱负，以和平方式恢复的。”[①] 剑桥大学国际法教授克罗福特（James Crawford）在分析安理会的决议文时指出，该决议文中有两个用词特别值得关注，一是“恢复独立”（restoration of independence），二是“相关各方的同意”（consent of the parties concerned）。从联合国会员国的基本认知看，绝大多数都认为，波罗的海三国遭受了苏联的非法吞并和压迫，因而认定它们拥有国际法上自决的权利。

公投作为实现自决权的和平方式，与暴力方式有所不同：前者通常取得了宗主国的同意，故往往在公投前已就相关问题达成协议，而后者通常是在宗主国反对的情况下，和平自决无望，自决主体只好转向通过武装斗争来实现。在波罗的海三国独立问题上，尽管苏联一开始秉持坚决反对态度，但后来随着国际国内形势的逆转，三国的独立之势已成定局，在这种情势下，苏联政府只好无奈地面对这一事实，于是转变处理问题的思路，开始与三国就相关问题进行协商并共同探寻解决之道。倘若没有苏联政府最后的妥协，波罗的海三国的独立的进程可能没有那么顺利。事实表明，苏联政府对波罗的

① 《安理会第 710（1991）号决议》，载联合国网站，http://www.un.org/zh/documents/view_doc.asp?symbol=S/RES/710(1991)。

海三国独立问题的态度的转变，极为重要。从时间节点上看，在苏联承认波罗的海三国独立地位的六天之后，安理会才于 1991 年 9 月 12 日受理波罗的海三国所提交的入会申请案，这样的先后次序无疑表明安理会也很在意苏联政府的态度。并且，从安理会决议文的措辞来看，也对波罗的海三国与苏联的协商抱以肯定态度，譬如该决议文指出:“经由与苏联政府自由协议之方式，合适地考量合法的权利以及利害关系者之利益，同对未来的地位寻求解决之道。”[①]

波罗的海三国的独立，与通常情况下殖民地、附属国、被保护国、委任统治地、托管地或非自治领土从宗主国脱离出来、实现独立有所不同，但仍属于自决的范畴，只是其为一种非典型自决形式而已。[②]需要指出的是，这种非典型的殖民地自决案例，并不意味着自决权的适用范围已经延伸至殖民地之外的任何场合。笔者注意到，有台湾学者认为:“波罗的海三国依此原则运作的独立运动显示，非单殖民地或自治领土，任何领域上的人民均有权力行使人民自决。”[③]笔者反对这种观点，这是因为，假如自决原则与权利已经被“活化”，扩展至任何领土上的任何人民，甚至包括主权国家之内的部分人民，那么也就意味着自决与分离重叠，即分离拥有了自决的合法性与道德正当性。这显然是与国际法的精神和主权国家的旨趣相违背的。尽管波罗的海三国的独立与分离在外部特征上有许多类似之处，但其不同于分离，两者毕竟有着重大差异。对此，必须要有清晰的认知，否则会加剧分离势力滥用自决的名义。

① 原文为“to resolve their future status through free negotiation with the Soviet authorities in a way which takes proper account of the legitimate rights and interest of parties concerned”, See James Crawford, *The Creation of States in International Law*（Second edition）, Oxford: Clarendon Press, 2006, pp. 394-395。

② 如果按照自决主体的不同进行更为细化的分类，除了（广义上）殖民地的自决之外，还包括被吞并国家或地区的自决，后者的类似案例除了波罗的海三国案例外，还有东帝汶的自决等案例。

③ 吕岳宪:《波罗的海三国独立运动之研究——由国际法理论探讨》，台湾淡江大学俄罗斯研究所硕士学位论文，1994 年，第 149 页。

第六章　东帝汶公民投票

公民投票作为行使自决权的一种方式在国际实践中经常被加以运用，但由于国际政治的复杂性，以及国际法上的自决原则和公民投票制度在个别方面的含糊不清，致使不少学者对自决权及公民投票的法理基础也有不同的理解，这种不同理解很容易被分离主义者所利用。1999年东帝汶公投是战后去殖民化运动以来较为成功的公投案例，正因其成功，各国分离主义势力试图从这一案例中寻找对自己有利的理论依据。东帝汶公投对分离主义运动到底有没有积极的启示？需要我们回到东帝汶公投的法理问题上进行分析，故笔者将结合东帝汶公投的背景、目标和进程，对东帝汶公投的相关理论与实践问题进行系统梳理，以揭示分离主义势力将东帝汶公投视为可资借鉴案例的错误所在。

一、东帝汶独立的缘起和背景

（一）问题的缘起

东帝汶地处太平洋和印度洋之间的东南亚努沙登加拉群岛最东端，由帝汶岛东部、欧库西地区以及附近的阿陶罗岛等组成。东帝汶的原始居民是具有美拉尼西亚血统的阿托尼人，在历史上被划分为46个不同的部落，并因此保留了东帝汶的语言多样性。[①]16世纪初，葡萄牙开始入侵帝汶岛，遂将其作为葡萄牙在南太平洋的殖民中继站。荷兰在16世纪末入侵印尼之后，于17世纪初东扩进入帝汶岛西部，由此与葡萄牙产生冲突。1859年，葡荷两国签订条约，将帝汶岛分为东西两部分予以正式瓜分，并于1916年得到常设仲裁法院的确认。二战期间，帝汶岛曾短暂被日本占领。随着日本的战败及战后印尼的独立，西帝汶因在荷兰统治的殖民地边界之内而成为印尼领土的一部分并得到了国际社会的承认。[②]而东帝汶则由葡萄牙恢复殖民统治，并于1951年改为葡萄牙的海外省。

1974年4月，葡萄牙发生军事政变，新上台的政府宣布放弃全部海外殖民地。1975年8月，葡萄牙将东帝汶的总督及行政机构由首府帝力搬到阿陶罗岛，并计划在当年10月让东帝汶通过行使自决权来决定自己的未来政治地位。葡萄牙殖民权力机构撤出之后，东帝汶内部主张独立的独立革命阵线、主张在葡萄牙统治下自治的民主联盟及主张与印尼合并的人民民主协会之间爆发内战，最终东帝汶独立革命阵线赢得胜利并于1975年11月28日宣布东帝汶独立。以美、日、澳为代表的西方国家和印尼皆认为东帝汶独立革命阵线具有共产主义的意识形态，于是，在西方国家的默许下，印尼的苏哈托当局在1975年12月7日出兵吞并了东帝汶。

印尼对东帝汶的吞并，遭到了国际社会尤其是第三世界国家的谴责。在他们的积极努力下，联合国大会通过了一系列决议批评印尼的军事占领，呼吁东帝汶人民的自决独立，要求印尼撤军，并建议安理会对此采取行动。安理会在第384号和389号决议中也声明了东帝汶人民的自决权和领土完整，呼吁印尼立即从东帝汶撤军，但安理会并没有采取进一步的行动。国际社会的谴责没有起到任何作用，相反，印尼政府操纵东帝汶当地的亲印尼支持者成立了一个临时政府，声称是东帝汶人呼吁加入印尼，并组建了一个所谓的“人民代表大会”来监督自决，试图将这次吞并包装成是东帝汶人民行使自决

---

① Elizabeth G. Traube, ‘Mambai Perspectives on Colonialism and Decolonization’, in Peter Carey and G. Carter-Bentley, eds., *East Timor at the Crossroads: the Forging of a Nation*, Hawaii: University of Hawaii Press, 1995, p. 44.

② Rebecca Strating, ‘Contested Self-Determination: Indonesia and East Timor’s Battle over Borders, International Law and Ethnic Identity’, *The Journal of Pacific History*, Vol. 49, No. 4, 2014, p. 476.

权的结果来说服国际社会。[1] 此外，印尼议会还于 1976 年 7 月 17 日通过了将东帝汶纳入印尼版图的“宪法修正案”，企图以此巩固对东帝汶的统治。

当时的国际社会，除澳大利亚因地缘政治原因而承认东帝汶属于印尼之外，其他国家均不承认印尼对东帝汶进行统治的合法性。在东帝汶境内，独立革命阵线领导的反印尼武装斗争此起彼伏，但也受到印尼政府的残酷镇压。1991 年圣克鲁斯大屠杀之后，美、澳等原来支持印尼的国家也都相继改变态度，要求印尼尊重东帝汶人民的自决权，但遭到苏哈托政府的拒绝。

1997 年爆发的亚洲金融危机严重影响了印尼的经济发展，迫使苏哈托于 1998 年 5 月宣布辞职。继任总统哈比比改变前任政府的态度，宣布允许东帝汶人民通过自决来决定自己的未来地位，并与葡萄牙和联合国秘书长安南于 1999 年 5 月 5 日签署了《东帝汶特别自治方案协议》，决定保障东帝汶人民全民投票的权利以决定是否独立，从而开启了东帝汶公投的进程。

（二）公投的背景

从 1974 年葡萄牙政府愿意安排东帝汶自决到 1998 年 5 月《东帝汶特别自治方案协议》的达成，东帝汶公投议题之所以在经历二十多年后才得以启动，这与世界范围内去殖民化运动的延续、美国亚太战略的调整、东帝汶人民持续斗争及印尼开启民主化进程的时代背景密不可分。

1. 联合国号召彻底铲除殖民主义的残余

第二次世界大战改变了殖民与反殖民的力量对比，不但殖民地国家一如既往地强烈反对殖民主义，而且欧洲殖民国家也开始逐渐承认殖民统治的非法性而被迫调整殖民政策。战争中崛起的美国和苏联更是在不同程度上反对殖民体系的存在。[2] 殖民地人民的持续斗争、欧洲殖民国家的政策调整及同盟国领导人的支持，进一步加速了殖民体系的瓦解，致使战后许多亚非拉殖民地半殖民地国家纷纷摆脱殖民体系而获得独立。在非洲，从 20 世纪 50 年代开始就创造了超过 50 个新的国家。[3] 而从会员国的角度看，自 1945 年到 2002 年，联合国成员国从开始的 51 个增至 191 个，这些新增的国家绝大多

---

① Declaration on the Establishment of a Provisional Government of the Territory of East Timor, December 17, 1975.

② 张莉清、陈竹君:《论联合国非殖民化方针的缘起》，载《理论月刊》2011 年第 4 期，第 162 页。

③ James D. Le Sueur, ‘An Introduction: Reading Decolonization’, in Le Sueur, ed., *The Decolonization Reader*, New York: Routledge, 2003, p. 2.

数都“来自于失败殖民帝国的殖民地”[①]。

联合国成立初期，全世界共有102块领土被纳入《联合国宪章》设计的非殖民化体系。[②]随着去殖民化运动的深入，到20世纪80年代，虽然大多数殖民地都取得了政治上的独立，但去殖民化运动并未结束。一方面，仍然有不少殖民地尽管一直在谋求独立但尚未成功；另一方面，许多取得政治独立的国家在经济上仍未摆脱宗主国的制约，使殖民主义在经济领域依然普遍存在。联合国大会及时注意到这一现象，继续努力推进去殖民化进程。如在1988年第43届会议上，宣布1990—2000为铲除殖民主义国际十年，使21世纪的世界不存在殖民主义；1991年大会在讨论《给予殖民地国家和人民独立宣言》的执行情况时，宣布要按照1988年11月21日第43/47号决议的要求，迅速采取措施，到2000年消除殖民主义的最后残余；在1998年的第53届会议上，大会再次重申迅速彻底铲除殖民主义，支持殖民统治下的人民行使包括独立在内的自决的权利；等等。

2. 冷战后美国就其亚太战略作出新调整

基于冷战的需要，美国在东亚积极扶持反共力量。苏哈托上台之后印尼政府的反共态度与东帝汶独立革命阵线所表现出来的共产主义意识形态，使美国政府对印尼入侵东帝汶予以默认，并为印尼政府提供了超过90%的军事装备。美国及其盟友也积极阻止联合国做出有关东帝汶问题的决议，致使安理会在1976年5月至1999年之间无法将东帝汶问题纳入辩论议程，导致东帝汶的自决诉求得不到有效的国际支持。[③]

冷战结束后，亚太地区发生大国冲突的可能性大为降低。1991年，美国国务卿贝克提出了“亚太共同体”的概念，试图推行美国式政治经济制度，促进这一地区的政治民主化和经济自由化，从此，美国在亚太地区的角色从原来的反苏盟主逐渐转变为地区均衡的维护者。为实现这一目标，美国在维持与日本、韩国、菲律宾和澳大利亚军事合作的同时，亦在东南亚采取“选择性介入”的策略，减少对这一地区的军事援助并积极推进这一地区的民主化改革。在东帝汶问题上，1991年圣克鲁斯大屠杀之后，美国国会通过了谴

① Raymond F. Betts, *Decolonization* (2nd ed.), New York: Routledge, 2004, p. 2.

② 王文:《联合国关于非殖民化的机制与实践》，载《中国青年政治学院学报》2001年第6期，第56—60页。

③ Nevins, ‘The Making of Ground Zero in East Timor in 1999’, *Abstracts in Anthropology*, 1999, pp. 627-628.

责印尼的决议。此后美国多次在公开场合指责印尼侵犯和践踏人权，要求印尼改善国内的人权状况，保护东帝汶人民的合法权益。[①]

3. 东帝汶人民争取独立的持续斗争

葡萄牙殖民统治时期，东帝汶人民就曾围绕着国家独立展开了一系列的反殖民斗争，1719 年的科瓦利马战争、1868—1869 年的科瓦巴巴和 1912 年的马努法西战争等虽然遭到了葡萄牙殖民当局的残酷镇压，但都坚定地表达了东帝汶人民不断争取独立和自由的愿望。[②] 印尼入侵东帝汶之后，东帝汶独立革命阵线领导的独立运动透过国内和国际两条战线展开了长期的斗争。在国内，残存的东帝汶独立革命阵线成员在印尼统治的二十多年间，不断通过游行、暴乱和游击战争等形式，坚定不移地反对印尼的统治。由于国内反印尼的武装力量相对于印尼军队而言过于弱小，无法有效赶走侵略者，东帝汶独立革命阵线领导人亦努力争取国际支持。在联合国，东帝汶独立革命阵线的代表何塞·拉莫斯·奥尔塔多次重申东帝汶的“反殖民主义身份”，呼吁国际社会援助和承认其国际合法权利。[③] 此外，为了得到南太平洋各国的支持，东帝汶独立革命阵线还积极参加在瓦努阿图举行的“无核自由”和“独立太平洋会议”等区域会议，并谋求加入“南太平洋论坛”。

4. 印尼完成了从威权到民主的转型

1945 年印尼独立之时，其建立了以苏加诺为总统的民主体制，但 1967 年苏哈托通过政变上台后，便废除了各项民主制度并改行军人专政的威权体制。虽然此后印尼经济长期保持了较高速度的增长，但苏哈托政府剥夺人民民主权利，打击异己并疯狂敛财的执政行为，不仅导致了整个印尼社会贪腐横行，也使得包括亚齐和巴布亚在内的分离主义运动此起彼伏。再加上印尼吞并东帝汶之后因镇压东帝汶独立运动所背负的巨大经济和政治负担，使得 20 世纪 90 年代以来印尼的政治经济体系变得非常脆弱。1997 年爆发的亚洲金融危机波及印尼，由于印尼的威权体制本身就缺乏足够的能力度过经济危机，当经济危机无法得到圆满的解决时，就会危及政治体制本身并发展成不

① 谭笑、王广金、吴金平:《冷战后美国的东南亚战略与美国—印尼关系》，载《东南亚纵横》2009 年第 1 期，第 65 页。

② Heike Krieger, ed., *East Timor and the International Community*, Cambridge: Cambridge University Press, 1997, pp. 93-103.

③ Rebecca Strating, *East Timor's Pursuit of Democratic Independence*, Ph.D thesis, Monash University, Melbourne, 2012, ch. 3.

可逆转的政治危机，最终导致苏哈托总统不得不黯然下台。[①] 继任者哈比比上台之后，开始着手经济改革并致力于推动民主化进程，但威权体制遗留的政治经济弊病使哈比比政府的各项改革困难重重。同时，以美国为首的西方国家在东帝汶问题上态度的转变也给印尼的内政外交施加了巨大的压力，迫使哈比比政府下定决心要甩掉东帝汶这个政治包袱。

正是上述时代背景的变化，使持续二十多年的东帝汶独立问题减少了诸多的外部阻力，最终在东帝汶人民的努力和国际社会的支持下得以启动。

二、独立公投的诉求和进程

东帝汶公投是特定时代背景的产物，但对于东帝汶人民而言，其公投的诉求是什么？进程如何？对这两个问题的梳理，能够让我们更进一步了解东帝汶公投的政治和法律基础。

（一）公投的诉求

东帝汶之所以要公投独立，其国内政治原因之一就是东帝汶人民从未认同自己是印尼的一部分。在绝大多数东帝汶人民看来，东帝汶社会与印尼之间存在着明显的差异。种族问题上，东帝汶大多数人认为自己是美拉尼西亚后裔，属于“南太平洋地区的兄弟姐妹并为此感到自豪”[②]，这与印尼的爪哇人、巽他人等存在明显的族群差异。文化问题上，东帝汶文化受到美拉尼西亚、葡萄牙、印度－马来语及中国等多种文化的影响，这与巴布亚新几内亚以东的地区也呈现出异质性。[③] 东帝汶在联合国的代表何塞·拉莫斯·奥尔塔多次在联合国大会提出，东帝汶不是与西方的爪哇，而是与东方的巴布亚新

---

① 傅军、张振洋：《印尼与菲律宾民主转型原因之比较研究》，载《国际论坛》2013 年第 5 期，第 18 页。

② Geoffrey C. Gunn, ‘*The Five-hundred-year Timorese Funu*’, in Richard Tanter, Mark Selden, and Stephen R. Shalom, *Bitter Flowers, Sweet Flowers: East Timor, Indonesia, and the World Community,* Maryland: Rowman & Littlefield Rublishers, Inc., 2001, p. 5.

③ Leonard Andaya, ‘The “Informal Portuguese Empire” and the Topasses in the Solor Archipelago and Timor in the Seventeenth and Eighteenth Centuries’, *Journal of Southeast Asian Studies*, Vol. 41, No. 3, 2010, pp. 391-420.

几内亚有着更多的文化与种族联系。[①] 另外，东帝汶人还认为葡萄牙的殖民统治对区分东帝汶与印尼之间的联系起到非常重要的作用。在他们看来，葡萄牙的统治形塑了殖民边界，使得边界以东的帝汶社会具有与边界西部社会不一样的特质，如东帝汶人民大多信奉天主教、葡萄牙的同化政策促成了大量的葡萄牙帝汶混血议员、葡萄牙的殖民统治使葡萄牙语成为东帝汶的官方语言等等。正是因为东帝汶人民对印尼缺乏国家认同，因而通过行使自决权摆脱印尼统治成为绝大多数东帝汶人民的愿望。

东帝汶公投的另一个国内政治原因是印尼统治时期东帝汶的人权状况持续恶化。印尼对东帝汶的吞并本身就违反了《联合国宪章》禁止使用武力的原则而构成侵略，同时侵害了东帝汶人民的自决权。为了镇压东帝汶人民的反抗，印尼政府通过不分青红皂白地暗杀、强迫失踪、蓄意破坏、在人口稠密地区爆炸、强迫绝育等方式，灭绝了东帝汶三分之一的人口（约 25 万人）。[②] 此外，印尼政府还推行移民措施，将大量的印尼人迁移到东帝汶，人为地改变当地人口结构，对东帝汶当地种族的发展造成了严重威胁。[③] 因此保障人权也是东帝汶公投的一个重要目标。

（二）公投的进程

1. 公投准备

按照《东帝汶特别自治方案协议》，东帝汶人民将在印尼所提出的特别自治方案框架下举行公投，联合国秘书长被授权监督自治协议的实施。该协议还要求联合国秘书长组织与进行全民咨询公投（popular consultation），征询东帝汶人民是否接受在提议的宪法架构下，在单一的印尼共和国内享有特别自治地位的方案，或者拒绝这一方案而独立。

为达成上述任务，安理会于 1999 年 6 月 11 日通过第 1246 号决议，授权成立“联合国驻东帝汶特派团”（the United Nations Mission in East Timor，简称 UNMET），总部设在帝力，并成立了政治、选举、资讯与通讯四个主要

① Heike Krieger, ed., *East Timor and the International Community*, Cambridge: Cambridge University Press, 1997, p. 96.

② The Report of the UN Special Rapporteur Mr. Bacre Waly Ndiaye in Document E/CN.4/1995/61/Add.1, of November 1, 1994, p. 6.

③ 陈鸿瑜：《东帝汶前途自决公投之研析》，载陈隆志、陈文贤主编：《国际重要公民投票案例解析》，台湾新世纪文教基金会、台湾联合国研究中心 2010 年版，第 241—242 页。

部门，设置了由国际知名专家组成的选举委员会监督与登记、投票相关的活动。[①] 出于方便海外选民投票的需要，联合国在印尼的雅加达、泗水、日惹、望加锡、登巴萨，澳大利亚的悉尼、墨尔本、达尔文、珀斯，葡萄牙里斯本，莫桑比克的马普托及中国澳门等地共设立了 12 个海外投票中心。[②] 为保证选民尽可能投票，联合国将主要协议全文及自治文件用五种语言印制，并通过东帝汶及印尼和葡萄牙的媒体向国内外选民宣传与说明投票内容。

2. 公投过程

联合国一开始将投票日期定在 8 月 8 日，但由于受印尼军方支持的亲印尼民兵不断制造暴乱，对投票的自由和普遍性可能产生影响，联合国秘书长安南决定将投票日期推迟至 8 月 30 日。[③] 按照推迟后的公投实施计划，1999 年 7 月 16 日至 8 月 4 日为选民登记时间，共计有 45 万多人登记，其中包括两万多海外选民；8 月 17 日至 27 日为选民名册公示及质疑控诉期，由选举委员会裁决任何的质疑或控诉，同时这一阶段也为政治竞选期，允许各竞选者开展各种竞选活动；8 月 28 日至 29 日为竞选冷却期；8 月 30 日为投票日。

得益于“联合国驻东帝汶特派团”的主持和监督，公投活动顺利推进。8 月 30 日投票当天，所有选民都被要求从以下两个选项中做出选择：①您是否接受在单一的印尼共和国内，东帝汶享有协议规定的特别自治地位的方案？②您是否接受因拒绝自治方案而导致东帝汶与印尼一分为二？并且说明，如果您接受自治，东帝汶将成为印尼国内的一个自治区，联合国将承认东帝汶为印尼的一部分且将监督自治方案的执行；如果您拒绝自治，印尼将终止与东帝汶的关系，东帝汶将脱离印尼且联合国将监督东帝汶迈向独立的过渡时期。[④]

在地区选举官员的监督下，公民投票在东帝汶十三个行政区的 700 个投票站及海外投票中心有序展开，印尼警察协同国际警察及军事联络官负责维持选举秩序。所有的选票统计工作均由联合国选务官员在东帝汶首府帝力统筹负责并集中计票，为了保密及减少敌对阵营的报复，每一个地区计票中心

---

① Christine Jackson, *The East Timor Vote: Canadians Contribute Electoral Insight –November 1999*, http://www.elections.ca/eca/eim/article_search/article.asp?id=104&lang=e&frmPageSize=&textonly=false.

② http://www.un.org/peace/etimor99/regist_frame.htm.

③ Report of the Secretary-General to the Security Council, June 22, 1999, S/1999/705.

④ 陈翁平:《东帝汶 1999 年自决公投之研究》，载台湾《大汉学报》第 22 期，2007 年 12 月，第 182—194 页。

的计票结果将不进行核对，最后的计票结果将在公投后的七天之内，由联合国与帝力当局同时宣布。最终结果显示，只有 21.5% 的投票赞成在印尼统治下的自治，78.5% 表示反对，这也意味着东帝汶将正式开始迈向独立的进程。[①]

3. 公投后的政局发展

公投结果激怒了印尼军方，在他们的支持下，东帝汶境内的亲印尼民兵进行了大规模的屠杀、纵火、抢劫和驱逐，致使一半以上的平民（50 多万人）流离失所，约有 25 万人逃到或被强行迁往西帝汶，许多知识分子被处决，基础设施遭到破坏，甚至连“联合国驻东帝汶特派团”也被困在总部而无能为力，其严重影响了东帝汶的和平与稳定。[②]公投后的局势使联合国认识到东帝汶独立革命阵线尚不具备独立组织国家机构的能力，故安理会于 9 月 15 日通过第 1264 号决议，决定组建一支国际部队以维持东帝汶的和平与安全。10 月 25 日，安理会通过第 1272 号决议，决定设立“东帝汶过渡行政当局”，在维持东帝汶和平与安全的同时，通过行使所有立法、行政和司法权力来推动东帝汶的独立建国。经过“东帝汶过渡行政当局”的不懈努力，东帝汶于 2002 年 5 月 20 日正式宣布独立。

三、性质辨析：领土分离抑或殖民地独立

虽然东帝汶成功举行了公投，但该公投在性质上是领土分离还是殖民地独立？因为这一基本理论问题含糊不清，常常导致不少分离主义势力从东帝汶公投案例中寻找分离的借口。厘清上述问题，不仅有利于我们更加深刻地理解东帝汶公投的本质，也为我们批判分离主义的相关观点奠定理论基础。

所谓分离是指主权国家领土的一部分从该国分离出去，或并入他国，或成立新的国家。分离的后果是原有的母国依然存在，如 1945 年蒙古从中国的分离、1972 年孟加拉国从巴基斯坦分离等。而所谓独立，一般是指殖民地、

① Letter from the Secretary-General to the President of the Security Council, September 3, 1999, S/1999/944.

② The Destruction of East Timor since 4 September 1999. Report Prepared by UNAMET on September 11, 1999. Annex to S/1999/976.

托管地或其他被压迫民族根据自决权摆脱宗主国统治并建立新国家。[1]联合国的一系列法律文件在涉及领土变更时所使用的独立均是针对这一情形。虽然领土分离与殖民地独立的结果皆可能产生新的国家，但两者存在着明显的差别：分离领土在分离之前属于母国领土的一部分并得到国际社会和国际法的承认，而从联合国的一系列文件来看，宗主国对殖民地的统治是非法的，因此殖民地并不属于宗主国的领土。与这种差别相对应，领土分离将会对原有国家的领土完整造成破坏，而殖民地独立则不会导致这种结果出现。

区分领土分离与殖民地独立的意义在于，不仅凸显了殖民地独立运动有着国际法上的制度依据，而且对于殖民地独立后的新国家的承认也彰显了国际社会反对剥削和压迫、推进人民平等与自由的决心，这对维护国际秩序的稳定并促进人类社会的共同发展有着重要意义。相反，领土分离是对母国的主权和领土完整的破坏。一般情况下，主权国家不允许内部某一部分领土与母国进行分离。从全世界看，仅有极个别国家的宪法作出了允许分离的规定。倘若国际法将领土分离视为一种合法权利而无条件地予以鼓励和承认，这不仅是对《联合国宪章》关于“互相尊重主权和领土完整”和“互不干涉内政”两大国际法原则的破坏，而且将导致国际秩序的动荡，甚至有爆发大规模武装冲突的危险，故 1970 年《国际法原则宣言》在承认民族自决权时并未承认此种权利包括分离权，反而一再强调自决权的行使不得破坏主权国家的领土完整或政治统一。[2]尽管如此，“独立”一词却越来越被世界各国的分离主义所利用，无论是我国台湾，还是科索沃以及近年的克里米亚等等，在主张分离的同时打着“独立”的旗号，试图通过混淆独立与分离之间的界限使其主张合法化。

由于东帝汶乃至整个帝汶岛在葡萄牙入侵之前就不属于印尼，因而在经过葡萄牙殖民统治将近 400 年之后，1974 年葡萄牙拟议中的东帝汶自决属于殖民地独立是毫无疑问的。然而在经过印尼二十多年统治之后的 1999 年公投的性质，则取决于印尼统治的合法与否，倘若印尼对东帝汶的统治具有合法性，即东帝汶属于印尼的领土，那么公投就是领土分离。反之，倘若印尼对东帝汶的统治不具有合法性，那么，尽管印尼对东帝汶实施统治，但在法理

① 王铁崖主编:《国际法》，法律出版社 1995 年版，第 82 页。

② 关于领土分离更为详细的论述，请参见王英津著:《自决权理论与公民投票》，九州出版社 2007 年版，第 182—203 页。

上东帝汶并不属于印尼的领土，其法律地位应该延续印尼入侵之前的殖民地状态，因而是殖民地独立。下面从历史的角度，结合国家和国际组织两个层面加以分析：

首先，在国家层面，虽然联合国早在20世纪60年代就曾多次要求葡萄牙放弃殖民地政策，允许包括东帝汶在内的各海外殖民地独立，但先后遭到独裁者萨拉查和卡丹奴的拒绝。1974年葡萄牙发生康乃馨革命开启民主转型，新政府在当年9月的联合国大会发表声明，同意履行《联合国宪章》第73条关于向秘书长转交非自治领土资料的义务，承认所有殖民地的自决权，并开始着手组建东帝汶自决委员会。[①] 与此同时，在1976年4月修订的宪法中，明确规定赞成废除帝国主义和殖民主义，承认各民族有反对殖民主义和帝国主义的权利。即便后来因为印尼的入侵导致葡萄牙未能主导东帝汶自决而使其立即独立，但正是葡萄牙新政府态度的转变，使得东帝汶人民看到了自决的希望，并在自决原则的指引下展开了对印尼统治的斗争。此后，葡萄牙还以前宗主国的身份积极支持东帝汶人民的独立，包括从1983年开始积极谋求与印尼当局的谈判和协商、1991年就东帝汶问题在国际法院起诉澳大利亚、20世纪90年代以来在联合国大会多次发声支持东帝汶自决等。由于印尼相对于东帝汶而言，实力过于强大，因此印尼在东帝汶自决过程中的态度相比于葡萄牙更为重要。1998年苏哈托威权体制崩溃之后，摆在继任者哈比比面前除了需要振兴经济之外，还需要妥善应对巴布亚和亚齐分离主义运动所带来的国家分裂危机。[②] 而东帝汶长期的独立斗争给印尼当局带来了极大的政治经济压力，迫使哈比比先是提出以给予东帝汶广泛自治的特殊地位为核心的一揽子方案，后又在1999年1月进一步表示愿意与葡萄牙和联合国讨论关于东帝汶独立的自决计划，[③] 从而为东帝汶公投的顺利进行解除了一道外部政治障碍。

其次，在国际组织层面，早在1962年，联合国大会就曾通过《葡管各领土》决议，敦促葡萄牙立即承认在其管理下的各领土人民有自决与独立的权利。1970年，联合国大会在《关于葡管领土问题》和《准许殖民地国家及

① Jaume Saura, ‘Free Determination and Genocide in East Timor’, *Human Rights Review*, Vol. 3, No. 4, 2002, pp. 34-54.

② 黄云静主编：《发展与稳定：反思东南亚国家现代化》，时事出版社2011年版，第349—353页。

③ Question of East Timor, Progress Report of the Secretary General, Doc. A/54/654, December 13, 1999.

民族独立宣言之实施》两个文件中对葡萄牙拒绝承认在其统治之下的各领土人民具有自决权进行了谴责。印尼武装吞并东帝汶后，联合国从 1975 年至 1982 年，先后通过了关于东帝汶问题的八项决议，全部都重申了东帝汶的自决权。[①] 如 1975 年大会第 3485 号决议"重申东帝汶人民有不容剥夺的自决和独立权利"，并认为"他们为实现这些权利所从事的斗争是合法的"；安理会第 384 号和 389 号决议均要求各国"尊重东帝汶的领土完整及其人民不容剥夺的自决权利"，并"要求印度尼西亚从该领土不拖延地撤出一切部队"；等等。此后，虽然受西方国家政治操弄的影响，大会和安理会在 1999 年之前没有再通过有关东帝汶的决议，但自 1999 年印尼、葡萄牙和安南签署了关于东帝汶公投的文件之后，安理会迅速重新介入东帝汶问题，于当年 5 月 7 日和 6 月 11 日分别作出第 1236 号和第 1246 号决议，对公投安排表示了赞赏，并决定对接下来的东帝汶公投进行协助和监督。东帝汶公投进程中反对势力阻挠公投的行为也表明，如果没有联合国的协助、监督和干预，东帝汶公投不可能顺利举行。

如上所述，东帝汶人民的反对和国际社会的不承认表明了印尼统治的非法性，并且与东帝汶有关的联合国大会和安理会各项决议，也都是建立在承认东帝汶"非自治领土"身份的基础之上的。因此，东帝汶公投是殖民地独立而非领土分离，相应地，它属于去殖民化运动的一部分，而非分离主义的范畴。因为无论是从国内法还是国际法的角度，印尼与东帝汶的关系并非国家整体与部分的关系，而是宗主国与被统治地的关系。这决定了印尼的主权范围自始至终无法包含东帝汶，所以东帝汶公投属于国际法上的自决，进而决定了公投主体是东帝汶人民而非全体印尼人民。

四、独立公投成功的多重因素

东帝汶公投之所以能够成功举行，除具备正当的国际法依据之外，还是内外诸多政治因素共同推动的结果。

---

① Heike Krieger, ed., *East Timor and the International Community*, Cambridge: Cambridge University Press, 1997, pp. 123-133.

（一）该公投具有国际法依据

在战后去殖民化运动过程中，联合国做出了巨大贡献。《联合国宪章》不仅宣示自决原则是发展国际关系的根据，而且确立了非自治领和托管地管理规则，明确了联合国在非自治领土和托管地独立中的监督权。[①]1952年，联合国大会通过《关于人民与民族的自决权决议》，进一步承认非自治领土及托管领土的自决权，并建议在联合国主持下，以全民投票或其他民主的方式实现这一权利，使公民投票作为实现自决权的手段第一次在国际法律文件中得到确认。1960年，联合国大会通过《给予殖民地国家和人民独立宣言》，明确指出要"迅速和无条件地结束一切形式和表现的殖民主义"，"在托管地和非自治领地以及还没有取得独立的一切其它领地内立即采取步骤"，以使他们能够享受完全的独立和自由。1961年，联合国成立"非殖民化委员会"，从而使联合国处理去殖民化问题的原则和制度框架得以确立。

为解决联合国大会决议法律拘束力不足的缺陷，1966年的两个人权公约均在第一条开宗明义地指出"所有人民均有自决权"，并敦促各缔约国促进这一权利的实现，在强调自决权重要性的同时，也以国际公约的形式强化了自决权在国际法上的拘束力。此后，联合国继续不遗余力地推进去殖民化的制度化建设，仅在1970年，联合国大会就通过四个与自决权有关的决议：（1）大会第1862次全体会议通过《充分实施准许殖民地国家及民族独立宣言之行动方案》，"重申各民族一律享有自决及独立的权利"，"殖民地民族可用其一切必要的手段，对镇压其追求自由与独立意愿的殖民国家有进行斗争的固有权利"，不但肯定殖民地民族拥有自决权，而且也间接肯定了公民投票的合法性；（2）大会第1883次全体会议通过《关于各国依联合国宪章建立友好关系及合作之国际法原则之宣言》，明确将民族自决作为国际法上的一项基本原则予以提出，从而使其具备了国际强行法的性质；（3）大会第1915次全体会议通过的《普遍实现民族自决权利及迅速准许殖民地国家及民族独立对于切实保证及遵行人权之重要》，"确认在殖民及外国统治下的民族一旦经确认享有自决权利，可以使用任何手段重新取得该项权利，其斗争系属合法正当"，再次间接肯定了公民投票的合法性；（4）大会第1929次全体会议通过《准许殖民地国家及民族独立宣言之实施》，对葡萄牙和南非拒绝实施1960年宣言

① 许光建主编：《联合国宪章诠释》，山西教育出版社1995年版，第500、578页。

表示谴责，并再度确认殖民地人民及外国统治下人民为行使其自决及独立权利而运用一切必要方法进行斗争系属合法。

东帝汶是较早被联合国纳入非自治领土名单的地区之一，联合国的上述一系列文件奠定了东帝汶自决公投的法理基础。

（二）该公投是多种政治因素共同作用的结果

首先，非自治领土身份构建了东帝汶公投的法理基础。现代国际关系中，新国家的构建必须要有坚实的国际法基础，缺乏这种基础，一个政治实体走向国家的过程和结果皆难以获得国际社会的普遍承认与支持。联合国推进去殖民化的一系列文件对非自治领土和托管领土自决权的肯定，使这些领土的独立具备国际法依据，客观上推动了战后大批殖民地的主权独立。东帝汶公投成功的最基本原因就是具备国际法上的理由。

其次，东帝汶人民持续的斗争构成了东帝汶公投的内部推动力。殖民国家基于自身利益，从来不会轻易退出"殖民舞台"，去殖民化运动的历史从来都是斗争史。即使非自治领土的自决权得到了国际法的承认，但如果该领土上的人民缺乏独立的国家认同观并未能为国家独立而斗争，其既不能形成对宗主国足够的政治压力，也不能向国际社会展现独立的必要性与迫切性，将很难改变该领土内的权力结构，从而使非自治领土的独立难以变成现实。相反，独立运动的存在则使非自治领土的自决进程变得更为顺利。[①] 东帝汶人民独立的国家认同观及在这种认同观驱使下对印尼持续的反抗斗争，不仅给印尼带来巨大的政治经济和军事压力，而且也向国际社会展现出谋求独立的决心和意志，进而形成了公投成功的内部推动力。

再次，国际社会的支持构成了东帝汶公投的外部推动力。去殖民化的历史表明，如果殖民地人民的独立运动强大到能够战胜殖民者，那么独立运动的存在将对该殖民地的独立具有决定性意义，18 世纪美国独立战争和 19 世纪拉美国家的独立运动充分说明了这一点。与此相对，如果某一领土上反殖民的力量过于弱小，国际社会的支持则将成为殖民地独立不可或缺的因素。

---

① 譬如，马达加斯加从 1947 年爆发反对法国殖民统治的武装起义到 1958 年公投独立只花了短短 11 年时间，几内亚也是在经过长期的抗法斗争之后才于 1958 年成功举行了独立公投。相反，百慕大、维尔京群岛、蒙特塞拉特等早在 1946 年就被列为非自治领土，但因为缺乏独立的国家认同观及有效的反殖民斗争，至今未能取得独立地位。

虽然东帝汶人民从20世纪70年以来就一直武装反抗印尼的统治，但收效甚微，其公投能够最终成功举行，国际社会的支持起到了至关重要的作用。国际社会对东帝汶公投的支持在国家层面主要体现为民主转型之后的葡萄牙和印尼对东帝汶自决的态度转变，在国际组织层面主要体现为联合国的行动。

五、问题延伸探讨和误区澄清

透过上述分析我们已经明确，东帝汶公投不属于领土分离而属于殖民地独立，这一公投是东帝汶人民在诸多法律和政治因素的共同作用下才得以成功举行的。然而，不少分离主义势力试图混淆东帝汶公投的上述特质，将东帝汶公投作为其行使所谓“分离权”的借鉴样本。结合这些学者的主张，我们还需要进一步澄清以下问题：

（一）公民投票是否构成国际习惯法规则？

作为公民投票的一个成功案例，东帝汶公投是否能够被借鉴，首先需要探讨公投是否构成殖民地独立的国际习惯法规则？或者公投是否构成广泛意义上领土变更的国际习惯法规则？

所谓国际习惯法规则是指被各国赋予法律确信的国际通例。不过对于什么样的行为准则构成国际通例，国际法上并没有明确的规定。虽然国际法学界围绕这一问题依然有许多的争论，但目前主流理论比较认同的国际通例判定标准包括时间性、连续性和一般性。时间性是指“长期使用”；连续性是指“经常和划一”[①]地使用；一般性是指各国“广泛地”使用。[②]

在殖民地独立的范畴内，公民投票的合法性得到联合国文件的多次确认，这能够表明公民投票作为行使自决权的方式获得了大多数国家的法律确信。自二战结束以来，以国际法为依据决定殖民地领土归属的公民投票超过了五十次，其中最终决定独立的公民投票有十多例。[③]尽管数量上不是很多，

① 布朗利认为，惯例实施的划一性要求的是基本划一，而非完全划一。参见王铁崖著：《国际法引论》，北京大学出版社1998年版，第76页。

② 王铁崖著：《国际法引论》，北京大学出版社1998年版，第74—79页。

③ 王英津著：《自决权理论与公民投票》，九州出版社2007年版，第222—224页。

但这些公民投票不仅涉及亚非拉广大殖民地国家，而且发生的时代从 20 世纪 40 年代到 90 年代具有时间上的长期性，具备国际通例的时间性和一般性要求。虽然不同殖民地的公投存在着差异，但一些关键事项上的共通之处也非常明显，如公投依据是联合国相关文件、公投主体均是（广义上的）殖民地人民、公投进程多有联合国的参与和监督、居民均能够自由而不受干涉地表达自己的意愿等等，这表明去殖民化进程中的公民投票实践具有相当程度的连续性。由此观之，公民投票能够且应该被视为是去殖民化运动中的国际习惯法规则，对这一习惯法规则的承认，也将更有利于国际社会共同努力彻底根除殖民主义。

然而，殖民地独立公投仅仅只是众多领土变更方式中的一种。在更为广泛意义上的领土变更层次，自 19 世纪以来，世界各地以领土变更为议题的公民投票有一百多次。① 这些领土变更公投分为殖民地独立公投、领土分离公投、领土合并公投、领土分立公投四种。第一种公投诸如 1955 年柬埔寨独立公投、1974 年科摩罗独立公投等；第二种公投诸如 1945 年外蒙古脱离中国公投、1977 年纳米比亚脱离南非公投、1993 年厄立特里亚脱离埃塞俄比亚公投等；第三种公投诸如 1958 年围绕阿尔及利亚地位的公投、1956 年马耳他同意与英国合并公投、1984 年科科斯群岛同意与澳大利亚合并公投等；第四种公投诸如苏联解体过程中各加盟共和国的分立公投等。这一系列公投案例不仅数量众多，而且发生于世界各个大洲，似乎能够满足国际通例的时间性和一般性要求。但这些公投的法律依据及实践却存在着较大的差异，如 1945 年的外蒙古公投是基于落实当年国民政府与苏联政府签订的《中苏友好同盟条约》，整个公投过程几乎由外蒙当局控制和包办，当时虽有联合国观察员的参与，但几乎没有发挥监督作用；厄立特里亚认为其公投的依据是 1962 年埃塞俄比亚强制取消联邦法案将厄立特里亚合并成其一个省，违反了 1950 年以来的《联邦法案》中的联邦制规定，因而在联合国和非洲统一组织的监督之下举行了公投；②1958 年围绕阿尔及利亚的公投并非由阿尔及利亚人民行使，而是在法国政府主持下由法国人民根据法国宪法公投的结果；1984 年科科斯群岛的公投是在澳大利亚与科科斯群岛居民代表协商，并在联合国监督之下，

① 王英津著：《自决权理论与公民投票》，九州出版社 2007 年版，第 299—305 页。

② Isaias Afwerki, 'Challenge From Within: The Theory and Practice of Self-Determination', *Harvard International Review*, Vol. 17, No. 3, 1995, p. 3.

根据大会第1514（XV）号决议进行的；[①] 等等。这些实践表明，以领土变更为议题的公民投票在依据、主体及是否有国际组织监督方面并不完全相同，难以满足国际通例的连续性要求。可见，公民投票难以成为广泛意义上领土变更的国际通例。退一步说，即使公民投票被认为具备国际通例的要素，由于领土变更公投容易造成对主权国家领土完整的破坏，因此各国不可能赋予公民投票以法律确信，使其成为广泛意义上领土变更的国际习惯法规则，《联合国宪章》起草人在起草《宪章》时也明确地表达了不接受旨在分裂主权国家的态度。[②] 显然，公民投票并不能成为广泛意义上领土变更的国际习惯法规则。

（二）殖民地历史能否成为自决独立的理由？

东帝汶争取独立的过程中，殖民地历史不仅被视为谋求独立的政治和法律基础，同时也被用来构建民族和文化认同。鉴于此，不少分离主义者认为，具有殖民地历史就应该享有自决权，然而无论是从联合国的相关文件还是从国际社会广泛承认的自决实践来看，殖民地经历并不必然构成自决的理由。东帝汶案例在去殖民化的独立公投案例中属于特殊情形，不属于典型的独立公投案例。

在联合国的诸多文件中，最早明确自决权范围的1952年《关于人民与民族的自决权决议》仅仅只是将这种权利明确地赋予了非自治领土和托管领土。1960年《给予殖民地国家和人民独立宣言》才将自决权行使的范围扩展到“托管领地和非自治领地以及还没有取得独立的一切其他领地”，但这一扩展是建立在承认一切附属国均享有自决权的基础上的，也就是说，“还没有取得独立的一切其他领地”与其统治者之间存在着附从的国与国关系。与此同时，1960年《宣言》强调，讨论“旨在部分或完全破坏国家统一和领土一体化的企图”与“联合国宪章”不符。尽管1966年的两个人权公约开宗明义地宣示了自决权且没有对这一权利的行使做出任何的限制，但一些担心这一权利会引发少数民族分离运动的国家在签署公约时提出了保留意见。[③]1970年

① 参见1984年联合国大会决议A/RES/39/30.

② Rupert Emerson, 'The Problem of Identity, Selfhood, and Image in New Nations', *Comparative Politics*, Vol. 1, No. 3, 1969, p. 300.

③ 白桂梅:《国际法上的自决权与少数者权利》，载《中外法学》1997年第4期，第30页。

《国际法原则宣言》在尊重“各民族享有平等权利及自决权之原则”的同时，也强调了对这一权利的尊重旨在“迅速铲除殖民主义”，且不得破坏“自主独立国家之领土完整或政治独立”，并再次强调了殖民地领土和其他非自治领土自决权的行使。此后的《准许殖民地国家及民族独立宣言之实施》《充分实施准许殖民地国家及民族独立宣言之行动方案》等文件则是专门针对殖民地人民自决权利而作出的。上述文件表明，联合国在自决权的适用范围问题上所作出的规定是比较审慎的，无论如何，民族自决权的行使都不得破坏国家的领土完整或政治独立。

正是由于联合国相关文件并未完全明确自决权适用的指导方针，导致了不同的自决理论，因此国际实践就成为确定自决权适用范围的重要手段。[①]从实践来看，虽然近代以来欧洲以外的大多数民族均有过被殖民的经历，但各国关于自决权适用范围的国际承认具有高度的一致性。在联合国层面，自成立至今，联合国推进和监督的自决对象都是被其纳入去殖民化计划的非自治领土和托管领土。在国家实践层面，对殖民地自决进行的承认清晰地显示出以下两个特征：一是这种承认以殖民地边界的存在为依据。殖民地边界的存在，形塑了边界内部全体人民共同的政治、经济和文化特质并构成一个相对稳定的共同体，从而成为殖民地独立建国的决定性要素。[②]历史上许多反殖民的独立斗争，诸如印度、缅甸、斯里兰卡、尼日利亚、刚果、苏丹、赞比亚、肯尼亚、安哥拉、马里、尼日尔、科特迪瓦等，都是在殖民地边界的基础上进行并得到国际社会普遍承认的。[③]二是尊重既有国家的主权和领土完整。与国家主权原则是现代国际法原则体系中最首要的基本原则相对应，尊重既有国家的主权和领土完整是殖民地自决实践中各国的基本共识。一方面，对于殖民地边界内的各个民族，诸如埃塞俄比亚的奥洛莫和索马里族、伊拉克和土耳其的库尔德族、印度的克什米尔和锡克族等，国际社会并不会因为其有殖民地历史而承认其享有自决的权利；另一方面，对于主权国家被殖民的部分领土，在殖民力量撤退之后，各国也认为这部分领土应该归属于

---

① Thomas D. Musgrave, *Self-Determination and National Minorities*, Oxford: Clarendon Press, 1997, p. 97.

② Robert H. Jackson, 'Boundaries and International Society', in B. A. Roberson, ed., *International Society and the Development of International Relations Theory*, New York: Continuum, 2002, p. 161.

③ Benyamin Neuberger, 'National Self-Determination: A Theoretical Discussion', *Nationalities Papers*, Vol. 29, No. 3, 2001, p. 397.

原主权国家而不拥有自决权，印度的果阿及中国的台湾、香港和澳门就属于这一类型。

联合国相关文件及关于自决权的国际实践表明，自决权的行使以尊重国家主权为前提，一块土地即使有过被殖民的历史，但如果这块土地并未形成明确的殖民地边界或者本来就属于某个国家所有，那么该土地上的人民就不拥有自决权。被殖民之前的东帝汶不属于任何国家，而葡萄牙的殖民统治则形塑了较为稳定的殖民地边界，联合国也正是基于这样的原因而将东帝汶列为非自治领土，从而使其获得广泛承认的自决权。

六、余论

需要明确的是，权利行使的方式与权利行使的理由是两个不同的概念，权利行使的方式属于客观的事实存在，其合法性取决于权利行使的理由是否正当。虽然联合国大会的诸多决议明确承认，公民投票都是殖民地人民行使自决权的方式，但由于实践中的独立公投情况颇为复杂，甚至有时超出了国际法律文件所明文规定的范畴，因此具体场域的独立公投是否具备合法性还需要进一步分析。

就殖民地而言，联合国一系列文件对自决权的宣示构成了其自决权行使的法律基础。相比之下，既有主权国家内部分离运动情况就有所不同，其合法性问题要复杂得多。国家内部的分离运动在国际法层面得不到支持（因为其不属于国际法规范的事项），更无法将国际法上的自决当作自身的“挡箭牌”。后退一步，即便借用像西方学者所谓的“救济性分离权理论”[①]，那也需要具备极为严格的适用条件方可援引；除非在面临人权危机而“万不得已”的情况下，否则其不会被承认。总之，鉴于分离主义对国家主权和领土完整的破坏，国际社会对其态度是极其审慎的。

现代国际关系的健康发展需要平等与稳定的国际环境，要达致平等，必须消除殖民主义，要实现稳定，就必须尊重既有国家的领土完整和主权独立，

① Allen Buchanan, *Justice, Legitimacy, and Self-Determination: Moral Foundations for International Law*, New Yook: Oxford University Press, 2004, p. 395.

这奠定了去殖民化运动和分离主义运动政治合法性的不同面向。殖民地独立和分离运动的政治和法律基础的不同，决定了我们不仅应该对这两种类型的领土变更现象予以区别对待，更应该警惕将殖民地独立的合法性基础嫁接到分离主义运动中以破坏国家领土完整和主权独立的行径。东帝汶成功举行公投虽然是多种因素共同作用的结果，但东帝汶的非自治领土地位决定了其公投合法性的政治和法律基础，这也使得东帝汶公投属于世界去殖民化运动的重要组成部分，而非分离主义运动的一个典型案例。相应地，东帝汶公投对分离主义运动并不具有理论和实践上的借鉴余地，那些据此借用来从事分离主义的说辞，是对东帝汶公投的刻意曲解。如果我们不能对此予以甄别，不仅将有碍于殖民主义的彻底消除，更会助长分离主义的气焰，危及既有国家的领土完整和主权独立，也会使国际关系增加许多不稳定因素。

虽然国际法和绝大多数国际政治实践均承认台湾是中国领土不可分割的一部分，但不少“台独”学者企图从东帝汶公投的经验中寻找“台独”的所谓合法性依据，认为“台湾的殖民地历史也使得台湾拥有自决权”[①]，或者认为“台湾两千多万人民行使‘自决权’的意愿就足以证明分离诉求的合法性”[②]。就前一种观点而言，纵使台湾曾有被日本殖民长达五十年的历史，但其在被殖民之前就属于中国领土的一部分。《开罗宣言》等一系列国际法律文件要求日本将台湾归还中国的规定，表明国际社会并不承认日本的殖民统治使台湾构成了独立的殖民地边界，而是依旧承认台湾是中国领土的一部分。并且日本战败之后，当时的中华民国政府已按照上述国际法律文件恢复了对台湾的主权，此后两岸的分裂属于中国内战的遗留问题，与殖民统治没有任何关系。因此不能因为台湾有过被殖民的经历，就认为台湾拥有自决权。就后一种观点而言，我们一定要认清他们将其作为“台独”活动合法性的依据，是故意混淆自决权与“分离权”的不同，刻意掩盖台湾并不享有“分离权”

---

① 相关观点可参见 Lung-Chu Chen and Herold D. Lasswell, *Formosa, China, and the United Nations: Formosa in the World Community*, New York: St. Martin’s Press, 1967, p. 94；陈鸿瑜：《东帝汶前途自决公投之研析》，载陈隆志、陈文贤主编：《国际重要公民投票案例解析》，台湾新世纪文教基金会、台湾联合国研究中心 2010 年版，第 257 页；曹金增著：《解析公民投票》，台湾五南图书出版公司 2004 年版，第 35 页。

② 黄昭堂：《台湾的独立与国际法上的理论基础》，载《台湾法学会学报》第 17 辑，1996 年 9 月，第 244 页。

法律基础的事实。[①] 只有从理论上厘清这些概念和范畴，我们才能够更好地与“台独”势力作斗争，才能更好地维护国家主权和领土完整。

① 关于台湾并不享有自决权的论述，可参见刘凤健:《从民族自决权看台湾的“公投自决”》，载《民族论坛》2003 年第 11 期，第 52—53 页。

第二编
分离性公民投票案例

第七章　外蒙古公民投票

1945 年 10 月 20 日，外蒙古举行了所谓的“独立”公投[①]。此后，外蒙古从中国脱离出去，成为主权独立国家。近些年，随着岛内“台独”气焰的蔓延，有些“台独”人士主张借用外蒙古“独立公投”的模式，通过在岛内发动“台独”公投实现“独立建国”；也有些台湾学者将外蒙古“独立”公投作为建构“台独”论述的案例依据。那么，外蒙古“独立”公投在法理上的真正意涵、性质是什么？它当时之所以被发动的背后原因及意欲解决的问题又是什么？只有厘清上述问题，才能更好地分析、驳斥那些借用该案例所建构的“台独”论述。基于此，本章从历史学和法学相结合的视角，解析外蒙古“独立”公投的相关问题。

一、“独立”历程的简要回顾

近代历史上，外蒙古一直受苏俄的影响和控制，曾几度企图脱离中国，但中国政府始终未予以承认或答应。从 19 世纪 80 年代开始，俄国通过不平

① 从严格的国际法术语说，外蒙古“独立”这一表述只是人们的一个习惯表达，其实并不准确，规范的表述应是分离，本章第四部分“观点澄清：所谓‘独立’公投实为分离公投”有详细的分析，此不赘述。但是，鉴于人们的表达习惯，以及相关文献资料一直使用“独立”一词，本章在转述和引用相关文献资料时继续沿用了“独立”一词，仅对其加注了双引号，特此说明。

等条约不断在外蒙古扩张势力，将其视为自己的势力范围，但外蒙古在名义上仍是大清国的领土。1911 年，中国爆发辛亥革命，沙俄认为分裂外蒙古的时机已到。是年，在沙俄驻库伦（现乌兰巴托）总领事的策动和指挥下，外蒙古活佛博克多汗宣布“独立”，建立“大蒙古国”政府。中国因当时忙于内部战乱而无暇顾及，但其“独立”行为不被当时的清政府所承认。1912 年大清国灭亡，外蒙古当局致电中华民国政府，要求“自治独立”，但中华民国政府未予答应。1912 年 10 月 3 日，俄国前任驻华公使柯索维茨与哲布尊丹巴政府在库伦签订《俄库条约》，签订条约这一行为本身便意味着俄国在法律上承认“大蒙古国”的“独立”地位[①]。作为妥协方案，1913 年沙俄与袁世凯执政的北洋政府签订《中俄声明》，根据该声明，俄国承认中国对外蒙古的宗主权，外蒙古仍为中国领土的一部分，但中俄两国必须承认外蒙古“自治”，中国不得在外蒙古派驻官员、军队，不得移民。1915 年 6 月 7 日，中俄蒙在恰克图签订《恰克图协议》，依据该协议，外蒙古于同年 6 月 9 日宣布取消“大蒙古国”国号，由袁世凯册封八世哲布尊丹巴为“呼图克图汗”，并赦免先前参与“独立”运动的人士。然而，外蒙古虽然在名义上实行自治，但其实仍被沙俄所控制。1917 年，俄国爆发了革命，“自治”的外蒙古失去靠山，中国北洋政府于 1919 年 11 月 7 日出兵外蒙古，恢复对外蒙古的直接管辖。1918 年中国政府以防止苏维埃主义扩散和西伯利亚局势动荡为由，驻军库伦。1919 年，驻军与外蒙古王公艰苦谈判，终于达成《改善蒙古未来地位六十四条》，要求取消“自治”，但后来未获外蒙古“议会”通过，11 月中国政府强行通过政令，取消“自治”和废除 1915 年签的条约，并在库伦设置行政公署。

然而，俄国十月社会主义革命的胜利影响到了外蒙古，外蒙古的共产主义运动、民族分离先驱苏黑巴托尔和乔巴山积极寻求共产国际帮助，谋求建立“主权独立的蒙古国”。苏联在外蒙古问题上出尔反尔，转而又支持外蒙古的“独立”运动。1921 年 7 月 11 日，外蒙古建立了亲苏的君主立宪制“蒙古人民革命政府”。1921 年 11 月 5 日，苏联红军支持外蒙古成立“独立国家”，同日，苏联和外蒙古订立《苏蒙友好条约》，双方相互承认为合法政府。当时的中国政府虽然国力不济，无法有效干预，但却从来没有承认过外蒙古

---

① 包丽英著:《蒙古帝国》(第一版)，南海出版公司 2008 年版，第 126 页。

的“独立地位”。鉴于中国政府的坚决反对，苏联一方面派重兵保护，还与其签订互助协定，大规模驻军外蒙古；另一方面，又于1924年5月31日派政府代表加拉罕与中国政府在北京签订《中苏解决悬案大纲协议》，按照该协定：“苏联政府承认外蒙古为完全中华民国之一部分，及尊重在该领土内中国之主权。”[①] 但此时外蒙古君主哲布尊丹巴活佛突然去世，外蒙古君主立宪政府出现危机。在苏联的支持下，蒙古人民党于1924年11月26日宣布废除君主立宪制，成立“蒙古人民共和国”，定都库伦，改名为乌兰巴托，并以1911年作“独立”纪元，允许苏联驻军，但中国和英美等国均不予承认。1927年，苏联要求中国国民政府承认外蒙古的“独立地位”，时任国民政府主席蒋介石严词拒绝，并责令外蒙古执政者放弃“独立”，回归中国。

至二次大战结束前夕，“蒙古独立问题”再次被提起，原因是苏联将“外蒙古的现状须予以维持”（此处所谓“现状”即“蒙古人民共和国独立的现状”）作为参加对日作战的条件。美国为换取苏联能及早参加对日作战，先后在德黑兰与雅尔塔会议中，同意苏联提出的若干要求，其中包括所谓“外蒙古（蒙古人民共和国）的现状须予维持”。[②] 在雅尔塔密约中，将此项要求形诸文字，并由美国负责向中国施压。1945年6月底至8月中旬，中苏双方在莫斯科就外蒙古“独立地位”问题先后举行了十次谈判，苏联坚决表示，外蒙古必须独立，如果中国不同意，苏联就不会出兵攻打日本。至此，国民政府面对苏联绝不让步的要求以及英美的迁就，已无力挽回颓势，遂于1945年8月14日与苏联签订《中苏友好同盟条约》及附件，两国以互致照会的形式，在外蒙“独立”问题上达成如下谅解：“兹因外蒙人民一再表示其独立之愿望，中国政府声明于日本战败后，如外蒙古之公民投票证实此项愿望，中国政府当然承认外蒙古独立，即以现在的边界为边界。”[③]

---

① 王绳祖主编:《国际关系史资料选编》（上册第二分册），武汉大学出版社1983年版，第430页。
② 王绳祖主编:《国际关系史资料选编》（上册第二分册），武汉大学出版社1983年版，第766页。
③ 罗志刚著:《中苏外交关系研究（1931—1945）》，武汉大学出版社1999年版，第314页。

二、“独立”公投的过程及结果

《中苏友好同盟条约》签订后，外蒙古政府开始着手准备投票工作。1945年10月中旬，外蒙古“独立”公投筹备工作基本就绪。10月18日，国民政府派内政部次长雷法章率团飞抵库伦，督察外蒙古进行“独立”公投事宜。除此之外，联合国亦派遣观察人员前往库伦督察此次投票。

1945年10月20日外蒙古“独立”公投正式举行。此次公投采取的是记名签字的投票方式。所谓投票实际上是一张投票薄，每张投票薄上用蒙文书写有“蒙古人民为蒙古人民共和国独立而证实个人之愿望”，落款为“蒙古人民共和国X省（市）X县（区）X乡（二十户）”，每张投票簿分有“第号”“姓名”“赞同”“否”“备考”等5个栏目，凡赞同“独立”者即在其本人姓名栏之一行内签名于“赞同”栏，反对“独立”者则签名于“否”栏中。签完即可离开投票处，当日上午6时至晚12时办理完毕。雷法章等国民政府官员等参观了第3、第8两区的投票所。其中第3区投票所有3个20户，投票人数共计1130人；第8区投票所有5个20户，投票人数共计672人。每个投票者进入投票所时，即由现场工作人员引导其坐到桌前，然后查对姓名栏后签字。据雷法章回忆，当时投票者一律签名于“赞成”栏内，无一人在反对栏中签名。雷法章等官员又巡视了库伦市内其他投票所，见各投票所内外投票者尚属众多，投票情形尚属踊跃。①

此次投票结果显示，参加投票人数为494074人，投票赞成独立者为483291人，支持“独立”者高达97.8%。1945年11月12日，外蒙古政府将投票结果分别通知苏联政府和国民政府。1946年1月5日，国民政府承认“蒙古人民共和国”的独立地位。国民政府公告说：“外蒙古人民于民国三十四年10月20日举行公民投票，中央曾派内政部次长雷法章前往观察。近据外蒙古主持投票事务人员之报告，公民投票结果已证实外蒙古人民赞成独立。兹照国防最高委员会之审议，决定承认外蒙古之独立，除由行政院转饬内

① 雷法章：《奉派赴外蒙古参观公民投票之经过》，载台湾《东方杂志》复刊第14卷第9期，1981年3月号，第16页。

政部将此项决议正式通知外蒙古政府外，特此公告。”[①] 国民政府外交部亦在1946年1月13日照会外蒙古当局称：“自今日起，由外交部目前之照会，通知承认外蒙古之独立。”[②] 国民政府对外蒙古独立地位的承认，满足了外蒙古当局多年的诉求，也符合苏联国家安全的既定利益。1946年2月13日，中华民国政府与蒙古人民共和国政府建立外交关系。自此以后，中国彻底失去了对外蒙古的主权。

1949年10月，中国共产党领导下的中华人民共和国宣告成立。蒋介石在退到台湾后，对斯大林没有遵守《中苏友好同盟条约》的条款感到愤慨，并以苏联事先违约为由[③]，于1953年2月25日宣布废止《中苏友好同盟条约》，其条款全部失效。此后，台湾当局不承认外蒙古独立的合法性，否定蒙古人民共和国的国家主权。[④] 这就是至今台湾当局所谓的“中华民国”版图上还包括外蒙古的依据和缘由。[⑤]

三、公投的合法性问题：质疑与辨析

外蒙古“独立”公投的合法性问题是学界长期以来争论不休的一个话题。从政治博弈的角度看，各方从自身利益出发，通常会对同一个问题做出不同、甚至相反的结论。但从法理上分析，此次“独立”公投仅在形式上具有部分

① 司马图强著:《列强分裂中国纪实》，新疆人民出版社1997年版，第247页。

② 薛衔天主编:《中苏国家关系史资料汇编（1945—1949）》，社会科学文献出版社1996年版，第432、435页。

③ 当时中华民国政府受强权胁迫而与苏联签订《中苏友好同盟条约》，在此项条约中规定战后苏联仅支持由国民党执政的中华民国政府，不再援助中国共产党，中华民国则承认外蒙古的独立。然而，后来苏联将东北接收日本关东军的武器，全部移交中国共产党，并不久后进而与中共签订了新的《中苏友好同盟互助条约》。这在“中华民国”政府看来，苏联违约，于是向联合国提出“控苏案”。

④ 陈红民:《蒋介石与1961年联合国“外蒙入会案”》，载《社会科学辑刊》2012年第2期，第123—131页。

⑤ 2002年1月31日，台湾当局“行政院”修订“台湾地区与大陆地区人民关系条例”施行细则时，将外蒙古自大陆地区排除。这一举动引发了台湾当局是否不再将外蒙古视为“中华民国领土”、承认外蒙古主权地位的争议。后“行政院”“陆委会”解释说，细则修订只是为方便台湾与外蒙古民众的交流，不涉及“宪政体制”，也未涉及是否承认外蒙古是独立国家的问题；有关措施纯属行政运作之考量，不涉及“外交承认”，不涉及“主权及领土变更”问题。至今为止，“中华民国宪法”所规定的领土疆界范围仍包括外蒙古在内。参见朱维瑜主编:《2003世界年鉴》，台湾“中央通讯社”编印，2002年12月，第945页。

合法性，但缺乏实质上的合法性。

（一）仅具部分形式合法性

外蒙古“独立”公投之所以得以顺利进行，关键在于它得到了当时的中国中央政府（即国民政府）的批准。正是在这一意义上说，此次公投具有形式上的合法性。倘若中国政府坚决反对，外蒙古公投能否发动还是一个未知数。后退一步讲，即使发动了公投，其效力也不会被国民政府所承认。只要不被中国政府所承认，其“独立”就缺乏合法性支撑。事实上，直到二次大战结束前，外蒙古一直处于事实上独立而中国政府一直不予承认的状态。正因如此，才有苏联向中国政府施压、迫使中国政府同意外蒙古“独立”的问题。倘若中国政府的态度根本就无关紧要的话，苏联就无须向中国施压了。苏联这一行为的本身，就表明中国政府的态度仍是决定外蒙古能否“独立”的关键。尽管此次公投是给外蒙古既成独立事实作合法性背书，但其却是经过相关各方协商，并就公投事宜达成一致意见后的结果，至少在形式上得到了国民政府的同意。

不过，该公投案例与通常的协议公投案例（譬如苏格兰公投）相比，有自己的特殊性。在通常的协议公投案例中，一般是中央政府与地方分离实体就分离公投问题达成共识、签署协议；换言之，签署分离公投协议的双方是中央政府与意欲分离出去的地方政府。然而，外蒙古分离问题达成的协议却与此不同。诚如所知，该公投的依据是中、苏两国签署的《中苏友好同盟条约》，而不是国民政府与外蒙古政府就后者“独立”问题所签署的某某协议。那么，中苏之间签署的这一条约，是否对外蒙古政府产生效力呢？从法理上说，签署协议的双方尽管不是国民政府与外蒙古政府，但当时苏联是外蒙古“独立”的主要推手，是外蒙古的实际“代理人”，《中苏友好同盟条约》关于外蒙古“独立”的共识在某种意义上被视为国民政府与外蒙古政府就分离公投问题达成一致意见。从这意义上说，该公投与纯粹单方面分离公投（不具有合法性）相比较，仍具有部分形式上的合法性。

需要指出的是，当时外蒙古的领土主权在法理上属于包括外蒙古人民在内的全体中国人民，所以关涉外蒙古领土主权变更的问题，应属于全国性民主公投所要解决的议题。但当时国民政府专门就此事而在全国范围内举办一次公民投票是不可能的，这是因为：一是当时中华民国政治制度架构内没有公民投票制度的设置；二是即便根据当时需要创制一个公民投票制度，那时战争环境也决定了无法在全国范围内举办这样的公民投票；三是国民政府不会同意举办这样的公投。试想：倘若举办了全国范围的公民投票，表决结果很可能是反对外蒙古“独立”出去。本来这个问题已由国民政府与外国势力在幕后“协商”妥当，发动公投无非是为了给外蒙古“独立”背书，倘若一旦被公投所否决，国民政府该如何向苏美英交代，就成了国民政府面临的难题。所以，当时国民政府只好承诺：“如外蒙古公民投票证实此项愿望，中国政府当然承认外蒙古独立。”此承诺可以视为：经中央政府同意，只由居住于外蒙古这片领土之上的人民来决定外蒙古是否“独立”问题。这可以被视为此次公投的唯一“合法性”基础。

（二）缺乏实质合法性

尽管外蒙古“独立”公投具有某些形式上的合法性，但从实质上看，仍缺失合法性。主要体现在以下几个方面：

第一，公投缺乏法源依据。按照通常的政治运作，先要通过立法确立公民投票制度，然后依照法律和制度进行公投。不论从当时的国民政府还是外蒙古来看，都不存在公民投票法及相关制度。首先，从国民政府角度看，当时训政时期尚未结束，《中华民国宪法》（1946 年 12 月 25 日通过，1947 年 1 月 1 日公布，1947 年 12 月 25 日生效）尚未颁布，即便后来颁布了宪法，也没有公民投票制度的规定。从当时的普通法律来看，亦是如此。因此，当时的制度框架内并不能为外蒙古“独立”公投提供法源依据。其次，当时外蒙古也没有公民投票的制度设置。公民投票制度是实现直接民主的手段，是建立在高度发达的民主政治基础之上的制度架构。当时的外蒙古处于极度落后的状态，尽管其自 1924 年 11 月 26 日自称为“蒙古人民共和国”，表面上看似民主政体，但其实仍为专制政体，根本谈不上人民当家作主，更谈不上直接体现人民当家作主的公投制度。所以，外蒙古公投是没有法源依据的，因而其合法性一直备受质疑。

第二，公投并非国民政府的真实意思表示，是迫于无奈的同意。外蒙古之所以能够举行“独立”公投，主要是由当时的国际情势所致。国民政府并非想放弃蒙古，而是根本无力收回蒙古。在举行公投之前，外蒙古虽然实质上独立，并由苏联实际控制，但主权仍归中国。苏联从军事战略角度考虑，不顾中国政府的强烈反对，与外蒙古签订共同防御条约；同时在苏联与日本签署的互不侵犯条约中，双方亦规定外蒙古的安全问题。二次大战结束前夕，为换取苏联出兵，苏、美、英三国在雅尔达会议上牺牲中国对外蒙古的主权。[①] 蒋介石得不到美国罗斯福的支持，面对斯大林的重压，在万般无奈下，于 1945 年 8 月 14 日与苏联签订《中苏友好同盟条约》，正式承认“蒙古人民共和国”。根据该条约，国民政府允许外蒙古通过公投来决定是否“独立”。如前所述，与通常分离公投协议的签约方是中央政府与地方分离政府不同，此次达成外蒙古“独立”公投协议（即《中苏友好同盟条约》）的双方却是两国中央政府（即中国政府与苏联政府），这从一个侧面清楚地表明，外蒙古“独立”公投是苏联强权介入、施压的结果。

第三，公投程序缺乏正当性。其一，公民投票过程亦非让外蒙古人民自由表达意愿。外蒙古政府担心投票结果会发生意外，故将投票方式设定为公开的记名签字方式。投票者要当着公投工作人员的面签字，也就很难表达反对意见；即使想表达反对意见，也担心事后遭受报复和清算。在这种情况下，只有签字同意“独立”。这在事实上限制了投票者自由意志的表达。正如奉命前往督察的内政部次长雷法章事后评价此次公投所说，投票工作人员对投票“名为引导，实系监视，且甚为严密”，公投事实上是“在政府人员监督下，以公开之签名方式表示赞成独立与否，人民实难表示自由之意志的”行为。假如改用无记名方式，其赞成率未必如此高。其二，从理论上分析，如果有投票者反对“独立”，虽不敢公然表示，但却可以采取消极抵抗办法，拒绝前往投票。如果放弃投票的人数很多，实际投票人数不及应投票人数的半数，那么此次公投就会无效。为避免出现这种情形，外蒙古政府将投票者的姓名早已书写在投票簿上，并且编排了号数，全部投票人数早已有所统计，[②] 致使采取消极抵抗办法而拒绝前往投票者便有据可查。假如不采取这种公开记名签字方式，则投票人数比例很可能会减少。退一步说，即便不去参加投票，工作人员也会在赞同栏里替其签上名字，事后也无人追查，这等于“伪造”了人民的真实意思表示。当时联合国派去的观察员不承认此次投票，原

① 李明峻:《蒙古公民投票的法政研析》，载陈隆志、陈文贤主编:《国际重要公民投票案例解析》，台湾新世纪文教基金会、台湾联合国研究中心 2010 版，第 230—231 页。

② 雷法章:《故国河山话外蒙——民国三十四年库伦视察记》，载台湾《中外杂志》第 30 卷 3 号，1981 年 9 月，第 8—12 页。

因之一就在于此。

第四，公投带有浓厚的民粹主义色彩。公民投票是发达民主政治基础上的产物，从当时外蒙古的状况来看，其并不具备举办现代意义公投的条件。当时外蒙古基本上处于落后、专制状态，普通民众根本不知道民主为何物，更不懂得所表决的“独立”议题的真正意涵，只能按照或尾随精英的引导去投票。据统计，当时外蒙古民众有 60% 以上是文盲，若以投票的 48 万民众来计算，约有近 29 万民众目不识丁，这样一个人群能在多大程度上识别公投议题对自己的利弊。他们之中纵有坚定的意志要在反对栏中按指印，但也不认识哪一栏是反对栏，只好听从工作人员的指示，在指定的一栏中按指印。可想而知，在这种情况下，他们很容易被误导，甚至按了一个违心指印，自己却浑然不知。假如改用其他易于识别的方式，譬如赞成者用红票，反对者用蓝票，随民众意愿去领票，其结果可能迥然不同。① 众所周知，公民投票的绩效取决于一个国家或地区的法治环境和公民政治素质，而在法制不健全、公民现代化程度很低的社会政治环境下，民众获得的资讯不充分，或者根本不具备表决议题所必须具备的专业知识和政治法律知识，故使民众缺乏对表决议题的完整判断能力。于是，公投也就变成了一群无知、无见解民众的决策。其实，这时的公投已经滑向了民主的另一面——民粹主义。

第五，公投旨在让民众为政治精英背书。正常情况下，人民通过公投方式表决分离，是达成分离独立的重要程序。然而，外蒙古在“独立”公投之前，已经先有“独立事实”；只是后来为确认“独立事实”的合法性，才发动公民投票。因此说，外蒙古公投并非旨在让人民真正的当家作主，而是给既成的“独立事实”做合法性背书。众所周知，外蒙古在清末就已经实质独立，而且从清末到二次大战结束为止，除仅有徐树铮在外蒙古驻军一段时期外，它一直受苏俄操控，即便有一段时间外蒙古受国民政府直接管辖，但时间很短且影响不大。二战结束前夕，国民政府迫于苏、美、英的压力而感到无计可施，只好不情愿地接受外蒙古“独立”的事实。但当时最高领导人又不愿意在历史上承担这一“责任”，于是想借助公投的方式把责任转嫁出去，并且公投还有助于让国内其他地区民众接受外蒙古“独立”这一结果，从而

① 雷法章:《故国河山话外蒙——民国三十四年库伦视察记》，载台湾《中外杂志》第 30 卷 3 号，1981 年 9 月，第 8—12 页。

减缓国民政府因放弃部分主权而承受的巨大压力。据雷法章回忆，其接受奉派之后，“迭次晋见先总统蒋公，即当时国民政府主席。奉谕，代表政府参观投票情形，兼可考察外蒙政治社会情况，而不与外蒙当局进行任何交涉。关于投票一事，只宜细心观察，但不得干涉或发表任何声明”，[①] 这清晰表明，当时通过公投方式让外蒙古“独立”，目的是转嫁政治责任以及便于向中国人民有所交代。可见，“独立”公投是在当时国民政府同意外蒙古“独立”并同意采用投票这一方式完成“独立”过程的一个确认程序，即对已获得国民政府同意的“独立”加盖民主合法性的印章。正因如此，此次“独立”公投的意义不在于表决“独立”，而在于确认“独立”。通过公民投票把政治责任转嫁给人民，是政治精英利用民意、操弄民意的一贯伎俩，这也进一步验证了公民投票容易被政治精英所操纵和利用的制度瑕疵。

基于以上分析，笔者所得出的基本结论是，外蒙古“独立”公投虽然在形式上具有部分合法，但在实质上并不合法。正如雷法章所说：“外蒙古的公民投票，是一件法律的滑稽剧，不仅外蒙古政府自己知道，我们知道，世界各国又哪有不知道的呢？我们的论断，决不是主观的偏见，是有具体的事实与理由为根据的。”[②]

四、观点澄清：“独立”公投实为分离公投

有台湾学者认为，1945 年外蒙古“独立”公投是二次大战后第一个“自决”成功的案例，对国际法与国际社会的发展极为重要，意义极为重大。该公投属于国际法层次的公民投票，其法律依据为自决权这种超宪法的集体人权，同时其公民投票系中苏两国的条约所规定，因此亦有条约作为实施的法律依据。[③]

---

① 雷法章：《故国河山话外蒙——民国三十四年库伦视察记》，载台湾《中外杂志》第 30 卷 3 号，1981 年 9 月，第 8—12 页。

② 雷法章：《故国河山话外蒙——民国三十四年库伦视察记》，载台湾《中外杂志》第 30 卷 3 号，1981 年 9 月，第 8—12 页。

③ 李明峻：《蒙古公民投票的法政研析》，载陈隆志、陈文贤主编：《国际重要公民投票案例解析》，台湾新世纪文教基金会、台湾联合国研究中心 2010 版，第 216、225 页。

那么，1945年外蒙古“独立”公投究竟是自决性质的公投，还是分离性质的公投？性质不同，分析公投所采用的法理工具就截然不同，公投所引发的继承关系及其他法律后果也大不相同。所以，厘清公投的性质就变得十分必要。下面我们先澄清“分离”与“自决”两个概念的区别与联系。

从国际上看，分离与自决是分属不同的范畴。分离（secession）系指某一个主权国家一部分或几部分脱离母国。分离出去的部分可能成为独立国家，也可能成为另一个国家的一部分，或与另一个国家合并。分离的重要前提是分离部分在分离前是母国的组成部分。分离是发生在一个现存主权国家内部的事情，分离发生后母国仍然存在。国际法上虽然常常可以碰到分离这个概念，但那只是国际法的具体领域所涉及的国际社会中的政治现象，而且仅涉及这种现象的结果，国际法对分离行为本身并不触及。到目前为止，国际法上尚不存在任何规范分离行为的规则。而自决是国际法上的概念，通常与“独立”联系在一起。所谓独立（independence）系指在国际关系中不依附其他任何政治实体，通常特指包括殖民地在内的非自治领土、托管地领土及其附属领土实现自主，如二战后亚非拉的殖民地半殖民地获得独立而成为新兴民族国家。独立与分离既有联系又有区别。两者的主要联系是：分离的结果可能是独立。因此，人们在使用这两个术语时容易将二者混淆。另外，在汉语中“独立”的含义有时与分离相同。例如，平时说某国的一部分“闹独立”，实际上就是“闹分离”的意思。[①]分离和独立在一定程度上能够构成因与果的关系，但是两者不能互相替代。分离可以用来说明独立的原因，但不足以表达独立的含义；独立可以用来描述分离后的状态，但不能用来描述分离本身。另外，要求独立的实体原本就不是宗主国的一部分，从国际社会的实践来看，多数在去殖民化运动中宣布独立的实体都是殖民地和其他附属领土，而要求分离的实体却是原主权国家的组成部分。可见，分离与独立虽然在表面上或形态上具有某些相似点，即都是一个国家的一部分领土和人口从国家整体中脱离出去而实现独立建国，但从深层次上看，所脱离出来的这部分领土在分离和独立语境下所揭示的意义是不一样的。许多学者将分离与独立混同起来，有的是只看到了两者的相似点，而没有看到两者的内在差异；[②]

① 白桂梅著:《国际法上的自决》，中国华侨出版社1999年版，第181—182页。

② 王英津著:《自决权理论与公民投票》，九州出版社2007年，第184页。

也有的是故意混淆两者的区别，从而为其分离主义行径做合法性论证。

自决与独立在国际法上是直接相联的概念，甚至在某些去殖民化场合，两者可以互换使用。所以，前面厘清分离与独立的关系，非常有助于下面厘清分离与自决的关系。自决是指殖民地人民或其他被压迫民族的人民通过去殖民化运动实现独立建国，它并不会损害宗主国的领土主权完整，因为殖民地和其他被外国占领或统治的领土，从来就没有被它们的宗主国视为其领土的组成部分，正是由于帝国主义的侵略和殖民主义统治才使得它们处于被压迫、被奴役的地位。因此，通过自决获得民族独立和解放在国际法上是一种正义行为。但这与一国内部的部分人或某个地区从该国脱离出去的分离有着重要不同。从国际法的视角来看，分离行为不同于去殖民化过程中的自决运动，它在国际法上不但得不到支持反而还受到特别的限制。因此，不能将分离混同于殖民地、半殖民地人民及其他被压迫民族在国际法上所享有的自决。某些分离势力之所以将分离混同于国际法上的自决，是因为“分离主义”这个词带有某种程度的贬义，故他们比较喜欢借用“自决”概念来为其分裂行径作合法性辩护。

外蒙古是中国领土的一部分，并非中国的殖民地、半殖民地、附属地、被保护国等。人们通常所说的外蒙古“独立”，其实质意涵是指外蒙古要从母国（中国）分离出去成立新的国家。这一意涵在国际法上是典型的“分离”，而不是“独立”（或“自决”）。厘清自决与分离的不同，其意义在于使我们在分析问题时能选择正确的理论工具，譬如，外蒙古脱离中国的行为本来是分离，属于一国内政范畴，在国际法上是不被支持的；但如果将其界定为“自决”“独立”，这恰恰为该行为提供了合法性基础，因为“自决”“独立”是受国际支持和保护的正义行为。由此可见，外蒙古“独立”公投其实只是一个习惯性表达，它根本不是什么国际法上的“独立”公投或自决公投，台湾学者将其视为自决公投，完全是混淆视听，旨在将外蒙古公投合法化，进而为“台独”公投提供案例依据。

五、并非“台独”可援引的例证

（一）对一种“台独”论述的解构

在台湾岛内，有一种流行的两岸关系论述认为，1949 年后，虽然“中华民国”退出了中国大陆，但它在国际社会直到 1971 年才退出联合国，迄今仍在台澎金马地区及周围海域实施有效管辖，“中华民国”并未被消灭。其所谓的论证“理据”是，中华民国自 1912 年以来就是一个主权独立国家，1945 年外蒙古从中华民国中分离出去成立了蒙古人民共和国；1949 年中共通过暴力革命又从中华民国中分离出去成立了中华人民共和国。至此，“中华民国”的领土主权范围仅缩限于台澎金马。尽管因两次“国家继承”致使“中华民国”的领土范围大为缩限，但其依然是一个“主权独立国家”。上述论述的错误之处在于，1949 年中华人民共和国的成立，并不是从中国分离出了一个新国家，而是一个国家在内部因革命或战争而导致的政府更迭，其引发的是政府继承，而非国家继承，这与 1945 年外蒙古分离而引发的继承问题有所不同（所谓外蒙古“独立”，其实是属于国际法上的“分离”，其引发的是国际法上的国家继承问题）。在 1949 年中华人民共和国对“中华民国”的继承中，尽管双方名称均带有“国”之字样，但在此语境下，“国”的实质含义是政府，而非真正意义（或现代民族国家意义）上的“国”。从国际法上看，中国依然只有一个，它所发生的变化只是中国内部中央政权的更迭，并没有从中国分离出一个新的国家。这种继承不属于“国家继承”，因为国际法上的“国家继承”情况，除了通常由领土变更事实而引发之外，“国家继承”关系的参加者是两个以上不同的国际法主体，然而，中华人民共和国对中华民国的继承，既没有引起“领土变更的事实”（这点也可从双方有关的法律文件都承认“一个中国”并坚持领土不得变更获得证明），也没有引起国际法主体的变化。[①]

现实中，无论是中华民国继承大清，抑或是中华人民共和国继承中华民国，虽几经递嬗，但仍是同一个国际法主体。这正如世界近代史上的法国，

① 王英津著：《两岸政治关系定位研究》，九州出版社 2016 年版，第 256—257 页。

随着阶级力量对比关系的不断变化，先后经历了君主立宪制、帝制和共和制的多次更替，直到 1875 年法兰西第三共和国才得以诞生；二次大战后，法国又相继建立了第四共和国和第五共和国。这期间，不论其名称如何变化，世界上的法国只有一个。① 对于此类现象，奥地利国际法学家菲德罗斯指出："一个国家不因革命而消灭，也不因政变而消灭。这个原则不仅为国际法学说所一致同意，而且也是国际惯例所一致同意的。"② 因此，国民政府被新的中央人民政府所取代，以及"中华民国"改名为"中华人民共和国"的事实，并不影响中国国际法主体资格的存续。"国家的同一名称并不是国家人格的同一性所必须的，一国可以改变其名称而不丧失其同一性"。③ 通过政府继承，中华人民共和国拥有中华民国的一切合法的国际权利。④

另外，两岸双方的声明和立场也表明，1949 年中国内部的继承并非国家继承。中华人民共和国政府自 1949 年 10 月成立以来，从未主张自己是新的独立国家，而是坚持声称自己是中国的代表政府，在联合国席位问题上亦一贯坚持："世界上只有一个中国，1949 年中国人民推翻国民党政权，建立中华人民共和国政府，新的中国政府成为代表全中国的唯一合法政府，理当享有中国在联合国的一切合法权利。"从台湾方面来看，国民党政权败退到台湾后，虽已失去对 99% 的中国领土的控制，但却未主张自己是"不同于中国的另一国家"，仍坚持自己是中国的正统政府。⑤

可见，1949 年中华人民共和国的成立与 1945 年外蒙古的分离建国是性质不同的两个重大事件，两者所引发的继承问题的性质迥然不同。有台湾人士故意将二者混同，其目的无非是藉此来论证"中华民国"仍然存在，且领土主权目前仅限于台澎金马地区。依照这种论述可推知，"分治"两岸的中华人民共和国与"中华民国"是互不隶属的两个主权国家；很显然，这种观点在大陆看来就是"台独"论述。⑥

① 郑海麟著:《海峡两岸关系的深层透视》，香港明报出版社有限公司 2000 年版，第 123—124 页。
② ［奥地利］阿·菲德罗斯等著:《国际法》，李浩培译，商务印书馆 1981 年版，第 300 页。
③ ［美］汉斯·凯尔森著:《国际法原理》，王铁崖译，华夏出版社 1989 年版，第 219 页。
④ 王英津著:《国家统一模式研究》，九州出版社 2008 年版，第 108 页。
⑤ 张国城著:《两岸关系概论》，台湾华梵大学人文教育研究中心 2009 年版，第 140 页。
⑥ 王英津著:《两岸政治关系定位研究》，九州出版社 2016 年版，第 257—258 页。

（二）外蒙古能，为何台湾不能？

有"台独"人士主张台湾可借助外蒙古"独立"公投模式实现"台独"梦想，于是常常将外蒙古"独立"公投作为"台独"公投的参照或依据。在此，我们需要弄清的是，外蒙古"独立"成功并不是一个孤立的事件，而是特定历史条件下的产物，是多种因素综合作用的结果。倘若"台独"势力不顾国际形势的客观变化以及中国综合实力的壮大，简单套用外蒙古公投的模式，其注定是要失败的。这是因为：

第一，外蒙古"独立"公投之所以能够顺利推行并取得成功，主要是国际力量介入的结果。倘若没有苏、美、英等大国的共同施压，没有快速战胜日本的迫切愿望，当时国民政府是不可能答应外蒙古"独立"公投的。很显然，决定外蒙古分离成功的主要因素是来自于苏联、美国和英国的外来干涉，而不是外蒙古自身的力量和"能力"。从当时的力量对比上看，中国的综合国力非常弱小，面对苏、美、英三大国的迫使，国民政府备感无奈，并没有任何实力和办法来阻止外蒙古分离，迫于当时情势最终不得不接受"独立"的既成事实。反观目前，没有任何一个国际力量能够强迫中国接受台湾"独立"出去，所以"台独"势力无法将外蒙古"独立"公投作为一种模式在台湾地区加以复制。

第二，尽管美国插手台海问题，但毕竟不同于苏联插手外蒙古问题。苏联竭力帮助外蒙古"独立"是出于战略安全需要，而美国不可能竭尽全力帮台湾"独立"。对美国而言，台湾只不过是其用以牵制中国的一枚棋子，并不像外蒙古与苏联那样存在着紧密的历史连结和地缘政治利益。简言之，美国仅仅是想利用台湾，而非想帮台湾实现"独立建国"。

第三，今日之中国不仅是一个大国，而且是一个强国，不论其经济实力还是军事实力，都位居世界前列。这种情势下，中国不可能再接受屈辱的外来压制，中国完全有能力捍卫自己的国家主权和领土完整。据一般分析，美国不大可能被"台独"拖下水，即便是美国介入台海冲突，中国也会不惜与美国一战来捍卫国家主权。《反分裂国家法》第八条规定："'台独'分裂势力以任何名义、任何方式造成台湾从中国分裂出去的事实，或者发生将会导致台湾从中国分裂出去的重大事变，或者和平统一的可能性完全丧失，国家得采取非和平方式及其他必要措施，捍卫国家主权和领土完整。”[①]一旦触碰该条款，大陆必会采取非和平手段来遏制“台独”，并顺势完成统一。倘如“台独”势力低估了大陆捍卫国家主权的决心和意志，必为自己的分裂行为付出代价。

① 《反分裂国家法》，中国民主法制出版社 2005 年版，第 3 页。

第八章　北爱尔兰公民投票

北爱尔兰问题由来已久，是英国历史上长期存在的爱尔兰问题的延续，也是西欧的一个典型的民族问题。北爱尔兰问题几乎贯穿了英国的整个发展历程。第一次世界大战以后，北爱尔兰问题成为历届英国政府“最棘手的事”。北爱尔兰问题不仅是一个民族分属于两个国家的问题，也是宗教冲突、民族矛盾和种族歧视相互交织的社会问题。长期以来，北爱尔兰问题不仅与该地区的政治局势和经济状况息息相关，而且对英国和爱尔兰两国关系的发展，对英国乃至西欧政局的稳定也至关重要。在北爱尔兰地区所发生的一系列民族间的暴力冲突，严重影响了当地社会、经济的发展和人民生活的稳定。随着该地区各派武装力量的休战，北爱尔兰民族问题的发展前景成为国际社会共同关注的问题。[①]

一、北爱尔兰问题的由来及发展

北爱尔兰是指爱尔兰岛北部属于英国管辖的六个郡，是英国四大组成部分（英格兰、苏格兰、威尔士和北爱尔兰）中面积最小（仅 1.4 万平方公里）、人口最少（不到 160 万）的一个；同时也是英国经济最落后和失业率最高的

① 葛公尚主编:《二十世纪世界民族问题报告》，民族出版社 2005 年版，第 320 页。

地区。北爱尔兰人口中的大多数是英国移民后裔，他们信奉基督教新教；其余的主要居民是爱尔兰岛的土著后裔，信奉天主教。长期以来，他们分而聚居，往来甚少。在北爱尔兰归属问题上，新教徒主张留在英国，天主教徒则坚持回归爱尔兰。[①] 其实，所谓的北爱尔兰问题主要是新教徒与天主教徒对北爱尔兰归属的争议以及由此引发的对立和冲突。

（一）北爱尔兰问题的历史背景

北爱尔兰问题的前身是爱尔兰问题，而爱尔兰问题则可追溯至12世纪。1169年，英王亨利二世率兵征服由凯尔特人建立的爱尔兰。[②] 但是，在英国军事占领期间，爱尔兰人却完好地保留了自己的语言文化传统，特别是16世纪天主教分裂出新教后，爱尔兰人是虔诚的天主教徒，而英国移民后裔则改信新教。宗教信仰的不同，使两个民族极为不和，互相把对方视为异教徒。1541年英王亨利八世同时兼任爱尔兰国王，并把英国国教传入爱尔兰，这段时间大不列颠和爱尔兰一直处于分分合合的纠纷之中。至1801年，英国议会颁布《爱尔兰合并法案》，组成大不列颠与爱尔兰联合王国，爱尔兰成为英国的第一块殖民地。英国积极推动向爱尔兰移民的政策，大批英格兰、苏格兰居民移居爱尔兰北部进行殖民掠夺，导致了当地居民与移民之间的矛盾和利益冲突。英国入侵爱尔兰后，爱尔兰人民反抗英国统治、争取民族独立的斗争从未停止过。

20世纪以来，爱尔兰要求独立的呼声日益强烈。1905年，爱尔兰天主教民族主义者组成新芬党（Sinn Féin），为爱尔兰最大政党，并与新教徒支持的联合党互相对立。由于英国人对于爱尔兰人提出的独立诉求都采取严厉镇压，使爱尔兰人民大为反感，遂在1918年成立临时政府，宣布独立；1919年爱尔兰共和军正式成立，主张藉由武装暗杀方式争取独立，与英国展开了激烈的游击战。

1919年英国议会通过了爱尔兰自治法的修正案，宣布在整个爱尔兰地区实行区域自治，南部主张爱尔兰独立的政党对此表示坚决反对。1921年，英国与爱尔兰双方达成妥协并于12月6日签订条约，允许爱尔兰南部二十六郡成立“爱尔兰自由邦”，享有完全的自治和自决权，而爱尔兰北部六郡设隶

① 刘泓等著:《当代国外民族分离主义与反分裂研究》，中国社会科学出版社2016年版，第3页。
② 洪泉湖主编:《当代族群关系》，台湾商鼎数位出版有限公司2011年版，第57页。

属英国管辖的自治政府，不属于爱尔兰自由邦，从此这六个郡就被称为"北爱尔兰"，[①]英国国名也由"大不列颠及爱尔兰联合王国"改为"大不列颠及北爱尔兰联合王国"。至此，爱尔兰岛南北分裂的局面正式形成，英国的爱尔兰问题也演变成为北爱尔兰问题。北爱尔兰留在英国是与爱尔兰大多数人的意愿相违背的，而英国对爱尔兰的分割政策也引起了爱尔兰人民的强烈不满。爱尔兰历届政府都要求英国归还北方六郡，以实现爱尔兰的南北统一。英爱政府曾就北爱问题举行过多次会谈，北爱尔兰自治政府一直提出和平统一南北爱尔兰的要求，但英国政府不予理睬[②]。于是，爱尔兰共和军就把武力争取南北爱尔兰的统一作为自己行动的唯一目标，一场为北爱尔兰而战的斗争延续至今。

1937年，爱尔兰自由邦宣布建立共和国，但仍留在英联邦内。二战后，北爱尔兰内部新教徒与天主教徒的矛盾愈演愈烈，导致冲突不断，以致政府警察已无力控制动荡的局势。直到1949年4月18日，爱尔兰共和国才得到英国的承认，但是，英国拒绝归还北方六郡，北爱尔兰问题进一步凸显。从1968年起，主张北爱尔兰脱离英国的天主教徒与愿意继续留在英国的新教徒以及英国当局之间的暴力冲突不断升级，一度严重影响地区稳定与发展。1969年8月，英军进驻北爱尔兰以维持秩序。20世纪90年代中期以后，随着北爱尔兰和谈的展开和北爱尔兰新芬党等激进组织重返当地政坛，局势才有所好转。

（二）北爱尔兰问题的解决进程

长期以来的暴乱与冲突给英国和爱尔兰两国带来巨大的财政负担、人力消耗以及国际形象的破坏，不仅使北爱尔兰问题成为困扰英国、爱尔兰以及两大教派的棘手问题，也使深受其害的北爱尔兰对立两派的居民难以忍受。因此，英国政府直接介入北爱尔兰事务后，便不断尝试和平解决北爱尔兰问题，由此北爱尔兰和平进程缓慢开启。

1. 1993年的《唐宁街宣言》和1995年的联合框架文件

20世纪90年代，随着冷战的结束和两极体制的终结，国际形势总体趋于缓和，在这种背景下，北爱尔兰向和平迈进的步伐大大加快。1993年12

① ［爱尔兰］艾德蒙·柯蒂斯:《爱尔兰史》(下)，江苏人民出版社1978年版，第774页。
② 刘泓等著:《当代国外民族分离主义与反分裂研究》，中国社会科学出版社2016年版，第43页。

月，英、爱两国政府首脑签署了关于北爱尔兰问题的“联合宣言”，双方同意通过协议与合作的方式结束爱尔兰南北的分裂局面。爱尔兰政府同意修改其宪法中有关北爱尔兰领土问题的条款，但表示应将其作为整个政治解决的一部分。同月 15 日，英国和爱尔兰共同签署了一项具有历史意义的《唐宁街宣言》，该协议设定了若干框架，成为北爱尔兰和平进程正式启动的标志。[①]1995 年 2 月 22 日，英、爱两国政府宣布达成“新框架协议”，其内容包括建立一个北爱尔兰议会，拥有有限行政和立法权；两国承诺修改关于北爱尔兰地位的法律；根据北爱尔兰多数人意愿决定北爱尔兰的地位；建立跨边界机构，由两国政府授予其咨询、协调和行政权力等。但是，因被天主教共和派人士认为英国保守党偏袒亲英的新教联合派的某些做法，引起新芬党和爱尔兰共和军的不满，由此导致 1996 年 2 月 9 日的伦敦大爆炸事件，停火 17 个月的宁静局面再次被打破。

2. 1998 年的《复活节停火协议》

1997 年 5 月，托尼・布莱尔（Tony Blair）领导下的工党在大选中获胜并上台执政。布莱尔政府将解决北爱尔兰问题作为政府的首要任务之一，在启动和平进程上采取更为积极务实的政策。布莱尔政府对爱尔兰共和军与新芬党采行软硬兼施的策略。在对新芬党参加谈判的条件作出让步的同时，也警告共和军要新芬党参加谈判就必须停火。1997 年 9 月 9 日，新芬党签署了由美国参议员乔治・米切尔（George Mitchell）起草的《米切尔原则》，答应通过和平的、非暴力的手段实现政治目标。由于北爱尔兰统一党等联合派势力指望布莱尔反映他们的利益和愿望，因此工党政府在同新教徒联合派打交道时处于较为有利的地位，这使得布莱尔首相比其前任梅杰在处理北爱尔兰问题上的回旋余地更大、态度也更坚决。此外，布莱尔政府还与美国保持了密切联系与政策协调，借助美国的力量来动北爱尔兰的和平进程。

1998 年 4 月 10 日，英爱双方在北爱尔兰和谈主席乔治・米切尔的主持下达成有关北爱尔兰政治前途的《复活节停火协议》，该协议的达成为结束多年来的北爱尔兰教派冲突和暴力事件提供了保证，也使北爱尔兰充满暴力和歧视的历史掀开了新的一页。《复活节停火协议》在均衡原则的基础上，充分照顾北爱尔兰各方利益，得到多数民众的支持。同年 6 月 25 日，北爱尔兰举

① 刘泓等著:《当代国外民族分离主义与反分裂研究》，中国社会科学出版社 2016 年版，第 44 页。

行地方议会选举。选举结果表明，支持和平协议的政党的候选人赢得了 75% 以上的席位，这是北爱尔兰走向真正和平与政治稳定的又一重要步骤，预示着北爱尔兰一个新时期的到来。北爱尔兰地方议会选举巩固了公民投票的成果，为今后北爱尔兰地方政府的组阁及其正常运作奠定了良好基础。1999 年 12 月 2 日，英国国会下议院通过《北爱尔兰权力移交法案》，由新教徒和天主教徒共同分享权力的地方联合政府开始运作。根据该法案，北爱尔兰大多数地方事务将由北爱尔兰新教派和天主教派组成联合政府接管。英国政府称该法案标志着英国对北爱尔兰长达四分之一世纪直接统治的结束。当日，爱尔兰议会修改宪法，正式取消有关要求北爱尔兰领土主权的条款。[①]

2000 年 1 月 31 日，负责监督解除北爱尔兰准军事组织武装的国际中立机构主席德沙兰分别向英国和爱尔兰政府提交了一份关于爱尔兰共和军缴械情况的评估报告，声称爱尔兰共和军并没有着手缴械。该报告引发了北爱尔兰冲突各方在解除准军事组织武装问题上的又一次激烈争执，使北爱尔兰和平进程再度陷入僵局。2000 年 2 月 11 日，英国政府宣布恢复对北爱尔兰的直接统治，成立仅 72 天的北爱尔兰地方政府暂停运作。爱尔兰共和军随后宣布退出缴械谈判，北爱尔兰和平进程再次出现危机。2000 年 5 月 30 日，英国政府重新允许北爱尔兰地方自治政府行使权力。[②]2004 年 12 月 8 日，英国、爱尔兰政府以及北爱尔兰对立教派主要政党为打破北爱尔兰和谈僵局进行的最新一轮努力宣告失败。2005 年 2 月 2 日，爱尔兰共和军发表声明宣布，收回全面缴械承诺；但同年 7 月 28 日，爱尔兰共和军又发表声明，宣布即日起放弃武装斗争，不再从事任何非和平活动。9 月 26 日，负责监督爱尔兰共和军解除武装工作的国际独立委员会宣布，爱尔兰共和军已完全解除武装。

直到 2006 年，北爱尔兰两大政党民主统一党与新芬党开始对话，双方同意在相互妥协的基础上，依照《复活节停火协议》的权力分享精神来建立北爱尔兰地方政府，以实现北爱尔兰的权力转移。这被认为是北爱尔兰和平进程中另一个具有里程碑意义的事件。[③] 经过艰苦谈判，两大政党于 2007 年 3 月 26 日终于达成权力共享协议，5 月 8 日，新的北爱尔兰地方联合政府成立，北爱尔兰和平进程取得实质性进展。但是北爱尔兰境内针对英军和警察

① 金炳镐主编:《跨界民族与民族问题》，中央民族大学出版社 2010 年版，第 73—74 页。

② 陈云林主编:《当代国家统一与分裂问题研究》，九州出版社 2009 年版，第 235 页。

③ Anonymous, Northern Ireland Powder-Sharing Talks, in Country Monitor, October 16, 2006, p. 8.

的袭击事件并未停止，仍时有发生。[①]

自英国政府启动北爱尔兰和平进程以来，虽然取得了显著的历史性突破，让人们看到了和平解决北爱尔兰问题的曙光，但在总体上，北爱尔兰和平进程仍不容乐观，因为许多深层次问题尚未得到彻底解决。

二、通过公投化解冲突的尝试

（一）公投的背景、过程及结果

二战后，英国政府面对北爱尔兰问题颇感头痛，鉴于北爱尔兰新教徒不愿接受爱尔兰的统治，因此决定实行分割治理（一个国家为了更精确地根据民族或种族来划分政治疆界的政治再组合）。然而，分割治理不仅没有一劳永逸地解决问题，反而激化了既有矛盾。尽管人口占少数的北爱尔兰天主教徒执意并入爱尔兰自由邦，却在选票上无法胜过新教徒，作为报复，北爱尔兰的新教徒便对天主教徒实行多数独裁统治；相反，在爱尔兰自由邦，新教徒人口虽只占十分之一，却受到良好的待遇；两相对照，差异极为悬殊，这更增加了北爱尔兰天主教徒的不满。

1949 年，英国政府通过《爱尔兰法案》（Ireland Act）承认爱尔兰共和国。此特别条款主要侧重于明定北爱尔兰必须在北爱尔兰史托芒特（Stormont）地方议会一致决定下才能决议是否脱离英国。然而，至 1972 年，北爱尔兰地方议会仍处于休会状态，因而时任英国首相爱德华·希思（Edward Heath）决议另寻其他途径，以确认北爱尔兰的地位问题，1973 年北爱尔兰地区针对其归属议题而举办的公民投票应运而生。[②]

支持归属投票议案者认为，北爱尔兰归属议题不应类归为政治问题。倘若此议题能藉由公民投票加以解决，则北爱尔兰地区的政党将可脱离教派政争的泥沼，且可转化为仿似英国本土的政党运作。但基于上述理由而举办

① 陈云林主编:《当代国家统一与分裂问题研究》，九州出版社 2009 年版，第 239—240 页。

② ［美］巴特勒、兰尼编著:《公民投票的实践与理论》，吴宜容译，台湾韦伯文化事业出版社 2002 年版，第 46 页。

公民投票的想法似乎过分单纯。爱尔兰民族党认为，此次公民投票的结果是1920年到1921年相关决策者的既定权谋。同时，正当英国与爱尔兰共和国谈判爱尔兰疆界重划之际，北爱尔兰内是由主张留在英国的新教徒主导统治。而共和党则认为，此次的公民投票充其量只是保守党政府为宣示北爱尔兰法律地位的手法而已，此举无须寻求北爱尔兰的民意，因为早在20世纪20年代英国政府与爱尔兰自由邦早已就北爱尔兰的归属问题达成协商共识。并且，解决北爱尔兰问题的方式不应是呈现新教徒多数分布在此区的事实，而是研讨如何促进新教族群与天主教族群的关系改善，然而很显然，此次公民投票对于实现该目标的意义不大，因此天主教派政党呼吁其支持者进行杯葛。[①]

事实上，1973年3月8日举行的北爱尔兰公民投票设计了两个问题:（1）你想让北爱尔兰地区仍属于英联邦的一部分吗？（2）你想让北爱尔兰加入已脱离英联邦的爱尔兰共和国吗？

公民投票的结果显示，主张仍留英联邦的有591820票，赞成北爱尔兰加入爱尔兰共和国的有6463票。从投票率来看，此次的投票率达58.6%。其中，在有效票中，98.9%的民众支持北爱尔兰继续留在英国。新教徒认为此次公民投票有助于保持其利益和优势，因此有87%的新教徒去投票，而天主教徒根本不认为此次公民投票有任何意义，也清楚自己了无胜算，所以只有不到2%的天主教徒参与投票。[②]但此次公民投票仍达到了相关决策者的目的，本身确立了北爱尔兰在英国的地位，并对外界做了一次有效的宣传活动，使国际社会深信北爱尔兰继续成为英国的一部分完全是出于自愿。

时任首相希思承诺，未来在北爱尔兰地方议会休会期间，将会设立公民投票机制且每十年定期举行。可是，此次公民投票并没有解决北爱尔兰内部的任何根本问题。在此情形下，1983年也没有如期举行类似的归属性公民投票，之后公民投票更是很少被提及。[③]

---

① ［美］巴特勒、兰尼编著:《公民投票的实践与理论》，吴宜容译，台湾韦伯文化事业出版社2002年版，第47页。

② ［美］巴特勒、兰尼编著:《公民投票的实践与理论》，吴宜容译，台湾韦伯文化事业出版社2002年版，第47—48页。

③ ［美］巴特勒、兰尼编著:《公民投票的实践与理论》，吴宜容译，台湾韦伯文化事业出版社2002年版，第48页。

（二）公投评析

此次公民投票系由英国政府主动发起，并在投票前后得到英国议会支持，所以是一场合法的协议式分离公投，这与一般的非法的单方面分离公投存在本质区别。除此之外，还有三个更深层次的问题值得探讨：第一，此次公投属于民主性公投还是自决性公投？第二，公投是否是解决分离或领土归属问题的有效途径？第三，北爱尔兰公投与2014年举行的苏格兰公投有何不同？下面就对以上三个问题展开分析。

1. 北爱公投的类型与性质

这一问题的实质是厘清北爱尔兰公投是自决性公投抑或民主性公投的问题，剖析这一问题的关键在于界定清楚作为公民投票发生地的北爱尔兰究竟是英国的殖民地抑或英国的组成部分。若北爱尔兰是英国的殖民地，则公投为自决性公投；若北爱尔兰是英国的组成部分，则公投属于民主性公投。

那么，1973年公投时的北爱尔兰究竟是英国的殖民地还是英国的组成部分呢？从历史上看，英国确实对爱尔兰及北爱尔兰存在过殖民统治行为，但是，爱尔兰在1922年成立自由邦，便意味着摆脱了英国的殖民统治。独立战争后，英国与爱尔兰签订条约，承认爱尔兰独立，但北爱尔兰选择继续留在英国。1972年以后，英国对北爱尔兰实行直接统治，由北爱尔兰事务大臣亲自主管北爱尔兰的政治、宪政与治安问题，同时也负有寻求解决北爱尔兰问题的重任。

1973年，北爱尔兰已是英国的一部分，而不是英国的殖民地，不再存在行使自决权的问题了。这是因为：1922年，爱尔兰自由邦的成立以及北部六郡续留英国，意味着南部二十六郡和北部六郡已经共同行使了自决权。当时，北爱尔兰的新教徒主张继续留在英国，就是其自决意志的表达，并非只有独立建国才是行使自决权的选项。至此，北爱尔兰的自决权已经行使完毕，不可再行使自决权了，除非英国对北爱尔兰实行了非人道的种族灭绝政策，此时从理论上说，北爱尔兰的天主教徒也许可以行使救济性分离权。但历史事实表明，北爱尔兰留在英国后，英国并未对其实施歧视性政策。[①]1972年英

① 洪泉湖主编:《当代族群关系》，台湾商鼎数位出版有限公司2011年版，第59页。

国政府直接统治北爱尔兰后，也没有实行歧视性政策。[①]至于1972年之后北爱尔兰自治权及其政府被几度取消或恢复，其不是歧视性政策，而是出于政治问题和社会治理的考虑。譬如，1998年工党政府在北爱尔兰和平协议签署后同意北爱尔兰组建地方自治政府。2002年10月14日，英国政府宣布中止北爱尔兰地方自治政府的运作，把北爱尔兰地区的控制权重新收归中央政府。2007年5月8日，民主统一党和新芬党达成协议后，四党组成的联合政府宣誓就职，这意味着北爱尔兰正式恢复分权自治政府。所以，北爱尔兰公投既不存在民族自决权的问题，也不存在所谓的救济性分离权的问题。从性质上说，北爱尔兰公投应为民主性公投。

之所以在此澄清这一问题，是因为很多学者将北爱尔兰公投看作是自决公投，这一方面是因为很多学者将自决与分离、民主等范畴混为一谈，另一方面是因为在历史上爱尔兰及北爱尔兰与英国的关系甚为复杂，很长一段时间内存在过英国对爱尔兰（包括北爱尔兰）的殖民统治行为。但是，英国在历史上对爱尔兰及北爱尔兰有过殖民行为，并不表示1973年公投时的北爱尔兰仍是英国的殖民地。这里要注意区分“殖民统治行为”与“殖民地”是两个不同概念，不能因历史上存在过殖民统治的行为事实就将该地区永久的界定为殖民地。这种观点表面上看似存在一定程度的合理性，但其实容易导致殖民地意涵的扩大化，进而将作为去殖民化重要手段的自决加以泛化、甚至滥用。

一般认为，跟自决挂钩的殖民地是近代西方资本主义国家进行领土扩张的产物。从时间上说，不能无限地向前延展，只能追溯到近代西方国家最早占领殖民地的15世纪。在资本主义社会之前的领土扩张行为，虽然也是殖民扩张行为，但其所占领的领土通常不是国际法意义上跟自决相连结的殖民地。借着历史上存在过殖民行为或殖民历史，而将殖民地意涵扩大化的做法非常

---

① 即便在历史上对北爱尔兰实行过歧视性政策，那也是在1972年之前。譬如，1949年自由邦脱离大英国协，成立爱尔兰共和国。英国虽承认爱尔兰独立，但拒绝归还北爱尔兰地区领土。为了防范天主教徒的影响力，在政治体制方面做了许多的歧视天主教徒的规定：（1）取消比例代表制，减少天主教选民依比例代表所获得的基本席位；（2）重划选区，使天主教势力处于相对弱势的一方；（3）限制选举权，在地方选举上不纳税又无财产的人不能拥有投票权；（4）社会福利措施的不公，如就业与房屋分配的不公平，新教徒能优先享有权利；（5）颁布特别权力法案，赋予北爱内政部长在正当时机处理违法乱纪的权利，且警察拥有可不经宣判直接拘押嫌犯的权利。参见洪泉湖主编：《当代族群关系》，台湾商鼎数位出版有限公司2011年版，第58页。

有害。笔者认为，当初国家建构的方式不论是吞并、合并抑或其他方式，只要在历史上组成了一个国家，那么其疆域内的地区就是这个国家的合法组成部分；倘若该部分人民要脱离原来的国家，就不能打着自决的旗号。

2. 运用公投解决分离问题的局限

在北爱尔兰，与英国有历史渊源的新教徒不仅是人口多数，并且占据政治经济优势，而主张加入爱尔兰的天主教徒则处于相对劣势。新教徒与天主教徒的政治经济力量和人口数量对比决定了公投结果必是继续留在英国，因此英国中央政府不担心公投会出现意外结果，其发动公投在很大程度上就是为了证明英国中央政府的开明、民主和包容。况且，两大教派族群之间的矛盾也为英国中央政府所利用，以新教徒族群来牵制天主教族群，任凭天主教徒如何折腾，最后公投的结果仍是继续留在英国。对此，天主教族群并不服输，转而采取军事、暴力、恐怖等其他手段来抗争，这使得本来就积怨很深的双方更加剑拔弩张。

北爱尔兰的天主教徒长期处于少数地位，加之英国中央政府对新教徒族群的偏袒、信赖和依靠，天主教徒感到自己遭到英国中央政府和新教族群的联合压制，心中的不满情绪日益积聚。在这种情况下，运用公投化解民族冲突，其功效非常有限。在北爱尔兰这样的一个撕裂社会，新教徒与天主教徒作为北爱尔兰的两大对抗阵营，他们之间的矛盾是很难调和的，企图都通过公民投票来解决，其实是一种幻想。族群对抗状态下，任何一个族群的民众，在投票时往往都不是以整个爱尔兰人民的利益为考量依据，而是常常出于政治斗争的需要，对于对方阵营提出的方案或建议，不论利弊或是非，一概予以反对，此即通常所说的“为了反对而反对”。人数优势的一方容易借着多数民意来压制少数，导致多数暴力，其很容易将失败方逼到墙角，走向暴力。这就违背了公民投票作为实现人民民主手段的原本意义，不但滑向了民粹主义，而且将公民投票变成了政治斗争的工具。

3. 北爱尔兰公投与苏格兰公投之比较

1973 年的北爱尔兰公投与 2014 年的苏格兰公投，均为英国境内发生的民主性公投，都具有合法性，皆对英国的社会和政治生活产生了重要影响。但是，比较起来，两者也存在着重大不同。通过二者的比较，我们不仅可以更好地凸显北爱尔兰公投的特殊性，而且有助于学界对其作出更科学的评价。概括起来，两者的不同具体如下：

第一，社会政治生态环境不同。众所周知，北爱尔兰社会一直处于撕裂状态，存在两大对抗阵营的政治对立，并时有军事冲突和暴力恐怖事件发生，社会动荡不安，严重影响了正常的社会秩序。苏格兰则不同，尽管其境内也存在利益冲突的政治派别或不同政党，但属于民主政治体制下的常态性分歧，即使也会有街头冲突事件，但仅是偶尔发生。社会政治生态环境的差异，是影响公投发挥作用大小的因素之一。

第二，解决问题的效果不同。北爱尔兰公投后，作为少数派的天主教徒并不认同公投结果，他们甚至认为此次公民投票没有任何意义，故只有不到2% 的天主教徒参与投票。这样的公投不仅无助于化解双方的矛盾，反而进一步激化了双方的矛盾。相较之下，苏格兰民众却比较认同公投的结果，虽然事后也有人走上街头表达其分离诉求，但那仅仅是民主社会里的正常言论自由而已。显见，苏格兰公投对于缓解苏格兰与英国政府的紧张关系、释放其分离主义情绪，产生了积极的效果，至少有助于暂时平息这一问题。

第三，解决问题的复杂程度不同。北爱尔兰公投所要解决的问题是跨界民族问题，不单单涉及北爱尔兰与英国的关系，而且涉及北爱尔兰与爱尔兰，以及英国与爱尔兰的关系问题，因此问题更为复杂棘手。而苏格兰公投所要解决的问题则相对简单，仅仅涉及苏格兰与“联合王国”（主要是英国中央政府）的关系，基本不涉及外国因素，即便其所涉及的欧盟因素，那也是不同性质、不同层次的另外一个问题。

第四，公投的发动主体不同。北爱尔兰公投由英国中央政府主动发动，是自上而下的；而苏格兰公投则由苏格兰率先启动，后经英国议会和中央政府批准，是自下而上的。英国政府在苏格兰公投中扮演的角色具有一定的被动性，但其在苏格兰公投中的自由主义底色较为明显。

三、案例反思与经验启示

（一）反思：权力下放能解决分离主义？

权力下放是 1997 年以来英国政府进行的重大宪政改革措施之一。作为应对分离主义的主要措施，英国政府对权力下放抱有期待，希望通过权力下放来满足地方的自治诉求，从而抑制分离主义运动，巩固英国这一“联合王国”。可事与愿违，这一目的尚未达到。众所周知，英国是一个由多民族联合而成的国家，这一过程虽由最强大的英格兰主导，但北爱尔兰内的天主教族群对爱尔兰仍保留有较强的民族认同，而缺乏对英国的国家认同；随着英国国力的衰弱，这些弱国家认同的负面作用不断显现。事实表明，权力下放后，北爱尔兰对英国的认同度并没有显著提高；尽管理论上各地方机构仍须服从中央，但是民意的发展和选举的考量使得中央的决策者不愿轻易逆转或叫停权力下放，反而不断深化权力下放以争取选民支持；选举式民主制度则导致主要政党过于注重短期选举利益，把进一步下放权力当作竞选的砝码，忽视国家长远利益。需要指出的是，权力下放并非英国国家统一弱化的根本原因。英国面临分裂威胁的根本原因在于英国国力的相对衰落、历史问题上的争议以及各方在现实利益上的博弈等因素造成的国内民族主义兴起。

一般认为，权力下放可以延缓分离诉求，不仅提供非主体民族大量的权力和资源使其追求更美好的生活，而且赋予地区政治精英以权力、声望和利益。但是，分权不一定是解决民族问题的最佳方案。因为权力下放使非主体民族在意识形态上减少了对国家的认同，产生离心力，分权在政治制度上为实现分离提供了可能路径。作为制度历史惯性和政党间竞争的后果，过度权力下放反而易引发分离主义。[①]

（二）经验与启示：从“分治”到“共治”

“存异并立”的自治模式是解决国内地区差别或民族差异的有效手段，也是处理种族纠纷和文化冲突的通行做法，其特点是通过彼此的隔离实现“井水不犯河水”，但隔离有时未必能完全解决问题，很可能会导致“内部自治诉求”向“外部自决诉求”的转化。那么，除“存异并立”的自治模式之外，是否还有其他行使自治权的补充性方式或者更好的方式？也许英国处理北爱尔兰问题的模式会给我们带来点滴启示。

面对上述问题，英国政府开始思考，用一种什么样的方式来弥补这种“隔离”自治的不足呢？英国政府在经过认真的探索之后，开始推行由“存

① 张国清、王子谦：《充满温情的杀手：苏格兰分离主义评析》，载《云南大学学报（社会科学版）》2017年第3期，第99—100页。

异并立”模式向“求同共享”模式的转变，即争执不下的双方最终统一到某种互相理解和各自接受的制度之下，其宗旨是“从社会的争夺到社会的共有”、从分离到合作，主要内容是通过“同意的原则”“社群交叉共识（cross-community consensus）”、对少数派权利的保护措施等制度安排来促成不同族群在对等的条件下共同参与决策，从而实现“共享权力”的目标[①]。这种从分离到共有的解决方案虽然也存在缺陷，但确实取得了显著成效，有不少值得借鉴之处。

提出分离和独立诉求的几乎都是少数者，自治的实质在于如何适当调整多数派与少数派的关系，维持两者在政治交涉中地位、机会以及资源动员能力方面的对等性，以防止对少数族群的投票力进行稀释（vote dilution）。[②]英国处理北爱尔兰的“求同共享”模式及其经验对于我国的民族区域自治制度非常具有借鉴意义。我国的民族区域自治制度基本上是一种以族别身份为标准所作的制度安排，这可能导致离心力和向心力的同时出现。向心力是通过强调对民族国家的忠诚而实现的，在此过程中，国旗、国徽、国歌等政治符号都是应该被强调的因素；此外，以国家为行为主体的外交、体育、会展等也在形塑国家的心理边界方面起着十分重要的作用。然而，民族区域自治又在少数民族与主体民族之间划定了一条明显的界限。少数民族群体通过自治途径管理自己的内部事务，发展本民族的语言、文化、宗教事业，而自治天然具有对管辖权无限扩大的追求，并与主权国家的权力控制之间暗藏着矛盾，这样一来，民族分立的事实就可能始终存在，从而导致离心力的出现。[③]更严重的是，民族区域自治的实施也可能会强化实施自治的民族的自我意识和主体意识，认为某区域由哪个民族实施自治，该地区就属于哪个民族，进而由“民族自治”滑向“民族自决”。鉴于此，我国在实施民族区域自治制度时，一定要富有高瞻远瞩的战略眼光，适时地铺设一些向共治发展和转化的政策轨道。

另外，我国在香港地区的“一国两制”实践乃至未来的两岸统一大业也

---

① Sean Farren and Bob Mulvihill, ‘Mulvihill, Beyond Self-Determination Towards Co-Determination in Ireland’, *Etudes Irelandaises,* Vol. 21, No. 1, 1996, p. 26.

② 季卫东著：《宪政新论——全球化时代的法与社会变迁》（第二版），北京大学出版社 2005 年版，第 397—398 页。

③ 李成武：《多元社会里的自治与统一——论中国的民族区域自治制度》，载程中原主编：《中国特色社会主义：奠基·开创·发展》，当代中国出版社 2004 年版，第 112 页。

可汲取北爱尔兰经验的有益养分。就香港而言，自 1997 年回归以来实行的“一国两制、高度自治”政策其实是内地与香港的分治政策，而分治政策其实就是“井水不犯河水”的隔离政策。隔离固然可以防止内地分享香港的既有资源利益，免除香港民众的某些顾虑，但长期的隔离会固化香港与内地之间的差异，强化香港居民的自我意识和主体意识，产生“香港只是香港人的香港”的观念。这种观念一旦遇到对中央的不满情绪时，就很容易转化为分离意识。这正是近些年香港出现“港独”的重要原因之一。在“一国两制”下，“存异”是必要的，但不能永久性地停留在“存异”这一层面，更好的做法应该是在“存异”的基础上积极地“求同”，并积极培育、慢慢扩大“共同”，直至最终消除“差异”，这是中央政府今后需要解决的重大课题。就台湾而言，尽管两岸尚未统一，但未来统一后也必然会面临严峻的认同整合挑战。香港的教训昭示我们，今后处理两岸关系时应积极地推动大陆与台湾的融合发展，缩小两岸差异，消弭分离意识。与香港不同的是，两岸融合发展不能等到两岸统一之后再推动，而是在统一之前就要启动这一过程，要让台湾民众尤其年轻人参与到大陆的经济社会建设中来，将自己的命运与大陆的发展连结起来，形成两岸命运共同体。

再者，我国的香港和台湾与北爱尔兰一样都存在两大阵营对抗的社会撕裂问题。香港存在建制派阵营与反对派阵营的对抗、台湾存在泛蓝阵营与泛绿阵营的对抗、北爱尔兰存在新教族群与天主教族群的对抗。就北爱尔兰问题而言，其既是北爱尔兰内部两个对抗族群之间的问题，也是北爱尔兰的天主教徒与英国中央政府之间的对抗问题（类似香港的反对派对抗“建制派 + 中央政府”）。这种情况下，北爱尔兰内部的矛盾很容易转化为北爱尔兰的天主教徒与英国中央政府的矛盾。可见，解决社会撕裂问题是实施有效治理的前提，因此我们应着重解决香港和台湾社会内部的社会撕裂问题，防止其转化为地方与中央的政治矛盾乃至主权争端。为达到以上目标，不仅要在香港和台湾社会内部实现由分治到共治的转向，而且要在内地与香港、大陆与台湾之间实现由分治走向共治的转向。

总之，英国在北爱尔兰的治理实践对于我国今后在区域自治制度的基础上，进一步完善和发展中央与自治地区关系的新模式，实现我国民族自治地区和汉族地区、特别行政区域与内地、未来台湾特别行政区与大陆的共同繁荣，以促使个别民族或地区由分离向合作的转变，具有重要的启示和借鉴意义。

四、问题延伸及理论探讨

（一）英国的非均衡下放权力有助于化解冲突?

通常而言，单一制国家内虽然会有很多历史、文化、经济特征明显的社群，但往往追求对全体公民、各个地区一视同仁，并不特殊照顾这类社群的需求。实施权力下放之前的英国就是这类国家。西方单一制多民族国家的出现源于各国在基本宪制框架允许的范围内，创立若干代表少数民族利益的地方自治政权，这些政权根据民主原则和选举制度得以反映作为该辖区多数居民的地方少数民族的政治诉求。在这个意义上，该类新型国家才既是单一制的又是多民族的。但这一制度安排从一开始就蕴含着矛盾：地方少数民族的政治诉求可能随时突破单一制的囿限，单一制国家的中央政府也有随时取消地方自治政权的法理依据。事实上，英国曾经赋予北爱尔兰自治权，后又几经反复，正是上述紧张关系的确证。在此背景下，把单一制的基本宪制框架和多民族的地方自治政权拧成一体绝非易事。[①]需要指出的是，尽管英国赋予了地方自治政权相当大的权力，但中央政府单方面改变地方自治政权法律状态的能力没有改变，其单一制性质也没有因此而改变。

在英国，各地方自治政权的结构及权限并不完全相同。譬如，北爱尔兰是一个法定的“联合政府”框架，保证亲中央政府的社群与亲爱尔兰或追求分离的社群在政府中有比较平衡的代表。威尔士长期以来只有行政领域的自治权限，却不能制定法律，直到近些年才有所变化。可见，英国的权力下放是一种不对称的权力下放，不同地区享有的权力大小程度不同，这种对于不同的地方自治政权采取不同的治理制度安排，固然针对性和灵活性较强，但也容易造成各地区之间的不平等，甚至导致地区差异越来越大。很显然，这与加拿大联邦制下诸省权力平等的制度安排形成了鲜明对比。那么，这种制度安排是否有违背成员单位的权利平等原则？其他成员单位是否会因享有的

① 屠凯：《西方单一制多民族国家的未来——进入21世纪的英国和西班牙》，载《清华法学》2015年第4期，第144页。

权利不平等而心存不满，进而与中央政府产生新的矛盾？对于英国这种非均衡的地方分权（或授权），该如何评价？其究竟有助抑或无助于国家治理？有待于通过比较政治研究后作出新的结论。

（二）政治协商与公民投票：何者更有助于解决问题？

倘若从整个北爱尔兰问题的演变及解决思路来考察，便不难发现，北爱尔兰问题的暂时解决并非依靠公民投票，而是政治协商。1973 年北爱尔兰公投之前，英国政府在处理北爱问题上长期表现拙劣，使双方矛盾一直不能得到有效解决。1921 年后的 50 多年时间里，北爱尔兰两大教派之间常常发生大规模暴力冲突，爱尔兰共和军则开展了一系列针对新教徒及英国政府的恐怖活动，导致北爱尔兰局势一度失控。尤其是 1972 年 7 月 16 日的“血腥星期天”事件，更是凸显了解决北爱尔兰问题紧迫性。为化解冲突，英国政府自 1972 年对北爱尔兰实行直接统治后，便积极寻求政治解决办法。在这一背景下，1973 年英国政府在北爱尔兰发动了一场公民投票，让北爱尔兰人民决定自己的未来地位。但令人遗憾的是，尽管民众最终选择继续留在英国，但族群冲突以及由此带来的危机远未结束。

鉴于此，1979 年保守党上台执政后，时任首相撒切尔夫人（Margaret Hilda Thatcher）努力开拓北爱尔兰和平进程。从 1980 年 1 月起，为使北爱尔兰各方放弃暴力，英国政府积极推动协商谈判。同时，英国政府逐步认识到，不论是出于解决北爱尔兰问题的需要，还是出于本土以及北爱尔兰安全的需要，在处理棘手的北爱尔兰民族冲突时，寻求爱尔兰共和国的合作，已经变得非常必要。此后，英国与爱尔兰两国政府围绕北爱尔兰问题进行过多次协商。1981 年英、爱两国政府首脑会晤，决定建立英、爱政府间理事会以解决分歧和纠纷，最终双方商定按比例代表制原则举行北爱尔兰政府选举，中断十三年的北爱尔兰政府得以重建。1985 年 11 月，英、爱两国签署关于北爱尔兰问题的决议，为政治解决北爱民族冲突提出了具体方案，对于北爱的政治未来，英、爱双方达成初步共识。然而，北爱尔兰对立的两大教派对该协议均秉持反对态度，致使由撒切尔夫人启动的和平进程陷入停滞状态。1993 年，时任首相约翰·梅杰（John Major）启动了新的和平谈判机制，邀请北爱尔兰两派主要政党参加英、爱两国解决北爱尔兰问题的和平谈判。同年 12

月，英、爱两国发表《唐宁街宣言》。[①]1997 年，布莱尔领导的工党在大选中获胜。他在北爱尔兰问题上采取与梅杰不同的策略，不以爱尔兰共和军解除武装为先决条件，主张谈判与解除武装同时进行。1998 年 4 月 10 日，英国、爱尔兰政府以及北爱尔兰两派主要八个政党参加了关于解决北爱尔兰冲突的谈判，有关冲突各方通过不懈努力，达成了一项旨在结束长达 30 年流血冲突的和平协议。[②] 在解决爱尔兰共和军解除武装的谈判中，布莱尔成功地借助了美国的介入，爱尔兰共和军与英国政府经过漫长的政治谈判，最终于 1999 年 9 月达成解决协议。

以上谈判过程表明，在解决北爱尔兰问题的过程中，政治协商发挥了关键作用。相反，公民投票并没有发挥多大的作用。1973 年北爱尔兰公投后，冲突继续加剧，至 20 世纪 90 年代，爱尔兰共和军在英国的恐怖活动达到顶峰。至于 1998 年 5 月 22 日，北爱尔兰和爱尔兰共和国分别以 71% 和 94.4% 的公投结果通过了 4 月 10 日达成的北爱和平协议，那无非是对协商谈判成果的确认，但和平协议本身并不是由公民投票带来的。

由此可见，政治协商在解决地区或民族冲突中的重要性是毋庸置疑的，但这里涉及两个问题需要进一步讨论：其一，参与协商的主体。英国政府、爱尔兰政府、北爱尔兰政府及北爱尔兰的主要政党，均参与了北爱尔兰和平协议的谈判。英国在推进北爱尔兰的和平进程中，认识到让爱尔兰参与其中的重要性和必要性，这是否会将问题复杂化、国际化？为此，英国政府的做法是，承认爱尔兰政府对北爱尔兰事务具有利益相关性，故邀请其参加，但爱尔兰必须承认英国对北爱尔兰的主权。当然，北爱尔兰多边协商模式的出现有其复杂的民族因素和国际因素掺杂其中，有值得肯定的地方，但不能照搬。其二，政治妥协问题。《复活节停火协议》其实就是冲突各方相互妥协的方案，体现了权力共享精神。政治协商谈判本身就意味政治妥协。没有妥协的协商谈判，就不是真正的协商谈判，是无法达成协商结果的谈判。问题是，政治妥协的底线在哪里，即妥协“度”的把握，至关重要。逾越政治底

① 陈云林主编：《当代国家统一与分裂问题研究》，九州出版社 2009 年版，第 237 页。

② 该协议的主要内容有：设立新教徒和天主教徒共享权力的北爱尔兰议会，选出拥有立法权和管治权的政府；北爱尔兰议会和爱尔兰政府代表组成跨边界的部长委员会；建立包括北爱尔兰、英国和爱尔兰三方代表的政府间咨询委员会；北爱尔兰两个敌对派别两年内解除武装；英国从北爱尔兰撤出部分军队；爱尔兰修改宪法中关于对北爱尔兰拥有主权的条款；等等。

线，则丧失协商原则；但倘若妥协、让步得不够，则无法有效化解矛盾。因此，究竟该如何把握妥协、让步的“度”，是政治协商和谈判中的一个核心问题，也是一个政治艺术问题，值得认真研究。

五、结语

回顾自 20 世纪 80 年代初英国保守党政府开启北爱和平进程以来，虽然取得了一些可喜的进展，尤其 1998 年《复活节停火协议》的达成，似乎让人们看到了北爱尔兰问题的未来，但整体来看，北爱尔兰和平进程仍不会一帆风顺。英国政府为落实北爱尔兰和平协议，制定了《北爱尔兰法》，并对多方对话协商机制设置和定期会晤做出了规定，但问题冲突的根源并未得到解决，新教族群和天主教族群之间最深层次的矛盾依然存在，特别是两派内部的一些极端势力对和解的持续反对态度，决定了他们的合作基础非常薄弱。所以，北爱尔兰离实现真正的民族和解仍有很大一段距离。但即便如此，不可否认的是，和平对话与合作已成为主流共识，和平趋势已很难逆转，北爱尔兰和平前景在总体上是乐观的。

第九章　巴斯克公民投票

公民投票是实现民族自决、摆脱殖民压迫的重要方式，也是一国之内民众参与民主过程、表达政治意见的有效手段。在当下政治语境中，大多数公民投票发生在西方发达国家内部。从政治哲学的角度来看，公民投票是建立在人民主权理论基础上的一种直接民主形式，是代议制民主的补充。但是，公民投票的理论自足不能够涵盖其全部特征，在实际运作中，它不仅与民族、地区、宗教等敏感议题相联系，而且还关涉领土变更、国家安全等重大政治问题。本章拟对西班牙巴斯克地区两次公投进行分析，从中管窥公民投票问题的复杂性。

一、问题由来：巴斯克自治史的回顾

（一）巴斯克人民族认同的形成

巴斯克人分布于西班牙北部和法国西南部，介于西班牙和法国交界处，而七成以上居住在西班牙的领土上。[①] 西班牙的巴斯克人主要聚集在巴斯克

① 洪泉湖主编：《当代族群关系》，台湾商鼎数位出版有限公司2011年版，第93页。

自治区，当地人称之为欧兹卡迪。[①] 巴斯克自治区位于西班牙东北部，包括比斯开、吉普斯夸、阿拉瓦三个省，面积约 7200 平方公里，人口约占西班牙总人口的 5%，官方语言为巴斯克语。

虽然在地理位置上，巴斯克地区属于伊比利亚半岛，但是伊比利亚半岛与法国的天然界限比利牛斯山却在东西两端变成平坦地，这样的地理情况，使得在现代交通工具尚未出现之前，紧邻西、法交界两端的巴斯克和巴塞罗那，跟法国南境的图卢兹和波尔多，比起地处中央高原的马德里，有着更为紧密的社经和文化交流。[②] 与世界大多数国家少数民族地区发展水平滞后于主体民族聚居地的情况不同，巴斯克自治区拥有丰富的矿产资源，交通十分便利，地理位置优越，经济发展程度超过西班牙其他地区，是西班牙重要的工业基地之一，全国最大的工业园区即坐落于此。[③]

巴斯克族是名副其实的“神秘民族”，在苏美尔王国繁盛和埃及文明形成的时期就已经存在，是欧洲最古老而今天仍然活跃的民族，史前时代就居住在比利牛斯山南北两麓，其起源至少可以追溯到一万年前。[④] 公元前五千年，巴斯克人还分布在形成沙漠以前的撒哈拉草原上。他们所使用的语言不属于任何一个熟知的语系，既不同于拉丁语系，也不同于斯拉夫语系，是唯一在印欧语还未传入之前就已经在欧洲大陆流通的语言。

历史上，巴斯克民族从未被外部文化所同化，也从未被外族武力征服过，无论是罗马人还是日耳曼人，即便是在阿拉伯人占领时期，巴斯克人也一直顽强地保有民族独立性。罗马统治伊比利亚半岛时，曾因把此地作为矿产产出地而引起当地人的反抗，到屋大维建立帝国时，西班牙地区才有了长时期的政治平静。罗马帝国在巴斯克一带大量开采各种矿产，对其进行经济掠夺。于是在帝国末期的 4—5 世纪，当地民众又开始了反抗罗马的抗争，甚至直接摆脱了罗马帝国的控制，取得政治上的独立。从这些历史事实可知，巴斯克可以说是整个伊比利亚半岛罗马化程度最低的地区，而罗马化和基督教化却

---

① 西班牙全国人口 4682 万，是由 1 个主体民族和 20 个少数民族构成的国家，其中主体民族是卡斯蒂利亚人（即西班牙人），约占总人口的 73%，主要少数民族为加泰罗尼亚人、加利西亚人和巴斯克人。参见中华人民共和国驻西班牙王国大使馆经济商务参赞处网站，http://es.mofcom.gov.cn/article/ddgk/shehui/201407/20140700675650.shtml。

② 洪泉湖主编:《当代族群关系》，台湾商鼎数位出版有限公司 2011 年版，第 93 页。

③ 彭谦、李聪:《试析巴斯克民族自治制度及其功能》，载《世界民族》2014 年第 3 期，第 22 页。

④ 孙晔编译:《行走巴斯克》，载《世界博览》2005 年第 8 期，第 14—15 页。

是整个欧洲一体化重要的文化接合剂。① 罗马帝国衰落后，巴斯克人在西歌德王国统治期间和阿拉伯人占领时期，一直与当权者进行着斗争，使得各种外部势力对伊比利亚半岛的渗透异常艰难。尽管如此，独立的巴斯克人国家却从来没有出现过。11 世纪，西班牙北部分别有着纳瓦拉王国、阿拉贡王国以及加利西亚王国。后来，阿拉贡王国和卡斯提王国势力膨胀，分食纳瓦拉，导致现今位于西班牙境内的巴斯克地区于 1513 年成为卡斯提王国领土。至 1620 年，纳瓦拉剩余国土并入法国。这也是为何当今仍有一部分巴斯克人生活在法国的缘由。②

经济发展水平带来的优越感，漫长的历史积淀和自成一格的语言文化传统，带给巴斯克人强烈的民族认同和民族自豪感，也培养了巴斯克人的民族优越感和排外情绪。回顾这一段历史，对于我们后续研究巴斯克公民投票的缘起和发展具有十分重要的意义。

（二）自治的由来:“集团贵族”观念和“福埃罗斯”制度

集团贵族观念是巴斯克民族独特感的道德核心，是巴斯克地区与中央政府冲突的重要原因之一，也曾是巴斯克人与历届西班牙政权在无数次关于自治权谈判中的争论焦点。所谓集体贵族观念，是指一名巴斯克人，只要证明自己是由巴斯克父母在比斯开、吉普斯夸、阿拉瓦或纳瓦拉山谷所生，均因其血统纯正而自动被认为是高贵的。不同于其他地区垄断纯正血统“证明”的多是贵族阶层，在巴斯克人中，是由集体自动将贵族的权力授予出生在巴斯克地区的人，不管是富人，还是屠夫、鞋匠、烧炭工、文书、士兵，都是贵族的一分子，而且这种权力受到历代西班牙君主政权的承认。③ 西班牙巴斯克人集团贵族身份的最初获得是在 11 世纪初，普遍扩散开来则是在 15、16 世纪。它不仅进一步巩固了巴斯克人的民族同一性，还带来了实在的利益：通过促使西班牙政权承认集体贵族制，西班牙的巴斯克人整体获得免除赋税、兵役、自由携带武器甚至与外国订立协议等特权。巴斯克人之所以会获得这样一个重要的身份，主要是因为巴斯克地区在摩尔人统治西班牙的七个世纪

① 洪泉湖主编:《当代族群关系》，台湾商鼎数位出版有限公司 2011 年版，第 99 页。

② 洪泉湖主编:《当代族群关系》，台湾商鼎数位出版有限公司 2011 年版，第 101 页。

③ ［美］D. J. 格林伍德:《西班牙巴斯克人民族性在历史进程中的演变》，王胜林译，载《世界民族》1981 年 2 期，第 14 页。

中从未被占领过，保持了血统上的纯洁性，并在西方文明抗击穆斯林世界的事业中起过前哨作用。另外，由于巴斯克地区毗邻法国，有着不可忽视的战略地位，这样做也是出于政治和军事上的考虑。[①]

正因如此，巴斯克地区合并到西班牙之后，巴斯克人仍然在实际上保持了自己的独立性。西班牙王朝对巴斯克地区实行一种特惠制度，被称之为“福埃罗斯制”。该制度的本质在于巴斯克人按照地区习惯法施政。[②]13 世纪，西班牙王国的巴斯克三省（以及相邻的纳瓦拉省）在此制度下享有高度自治，甚至税收、兵役上都不受管辖。[③] 这种贸易、税收及军事方面的高度自主和特权一直持续到第一次卡尔罗斯战争之后方才开始逐渐废除。[④]

（三）自治的演变：卡尔罗斯战争与王朝控制力的式微

1833 年，西班牙国王费尔南多七世去世。他生前修改了王位继承法，改变了原有的女子不能继承王位的规定，传位给自己的女儿伊莉莎白二世。这引起了费尔南多七世的弟弟卡洛斯亲王的不满，于是发生王位争夺战。巴斯克地区依附卡洛斯亲王，后卡洛斯亲王战败，逃往法国。事后，西班牙国王取消了巴斯克地区的特权，仅保留行政及财政权。1872 年，卡洛斯亲王趁西班牙政局不稳之际，在巴斯克地区发动第二次战争，又被西班牙国王击败。到 1876 年，西班牙取消巴斯克地区全部的特权，[⑤] 代之以西班牙政府与巴斯克地区政府签署的“经济协议”，其实质是巴斯克地区上缴中央的税额要少于其他省。[⑥] 巴斯克地区自治权利的取消，尤其是采矿权被剥夺，使得巴斯克人失去了自主的经济命脉。

政治上的不如意激发了巴斯克人的民族主义情绪。一批巴斯克启蒙思想家开始鼓吹与西班牙和法国相区别的语言文化。而同一时期，西班牙的知识分子也在寻求伊比利亚半岛上能够融合各地民众的历史和文化认同，但收效

① 邝杨：《当代欧洲民族问题概观》，载《西欧研究》1992 年第 1 期，第 4 页。

② 肖晞、杨晨曦：《西班牙巴斯克民族主义问题论析》，载《国际论坛》2010 年第 5 期，第 64 页。

③ Payne Stanley, ‘Catalan and Basque Nationalism’, *Journal of Contemporary History*, 1971, Vol. 6, No. 1, p. 32.

④ 杨恕、续建宜：《巴斯克民族分离主义的历史由来及其发展》，载《国际政治研究》2004 年第 3 期，第 82 页。

⑤ 卓忠红：《西班牙巴斯克自治区公民投票案例研究与解析》，载陈隆志、陈文贤主编：《国际重要公民投票案例解析》，台湾新世纪文教基金会、台湾联合国研究中心 2010 年版，第 118 页。

⑥ 杨恕、续建宜：《巴斯克民族分离主义的历史由来及其发展》，载《国际政治研究》2004 年第 3 期，第 83 页。

甚微。因为在许多人看来，卡斯提王朝没有真正的西班牙民族主义精神，只有“卡尔罗斯主义”，即只在意各地人民向它效忠，并未意识到自己应当是民族表率。这种思维体现在经济上，更体现在政治上。早年，包括巴斯克在内的许多地方都设有议会，由当地德高望重者组成，兼有立法和司法功能，各地官员和国王都高度尊重这样的传统和政治势力，唯独马德里的卡斯提王室不这样做，反而要求各地效忠王室，实行中央集权。[①] 这种分殊，自然削弱了地方对中央的向心力，导致地方各行其是，中央徒有形式上的统一。

（四）自治诉求的膨胀与异化：反抗佛朗哥政权与“埃塔”的诞生

1873 年西班牙建立起第一共和国，但不到一年便垮台了，直至 1931 年，西班牙共和人士推翻当时专制国王阿方索十三世，成立第二共和国，才开始施行一系列温和的族群政策，寻求建构一个能容纳所有族群，尊重少数族群历史文化，赋予其政治上自治权的国家。[②] 但由于既得利益势力庞大、盘根错节，改革很难一次到位，反倒使得共和政府内部因意见不合、改革缓急等问题失去团结。1933 年，右派重新执政，否决掉原本就难以推行的改革，此举引发民众更大的不满，导致其在 1936 年大选中失利。[③] 以“人民阵线”为主的西班牙左翼政府上台执政。不久，左翼政府通过《巴斯克自治法》，允许巴斯克人实行民族自治，可以使用本民族的语言和文字，组织地方武装。[④]《巴斯克自治法》恢复了巴斯克地区特殊的历史地位，此举得到巴斯克民族主义者的高度认同。[⑤]

1936 年，佛朗哥等法西斯将领发动叛乱，否认共和政府的合法性，呼吁全国军队倒戈。1937 年，佛朗哥向巴斯克进攻，由于巴斯克一带是西班牙全境中工商最为发达的区域之一，居民的民主意识浓厚，左派和自由派势力强大，是共和政权的重要支柱。[⑥] 巴斯克人民站在共和国政府一边英勇抵抗，使进攻该区的叛军受到很大损失。

---

① 洪泉湖主编:《当代族群关系》，台湾商鼎数位出版有限公司 2011 年版，第 104 页。

② 卓忠红:《西班牙巴斯克自治区公民投票案例研究与解析》，载陈隆志、陈文贤主编:《国际重要公民投票案例解析》，台湾新世纪文教基金会、台湾联合国研究中心 2010 年版，第 118 页。

③ 洪泉湖主编:《当代族群关系》，台湾商鼎数位出版有限公司 2011 年版，第 104 页。

④ 申义怀:《罪恶昭彰话“埃塔”》(上)，载《世界知识》2000 年第 17 期，第 43 页。

⑤ 卓忠红:《西班牙巴斯克自治区公民投票案例研究与解析》，载陈隆志、陈文贤主编:《国际重要公民投票案例解析》，台湾新世纪文教基金会、台湾联合国研究中心 2010 年版，第 118—119 页。

⑥ 洪泉湖主编:《当代族群关系》，台湾商鼎数位出版有限公司 2011 年版，第 104 页。

佛朗哥取得政权后，对境内高涨的族群问题采取高压政策，这种压制不仅限于政治机构或法律制度，更扩大到语言、文化以及代表民族认同的象征，如国旗、国歌、徽章等。佛朗哥下令取消巴斯克自治，对巴斯克实施语言种族的同化政策，制定单一语言政策，在公开场所禁止使用巴斯克语，一律以卡斯蒂利亚语（现今通用的西班牙语）为主，地方民族文化活动、广播、电台全被禁止。同时，佛朗哥政权强迫巴斯克人迁移家乡，鼓励西班牙其他地区人民移居至巴斯克地区，造成巴斯克现有人口中近乎一半是外来移民，导致巴斯克语及文化的衰微。①佛朗哥还宣布比斯开、吉普斯夸两省为“犯罪区”，在整个巴斯克地区派驻大批军队和警察，实行极端政策，逮捕杀害了大批巴斯克民族主义战士。②1970年的前九个月，西班牙政府审判的政治犯高达1101人，很多是巴斯克民族主义者。③这一切刺激了巴斯克人的民族主义情绪，招致巴斯克人的仇恨，恐怖主义组织“埃塔”应运而生。

“埃塔”作为一个集团出现于1959年7月31日，是“巴斯克人的国家和自由”的巴语缩写，其早期成员主要是巴斯克民族主义党④中的激进分子。成立之初，“埃塔”的目标是以武装斗争反对佛朗哥的独裁统治，是一支要求民主的进步力量。佛朗哥当政期间，“埃塔”组织了多起刺杀行动，1973年，在马德里炸死了佛朗哥亲自指定的继承人——政府首相布兰科，给佛朗哥政权以沉重打击。彼时的“埃塔”得到了西班牙人民的广泛支持，人们自发地为“埃塔”募捐筹款，通风报信，掩护其突击队员。但从20世纪70年代开始，“埃塔”的恐怖活动日益升级，甚至威胁到无辜平民的生命。⑤1979年《巴斯克地区自治章程》通过后，“埃塔”中强烈要求“以武力谋取独立”的强硬派逐渐控制了整个“埃塔”，使其成为一个彻头彻尾的恐怖组织，并走上极端民族主义的道路，更在之后的30余年里，成为要求巴斯克独立建国的主

---

① 卓忠红：《西班牙巴斯克自治区公民投票案例研究与解析》，载陈隆志、陈文贤主编：《国际重要公民投票案例解析》，台湾新世纪文教基金会、台湾联合国研究中心2010年版，第119页。

② 申义怀：《罪恶昭彰话“埃塔”》（上），载《世界知识》2000年第17期，第43页。

③ 林达著：《西班牙旅行笔记》，生活·读书·新知三联书店2013年版，第421页。

④ 巴斯克民族主义党1895年成立，该党纲领中具有改良主义倾向的温和派的目标，是使巴斯克地区获得自治地位并谋求更好的经济发展利益。而由持极端宗教传统和强烈反对西班牙王室正统主义的民族主义者所组成的激进派，其目标则是建立一个独立的和宗教性的巴斯克国家（巴斯克人虔信天主教，尤其是农村人口）。参见邝杨：《当代欧洲民族问题概观》，载《西欧研究》1992年第1期，第4—5页。

⑤ 申义怀：《罪恶昭彰话“埃塔”》（上），载《世界知识》2000年第17期，第44页。

要政治力量。直至2011年10月21日，该组织才宣布永久停火。

从对巴斯克民族自治史的回顾中，我们可以得出这样一个结论：作为单一制国家组成部分的巴斯克，其自治权力不是来自中央政府的“简单授与”，而是来自中央政府对其历史形成的“事实”权力的承认。[①] 这种承认而非“简单授与”，加剧了巴斯克地区与西班牙中央政府之间关系的紧张性和复杂性。

二、前后两次公投的不同结局

（一）第一次公投：巴斯克获得自治地位

1. 自治色彩浓厚的1978年宪法

1975年，佛朗哥去世，西班牙建立起君主立宪政体，推行民主政策，强调地方分权。巴斯克地区举行了声势浩大的游行示威，强烈要求恢复地方自治。在此背景下，新的西班牙民主宪法，即1978年12月7日通过的宪法，为巴斯克自治地位的取得奠定了基础。

西班牙1978年宪法是一部典型的妥协宪法[②]，其中提到民族和地方自治的条款非常多，彰显了民族问题对于西班牙宪制的重要程度。该宪法“总纲”第2条规定：“本宪法的基础是西班牙国牢不可破的团结和全体西班牙人所共有的不可分割的祖国，承认并保障组成西班牙国的各民族和各地区的自治权利及其团结。”[③] 这在强调西班牙主权统一的基础上，重申了民族自治权和地

---

① 不论配给还是承认，都没有超出单一制国家中央政府与自治区之间存在的权力授受关系，不同于联邦制国家自下而上的权力让渡。参见屠凯：《单一制国家特别行政区研究：以苏格兰、加泰罗尼亚和香港为例》，载《环球法律评论》2014年第5期，第7页。

② 当时的西班牙，正处于经济危机之中，通货膨胀，失业率上升，民生困难。西班牙成为欧洲国家中罢工率最高的国家。1977年9月，为防止经济困难造成的政治分裂，首相苏亚雷兹邀请各大政党的九位领袖，包括社会党的冈萨雷斯，共产党的卡利约，右翼人民联盟的佛拉加，以及加泰罗尼亚政党和巴斯克地区政党的领导人，住进首相官邸蒙克罗阿宫，讨论国家经济问题。这些人覆盖了西班牙从左到右以及自治区域的整个政治层面。10月，他们宣布，已经就经济、政治政策达成一致意见。10月21日，他们发表了长达四十页的文件，各党派的三十一个代表在文件上签字，被称为蒙克罗阿盟约。由于蒙克罗阿盟约，西班牙政治改革在经济极为困难的七十年代顺利展开，并在此基础上制定了《1978年宪法》。参见林达著：《西班牙旅行笔记》，生活·读书·新知三联书店2013年版，第474—478页。

③ 姜士林等主编：《世界宪法全书》，青岛出版社1997年版，第1197页。

区自治权的重要性，强调了两者在国家政治权力体系中享有同等地位。第3条规定："卡斯蒂利亚语，即西班牙语为国家官方语言。所有西班牙人有义务熟悉它，并有使用它的权利。西班牙的其他语言，根据各自治区的法律为各自治区的官方语言。西班牙的各种语言形态均为文化财富并受到特别的尊重和保护。"[①] 语言是文化的载体，西班牙宪法在强调将西班牙语作为国家官方语言的同时，从国家顶层设计的角度肯定了各民族语言作为自治区域范围内官方语言的地位，体现了对民族文化多样性的尊重。第4条规定："自治区的区旗、区徽，可与西班牙国旗共同悬挂于各公共建筑和正式场合"[②]。

宪法第2章"国王权利"第61条第1款规定："国王在议会登基时，应宣誓忠于职守，遵守并监督遵守宪法和法律，尊重公民和自治区的权利。"[③] 在这里，宪法将公民与自治区相提并论，从形式上提升了自治区的宪制地位，使得自治区自治权获得了同公民权利一样的政治合法性，成为国王登基时必须宣誓效忠的权利主体之一。

宪法第3章"总议会"，第69条规定："参议院是地区代表院。根据组织法规定，每省通过选民自由、平等、直接、秘密的选举方式选出四名参议员……此外，自治区还任命一名参议员，并在本区内，选民每达到一百万，再增加一名参议员。按确保合理的比例代表制的章程规定，任命权属立法议会，如没有，由自治区上一级选举机构任命。"[④] 西班牙的参议院拥有立法动议的权力，可以在形式上扩大自治区的代表权。参议院还可以向政府申请采纳某项法律草案，或向众议院会议提交某项法律议案，并可委派至多三名委员到众议院负责对建议案进行辩解。

除上述规定外，1978年宪法在国家经济政策与地区协调发展、地方税收和财政、领土划分与国民流动、地区民族文化保护等多方面明确了自治区的权利义务。特别是该宪法第8章"国家的地区组织"第3节"自治区"（第143至158条），详细界定了自治区的概念范围、成立条件、与中央政府关系、行政司法方面的权力。[⑤]

---

① 姜士林等主编:《世界宪法全书》，青岛出版社1997年版，第1197页。
② 姜士林等主编:《世界宪法全书》，青岛出版社1997年版，第1197页。
③ 姜士林等主编:《世界宪法全书》，青岛出版社1997年版，第1201页。
④ 姜士林等主编:《世界宪法全书》，青岛出版社1997年版，第1201页。
⑤ 彭谦、李聪:《试析巴斯克民族区域自治制度及其功能》，载《世界民族》2014年第3期，第25—27页。

2. 宪法附加条款对巴斯克自治地位的强化

西班牙1978年宪法秉承了民族平等的精神，既捍卫了国家主权统一，又保证了地方和民族的权利。但是巴斯克民族主义党认为，该宪法在促进巴斯克地区经济发展、扩大巴斯克人政治权利上仍然难以满足他们的要求。[①]同时，“埃塔”恐怖活动的持续也使得巴斯克地区经济发展水平下滑。由此，巴斯克民族主义党提出恢复历史上的“福埃罗斯制”。

巴斯克民族主义党明确提出与“埃塔”的政策划清界限，声称自己“与埃塔没有任何联系，并谴责其暴力行径，尽管我们了解他们”。[②]同时打出捍卫巴斯克民族利益的旗号，所以该党的政治提议获得了许多人的支持，西班牙政府不敢掉以轻心。为遏制巴斯克地区的分离主义倾向，宪法作出一些妥协，通过了附加条款，规定“宪法保护和尊重特殊权利地区的历史权利，在必要的时候，将在宪法和自治章程范围内对上述特殊制度进行总体更新”。[③]

虽然附加条款中出现了尊重特殊地区历史权利（即“福埃罗斯制”）的表述，但同时也明确提出宪法保障和尊重这一权利的前提是不得超越宪法本身对自治区自治地位的界定。换言之，“福埃罗斯制”的地位必须在宪法之下。这与巴斯克民族主义党希冀恢复中世纪国王既效忠宪法，又效忠“福埃罗斯制”的设想大异其趣。由于宪法补充条款仍然没有满足巴斯克民族主义党的要求，他们呼吁其支持者抵制对宪法的全民投票，并于1978年10月31日对西班牙宪法投票时弃权。

在宪法付诸全民投票的过程中，投票率达到了67.1%，参与投票的公民中91.8%的人支持宪法；而巴斯克地区投票率仅有44.65%，支持率为74.60%。无论是投票率还是赞成率，在西班牙所有地区中都是最低的。[④]巴斯克的吉普斯夸和比斯开省投票率在43%—44%，支持宪法的不到70%，20%的人明确表示反对；阿拉瓦和纳瓦拉的情况稍好一些，60%—65%的选民参加了投票，20%的人反对宪法。假设有选举权的选民100%都参加了投

---

① 1978年10月31日，在宪法文本付诸西班牙议会表决时，5名右翼人民联盟代表和3名巴斯克代表投了反对票，12名巴斯克代表缺席弃权。参见林达著：《西班牙旅行笔记》，生活·读书·新知三联书店2013年版，第484页。

② F. Coverdale, The Political Transformation of Spain after Franco, New York: Praeger, 1979, p. 123.

③ 姜士林等主编：《世界宪法全书》，青岛出版社1997年版，第1212页。

④ 资料来源：Wikipedia, Spanish Constitutional Referendum, 1978, https://en.wikipedia.org/wiki/Spanish_constitutional_referendum,_1978。

票，那么宪法在纳瓦拉得到了 50% 的选民的支持，而在吉普斯夸这一数字仅为 28%，比斯开稍高一些，也只有 31%。[①] 事实上，巴斯克没有参与投票的公民比例和投反对票的公民比例远远超过西班牙其他地区。

尽管巴斯克在名义上认可西班牙 1978 年宪法，但仍然埋下了分离主义的种子。因为在一部分巴斯克人看来，1978 年宪法并没有在巴斯克“事实通过”，没有获得巴斯克地区人民的“多数同意”。在这种情况下，西班牙其他地区的人民通过的宪法对巴斯克“无效”。

这里涉及一个关于宪法认同的根本性问题——宪法生效是否需要组成国家的所有政治共同体的一致同意？基于多数同意而生效的宪法是否具有规约全体国民的效力？更直接地表述——在宪法生效过程中投反对票的地区，为什么要服从宪法？在笔者看来，这在很大程度上不是一个制宪理论的问题，而是在某个国家制宪时刻，组成该国的所有政治共同体的制宪共识的问题。在一个国家的制宪时刻，必须对制宪的一些基本问题达成共识，比如制宪方式、宪法生效门槛等。比如在《联邦党人文集》中，麦迪逊就认为，“制宪……不是国民的事，而是联邦的事……既不是联邦大多数人民的决定，也不是大多数州的决定而产生的。它必须根据参与此事各州的一致同意产生。”[②] 美国宪法第 7 条规定，“经过九个州的制宪会议批准，即足以使本宪法在批准本宪法的各州成立。”[③] 也就是说，当时的北美 13 个州，只要批准宪法的州达到 9 个，这些批准宪法的州就可以结成联邦，而不批准宪法的州也有权结成具有同等地位的政治实体。[④] 美国作为典型的联邦制国家，宪法的合法性需要以州为单位的制宪会议的批准通过。但在单一制国家，宪法草案可以直接由选举的代表会议通过，或者提交公民投票，设定一定的比例即可通过。譬如，在德国魏玛时期，“安许茨指出：‘根据德意志……的观念，宪法并不是比普通法律位阶更高的规定，盖前者并非一个偏离甚或凌驾于立法之上的国家意志的表达，而只是立法本身的内容之一。因此，宪法也并不超然于立法权之上，反而是后者得处分的对象。’以此推之，制宪权与立法权也是一体

---

① 杨恕、续建宜：《巴斯克民族分离主义的历史由来及其发展》，载《国际政治研究》2004 年第 3 期，第 85 页。
② ［美］汉密尔顿、杰伊、麦迪逊著：《联邦党人文集》，程逢如等译，商务印书馆 2012 年版，第 195 页。
③ 姜士林等主编：《世界宪法全书》，青岛出版社 1997 年版，第 1619 页。
④ 最终，美国宪法经过 13 个州制宪会议的一致同意，避免了这一合法性难题。

的。”[①] 按照这种逻辑，制宪与立法并没有根本上的区别，无需超越立法过程中“多数同意”的基本原则，非要达到“一致同意”。可以说，美国宪法生效的门槛之所以特殊，是在于制宪与建国之间的紧密耦合关系。美国建国领袖“一致同意”的制宪思想，与其说是宪法生效门槛，不如说是建国条件。而在大多数制宪时已经存在确定主权领土归属的国家，“一致同意”并非必要条件。譬如，日本和平宪法是由国民代表确定并由天皇颁布的，没有付诸公民投票；联邦德国基本法在制定和颁布时，甚至没有民主德国地区人民的参与，但在两德合并时，成为德国人的共同宪法。西班牙虽然赋予巴斯克广泛的自治权力，却并不实行联邦制，主权权力仍由中央政府垄断。标示主权权力的宪法，其生效是由公民投票中的多数赞成而决定的，个别自治地区的低投票率不影响全体国民多数意志赋予宪法的权威性和合法性。同时，宪法一经多数通过，就对主权领土范围内所有的地区、人民具有同等约束力，地区性的法律不能与之相抗衡。

尽管从法理上说，巴斯克地区应当遵守西班牙宪法及其补充条款的规定，但为缓解巴斯克地区日益严重的分离主义倾向，当时的西班牙政府首相苏亚雷斯仍积极谋求新的政策调整，对此应该予以肯定。

3. 巴斯克通过公投获得自治地位

西班牙宪法第 143 条对于自治区的创制作了如下规定：“为行使宪法第二条承认的自治权，具有共同的历史、文化特征的毗邻省份、岛屿地区以及在历史上曾是一个地区单位的省份，可根据本章及各自章程的规定实行自治，组成自治区。自治进程的主动权属于有关的各省议会或岛屿间机构，或属于三分之二的市镇，其人口至少应占各省或岛屿选民统计之多数。上述要求应在自某一有关地方行政机构做出第一个决议后的六个月内达到。”[②] 对于自治区创制的方式，可在如下两者之间进行选择：

一是按照宪法第 148 条第 2 款的规定，（自治）“五年后，自治区可通过修改其章程，在第一百四十九条规定之范围内逐步扩大其职权。”[③]

二是按照宪法第 151 条的规定，“在下述情况下，无须执行第一百四十八条条第二款所述之五年期限，即自治进程倡议除由有关省议会或岛屿间机

① 黄卉、晏韬等编译：《德国魏玛时期国家法政文献选编》，清华大学出版社 2016 年版，第 34 页。
② 姜士林等主编：《世界宪法全书》，青岛出版社 1997 年版，第 1208 页。
③ 姜士林等主编：《世界宪法全书》，青岛出版社 1997 年版，第 1209 页。

构在第一百四十三条第二款规定之期限内通过外，亦须有关各省内至少代表本省多数选民的四分之三市镇议决，并按组织法之规定，经公民投票由各省选民绝对多数赞成批准。”[①]

较之于前一种方式，后一种方式能够较快达到扩大自治权限的目的，但需付诸公民投票表决。为了制定巴斯克自治章程，西班牙众议院立法委员会和巴斯克议员会议代表团联席会议花费了三年多时间，终于在 1979 年 7 月 21 日通过了《巴克斯地区自治章程（草案）》。[②] 西班牙政府于 1979 年 10 月，在巴斯克地区推动实行确立永久自治地位的公民投票。通过投票，巴斯克人民享有了广泛的自治权力：确立了地区的旗帜，巴斯克语与西班牙语享有平等权利；可以与中央政府谈判重定地区税额；成立隶属于地区的自治警察；最关键的是地区每一个省可选出同样数目的巴斯克人组成地区议会；巴斯克政府享有执行和行政权，其主席由议会选出并经国王批准。[③]

表 9–1：1979 年巴斯克地区自治章程公投结果数据表

	赞成票	反对票	无效票
阿拉瓦省	42.33%	11.38%	52.09%
吉普斯夸省	27.75%	12.95%	69.51%
比斯开省	30.93%	9.41%	64.83%

（资料来源：卓忠红:《西班牙巴斯克自治区公民投票案例研究与解析》，载陈隆志、陈文贤主编:《国际重要公民投票案例解析》，台湾新世纪文教基金会、台湾联合国研究中心 2010 年版，第 122 页。）

由上表数据可知，组成巴斯克自治区的三个省，赞成票都多于反对票，但无效票居多的事实，仍然体现出巴斯克人民在对西班牙中央政府态度上的纠结与矛盾。这次投票结果一定程度上赋予了《巴斯克地区自治章程》民主合法性，部分满足了巴斯克人的政治和经济诉求，对于“埃塔”组织的极端

① 姜士林等主编:《世界宪法全书》，青岛出版社 1997 年版，第 1210 页。

② 陈婷、赵小波:《世界主要国家反民族分裂的法律措施研究》，载《政法论丛》2011 年第 4 期，第 39 页。

③ 杨恕、续建宜:《巴斯克民族分离主义的历史由来及其发展》，载《国际政治研究》2004 年第 3 期，第 85 页。

活动也起到了分化瓦解作用，越来越多的巴斯克人满足于在统一的西班牙主权框架下争取民族自治的权力，逐渐放弃了武装独立的诉求。尽管如此，“埃塔”组织仍然持续进行着暴力恐怖活动，这激起了西班牙政权内部一些强硬保守派的不满。

1981年2月23日，西班牙发生了一场军事政变，起因是军人不满执政党处理自治区问题的策略和对待“埃塔”暴动过于软弱的态度，攻占议会并宣布戒严，要求卡洛斯国王解散议会，企图恢复军事独裁统治。卡洛斯国王通过电视发表公开讲话，宣布自己绝不容忍“民主的倒退”，给这场军事政变以致命一击。政变危机化解后，西班牙议会为防止类似事件再次发生，同时为安抚军人情绪，于1981年4月通过了《自治化协调组织法》。该法案主要针对宪法第150条第2款[①]的规定，目的在于延缓自治权的转让，实质是对自治权的限制。

随后在1982及1986年两次议会大选中，西班牙工人社会党均获得超过半数席位而执政，同时有过半数自治区在该党掌控之下。于是，西班牙工人社会党依照《自治化协调组织法》的规定，冻结宪法148条第2款及150条规定自治区于自治五年后可以要求中央转让或委托自治权限的规定，遏制了自治区权限的进一步扩大。这项措施引发巴斯克和加泰罗尼亚与中央政府之间冲突不断。两个自治区的该项诉求经常诉诸西班牙宪法法院，至1989年，类似案件已超过800件。[②]

（二）第二次公投：分离倾向被遏止

1. 流产的“伊巴列切计划”

巴斯克民族从来没有放弃过争取更大自治权的努力，随着20世纪60年代国内分离主义运动的蓬勃兴起，巴斯克内部对巴斯克未来道路的选择出现了分歧。譬如，巴斯克自治区内部的主要政党，有的要求通过议会民主程序逐渐扩大自治权限，如巴斯克民族主义党；有的主张通过和平方式建立一个独立的巴斯克国家；也有的支持“埃塔”采取激进暴力手段达成民族独立的

---

① 西班牙宪法第150条第2款规定：“国家可通过组织法向自治区转让或委托那些属于国家所有，但由于其性质可以转让或委托的权力。”参见姜士林等主编：《世界宪法全书》，青岛出版社1997年版，第1210页。

② 卓忠红：《西班牙巴斯克自治区公民投票案例研究与解析》，载陈隆志、陈文贤主编：《国际重要公民投票案例解析》，台湾新世纪文教基金会、台湾联合国研究中心2010年版，第123页。

政治诉求。

随着西班牙民主化的成功，以及民主实践的不断推进，希望通过民主程序获得所谓“民族自决”的呼声逐渐占据上风。巴斯克民族主义党以其温和的政策主张得到大多数选民的支持，成为巴斯克自治区的第一大政党。2001年，巴斯克自治区主席伊巴列切提出一份名为《巴斯克共同体政治法令》的草案。这份草案又被称作“伊巴列切计划”。草案修改了1979年以来实施的《巴斯克自治章程》，赋予巴斯克地区更多的自治权，主张对巴斯克与西班牙之间的关系进行根本改变，提出在“巴斯克共同体”架构下与西班牙政府分享主权并且享有人民自决权；巴斯克人民维持公民与国民的双重身份；同时赋予巴斯克政府举办公投的权力。[①]

“伊巴列切计划”是在2001年9月巴斯克议会全体政治会议前宣布的，但直到2003年7月被媒体曝光后，该计划的实际内容才公之于众，并于2003年10月25日正式公布。巴斯克地方议会于2004年12月30日以39票赞成、35票反对通过了该决议。该计划于2005年1月被提交到西班牙议会进行辩论和投票表决。由于可能从根本上对西班牙宪法造成冲击，当时西班牙的两大政党——工人社会党和人民党，试图在宪法法庭对巴斯克议会的决定提出违宪质疑，但法庭却以微弱的优势批准了巴斯克议会向西班牙议会提交“伊巴列切计划”。最终，该计划尽管在其家乡巴斯克获得了支持，但在西班牙议会却以313票反对、29票赞成、2票弃权的表决结果被否决。[②]

2. 违宪的“民调”公投

“伊巴列切计划”被西班牙议会否决之后，2007年9月28日，伊巴列切在组成巴斯克地区政府的三党联盟支持下，向议会提出一个新的方案，要求于2008年6月前在尊重巴斯克社会民意的基础上，就巴斯克前途与西班牙政府达成协议，并送交巴斯克议会审查。如果该协议获得了西班牙政府的认可，那么将于2008年10月交付公民投票。

公投议题如下：议题①：如果“埃塔”表明永远放弃武力，你是否支持以谈判方式结束暴力？议题②：你是否同意巴斯克所有政党以协商方式达成民主协议以决定巴斯克人民的前途，并于2010年底前将最终协议付诸公民

---

① 资料来源：Wikipedia, Ibarretxe Plan，https://en.wikipedia.org/wiki/Ibarretxe_Plan。

② 资料来源：Wikipedia, Ibarretxe Plan，https://en.wikipedia.org/wiki/Ibarretxe_Plan。

投票？

西班牙工人社会党和人民党的巴斯克分支都反对这项提案，部分议员弃权，最终使其在巴斯克议会中获得了 33 票赞成、33 票反对的平局。为打破这一僵局，赞成议案的一方争取到 1 名巴斯克共产党议员的支持。2008 年 6 月 27 日，巴斯克议会再次投票，以 34 票赞成、33 票反对、7 票弃权的结果通过了此项提案。

西班牙政府立即向宪法法院提出上诉，2008 年 9 月 11 日，宪法法院判定此项公决法案违宪。宪法法院认为，只有作为“唯一合法的主权国家代表”的中央政府才能举行类似的公民投票，巴斯克地区与整个国家关系的任何变动都应当付诸全体西班牙人民来决定，而不是由巴斯克人自己来表决。伊巴列切随即呼吁巴斯克民族主义党向欧洲人权法院提起上诉，2012 年 2 月，欧洲人权法院维持了西班牙宪法法院的裁决，认为西班牙政府没有违反欧洲人权公约。[①]

三、两次公投的比较与问题界定

（一）两次公投的类型归属

公民投票在西班牙政治发展进程中发挥着重要作用，西班牙宪法中直接提及了公民投票的实施要件。西班牙议会 1980 年 1 月 18 日通过的 2 号组织法，就是依照宪法授权专门规制公民投票的法律（以下称《公民投票法》)，分为公民投票形式与公民投票程序两大章。[②] 西班牙《公民投票法》规定，公民投票适用于三种情况：咨询性公民投票、公民复决、公民创制。具体到巴斯克的两次公投，从宪法依据上看，第一次是创制性公民投票，第二次是咨询性公民投票。

① 资料来源：Wikipedia, Basque Referendum, 2008，https://en.wikipedia.org/wiki/Basque_referendum,_2008。

② 该法律原文参见西班牙议会网站，http://www.senado.es/web/conocersenado/normas/legislacionsenado/detalle/index.html?id=LO_2_1980。

1. 第一次公投：创制性公投[①]

公民创制分为制宪创制和立法创制。西班牙宪法规定的公民创制属于立法创制。西班牙宪法第 87 条第 3 款规定了法律提案主动权的行使方式和条件，“在任何情况下均须有至少五十万人的有效签名。上述创制权在组织法、税法或国际性法律以及有关赦免权等方面不能行使。”[②] 同时，有关西班牙自治区自治章程的公民投票也属于创制性公民投票。《公民投票法》规定，有意进行自治的省政府或相关岛屿，可以提出进行公民投票，并且需要在提出自治倡议六个月内，获得各省或岛屿四分之三的城市，以及每一个省或岛屿多数选民的支持；一旦达成自治倡议，政府将敦促其在五个月期限内举行公民投票：公民投票需获得每个省或岛屿多数选民的支持，如果未获得通过，五年之内不得重复提案。

依照宪法第 151 条第 2 款的规定，自治章程的通过要遵循下列程序：“①政府召集在要求自治地域范围所含之选区选出的众议员和参议员，组成议员会议，专门负责起草自治章程草案。会议之各项决议均以其成员之绝对多数通过。②自治章程草案经议员会议通过后，提交众议院宪法委员会。该委员会在两个月内进行审议，提出建议的议员会议派代表团与会，以便共同确定章程草案的定稿。③如达成一致意见，定稿文本交由章程所涉及之地域内各省选民公民投票表决。④如果章程草案在各省经多数有效票批准，则提交总议会。两院全体会议举行批准投票，就草案文本做出决定。章程获准后，由国王裁准并作为法律颁布之。⑤如未能达成本款第二项所述之一致意见，章程草案将被作为法律草案由总议会研处。总议会通过之文本交由章程草案所涉及之地域内各省选民公民投票表决。如经各省多数有效票通过，则按第四

① “公民复决”与“公民创制”都是公民直接立法权的体现。“公民复决”指将议会所通过的法律案或宪法案，付诸公民投票表决，以决定其应否成为宪法或法律。就人民所复决的法律的内容而分类，可以分为制宪的复决和立法的复决；就复决的必要性，可以分为强制的复决和非强制的复决；按照要求复决的团体不同，可以分为公民要求召集的复决、议会主动的复决、由行政机关提付公民的复决、各邦政府要求召集的复决。“公民创制”与“公民复决”不同，后者在于使公民团体对于议会已经通过的普通法律案或宪法案，为赞成或否决的表示，其目的只在防止议会制定违反民意的法律。前者承认公民达到规定人数，即有权提出关于法律或宪法的建议案。这项建议案可以直接交由公民投票，也可以先交议会讨论，如果议会不予采纳，则再交公民复决。所以“公民创制”的目的在于防止议会拒绝制定民意所要求的法律。参见王世杰、钱端升著：《比较宪法》，商务印书馆 2002 年版，第 203—212 页。

② 姜士林等主编：《世界宪法全书》，青岛出版社 1997 年版，第 1204 页。

项之规定颁布。”[①]

按照上述规定，1979 年巴斯克自治区与加泰罗尼亚自治区、1980 年加利西亚自治区与安达鲁西亚自治区，均是经由该类型公民投票方式取得自治地位的。

2. 第二次公投：咨询性公投

咨询性公民投票不是直接创制法律，通常没有法律拘束力，但能够反映出公民针对特定政府政策的态度，对于施政具有指导性作用。这类法案通常通过向政府施加民意压力而影响实际政治运作过程。因为，一项政策如果付诸公民投票，那么政府的政策过程就处于公开状态，而公民的偏好将非常直接地显现出来，此时政府如果逆公民投票结果而为，需要承受比较大的民意压力。“咨询性公民投票带来的政治压力，与源于政党、国会党团、利益团体、民意调查等事实拘束力也没有什么不同。”[②]

西班牙对咨询性公民投票的规定，体现在《公民投票法》第 6 条：依照宪法第 92 条，“特别重要的政治决定可以提交全体公民的征求意见性公民投票。公民投票由众议院事先授权，政府首先提议，由国王召集。”[③] 西班牙在实行民主政体后，于 1986 年举行的关于是否继续留在北大西洋公约组织的公民投票，以及 2005 年的关于是否通过欧洲宪法的公民投票都属于此种类型。巴斯克于 2008 年发起的关于巴斯克前途的公投，亦属于此种类型。

（二）两次公投的性质廓清

上述西班牙《公民投票法》对于公民投票类型的规定，是对主权国家内部公民投票的分类。但是按照这种分类方式，难以厘清巴斯克两次公民投票的不同性质，更不便于深入考察导致巴斯克两次公民投票不同结果的原因。为何同是巴斯克地区公民投票，第一次顺利通过，而第二次却因为违宪而失败？巴斯克前途公投是巴斯克人在行使“民族自决权”吗？巴斯克人有权利通过公民投票的方式决定自己的“地位”和“前途”吗？

为了阐明这些关键问题，此处依据国内学者关于自决性公民投票和民主

---

① 姜士林等主编：《世界宪法全书》，青岛出版社 1997 年版，第 1210 页。

② 卓忠红：《西班牙巴斯克自治区公民投票案例研究与解析》，载陈隆志、陈文贤主编：《国际重要公民投票案例解析》，台湾新世纪文教基金会、台湾联合国研究中心 2010 年版，第 127 页。

③ 姜士林等主编：《世界宪法全书》，青岛出版社 1997 年版，第 1204 页。

性公民投票的类型划分方式，对巴斯克两次公民投票进行性质界分。按照该划分，自决性公民投票与民主性公民投票在宪法适用、作用范围、合法性来源、行为目的等方面均有较大差异。[①] 根据以上两种类型公民投票的特点，可以对巴斯克两次公投的性质进行较为清晰的梳理。

1. 第一次公投：典型的民主性公投

考察巴斯克第一次公民投票，不难看出其在以下几方面具有民主性公民投票的特点：

第一，此次公投是巴斯克人民为获得自治地位而进行的公民投票，解决的是西班牙国家的内部事务，使用的手段是直接投票。它属于“公民创制”，英文翻译严格来讲，应当叫作 initiative，与 referendum（在与“公民创制”相对应的语境下，被翻译为“公民复决”）同属于广义范围内的公民投票；它与 plebiscite 所代表的，专指对领土、主权有争议的国家或地区，人民以投票决定其前途的“公民自决”有根本性的区别。

第二，独立建国后实行的直接民主，区别于代议制下的公民选举。1979 年巴斯克第一次公投时，西班牙已经摆脱佛朗哥的统治，国王卡洛斯一世登基，恢复君主制，并通过 1978 年宪法确立西班牙为君主立宪制国家。在这种背景下，巴斯克人民依照宪法和法律就自治地位这一公共议题而进行投票，不经由代议制机构，而是诉诸直接民意表达。这是巴斯克人民直接民主权利的实现，是对于代议制民主的一种补充，也是在西班牙民主化初期，对于宪制的一种必要完善。

第三，依照宪法和法律而进行的，在效力上低于宪法。西班牙宪法第 151 条给予自治区人民通过公民投票扩大自治区权限的权力。巴斯克第一次公投的合法性来源于宪法规定，投票结果具有宪法强制性。

第四，投票主体具有西班牙公民身份。巴斯克 1979 年第一次公民投票是在遵守西班牙宪法、承认西班牙主权的基础上，在西班牙政府的主导下，由当地议会组织举行的。参与投票的巴斯克当地居民是名副其实的“西班牙公民”。其议题主要涉及巴斯克地区人民的利益，对于西班牙其他地区居民的利益没有直接影响。

---

① 关于自决性公民投票与民主性公民投票的分类研究，详见王英津著：《自决权理论与公民投票》，九州出版社 2007 年版，第 219—261 页。

2. 第二次公投：带有分离性质的民主性公投

每次国际社会发生类似巴斯克前途公投一类的公民投票，总有人为其背书，认为这是在行使民族自决权。但是，通过对一系列国际成文法和国际习惯法的分析不难发现，人民自决权的持有者只能是殖民地人民和其他被压迫民族。“现行国际法不关注一个主权国家内部的人民是否享有自决权，因为国际法把它视为内政，而国际法是不过问一个国家的内政的，国际法对这个问题的过问是从这个国家叛乱成功得到国际社会的承认开始的。因此，在现行国际法上只承认殖民地人民、被压迫民族和被外国占领的领土上的人民享有自决权。”[①] 同时，在多民族国家内部，例如西班牙，某个少数民族是不能成为自决权主体的，因为“民族自决权不是给予每个具体的少数民族的……自决权不适用于主权国家中的一部分人民，这是保障一个主权国家的完整性所必须的。”[②]

从实然层面讲，巴斯克第二次公民投票仍然属于民主性公民投票，而非自决性公民投票。因为它不具备自决性公民投票的基本要件，反而在宪法地位、行使主体、启动时机等方面仍然符合民主性公民投票的一般特点。

第一，从巴斯克的历史与现实来看，它不属于殖民地、被压迫民族或被外国占领的地区；第二次公民投票发起时，巴斯克地区有着法定意义上的“自治区边界”，对于巴斯克地区的地理范围，巴斯克内外的所有权力主体均无异议；巴斯克周边亦不存在归属不明的殖民地、托管地。

第二，不论是从过程还是结果来看，被紧急叫停的 2008 年巴斯克公民投票不是按照国际法，而是按照西班牙宪法规定程序推进的。它属于非强制的咨询性公民投票，没有超越国家、超越宪法的权威。

第三，从应然角度看，如果巴斯克希望通过公投实现“独立建国”的目的，那么变更的是西班牙国家的领土和主权范围，其应当由西班牙全体国民以自由投票的方式决定；事实上，2008 年巴斯克公民投票仅限于本地区的人民，从投票主体看，不具备民族自决的合法性。

第四，巴斯克地区的居民具备西班牙公民的身份，具有西班牙国籍。

由上可知，巴斯克第二次公民投票从根本上讲，仍然属于民主性公民投

---

① 王英津著：《自决权理论与公民投票》，九州出版社 2007 年版，第 93 页。
② 王英津著：《自决权理论与公民投票》，九州出版社 2007 年版，第 116 页。

票，但在适用范围，即议题设定上，却超出了民主性公民投票的应然范畴。2008 年巴斯克公投的主题是“是否同意巴斯克所有政党以协商方式达成民主协议以决定巴斯克人民的前途”。在此问题性质的界定上，西班牙中央政府与巴斯克自治区产生了分歧，中央政府认定此项提案内容涉及主权变更，巴斯克则定义其为咨询性公投。西班牙宪法法院认为，2008 年巴斯克公投提案会影响西班牙全体人民的利益，必须由全体人民投票决定，巴斯克自治区没有权力就此议题举行地区性公投，于是判定其违宪。

巴斯克 2008 年公投议题的设定，事实上包含着脱离西班牙、成为一个主权实体的政治意蕴，即通常所说的“分离”[①]。“分离”不同于“自决”，“自决”挑战的是殖民统治，而“分离”挑战的则是国家主权和领土完整。按照前述国内学者将公民投票划分为自决性公民投票和民主性公民投票两种类型的观点，此种公民投票应属于民主性公民投票的范畴，属于民主性公民投票中的分离性民主公投。

否定分离性公民投票的合法（合宪）性不是西班牙的创制，而是国际社会的普遍共识。毕竟，保持主权和领土完整是一国处理民族、宗教、地区问题的底线。西班牙宪法法院的判决是在法律上解决巴斯克、加泰罗尼亚等民族和地区问题的重要依据。它明确了几点重要原则：其一，国内自治共同体的“前途”，涉及领土主权的变更，不是该自治共同体内部人民可以单独决定的事务；其二，打着“民调”和“咨询”的旗号来从事民族分离的所谓公民投票，中央政府有权制止。欧洲人权法院维持西班牙宪法法院判决的做法也说明以下两点：第一，国际法对自决权的行使有严格的条件限制，自决权不是分离行为的保护伞，不被国际社会所支持；第二，分离权不是人权，不受人权条约的保护。

（三）两次公投的影响因素

要全面理解巴斯克人的“公投冲动”，就必须回溯其政治和文化发展史。巴斯克地区在权力来源、法律地位和对外事务等方面存在的“事实”权力的

---

① 分离主义指的是某一个非主体群体在现属国家不同意的情况下，试图把现属国家的管辖权限制在该群体成员所居住的区域之外的行为。分离行为的最终目的为脱离所在国，脱离后可以是成立独立主权国家或者加入一个已存在的主权国家。根据此定义，分离主义包括民族统一主义但不包括去殖民化。参见史志钦、赖雪仪:《西欧分离主义的发展趋势前瞻》，载《人民论坛·学术前沿》2015 年第 8 期，第 60 页。

确超过了一般单一制国家的自治区，足以成为高度自治行政区。[①]要了解巴斯克人是在什么样的心理状态下产生了有别于西班牙人的自我认同，不能只着眼于对巴斯克人自我历史诠释的分析，而是要首先了解西班牙这个国家的历史建构过程。甚至有些方面，还要放到伊比利亚半岛卷入欧洲文化核心的过程中来分析，同时还要注意到"欧洲观念"的发展。唯有如此，才能领会巴斯克问题在西班牙与国际社会之间存在的认知差异。[②]

1. 影响分离性公投的外部因素

近年来，分离性公投在欧洲屡见不鲜，并非仅有西班牙巴斯克一个地区、一个民族。以 2014 年为例，苏格兰举行脱英分离公投，有 45% 的苏格兰选民投票支持独立；长期主张"弗拉芒独立"的新弗拉芒联盟党在 2014 年 5 月举行的比利时联邦、地方和欧洲议会三合一大选中获得胜利，进一步巩固了它在比利时政坛中的主导地位；位于意大利北部的威尼托大区，在 2014 年 3 月举行了一项网络调查，参加调查的当地居民有将近 89% 支持威尼托大区从意大利独立出去；加上西班牙的加泰罗尼亚公投，整个欧洲都激荡着民族分离主义的情绪。

欧洲广泛着存在分离主义与欧洲现实政治环境是密不可分的。在传统上，欧洲始终有两股力量形塑着欧洲人的认同：一是以罗马帝国荣光、基督教文化的共同记忆和文化传统为主的统合力量，一是以各个民族性的分殊化为前提的独立自主力量。如果从长期来看，可以这么说，自 19 世纪欧洲民主主义浪潮兴起之后，欧洲的统合力量开始弱化，冷战时期又有所回升。冷战结束后，国际局势日渐转向区域对抗，因此欧洲各国都在思考彼此之间究竟要走向"分"抑或走向"合"，不但有欧盟应更加紧密的呼声，也有强化自身特殊性的需求。加上苏联解体，如何对待东欧各国、如何处理波罗的海三国等问题成为紧迫的问题，于是，有关分离主义的探讨便多了起来。[③]同时，欧盟及北约在二战后成功建构的欧洲经济及军事安全保护网，尤其是欧盟成功的欧洲市场一体化，继承了全球化自由与平等的内核，进一步消解了关税与

① Javier Tusell, *Spain, from Dictatorship to Democracy: 1939 to the Present*, Oxford: Blackwell Publishing, 2007, p. 305.

② 洪泉湖主编：《当代族群关系》，台湾商鼎数位出版有限公司 2011 年版，第 94 页。

③ 洪泉湖主编：《当代族群关系》，台湾商鼎数位出版有限公司 2011 年版，第 95 页。

非关税壁垒，为商品、服务与生产要素流通创造了条件，[①]打破了国家在权力上的垄断，也为区域内的小国提供更大的生存空间。除此之外，六十余年间，欧盟建立起世界上首个区域、国家、地方的多层治理架构。在这个架构中，部分主权权力向上被移至欧盟，向下下放至地方政府，地方政府可以跨过国家直接与欧盟处理关系及合作。[②]而一旦一个地区成为自由贸易、统一市场的一员，就更有可能寻求对母国的独立或自治。[③]以西班牙为例，1988 年，西班牙批准《欧洲地方自治宪章》，其中第 10 条第 3 款规定："在法律规定的临时情况下，一个地方可以同其他的地方合作。"这对于已经存在跨国民族问题的巴斯克来说，无疑会进一步激发出民族主义情绪。1989 年 10 月，巴斯克同法国的阿基坦大区签订一项跨界合作协议，该协议书解释了边界共享的合理性、相邻且具有相同地理特点的关系，如何共同拥有同一文化遗产和共同的语言，及其如何保证实现共同的计划。[④]这种欧洲跨界合作，不仅使得每一个欧盟成员国都能享有基本的经济和军事保障，而且也使得跨国民族有了构建经济甚至政治共同体的平台。欧洲的分离性公投还有一个显著特点，即很多都与经济利益相关，巴斯克及加泰罗尼亚地区经济发展水平就长期领先于西班牙其他地区。在巴斯克人看来，西班牙中央政府是在用巴斯克等较发达经济体的利益为西班牙其他地区"输血"。失利团体得不到母国的福利补偿，加诸历史积蓄以来的不满情绪，索性要求独立掌控与处理本地区的经济政策。[⑤]经济社会发展的不平衡，是分离主义情绪不断膨胀的重要原因。

在此经济政治社会背景下，一些地区往往倾向于将分离诉求诉诸欧盟法院和欧洲人权法院。作为欧洲在人权保护方面的基本章程，《欧洲人权公约》规定，凡加入的国家一律接受欧洲人权法院的判决，即便败诉也必须承认。

---

① Dawn Brancati，'Another Great Illusion: The Advancement of Separatism through Economic Integration'，*Political Science Research and Methods*，Vol. 2，2014，pp. 69-95.

② 史志钦、赖雪仪：《西欧分离主义的发展趋势前瞻》，载《人民论坛·学术前沿》2015 年 8 期，第 68 页。

③ Alberto Alesina，Enrico Spolaore，*The Size of Nations*，Cambridge, Massachusetts: The MIT Press，2003，p. 213.

④ ［西］徐利奥·里约斯：《欧洲的跨界合作：西班牙的多样性》，邓颖洁译，载《世界民族》2008 年第 4 期，第 23 页。

⑤ Ryan D. Griffiths and Ivan Savic, 'Globalization and Separatism: The Influence of Internal and External Interdependence on the Strategies of Separatism', *Perspectives on Global Development & Technology*，Vol. 8，No. 2/3，2009，pp. 429-454.

甚至，欧盟法院对欧洲法的解释直接约束欧盟成员国的国内法院，欧洲法的法律效力高于与之相冲突的成员国家国内法。[①]这意味着，只要获得欧盟法院和欧洲人权法院的承认，该地区就可以绕过国内法实现分离。然而，分离性公投在欧洲成功的案例却寥寥无几。究其原因，只有主权国家与提出分离诉求的地区（或民族）就分离事宜达成一致意见，才可能实现真正意义上的分离。《欧洲人权公约》没有对分离权进行阐释，在实践中，欧洲人权法院也从未肯定过以分离方式实现独立的政治诉求。"另外，在国际政治行为中还有一个与此相关的惯例，那就是国际社会对于发生在国家解体或严重的政权合法性危机的情况下的分离或独立相对来说容易接受，而一般不接受发生在仍然继续行使正常国家职能的政权下的分离或单方面的独立行动。"[②]欧盟国家政治经济社会发展水平整体较高，不存在政权合法性危机方面的问题。在分离问题上，欧盟不会让成员国内的分离主义地区独立后轻易加入其中的态度一直是比较坚决的。

由此可见，欧洲在处理分离性公民投票的问题上，采取的是不以任何方式支持其他国家的分离主义运动的立场和态度。真正影响一个地区（或民族）分离性公投能否成功的关键要素，通常是当事国中央政府（或联邦政府）的态度。

2. 制约分离性公投的内部因素

欧洲分离性公投愈演愈烈的一个根本原因在于，一些欧洲国家的宪法中明示公民具有通过公民投票表达政治诉求的权利。这是目前包括巴斯克公投在内的分离性公投所谓的"合法性"来源。那么，公民是否可以通过行使宪法权利，达到分裂一国主权的目的呢?

本章在阐述欧盟和西班牙中央政府意见的过程中，屡次出现"主权"的概念。"主权"是分析分离性公民投票的重要概念工具，由法国学者布丹最早进行定义——"一个国家永久的、绝对的、最高的统治权力"。[③]学者洛各林在法理上进一步界定了主权与宪法的关系。他认为，主权可以被视为政治权

---

① Micheal Troper, 'Sovereignty', in Reinhard Zimmermann, ed., *The Oxford Handbook of Comparative Law*, Oxford: Oxford University Press, 2006, p. 161.

② 王英津著:《自决权理论与公民投票》，九州出版社 2007 年版，第 198 页。

③ Micheal Troper, 'Sovereignty', in Reinhard Zimmermann, ed., *The Oxford Handbook of Comparative Law*, Oxford: Oxford University Press, 2006, p. 350.

力，政治权力主要表现为制宪权；与之相对应的是法律权力，法律权力主要表现为宪法所规定的权力（“宪制权”）。前者是政治主权，后者是法律主权，政治主权是法律主权的基础。[①]巴斯克的自治权是一种法律权力，是由宪法派生的权力；而制定宪法的权力属于作为整体的西班牙人民（1978 年宪法的公民投票能够说明制宪权的归属）。巴斯克人的公投权，只有在承认和维护作为西班牙人民“公意”的政治主权基础上，才具有合法性。换言之，地方政府不能以宪法赋予的权力来挑战宪法自身的权威，一国公民也不能以宪法权利为武器来攻击产生和维护这种权利的“母体”。这是西班牙政府在判定巴斯克第二次公投违宪时所坚持的立场。

尽管在学理上，分离性公民投票不具有合宪性，但在实际政治运作中，要遏制分离性公投，必须强化“反制权”，通过完善和运用国内法，对公民投票的议题、效力、发动门槛等进行限制，并对分离性公民投票进行严格的违宪审查。这方面，西班牙对巴斯克前途公投的一系列制约提供了有益启示。

第一，对公投议题进行限制。公民复决通常由立法和行政机关发起，意在解决政治僵局，或获得民众支持，议题一般由立法或行政机关确定。但是，公民创制却很难在议题上进行控制。如果一国公民不加限制地行使创制权，会导致严重的政治后果。西班牙宪法规定，公民创制“在组织法、税法或国际性法律以及有关赦免权等方面不能行使”。这是对公民投票议题的“显性控制”，符合大多数国家关于公民投票的限制事项。除此之外，对公投议题还有“隐性控制”，即通过对公投过程的控制，达到间接“屏蔽”某些公投议题的目的。1978 年巴斯克自治公投在宪法适用上，是由地方政府发动，巴斯克地区公民联署提案，再经由公民复决确认，最后由行政程序最终制定，国家权力对公民投票进行议题控制和过程控制，使得巴斯克最终在宪法框架内实现了自治。而像 2008 年巴斯克前途公投这类带有鲜明分离性质的议题，是注定无法通过公民创制直接成为法律的。

第二，对公投效力进行限制。西班牙宪法规定，“特别重要的政治决定”可以提交公民投票。然而，对于何为“特别重要的政治决定”，宪法并没有做出具体阐释，也就是没有对公民投票的“议题”进行限制（当然，不做具体

① Martin Loughlin, ‘Ten Tenets of Sovereignty’, in Neil Walker, ed., *Sovereignty in Transition*, Oxford: Hart Publishing, 2003, pp. 55-86.

阐释也可以解释为“旨在更好地进行限制”)。在这种情况下，对投票的效力进行限制是非常必要的。西班牙宪法规定，该类公投是“征求意见性”、咨询性公投，本身不具有法律拘束力。不论投票结果如何，政府有采纳或不采纳的最终决定权。需要指出的是，即便如此，如果一项法案付诸公投并有多数认同的选项，会给政府造成强大的民意压力，甚至影响执政党的执政合法性。2008 年巴斯克前途公投提案虽然被定义为“征求意见性”的公投，但是议会和政府仍然不能冒险让这类分离性议题付诸公投。因为一旦付诸公众投票，其结果在一些人看来仍有一定的政治正当性。[①]

第三，对公投发动门槛进行限制。西班牙宪法规定，公民创制在任何情况下均须有至少 50 万人的有效署名。但若以巴斯克人口结构来看，巴斯克受到佛朗哥时期同化政策的影响，现今巴斯克人口中几乎有一半是外来移民。巴斯克自治区 2005 年所做一份民调数据显示：在族群认同上，有 11% 的民众认为自己是西班牙人、45% 的民众认为自己是巴斯克人、34% 的民众认为自己既是西班牙人也是巴斯克人；针对巴斯克的“前途”，有 75% 的民众认为有权决定自己前途；23% 的民众支持巴斯克独立，32% 的民众赞成维持现状，另有高达 34% 的民众未作表态；至于是否将“民族独立”这类议题付诸公投，以公投方式来决定是否脱离独立，其中 37% 的民众赞成、31% 的民众反对、18% 的民众未表态、13% 的废票。[②]这份民调反映出巴斯克内部族群主义与西班牙爱国主义力量两派泾渭分明的态势，也表明，即便在巴斯克地区内部，关于分离与否的争论依然没有结论，至少 50 万人有效署名的门槛规定对于巴斯克分离公投来说，仍是难以逾越的门槛。

第四，由宪法法院进行违宪审查。公民复决与公民创制在本质上是运用公民投票的方式履行“立法权”，其本身必须被纳入法律管辖的范畴，如果超越宪法规范，脱离法定程序，公民投票就失去了正当性。但是，究竟由哪个国家机关履行对公民投票的监督权？“行政与立法部门，本身就是公投所欲纠正、取代或补充的对象，当然不宜过分介入，此时司法审查是唯一能够介入并确保公投合法性的宪法机关了。因此，公投不仅不能免予司法审查，甚

① 史志钦、赖雪仪:《西欧分离主义的发展趋势前瞻》，载《人民论坛·学术前沿》2015 年第 8 期，第 66—67 页。

② 卓忠红:《西班牙巴斯克自治区公民投票案例研究与解析》，载陈隆志、陈文贤主编:《国际重要公民投票案例解析》，台湾新世纪文教基金会、台湾联合国研究中心 2010 年版，第 131 页。

至应要求法院对于公投通过的法案，有侵害少数者权利时，应从严审查。”[①] 在这个问题上，西班牙宪法第161条规定:“宪法法院辖区为西班牙全国境内，它有权审理：①对法律和具有法律效力的规定之违宪性的上诉案。宣布一项经过法学解释的法律级的法规为违宪，将涉及法学本身，但所作判决将不失去审判价值。②对侵犯本宪法第五十三条第二款所述的权利与自由之行为，根据法律规定的条件和方式提出的保护性上诉案。③国家与自治区或自治区之间的职权纠纷。④宪法或组织法赋予的其他事务。”[②] 根据这项规定,“政府可就自治区机构作出的规定和决议向宪法法院提出异议。这种异议将导致中止有关规定或决议，但宪法法院应在不超过五个月的期限内批准或取消这种中止。”[③] 可见，宪法法院的审查更偏向于事前审查，虽然它没有直接审查公民投票结果是否合宪的权力，却能在什么样的议题可以付诸公民投票的问题上，拥有“一票否决权”，能够在西班牙政府提出异议的情况下，及时终止涉及民族分离和国家分裂的公民投票议程。2008年，西班牙政府正是凭借宪法法院这一杀手锏，才及时阻断了巴斯克“前途”公投。

四、余论

民主性公民投票是现代政治中最主要的直接民主形式，但它属于非常态的民主表达方式，启动的政治成本高、风险大，并不能从根本上解决西方民主长期以来的“多数人暴政”和精英主义倾向。更为严重的是，民主性公民投票的“误用”和“滥用”，会给别有用心者可乘之机，导致国土分裂、主权分离。对于民主性公民投票优劣的判断必须与具体的实践案例相结合，以西班牙巴斯克的两次公民投票为例，它一方面起到了满足民族自治诉求、缓解地区分离倾向的作用，另一方面反又被分离主义者所利用，企图通过操纵民意的方式，达到所谓“独立”的目的。公民投票不能从根本上解决民族和地区问题，类似巴斯克这类问题，是一国历史、文化、宗教、经济发展水平、

---

① 田芳:《宪政民主与公民投票制度之设计》，载《政治与法律》2008年第5期，第86页。

② 姜士林等主编:《世界宪法全书》，青岛出版社1997年版，第1211页。

③ 姜士林等主编:《世界宪法全书》，青岛出版社1997年版，第1211页。

地缘政治等多种复杂因素综合作用的结果，期望通过一次公民投票而一劳永逸地解决问题，只能导致问题的升级和激化。

第十章 科索沃公民投票

2008年科索沃宣布“独立”以来，塞尔维亚始终未放弃对科索沃的主权，宣称将不惜一切代价捍卫国家主权和领土完整。受国际局势变动影响，近年来科索沃问题在国际舆论中逐渐淡化，但其自行宣布“独立”的后遗症仍然显著存在，亦尚未彻底解决与塞尔维亚之间的复杂关系。目前国内学界对科索沃“独立”公投存在一些模糊认识，对其单方宣布“独立”的界定存在争议，而且较少系统批判岛内“台独”势力援引科索沃案例的相关说辞。基于反对和批驳“台独”及其相关公投论述的需要，我们有必要深入分析科索沃“独立”公投前后重大事件的来龙去脉及其后续影响，以更好地维护我国的国家统一和领土完整。

一、“独立”公投前的科索沃问题

科索沃面积为10887平方公里，人口约220万，90%以上是阿尔巴尼亚族（以下简称阿族），其余是塞尔维亚族（以下简称塞族）、黑山族等。[①]1946年南斯拉夫联邦宪法强调“独立、平等和南斯拉夫各族人民的自决权”，科索

① 李树藩、王德林主编:《最新各国概况》，长春出版社2005年版，第710页。

沃包括科索沃和梅托希亚自治省，隶属塞尔维亚共和国。[①]1974 年南斯拉夫联邦共和国修改宪法后，科索沃变成塞尔维亚境内的“国中之国”，科索沃自治省可以向联邦机构派出等额代表并享有否决权，甚至还享有一些特权，比如塞尔维亚若修改宪法必须征得科索沃同意，而科索沃修宪则无需塞尔维亚首肯。[②]

1980 年 5 月，南斯拉夫联邦因铁托逝世而失去了具有个人权威的领袖，各共和国的分离倾向不断加强，内部民族矛盾冲突愈演愈烈。1989 年 2 月，阿族矿工举行罢工，抗议科索沃阿族政治领导人被撤职。同年 3 月 28 日，塞尔维亚共和国宣布通过宪法第 9–44 条的修正案，导致科索沃在当天爆发了大规模的游行示威，造成 22 名示威者和 2 名警察死亡。[③] 随着双方矛盾不断升级，公开对峙、流血牺牲等意外事件接连刺激科索沃阿族的敏感神经。在此背景下，科索沃阿、塞两族之间冲突日益突出，而内部矛盾加剧也成为南斯拉夫联邦共和国逐步解体的催化剂。

除复杂的历史背景和民族矛盾之外，科索沃阿族酝酿“独立”公投还存在着深刻的经济社会原因，尤其是严峻的民生问题。1947 年，科索沃人均社会总产值为全国的 49%，1987 年降至 24%；到南斯拉夫解体前科索沃的失业率高达 50% 以上。[④] 以冷战结束前为例，除了人口高速增长之外（1991 年自然增长率高达 23.6%，而塞尔维亚全境平均自然增长率为 5.3%），科索沃地区的经济社会发展在当时处于明显落后状态（参见表 10–1）。与之前不同的是，“20 世纪 90 年代，面对事实上的种族隔离，科索沃的阿尔巴尼亚人进行了非暴力运动，以争取他们的自决权。但是，塞尔维亚当局或国际社会都没有对这种非暴力政策给予鼓励。”[⑤] 因此，在长期处于经济与社会窘迫的背景下，科索沃阿族对高度自治乃至“独立”的诉求逐渐由内部和平抗议转变为持续性政治冲突，并愈发具有激进趋向。

---

① 王鹏、郭鹏:《从科索沃独立看国际法上的分离与干涉》，载《天津市政法管理干部学院学报》2008 年第 2 期，第 69 页。

② 徐刚:《塞尔维亚与科索沃谈判：背景、进程与展望》，载《俄罗斯研究》2013 年第 5 期，第 167 页；左娅:《错综复杂的科索沃问题》，载《东欧中亚研究》1999 年第 3 期，第 60 页。

③ 孔寒冰著:《科索沃危机的历史根源及大国背景》，四川人民出版社 1999 年版，第 72 页。

④ 雷琳:《南斯拉夫社会主义改革失败探源》，载《新疆师范大学学报（哲学社会科学版）》1997 年第 4 期，第 43 页。

⑤ Agon Demjaha, ‘Inter-Ethnic Relations in Kosovo’, *Seeu Review*, Vol. 12, No. 1, 2017, pp. 181-196.

表 10–1：1990 年塞尔维亚共和国境内经济社会发展比较表

	全境	塞尔维亚	伏伊伏丁那	科索沃
CNP（亿美元）	286.7	186.71	83.53	15.83
人均 CNP（美元）	2921.6	3205.86	4150.38	80.57
职工月均工资（美元）	334.83	347.25	348.67	195.42
基础学校（所）	4595	3103	525	967
专门科研机构（个）	140	126	9	5
专业图书馆（个）	530	407	87	36
医生人数（名）	7184	4923	1539	722

（资料来源：资料来源：金挥主编:《东欧中亚列国志》，当代世界出版社 1994 年版，第 370—374 页。）

综上所述，冷战结束前后，占科索沃地区多数人口的阿族意图借机脱离塞尔维亚的控制，不过最终因秘密举行“独立”公投引发内部持续性冲突。需要指出的是，科索沃阿族的“独立”倾向并非仅仅是冷战结束初期特殊国际背景下的产物，还是南斯拉夫联邦共和国内部长期存在民族矛盾与经济社会问题总爆发的集中体现，这也是造成国家逐步解体的重要诱因。

二、1991 年科索沃公投及其后果

（一）公投过程与结果

1990 年 7 月 2 日，科索沃自治省议会的 114 名阿族议员在议会大厦门前散发“宪法宣言”，声称科索沃是“南斯拉夫联邦内平等的独立单位”，这实质上是宣布科索沃要从塞尔维亚共和国分离出来。为控制局势，塞尔维亚共和国议会于 7 月 5 日召开紧急会议，通过了立即生效的解散科索沃自治省议会和政府的法令。根据这项法令，科索沃自治省议会的权力与义务都由塞尔

维亚共和国议会接管，自治省政府的工作由塞尔维亚共和国政府接管，直到自治省新议会和新政府产生时为止，在此期间科索沃自治省议会和政府做出的一切决定均无效。同年9月7日，早已被解散的科索沃自治省议会的114名议员秘密举行会议。除了宣布延长科索沃自治省议会和政府的任期之外，还通过了长达三十一页的“科索沃共和国宪法”，主要内容包括：科索沃共和国是阿尔巴尼亚族和其他民族的民主国家，是南斯拉夫联邦的成员；科索沃的领土是统一的和不可剥夺的，只有根据科索沃共和国议会的决定才能改变它的边界；普里什蒂纳是科索沃共和国的首府，另行规定国旗、国徽、国歌；科索沃共和国实现和保障其独立、主权、领土完整、国际地位以及同其他国家的关系。①

塞尔维亚共和国对其进行了谴责，并立即对所谓“科索沃共和国宪法”作出强烈反应，公开宣布阿族分离主义者通过的这个宪法及其它文件都是不合法的，是旨在破坏塞尔维亚的主权和领土的完整，也威胁着南斯拉夫甚至整个世界的和平与安全。②然而，当时同属南斯拉夫联邦共和国的斯洛文尼亚却指责塞尔维亚对科索沃实行“恐怖统治”，宣布承认“科索沃宪法”。这一内部纠纷导致原本在斯洛文尼亚、克罗地亚与塞尔维亚、黑山等之间的民族纠纷和矛盾更加复杂化。受上述事件影响，南斯拉夫联邦共和国解体加速发展。1991年6月25日，斯洛文尼亚和克罗地亚率先宣布脱离联邦而独立；同年10月15日和11月20日，波斯尼亚和黑塞哥维那与马其顿亦先后宣告独立；1992年4月27日，塞尔维亚和黑山两个共和国宣布联合组成“南斯拉夫联盟共和国”，③由此造成原南斯拉夫联邦分裂为五个独立国家。

1991年6月斯洛文尼亚和克罗地亚脱离南斯拉夫联邦的重大事件促使科索沃阿族领导人迅速改变了态度。随后，科索沃阿族人自称为“科索沃共和国”，其议会于1991年9月22日通过了“科索沃独立与主权决议案”。该决议案要求在9月26—30日由议会秘密组织公民投票，在阿族人占多数的情况下，交付给公民投票就意味着“独立”的通过。为躲避塞尔维亚警方骚扰，此次投票在农村地区是公开进行的，在城市则是在私人家中秘密进行的。毫

① 孔寒冰著:《科索沃危机的历史根源及大国背景》，四川人民出版社1999年版，第94—96页。
② 孔寒冰著:《科索沃危机的历史根源及大国背景》，四川人民出版社1999年版，第96—97页。
③ 徐鹏堂:《南斯拉夫解体的原因及南共盟执政失败的教训（上）》，载《中共党史研究》2009年第2期，第90—93页。

无悬念，科索沃“独立”公投获得了压倒性多数支持。参与投票的有效选民占 87.01%，其中 99.87% 的投票支持“独立”，只有 164 个公民投了反对票，933 票弃权。在所谓民意支持下，科索沃议会宣布科索沃于 1991 年 10 月 19 日“独立”。[①]

对于该公投结果，除阿尔巴尼亚共和国之外，其他国家均不予承认。尽管如此，这一政治行动却是科索沃“独立”进程中的关键一步。为向国际社会展示他们是正在形成的统一的民族国家，科索沃各个阿族政党组成议会，并于 1992 年 5 月 24 日进行所谓总统选举。由于只有鲁戈瓦（Ibrahim Rugova）一个候选人，他代表“科索沃民主联盟”最终以 99.5% 的票数当选科索沃共和国总统，[②] 从而形成了与塞尔维亚设在科索沃的地方政府并行的另一个政权。

（二）公投后的内乱与外国干涉

结合实施自决类公投的基本条件[③]，当时科索沃“独立”公投并不被作为独立主权国家的南斯拉夫联盟共和国所认可，双方陷入持续内乱状态。随着涉及科索沃地位问题的冲突加剧，阿族中间出现了一些更为激进的群体。1996 年，阿族激进势力建立武装暴力反抗组织“科索沃解放军”（Kosovo Liberation Army, 简称 KLA），开始将科索沃民族主义运动引向暴力冲突道路。阿族建立的这一武装部队得到了西方势力支持和资助，特别是通过土耳其走私大批武器弹药进入。[④] 他们主要采取偷袭和制造恐怖活动的方式与南联盟对抗，目的是希望通过这种途径不断地刺激南联盟军队发动进攻，从而为外界的武装干预创造条件。面对科索沃阿族的暴力激进行为，以米洛舍维奇为首的南联盟和塞尔维亚当局采取强硬镇压措施。科索沃局势逐步由阿族公开示威游行发展到政治危机、再发展到内战冲突，体现了塞阿两族历史矛盾的长期积累与激化。

---

① 陈志强著:《科索沃通史》，中国社会科学出版社 2016 年版，第 351—352 页。

② 陈志强著:《科索沃通史》，中国社会科学出版社 2016 年版，第 357 页。

③ 民族自决类公民投票的进行应具备三个条件：一是合法合正当的理由，即该类公民投票仅适用于殖民地、托管地、非自治领地及原本就独立的民族和国家，在涉及国家主权和领土变更等方面所进行的公民投票；二是没有外国干涉、威胁和操纵，当地居民能够自由地表达其真实意志；三是应有一个作为第三者出现的“仲裁者”和“监督者”的国际组织来监督。参见张颖、马海伟编著:《国外四国公民投票通论》，中国政法大学出版社 2015 年版，第 55 页。

④ 陈志强著:《科索沃通史》，中国社会科学出版社 2016 年版，第 372 页。

对此，欧盟和北约因忧虑地区局势动荡而选择主动介入。“民族分离主义只要一发生，就必然带有外部势力干涉的背景，这已经形成了一个固定的模式。”[①] 科索沃能够走向实质“独立”的决定力量是美欧等西方大国对阿族激进势力的纵容。随着“科索沃解放军”与塞尔维亚武装之间冲突的日渐激烈，西方国家调停也逐步由呼吁双方对话转变成放纵科索沃解放军的暴力行为。“既然过去几十年这种矛盾都没能化解，到了双方冲突日趋暴力化之际才去调解，其难度是可想而知，事实上也不可能起到什么作用，相反危机非但没有解决，还进一步激化。”[②] 西方国家是在单纯斡旋难以奏效的情况下，才逐渐考虑以军事干涉的方式维持地区局势安定。

三、2008 年科索沃正式宣布“独立”

科索沃战争结束，塞尔维亚军队按照约定撤出科索沃地区，随即由北约军队进驻维持秩序和战后重建。在落实联合国 1244 号决议过程中，科索沃当局也逐步获得直接管辖权，所实施的一些激进措施造成科索沃未来走向面临变数，而走向“独立”似乎成为最凝聚人心的政治目标。

（一）联合国 1244 号决议与科索沃局势

科索沃战争之后，联合国安理会于 1999 年通过了 1244 号决议——作为解决塞尔维亚和科索沃的问题而制定的专门决议，是重建科索沃法律地位的依据。根据该协议，“联合国科索沃临时行政当局特派团”（United Nations Interim Administration Mission in Kosovo）成立，其首要任务是监督南斯拉夫军队在两日内撤出科索沃，而后由北约领导的科索沃部队进驻，并由“联合国科索沃临时行政当局特派团”实际控制。[③] 联合国 1244 号决议确定了国际机构在科索沃的存在，主要包括促进实现科索沃的高度自治和自我管理等职责。[④] 在西方学者看来，该决议不仅是联合国宪章的直接体现，而且具有充

---

① 刘泓等著:《当代国外民族分离主义与反分裂研究》，中国社会科学出版社 2016 年版，第 210 页。

② 孔寒冰著:《科索沃危机的历史根源及大国背景》，四川人民出版社 1999 年版，第 113 页。

③ 陈志强著:《科索沃通史》，中国社会科学出版社 2016 年版，第 373 页。

④ 联合国安理会第 1244 号决议 , http://www.un.org/chinese/aboutun/prinorgs/sc/ sres/99/ s1244.htm。

当科索沃临时宪政的功能，亦成为科索沃各类临时机构的基础。[①]总体而言，联合国1244号决议明确规定了科索沃地区是塞尔维亚领土的一部分，成立专门的托管制度只是缓和塞尔维亚政府和科索沃矛盾的过渡机构。因此，联合国1244号决议并不允许科索沃可以单方面宣布脱离塞尔维亚成立一个新国家。国际社会负责科索沃过渡时期的行政管理和安全防务，且逐渐将权力移交给科索沃自治机构。

2003年底，联合国高级官员为科索沃制定了一套标准，包括自由、公平、正常的选举活动，自由新闻媒体报道，公正高效的司法系统。同年12月30日，“联合国科索沃临时行政当局特派团”把一些特别责权转交给科索沃地方临时政府，但也保留了一些关键性权力，包括安全、外交和保护少数民族的权利等。随着《科索沃临时自治宪法框架》的颁布和临时自治机构的建立，联合国驻科索沃临时行政使团逐步将更多职权移交给科索沃临时自治机构。但是，在权力逐渐移交过程中，科索沃当局对“独立”的追求却更加迫切。

（二）科索沃宣布“独立”与塞尔维亚的反应

科索沃问题大致经历了“南斯拉夫自治省—联合国托管区—单方宣布独立”的过程。科索沃宣布“独立”之前，联合国、欧美与俄罗斯等协调力量推动科索沃与塞尔维亚之间进行了多轮谈判，但由于双方存在根本性分歧：阿族只求“独立”，塞尔维亚则坚决反对“独立”，只愿意给科索沃广泛的自治地位，许多谈判最后都“无果而终”。随后，在俄罗斯支持下，塞尔维亚反对科索沃“独立”，而有欧美特别是美国作为后盾的科索沃只求“独立”，导致双方长期陷入僵持状态。塞尔维亚包括总统和总理在内的几乎所有领导人均反对科索沃“独立”，塞尔维亚政府提出科索沃地位“高于自治、低于独立”，其实质是“只要科索沃不独立，什么都可以谈”。[②]

科索沃内部的政治环境是影响其与塞尔维亚关系以及是否宣布“独立”的重要变量。2002—2006年，温和派的当政，让原本激烈的冲突有所降温，但2007年的议会选举，强硬派、原“科索沃解放军”领导人哈希姆·萨奇

---

① Michael Ioannidis, *Kosovo's Declaration of Independence and the Creation of a New Legal Order: Can a Revolution Against International Law Be Legal?* EUI Working Paper Law, July 2011.

② 李俊:《科索沃问题的由来影响及启示》，载陈云林主编:《当代国家统一与分裂问题研究》，九州出版社2009年版，第199页。

（Hashim Thaçi）领导的民主党获胜，使得科索沃单方面宣布“独立”的可能性大大增强。[①] 与此相对应，在联合国介入科索沃局势的背景下，塞尔维亚对科索沃实质“独立”前的态度较为和缓，期望基于安理会维护《联合国宪章》、联合国第 1244 号决议和国际法的基本原则，反对科索沃“独立”。可是，科索沃并不满足于现状，反而加快了走向“独立”的步伐。

2008 年 2 月 17 日，科索沃总理哈辛·塔奇（Hashim Thaç）宣布科索沃从塞尔维亚“独立”，并在科索沃议会召开特别会议，由议员投票通过科索沃“独立”的决定，主张按照人民意愿成为“一个独立、有主权和民主的国家”。之后议员还随即投票决定国旗和国徽。国旗和国徽勾勒出科索沃在地图上的轮廓，配以与欧盟旗帜一样的蓝底色，象征欧盟是科索沃的未来，普里什蒂纳被定为首都。2008 年 4 月 9 日，科索沃议会特别会议通过新宪法。根据这部宪法，科索沃为“议会制共和国”，官方语言为阿尔巴尼亚语和塞尔维亚语。

对这一重大事件，塞尔维亚毫无疑问地会反对并认为这是对其主权和领土完整的公然挑衅。当日，塞尔维亚政府警告若有国家承认科索沃“独立”就将立即降低与该国的外交级别。塞尔维亚政府宣称绝不放弃科索沃的主权，准备采取多项制裁措施，但保证绝不使用武力阻止科索沃的“独立”。其后，塞尔维亚通过了一项旨在搁置单方宣言的立法，坚称科索沃仍然是塞尔维亚的一部分，且只同意给予科索沃实质性高度自治，对科索沃单方面宣布“独立”的行为视为非法行径。在塞尔维亚看来，科索沃地位问题的解决，必须回归到联合国的相关决议中去。换言之，必须要坚持科索沃是塞尔维亚不可分割的一部分。故而，面对科索沃宣布“独立”，塞尔维亚代表反复重申“解决科索沃问题必须符合塞尔维亚共和国的法律框架。这意味着该省的所有国家和公共服务，包括维持秩序的机关，均应服从塞尔维亚共和国的宪法和法律。”[②]

① 李俊:《科索沃问题的由来影响及启示》，载陈云林主编:《当代国家统一与分裂问题研究》，九州出版社 2009 年版，第 204 页。

② Niclas Fältsjö, *Kosovo-A Territory with a Right to Self-Determination?* Lund University, 2010, p. 8.

四、国际社会对科索沃“独立”的态度与反应

科索沃单方面宣布“独立”开创了二战以来不经原主权国家同意、不通过联合国、而“独立”后又在短时间内获得许多国家承认的先例。这一行为令国际舆论哗然，但对当时协调科索沃局势的国际力量而言并不意外，各方继续延续相互对峙和不妥协立场，意味着科索沃地位问题尚未彻底解决。

（一）美国快速回应支持“独立”

某种程度上，国际政治是大国博弈的产物，国际社会对同一事物的任何规则在根本上取决于权力主导者的立场，“强食弱肉”的丛林法则在科索沃问题上表现得淋漓尽致。对于科索沃单方宣布“独立”，美国从自身利益出发，不担心由此造成政治、经济上的损失，反倒以胜利姿态率先承认其“独立”。美国一直宣称“科索沃的独立并非树立一种先例”，而是解决地区危机的“一种特例”，并对科索沃的特殊性进行论证。[①] 比如，2014 年 3 月 26 日，时任美国总统奥巴马声称，北约干预科索沃是因为科索沃存在人道主义危机，而科索沃公投从塞尔维亚分离是在国际法允许的范围内，并在联合国的帮助下进行的。[②]

美国之所以选择支持科索沃，主要有以下考量：其一，科索沃“独立”将是世界上除阿尔巴尼亚之外另一个亲美的伊斯兰国家，是美国牵制欧洲和遏制俄罗斯在巴尔干地区影响力的重要支点；其二，“阿族是世俗化的穆斯林，美国希望通过在科索沃建立一个民主政权，来探索他们在阿富汗等地类似做法的可行性”。[③] 如果美国可以将科索沃经验用于解决当时棘手的阿富汗、伊拉克等战后重建问题，那么将会在一定程度上表明伊斯兰世界也可能接纳政治民主化进程；其三，美国在科索沃成立军事基地，意味着美国深度介入巴尔干局势，不仅在很大程度上迫使欧洲继续充当美俄对抗的前线，而且也

---

① Christopher J. Borgen, ‘Kosovo’s Declaration of Independence: Self-Determination, Secession and Recognition’, *American Society of International Law*, February 2008, pp. 4-5.

② 《奥巴马驳斥俄方说法 称科索沃公投符合国际法》，载《潇湘晨报》，2014 年 3 月 28 日。

③ 《专家称科索沃将成俄与西方对抗新窗口》，载《21 世纪经济报道》，2008 年 2 月 18 日。

主导着欧洲安全局势。对于科索沃宣布“独立”，我们应看到美国凭借超强军事力量和政治权力支配世界政治的过程，其一切行为选择的根本出发点均是取决于自身利益。

（二）俄罗斯的回应态度较为暧昧

俄罗斯在科索沃单方面宣布“独立”后，明确表示支持塞方立场，强调科索沃问题的任何解决方案必须得到塞尔维亚同意。俄罗斯反对科索沃“独立”，与美国一样，也是基于自身利益和俄美竞争的需要。保持塞尔维亚的统一，可以抵制欧盟东扩的进程，从而为俄罗斯提供战略上的支撑。不过，俄罗斯在解决科索沃问题上没有紧迫感，因顾忌其国内也存在分离地区，于是更多地从自身利益出发来应对科索沃单方“独立”。2008 年 3 月 8 日，俄罗斯总统普京在会见来访的德国总理默克尔后指出，在国际法的框架内科索沃有获得“独立”的可能；但任何国家要予以承认，事先必须经过有关各方的谈判协商；强调目前科索沃宣布“独立”的做法非常危险，若不加以制止，必将引发严重后果。[①] 不难看出，一定程度上，俄罗斯“不排斥”科索沃“独立”，但反对单方面行为。从长远来看，俄罗斯大幅度调整对科索沃政策的空间极为有限，也很难弱化对塞尔维亚的实质支持。总体上，鉴于科索沃与俄罗斯的关系并未改善，俄罗斯认为科索沃“独立宣言”属于自上而下的精英操弄，并非自下而上民意支持的结果。[②] 相较之下，俄罗斯对塞尔维亚的影响是持续的，二者的密切联系不仅局限于宗教、文化与种族等，而是在政治制度上也存在明显的相似性，这意味着俄罗斯将会长期支持塞尔维亚政府。

（三）欧盟内部对科索沃“独立”存在分歧

欧盟一直希望能够达成内部共识，并以整体面貌有条件地承认科索沃“独立”。可是，欧盟内部却存在很大分歧，英、法、德等国尽管充满忧虑但承认了科索沃“独立”，西班牙、希腊、罗马尼亚等国基于本国的民族分裂势力的存在或历史、宗教方面的考虑直接表示反对。“希腊、罗马尼亚和斯洛伐克拒绝承认科索沃，但它们与普里什蒂纳建立了相对良好的关系。捷克共和

---

① 《普京称俄有可能同意科索沃独立》，载新华网，2008 年 3 月 9 日。

② Ioannis Armakolas et al., ‘State-Building in Post-Independence Kosovo: Policy Challenges and Societal Considerations’, *Kosovo Foundation for Open Society*, 2017, p. 414.

国和波兰承认科索沃，但在过去十年里与科索沃当局的外交来往很少。”塞浦路斯则坚持科索沃地位问题应由联合国通过决议来决定，表示将不会承认一个单方面宣布“独立”的科索沃国家。意大利主张，欧盟应加快通过与塞尔维亚入盟谈判的方式使其不再反对科索沃“独立”。[①]

同时，欧盟希望借助一体化进程彻底解决科索沃“独立”的后遗症，欧洲议会为此通过了关于科索沃欧洲一体化进程和欧盟作用的多项决议，并一再敦促所有尚未承认科索沃“独立”的国家（如希腊、西班牙、罗马尼亚、斯洛伐克和塞浦路斯）这样做，欧盟将“加强对科索沃的共同做法”。[②] 事实上，上述尚未承认科索沃“独立”的国家要么是塞尔维亚的传统盟友，要么是国内存在少数分裂势力，或者两者兼而有之，他们害怕科索沃“独立”可能会开创一个不幸的先例。[③] 比如，斯洛伐克国内有匈牙利少数群体问题，而西班牙则有巴斯克和加泰罗尼亚的“独立”运动问题。除此之外，欧盟也有意借助加入欧盟来迫使塞尔维亚在科索沃“独立”问题上做出实质让步。“欧盟明确表示，塞尔维亚加入欧盟的进展取决于贝尔格莱德与科索沃的关系改善状况。”[④] 相比之下，对塞尔维亚来说，主动权仍在欧盟一方。

五、国际法院对科索沃“独立”的咨询意见及其评析

科索沃单方宣布“独立”没有解决与塞尔维亚之间的复杂关系，也未能加入只有主权国家才能加入的联合国。科索沃并不满足长期处于这一尴尬地位，意图直接向联合国争取合法的“独立”地位。应科索沃当局要求，联合国大会在 2008 年 10 月 8 日通过了 63/3 号决议，要求国际法院提供涉及科索沃宣布“独立”的咨询意见。与此同时，2008 年 10 月 8 日，联合国大会以

---

① James Ker-Lindsay and Ioannis Armakolas, ‘Lack of Engagement: Surveying the Spectrum of EU Member State Policies Towards Kosovo’, *Kosovo Foundation for Open Society - KFOS*, December 2017, pp. 11-12.

② Velina Lilyanova, ‘Serbia and Kosovo: Normalisation of Relations’, *European Parliamentary Research Service*, March 2016.

③ Steven Woehrel, ‘Kosovo: Current Issues and U.S. Policy’, *Congressional Research Service*, May 7, 2013, p. 1.

④ Stefan Lehne, ‘Kosovo and Serbia: Toward a Normal Relationship’, *Carnegie Endowment for International Peace*, March 2012, p. 1.

77 票赞成、6 票反对、74 票弃权的投票结果通过了塞尔维亚提出的、请求国际法院就科索沃单方面宣布"独立"提供咨询意见的决议草案。① 双方胜负难判，但后续发展却远远超出塞尔维亚的预料。

（一）国际法院发布咨询意见的原因

联大决议文将咨询问题明确表述如下："科索沃临时自治机构单方面宣布独立是否符合国际法。"联合国提请国际法院就科索沃事件给予咨询意见，体现了对国际法院的信任，更显示出国际法院在处理国际事务上的权威性和不可替代性。国际法院咨询意见虽然没有强制力，但是却有极大的影响力，它的价值在于为联合国提供参考性建议。

对于科索沃单方面宣布"独立"的管辖权，《联合国宪章》第 14 章专门对国际法院作出规定，第 96 条明确指出"大会或安全理事会对任何法律问题得请国际法院发表咨询意见"。《国际法院规约》第 65 条规定了咨询意见的管辖权问题，该条第 1 款指出："国际法院对于任何法律问题如经任何团体由《联合国宪章》授权而请求，或依照《联合国宪章》而请求时，可以发表咨询意见。"根据上述条款，国际法院认为科索沃独立属于"法律问题"范畴，核心是"独立符不符合国际法"，不关涉背后涉及国内法层面的政治动机要求或政治影响，并认为有权从国际法层面提供所要求的咨询意见。②

国际法院认为接受该咨询决议具有相应法律依据。根据《国际法院规约》第 65 条第 2 款要求"凡向国际法院请求咨询意见之问题，应以申请书送交法院。此项申请书对于咨询意见之问题，应有确切之叙述，并应附送足以释明该问题之一切文件"。③ 根据这一条款，国际法院认为本案中的问题清楚明了、十分具体，仅就"单方面独立宣言是否符合国际法"进行咨询，不涉及诸如独立宣言法律后果、科索沃是否构成国际法意义上的国家、对承认科索沃为独立国家的相关国家具有的法律效果等问题。④

---

① Steven Woehrel, 'Kosovo: Current Issues and U.S. Policy', *Congressional Research Service*, May 7, 2013. p. 3.

② International Court of Justice, Accordance with International Law of the Unilateral Declaration of Independence in Respect of Kosovo, Advisory Opinion, I.C.J. Reports 2010, No. 141, p. 404.

③ Application for Review of Judgment No. 273 of the United Nations Administrative Tribunal, Advisory Opinion, I. C. J. Reports 1982, para. 46, p. 348 .

④ 毛俊响、王历编著:《国际法典型案例评析》，中南大学出版社 2016 年出版，第 21 页。

（二）咨询意见的内容及观点

2010 年 7 月 22 日，国际法院对联大决议求询的问题出具“咨询意见书”，结论是“2008 年 2 月 17 日科索沃单方面发布“独立”宣告没有违反一般国际法，也没有违反安全理事会第 1244（1999）号决议或者《宪法框架》的相关内容，所通过的这一宣言并没有与任何应该适用的国际法规则相违背”。[①]但国际法院对这一独立宣布行为的法律后果、科索沃是否已经具备国际法上的国家资格以及国家承认行为的地位等相关问题，尤其是对于国际法是否赋予属于一个主权国家领土内的实体从该国分离出去的法律权利等内容只字未提。对此，国际法院回应称，据惯例是否禁止独立宣言涉及国家领土主权完整的原则，以及与自决权利范围有关的问题和是否存在“补救性分离”的任何权利等质疑，都超出联合国大会提出该问题的范围，因而有权不予回应。[②]

在论述了自身裁量权的正当性与案件事实之后，国际法院最终结论主要体现在四个层面：其一，国际法并不禁止单方面宣告独立的行为；其二，关于科索沃的“独立”宣告是否可以被视为践行自决权的实践，国际法院回避作出认定；其三，国际法院认定由联合国科索沃特派团通过的《宪法框架》具有国际法效力；其四，科索沃独立并不违反先前安理会通过的 1244 号决议。该决议作为一种临时性安排，不禁止科索沃进行独立宣告。[③]其中第二项关于科索沃独立是否基于自决原则的回避态度，成为该意见书最受争议的一点。此外，国际法院发布该咨询意见书还论证了民族自决权和领土主权问题，认为不少国家的独立都是通过民族自决权取得的，即便对这一情形之外的独立行为，现有的国际法规则中也没有加以禁止的规定。

可见，国际法院认为 1244 号决议没有明确排除科索沃“独立”，科索沃单方面发布“独立”宣告不违背联合国 1244 号决议和临时自治政府宪法框架。国际法院认为联合国 1244 号决议内容有三层用意：其一，授权科索沃地区国际临时管理机构的存在；其二，以人道主义为己任稳定局势和重建基本

---

① Accordance with International Law of the Unilateral Declaration of Independence in Respect of Kosovo, Advisory Opinion, 22 July 2010(Kosoyo, Advisory Opinion), I.C.J. Reports 2010, p. 123.

② International Court of Justice, Accordance with International Law of the Unilateral Declaration of Independence in Respect of Kosovo, Advisory Opinion, I.C.J. Reports 2010, No. 141, pp. 405-406.

③ Accordance with International Law of the Unilateral Declaration of Independence in respect of Kosovo, Advisory Opinion, 22 July 2010(Kosoyo, Advisory Opinion), I.C.J. Reports 2010, p. 403.

公共秩序；其三，临时机构不能理解为科索沃地区永久机构，认为1244号决议仅规定临时机构的设置，并未提及科索沃的最终法律地位以及其实现途径。因此，国际法院认为本案中安全理事会没有对科索沃将来的法律地位进行限定，可以推定其并不反对科索沃单方面宣布“独立”；“独立”宣告没有超出临时自治政府宪法框架文件的授权，“独立宣言”发布主体和程序都符合宪法框架的规定，也不存在违反这些规定的情形。[①]

从强制约束力来说，这份咨询意见不具有“判例”效力，但鉴于国际法院具有国际法“最终解释者”的崇高地位，且是该院第一次受理涉及国家独立问题，因而此意见在民族自决问题上事实形成了类似“判例”的参考。有观点认为国际法院的法官中有九名法官所在的国家承认科索沃“独立”，占到总法官人数的60%，其很可能最终影响咨询意见的走向；也有西方学者认为，“‘单方宣言’是为了推翻联合国安全理事会第1244号决议在科索沃建立的法律秩序，违反了国际法。”[②] 基于这一观点，科索沃单方宣布“独立”不仅违反而且试图取代联合国1244号决议的权威地位，与国际法准则明显不符，意味着国际法院理应反驳科索沃单方发布的“独立”宣告。

（三）咨询意见产生的影响

国际法院就科索沃问题发布的咨询意见虽然没有强制力，但影响力巨大。国际法院对科索沃“独立”宣告不违法的判例在解决世界其他地区的民族问题时，将会对国际法的价值和国际秩序造成严重冲击。因为如果公开承认这些地区“独立”的合法性，很可能会在国际关系中开创武力占领一个主权国家领土后并将其肢解的先例。

尽管国际法院在咨询意见书中指出联合国大会求询的问题是狭窄而具体的，它仅要求国际法院就科索沃宣布“独立”是否符合国际法出具咨询意见，而未对这一“独立”宣告行为的法律后果进行求询。特别是，联合国大会既没有求询科索沃是否已经具备国际法上的国家资格，也没有问及其他承认科索沃“独立”的国家之承认行为的国际法效力及其法律后果。但国际法院就科索沃单方面宣布“独立”所发表的咨询意见，可以说是国际法院公开承认

---

① 毛俊响、王历编著:《国际法典型案例评析》，中南大学出版社2016年出版，第22页。

② Michael Ioannidis, *Kosovo's Declaration of Independence and the Creation of a New Legal Order: Can a Revolution against International Law Be Legal?* EUI Working Paper Law, July 2011.

了国际法不禁止未经母国政府同意的单方面宣布“独立”的行为，这必将刺激存在类似问题国家内部的分离主义运动。2010年9月9日，第64届联合国大会一致通过决议，承认国际法院的咨询意见内容，欢迎欧盟协助推动科索沃与塞尔维亚进行对话。于是，有西方学者认为国际法准则应结合科索沃的特殊情况不断完善，“认可科索沃单方宣布‘独立’是在全球范围内主动澄清，而不是继续掩盖国际法所具有一个合法的、发展的原则”。[①]需要指出的是，国际法院提供的咨询意见只具建议性质，不具备法律约束力，但却为科索沃“独立”提供了法律支持，甚至是道义上的同情。显然，这份咨询意见不出意料地激起了国际社会以及国际法学界的巨大争议，甚至造成国际法院遭遇公信力危机。

六、科索沃“独立”的实质是分离

目前，大多数国家承认科索沃“独立”，但部分国家拒绝承认甚至表示科索沃宣布“独立”违背国际法准则。承认与拒绝承认的立场形成对立阵营，“这一国际争端的核心是，在没有塞尔维亚同意情况下，科索沃是否有权宣布脱离塞尔维亚”。[②]换而言之，科索沃的行为到底是国际法上的“独立”还是国内法上的分离。独立是指原来处于殖民地、附属国、托管地、保护国地位的民族，为争取民族解放，依据自决权原则进行斗争，从而摆脱宗主国的控制后建立新国家；分离是指要求分离的民族或地区从母国脱离出来成立新的国家或与他国合并的行为。科索沃并未实现完全意义上的独立，单方宣布“独立”并没有真正确定其最终地位，而是带来了新的地位问题，即国际法以及母国的承认问题。

（一）负面排除：不属于国际法上的自决行为

国际法上的民族自决权有着深刻的历史背景和严格的适用条件，体现在

① Daniel Fierstein, ‘Kosovo’s Declaration of Independence: an Incident Analysis of Legality, Policy and Future Implications’, *Boston University International Law Journal*, Vol. 26, No. 417, 2008, pp. 418-441.

② Daniel Fierstein, ‘Kosovo’s Declaration of Independence: an Incident Analysis of Legality, Policy and Future Implications’, *Boston University International Law Journal*, Vol. 26, No. 417, 2008, pp. 418-441.

一系列国际法律文件中，例如《联合国宪章》《给予殖民地国家和人民独立宣言》等。具体而言，1960 年《非殖民化宣言》第 2 项宣布，依据民族自决权，“他们自由地决定他们的政治地位”。有学者认为民族自决权主要是指有权“自由决定建立自主独立国家，与某一独立国家自由结合或合并，或采取任何其他政治地位”。[①] 不难看出，民族自决权是跟非殖民化运动联系在一起的，它是指被殖民的民族或地区可以依据自决权来决定他们的政治地位，其可以是独立建国，也可以是与他国合并或结合。自决权有其行使主体资格和适用范围之限制，我们不能将任何的“独立”运动都当成是自决运动，否则就违反了民族自决权的初衷和本意，进而异化成分离运动的保护伞。

在后殖民地时代，民族自决权的适用范围大幅缩限，几乎到了“无用武之地”的地步。西方国家为借助自决权来干涉他国内政提供便利，于是有学者提出了内外自决权的划分，“民族自决不仅存在于民族寻求独立的外部分离权上，也存在于主权国家内部寻求民族的自我发展权上”。[②] 但是，一旦把内部治理的事项也纳入到自决权的范畴，就必定会给民族或地区分离势力提供谋求“独立”的途径。因此，在许多学者看来，自决权内外的划分，不仅没有解决其在后殖民地时代的局限问题，而是制造了更多的政治问题。“内外自决权两分法建立在错误的假定之上（自决包括分离权），混淆了国际法与国内法甚至国内政治的概念，使干涉他国内政合法化，不仅不能挽救反而会断送自决原则的命运。”[③] 更严重的是，冷战结束以后，纷纷兴起的以民族分离、国家分裂为特征的民族分离主义浪潮以民族自决为借口，混淆民族自决权原则的概念内涵、适用范围、运用条件及其与国际社会的人权原则、国家主权原则等问题，对民族自决问题有意或无意地产生误读。“民族分离主义者认为世界上一切民族，不论是殖民地民族，还是国领土之内的民族地区，都适用民族自决权原则，每个民族都可以凭借自己的民族自决权建立自己的民族国家。”[④] 显然，这是对民族自决的严重歪曲。

民族自决权只被授予殖民地、附属国、非自治领以及占领地区，科索沃显然不符合前述条件。“民族自决权并非科索沃‘独立’的国际法依据，民族

---

① 王英津著:《自决理论与公民投票》，九州出版社 2007 年版，第 57 页。

② 毛俊响、王历编著:《国际法典型案例评析》，中南大学出版社 2016 年出版，第 7 页。

③ 白桂梅著:《国际法上的自决》，中国华侨出版社 1999 年版，第 84 页。

④ 刘泓等著:《当代国外民族分离主义与反分裂研究》，中国社会科学出版社 2016 年版，第 202 页。

自决权的法律概念和适用不能延伸至非殖民地独立情形。”[①] 从法理上说，科索沃没有自决权。国际社会和西方学者多用自决权来论证科索沃问题，这主要是由于他们没有厘清国际法意义上的自决权和宪政意义上的自决权的区分所致。后者并不涉及领土变更事项。退一步说，即便是科索沃要行使自决权，那也是应该和塞尔维亚的全体公民一起拥有，而非科索沃单方面可以行使的，因为自决权的行使是“以不损害其他民族的正当权益为前提”[②]。塞尔维亚反对科索沃的举动，正说明了科索沃的行为是既违背国际法也违背国内法。换句话说，塞尔维亚政府没有授予或批准科索沃地方自治政府行使公投以求分离的权利，这个意义上，科索沃单方面宣布“独立”的行为就是非法的，原因就在于其损害了塞尔维亚国内整体利益以及其他民族的利益。可见，科索沃的“独立”行为在本质上是分离，而不是国际法明确支持的自决。

（二）正面界定：属于单方面分离行为

分离的重要前提是分离的地区在分离前是母国的组成部分，分离的结果可能是建立独立国家，也可能并入另一国家。通常而言，分离只可能发生在母国同意的情况下，这种同意可以通过母国宪法的方式规定，或其他的方式规定，或在独立宣告之前或紧接着单方宣告之时作出。“在一般场合，无论政府如何专制和独裁，只要没有实施制度化的种族歧视或者宗教歧视，就不能承认其人民的‘分离权’是合法的。”[③] 母国同意是分离的必要条件，这意味着分离属于国内法而非国际法的管辖范畴。“在国际法中，一个新国家可以从一个现有国家的一部分领土上形成，如果它的建立和其他国家承认发生在母国同意基础上，则是合法的。”[④] 需要指出的是，国际法所谓的合法，不是指对“分离权”的确证，而是指经由协商和建立在母国同意基础上所导致的分离结果的合法。即便如此，分离的条件也是十分严苛的，而且极少有成功案例，“只有在那些有一个地区性强国或超级大国支持分离主义事业的地方，族裔运动才能成功对现存国家进行挑战，并在分离出来的族裔基础上建立新的

① Bing Bing Jia, ‘The Independence of Kosovo: A Unique Case of Secession’, *Chinese Journal of International Law*, Vol. 8, No. 1, 2009, pp. 31-37.

② 刘泓等著:《当代国外民族分离主义与反分裂研究》，中国社会科学出版社 2016 年版，第 202 页。

③ 王英津著:《自决权理论与公民投票》，九州出版社 2007 年版，第 202 页。

④ Chatham House, Kosovo: International Law and Recognition, www.chathamhouse.org.uk, April 22, 2008, p. 3.

民族国家”。[①]

科索沃分离的历史进程表明，单方分离的实质是牺牲一群人的利益来满足另一群人的需要。也就是牺牲塞尔维亚其他人的利益，满足科索沃分离势力的需要。本来，国际社会和国际法应该对这种破坏国家主权与领土完整的行为给予反对甚至制裁，但国际法院的咨询意见并没有对民族自决权问题展开细致讨论，回避了民族自决权概念的模糊性及冷战后争议问题的解决方法，简单地从第二次世界大战后实践推导出科索沃独立基于民族自决权符合国际法规定，将第二次世界大战后反殖民统治的民族独立运动与冷战结束后民族分裂运动混为一谈。[②] 由此可见，国际社会特别是西方国家在对待非西方国家的分离势力及其运动的时候，存在着双重标准。因为国际法规则没有规定分离权，国际社会仅可以对一些不尊重某些少数民族权利的国家施加压力（甚至使用军事手段，但必须遵守联合国宪章的规定），[③] 但这并不意味着就可以肆无忌惮践踏和破坏其他国家的主权及领土完整。

科索沃的行为是单方面分离，而不是独立。分离不同于独立，它与国家主权和领土完整原则等联合国宪章精神存在根本冲突。“国际法不鼓励分离主义，不仅因为国际法是建立在主权国家的基础之上的法律体系，而且因为国际社会如果对分离主义势力让步，只能导致越来越多的战乱和灾难，危害世界和平与稳定。”[④] 也就是说，分离主义及其运动对母国乃至国际社会都是消极的行为，这是国际法和国际主流社会反对分离主义的主要考量。倘若分离行为由消极因素转变为积极导向，那么世界将会掀起新一轮的民族战争。类似于一个民族被整个地包含在现存的一些大国的疆域内，和一个民族的成员所占据的地区与一个以上的国家相邻的情形之族群，都有可能存在着重新划定疆域的诉求，甚至必然演化成分离运动。[⑤]

从结果反推其政治行为也可以看出，科索沃没有获得绝大部分国家的承

---

① ［英］安东尼·D·史密斯著:《全球化时代的民族与民族主义》，龚卫斌、良警宇译，中央编译出版社 2002 年，第 124 页。

② 毛俊响、王历编著:《国际法典型案例评析》，中南大学出版社 2016 年出版，第 24 页。

③ Cristian Jura, ‘Kosovo-History and Actuality’, *AGORA International Journal of Juridical Sciences*, No. 3, 2013, pp. 78-84.

④ 王英津著:《自决权理论与公民投票》，九州出版社 2007 年版，第 186 页。

⑤ ［英］戴维·米勒、韦农·波格丹诺编:《布莱克维尔政治学百科全书》，中国政法大学出版社 1992 年版，第 492 页。

认和尚未加入联合国，是其属于分离而非独立的表征之一。换句话说，在一定程度上并不符合完全独立的法律标准。原因在于：“依据现行国际法，新独立的国家获得国际社会的普遍承认，赢得外交支持，成为国际法主体是确认其国际合法性的重要依据。”[①]而由行使自决权和基于母国同意的新建国家很少会遇到类似问题。在正常的分离行为中，母国的同意显得尤其关键，甚至可以被视为分离地区走向国际社会的必经门槛。单方面分离显然是不符合母国的国家利益的。“在当事国拒绝接受分离的情况下，国际社会一般不会承认分离的事实，联合国也不会接受新独立的政治实体为正式成员国。”[②]这也正是科索沃无法获得完整的独立身份和走向国际社会的症结所在。对此，有西方学者认为“科索沃独立宣言仍是国际法领域的争议性问题。除了孟加拉国之外，在国家实践中没有单方面分裂的先例。也没有任何证据表明，国际法明确支持在母国不同意的基础上建立新国家。对有关国际公约和联合国决议的审查表明，国际法既不承认也不禁止分裂”。[③]

七、科索沃“独立”的后续影响

从发展态势看，科索沃很难再回到 1999 年之前（重新回归塞尔维亚）的状态，也不可能与其他国家（主要是阿尔巴尼亚）合并。截至 2016 年，193 个联合国会员国中有 113 个承认科索沃为主权国家。五个欧盟成员国（罗马尼亚、斯洛伐克、西班牙、希腊和塞浦路斯）仍然拒绝承认科索沃。[④]联合国安全理事会的俄罗斯和中国基于对其分离地区的担忧也拒绝承认科索沃。科索沃分离与联合国宪章尊重主权国家的领土完整原则相违背，引起了国际社会持续关注。在西方势力干涉下，科索沃分离的负面影响将是长期的，甚至会成为其他地区效仿的榜样。

---

① 王铁崖著：《国际法》，法律出版社 1981 年版，第 100—101 页。

② 王英津著：《自决权理论与公民投票》，九州出版社 2007 年版，第 186 页。

③ Bridgette Martin, *Secession and Statehood: The International Legal Status of Kosovo*, A dissertation submitted in partial fulfillment of the degree of Bachelor of Laws (Honours) at the University of Otago, October 2008.

④ Bertelsmann Stiftung, *BTI (Bertelsmann Stiftung's Transformation Index) 2018 Country Report-Kosovo*, Gütersloh: Bertelsmann Stiftung, 2018, p. 37.

（一）科索沃与塞尔维亚很难达成实质和解

当前来说，科索沃由于内部的族群关系以及塞尔维亚的强硬政策，其难以在短时间处理好内部和与塞尔维亚的关系，进而实难获得真正的“独立”。一方面，科索沃内部塞族存在“独立”诉求。科索沃单方宣布“独立”是科索沃占 90% 的阿族想脱离塞尔维亚，而科索沃的塞族则反对“独立”。为避免处于不公正地位，科索沃的不少塞族人期望从科索沃分离出去，或与塞尔维亚共和国合并。“在科索沃的阿尔巴尼亚人和塞尔维亚人之间的种族间关系一直被科索沃和塞尔维亚之间的国家间关系所挟持。”①“在科索沃北部，塞尔维亚族人和阿尔巴尼亚族人仍在斗争，甚至在边界问题诉诸暴力手段，也几乎没有迹象主动缓和各自立场。”② 对于科索沃北部进一步分裂的潜在可能，西方学者认为“科索沃少数人的权利必须得到保护，要建立民主施政和机构来维持种族多样性，而不是用种族隔离或领土分割等极端方式造成新的分裂”。③ 另一方面，塞尔维亚与科索沃的敌对状态将会长期存在。“只有全面改善科索沃和塞尔维亚之间的关系，才能有助于全面缓和科索沃境内阿尔巴尼亚人与塞族人之间的种族间关系。”④ 实际上，科索沃单方“独立”造成与母国塞尔维亚之间长期处于僵持状态，双方很难在欧盟框架下实现和解。特别是科索沃的单方面分离所造成的国家领土和主权的实质性分裂，已让塞尔维亚对此耿耿于怀，长期得不到释然，尽管“由于塞尔维亚将融入欧洲作为既定战略，既无意与以美国为首的西方国家彻底闹翻，也无力为捍卫国家主权而举国一战”。⑤ 但这并不表示塞尔维亚就会俯首称臣。总之，科索沃“独立”的主要原因是阿族与塞族之间由来已久的民族矛盾、宗教矛盾和历史恩怨。这些矛盾与恩怨经过长期的演变只会进一步深化和加剧，即便科索沃“独立”也很难缓和二者根深蒂固的分歧。

---

① Agon Demjaha, ‘Inter-Ethnic Relations in Kosovo’, *Seeu Review*, 2017, pp. 181-196.

② Lars Burema, ‘Reconciliation in Kosovo: A Few Steps Taken, a Long Road Ahead’, *Journal on Ethnopolitics and Minority Issues in Europe*, Vol. 11, No. 4, 2012, pp. 7-27.

③ Mossa Hussen Negash, ‘Ethnic Identity and Conflicts: Lessons from the Kosovo Crisis’, *Alternatives Turkish Journal of International Relations*, Vol. 12, No. 1, 2013, p. 303-318.

④ Agon Demjaha, ‘*Inter-Ethnic Relations in Kosovo*’, *Seeu Review*, Vol. 12, No. 1, 2016, pp. 181-196.

⑤ 李俊:《科索沃问题的由来影响及启示》，载陈云林主编:《当代国家统一与分裂问题研究》，九州出版社 2009 年版，第 206 页。

（二）科索沃分离后的治理问题依旧突出

目前科索沃已获部分国家或地区的正式承认，其中一些国家已在该地区设立大使馆。但是，科索沃分离并未带来内部安定发展和经济社会繁荣，反而存在相当明显的治理困境，也远未实现“独立”的政治初衷。“科索沃面临着艰巨挑战，除了争取国际承认外，还要解决境内少数民族的地位问题；该国司法与执法体制不完善，造成政府腐败极为严重，组织性犯罪活动接二连三；相当数量的科索沃人生活贫穷，2012 年的失业率超过 40%，其中青年失业率接近 70%，大约有 80% 的失业者没有工作一年以上。”[①] 甚至有报告指出“科索沃是世界上最贫穷的国家之一，2014 年的失业率高达 36%”。[②] 不难发现，分离不必然会带来社会的稳定和经济的繁荣，反倒是因为内外部因素的制约，让既有的社会环境和生活条件每况愈下。究其根由，导致科索沃治理难题主要是：一方面，与塞尔维亚关系的僵持使得科索沃在分离之后很难有一个相对和平与稳定的环境进行内部治理。政治上的分歧甚至军事上的冲突都有可能阻断重建进程。更重要的是，没有母国的承认，科索沃难以在国际上立足，也就很难获得更多的国际援助；另一方面，尽管科索沃分离背后有西方大国例如美国、欧盟等身影，但由于科索沃的“独立”问题具有很大的争议性，国际上尚未形成一致意见，不但延宕了科索沃获得完全独立的国家身份，而且也延缓了科索沃融入诸如欧盟等国际组织的进度，没有足够的外部支援，仅靠内部本就积弱的能力，其治理绩效可想而知。从科索沃案例中，我们可以再次发现，分离不是解决民族、地区乃至宗教问题的万灵药丹，如果没有母国同意以及没有基本的经济实力和治理能力，分离的后果无疑会让原本的问题雪上加霜，同时还会催生层出不穷的新问题。

（三）外部力量继续干预科索沃局势

受制于历史民族恩怨和地缘政治，塞尔维亚和科索沃虽然是当事方，但最终决定权却是美欧俄三方。在三者的博弈下，科索沃单方面宣布“独立”，不仅侵犯了塞尔维亚的利益，而且也激化了美欧俄之间的矛盾。从现今局势

---

① Steven Woehrel, ‘Kosovo: Current Issues and U.S. Policy’, *Congressional Research Service*, May 7, 2013, pp. 7-8.

② Bertelsmann Stiftung, *BTI*（*Bertelsmann Stiftung's Transformation Index*）*2018 Country Report-Kosovo*, Gütersloh: Bertelsmann Stiftung, 2018, p. 29.

看，欧美俄为首的国际社会在科索沃问题立场上的两极分化，短期内难向单极的一致化演进。众所周知，美欧在科索沃有着重要的战略利益，是西方势力和欧盟东扩的前哨站。只要维持科索沃的某种独立性，美欧就可以遏制俄罗斯的西扩计划。不夸张地说，科索沃的分离是美欧大国一手炮制的结果，是他们既定战术中的重要一步，往后势必会加强和深化干涉科索沃局势的力度，除了提供经济援助外，还会强化政治上和军事上的合作，以维护既得利益。相对地，随着俄罗斯国力与军力的全面恢复，重返中东和巴尔干半岛的意图不言而喻，其有意在协调当前科索沃与塞尔维亚紧张关系上获取更大发言权。而同时，塞尔维亚方面似乎也欢迎俄罗斯力量的介入。不难预见，鉴于近年在叙利亚以及克里米亚地区的强势表现，俄罗斯面对科索沃特种部队的主动出击，很可能会彻底改变 1999 年科索沃战争期间的退缩状态，甚至趁机协助塞尔维亚绝地反击。对于科索沃和塞尔维亚积极争取加入欧盟的政治努力，欧盟不是无条件接受仍然处于尴尬地位的科索沃，“除了加强法治，科索沃可以正式申请加入欧盟的关键是改善与塞尔维亚的关系，这是必须达到的要求。”[①] 自 2011 年以来，欧盟的调解就力求在塞尔维亚与科索沃之间进行对话并在过去冲突和未来愿望之间取得平衡。尽管科索沃在 2012 年结束了其“监督独立”的时期，组建起相对独立的政治框架，意味着西方国家的监督使命已经完成。不过，对于孱弱的科索沃来说，没有国际社会尤其是美欧大国的干预，就好比没有了主心骨和定心丸，其很难稳定住内外部局势。而科索沃与塞尔维亚在边境问题上始终无法达成共识，导致二者加入欧盟仍遥遥无期，也为欧盟等外部势力的持续介入提供了机会。

八、结语

科索沃的事实独立是国内因素和国际因素共同交织的结果，但这并不能改变其在本质上的分离性质。现阶段科索沃问题仍处于各方势力的争夺状态，其最根本原因是母国塞尔维亚无力应对内部分离活动，导致美欧俄等外

① Bertelsmann Stiftung, *BTI (Bertelsmann Stiftung's Transformation Index) 2018 Country Report-Kosovo*, Gütersloh: Bertelsmann Stiftung, 2018, p. 3.

部势力持续介入并操纵巴尔干局势的走向。对我国而言，应以谨慎态度对待科索沃与塞尔维亚的复杂关系，在国际场合也应大力支持塞尔维亚和科索沃通过政治对话化解分歧。同时，必须警惕的是，岛内“台独”势力无视科索沃“独立”缺乏国际法和国内法支撑的双重缺陷，反倒以极大兴趣关注科索沃“独立”进程，其旨在通过援引和借鉴科索沃“独立”公投的某些经验，为“台独”公投寻找案例依据。

但是，台湾问题和科索沃问题的性质不同，我们对此必须予以澄清。其一，科索沃问题是由于内部严重的族群冲突所致，其单方面分离是大国干预的结果，而台湾问题是中国内战的延续，两岸之间不存在族群、宗教等根本性对峙；其二，塞尔维亚和科索沃在体量和实力上的差距没有像两岸之间那么巨大，科索沃之所以能够单方面宣布“独立”，是看到了塞尔维亚的实力不支以及俄罗斯在该问题上的举棋不定，及其背后欧美大国的暗中支持；而大陆无论是经济方面还是军事方面，都对台湾有压倒性的优势，即便是台湾想拉美国当靠山，但中美的力量对比也不会像美俄之间或美塞之间那么悬殊。中国完全有坚强的决心、充足的信心捍卫国家领土和主权的完整；其三，科索沃问题在某种程度上演化成了区域性国际问题，但台湾问题是我国的内政问题，故也就没有理由将台湾问题诉诸联合国甚或国际法院来裁决。在这一意义上说，“台独”势力试图借助国际组织为自己的分离活动作政治算计，必定是徒劳的。

除此之外，我们应该看到，科索沃问题由危机走向战争，再演变为单方面宣布“独立”，在事实上与科索沃内部的激进主义势力密切相关。于此之故，我们应在一中原则前提下避免岛内“台独”激进势力刻意制造两岸冲突，甚至防范其在美国支持下以武力抗拒统一。为避免台湾问题最终走向对抗化、激进化甚至暴力化，我们应注意汲取科索沃分离过程中的惨重教训，并有意识地增进两岸融合发展，以培植“两岸一家亲”“命运共同体”的政治意识。

第十一章　魁北克公民投票

迄今为止，加拿大已经就魁北克分离问题举行过两次分离公投。第一次是在 1980 年 3 月，魁北克省议会经过激烈辩论，通过了一项在全省举行关于是否要同联邦政府谈判分离问题的公民投票的决议，同年 5 月 20 日第一次分离公投如期举行，结果以近乎 6 比 4 的投票结果否决了分离议案，从而避过了一次可能导致加拿大分裂的危机。此次分离公投受到加拿大举国民众的高度关注，被认为是 20 世纪 80 年代加拿大国家政治生活中的重大事件。第二次是在 1995 年 10 月 30 日，魁北克就其分离问题举行又一次公民投票，最后结果是，反对分离的联邦主义者以 50.6% 的微弱多数获胜。虽然两次分离公投均因未达到法定票数而遭到否决，但魁北克分离势力却发誓要继续为分离建国而斗争。

一、魁北克问题的由来及演化

魁北克省（Quebec）位于加拿大东部，东临哈德逊湾，南接美国，总面积约为 166.7 万平方公里，是加拿大面积最大的省；人口约 823 万，占全国总人口的近四分之一，其中 80% 的人口为法国人后裔；以法语为第一语言，11% 的人讲英语，另有 6% 的人讲英语和法语以外的其他语言。

欧洲人到来以前，加拿大一直处于原始社会状态。17世纪初，法国人沿圣劳伦斯河、五大湖及密西西比河建立起一些殖民点，并开始进行一些以毛皮贸易为主的经济活动。1608年，法国人尚普兰建立魁北克城。1663年，魁北克成为北美法属殖民地新法兰西的首府。此后150年间，约有10000名法国人移民至此，他们的生产、繁衍，推动了当地殖民地的发展。从1756年至1763年，英法爆发长达七年的战争，法国惨败后被迫于1763年和英国签署了“巴黎和约”，把其在北美除两个岛屿以外的所有殖民地都割让给英国。随后英国设立了“魁北克省”。同年，英属加拿大正式建立。英国政府在加拿大推行“英国化”政策，于1763年10月颁布了“王室诏谕”，禁止殖民地人民向西部移民，并在新殖民地迅速召集议会，建立传统的英国代议制政府。然而，这种同化政策在新殖民地的主要省份——魁北克省遭遇到强烈抵制。1867年，包括魁北克在内的加拿大从英国统治下获得独立。加拿大独立后，占魁北克人口80%以上的法裔居民认为其特有的法语文化及特殊利益未得到重视和照顾，而加拿大其他九省却拒绝给予魁北克省以“特殊地位”，于是一些魁北克法裔开始了“争取最大权益”的运动，民族主义情绪一发不可收拾，并逐步演化为“争取独立”的分离主义倾向。[①] 从历史上看，魁北克省内始终存在着法、英两大族裔居民之间的矛盾，他们的分歧不仅存在于政治、经济领域，而且渗透到教育、文化等领域。1837年，曾爆发过以路易·约瑟夫·帕皮诺领导的法裔民众起义。

不过，真正有组织、有纲领的魁北克“独立”[②] 运动发生在二战以后，尤其20世纪五六十年代。魁北克省的法裔居民加强了与法国的联系和交流。1967年法国总统戴高乐访问魁北克，在蒙特利尔群众集会上高呼“自由的魁北克万岁”，公开支持魁北克法裔民族主义运动，这在很大程度上鼓励了魁北克的分离主义情绪。同年，勒内·勒维克脱离自由党发起“主权—联系”运动，次年改为“魁北克人党”。该党在省内知识分子中间有较大影响，其政纲中明确规定了要“获得魁北克的政治主权”[③]。1976年11月，以争取“独

① 陈云林主编:《当代国家统一与分裂问题研究》，九州出版社2009年版，第256页。

② 按照关于“独立”“分离”和“分立”相区分的理论，人们通常所说的魁北克“独立”问题，其实是“分离”问题，因为“独立”通常特指包括殖民地在内的非自治领、托管地及其附属领土实现自主。所谓的“魁北克独立”，严格说来是一个不科学的概念。但鉴于学术界的习惯用法，本章在某些分析之处，继续沿用这一表述，但加上了双引号，以示其特殊意涵。

③ 孙兰芝:《魁北克问题的由来和发展》，载《世界经济与政治》1996年第3期，第25—26页。

立”为纲领的魁北克人党首次在该省选举中获胜，这极大鼓舞了魁北克民众分离建国的士气，自此分离呼声进一步高涨。至于如何实现分离，魁北克省经过多方论证和研判后认为，公民投票是魁北克实现分离独立的最佳方式和选择。[①]

对于魁北克分离主义，加拿大联邦政府历来坚决反对，认为一旦失去魁北克省，其大西洋沿岸的各省与其他省份的交通往来、市场联系以及政令统一都会受到损害。1980 年 5 月 20 日，魁北克省单方面强行举行了首次公投，就“主权—联系”（即魁北克要成为一个政治上拥有主权、经济上与加拿大维持共同市场联系的国家）纲领进行表决，该议案以 59.56% 的反对票表决结果被否决。

然而，事情的发展并未就此结束。在 1981 年 4 月魁北克省议会选举中，魁北克人党再次获胜，这进一步增加了魁北克人党的信心。进入 20 世纪 90 年代，两度修宪的失败使得魁北克未能获得“特殊社会”地位及其相应权利，这给魁北克分离主义膨胀提供了由头。另外，此时恰逢苏联解体及东欧国家政权易帜，这也极大地刺激了魁北克分离势力，他们意识到，让联邦政府接受自己的“要价”已不太可能，唯一的出路只有分离建国。1995 年 10 月 31 日，魁北克省就该省分离问题进行公民投票，结果显示，维护统一的占 50.6%，支持“独立”的占 49.4%，联邦派以微弱多数险胜分离派，魁北克分离势力再次败北。

1995 年公投之后，魁北克分离主义进入下滑轨道，先是魁北克人党主动搁置其分离主义诉求，后来魁北克人党及其分离主义主张一同被魁北克选民所抛弃。2007 年 3 月魁北克省议会选举中，魁北克人党严重受挫，席位从上届议会的 45 席降到 36 席，不仅没有夺回失去的政权，反而跌至第二反对党的位置。[②] 至此，魁北克分离势力及其影响跌入低谷。

加拿大联邦政府对待魁北克问题向来谨慎，并采取了一些特殊政策。譬如，1987 年时任总理马尔罗尼同意与魁北克人签订《米契湖协议》，其要点

---

① 这个策略选择显然是有考虑的。首先，公民投票的结果更容易被联邦政府和加拿大其他地区所接受；其次，用公民投票方式来确定主权独立可以把选择国家与选择政府这两个问题分离开来，这样就增大了魁北克人党赢得政权的可能性。参见 Dodge, William J., ‘Succeeding the Seceding?: Internationalizing the Quebec Secession Reference under NAFTA’, *Texas International Law Journal*, Vol. 34, No. 2, 1999, p. 287.

② 杨恕著:《世界分裂主义论》，时事出版社 2008 年版，第 176 页。

主要有：[1] 其一，加拿大政府承认魁北克为一个独特的社会，魁北克省政府有权保持及促进魁北克的认同；其二，魁北克在国家最高法院的九席法官中，应占有三分之一，即三席的名额，其余六席则由另外九省来分配；其三，魁北克有宪法修正案的否决权，此权也将扩展到全国各省；其四，联邦政府应从各省推荐的名单中任命上议院议员；其五，联邦政府应对不参加联邦福利制度的省份给予财政上的补偿，资助其各自的方案；其六，各省有权制定有关移民的法案。《米契湖协议》最先被八个省议会及众议院通过，但它必须在1990年6月23日前被其他两个省议会通过方能有效，但最终该协议未能在规定的三年内获得全部十个省议会的批准，故在1990年6月夭折。[2]

《米契湖协议》流产后，“魁北克集团”（Bloc Quebecois，简称BQ）作为一个新的政党而产生，并继续为魁北克的主权奋战。该党负责人意识到魁北克问题可能成为其与加拿大联邦关系的引爆点，为避免夜长梦多，再度抛出宪法修正案，并于1992年提出《夏洛特协议》，该协议保留《米契湖协议》的主要内容，并承认原住民族的自治权利。然而，此项协议的公投结果仍是未获通过，赞成者只有44.8%，反对者有54.2%，即使在魁北克省，赞成者竟然也只有40.2%，反对者高达55.4%。[3]

魁北克分离主义的产生有其深厚的历史、文化、语言、宗教背景。长期以来，加拿大联邦和魁北克因受不同历史文化的影响，二者对联邦主义持有不同的认知。加拿大联邦认为应实行“对称联邦主义”，所有省份和公民一律平等；但魁北克认为应实行“不对称联邦主义”，特别是要求加拿大宪法正式承认魁北克的民族地位或构成独特社会，给予魁北克在保护和发展法语文化方面所需的特定权力。除此之外，不同的平等自由观也是双方分歧产生的重要原因。加拿大联邦受英国文化传统的影响，坚持个人主义和自由主义，主张个人自由先于集体；而魁北克受法国文化传统的影响，过分注重集体主义，强调社会的集体面向，认为个人尊严和社群认同紧密关联，故主张在联邦内保持其独特地位。这是造成魁北克分离主义的深层根源。

---

① 戴正德：《国家构建与国族认同：加拿大经验的反思》，载台湾《新世纪智库论坛》第44期，2008年12月，第86—87页。

② 孙兰芝：《魁北克问题的由来和发展》，载《世界经济与政治》1996年第3期，第26页。

③ 纪舜杰：《魁北克主权公投之发展与意涵》，载陈隆志、陈文贤主编：《国际重要公民投票案例解析》，台湾财团法人台湾新世纪文教基金会、台湾联合国研究中心2010年版，第275—276页。

二、加拿大因应魁北克分离公投的措施

魁北克分离势力发动分离公投，对加拿大的国家主权和领土完整构成了严峻挑战。面对国家被分裂的危险，加拿大联邦政府果断采取了一系列法律手段，其中最为重要的有以下两个方面：

（一）向加拿大最高法院申请咨询[①]

1. 咨询问题与裁决意见

联邦宪法并未明文规定联邦内的一个省份或一个地区从加拿大分离出去的具体程序[②]，因此面对关于魁北克分离公投有可能获胜的现实，加拿大联邦政府于 1996 年 9 月通过 ORDER IN COUNCIL P.C. 的方式向加拿大联邦最高法院提出咨询申请。在咨询中加拿大联邦政府提出了下列三个问题[③]：

（1）依据加拿大宪法，魁北克国民大会、立法机构和魁北克政府单方面地使自己从加拿大分离出去是否可以有效？

（2）国际法是否赋予魁北克国民大会、立法机构和魁北克政府可以单方面地使自己从加拿大分离出去成为有效的权利？在这方面，国际法是否存在自决权？

（3）在关于魁北克国民大会、立法机构和魁北克政府可以单方面地使从加拿大分离出去成为有效的权利问题上，如果国际法与加拿大国内法发生冲突，那么何者优先？

基于英美法系国家司法解释的严肃性，加拿大最高法院组织了世界著名的宪法和国际法专家，对上述问题进行了深入研究和缜密分析之后，于 1998 年 8 月 20 日分别就上述三个问题提供了咨询意见。这份咨询意见，就

---

① 余民才主编：《国际法专论》，中信出版社 2003 年版，第 56—57 页。

② 事实上，世界上很少有联邦制国家的宪法明确规定内部的一个成员从联邦分离出去的程序；相反，许多联邦制国家的宪法却是明文禁止内部的成员从联邦分离出去。据有关专家的研究结果表明：只有埃塞俄比亚最新的一部宪法和位于安德列斯群岛的人口仅有 4 万人的圣基茨和尼维斯群岛的宪法规定了内部成员脱离联邦的程序。

③ Statement by Allan Rock, Minister of Justice and Attorney General of Canada, September 26, 1996, http: // www. uni. ca /library/ rock-state. html.

是著名的《魁北克脱离联邦咨询意见裁定书》(Reference Re Secession of Quebec)。[①]

针对问题(1),法院指出,支持魁北克人享有分离权的人将这种权利建立在民主原则之上,但是民主并非仅仅意味着简单多数规则。加拿大联邦建立131年来各省和各领地的人民在包括联邦主义、民主、宪政、法治和尊重少数者在内的共同分享的价值之上构建了相互依赖的(经济、社会、政治和文化上的)密切联系。魁北克人同意分离的民主决定将会使这些关系陷入危机。因此,某个省"根据宪法"而分离不能单方面奏效,这就是说,不能不在现行宪法的框架内与联邦的其他参与者进行谈判。

针对问题(2),法院指出,支持魁北克人在国际法上享有自决权并因此而享有分离权的人认为自决权属于"所有人民"。但是,尽管魁北克人具有一个人民应有的诸多特征,这里没有必要确定魁北克是否构成一个人民的问题。因为国际法上享有自决权的是特定的人民,而魁北克人不属于这样的人民。根据国际法上的人民自决原则,只有下列人民享有自决权:一是在殖民统治下的人民;二是在外国占领、统治或剥削下的人民;三是构成某国家之一部分但其自决权的行使被完全拒绝的人民。其他情况下,人民的自决必须在一个国家框架内取得。法院认为,一个政府代表居住于其领土范围内整个或各种人民的国家,在平等和不歧视原则的基础上在国内安排中尊重自决原则,有权根据国际法维护其领土完整并使其领土完整得到其他国家的承认。魁北克人既不是殖民地人民或其他被压迫民族,也没有被否定其有效参与政府以谋求其政治、经济、社会和文化发展的权利。在这种情况下,魁北克国民大会、立法机构和魁北克政府并不在国际法上享有单方面地使自己从加拿大脱离出去成为有效的权利。另外,法院进一步指出,虽然加拿大宪法和国际法上都没有单方面分离的权利,但这并不排除在事实上存在着非宪法性宣告分离的可能性,这种事实上的分离最终能否成功将取决于国际社会的承认。国际社会将可能考虑魁北克和加拿大的行为的合法性和正当性以及其他事实,以便决定是否给予承认。但是,即便给予承认,承认的行为并不具有使分离

① 有关加拿大最高法院的法律解释,具体请参见 http://www.lexum.umontreal.ca/csc-scc/en/pub/1998/vol2/html/1998scr20217.html。

行为在加拿大宪法或国际法上合法化的追溯力。[①]

针对问题（3），法院的意见很简单：从上述对第一个和第二个问题的回答可以看出，加拿大国内法与国际法在与该咨询意见的相关方面并没有发生冲突。

2. 对最高法院咨询意见的评析

第一，联邦政府请求最高法院针对分离公投问题做出一个最终裁决意见，旨在通过法律手段质疑魁北克分离程序的合法性，进而否定其分离势力的要求。联邦政府寻求最高法院的裁定咨询意见的理由是在魁北克可能发生的分离将改变加拿大宪法所规定的国家主权和领土范围，同时现行宪法中没有清楚的相应条款和宪法实践中又没有可遵循的先例对这种情况做出法律定义，所以联邦政府必须向最高法院寻求权威的法律解释。[②]需要特别注意的是，最高法院在答复申请时所采取的方式：它没有直接给出一个文字上的分析，而是用三分之一的篇幅论述了联邦宪法的四项基本原则，在此基础上论证了魁北克省单方面从加拿大联邦分离虽然符合民主程序，但与另外三项基本原则相违背，其实是间接地指出了单方面分离的违宪性。这份咨询意见极具政治智慧，它一方面肯定了魁北克人民享有表达其不愿继续留在加拿大的自由，另一方面也否定了未与联邦政府及其他省份举行修宪谈判的单方面分离。魁北克若想实现分离成功，必须要完成同联邦政府及其他省份的修宪谈判、商讨分离之后的相关事宜。[③]

第二，最高法院的咨询意见是今后在法律上解决魁北克问题的重要法律依据。该咨询意见中至少有下述几点与目前探讨的问题有直接联系：其一，自决权属于所有人民，但分离权仅属于特定人民。其二，一个主权国家内部的部分人民只有在其自决权的行使被完全拒绝的情况下才可以享有分离权，否则只能在主权国家的框架内行使自治权。其三，通过非宪法程序取得分离的成功与否取决于国际社会的承认。国际社会即使承认事实上的分离，承认

① 参见剑桥大学著名国际法专家 James Crawford（1997）受加拿大司法部所要求而提交的报告："State Practice and International Law in Relation to Unilateral Secession"。转引自余民才主编：《国际法专论》，中信出版社 2003 年版，第 57 页。

② 朱毓朝：《魁北克分离主义的挑战与近年来加拿大联邦政府在法律和政策上的应对》，载《世界民族》2007 年第 4 期，第 21—22 页。

③ 李元起、杜思雨：《法律是维护国家统一的有效手段——以加拿大联邦遏制魁北克省独立为例的法理分析》，载《学习与探索》2011 年第 6 期，第 108 页。

行为也不能使分离行为本身合法化。其四，1998 年最高法院的咨询意见认为，无论加拿大宪法，还是国际法都不允许魁北克在未经谈判、未获联邦政府同意的情况下单方面地宣布独立。魁北克要实现分离成功，必须得到联邦政府和其他省份的认可。很显然，这一咨询意见这在事实上取消了魁北克分离成功的可能性。①

第三，从其自身的法律效力来看，作为加拿大国内法院的咨询意见，仅仅属于加拿大国内法的范畴，无论它是什么内容，它只能对加拿大国家内部产生法律效力，而对其他国家没有任何法律拘束力。但是，从国际法的角度来看，该咨询意见作为国内法院的判例，在今后形成国际法上与自决原则相关的国际习惯法规则方面，也可能会产生或大或小的影响，但它将来不足以发展成为国际习惯法的一部分，因为联邦法院所发表的咨询意见，是基于加拿大的民主传统、人权理念、结构形式等特殊的政治国情和复杂的民族状况，并针对特定的魁北克问题而作出的。这种咨询意见具有很强的针对性，属于特殊情形。我们不能把加拿大国内法院的咨询意见当成国际法院所作的“咨询意见”。倘若如此，就犯了混淆国际法和国内法界限的错误。

第四，最高法院的咨询意见贯穿着以退为进的策略。最高法院的咨询意见中认为，联邦宪法虽然没有关于魁北克是否具有从加拿大联邦脱离出去的权利的相关规定，但是根据宪政基本原则，魁北克无论依据国内法或国际法均没有单方面脱离加拿大联邦的权利。这是因为，加拿大联邦是众多省份组成的一个共同体，魁北克单方面分离会侵犯加拿大其他省份的民主权利。同时最高法院又指出，依据加拿大宪法四项原则：联邦制度、民主制度、宪政法治、保护少数，联邦政府与其他各省应予尊重魁北克民众运用民主权利、通过合法的民主程序来表达有关魁北克前途，在魁北克公投以后，其他省份和联邦政府负有和魁北克进行修宪谈判的义务，宪法修改属于政治问题，不属于司法裁判问题。需要指出的是，最高法院的咨询意见虽然带有妥协色彩，肯定了魁北克享有表达其不愿继续留在加拿大的自由和权利，但更重要的是，联邦法院的咨询意见给予了联邦政府在宪法和国际法基础上拒绝魁北克单方面分离行为的法律支持，二者不能等量齐观。

第五，咨询意见中的某些观点值得进一步商榷。该咨询意见认为，一个

① 余民才主编:《国际法专论》，中信出版社 2003 年版，第 56—57 页。

主权国家内部的部分人民只有在行使其自决权被完全拒绝的情况下才可以享有分离权，否则只能在主权国家的框架内行使自决权。这个表述意见表明，一方面，该咨询意见基本上是将“一个主权国家一部分的人民享有分离权”作为肯定性的“共识”或“定论”来运用的。事实上，一个国家内部的一部分人民是否享有分离权的问题，是一个主权国家的内政问题，国际法在这个问题上的态度是：不承认分离权，也不禁止主权国家赋予其人民分离权。但从政治实践来看，国内法一般也不支持分离权。另一方面，这个表述是以所谓的“内部自决”和“外部自决”的划分为基础的。例如，咨询意见中所说的“在主权国家框架内行使的自决”实则为“内部自决”。至于“内部自决”的概念也仅仅是一种学术观点，并且这种观点在学术界也存有争议，而不是现行国际法上的观点。但在咨询意见中却把这些富有争议的概念和理论作为它分析问题的肯定性前提。这是我们所不赞同的。

（二）加拿大议会通过《清晰法案》

联邦政府除了向最高法院请求有关魁北克分离问题的司法解释以外，还积极推动通过议会立法来应对可能发生的分离诉求，以便从法律上限制将来魁北克分离主义者可能的任意行为。

1.《清晰法案》的出台及内容

魁北克分离问题直接关系到加拿大的现行宪法，而该国宪法中并没有关于分离的具体条款，这就使联邦议会在处理分离问题时承担着巨大的法律责任，必须通过立法以对分离问题做出清楚的规范。为此，加拿大联邦议会于2000年3月以立法形式为其整体政策做了一个总结，即颁布《清晰法案》。

该法案明确强调，虽然最高法院根据联邦政府的要求做出了法律解释，但加联邦议会仍然是决定相关政策唯一合法的国家政治机构。该法案规定，今后魁北克倘若再就分离问题举行公民投票，须先得到联邦政府的批准才能生效。该法案规定了主权国家的一部分可以依法和平分离的详细程序，这在世界各国中是绝无仅有的（尽管有少数国家在宪法上规定了脱离联邦的条款）。该法案从法律角度对一省分离问题作出了程序上的规定和限制，主要包括以下三个方面：

第一，加拿大任何一省的分离公投的结果必须在公投主题的提出和获取支持方面毫无疑义。倘若一个省要进行分离公投，在文字上必须清晰表明分离意图，不能用含糊的文字来降低人民对分离后果的认识。因此，一个寻求分离的省份首先应将从联邦整体分离出去的公投议案提交给联邦议会的众议院进行讨论和评判，由众议院确定该问题是否足够“明确”；倘若众议院认为公投的主题不明确，则不能进行公投，强行公投的结果将不被联邦政府所接受。

第二，任何一省的分离公投的赞成人数必须达到“明确多数”，并由联邦议会的众议院来决定这一“明确多数”的标准。假如众议院认为公投主题明确，并且公投结果也以多数票通过（在计票问题上简单多数不行，必须是绝对多数才能有效），则众议院须根据赞成票的比例、选民的投票率和其他“众议院认为应该考虑的因素或情况”来确定该地区居民中是否有“明确多数”表示愿意脱离加拿大联邦。

第三，一省的合法分离需要修改宪法，而这样一个修改必须要启动包括联邦政府在内及各省共同参加的谈判。具体而言，就是在众议院认定了“明确多数”之后，分离之省须与联邦政府及其他各省进行宪法层面的协商，讨论修改联邦宪法，并讨论资产和负债的分割、边境的确定、土著居民权益、少数族裔的权益等问题，在就所有上述问题达成协议后才能实现分离独立。

很显然，《清晰法案》为某一省份或地区从加拿大联邦分离出去设置了难以逾越的障碍。为回应联邦议会通过的《清晰法案》，魁北克省议会于2000年12月7日通过《实施魁北克人民和魁北克国家基本权利和特权法》，并于2002年4月29日通过该法案的修正案。该法案逐项否定了《清晰法案》的内容，重申道：魁北克人民享有民族自决权，有权决定自己的政治制度和法律地位；魁北克议会是由魁北克人民选举产生的，是唯一有权代表魁北克人民的合法机构；魁北克议会没有参加1982年联邦宪法法案，《清晰法案》是违背魁北克人民意志的；[①] 在公民投票时，获胜者将是获得有效票50%以上（即获得“50%+1”有效票）的一方，魁北克国家合法地代表居住在其领土上的人民的意志；魁北克国家同样也有权与外国及国际组织建立和维系关系，并在国外设立它的代表机构；魁北克的边界只有经魁北克议会的同意才可以修改；等等。[②]

---

① Dodge, William J., ‘Succeeding the Seceding?: Internationalizing the Quebec Secession Reference under NAFTA’, *Texas International Law Journal*, Vol. 34, No. 2, 1999, p. 287.

② 杨恕著:《世界分裂主义论》，时事出版社2008年版，第165—166页。

2. 对《清晰法案》的评析

《清晰法案》规定了启动分离公投的复杂程序，这无异于在事实上限制甚至取消了魁北克分离出去独立建国的可能性，从而在一定程度上遏制了魁北克分离主义的气焰。

第一，它以表面允许而实则限制的柔性做法来对付分离主义。这种做法与加拿大的政治国情有直接关系。众所周知，加拿大是自由民主国家，其国民通常具有反对硬性管理的政治习惯，采取柔性限制的方法既比较符合其政体性质，也比较符合其国民的政治心理。倘若采取硬性限制的做法，容易激起魁北克人民的抵触心理，反而可能不利于维护加拿大的统一。这种柔性限制的做法并不意味着加拿大议会反对魁北克分离势力的决心不够坚决，相反，加拿大作为英美法系国家的典范，其法律构成以判例法为主，但当加拿大的领土主权面对魁北克分离主义的挑战时，议会直接通过制定法律来对其加以限制，这一做法本身就表明加拿大反对分离主义的坚定决心和态度，只是手段更巧妙一些而已。

第二，尽管联邦议会在实质上是反对分离主义的，但毕竟还是以法律的形式承认了魁北克人民拥有可以从加拿大分离出去的权利，只不过这项权利的行使条件非常严格致使其近乎没有。对于魁北克人民来说，“拥有权利但被限制行使”和“不拥有权利”是两码事。但是，这对于加拿大联邦来说，无论如何也算是埋下了国家分裂的隐患。从历史上看，苏联在成立之时为吸引各共和国加盟，在其宪法中赋予了各加盟共和国以分离权。诚然，该规定当时的确起到了扩大加盟共和国数目的作用，后来在苏联高度集权的政治体制下，“自由退出”的规定也近乎虚无；但当苏联的社会和国家情势一旦发生变化而出现分离契机的时候，分离就会发生并且还不违宪。当然，苏联的解体并不是其各加盟共和国行使分离权的结果，但不可否认其解体与苏联宪法的这一规定有直接的联系。所以，笔者认为，联邦政府的这一做法不是明智之举，至少它没有从苏联的解体中汲取教训。这也从反面警示我们，在“授予权利并限制行使权利”和“不授予权利”之间，应坚定地选择后者，在宪法和有关基本法中直接作出禁止分离主义的规定。

第三，《清晰法案》貌似中立、公正，其实是站在加拿大联邦的立场上。通过分析整个法案的内容不难看出，法案为联邦政府反对魁北克分离主义预留了相当大的法律和政策空间，也正因如此，该法案遭到魁北克集团党及魁北克人党的强烈反对。即便这样，在自由党的支持下，该法案仍在议会顺利地获得通过。通过此次立法，加拿大联邦在法律和政策上建构起了遏制魁北克分离主义制度性安排，这为分离势力设置了几乎不可逾越的障碍。虽然加拿大联邦在这个过程中也有妥协，但总体上还是达到了遏制分离主义的目的。

第四，《清晰法案》是合法的，它与国际法并不冲突。首先，立法主体和程序是合法的。它是由加拿大的专门立法机关——联邦议会依照法定程序通过的。其次，立法内容是合法的。分离问题是一个主权国家的内政问题，针对本国分离问题进行立法是加拿大的内部事务，国际社会无权干涉，这与自决问题是不一样的——自决权问题要接受国际法的规范和调整。按照国际法，分离和自决是两码事，国家有帮助其殖民统治下的人民去实现自决的义务，而没有接受其内部的一部分领土分离出去的义务，所以联邦议会通过的这个立法并没有与国际法规范相冲突。

第五，《清晰法案》的精神及内容符合人民主权理论。分离属于领土主权变更的事项，凡是关涉领土主权变更事项的公民投票，应属于全国范围的民主性公民投票，须由全体领土主权所有者共同参加投票。倘若一个国家没有举行全国民主性公民投票的法律规定，那么，分离及其分离性公民投票也必须征得代表全体人民利益的中央政府（或联邦政府）的同意。加拿大《清晰法案》关于“一省分离的公投问题的设计和公投结果多数的认定都要经过联邦议会的审核和同意”的规定，符合人民主权的原理。

三、魁北克分离公投的几点启示

该案例是国际社会典型的国内地区分离性的公民投票实践，它没有直接涉及外国因素。它既不像直布罗陀地区的公民投票，需要决定该地区的主权到底是属于西班牙还是英国，也不像东帝汶的公民投票那样，需要在联合国的主持下进行，它纯属加拿大的国家内政。魁北克分离公投的两次实践及加拿大联邦处理该公投案例的具体做法，为我们应对分离主义提供了以下几点有益启示。

第一，任何地方区域的单方面分离公投都不能成为“独立”的依据。该案例表明，一个主权国家内部的某个地区欲通过公民投票的形式来实现分离，中央政府（或联邦政府）拥有最终决定是否允许其脱离出去的权力。一般说来，一个地区要完成分离、实现独立建国往往要经历两次“同意”，第一次是全体人民的同意（其通常采用全国民主性公民投票的形式），或者至少经由代表全体人民的中央政府（或联邦政府）的同意，第二次是地区居民的同意（其通常采用地区民主性公民投票的形式）。前者的重要性和决定意义往往大于后者，这是因为，从领土所有权的角度来说，领土主权只能属于该国家的全体人民，该国家的部分人民并不单独拥有领土主权。就领土所有权而举办的公民投票，只能属于全国民主性公民投票，地区民主性公民投票一般不能就领土主权问题进行表决，除非它经过全国民主性公民投票的批准，至少应获得中央政府（或联邦政府）的批准。[①] 可见，主权国家的同意是该国部分领土和居民分离出去、独立建国的前提条件，也是核心条件。尽管这种同意可能是内外各种因素综合作用的结果，但亦不例外。外国势力的压力，内部民族、种族和宗教冲突，分离势力的恐怖主义行动，争议地区的特殊历史背景等，均是可能导致主权国家同意分离独立的因素；但从来没有在缺乏主权国家同意（除非有外国强权干涉）的情况下，一个主权国家的部分领土能够单方面地分离出去，进而实现了“独立”的先例。

第二，母国对分离性公投一般持以反对态度。因为地区分离意味着领土主权的变更，这势必会影响到母国的国家利益。按照加拿大《清晰法案》，联邦最高法院和联邦政府要求魁北克省的公民投票结果必须经过最高法院的司法审查，并且必须与联邦政府和其他省进行协商。表面上，《清晰法案》并没有完全剥夺魁北克分离的权利，但通过上述限制条款，事实上魁北克已很难再通过公民投票去实现分离目的。一般来说，任何一个国家都不希望自己的领土遭到分割。从主权的特性上看，任何一个国家的领土主权都具有唯一性与排他性，是不可分割的，它属于该国家的全体人民。个人或部分人民无权去分割属于“一国之全体人民”的领土主权。未经全国人民的批准，任何单方面的公投或者宣布“分离建国”，都是无效和非法的。要想使分离合法化，

① 在现代宪政国家制度中，主权国家的中央政府（或联邦政府）是国内全体人民的代表机构，因此无论在国际法上还是在国内法上通常是主权国家的中央政府（或联邦政府）代表全体人民对整个国家的领土行使主权。行使领土主权的内容之一就是行使对领土的处分权。生活在该国家领土之上的全体人民的代表者——中央政府（或联邦政府）有权决定整个国家领土或部分国家领土的处分。

就必须得到主权所有者的批准。魁北克的领土主权不是单单属于魁北克居民，而是属于包括魁北克在内的全体加拿大人民，所以，魁北克人民并没有单方面地宣布分离的权利。除了加拿大的魁北克之外，目前英国北爱尔兰、斯里兰卡东北部泰米尔人聚居区等地区至今没有分离成功，就是因为无法获得其主权所有者或中央政府的批准。通常而言，地方行政单位企图通过公民投票脱离主权国家，一般不会被允许，这不是仅仅在一个地方行政辖区内搞个公民投票就可以使其合法化的，否则美国的印第安人和黑人早就各自分裂建国了。倘若我们把公投制度与国家领土变更联系起来考察，不难发现：世界上除了埃塞俄比亚等极少数国家的宪法允许公投分离之外，绝大多数国家的宪法都没有规定其公民可以通过公投方式来分裂国家。这是因为，国家领土问题往往是历史上长期以来诸多复杂因素决定的，它不仅关乎在其之上繁衍生息的人民的利益，而且也与该国内其他地区的人民的利益息息相关，一个地区的发展也往往凝聚着其他地区人民的贡献。

第三，对分离性公民投票不能迁就让步。就魁北克公投来说，加拿大联邦之所以能够同意，除了对魁北克分离势力的严重性估计不足以外，还有一个重要原因，就是加拿大联邦受西方民主主义传统的影响，过分地注重了民主的价值，而忽视了民主本身所固有的局限性，以致当魁北克分离势力打着“自决”和“民主”的旗号进行分离活动时，它不能采取果断而有力的政治措施。试想，如果加拿大联邦一开始不对魁北克分离势力迁就让步，后来还会有“虚惊一场”吗？加拿大联邦之所以对魁北克分离势力手软、让步，固然原因是多方面的，但其中之一就是它过分地重视了“自决”“民主”等人权价值理念。其实，分离势力正是看中了加拿大联邦的这一“弱点”而迫使其不断做出让步（即允许魁北克人民就分离问题举行公民投票）。加拿大联邦在处理魁北克分离主义问题上既有许多成功的经验值得我们借鉴，也有许多教训值得我们汲取，即对于那些假借“民主”“人权”“公民投票”等旗号来从事分离主义活动的政治势力，决不退让、妥协。国家主权和领土完整高于一切，在领土完整受到威胁、挑战的时候，应该对分离主义采取果断的政治措施，甚至军事措施。

第四，分离性公民投票属于一个国家的内政问题。如果联合国或者国际法允许自决权可用作分离的理论工具的话，那么整个国际体系就有解体的危险。公民投票方式无疑比战争手段更有利于秩序的稳定，但如果一个省、一个城市由于有某种不满情绪就擅自举行公投，以达到从国家母体中分离出去的目的，这完全是对自决或民主的歪曲。从国际法上看，以分离为议题的公民投票属于主权国家的内政问题。在历史上，较早的一例发生于1905年的瑞典。当时瑞典面临瓦解危机，故通过公民投票方式决定让挪威地区从其分离出去而独立建国。需要强调的是，挪威独立建国不是分离主义的胜利，而是因为瑞典处于即将分崩离析的边缘。是否允许挪威地区从瑞典王国中分离出去，是内政问题。另如，一次大战后，芬兰和瑞典曾因阿兰德岛屿的归属发生争执。1920年，应国际联盟的请求，由法国、荷兰和瑞士各一名教授组成的国际法学家委员会就阿兰德群岛的居民能否以人民拥有自决权为依据而主张与瑞典联合的问题发表咨询意见，专家委员会发表的意见认为："在国际条约（对民族自决权——笔者注）没有明确规定的情况下，民族国家内部领土的处置权在实质上属国家主权范围内的性质。现行国际法并不承认构成一个国家的此类民族群体有权通过表达意愿方式分裂出来，也不承认其他国家有这种权利主张。"该意见进一步指出："一般而言，是否赋予一部分居民以全民投票或其他某种方式确定其政治命运的权利，纯属明确建立起来的每一国家的主权的象征。"①

第五，反对分离公投需要立法、行政和司法机关的共同合作。加拿大联邦遏制魁北克分离的历程对其他国家解决类似分离问题具有重要启示，即任何地方行政区域的单方面公投都不能成为分离建国的依据，立法、行政、司法机关应当分工合作，运用法律手段进行规制才是反对分离主义的有效手段。首先，启动司法程序，寻求司法救济，将政治问题巧妙地转化为法律问题。联邦政府将魁北克单方面分离问题提交给联邦最高法院，请求其提供咨询意见，这种做法极具创造性。在传统上，反对分离主义问题都被作为政治问题进行探讨和解决，而联邦政府却另辟蹊径，通过向最高法院提请咨询的方式将其转化为法律问题，请求司法机关作出裁决。其次，通过联邦议会立法来遏制分离主义。虽然最高法院的咨询意见暂时平息了魁北克分离主义，但毕竟是权宜之计，必须通过联邦立法将遏制魁北克分离的政策规定下来。因此，联邦议会通过颁布《清晰法案》对最高法院所作"裁决意见"规定的公投程

① Report of International Commission of Jurists on Legal Aspects of the Aland Islands Question, in Henry J. Steier and Philip Alston, op. cit, Note 3, p. 1258.

序再次进行肯定，特别强调公投的主题和赞成人数必须“明确”，只有满足“两个明确”的条件后，才能举行修宪谈判，[①]其目的是将最高法院在关于《魁北克脱离联邦咨询意见裁定书》中的清晰要求付诸实施。《清晰法案》就分离公投问题作出严格程序规定，提升了限制分离的层次和权威。在遏制分离主义问题上，加拿大堪称为以法治手段遏止分离主义的典型。加拿大通过联邦政府、最高法院、联邦议会的相互协作，共同应对分离主义的做法，为世界其他国家或地区反对和遏制各种形式的分离主义提供了有益的经验。

第六，包容政策未必是解决分离主义问题的有效手段。虽然加拿大联邦制架构能够保证魁北克享有充分的权利，但却弱化了联邦对魁北克的有效管辖。基于联邦成员权利平等原则，魁北克享有的教育、语言、文化，甚至移民等权力，也必须赋予其他省份，这使得魁北克成为一个相对独立的“孤立社会”的存在。这不仅未能使魁北克很好地融汇到加拿大社会中去，反而在这个“孤立社会”中建立起一个法语王国，这不符合联邦政府对魁北克包容政策的初衷。魁北克与加拿大联邦矛盾的核心不是后者对前者没有实行政策倾斜，相反后者对前者一直有大幅度的政策照顾，但魁北克的法裔族群却从来没有满足过，他们所希望的并不是一个在双语框架下的多元文化社会，而是诉求一个在联邦架构下的法裔“独立社会”。由于联邦政府缺乏对魁北克的有效管治，故在其分离问题上一直采取退让态度。至2006年，魁北克已经在加拿大联邦框架内达到了最大程度上的“独立”，近乎碰触到加拿大联邦能够妥协的底线。从解决问题的效果看，加拿大联邦对魁北克的包容妥协政策并非一定是化解分离问题的有效手段，虽然它保障了魁北克的权利，得到他们短期的认可和支持，但却不能从根本上清除他们的分离主义诉求。[②]

---

① 李元起、杜思雨:《法律是维护国家统一的有效手段——以加拿大联邦遏制魁北克省独立为例的法理分析》，载《学习与探索》2011年第6期，第109—110页。

② 严峻:《浅析加拿大多民族联邦制度对魁北克问题的影响》，载《科教文汇》2012年第1期，第204—205页。

四、关于遏止分离性公投滥用的思考

首先，要善于运用法律手段遏止分离主义。加拿大政府对分离主义挑战的国内法对策对中国政府在可能出现的台湾“独立”问题危机的应对策略上有很大的参考价值。从国际上看，运用法律手段反对分裂，维护国家统一是西方发达国家的通例。除了加拿大政府之外，美国也善于运用法律手段来维护国家统一。美国宪法上有一个关于联邦政府权力的“商务条款”。联邦最高法院在美国历史上总是倾向于对该条款进行扩大解释，以削弱各州的权力，加强联邦政府的地位。特别值得一提的是美国历史上的南北战争，这场战争兼有反对种族歧视和维护国家统一两种目的。林肯总统发布的《解放黑人奴隶宣言》和联邦最高法院在这个时期的几个有关反对种族歧视的判例，其直接后果除了消除种族歧视以外，就是加速了战争的胜利进程，制止了美国的南北分裂，维护了国家的统一。英国也十分重视运用法律手段维护国家统一，为适应加强中央集权统治的需要应运而生的英国普通法，几百年来在维护联合王国的主权、统一和领土完整方面，发挥着重要作用。

中国政府于 2005 年 3 月 14 日通过《反分裂国家法》，是运用法律手段反对“台独”的需要。一旦不得已断然采取措施解决“台独”问题时，该法就是中央政府采取这种行为的依据，并使这种国家行为的合法性和正当性获得全国人民的接受和国际社会的承认。该法律的出台标志着我们在运用法律手段遏止“台独”方面迈出了重要一步，这对于遏止“台独”，维护国家统一具有重要意义。今后大陆在运用法治手段反对“台独”，尤其是反对“法理台独”方面还有许多工作要做，所以大陆方面还需在适当时机再制定、修改和补充相应的法律，使国家有关台湾问题的法律进一步体系化。

其次，要建构妥善解决“差异”问题的制度安排。尽管国际法没有赋予少数者群体行使分离的权利，但少数民族一旦对这个国家失去所有信任，他们就会全力以赴地创建自己的国家或者移民离开原来的国家，加拿大魁北克的情况就是如此。魁北克分离势力的主要怨言是：在英裔居民占多数的加拿大联邦内，法裔居民不能受到公正的待遇，享受不到充分的权利。因此，他们要求修宪，以明确魁北克享有的权利。事实上，加拿大联邦政府向来谨慎地对待魁北克问题，采取了一定的特殊政策。只是没有在联邦宪法层面上单独规定魁北克的特殊权利而已。当然，这与加拿大属于英美法系国家，且实行联邦制的国家结构形式有直接关系。但事实上，魁北克确实亦有其特殊性，无论在文化方面、经济方面，还是在社会方面均有着与其他行政区域不同的地方，故而才有魁北克分离运动的问题。[①]

笔者认为，1995 年以前加拿大政府在对待魁北克分离问题上有许多失误，但在 1995 年魁北克第二次分离公投失败以后，它在遏止分离主义问题上所采取的一系列措施是比较成功的。然而，它在消除分离主义的问题上却没有太多可供我们借鉴的经验。加拿大采用联邦制来解决地区差异问题，固然是很好的制度选择，但联邦制容纳差异的空间到底有多大，尚需进一步研究。那么，是否有比联邦制更好的制度安排来解决地区差异？这除了需要通过法律来限制以分离为议题的公民投票权利的行使以外，还需要加拿大政府通过联邦宪法作出让魁北克“高度自治”的制度安排，以保障魁北克人民的利益。同时，加拿大政府可以借鉴英国处理北爱尔兰“独立”运动的实践经验，让魁北克与其他省份从“存异并立”式的联邦自治转移到“求同共享”式的共治，使争持不下的双方最终统一到某种互相理解和各自接受的制度之下。否则，魁北克分离问题不会从根本上消除。加拿大联邦政府在消除分离主义问题上的“疏漏”，从反面向我们昭示：切实搞好我国的民族区域自治制度建设，并进一步实现由“自治”向“共治”的转轨，对于我国从根本上消除“藏独”和“疆独”有重要的意义。

---

① 王英津著:《自决权理论与公民投票》，九州出版社 2007 年版，第 272—273 页。

第十二章　南苏丹公投投票

2011 年 1 月的南苏丹公投结束了“苏丹南北”[①] 长达 22 年的战争状态，但它们之间的各种争议远未结束，例如南北边界、领土、资源争夺中的军事冲突仍时有发生。除此之外，南苏丹内部却又衍生出一系列问题，种族冲突成为南苏丹分离建国后社会发展所面临的主要障碍。南苏丹公投并未从根本上化解南北苏丹的结构性矛盾，同时分离公投给南苏丹也带来了不如预期甚至是适得其反的效果。对于上述困境出现的原因，亟待我们从厘清南苏丹公投背后的深层逻辑和演绎中来寻找答案。

一、历史与现实交织下的南北关系

苏丹南北是一种不对称、不协调，又是一种难解难分的关系。导致这种关系既有人为因素，也有社会因素，但更多的是人为因素。历史上的苏丹北

① “苏丹南北”是一个地理上的概念，亦简称苏丹的南方和北方，与此类似的概念还包括苏丹的南部和北部，以及南方人、北方人、南北双方、南北之间、南北矛盾、南北内战等，特指在分裂前的苏丹内部的南北关系；从 2005 年到分裂后则演化成了苏丹（北苏丹）与南苏丹的关系，为遵循习惯用法，我们称之为“南、北苏丹”。同时，在地理概念之下的二者关系也衍生出了不同的政治概念，比如：在分裂前，中央政府（或北方政权）与南方叛乱团体，苏丹政府军与苏人解，中央政府与南方政权或政府、南方自治政府（2005—2011 年）等等；分裂后，即是苏丹政府与南苏丹政府。

部和南部，几乎处于一种相互隔绝状态，直到西方殖民者打开非洲大门之后，它们才开始被联系在一起，当然这也是苏丹南北厄运的开始。就苏丹南部而言，与苏丹北部的关系始终是其社会、政治发展过程中的主题。

（一）殖民地时期的南北关系

殖民者到来以前，苏丹北部和南部不是一个统一的国家。苏丹北部由土耳其—埃及共同统治了 18 世纪的几乎全部时期，并将苏丹北部变成阿拉伯世界的一部分。土—埃时期，借助地理环境上的差异以及部落的抵抗，南方避免了北方伊斯兰势力的扩张，使得其管治有名无实，从而保留了不同于北方的政治制度和文化传统。可是，南北交往并非一张白纸，北方在南方的黑奴掠夺和贸易，结下了南方对北方的仇恨。19 世纪 70 年代，英国逐步控制埃及，并将触角延伸至苏丹南部。1899 年英国与埃及签署共管协定，苏丹自此成为英国的殖民地。1902 英国殖民当局筹划南北“分而治之”计划，阻止南北双方互相往来，于 1920 年颁布《封闭区法》，阻断南北苏丹之间的交流。[①]1939 年英国殖民当局又颁行《南方禁区法令》，正式从法律上确认南北分治政策。具体做法是：在南方成立由南方人组成的特遣部队，以取代北方军队；南方以英语为官方语言，并宣传当地语言；严格限制北方人进入南方；减少甚至是切断南北通婚；以星期天取代星期五作为南方每周的假期。[②]英国殖民当局的这些措施，一方面让北方势力难以进入南方，以把南方纳入自己的政治体系和文化体系；另一方面，没有北方势力的插手，也便于英国在南方进行传教，把南方培植成基督教世界的一部分。但严重的后果是，分而治之的政策为后来南北统一及其国家治理埋下了祸根。

英国殖民当局在苏丹的统治方式，除了依附传统的管理模式，例如基于宗族、部落政治的“本土管理”间接模式，还采取顺应民族主义发展的代议制度。这种混合管理模式，即苏丹由英国总督治理，行政机构中的英方高级官员由总督直接任命，总督由英国政府提名并经埃及当局任命，[③]使得英国由“间接管理”走向了“直接管理”。1947 年之后，为阻止苏丹北部与埃及的

---

① Toshio Kuroda and Richard I. Lawless, *Nature of the Islamic Community*, Tokyo: Keiso Shobo, 1991, p. 219.

② Omer Awadalla Ali Gasmelseid, *Federalism as Conflict-management Device for Multiethnic and Multicultural Societies: The Case of Sudan*, Basel: Helbing & Lichtenhahn, 2006, pp. 48-49.

③ P.M. Holt, M.W. Daly, *A history of the Sudan: From the Coming of Islam to the Present*（5th edition）, Longman: Person Education Limited, 2000, pp. 101-102.

“尼罗河流域统一计划”，英国殖民当局仓促改变之前的分治政策，转而加强了默许苏丹北部控制苏丹南部的趋势。[①] 在南北双方实力差距不断扩大的情势下，北方与南方的地位越来越不平衡，前者逐渐掌控了后者。“分而治之”政策的破产，使得南北双方作为一个现代国家的领土边界真正地确立下来。但是，在没有了以前有形或无形的阻隔之后，南北双方的各种矛盾亦接踵而至，导致苏丹作为整体面貌出现的现代国家从一开始就潜伏着分裂的危机。第二次世界大战后，由于长期遭受苏丹北部在政治、经济、宗教霸权的压迫，以及受到全世界民族解放运动的鼓舞，在 20 世纪 50 年代英国打算撤出苏丹的时候，南苏丹就强烈主张独立。1953 年南苏丹政治人物成立了南方党和南方政治协会，1954 年将其更名为自由党，先后提出了自治和建立联邦的主张。

起初，解决苏丹南部地位问题，英国提出了三种方案：一是南方并入北方；二是南方并入东非；三是南方的一部分并入北方，其余部分并入东非。[②] 英国在埃及、北部精英和苏伊士运河当局（英法埃）共同的政治压力下，罔顾南部殖民官员和南苏丹人民组织的反对，毅然决定放弃对苏丹南部分离的独立安排。尽管北方和英国保证苏丹南部将被允许某种程度的自治，但在独立前夕，北方人试图绕开它，使其成为一纸空文。[③] 英国殖民当局以南部没有能力进行治理为借口，将南北苏丹合并，组成统一的国家。英国在交还主权和政治安排的过程中，不仅忽视苏丹南部的自治要求，而且还将其排除在权力安排框架之外。例如，新议会中的 93 名成员中只有 13 名是南方人，在 1954 为公务员苏丹化创设的 800 个岗位中，也仅有 6 名来自南方的雇员。此外，英国还任命了一个由 43 名北方人和 3 名南方人组成的全国宪法委员会，当该委员会拒绝了南部的联邦制请求后，南部地区的恐惧和边缘化程度进一步加剧。[④] 最终，在英国殖民当局向苏丹北方人交还权力时，南北双方就军队问题争执不下，导致托里特兵变以求自治，由此点燃了第一次内战的火焰。

---

① 何雪丽:《建国之后再话南苏丹》，载《世界知识》2011 年第 24 期，第 34 页。

② Deng D. Akol Ruay, *The Politics of Two Sudans*(*The South and the North 1821 – 1969*), Sweden: Motala Grafiska AB, 1994, p. 49.

③ Obehi S. Okojie, ‘Between Secession and Federalism: The Independence of South Sudan and the Need for a Reconsidered Nigeria’, *Global Business & Development Law Journal*, Vol. 26, No. 2, 2013, p. 426.

④ Saeah Kenyon Lischer, ‘Causes of Communal War: Fear and Feasibility’, *Studies in Conflict & Terrorism,* Vol. 22, No. 4, 1999, pp. 345-346.

（二）独立后至分裂前的南北关系

1956年，苏丹从英国独立，但南北关系没有随着独立而有所好转，反倒是因为英国殖民当局的撤出，愈加恶化。南北双方的诉求并不相同，北方力图建立伊斯兰国家，而南方则力求自治或建立联邦制国家。这一时期的南北关系，虽然其中也不乏短暂的和平，但总体上可以用“战争”二字来概括，其先后爆发两次惨烈的内战。苏丹独立以后，北方一直对南方实行高压政策和“重北轻南”政策，其也由于自身的一些矛盾，政治局势极为不稳定，接二连三的爆发政变。虽然政权更迭频繁，但基本上没有改变对南方政策的走向，有时甚至走向极端。

英国殖民当局撤离苏丹之际，以阿扎里（Isma'il al-Azahari）为首的亲英派开始筹组自治政府，为赢得南方议员的支持，其许诺给予南方平等地位和地方自治等权利。但后来阿扎里政权无意将此付诸实践，政治上排挤南方人，南方人受到不平等待遇，[①] 使得南方对基本权利和自治的期望落空，遂而激起对北方政权的继续抵抗，黑人军官拉古（Joseph Lagu）发动兵变，提出南方自治，但很快就被镇压。1958年，军人阿布德（Sayyid Abd al-Rahman）发动政变，推翻阿扎里政权，建立了军事政府。阿布德政权比前任政权更加倾向于阿拉伯主义，要求建立色彩更加鲜明的统一国家，[②] 伊斯兰化政策初露雏形，其主要政策除了继承前任政府的南方政策外，还肆无忌惮在南方开展去基督化运动：限制传教士们的活动，驱逐外国传教士，推行阿拉伯语，建立清真寺和伊斯兰学校，改变南方的传统基督教休息日等。[③] 此举招致了南方各地的抵制运动，反过来，阿布德为贯彻这些政策，又残忍地打压和屠杀抗议群体，致使南北双方矛盾逐渐激化。1964年10月，阿布德政府倒台，全国专业人员阵线与旧党派组成过渡政府，并着手解决南方问题，于1965年3月，召开关于解决南北问题的喀土穆圆桌会议。因长期猜忌而导致的不信任，使得此次会议缺少必要的合作基础，收效甚微。南方代表提出的难民安置、南方自治、平等待遇均未得到北方的积极回应，且北方在自治、联邦制等问

---

① 刘辉著:《民族国家构建视角下的苏丹内战研究》，中国社会科学出版社2011年版，第56页。

② 刘辉著:《民族国家构建视角下的苏丹内战研究》，中国社会科学出版社2011年版，第65页。

③ Ann Mosely Lesch, 'Confrontation in the Southern Sudan', *The Middle East Journal*, Vol. 40, No. 3, 1986, p. 418.

题上态度十分强硬，[①] 双方不欢而散。随着 1965 年 4 月全国专业人员阵线在选举中的失利，圆桌会议亦无疾而终。

其后上台的由乌玛党和民族联合党组成的联合政府，颠覆前任做法，推行强硬路线，坚持以诉诸武力手段解决南方问题，且把战争当成是唯一手段。联合政府在南方大开杀戒，政府军为所欲为，破坏基础设施，屠杀大量平民，南部对北部的仇恨进一步加深。[②] 相应地，在北方政府咄咄逼人的情势之下，南方抵抗力量也一改一盘散沙的局面，开始组成统一力量。“不能低估长期战争的记忆和独立的憧憬可能作为强大的统一元素”，[③]1969 年，潜逃国外的拉古宣布成立阿尼亚尼民族组织，1970 年又成立南苏丹解放运动，随后加扎勒河省、西赤道省分别宣布接受拉古的领导，其他力量也纷纷追随。南方抵抗力量的组织化和统一化整改，使得其作战力量大为增强，其挫败了许多政府军行动，并控制了不少农村地区。[④] 阿尼亚尼游击队成为一支真正的作战力量。1969 年 5 月，尼迈里（Ja‘afar Nimeiri）发动政变，建立军人政府，由革命指挥委员会和内阁掌握大权。在尼迈里统治（1969—1985 年）前期，他主要的依靠力量是左翼阵营和民族主义者，使得他的南方政策与以宗教意识形态为指向的南方政策大为不同，他正式承认南北差异，尊重南方的文化和传统，答应给予南方人自治的权利。尽管此一政策遭到执政集团的反对，但因尼迈里政权仍立足未稳和力量薄弱，其间还遭遇到几次政变，使其急需要通过外力和南方来稳住阵脚，而南方也意识到自身实力的差距，与北方对话或才是最好的解决办法。因此，南北双方开始进行谈判。[⑤]

双方于 1972 达成《亚的斯亚贝巴协议》，规定给予南方自治地位、独立预算和信仰自由等。1973 年颁布《南方诸省自治法》，并成为 1973 年宪法的一部分。[⑥] 至此，南北第一次内战正式结束。不过，对于《亚的斯亚贝巴协议》的反应，南北很不一致，也给和平的持久性埋下隐患。果然，20 世纪 70 年代后期，尼迈里依靠的官僚体系开始瓦解，伊斯兰势力趁势上位，进入

① 刘辉著：《民族国家构建视角下的苏丹内战研究》，中国社会科学出版社 2011 年版，第 80—81 页。

② 刘辉著：《民族国家构建视角下的苏丹内战研究》，中国社会科学出版社 2011 年版，第 81—82 页。

③ Ole Frahm, ‘Making Borders and Identities in South Sudan’, *Journal of Contemporary African Studies*, Vol. 33, No. 2, 2015, p. 263.

④ 刘辉著：《民族国家构建视角下的苏丹内战研究》，中国社会科学出版社 2011 年版，第 90 页。

⑤ 刘辉著：《民族国家构建视角下的苏丹内战研究》，中国社会科学出版社 2011 年版，第 92—94 页。

⑥ 刘辉著：《民族国家构建视角下的苏丹内战研究》，中国社会科学出版社 2011 年版，第 95 页。

尼迈里政府的统治中心。依靠力量的改变，无疑使得南方政策也势必要发生反转，因为前后两股力量在认知上存在巨大鸿沟，且后者从一开始就反对签署《亚的斯亚贝巴协议》。[①] 尼迈里在统治后期，不仅放纵伊斯兰势力的行为，还将自己彻底伊斯兰化，加上南部石油的发现，且在炼油厂的设置和财政收入分配上的歧义，导致南北矛盾一触即发。1982 年尼迈里通过重置行政区划等手段进一步加强对南部石油区域的控制，1983 年 9 月，尼迈里在苏丹实行沙里亚法（伊斯兰法）的法令颁布，由此拉开了第二次内战的序幕。

面对这种局势，南方不甘示弱。1983 年 5 月，军官约翰·加朗（John Garang）建立苏丹人民解放军，同年 7 月 31 日，公布了《苏丹人民解放运动宣言》，1984 年 3 月，加郎正式宣布成立苏丹人民解放运动和苏丹人民解放军（简称“苏人解”或 SPLM/A），其总部设在埃塞俄比亚，1985 年他又重申了宣言中建立一个世俗的、民主的、平等的、团结的、富裕的、和平的、统一的、自治的或联邦的苏丹国的主张和目标。[②] 他们对抗北方的主要策略是捣毁国家的重要建设项目、破坏交通等基础设施，借助外力夺取战略要地等，在其他地区例如在努巴（Nuba）山区建立分队，以对北方形成近距离攻击。[③] 不过，苏人解并不像外界所想象的那么团结一致，其内部的分裂导致苏人解在抵抗北方的进攻中有所减退。[④] 北方政府借机分化，使得南方局势和苏人解内部更加诡谲多变。1989 年巴图比上台，继续甚至过激地推行伊斯兰化政策，南北双方对峙更加激烈，此举造成大量的人员伤亡，民众流离失所，整个国家生灵涂炭。2000 年巴希尔与巴图比决裂之后，他开始解决南方问题，重塑民族国家，加上由于第二次战争的破坏巨大、伤亡惨重、时间长久，国际社会随之介入苏丹内战，积极斡旋两方对话和谈判。重重压力之下，南北双方终于在 2005 年 1 月达成全面和平协议，第二次战争告一段落。

---

① 刘辉著:《民族国家构建视角下的苏丹内战研究》，中国社会科学出版社 2011 年版，第 99—100 页。
② 刘辉著:《民族国家构建视角下的苏丹内战研究》，中国社会科学出版社 2011 年版，第 120—121 页。
③ 刘辉著:《民族国家构建视角下的苏丹内战研究》，中国社会科学出版社 2011 年版，第 128 页。
④ 刘辉著:《民族国家构建视角下的苏丹内战研究》，中国社会科学出版社 2011 年版，第 130 页。

二、南北特性及其对化解冲突的制约

苏丹内战断断续续历时了半个世纪（1955—2005），尽管中间出现过短暂的和平时期，但仍然难以祛除人们对之的伤痛记忆。究竟是什么使得南北问题如此难解，又是什么使得南北关系始终以战争的面貌呈现？都值得我们挖掘其中深层次的原因。

（一）文化差异

英国殖民当局在苏丹实行“分而治之”的殖民政策，使得苏丹南北同时保持了各自的独有文化，但这种彼此独有的文化，也导致了后来牵强统合在一起的苏丹显得十分脆弱。众多文化中，宗教差异是苏丹南北最大的文化差异。苏丹北部长期受到埃及文化的浸染，形成了以阿拉伯人为主的伊斯兰社会，南方因地理环境上的阻隔，以及英国刻意的隔离政策，使得伊斯兰文化难以跨越努巴山区深入到南部地区。与之相反的是，英国殖民当局却在南方进行积极的传教活动，苏丹南部不仅保留了拜万灵教的全貌之外，还新增了基督教文化。据统计，2010 年，苏丹总人口 4100 万，黑人占 52%，阿拉伯人 39%，贝雅人 6%，全国有 70% 的人口信仰伊斯兰教（逊尼派），且生活在北方，5% 的人口信仰基督教，大多分布在南方和喀土穆，其余 25% 属于土著信仰。[①] 不难看出，尽管阿拉伯人属于少数，但全国大部分人口都信仰伊斯兰教，阿拉伯人不但成为统治阶级，而且也推动着伊斯兰教成为国教或使之成为国教。由于伊斯兰教和万灵教地域分布呈南北差异之态，加上自然和人为因素，南北双方很难在宗教文化上有所交流甚或融合。人为地将宗教文化等级化，演化出了南北不同的统治文化和抵抗文化。

其实，一个国家存在多种宗教十分正常，宗教本身并不必然带来冲突，只有当政治人物将宗教作为统治工具的时候，宗教之间的差异才会逐渐被放大，进而导致冲突。“独立的苏丹政权从一开始就被北方的阿拉伯人所垄断，

---

① United States Central Intelligence Agency, 2010 World Fact Book: Sudan People 2010, January 27, 2010, https://www.cia.gov/library/publications/download/download-2010/index.html.

他们往往把国家视为自己的保护地，并试图将其政治、文化和宗教价值强加于整个国家”。[①] 正是基于这样一种意识形态，苏丹北部为建立纯正的伊斯兰国家而进行的伊斯兰化运动，成为南北之间一切冲突的导火索。虽然中央政权屡遭更迭，但每届政府的宗旨皆是一如既往，虽然其间也有过与南方握手言和，给予南方自治权利的时候，但这些执政者并非真正想要给予南方平等地位，而是一种政治利用。在许多人看来，1973 年《南方诸省自治法》的颁布是南北关系改善的一个重大标志，殊不知，“在宗教政治化的社会里，作为一种治理模式的‘种族化’，将会催生一种在本质上属于排外的种族主义”。[②] 这种排外主义往往体现在政治架构和公共政策的各个层面，即便 1973 年至 1985 年出现了短暂和平年代，并辅之以相关法律条文来保护南方的利益，但这种排外主义也没有褪色，许多政策都停留在口号上，因为“当政治话语以宗教身份为前提时，正式的法律和宪法平等就没有多大价值”，[③] 践踏法律，就不足为奇了。反过来，北方的这种强势与出尔反尔的行事作风，让南北双方的信任越来越薄弱，鸿沟也越来越大。如此一来，各抒己见愈发极端，和平与统一的可能性十分渺茫。

（二）历史延续

历史上的苏丹南部备受埃及和苏丹北部的奴役，惨痛的历史记忆强烈的驱使南方追寻自主的发展道路。双方从建国伊始就围绕着“统一”与“自治”纠缠不休。南方“自不量力”与北方以硬碰硬，主要有以下三点原因：其一，长期的紧张和伤痛的集体记忆，让南方人意识到新的国家政治结构无非是一个新的殖民政府取代旧的殖民政府，这样会造成更加严重的恐惧和安全困境；其二，苏丹独立后，国家经济停滞不前，经济发展也不平衡，而这种经济上的不平衡又被历史上的不公正所强化和鼓舞，促使南方人认为北方有意抑制南方；[④] 其三，面对北方有可能无视南北差异，实现宗教同化政策所做出的反

① Deon Geldenhuys, ‘Darfur and Sudan's Politics of Deviance’, *Africa Insight*, Vol. 35, No. 3, 2005, p. 40.

② Alison J. Ayers, ‘Beyond the Ideology of “Civil War”: The Global-Historical Constitution of Political Violence in Sudan’, *The Journal of Pan African Studies*, Vol. 4, No. 10, 2012, p. 280.

③ Ahmed T. el-Gaili, ‘Federalism and the Tyranny of Religious Majorities: Challenges to Islamic Federalism in Sudan’, *Harvard International Law Journal*, Vol. 45, No. 2, 2004, p. 520.

④ Saeah Kenyon Lischer, ‘Causes of Communal War: Fear and Feasibility’, *Studies in Conflict & Terrorism*, Vol. 22, No. 4, 1999, pp. 346-347.

击。“宗教间的活动并不会减少对暴力的支持，而是会增加对和平反抗的理解”。[①]相对于南方来说，北方诉诸战争的原因是基于：一方面，历史上阿拉伯——伊斯兰文化在苏丹北部享有较高的威望，以至于喀土穆的政治家在陷入窘境的时候就抓住它以需求支持，[②]这是北方不遗余力地推行伊斯兰运动的现实考量；另一方面，为了实现南方伊斯兰化的历史目标，北方需要全盘统治。[③]

历史上的集体记忆使得南北双方在国家建构中走向了相反的轨道。如果中央政府不能通过制度设计将这种集体记忆融入新的国家文化里，那么这种历史记忆将永远印刻在南北政治人物的思维中，成为他们发动战争最深层次的缘由。它将对南北的和解产生以下制约：一是历史的记忆与现实的斗争紧紧交织在一起，导致现实无法摆脱历史因素的掣肘，进而使得南北关系始终穿梭和回荡在历史记忆的维度里，这种单一的维度，致使问题的解决思路呈现单线条化；二是负面或消极的历史记忆，会强化部族认同，淡化国家认同。在现代民族国家的建构或建设中，假若国家认同不能超越狭隘的部族认同，或者说将部族认同凌驾于国家认同，都有可能摧残国家的统一状态。苏丹部族众多，强调部族认同将会使南北内部也面临着严峻的整合问题，如果整合失败，各自内部恐会持续陷入内战的恶性循环，“身份的不确定性，尤其是国家身份的不确定性,易导致社会内部出现与排斥和边缘化有关的紧张局势”。[④]三是相互迥异的集体记忆，使得双方很难在和平谈判中达成共识。由集体记忆所刻画出的政治知识迫使政治代表以追求或维护自我利益为己任，而在两极化的政治文化中，可供讨价还价的空间十分有限。

（三）内部矛盾

内部矛盾是解决南北双方争端最大的现实阻力。内部矛盾不仅包括南北之间的矛盾，还包括北方和南方各自内部的矛盾，南北矛盾和各自内部矛盾

---

① Matthias Basedau, Carlo Koos, ‘When Do Religious Leaders Support Faith-Based Violence? Evidence from a Survey Poll in South Sudan’, *Political Research Quarterly*, Vol. 68, No. 4, 2015, p. 760.

② Heather J. Sharkey, ‘Arab Identity and Ideology in Sudan: The Politics of Language, Ethnicity and Race’, *African Affairs,* Vol. 107, No. 426, 2008, p. 39.

③ Saeah Kenyon Lischer, ‘Causes of Communal War: Fear and Feasibility’, *Studies in Conflict & Terrorism,* Vol. 22, No. 4, 1999, p. 348.

④ Wendy Isaacs-Martin, ‘National Identity and Distinctiveness: Developing a Common Identity in a Nation State (with References to South Africa)’, *Africa Insight*, Vol. 42, No. 2, 2012, p. 171.

交错混杂，使得整个局面支离破碎。南北矛盾居于主导地位，各自内部矛盾的解决服从于南北矛盾的解决，但前者也在一定程度上制约着后者。换句话说，即便南北矛盾可能在某个时间得到化解，但倘若各自内部矛盾仍不能得到解决，那么南北矛盾的缓解也是不稳定的。南北矛盾主要有三：一是价值观的矛盾，北方推崇伊斯兰教文化，目标是建立纯正的教宗国家，以真主至上和以《古兰经》作为最高法律；而南方坚持的是泛非洲主义，希望的是建立世俗的民主、自由国家；二是自我定位的矛盾，即中心与边缘的矛盾。很大程度上，南方抗击北方，其动力是南方人民遭受长期的经济剥削和南方人民的政治边缘化，体现在从公共服务、就业机会的剥夺到对区域发展的忽视，包括缺乏基本的社会服务和公共基础设施，① 而北方则是要努力维护其中央权威；三是目标不同使得矛盾扩大化。“南方并不期望从北方那里得到公平对待，北方人则认为南方会在最小的限度内发生反抗”。② 南方是想通过斗争获得自治或独立，而北方则是想要尽一切力量建立统一的伊斯兰国家。

实际上，南北双方内部皆存在着许许多多的部族，各部族之间由于利益、宗教、党派、资源等因素，使内部关系也变得错综复杂。在北方，1955 年至 1989 年间，先后发生过八次重要的政变或兵变，政权极为不稳，即便是在尼迈里统治期间，其政权也遭遇过短暂倾覆，可见北方内部矛盾的庞杂性。南方的情况更为严峻，南方长期被边缘化，既没有相对完善的政治制度和行政体系，也没有相对不错的经济基础，使得所谓的团结完全依附于部族的个人领袖以及北方这个共同的敌人。南方内部各部族之间时常为了资源和权力的分配而同室操戈。20 世纪 90 年代初，南方内部的冲突就开始台面化，努尔族领袖马沙尔（Riek Machar）就曾从苏人解中出走，另立山头，后来在外国的劝说下，才重归于好。但苏人解本身的这种矛盾依然暗藏其中，成为一颗不定时炸弹。2005 年加朗（John Garang）意外去世，导致南方的离心倾向更加强烈。2005 年到 2011 年的六年过渡期里，南方基本上不再有统一或独立之争，而矛盾的焦点则转移到了基尔（Salva Kiir，丁卡族）和马沙尔（努尔族）之间。南方对战争目标的一致性，使得化解南北冲突的路径和结果也更

---

① Kenneth Omeje, Nicodemus Minde, 'The SPLM Government and the Challenges of Conflict Settlement, State-Building and Peace-Building in South Sudan', *African Insight*, Vol. 45, No. 1, 2015, p. 53.

② Saeah Kenyon Lischer, 'Causes of Communal War: Fear and Feasibility', *Studies in Conflict & Terrorism*, Vol. 22, No. 4, 1999, p. 345.

加明晰。总体来看，南北双方的内部矛盾给了相互分化、离间的空隙，南方的内部矛盾比北方更为突出和尖锐，这也使得后来苏丹南部从苏丹分离不久，其内部又重新陷入新的内战。

（四）争夺资源控制权

苏丹属于欠发达地区，资源稀缺是发动战争最原始的动因。土地资源、水资源往往成为人们生活的全部。苏丹资源和权力分布的一个基本情况是，南方天然地拥有苏丹大部分的资源，诸如水资源、农业资源乃至后来发现的石油资源等，但苏丹北部由于受到埃及和英国的借重，一直掌握着国家权力，这样的分布格局让资源与权力出现了错位。错位就使得有权力而无资源的一方长期觊觎着无权力一方的资源和财富，企图通过权力的方式将其收归“国有”，且其也是北方发展阿拉伯伊斯兰事业的必要组成部分。但是，这种发展却几乎没有给南方人的文化和生活方式留下空间。[①] 随着苏丹北部自然环境的恶化，阿拉伯人大量南迁，南北双方为争夺资源和保护资源而演变出的冲突愈发频繁。如果说土地资源与水资源争端是南北内战中基本存量的话，那么石油的发现则将南北内战推向了一个新的高度。最极端的情况是，无论是边界冲突，还是权力冲突，似乎所有的争端都围绕着石油展开。“石油是苏丹经济的主要支柱，70% 石油储量在南方，但一半以上的收益归北方。”[②] 石油产业比其他产业更具诱惑力，遂而南北双方在石油争端上更加互不相让。资源与权力交错在一起，没有了资源就形同于将权力空洞化。因此，双方在开发石油产业具体过程中的炼油设施和出海的运输管道等问题上均争执不下，北方希望将其设置在北方城市喀土穆和苏丹港，而南方则意图经过肯尼亚的蒙巴萨港转运。

北方之所以要将炼油设施和输油管修建在管辖范围内，一方面是想建构一种扬长避短、后来居上的优势，达到一种资源的平衡，进而巩固权力地位和防止南方因资源优势而膨胀，另一方面是想借此获取自身利益最大化，通过炼油设施和输油管道，不仅可以监控南方的经济状况，而且还可以通过不正当手段获取额外的暴利。实际上，石油资源发现前后的政治格局是北方对

---

① Mansour Khalid, *War and Peace in the Sudan: A Tale of Two Countries*, London: Kegan Paul International, 2003, p. 344.

② 余建华:《南苏丹“独立”：投票易分家难》，载《文汇报》2011 年 1 月 31 日，第 6 版。

南方的压制有所收敛，南方获得相对自治，大致是一种平稳状态。但随着石油开发的推进，北方要取得石油开采的主导权，就必须打破这种平衡。“石油收入使政府能够投入更多的资源来打击叛乱，使他们能够在将来的谈判中拒绝做出让步和妥协。相对地，潜在的叛乱分子在面临相对权力的不利转变之前，就会刺激他们去点燃冲突。”① 随之而来的是，北方撕毁《亚的斯亚贝巴协议》，加强对南方的统治；对南方来说，“境内油田的由多变少而不是由少变多的趋势将转化成那些因石油开发或被南北冲突可能再发所动员的弱势武装集团的多重目标”。② 因此，他们既反对北方的政治、文化强权，也更反对北方的经济霸权。石油资源的发现与争夺，使第二次内战比起第一次内战更加激烈。资源的稀缺以及产油地与炼油厂的地域分离使得冲突的化解路径不像解决权力冲突那样一蹴而就、立竿见影，因为与石油牵连的其他冲突诸如边界冲突等都是短时间内难以解决的问题。而过渡时期内北方对南方石油资源的攫取，以及无限度的抬高过境费用，不但增加了南方对北方霸权的反感，而且也更坚定了南方脱离北方的决心。

三、分离公投：南北和解的尝试

南北双方之间的种种差异，致使解决南北冲突的方案都难以两全其美。其困境是：对北方有利的方案，必然对南方不利；对南方有利的方案，必然对北方不利。什么样的解决方式才能使双方的不利或伤害降至最低？抑或说什么样的路径选择既能满足北方的利益诉求又能满足南方的现实需要？在这种情势之下，分离成为化解南北矛盾的一种可能的选项。但分离并非北方的主张，因此南北双方是如何达成分离协议的？公投是如何实现的？以及南苏丹公投与其他国家的分离公投又有哪些差异？其都是我们认识南苏丹分离公投需要掌握的基本面向。

---

① Curtis Bell, Scott Wolford, ‘Oil Discoveries, Shifting Power, and Civil Conflict’, *International Studies Quarterly*, Vol. 59, No. 3, 2015, p. 517.

② Luke A. Patey, ‘Crude Days Ahead? Oil and the Resource Curse in Sudan’, *African Affairs*, Vol. 109, No. 437, 2010, p. 631.

（一）全面和平协议的签署历程

1985年第二次苏丹内战因北方践踏《亚的斯亚贝巴协议》拉开序幕，但这次内战与第一次内战的不同之处就在于因破坏性巨大尤其是石油等问题而引起了周边国家乃至国际社会的关注。加上第一次内战的前车之鉴，进入20世纪90年代以后，在国际力量尤其是东非政府间发展组织[①]（简称"伊加特"）的干预之下，南北战争呈现出一边作战一边谈判的状态。1988年，南方苏丹人民解放军领导人加朗与北方领导人米尔加尼（El-Mirghani）在亚的斯亚贝巴会面并达成苏丹和平倡议，其内容包括停火和召开全国宪法会议等共识，但该倡议没有提到南方对未来的"自主选择权"[②]。1991年，苏丹政府代表与从苏丹人民解放运动出走的阿贾维尼（Lam Akol Ajawin）在德国的法兰克福进行会面，会后双方签署了《法兰克福协议》（也被称为宣言或联合声明）。该协议是喀土穆政府第一次承认南方具有自主决定其未来前途地位，包括从苏丹分离的权利。但由于阿贾维尼并不代表当时的苏人解，喀土穆的用意是在于分化苏人解。1994年7月，北方的民主统一党与苏丹人民解放军在埃及开罗签署协议也确定了南方拥有自主选择权。同年9月，伊加特在法兰克福协议和华盛顿声明的基础上，发布了一份宣言，指出：南苏丹人民通过公投的形式决定其未来地位的选择权利必须得到肯定。不过，伊加特宣言直到1997年底才成为喀土穆与苏人解谈判的基础。[③]

然而，谈判的进展不太顺利，1999年至2002年埃及—利比亚倡议与伊加特的立场明显不同，他们不认为南方自主决定其未来前途地位是一项基本权利，对于埃及来说，一个改革而又统一的苏丹才是其外交政策所追求的目

---

① 东非政府间组织，英文为Intergovernmental Authority on Development，简称IGAD。成立于1996年，其前身是东非政府间抗旱发展组织，目前共有八个会员国，分别是吉布提、埃塞俄比亚、索马里、厄立特里亚、苏丹、肯尼亚、乌干达和南苏丹。苏丹为创始会员国，南苏丹于2011年独立后加入该组织。

② 英文原文为"Right to Self-Determination"，直译为"自决权"。许多外国学者乃至官方机构都将"自决权"与分离混用。自决权有其特定意涵，特指去殖民化过程中的独立建国运动。一个国家内部要获得独立，只能是先从母国分离，这是一种分离行为。为了将二者区分，此处将英文文献中这一语境下的"Right to Self-Determination"翻译成"自主选择权"，以便符合更严谨的学术和概念规范。

③ Salman M. A. Salman, 'South Sudan Road to Independence: Broken Promises and Lost Opportunities', *Global Business & Development Law Journal*. Vol. 26, No. 2, 2013, pp. 385-386.

标。[①]2002 年 6 月至 7 月，伊加特就苏丹内战问题在肯尼亚马查科斯举行了新一轮和平谈判。这次会谈中，各方就苏丹和平进程中的治理原则、过渡阶段的任务、政府结构以及南苏丹人民的自主选择权达成一致意见，并由此形成了《马查科斯协议》，该协议成为后来《全面和平协议》的一部分。可是到了 2003 年和 2004 年，达尔富尔、努巴山脉、青尼罗河地区以及来自南方内部的叛乱团体因被排除在谈判之外而发动了暴力抗争，使得南北和谈的进程一度受阻。最后在喀土穆将此谈判定调为"南北战争"或"南方问题"而进行的南北谈判，[②]才使得协商进展迅速。2004 年间，南北双方共达成七项协议，分别是 1 月的《财富分享协议》，5 月的《权力共享议定书》《解决阿卜耶伊地区冲突议定书》《解决南科尔多凡州和青尼罗州冲突的议定书》，9 月的《安全安排协议》、10 月的《永久停火和安全安排实施方式和附录》以及 12 月的《执行规范和全面执行纲要及附录》，加上 2002 年签署的《马查科斯协议》，它们共同构成了《全面和平协议》的全部内容。最终《全面和平协议》于 2005 年 1 月 9 日签署，这一天也标志着执行协议的开始。

（二）分离公投：和平协议的核心及实施

分离公投既是达成全面和平协议的基础，也是其核心。根据《全面和平协议》的规定，六年过渡期结束之前，苏丹南部有权通过公投的形式决定是否继续留在苏丹还是从苏丹分离。直接与南苏丹公投相关的协议是 2002 年的《马查科斯协议》，该协议规定公投的如下几个要点：一是南苏丹人民有自主选择权，通过公投的方式决定其未来地位；二是在六年过渡期结束时，由苏丹政府和苏人解共同组织，在国际社会的监督下举行公投，以便让南苏丹人民通过投票采纳"和平协议"所建立的政府体系来确认苏丹的统一，或者投票分离；三是在过渡期间应设立一个独立的评估与评价委员会，以监测《全面和平协议》的执行情况。该委员会应对《全面和平协议》规定的统一安排进行中期评估；四是双方不得以任何形式单方面撤销或废除《全面和平协议》。[③]

① Sharath Srinivasan, 'The Politics of Negotiating Peace in Sudan', in Devon Curtis and Gwinyayi Dzinesa, eds., *Peacebuilding, Power, and Politics in Africa*. Athens: Ohio University Press, 2012, p. 204.

② Sharath Srinivasan, 'The Politics of Negotiating Peace in Sudan', in Devon Curtis and Gwinyayi Dzinesa, eds., *Peacebuilding, Power, and Politics in Africa*. Athens: Ohio University Press, 2012, p. 196, p. 207.

③ Machakos Protocol, July 20, 2002, https://peace maker.un.org/sudan-machakos-protocol2002.

根据2005年苏丹共和国过渡宪法的相关规定，2009年，国民议会制定了《南苏丹公投法》，并由总统签署生效。该法令对公投的具体事项作出了比较详细的规定：第一，公投的法源是《全面和平协议》《宪法》以及《南苏丹公投法》；第二，公投的时间为2011年1月9日，公投的选项要能清晰表达南苏丹的统一或分离意向；第三，公投的执行机构是由总统于任期内设置在喀土穆的南苏丹公投委员会，该委员会是公正、无私、独立的公共机构，并在南方设立南苏丹公投局，每个州在南苏丹公投局的建议下设立高等委员会负责本州的公投事宜；第四，选民资格及注册，规定年龄须届满18岁，父母双方或一方出生于1956年1月1日或以前，定居在苏丹南部的土著社区，或其祖先可追溯到苏丹南部的族裔社区，或自1956年1月1日以来，任一父母或祖父母不间断地永久居住在苏丹南部的人；第五，公投必须达到至少60%的注册选民投票，如果达不到这一门槛，公民投票应在最终结果公布60日内在相同条件下重复举行。任一结果必须大于或等于51%，方有法律效力，且它超越任何法律，对南北苏丹的任何机构和个人均有拘束力；第六，如果公投结果合法且有效，那么无论哪种结果，南北双方必须就相关问题进行谈判，任何问题的共识须建立双方共同的基础之上。[①] 南苏丹公投的大致流程如表12–1所示：

表12–1：南北苏丹公投简要大事记

2004年5月	苏丹政府与名为“苏丹人民解决运动”的南方叛军集团同意终止二十多年来的内部冲突，进行权力共享的和平计划安排。
2005年1月	苏丹政府与南方叛军签署“全面和平协议”，主要内容包括永久停火、南北财富与权力共享安排，以及南方自治政府的成立。
2005年7月	新宪法赋予南苏丹相当程度的自治权，前南方叛军领袖加朗被任命为苏丹第一副总统。加朗次月于一场空难中丧生。
2005年9月	采行南北权力分享机制的统一政府在苏丹首都喀土穆成立。
2005年10月	南苏丹自治政府成立。
2007年10月	南苏丹退出统一政府，理由是2005年的全面和平协议没有获得落实。

① Southern Sudan Referendum Act 2009, Internation Journal of Afican Renaissance Studies, Vol. 5, No. 1, 2010, pp. 192-224.

续表

2008 年 3 月	阿拉伯民兵与南苏丹军队在阿卜耶伊地区发生冲突。
2008 年 4 月	展开全国性普查，该普查为和平协议中关于进行民主选举与公投举办的必要程序。
2008 年 5 月	阿卜耶伊市爆发武力冲突。
2008 年 6 月	苏丹总统巴希尔与南苏丹领袖基尔都同意对阿卜耶伊采取国际仲裁。
2009 年 6 月	南苏丹领袖暨统一政府第一副总统警告若有战事发生时他准备对北方动武。
2009 年 12 月	南北领袖对于南苏丹公投达成协议，该公投预计于 2011 年举办。
2010 年 1 月	巴希尔表示将接受公投结果，即使结果是南苏丹独立。
2010 年 4 月	巴希尔在选举争议之中赢得自 1986 年以来首度苏丹总统大选。
2010 年 11 月	公投选民登记作业开始。
2011 年 1 月 9 日	南苏丹分离公投开始投票。

（资料来源：陈志隆、陈文贤主编:《国际社会公民投票的类型与实践》，台湾新世纪文教基金会 2011 年版，第 90 页。笔者在原文基础上略作修正和补充。）

南苏丹公投于 2011 年 1 月 9 日至 15 日举行，投票区域主要集中在苏丹南部的各个州，以及设在澳大利亚、加拿大、埃及、埃塞俄比亚、肯尼亚、乌干达、英国、美国等八个国外投票站。投票期间，美国、英国、挪威、意大利等国代表和联合国、非盟、欧盟、阿拉伯国家联盟以及伊加特等国际组织，以及其他国家的一些民间组织等作为观察员监督了本次投票。2 月 7 日，南苏丹公投委员会在苏丹首都宣布公投结果，最终分离派以 97.58% 的投票率，98.83% 的得票率获得胜利，远远超过法律所规定的要求。就在当天，苏丹总统巴希尔颁布总统令，表示承认和接受南苏丹公投的最终结果。

表 12-2：南苏丹与其他地区（国外投票站）投票情况表

	南苏丹		其他地区	
	得票数	百分比	得票数	百分比
统一	16,129	0.43%	28,759	23.23%
分离	3,697467	99.57%	95,051	76.77%
有效票	3,713,596	99.72%	123,810	96.88%
无效票	10,598	0.28%	3,990	0.12%
投票人数	3,724,194	98.77%	127,800	72.17%
注册人数	3,770,600		177,076	

（资料来源：南苏丹公投委员会，http://southernsudan2011.com/index.html。）

表 12-3：南苏丹公投结果概览表

公投结果		
	得票数	百分比
统一	44,888	1.17%
分离	3,792,518	98.83%
有效票	3,837,406	99.62%
无效票	14,588	0.38%
投票人数	3,851,994	97.58%
注册人数	3,947,676	

（资料来源：南苏丹公投委员会，http://southernsudan2011.com/index.html。）

（三）南苏丹公投性质的澄清

南苏丹公投在国际社会的监督下和平落幕，使得南北问题能够以一种多方都予以接受的方式解决，应该说，积极意义大于消极意义。[①] 然而，一般

① 南苏丹公投的积极意义在于：（1）以和平的方式结束了长达半个世纪苏丹南北内战，遏制更大冲突的爆发；（2）在一定程度上缓解了东非地缘政治上的紧张局势；（3）营造了和平的地区和国际政治环境。消极意义则是可能间接给其他地区的分离主义提供某种示范作用，使得分离主义更加活跃。

认知中，南苏丹公投时常被误认为是带有独立意蕴的自决公投，造成这种误解的原因主要有四点：一是南北苏丹的各种协议以及相关法律规范的行文中，都将这种由自主决定其未来地位的权利书写成国际法上的自决权。自决权是国际法的通行概念，但若不加甄别，很容易将国内法的自主决定的权利与国际法的自决权相互混淆；二是南苏丹公投有国际社会的介入，似乎给外界塑造了一种南苏丹问题并非一国内部事务的错觉，这是因为许多人不清楚国际社会介入某国内部事务的条件，但即便是介入，也不会改变问题本身的性质；三是南苏丹具有殖民地的历史，在去殖民化的运动中，自决权与独立是相辅相成的概念，使得有心之人刻意将分离与自决嫁接在一起。自决与分离尽管有着质性的不同，但都是以“独立”为指向，因而只看结果不看前提和过程的思维定式容易将两者混同；四是世界其他分离主义（例如台湾地区）故意扭曲南苏丹公投的属性，一方面是意图借此谋求某些地位和要求的合法性与正当性；另一方面是有意移植南苏丹公投的分离路径，为自身所谓的“独立”运动正名。鉴于这样的误区，有必要界定南苏丹公投的性质，以拨乱反正。

南苏丹公投是分离性公投。南苏丹公投的结果是苏丹南部从苏丹共和国分离，成立南苏丹共和国，其母国苏丹仍然作为国际法主体存在。分离不同于独立，独立具有特殊的意涵，“是指在国际关系中不依附其他任何政治实体，通常特指包括殖民地在内的非自治领、托管地及其附属领土实现自主”。[①]尽管苏丹南部也有殖民历史，但毕竟始终与苏丹北部互为一体，自英国入侵之后，南北苏丹作为一个现代国家的整体面貌就得以呈现。1956 年，苏丹已经从英国独立，因而苏丹或苏丹内部不可能再存在第二次独立的问题。“这种权利的行使具有单次性，一旦殖民地获得独立，它就会开始尽最大努力极力捍卫自身领土的完整。没有任何再分离的权利与空隙。”[②]即使苏丹中央政府同意苏丹南部进行分离公投，但其也不意味着苏丹中央政府就承认苏丹南部具有独立权。

南苏丹公投是协议式公投。绝大多数情况下，单方面分离公投很难获得其母国的承认，随之也难以得到国际社会的承认。如果母国不同意分离，即便是那些单方面从母国事实上分离出来的地区，都或多或少面临着合法性的

① 王英津著:《自决权理论与公民投票》，九州出版社 2007 年版，第 183 页。

② Marc Weller, ‘Settling Self-Determination Conflicts: Recent Developments’, *The European Journal of International Law*, Vol. 20, No. 1, 2009, p. 113.

问题。“领土分离不仅仅是一个事实过程，也是一个法律过程。”[1] 合法性需要法律来佐证，分离的合法性来自分离地区与中央政府达成的相关法律性文件。南苏丹公投所根据的是 2002 年中央政府与苏人解所达成的《马查科斯协议》，其受到宪法保护。放眼全世界，协议式公投都十分少见，那么，在哪些情况下，分离主义地区与中央政府或联邦政府之间可能达成协议式公投？通常来说，有以下三种：一是该国具有强大的自由、民主、包容的政治文化传统；二是分离地区的“独立”状态已成事实，且中央政府无力治理并收回；三是分离地区与中央或联邦政府之间，常年混战，民不聊生，导致国际社会介入。南苏丹属于第三种情况。需要指出的是，达成协议式公投绝非是一个简单而是一个漫长发展的政治过程，南苏丹公投是南北矛盾五十年的结果，实属来之不易。

（四）南苏丹公投的特点

南苏丹公投与世界上其他分离地区的公投，例如魁北克公投、苏格兰公投等有异曲同工之处，但其又有自身的一些特点。相同点在于都是协议式、民主性的分离公投，不同点在于南苏丹公投具有直接拘束力，而魁北克和苏格兰公投在很大程度是咨询性公投。南苏丹公投的拘束力，不仅体现在“2005 年的国家过渡宪法（宪法）承认将和平协议融入国家法律的总体框架和具体层面中去”，[2] 而且还体现在相关法律规定只要公投符合法定程序，其结果对南北双方都产生拘束力。根据公投结果，南北双方都有义务进行公投之后的政治谈判，而魁北克和苏格兰公投尽管也规定了类似谈判，但这种谈判是基于一种政治承诺，而不是法律义务。需要指出的是，其一，既是“协议式公投”又是“拘束力公投”的案例在全世界非常罕见，一定程度上折射了它本身的不可复制性；其二，具有拘束力的协议式公投究竟能不能一劳永逸地解决问题，仍是未知数。因为从公投后南北苏丹的关系来看，二者仍然持续着零星的武装冲突。当然，任何事物都有两面性，这些缺点的存在并不能否认或掩盖协议式公投更大的积极作用，瑕不掩瑜。

---

① Glen Anderson, ‘Unilateral Non-Colonial Secession and the Criteria for Statehood in International Law’, *Brooklyn Journal of International Law*, Vol. 41, No. 1, 2015, p. 6.

② Scott P. Sheeran, ‘International law, Peace Agreements and Self-Determination: The Case of the Sudan’, *International and Comparative Law Quarterly*, Vol. 60, No. 2, 2011, p. 437.

除了具有拘束性以外，南苏丹公投还有以下三个特点值得注意：

第一，南苏丹公投的民主程度较低。魁北克公投、苏格兰公投等都是发生在民主制度比较健全、民主政治比较成熟的国家，民主成分高；而南苏丹公投则是发生在经济最不发达，政治亦十分落后的国家，缺乏足够的知识和素养，民主成分低。然而，尽管它们有民主成分的高低之别，但由于南苏丹公投仍然具有民主性质和民主色彩，故在本书的框架下，它们被一同归类为民主性公投。另外，或许正是由于民主成分上的差别，南苏丹公投在很大程度上被部族利益左右，使得公投的副作用有所加强，其是协议式公投的非常态。从根本上解决矛盾，还有很长一段路要走。

第二，南苏丹公投在本质上是国家内部事务，但国际社会对南苏丹公投的影响随处可见，某种程度上是将内部问题国际化了。实际上，国际社会对南北矛盾的介入并没有颠倒南苏丹公投的性质，这需要我们厘清国际社会介入国家内部事务的条件，介入条件决定着介入的正当与否。一般来说，自决权的行使，需要有国际社会作为合理的外在保障，而自主选择权的行使，则没有明确规定，如果内部战争引发了人道危机，或者因某些分离主义所引发的后果（如难民问题）溢出到其他国家，进而给其他国家带来治理困境，那么国际社会介入就是正当的，但不改变其属性。当然，国际社会的介入也可能带来负面影响：一是外力大于内力，致使南北苏丹关系难以步入正轨，其可能需要国际社会的长期干预；二是或许会给其他谋求分离的独立运动提供似是而非的口实。

第三，苏丹南部的分离主义与一般分离主义在诉求和体量上也存在不同。苏丹南部的分离主义并非从一开始就强调独立，其诉求经历了一个由自治走向分离的演化过程，演化的推力主要来自中央政府对待南方诉求的态度和立场及其推行的政策；苏丹南部的体量与苏丹北部大致相当，体量的相似性似乎更有助于在协商谈判中争取到有利的位置，增加利益或增强分离的可能性；而一般分离主义的体量和规模都比较小，要么是一个国家的某个省份，要么就是边陲地区，且从一开始就强调分离主张。

四、关于该案例的检视与反思

南苏丹公投是近年来少有的成功分离案例，虽然其不能当作范例被其他分离主义所仿效，但对如何防范分离主义的国家而言，汲取南苏丹公投的经验教训，十分必要。对南苏丹公投的综合评价需要从公投前后的两个阶段来看，这样才能比较客观、全面地认清南苏丹公投的前因后果。

（一）《全面和平协议》的局限制约了苏丹内部关系的改善

《全面和平协议》有着重要的标志性意义，它结束了苏丹南北长达半个世纪的战争状态，创造了一个相对和平的生存环境，来之不易。但是，从《全面和平协议》的签署到南苏丹分离后的今天，批评者的声音却开始渐渐增多，有学者指出“和平协议不仅使其他几个反对派政治和军事集团边缘化，而且也未能解决几个悬而未决的问题，包括与公民身份、边界划分和阿卜耶伊地位有关的问题”。[①] 也有学者认为，“困扰南北苏丹冲突后的许多和平建设努力中的挑战，首先应归因于和平谈判的初始阶段”。[②] 这就不得不让我们反思《全面和平协议》在谈判和执行的过程中到底出现了哪些问题，产生了哪些消极后果，以及原因又是什么？

一方面是将复杂问题简单化，使得矛盾不减反增。其一，体现在对谈判主体的简化，和平谈判仅限于国家联盟（NCP）与苏人解之间，排除了其他地区的政治势力。将谈判主体窄化，其目的是让和平谈判变得相对轻便和有效率，可是无视其他反对派的存在，会衍生出更多的新问题。谈判主体的包容性差，加上国家联盟与苏人解对各自内部反对派的压制，使得《全面和平协议》的接受度和执行力大打折扣；其二，体现在对相关议题的简化，对苏丹战争中的北方与南方、阿拉伯与非洲、穆斯林与基督教冲突进行三重简化，虽然有助于促成《全面和平协议》，但并没有为该地区带来和平，同时也掩盖

---

① Jeremy Astill-Brown, ‘South Sudan’s Slide into Conflict: Revisiting the Past and Reassessing Partnerships’, London: Chatham House, Royal Institute of International Affairs, 2014, pp. 3-4.

② Sharath Srinivasan, ‘The Politics of Negotiating Peace in Sudan’, in Devon Curtis and Gwinyayi Dzinesa, eds., *Peacebuilding, Power, and Politics in Africa*, Athens: Ohio University Press, 2012, p. 209.

了旨在加强苏丹北方公民政治体制建设的和平努力。[①] 另一方面，和平协议是由众多国家和区域组织共同促成，参与者的多元化，使得《全面和平协议》谈判及内容走向了利益碎片化。每个参与者带着不同的利益驱使南北苏丹达成和平协议，大大降低了《全面和平协议》的凝聚力以及对复杂问题解决的期望。更重要的是，这些国外参与者"没有认识到南北冲突的根源，也没有认识到当地的现实，其加剧了过去的分裂，有时甚至还给人民带来灾难性的后果。"[②]

追根究底，出现上述两大问题的原因主要是：第一，和平谈判目标的狭隘性。和平谈判的初衷以及最主要的目的是结束苏丹内战，而内战的主要参与者分别是苏丹政府军和苏丹人民解放军。换而言之，尽管各自内部或其他地区也存在零星的战争，但并不在此次和平谈判的考虑范围；第二，减少谈判阻力的需要。如果把所有内部问题都纳入和平谈判，恐会给此次和平谈判造成压力负荷和增添变数，且谈判者越多，问题就越复杂，共识也就越难达成；第三，巩固南北双方既有政治权力的需要，对于谈判者来说，和平协议的本质目的是要实现自我利益最大化，谈判者越少，竞争对手就越少，那么权力也就越大；第四，外国和国际组织的参与，主要基于谈判主体背后的支持者和苏丹的资源以及特殊而又重要的地理位置。

总而言之，将一些复杂问题简单化处理，是达成和平协议的策略和手段，外力的参与在某种程度上也是促进对问题的有力解决。但是，倘若没有适当的配套和回应机制，这些简单化处理的背后或许会潜藏着随时都可能爆发的危机。这需要引以为戒，在肯定《全面和平协议》正面价值的同时，也不能忽视其后遗症。

（二）分离公投后的南苏丹出现了更多政治问题

2011 年公投之后，南苏丹共和国遂而成立，但十分不幸的是，一波未平一波又起的冲突，随即又将南苏丹带入内战状态。很明显，南苏丹内战与苏丹南北分离并没有直接上的关系。不过，让人不禁要问的是，为什么在分离

① Sharath Srinivasan, 'The Politics of Negotiating Peace in Sudan', in Devon Curtis and Gwinyayi Dzinesa, eds., *Peacebuilding, Power, and Politics in Africa*, Athens: Ohio University Press, 2012, p. 196, p. 207.

② Terence McNamee, The First Crack in Africa's Map? Secession and Self-Determination after South Sudan, South Africa: The Brenthurst Foundation, 2012, p. 21.

之前这些问题没有暴露出来，而在分离之后就开始呈现井喷之态？不夸张地说，南苏丹公投是南苏丹内部“相对和平”与“激烈冲突”的分水岭。公投分离之后的南苏丹出现了更多的政治问题，其根本原因当然不能归结于公投本身，但公投是否催化了南苏丹内部矛盾？其要求我们重新检视作为解决问题手段的公投的功能及其公投对南苏丹内部局势走向的影响。

公投之后南苏丹与苏丹之间的战火基本上得以平息，可是南苏丹内战却是一发不可收拾。原因到底是什么？第一个层面，需要弄清公投与战争的关系。首先，公投不是万能的，不能动辄就将内战的解决与公投联系在一起，“行使分离性质的自主选择权需要满足一定的条件”，[①] 更何况，有研究指出，“公投与内战并不必然相关，由战争导致的公投案例在全世界仅有13%”。[②] 将所有问题都寄托于公投这种毕其功于一役的短线做法，可能会得不偿失；其次，苏丹南部的领导人对公投与战争之间关系的措置认知，也使得公投出现走样甚至异化。公投本身的目的是给人民提供一个选择其未来走向的平台，以决定其是否分离。但是，正如前文所述，南苏丹是一个文化水平极其低下的地区，部族首领往往将自身的意志凌驾于公共利益之上，他们将公投视为从苏丹分离的一种合法的手段或程序，而分离对他们来说不过是获得了像北方一样掠夺国家的一个机会。[③] 不难发现，公投在很大程度上是各部族首领们之间相互攫取国家资源的工具，并非真的是要结束战乱，拯救国家；再次，分离主义和国际社会迷信只有公投才能带来和平，但悖论就在于“永久的和平不是得益于把真正的民族分裂成不同的国家”。[④] 尽管受制于历史、资源、文化等多重因素的影响，解决南北内战也绝非只有公投才是唯一出路。实际上，政治学理论中的协商民主也未尝不是一种可供选择的路径。

第二个层面，需要弄清南苏丹公投，到底给南苏丹的国家建构或建设无形之中派生了哪些难题？其一，如何建构国家身份与国家认同的问题。“南苏丹的分离并非沿着单一的族群分裂进行，而是继续维持了一个多民族、多语

① Obehi S. Okojie, ‘Between Secession and Federalism: The Independence of South Sudan and the Need for a Reconsidered Nigeria’, *Global Business & Development Law Journal*, Vol. 26, No. 2, 2013, p. 439.

② Matt Qvortrup, ‘Referendums on Independence, 1860–2011’, *The Political Quarterly*, Vol. 85, No. 1, 2014, p. 64.

③ Alex de Waal, ‘When Kleptocracy Becomes Insolvent: Brute Causes of the Civil War in South Sudan’, *African Affairs*, Vol. 113, No. 452, 2014, p. 367, p. 348.

④ James D. Fearon, ‘Separatist Wars, Partition, and World Order’, *Security Studies*, Vol. 13, No. 4, 2004, p. 394.

言和多宗教的实体。”[①] 苏人解内部如今被分裂成三大派系，分别是苏人解运动抵抗派（SPLM-IO）、苏人解政府派（SPLM-IG）以及苏人解民主改革派（SPLM-DC），三个派系分别与不同的部族勾连在一起。政治纷争与部族利益的交织，使得南苏丹的国家建构进程举步维艰；其二，国家政治制度建构问题。南苏丹独立后，没有延续过渡时期实行的分权制度，而是改行了以加强个人权力和中央权威的总统制，尽管总统制更有利于防止内部反对派对其进行再分离，但过度的集权也造成了少数群体备受压制和边缘化，联邦制徒有虚名。如果不能从制度上进行制约与平衡，南苏丹内部的权力之争恐难平息；其三，缺少成熟的国家机器和行政体制，导致国家治理绩效低下。虽然过渡时期南苏丹已在着手建立新国家的相关职能部门，但“由于受到冲突的拖累，社会日益失去了原本的功能，一旦和平终于实现，国家领导人往往缺乏以非军事的方式来治理一个破裂的国家所需的必要技能和经验。”[②] 这种情势下，领导人常常又会诉诸建立在部族、宗派基础之上的军事统治模式，使得原有的局面并未因为分离而有所改善，甚至变得更加混乱不堪。因而，“一些观察家认为，南苏丹将成为一个失败的国家”。[③]

从南苏丹公投的案例中可以汲取的教训是：一方面，存在分离主义运动的国家的中央或联邦政府在对待该问题上宜多借鉴像英国、加拿大那样包容与多元的民族、宗教和地区自治政策，以防止内部分裂；另一方面，分离主义地区同样应该慎重对待分离诉求，如果缺乏必要的物质基础和基本的治理能力，那么即便是分离，其后的处境也可能比分离前的状况更为糟糕和不可预测。

（三）分离成功并非意味着分离主义的正当性

苏丹南部从苏丹分离是错综复杂的多重因素共同作用的产物，其中包括三大要件：前提是南方苏人解与中央政府之间达成的协议，保障是国际社会的介入，手段是通过公民投票决定。当今世界，分离主义对每一个主权国家

---

① Redie Bereketeab, ‘Redefining National Identity and Nation-Building in Post-Secession Sudans: Civic and Ethnic Models’, *Studies in Ethnicity and Nationalism*, Vol. 14, No. 2, 2014, p. 303.

② Jenik Radon, Sarah Logan, ‘South Sudan: Governance Arrangements, War, and Peace’, *Journal of International Affairs*. Vol. 68, No.1, 2014, p. 159.

③ Kiertisak Toh, Prahlad Kasturi, ‘Foreign Aid in Post-Conflict Countries: The Case of South Sudan’, *Journal of Third World Studies*, Vol. 29, No. 2, 2012, p. 203.

来说都是一种威胁和挑战，南苏丹分离的案例是否会给外界尤其是给分离主义塑造出一种正当性的氛围？是否也会给其他地区的分离运动提供一种仿效的模式？

2011 年 1 月南苏丹公投举行后，其他国家的分离主义亦步亦趋，先后有乌克兰的克里米亚、英国的苏格兰、西班牙的加泰罗尼亚以及伊拉克的库尔德进行分离公投。有学者警觉的指出尽管苏丹南部在规模和强度上的情况非常特殊，但其斗争的一些特点使得整个非洲大陆的分离运动产生了共鸣。[①]南苏丹的这些独有特点，让分离主义者看到了获取成功的途径和希望。从时序上看，苏丹南部的分离是其与中央政府长达五十多年抗争的结果，虽过程漫长，但终获“胜利”，这给其他分离主义树立了一种“以拖待变”的幻想；从环境上看，国际社会在解决苏丹内战的过程中如影随形，“倘若没有来自区域的或全球的外部支持,苏人解不可能对喀土穆政权发动任何形式的战争，”[②]且在国际社会的介入下，苏丹南北矛盾很快得到了解决，这有可能导致其他分离主义争相寻求外援。

南苏丹分离公投尽管成功了，但这是否意味着分离主义就具有正当性？显然不是。分离地区是否可以自主决定自己的前途地位与分离主义是否具有正当性是两码事，没有直接联系。因为判定分离主义的正当性要根据具体的国情和情境性，实难从单一、复杂的案例中笼统的推导出抽象、一般的宏观理论。并且这种正当性只能体现在单一的案例中，而不能一概而论地上升到国际法的高度。分离主义的正当与否取决于其中央政府对之的态度，倘若中央政府同意分离地区自主决定前途地位，那么在某种程度上就可以说明其分离主义具有正当性，反之亦然。因此，笔者认为，即便是苏丹南部的分离具有正当性，但也只是局限在苏丹内部，其并不能证明分离主义普遍具有正当性。因为：

其一，苏丹南部的分离是个案而非先例。“文化保护或许是一件好事，但不应成为分裂的理由；同样，一个地区的经济差异也不应成为分离的正当

① Terence McNamee, The First Crack in Africa’s Map? Secession and Self-Determination after South Sudan, South Africa: The Brenthurst Foundation, 2012, p. 3, p. 9.

② Rogen Dean, ‘Rethinking the Civil War in Sudan’, *Civil Wars*, Vol. 3, No. 1, 2000, p. 81.

理由。”[①]苏丹南部分离诉求的肇因是中央政府的文化灭绝和资源压榨政策，且由此产生了惨绝人寰的内战；其二，主权国家和国际法都坚持国家主权与领土完整的优先原则，无论是何种诉求的分离主义，都有违这一精神和旨趣。正如加拿大学者对全世界 89 个国家宪法的研究指出，89 个中有 82 个国家宪法都载明在任何情况下都不允许国家领土分离，而且有 22 个国家明确规定了国家领土完整的首要地位在任何情况下都不容置疑。[②]分离是一种既违背国际法又违反国内法的双重非法行为；其三，从根本上来讲，南苏丹公投所依据的自主选择权，是得益于双方的谈判及其达成的协议。“分离势力太过强大，长期与母国对抗甚至诉诸战争，或者在大国支持下已经实现事实分离，母国无力承受继续维护统一所付出的代价，无奈同意公投。”[③]只有在极端的情况下，中央政府才会回应分离主义的诉求，达成协议，甚至诉诸公投解决，但这并不意味着是对分离主义正当性的承认。

五、余论

南苏丹公投不仅牵涉南北苏丹关系的走向，也涉及南苏丹内部关系的发展。尽管南北苏丹之间仍有许多问题亟待解决，但在几经磨合后，这些问题均被限制在可控范围之内，南北苏丹关系较之前大有缓和，而且从目前看，南北苏丹再起战端的可能性很小。不过，由于亟待解决的问题随时都有可能成为南北关系的引爆点，因而化解这些争端对南北苏丹仍是不可小觑的挑战。与之刚好相反的是，南苏丹内部战乱频仍，并未随着南苏丹公投的胜利而有所克制，反而随着南北苏丹的改善而变得更加不可逆转。暴力冲突、社会饥荒、种族屠杀时有发生。虽然在国际社会的协调下，按照之前南北苏丹的路径敦促各派系和平谈判以及签署相关协议，但能否见效，尚是未知数。南苏

---

① Thomas W. Simon, ‘Remedial Secession: What the Law Should Have Done, from Katanga to Kosovo’, *Georgia Journal of International and Comparative Law*, Vol. 40, No. 1, 2011, p. 142.

② Patrick Monahan, Michael J. Bryant, Nancy C. Coté, ‘Coming to Terms with Plan B: Ten Principles Governing Secession’, *CD Howe Institute Commentary*, No. 83, 1996, p. 7.

③ 庄吟茜:《苏格兰公投与克里米亚公投的比较分析——基于公投类型和分离权双重视角》，载《学海》2017 年第 2 期，第 159 页。

丹分离公投在某种程度上是一种胜利，但如何实现内部和平及其治理，需要各方把注更多的政治智慧。

第十三章　克里米亚公民投票

2014 年 3 月 16 日，乌克兰的克里米亚自治共和国就自身地位问题举行了公民投票，结果显示，96.6% 的投票者支持克里米亚脱离乌克兰并赞成加入俄罗斯联邦。3 月 17 日，克里米亚议会决定正式脱离乌克兰，同时决定加入俄罗斯联邦。[①] 这引起国际社会的极大关注和震惊。克里米亚公投（以公投的形式寻求分离）为我们进一步认识分离主义运动的新形势提供了经典素材。此次公投为何能够成功举行，并顺利并入俄罗斯？该公投有无正当性基础？对国际社会有何影响？应该如何评价这次公投？这些都是在克里米亚公投案例中需要加以分析和探讨的问题。

一、克里米亚公投的前因后果

克里米亚是连接欧洲和近中东的重要海上通道，自古以来就是列强逐鹿的兵家必争之地。[②] 在历史上，克里米亚的归属几经嬗变，最终被沙皇俄国于 1783 年纳入自己的版图。[③]

---

① 孙世彦:《克里米亚公投入俄的国际法分析》，载《法学评论》2014 年第 5 期，第 139 页。

② 赵克仁:《俄乌克里米亚问题的由来》，载《世界历史》1997 年第 5 期，第 115 页。

③ 刘显忠:《克里米亚半岛的历史变迁》，载《当代世界社会主义问题》2014 年第 2 期，第 95—97 页。

1954年2月，为纪念乌克兰与俄罗斯合并300周年，经赫鲁晓夫提议，苏联最高苏维埃主席团下令将将克里米亚划给乌克兰，以彰显乌克兰和俄罗斯之间的密切关系。未曾想到，这一亲密举动为后来克里米亚之争埋下伏笔。[①]1991年12月，存在了69年之久的苏联宣告解体。依照独联体各国签署的《明斯克协议》规定，克里米亚仍归属乌克兰。然而，随着独联体内部形势的持续动荡，克里米亚的地位及归属问题浮出水面。此时，应如何“安置”克里米亚不仅成为乌克兰内部的一个棘手问题，也成为乌克兰与俄罗斯之间的一个重大争端。

1991年底至1995年3月，克里米亚与乌克兰政府就如何落实克里米亚自治地位进行了多次博弈。期间，克里米亚一直谋求“独立”，但当时俄罗斯国内问题重重，外交上奉行向西方靠拢的政策，在乌克兰政府坚决反对、甚至军事威胁的情况下，它无法从俄罗斯获得实质性支持；加之，克里米亚内部分离主义运动的领导人政治经验不足、政策上的失误、分歧以及分离主义运动缺乏明确的理论纲领、实践准备、路线图等，[②]这些因素相互作用，致使克里米亚进行的分离主义运动相继失败。但是，其分离主义势力并未消失。

苏联解体后不久，俄罗斯和乌克兰之间就黑海舰队归属问题发生争执，并牵涉到黑海舰队驻地克里米亚的归属，遂而引发俄罗斯对当年赠送的反悔之意。这样，俄乌之间的克里米亚之争公开化。[③]随着乌克兰在俄罗斯抵御北约东扩和加强独联体安全合作中战略地位日益凸显，出于保持地缘政治优势的考虑，俄罗斯意识到改善与乌克兰之间关系的迫切性和重要性。1997年3月，俄罗斯主动释放善意并采取谈判、协商方式，双方签订了解决黑海问题的一系列协定。两国的领土争端初步得以解决。[④]之后，双方随形势变化对此问题又进行多次协商，但该问题并未真正彻底解决，这使得克里米亚的归属在俄乌之间实际上仍是一个悬而未决的问题。[⑤]

---

① 赵克仁:《俄乌克里米亚问题的由来》，载《世界历史》1997年第5期，第117页。

② 封帅:《悲剧的诞生：身份认同困境与克里米亚的命运》，载《俄罗斯研究》2014年第3期，第32—34页。

③ 杨勉:《克里米亚和赛瓦斯托波尔脱乌入俄的历史背景和现实动因》，载《西伯利亚研究》2014年第3期，第29—30页。

④ 杨勉:《克里米亚和赛瓦斯托波尔脱乌入俄的历史背景和现实动因》，载《西伯利亚研究》2014年第3期，第31页。

⑤ 梁强:《乌克兰危机一年：回顾、反思与展望》，载《俄罗斯研究》2015年第1期，第32页。

与此同时，乌克兰在与北约、欧盟、俄罗斯之间的关系处理上，随情形变化或“一边倒”、或搞平衡外交、或东西摇摆，但乌克兰所处的地理位置，注定使它始终面临着“向西”（加入北约、欧盟）或“向东”（倾向与俄罗斯一体化）的选择问题。不过，北约和欧盟的东扩从未止步，而是步步紧逼。俄罗斯无法接受乌克兰倒向西方的选择，更无法承受因乌克兰倒向西方而失去克里米亚之后果。美国前国务卿布热津斯基指出：“乌克兰是欧亚棋盘上一个新的重要地带。……它是地缘政治支轴国家；没有乌克兰，俄罗斯就难以成为欧亚的帝国。”① 对俄罗斯而言，克里米亚则是生死之地，其意义在于它是俄罗斯的生存底线——底线是俄罗斯未来复兴的前提和基础。② 正是某些主要国际势力的相互角逐、乌克兰国内治理问题丛生，以及乌克兰、克里米亚特有的地缘位置等因素的相互交织引发了乌克兰危机及克里米亚公投事件。

表 13-1：克里米亚分离公投演变历程简表（2004—2014 年）

时间	主要事件
2004 年 11—12 月	在美国和欧盟的干预下，乌克兰总统选举演变成一场“橙色革命”，“亲俄”的亚努科维奇总统职位被“亲西方”的尤先科夺走。
2010 年 2 月 10 日	亚努科维奇重新上台，努力修补乌俄关系，同时，与欧盟准备签署联系国协定。
2013 年 11 月 21 日	11 月 21 日，乌克兰政府宣布暂停与欧盟签署联系国协定的准备工作，引发民众抗议。随后，期间情形多变，直至亚努科维奇下台。
2014 年 2 月 22—27 日	随俄国、美国、欧盟介入的力度持续加大以及相互间的角逐升级，乌克兰政治危机加剧。克里米亚的去或留成为各种力量争夺的焦点。
2014 年 2 月 27 日	身份不明的武装分子占领克里米亚自治议会大厦，议长召开闭门紧急会议，决议将在 5 月 25 日举行公民投票，以决定克里米亚是留在乌克兰，还是分离出去独立建国或并入俄罗斯。

① ［美］兹比格纽·布热津斯基著：《大棋局——美国的首要地位及其地缘战略》，中国国际问题研究所译，上海人民出版社 1998 年版，第 62 页。

② 张文木：《乌克兰事件的世界意义及其对中国的警示》，载《国际安全研究》2014 年第 4 期，第 10 页。

续表

2014 年 3 月 1 日	西方国家的持续介入和俄罗斯的军事部署使克里米亚形势更为复杂。3 月 1 日，阿克肖诺夫总理宣布，由于克里米亚局势恶化，原定于 5 月 25 日举行的克里米亚公民投票将提前至 3 月 30 日。
2014 年 3 月 6 日	克里米亚做出克里米亚并入俄罗斯的决定，并将公民投票的日期提前到 3 月 16 日。公民投票的问题是：你是否支持克里米亚加入并成为俄罗斯联邦的一部分？或你是否支持恢复克里米亚作为乌克兰一部分的 1992 年克里米亚共和国宪法？
2014 年 3 月 16 日	克里米亚和塞瓦斯托波尔就地位问题举行公民投票，投票率为 83.1%。结果显示，超过 96.6% 的民众赞成加入俄罗斯联邦，反对者仅占 2.51%。
2014 年 3 月 17 日	克里米亚议会宣布从乌克兰分离出去，申请加入俄罗斯。随即，普京签署总统令，承认克里米亚共和国为主权独立国家。
2014 年 3 月 18 日	俄总统普京与克里米亚领导人签署克里米亚成为俄罗斯一部分的条约。
2014 年 3 月 21 日	俄总统普京签署了联邦委员会批准的克里米亚入俄条约以及规定其地位和边界等问题的宪法条例，这标志着克里米亚加入俄罗斯的法律程序全部完成。

（资料来源：作者自制）

针对克里米亚公投分离及并入俄罗斯的行为正当性与合法性问题，国际社会表达了不同的意见和看法。

2014 年 3 月 27 日，联合国大会就乌克兰等国起草的一份题为“乌克兰的领土完整”决议草案进行投票表决时，美、英等 100 个国家投票赞成，俄罗斯、古巴等 11 个国家投票反对，中国、巴西等 58 个国家弃权投票。[①] 乌克兰及其西方盟友成功说服多数国家在联合国大会上投票认定克里米亚“脱乌入俄”的公民投票为非法行为，而且乌克兰还誓言要把俄罗斯告上国际法庭。普京则抛出“民族自决公投说”“科索沃先例说”等说辞，为克里米亚

① 曾令良：《与克里米亚“脱乌入俄事件”有关的国际法问题》，载《国际法研究》2015 年第 1 期，第 3 页。

公投，并加入俄罗斯的合法性进行辩护。而美国等西方国家认为，克里米亚从乌克兰分离违反乌克兰宪法、损害了乌克兰的主权和领土完整；公投是在“俄罗斯军事干预带来的暴力与恐吓威胁之下”进行的，所谓的保护人权是彻头彻尾的谎言，违反了俄罗斯之前所做的承诺和有关协定等。[①]

需要指出的是，尽管克里米亚在公投及加入俄罗斯之后，希望得到俄罗斯之外的更多国家承认其行为的正当性与合法性，但它并不直接面临被其他国家承认的任务，因为它从乌克兰“独立”出来的结果是合并到俄罗斯联邦之中，这种情形使得它“独立”成功只需接纳国——俄罗斯同意即可。不过，无论它是基于何种考虑和理由，俄罗斯接纳克里米亚都缺乏国际法的支持。原因就在于克里米亚的分离公投及行为并没有得到中央政府的批准或同意。这实际上是对乌克兰主权的一种侵犯。[②] 当然，这是另一个问题——克里米亚分离公投的正当性与合法性问题，下文详析。

二、围绕公投合法性问题的争议

关于克里米亚公投的合法性问题，目前学界主要有三种观点：其一，简单依据公民投票的合法性要件分析其合法性问题，其结论当然是该公投不具有合法性；[③] 其二，不仅着眼于判断克里米亚公投合法性及效力，而且对民族自决权的相关理论进行了反思；[④] 其三，从克里米亚公投与其它公投的比较来分析其所属类型和性质，进而论及其正当性与合法性。[⑤] 这些既有研究成果

① 储昭根:《克里米亚闪电入俄的经验与启示》，载《亚非纵横》2014 年第 4 期，第 104 页。

② 孙世彦:《克里米亚入俄的国际法分析》，载《法学评论》2014 年第 5 期，第 144—145 页。

③ 何颖、李泽先:《克里米亚全民公决合法性判断》，载《法制博览》2015 年第 17 期，第 27—28 页；高鹏宇、高凛:《全民公决的合法性要件：基于苏格兰和克里米亚公决事件》，载《法制博览》2016 年第 13 期，第 7—9 页；潘雪娇:《克里米亚公投的效力问题浅析》，载《法制博览》2015 年第 24 期，第 254 页。

④ 曾令良:《与克里米亚“脱乌入俄事件”有关的国际法问题》，载《国际法研究》2015 年第 1 期，第 3—13 页；管俊兵:《民族自决权理论的“扩”与“限”——基于克里米亚公投引发的思考》，载《宜春学院学报》2015 年第 11 期，第 16—19 页；罗国强:《独立、分离与民族自决的法律困境——结合科索沃和克里米亚问题的探讨》，载《政法论丛》2015 年第 1 期，第 10—17 页；郑伟伦:《论民族自决权与民族分离主义的关系——以克里米亚地区为例》，载《法制博览》2015 年第 6 期，第 172 页。

⑤ 庄吟茜:《苏格兰公投与克里米亚公投比较——基于公投类型与分离权的双重视角》，载《学海》2017 年第 2 期，第 153—161 页。

对全面认识克里米亚公投具有重要意义，但上述研究在该问题上大多欠缺深度分析。基于此，笔者拟在集中探讨克里米亚公投类型和性质的基础上，对之进行比较深入的阐释。

从既有研究成果看，主流观点认为，克里米亚公投缺乏正当性与合法性基础，或委婉地指出“值得商榷”；但从现实政治层面来看，以美国、欧洲为代表的国家坚决认为克里米亚公投及加入俄罗斯，不仅违背乌克兰宪法，也违背国际法，不具备正当性和合法性；而俄罗斯则认为克里米亚行使民族自决权，以公投的方式回归俄罗斯符合国际法。同时，还有很多国家回避直接谈论克里米亚公投的合法性与否。不难看出，克里米亚公投的正当性与合法性问题，不是一个纯粹的理论判断问题，而且是一个与各国利益相关的现实政治问题。不同国家对克里米亚公投合法性与否的判断更多是从自身利益出发，而非全然根据法理与学理的标准，这样也就容易出现在类似问题上的多重标准。显然，其不利于人们看清克里米亚公投的正当性与合法性。

众所周知，公民投票是实现民族自决权的一种重要方式。在现实中，有些地区分离主义者或民族分离主义者常常打着行使“自决权”的旗号，他们不但试图从国际法中寻求论证“独立”合法性的支撑，而且企图通过公投的方式来实现从母国分离。有些国际政治学者的文献中也往往将分离权与自决权联系在一起，甚至将分离权混同于国际法上的自决权。[①] 鉴于这种情况，要厘清克里米亚的性质，首先需要界定民族自决权的基本内涵、适用范围和行使主体；其次，还需要剖析自决权与“分离权”的关系。

民族自决原则被确立为国际法的一项重要原则已是不争的事实，但因国际法并未对这一原则做出任何确切的定义，以致人们对民族自决权的意涵存有不同解释，从而导致民族自决权原则在实践中的滥用。针对这一现象，有学者专门对民族自决权原则进行了细化研究，并对其含义进行了澄清，认为国际法上民族自决权的原始含义，即政治独立权，是殖民地、托管地或非自治领土的人民在去殖民化过程中所行使的实现国家政治独立的权利。[②] 这是国际法上狭义的民族自决权。与其相对应的则是国际法上广义的自决权，即除了包括狭义上的政治独立权外，还包括经济自决权、社会自决权和文化自

① 王英津:《有关“分离权”问题的法理分析》，载《世界经济与政治》2011 年第 12 期，第 20 页。
② 王英津:《有关“分离权”问题的法理分析》，载《世界经济与政治》2011 年第 12 期，第 25 页。

决权，甚至包括对自然资源的永久主权。[①]在去殖民化前期，侧重于狭义上的民族自决权；在去殖民化后期，侧重于广义上的民族自决权。换言之，在殖民地基本不复存在的情况下，狭义上的民族自决权已较少使用，并且行使时具有极为严格的条件。从国际法上狭义民族自决权的涵义来看，行使民族自决权的主体只能是殖民地、托管地或非自治领土。

经过以上分析后，让我们再聚焦到克里米亚公投问题：克里米亚是否具有行使国际法上民族自决权的主体资格？依据乌克兰宪法规定以及克里米亚归属演变来看，克里米亚并不属于殖民地、托管地或非自治领土。很显然，克里米亚不具备行使国际法上民族自决权的主体资格。

那么，占克里米亚多数人口的俄罗斯民族作为乌克兰国家中的少数民族，它是否享有行使国际法上的民族自决权呢？

"当今世界的各个民族国家的范围内，作为国族的各个组成部分的民族是不享有民族自决权的。"[②]可见，民族自决权不是给予每个具体的少数民族的。自决权不适用于主权国家中的一部分人民，这是保障一个主权国家的完整性所必需的。现有主权国家中，单一的民族国家很少，绝大多数都是多民族国家。如果把民族自决权赋予某国境内的任一特定部分的人民，则会严重损害国家领土完整和主权安全，也会影响国际和平与稳定。基于此，某国境内的任何一部分人，无论是基于何种标准而形成，它们都不能拥有和行使国际法上的民族自决权。就单一民族国家而言，自决权主体是单一的民族整体；就多民族国家而言，其主体则是多个民族构成的民族整体，即国族。所以，无论是单一民族国家，还是多民族国家，行使民族自决权的主体只能是一个国家范围内作为整体的全体人民。[③]一个国家内部的少数民族并不享有国际法上的民族自决权，因而克里米亚不具有适用国际法上民族自决权的情形和资格。

克里米亚公投究竟是国际法上所规定的独立行为，还是属于一种分离行为？克里米亚公投行使所依据的是自决权，还是一种"分离权"？这种现象背后其实关涉的是从理论上如何认识自决权与"分离权"以及理解二者之间

---

① 王英津：《自决权理论的三种"版本"：比较与评价》，载《学术探索》2009年第6期，第43页。
② 宁骚著：《民族与国家——民族关系与民族政策的国际比较》，北京大学出版社1995年版，第399页。
③ 王英津：《论作为自决权主体的"民族"与"人民"》，载《福建论坛（人文社会科学版）》2008年第5期，第126页。

的关系。虽然自决思想几经流变，但自决权指涉的仍是独立权，而非“分离权”。自决权与“分离权”没有必然的联系。自决与分离二者之间仅具有表面上和形态上的相似点，即都是以独立建国为目标。但二者更有本质上的不同，因自决出现的独立不会破坏原宗主国的领土完整，而因分离出现的分裂则会破坏其母国的领土完整性。也因此，国际法对自决与分离持有不同的态度。自决是国际法上一种广为承认的基本原则并被保护、支持的行为和权利，分离则在国际法上不被提倡和支持，也并未被确立为一项基本权利，反而受到特别的限制。[①]在国内法层面上，分离通常被禁止，即便分离被作为一项权利也仅是极个别情况，在行使时受到的约束条件是极为苛刻的，几乎不可能实现。[②]通过以上自决与分离的理论区隔可知，民族自决绝非民族分离，自决也绝非民族分离主义者从事国家分裂行为的法理基础和“挡箭牌”。民族分离主义势力亦深知其分离行为既缺乏坚实的政治支持和道德基础，又在国际法上和国内法上面临着不可逾越的法律障碍。为实现其狭隘的民族利益，甚至个人的政治利益，并在一些国际势力的支持和鼓动下，民族分离主义者所采用的基本做法则总是假借自决的“旗帜”和“外衣”，推行其分裂国家行为。克里米亚采用的正是这种手法。克里米亚分离主义势力故意嫁接民族自决，是以自决与分离形式上的相似来掩盖实质上的不同，是对国际法上民族自决权的歪曲与滥用，更是对国家主权原则的破坏以及国际法上自决原则的挑战。

另外，从公民投票类型划分所依据的标准、适用范围和条件来看，[③]克里米亚公投不是自决性公投，而是分离性民主公投。衡量和判断分离性民主公投的合法性依系于其是否符合该国宪法的规范及中央政府的态度。换句话说，克里米亚公投必须至少满足上述条件才能被视为合法。当今世界，绝大多数国家的宪法和法律从未赋予任何地区或境内少数民族从该国分离出去的权利。乌克兰亦是如此，它恰恰是坚决反对克里米亚单方面的分离行为。单从法理上说，克里米亚公投违背乌克兰宪法，是破坏国家领土完整和统一的非法行径。

---

① 王英津：《自决权：并非分离主义的挡箭牌》，载《福建师范大学学报（哲学社会科学版）》2008 年第 4 期，第 25—28 页。

② 王英津：《有关“分离权”问题的法理分析》，载《世界经济与政治》2011 年第 12 期，第 33—34 页。

③ 王英津：《公民投票类型研究的局限及解决思路》，载《理论探讨》2008 年第 3 期，第 14—15 页。

后退一步讲，即便要对克里米亚未来地位走向进行公投，也并非克里米亚民众单方面所能达成的。原因在于：涉及领土变更的民主性公民投票要件之一就是必须根据宪法和相关法律的规定由全体乌克兰人民来共同决定。也就是说，能够启动克里米亚领土归属变更公投的只能是乌克兰中央政府，或者与克里米亚达成协议授权其根据相关法律办理分离公投。克里米亚公投显然违背了这一程序。首先，克里米亚公投违背了《乌克兰宪法》，挑战了乌克兰的国家主权和领土完整。依照现行《乌克兰宪法》第二条规定："乌克兰主权及于乌克兰全部领土""乌克兰是统一的国家""现有国界内的乌克兰领土是一个不可分割的和不可侵犯的"[①]；第一百三十二条规定："乌克兰领土结构应以国家领土统一和完整原则为基础"[②]；第一百三十四条规定："克里米亚自治共和国是乌克兰不可分割的组成部分，在乌克兰宪法规定的权限范围内决定属于它主管的问题"[③]。其次，克里米亚公投违背《乌克兰宪法》关于领土变更和公民投票的规定。按照现行宪法规定，即使将来出现领土变更的情形，也必须经由乌克兰全体人民的公民投票来决定，为此，宪法还专门规定了发动公民投票的要件。譬如，宪法第七十三条规定："改变乌克兰领土只能通过乌克兰全体人民的公民投票方式决定"[④]；第七十二条规定："乌克兰全民公决由乌克兰议会或乌克兰总统按照宪法赋予他们的权力决定"，"乌克兰全民公决可由三百万以上有选举权的乌克兰公民主动要求而发起，但须有不少于三分之二以上的州收集了支持全民公决的签名，并且每个州都有不少于十万人以上的签名"[⑤]；第八十五条关于乌克兰最高苏维埃的权力部分规定："就本宪法第七十三条规定的事项指定乌克兰的全民公决。"[⑥]再次,《乌克兰公民投票法》第三条将公民投票划分为四大类：宪法类、批准类、立法类和普通类。克里米亚领土变更公投属于批准类公投。该类公投的发动条件之一是须先行取得乌克兰议会批准，然而，众所周知，克里米亚公投并没有得到乌克兰议

① 朱福惠、邵自红主编:《世界各国宪法文本汇编（欧洲卷）》，厦门大学出版社 2013 年版，第 525 页。
② 朱福惠、邵自红主编:《世界各国宪法文本汇编（欧洲卷）》，厦门大学出版社 2013 年版，第 539 页。
③ 朱福惠、邵自红主编:《世界各国宪法文本汇编（欧洲卷）》，厦门大学出版社 2013 年版，第 540 页。
④ 朱福惠、邵自红主编:《世界各国宪法文本汇编（欧洲卷）》，厦门大学出版社 2013 年版，第 531 页。
⑤ 朱福惠、邵自红主编:《世界各国宪法文本汇编（欧洲卷）》，厦门大学出版社 2013 年版，第 531 页。
⑥ 朱福惠、邵自红主编:《世界各国宪法文本汇编（欧洲卷）》，厦门大学出版社 2013 年版，第 530 页。

会批准，而是由克里米亚单方面擅自发动的行为。[1]

三、“科索沃先例”能否支撑克里米亚公投

针对美国等西方国家对克里米亚“脱乌入俄”公投违反国内法和国际法的指责，俄罗斯援引“科索沃先例”来为克里米亚公投分离做合法性注脚。科索沃“独立”是否合法？它能否作为克里米亚公投“独立”具有法律效力的依据？科索沃“独立”与克里米亚公投“独立”有何异同？通过两个案例的比较，可以让人们更加清楚地认识到“科索沃先例”并不构成对克里米亚公投“独立”的正当性支撑。

为便于下文分析，先对科索沃“独立”问题做一简要回顾。科索沃原是南斯拉夫塞尔维亚的一个自治省，其中阿尔巴尼亚族约占90%，但是这种自治地位在1990年被取消，导致科索沃阿尔巴尼亚族人的反对，而且他们一直谋求独立建国。1995年波黑战争结束时“代顿协议”所许诺的南斯拉夫境内不再许可边境变化的规定令科索沃民众对和平“独立”的希望感到渺茫。阿族极端主义分子开始采取武装“独立”的方式，且将武装冲突不断升级。北约组织在未经联合国授权对之进行军事干涉，不过在俄罗斯的调停下，科索沃问题又重新回到联合国的框架内。1999年，联合国安理会通过了1244号决议，其后科索沃一直处于联合国的托管之下。2005年11月、2007年8月、2008年2月，各方分别就科索沃问题进行谈判，但尚未取得实质性进展。2008年2月17日，科索沃议会举行特别会议，议员们以举手表决的方式通

① 朱冬传：乌克兰通过《全民公投法》，http://news.163.com/12/1204/05/8HS0CEKB00014AED.html，2018-02-17。

过了科索沃“独立宣言”，[①]单方面宣布科索沃脱离塞尔维亚共和国而独立。2月18日，美国率先对科索沃进行国家承认，随后，英国、法国等也纷纷表示支持科索沃议会的决定。但是，俄罗斯、西班牙等国则坚决反对科索沃“独立”，认为其行为违反国际法。比较玩味的是，美国在承认其国家地位时，又特别强调这是一个“特例”，不会为世界其他地区提供先例，也不能被世界其他分离势力所援引。[②]

从法理和学理上看，科索沃“独立”缺乏正当性与合法性，在于它作为南斯拉夫塞尔维亚的一个组成部分，无权单方面宣布“独立”建国，因为有关一国领土变更事项的权限属于该国全体人民或其中央政府。科索沃单方面宣布分离，违背了塞尔维亚的宪法，尤其是破坏了联合国安理会1244号决议。1999年通过的这一决议是为结束当年科索沃战争、解决科索沃问题的国际法文件。该决议重申所有国家承诺南联盟主权和领土完整，并依此基础决定在科建立临时行政当局特派团，使科索沃人民在南联盟能够享有高度自治；在科问题最终解决之前，特派团应促进建立科索沃的高度自治和自我管理，并促进旨在决定科索沃未来地位的政治进程。安理会报告确认，它将与相关各方协商，最后决定科索沃最终地位。国际联络小组《关于解决科索沃地位的指导原则》载明，科索沃地位的最终决定必须得到安理会认可，科索沃也承认安理会的这种权力。[③]科索沃不顾安理会决议而强行宣布“独立”，在它看来是因为享有“自决权”。实际上，科索沃并不符合国际法上自决权的适用情形和主体资格。

关于科索沃“独立”是否符合国际法的问题，2008年10月8日，联大

① 从科索沃表决“独立”方式来看，只是科索沃议会议员以举手表决的方式通过。从1999年到2008年“独立”之前，中间几经谈判，但都未取得进展，双方的诉求完全无法调和。科索沃寻求的是“独立”，坚决不愿重返塞尔维亚，也拒绝接受其它政治方案；而塞尔维亚也根本无法同意科索沃“独立”的诉求。科索沃已经失去通过谈判协商去实现所谓“独立”的耐心，也不再畏惧违反联合国安理会决议以及对塞尔维亚主权破坏所可能带来的战争后果，毕竟科索沃在谋求“独立”的道路上从未放弃战争这一选项。在此情形之下，科索沃是选择以议会举手表决的形式谋求“独立”，还是以公投的形式谋求“独立”，对其而言，这并不重要，其目的与意图只在于造成事实上的“独立”，而并不考虑行为的合法与否。在现有的安排框架之下以及科索沃“独立”诉求与塞尔维亚的诉求之间的不可调和性使得其结果或者是保持现状，继续通过谈判，谋求“独立”，或者是罔顾已有制度安排，直接采取单方面行为谋求事实上的“独立”。选择前者，科索沃“独立”诉求的实现遥遥无期。

② 周雯:《国际法院“科索沃案”进展及影响》，载《天津师范大学学报（社会科学版）》2010年第3期，第8页。

③ 余民才:《科索沃“独立”的国际法透视》，载《现代国际关系》2008年第5期，第28—29页。

在塞尔维亚提交决议的基础上，表决通过了 63/3 号决议，请求国际法院就“科索沃临时自治政府单方面宣布独立是否符合国际法”提出咨询意见。国际法院在考虑了几十个国家的意见、评论、陈述以及科索沃代表的陈述后，于 2010 年 7 月 22 日做出咨询意见，科索沃单方面宣布“独立”“不违反国际法”。[①] 之所以会出现这样的结果，是因为联大要求国际法院回答“科索沃所说的是对还是错”而国际法院却答之以“科索沃有权去说”；联大要求国际法院解释实体问题（独立是否符合条件），国际法院却纠缠于程序问题（宣布独立这种做法是否可行）。也就是说，国际法院所确认的，仅仅是科索沃有“宣告”的权利，但对于宣告的内容是否合法的问题则付之阙如。[②] 国际法院的解释是，它只需要回答“可适用的国际法是否禁止宣布独立”，或者说需要决定“通过独立宣言是否违反国际法”，而不需要回答国际法是否赋予了科索沃单方面宣布“独立”的积极权利，更不需要回答国际法是否一般性地赋予了一个国家之内的实体单位单方面脱离的权利。[③] 国际法院的回答如此模糊、晦涩，带有极大的误导性。毕竟，不违反与符合在法律上有着本质区别。符合意味着授权、鼓励或许可；不违反只意味着国际法上不存在着对某种行为的明文禁止性规则，国际法对该行为的合法性持中立立场。这里的“不违反”只是该行为本身不违反“国际法”，而非该行为的内容“不违反”国际法，更没有说不违反“塞尔维亚国内法”。[④] 确切地说，应该是“既不违反，也不符合”，因为国际法根本就不规范分离这一本身属于国内法范畴的事务。[⑤] 无论如何，国际法院的咨询意见是片面的、有害的，带来了很多消极影响，诸如破坏了国际法的根本功能与价值、动摇了联合国成员国对其的信任基础、损害了安理会和国际法院的威信及其维持和平机制的目的与效用、客观地激发了分离主义运动等。[⑥] 显然，这样一份充满歧义、极易给人们带来误解和错误导向的国际法院咨询意见是不能作为衡量克里米亚公投分离是否具有法律效力的依据或“先例”。

---

① 孙世彦:《克里米亚入俄的国际法分析》，载《法学评论》2014 年第 5 期，第 140 页。

② 罗国强:《独立、分离与民族自决的法律困局——结合科索沃和克里米亚问题的探讨》，载《政法论丛》2015 年第 1 期，第 15 页。

③ 孙世彦:《克里米亚入俄的国际法分析》，载《法学评论》2014 年第 5 期，第 140 页。

④ 余民才:《“科索沃独立咨询意见案”评析》，载《法商研究》2010 年第 6 期，第 50 页。

⑤ 王英津:《有关“分离权”问题的法理分析》，载《世界经济与政治》2011 年第 12 期，第 21 页。

⑥ 余民才:《“科索沃独立咨询意见案”评析》，载《法商研究》2010 年第 6 期，第 50 页。

目前，承认科索沃独立的国家已经达到了108个。既然科索沃“独立”不具有法律效力，为何如此多的国家对其予以承认？有一种解释是，科索沃宣布“独立”属于一种独特的或自成一类的情况。这种说法最初是由联合国秘书长负责科索沃地位进程的特使马尔蒂·阿赫蒂萨里提出的：“科索沃情况独特，需要独特的解决办法。”他认为科索沃重新加入塞尔维亚不可行、对科索沃继续实行国际管理无法持续，因此，科索沃在国际监督下“独立”是唯一可行的办法。① 有关科索沃情况独特性的另一种解释，则是美国政府指出：“在科索沃事件中存在着各种要素的独特组合，诸如南斯拉夫瓦解的大背景、在科索沃的种族清洗和对平民施加犯罪的历史、长期置于联合国监管之下，别的地方并不存在这些情形，正是这些独特的情形使得科索沃‘独立’成为一个独特的案例。科索沃并不能成为当今世界中其它任何情况下可以效仿的先例。”②

事实上，无论是哪一种独特性都不能赋予科索沃分离的正当性，而正是这种对独特性的解释以及美国强调的“不能成为效仿先例”已成为并仍将成为其它分离主义运动实现其分离诉求的借口和引证。以美国为代表的国家对科索沃国家身份予以承认完全是出于政治考量，而未对之予以承认的国家除了有政治上的权衡外，也有对国际法律规则进行捍卫的成分。显而易见，国际社会对科索沃“独立”的国际承认和对克里米亚公投的国际承认，存在着双重标准。科索沃的“独立”在本质上与克里米亚公投分离是一致的，它们分别是各自母国的一个部分，并非殖民地、托管地和非自治领土。它们不但无权通过自决权的行使实现独立，而且也无法通过似是而非的“分离权”获得合法分离。纵览塞尔维亚③ 和乌克兰两国相关法律，它们均没有赋予本国领土之地方单位分离的权利，相反，分离行为皆遭到母国的禁止和反对。换句话说，科索沃“独立”和克里米亚公投“独立”都是单方面分离行为，缺

---

① 孙世彦：《克里米亚入俄的国际法分析》，载《法学评论》2014年第5期，第143页。

② Bing Bing JIA, ‘The Independence of Kosovo: A Unique Case of Secession’, *Chinese Journal of International Law*, 2009, Vol. 8, No. 1, p. 31.

③ 1991年6月到1992年4月，南斯拉夫联邦中的克罗地亚、斯洛文尼亚、马其顿和波斯尼亚—黑塞哥维那脱离联邦，宣告独立，其只剩下塞尔维亚和黑山两个自治共和国。2003年2月，南斯拉夫联盟共和国改名为“塞尔维亚和黑山”。2006年6月3日和5日，黑山和塞尔维亚先后宣布独立，原南斯拉夫联邦宣告正式解体。参见陈志强：《当代科索沃问题的国际政治因素》，载《史学集刊》2010年第3期，第93—94页。

乏正当性与合法性。

四、有待思考和讨论的问题

克里米亚公投违背乌克兰宪法，冲撞国际法，同时也不符合救济性分离（remedial secession）原则，[1] 故学界大都将克里米亚公投看作是对国际法的一次重大挑战。[2] 尽管克里米亚公投事件早已结束，但其带来的消极影响远未消散。其仍有许多经验教训值得我们反思。

第一，既然克里米亚与乌克兰的纠纷属于主权国家内部的事务，那么，任何干预、插手乌克兰内部事务，以军事威胁支持克里米亚公投的行为都属于干涉他国内政的行为，都是对乌克兰主权的侵犯。克里米亚公投缺乏正当性，无论俄罗斯是基于何种考虑，诸如历史、宗教、文化渊源、俄民族权益、地缘政治、科索沃判例等，都不能改变克里米亚公投欠缺合法性基础这一事实。然而，乌克兰所处的地缘位置决定了它只是俄罗斯和西方国家之间相互角逐的一枚“棋子”，一不小心就会沦为大国在地缘博弈中的“牺牲品”。克里米亚发动公投的过程中，俄罗斯对其的介入力度已从幕后走向前台，甚至为达成政治目的不惜与美国开战。克里米亚公投能够如此顺利的推动，离不开俄罗斯的支持，使其成为近些年来世界范围内唯一一个在外国的支持下单方面透过公投实现分离的成功案例。相对地，该案例也反映出国际法的软弱与无力。

第二，从克里米亚公投中，人们再次看到强权与实力原则对于国内政治乃至国际政治的影响。欲要切实维护关系自身的重大和根本利益，实力依然是第一法则。尽管俄罗斯不若美国那么有实力和强大，但它在某些方面对美国仍具威慑。克里米亚分离运动由来已久，但俄罗斯和乌克兰对其的态度前后并不一致。或许，一种可能的解释是过去由于俄罗斯刚刚承受苏联解体之痛，实力所限，无暇顾及克里米亚的“回归”问题，而此时的乌克兰国内情

① White Jr T W, ‘Referendum in Crimea: Developing International Law on Territorial Realignment Referendums’, *Hous. J. Int'l L.*, Vol. 38, No. 3, 2016, p. 843.

② Hilpold P. Ukraine, ‘Crimea and New International Law: Balancing International Law with Arguments Drawn from History’, *Chinese Journal of International Law*, Vol. 14, No. 2, 2018, pp. 237-270.

势尚可，对克里米亚分离运动态度强硬、行动果敢，不惜以军事手段解决。然而，时势易转，随着俄罗斯逐渐复苏，加之乌克兰内部局势动荡，给了克里米亚分离运动可乘之机。

很大程度上，跨境民族分离运动从来都不是一个简单的内政问题，在很多时候是一个国际政治问题。民族问题政治化，政治问题民族化成为难以避免的现象。如何有效遏制分离运动是一个必须面对的问题。从历史上看，中央柔弱、政局不稳、社会不定之际，往往是分离主义运动高涨之时。鉴于这种情况，一方面要以战略定力谋发展。只有国家有效发展，增强经济实力，让他们感受和分享经济成果，才能减轻混乱、动荡的经济根源；另一方面要制定正确的民族政策，进行增强对国家认同感的教育，通过以包容求多元的策略，建构新的国族认同。

第三，克里米亚公投的主要问题不是自决权相关理论以及公民投票理论的不足、不清，而恰恰是在两者都基本清楚的情形下，民族分离势力仍故意歪曲正确的理论进行分离主义运动，破坏国家领土完整和统一。正确的理论未必有正确的行动，但错误的理论必定导致错误的行动。理论的重要性不容否认，因此，关于民族自决权相关理论问题和对公民投票进行理论上的澄清必不可少，以让人们对其有清醒正确的认识，对于公民投票也要有一个谨慎客观的态度。与此同时，国家要采取综合的方式和手段去遏制民族分离主义运动。这样，正确理论的作用才能发挥出来，才不至于被扭曲和变形，丧失它原有的意义而走到它们的反面。

第四，克里米亚公投的案例也暴露出国际司法体制在规范和实施上仍存在诸多问题，其在维护国际和平与正义的任务上依然受到一些霸权和强权主义国家的掣肘，面临着尴尬处境，这无疑会损害国际法作为“天下之公器”的地位和威信。为此，各国应对现行国际司法体制的现状有一个客观的认知。盲目地相信现行国际司法体制或任由西方主导的国际法支配整个国际体制，会使许多国家在处理分离问题时有可能陷入被动和无尽的麻烦之中。为实现国际社会的和平与公正，世界所有国家都应坚守责任，共同遵循国际法。

第五，冷战结束了两极对峙格局，但冷战思维并未随之终结。基于不同的政治追求，许多区域性大国仍在谋求国际或地区霸主地位，以实现作为强国的荣耀或恢复往昔大国之荣光，而此时的民族问题就顺其自然地成为这些国家扩张其政治野心的“抓手”，民族问题无形地被政治化、国际化；相对的，一些分离势力也希望借由外部大国的力量为其发动分离运动提供保护。双方不谋而合。正如有学者所言：“霸权主义与强权政治是当代世界民族问题产生的国际政治根源。一些国家和地区尖锐的民族矛盾大都有西方国家的插手。西方国家干涉别国内政的理论武器是打着捍卫人权的幌子，鼓吹‘人权大于主权’来与传统的国际法的准则‘主权神圣不可侵犯’相抗衡。国内民族、宗教问题的矛盾往往成为外国势力插手的借口，目的是重新控制多民族国家。大国的强权干涉是民族危机发生的又一诱因。”①

五、“台独”公投无法效仿克里米亚

克里米亚公投取得成功后，台湾意图趁机打“克里米亚牌”，为谋求公投“独立”辩解。必须清楚的是，克里米亚公投的吊诡之处在于，尽管它是非法的，但却分离成功：非法是因为它违背了乌克兰宪法，也没有经过乌克兰政府的同意而发动的单方面公投；“分离成功”是就分离公投的结果而言的，是指它事实上已经脱离了乌克兰并成为俄罗斯领土的一部分。所以，“非法”和“成功”使得克里米亚公投成为当代国际社会分离公投案例中的特例。那么，为什么克里米亚公投能够取得成功？其主要是大国干涉的产物，即俄罗斯的插手。俄罗斯之所以要介入是基于三方面的考量：从历史上看，克里米亚曾是俄罗斯领土的一部分，而且克里米亚境内生活着占据主体的俄罗斯民族；从地缘政治上看，克里米亚地处黑海和亚速海，控制克里米亚就等于控制了整个黑海海域，可以实现俄罗斯的军事利益和战略；从实力上看，俄罗斯是世界上少有的军事大国，而乌克兰的综合国力显然落于下风，面对俄罗斯强大的武力威慑，乌克兰备感无奈，除了表达对克里米亚分离公投的不承认态度之外，并没有任何其他办法来制止克里米亚的分离。

如果台湾当局想要套用克里米亚公投模式的话，其一样会难逃失败的宿命。一方面，台湾与美国的关系不及克里米亚与俄罗斯那样特殊和紧密，台湾只不过是美国用来对付中国崛起的一枚棋子，两者并没有像克里米亚与俄罗斯那样密切的历史、民族、边界连带。也就是说，美国只是想利用台湾，

① 乌小花著：《当代世界和平进程中的民族问题》，中央民族大学出版社2006年版，第173页。

而非想真正帮助实现台湾“独立”或使其成为美国的一州；另一方面，中国不是乌克兰，以中国目前的发展势头，中国并不惧怕美国的威慑；况且，中国在捍卫国家主权和领土完整问题上没有任何退让的余地。美国不可能为了台湾，让自己得不偿失。退一步说，即便是美国介入，中国也会启动《反分裂国家法》来捍卫国家主权和领土完整；届时，台湾不但不可能“独立”出去，反而会被大陆迅速武统。在台湾问题上，大陆有决心、意志和能力与美国做坚决斗争，甚至不惜一战。一旦出现这一极端情况，结果无非是两败俱伤。这种情势下，“台独”公投是不可能成功的。倘如“台独”势力错估了大陆捍卫国家主权的决心和信心，只看到克里米亚“暂时成功分离”的一面，就自我认为“台独”公投会在美国的帮助下出现“胜利的曙光”，铤而走险，这无疑是玩火自焚。

第十四章　苏格兰公民投票

苏格兰公投本来只是作为英国的一个地方性公民投票事件，但由于涉及当代主权国家领土变更等敏感问题，其在某种程度上给英国和国际社会均带来了挑战。苏格兰公投对英国和其他主权国家所形成的影响十分有限，因为公民投票并不是决定主权或领土归属的原初权利，而是解决政治问题或政治关系的一种方式。公民投票与领土归属没有必然联系。为了厘清苏格兰公投的内在逻辑，本章试图就苏格兰分离运动的发展历程、苏格兰公投的政治过程、苏格兰公投的误区澄清以及苏格兰公投对英国国内外分离主义的影响等作初步探讨。

一、苏格兰分离运动及相关博弈

从历史上看，1707 年以前，苏格兰与英格兰是两个互不隶属的独立王国，后来因经济与政治关系的相互连带走到一起。在 17 和 19 世纪组成联合王国的两百多年里，二者之间的政治关系比较稳固，没有出现严重的政治分歧。随着 20 世纪英国的逐渐衰落，以及欧洲乃至世界政治生态的改变，苏格兰与联合王国之间的关系慢慢出现了裂痕，特别是二战以后，这种相互间的矛盾时有凸显，甚至影响到联合王国的完整。

（一）苏格兰分离运动的肇始与发展

苏格兰分离运动并非始于当代，其自“共主一君”时代以来就若隐若现地潜伏在联合王国的外表之下。苏格兰与英格兰素来不和，即便是在两者共组联合王国后，这种相互间的隔阂依旧存在，最显著的体现就是，苏格兰仍保留着自己独立的教育体系、宗教（教会）体系和司法体系等。[①] 这种体制上的差异进一步强化了苏格兰与英格兰独特的文化和认同差异，而差异性本身在利益出现纷争且难以调和时，就容易朝着不同甚至相反的方向演化。故此有学者认为在英格兰国家中一直存在着一个苏格兰问题，在苏格兰国家中也相应地存在着一个英格兰问题。[②] 为什么苏格兰一开始要寻求与英格兰联合，而今又要与其分道扬镳？以及苏格兰分离活动又是如何一步步发展到如此登峰造极地步的？弄清这些问题，有助于我们理解后来苏格兰议会与“中央政府”[③] 之间达成协议即通过公投制度来解决相互间难题的前因后果。下面拟从三个阶段来分析。

第一阶段（18 世纪至 19 世纪），强化自身文化特质和民族认同。尽管这一时期两个王国已从过去的对立走向联合，但是相互却保留了原有的独特性。这种独特性既是不可协调的结果，也是为了联合而妥协的产物。换句话说，联合王国在更多的层面上是政治和经济的联合，而非文化和认同的统一。因为从初始的联合动机看，苏格兰的出发点是欲借助英格兰海外贸易的优势来进行殖民扩张，而英格兰所考虑的是分化法国和苏格兰的联盟关系，以更好地处理对法战争。所以，苏格兰和英格兰之间的联合是一种政治和经济上的被动联合。这一性质就决定了双方相互渗透的程度相当有限，一旦外部环境得以缓和，相对掌握主动权的英格兰就不会再像前期那样信守承诺，给予苏格兰在经济政策上的便利。自然而然，如果没有利益上的好处，那么相向而行的联合道路必定会转向强化内部自身。伴随着英格兰的日益强大，英格兰民族控制苏格兰民族的野心急剧膨胀，加之二者的利益分享也越来越不平衡，由此导致了早在 19 世纪，随着爱尔兰民族主义运动的高涨，苏格兰的民族主

---

① Joanne Sharp, Andy Cumbers, Joe Painter, Nichola Wood, ‘Deciding Whose Future? Challenges and Opportunities of the Scottish Independence Referendum 2014 for Scotland and Beyond’, *Political Geography*, Vol. 41, No. 1, 2014, p. 40.

② 李丽颖:《1707 年英格兰、苏格兰合并的特征》，载《世界民族》2011 年第 6 期，第 87 页。

③ 本章所提及的英国“中央政府”，均是指广义上的中央政府，既包括狭义的政府（行政），也包括立法机关和司法机关。

义运动也发展起来。民族主义者批评英国中央政府忽视苏格兰的利益，要求给予苏格兰更多的自主权。[①]不难看出，利益上的分化重组催生了苏格兰民族主义运动，而要通过民族主义运动来争取更多的经济利益，强化文化特质和民族认同就势在必行。质言之，经济利益既是苏格兰民族主义运动的肇因，又是苏格兰民族主义运动的结果，而居于其间的文化和民族因素，则是其取之不尽用之不竭的精神食粮。

第二阶段（20 世纪初至 20 世纪 80 年代），成立民族性政党，逐渐掌控苏格兰议会。进入到 20 世纪以后，英国的世界霸主地位逐渐受到美日法德等大国的挑战。新的世界格局使得往日大英帝国的辉煌慢慢褪色，经济优势也渐次丧失。在这样的时代背景下，英格兰对苏格兰的经济影响力大不如前，苏格兰民族主义运动便借机起势，加快了谋求分离的步伐。外部环境给民族分离运动提供了可资利用的条件。从第一阶段可以发现，直接统治的深入和文化同化的失败是民族分离运动的深层原因，但往往是潜在的。在不同的国家，这些潜在因素会因某些催化发生作用。在苏格兰，这些催化因素是资源分配矛盾和政党政治。[②]资源分配矛盾是苏格兰欲脱离大不列颠自始至终的动因，其强化程度基本上呈现逐年上升的势头，摆不平分配不均问题，就难以遏制分离主义的发展。因为文化的分歧固然重要，但更重要的是基于主导地位的中央政府效率下降且不能再为其社会和经济发展提供一个优越环境的区域自信。[③]1934 年，苏格兰民族党（Scottish National Party）的成立将民族分离主义运动推向了一个新的高度。民族性政党的产生，使得以前一盘散沙的分离势力开始有了组织化、集中化、一体化的架构，其战斗力、渗透力亦与日俱增。政党具有利益聚合、利益表达、夺取政权等功能，因此政党会加强扩大民意基础以获取大多数人的支持进而获得政权，一旦获得政权，政党就有了更为广阔的将政党立党价值社会化的便利渠道和平台。通过七十余年的经营，民族党不仅在地方议会选举中成为有力的竞争者，并且在 2007 年首次击败工党获得议会多数，实现了第一次执政。这样，既掌握行政资源又拥有基层实力的苏格兰民族党在推动分离运动的道路上可谓是如日中天。

---

① 王磊:《当代苏格兰民族主义运动探析》，载《世界民族》2011 年第 5 期，第 19 页。

② 李济时:《从国家治理角度论苏格兰独立公投》，载《当代世界与社会主义》2015 年第 3 期，第 122 页。

③ Paul Hamilton, ‘Converging Nationalisms: Quebec, Scotland, and Wales in Comparative Perspective’, *Nationalism and Ethnic Politics*, Vol. 10, No. 4, 2004, p. 659.

第三阶段（20 世纪 90 年代至今），诉诸政治和法律手段，加速和平分离步伐。20 世纪七八十年代的北海油田发现、公共福利压力负荷以及央地关系的巨大裂口，苏格兰民族运动将所有矛头都指向中央政府，做强民意基础，为“脱英”做准备。考虑到苏格兰民族主义在苏格兰地区已成气候，如果保守党特别是工党与之反其道而行之，则会影响到中央政府中的政党格局，这致使英国政府在处理苏格兰问题时几乎到了步步退让的境地。苏格兰民族党也正是利用中央政府的这一软肋，将苏格兰民族主义紧紧地与主要政党的政治前途捆绑在了一起。苏格兰的主要策略是：一方面从执法到立法。自联合法案实施以来，苏格兰议会就一直处于“冰封”状态，地方权力被牢牢地掌控在中央政府手中，隶属于中央的苏格兰执政官只能执行西敏寺的法律，即只有执行权没有立法权。但是，随着民族主义运动的渐次推进，这种格局有所打破。1997 年，经公投同意，英国决定在苏格兰恢复议会和成立政府。至此，苏格兰获得了一定的行政权和立法权，纵使这些权力还不足以威慑到主权，但对民族主义者来说却是鼓舞人心；另一方面是从分权到分离。由于在现行的国家制度和国际秩序下，民族主义直接诉诸分离的成功案例并不常见，故而以分离换取分权往往是民族主义退而求其次的不二选择。相比过去，苏格兰地区的自治权基本上涵盖了行政、立法和司法三权，而且权力配置方式也与之前有所不同，例如 1998 年苏格兰法对下放给苏格兰议会的权力的规定，不像 1978 年苏格兰法那样具体说明新议会拥有哪些权力，而是采取默示的方式，[①] 使得苏格兰自治权得到空前膨胀。

（二）苏格兰自治政府与联合王国的政治博弈

苏格兰本身独立的历史以及联合王国的性质，使苏格兰民族运动在发展对英格兰（联合王国）的关系中相较于威尔士、北爱尔兰都具有独特的地位和条件。一定独立性的存在，无疑会增强苏格兰在某些历史节点上的离心倾向。苏格兰与英格兰不是简单的联合关系，其时常呈现出一种难解难分的矛盾心态。苏格兰自治政府与联合王国政治博弈的主题是管制权与自治权，即两种权力的配置问题。总体上，西敏寺始终握有国家主权的权力，在此前提下，迫于苏格兰民族运动的兴盛，在自治权方面体现出越来越多的灵活性。

① 刘杰:《苏格兰议会设立的意义》，载《中国社会科学院研究生院学报》2004 年第 6 期，第 114 页。

为在处理行政事务中更多地考虑苏格兰的利益，1885年在英国内阁中设立了苏格兰事务部（Scottish Office）。1926年，该机构负责人取得同内阁其他大臣相同的行政级别。[①] 从苏格兰事务部的设置可以看出，不仅苏格兰与英格兰先前的利益失衡没有得到妥善解决，而且伴随着民族运动的启蒙，这种不均在某种程度上还会影响联合的稳定。苏格兰事务部的成立，尽管表面上有利于苏格兰的利益受到更多的重视，但权力如何重新配置以及给予苏格兰多少利益仍然操之于中央政府手中，且只是在行政上作出了调整，难有实质性改进。20世纪30年代，苏格兰地区的政党政治开始有了起色，民族党也随之成立，央地博弈进入到新的发展阶段。在议会政治的框架下，民族党及一些其他本土政党，开始积极参与基层选举，虽然一开始成绩并不理想，但后来却大有斩获，逐渐蚕食了工党在苏格兰地区的根基。面对这种新的政治态势，一方面苏格兰民族党有了一定的民意基础向西敏寺提出放权要求，另一方面保守党政府和工党政府也不得不通过向苏格兰进一步放权以求政治稳定和主权统一。分权和放权涉及很多制度结构以及权力层次的问题，遂成为新世纪前后双方博弈的主要场域。

法律是分权和放权的依据，机构（议会）是权力运行的载体。苏格兰要想获得更多的权力，就得依靠法律的途径来实现，西敏寺要放权，也要有法律上的规制。因而，签署法令与设置议会相辅相成，迅速成为二者间凸显的问题。1978年以来，英国先后签署了四份《苏格兰法令》：1978年的法令主要是就分权以及对1949法令、1969法令、1977法令修正的公投，其后又在1979年被废除；1998年的法令是就苏格兰议会、苏格兰政府、大选、财政、司法等相关问题进行立法，并获公投通过；2012年的法令主要是就苏格兰议会及其立法能力、政府部长及其权力、财政金融等事项进一步规范（放权）；2016年的法令是对2014年苏格兰公投失败之后的宪制安排、税收和财金改革、深化立法和行政权力等议题进行的立法。[②] 其中，1998年的苏格兰法令具有里程碑式的意义，是民族主义运动的标志性胜利。根据该法，不仅在1999年恢复了封存300余年的议会，而且还成立了新的政府，这为苏格兰的全面自治或分离迈出了坚实的一步。在苏格兰民族主义的建构者看来，苏

① 许二斌:《苏格兰独立问题的由来》，载《世界民族》2014年第2期，第25—26页。

② Parliament of the United Kingdom, Scotland Act 1978, Scotland Act 1998, Scotland Act 2012, Scotland Act 2016.

格兰需要一个议会，有利于苏格兰作为一个整体的凝聚力。相对地，中央政府之所以这么做是因为放权可能是一种民主改革，但这并不意味着必将导致一场有计划的国内革命。①

随着民族党在苏格兰议会逐渐得势，使其在与联合王国的博弈中也逐渐占据优势，在许多方面，几近挑战到了传统意义上的国家主权，且不再仅仅将苏格兰分离限缩在大不列颠内部，而是将之与欧盟刻意挂钩，其意图一是获得外援，二是借助超国家政治实体的架构，弱化英国对苏格兰的传统主权，即所谓的“平行外交（paradiplomacy）”战略。对于民族主义者和自治主义者来说，自由贸易区的发展不仅可以减少分离的经济成本，而且也可以减少中央政府对地区事务的干预。② 所以，苏格兰民族主义者极力反对英国脱欧也是出于维护政治目的的需要，其本质是说服更多选民来支持这种对新主权的做法。③ 面对苏格兰的步步紧逼，中央政府没有示弱。英国是一个古老的中央集权型国家，其不可能对苏格兰民族主义者的要求有求必应，即便是在他们引以为自豪的苏格兰议会设立，也不足以动摇国家主权和领土完整的根本。苏格兰议会虽有古苏格兰议会的雏形，但已有本质上的区别。古苏格兰议会是作为一个独立王国的象征，而新苏格兰议会仅是地方自治权力的中心，没有任何的国家色彩，即使它获得了前所未有的权力，但这些权力都是派生性权力，而非原生性权力。中央政府权力的下放与权力的保留是统一的，而且往往后者起到决定性的作用。虽然苏格兰拥有卫生、教育、农业、环境等政策领域的权力，但西敏寺仍然保留了体现主权的核心权力。西敏寺依旧是国家主权的象征，它可以在英国的任何地方的任何政策领域立法，它保留对宪法事务的控制，可以改变下放的条件。④ 因此，苏格兰政治的走向在很大程度上取决于中央政府的态度和立场，中央政府在两者博弈中始终握有政策主动权和最终决定权。

---

① Philip Allmendinger, Adam BarkerAttitudes, ‘Towards Planning in a Devolved Scotland’, *Regional Studies*, Vol. 35, No. 8, 2001, pp. 762-763.

② Stéphane Paquin, ‘Globalization, European Integration and the Rise of Neo-Nationalism in Scotland’, *Nationalism and Ethnic Politics*, Vol. 8, No. 1, 2002, p. 58.

③ Paul Hamilton, ‘Converging Nationalisms: Quebec, Scotland, and Wales in Comparative Perspective’, *Nationalism and Ethnic Politics*, Vol. 10, No. 4, 2004, p. 657.

④ Alan Convery, Thomas Carl Lundberg, ‘Decentralization and the Centre Right in the UK and Spain: Central Power and Regional Responsibility’, *Territory, Politics, Governance*, Published Online, September 27, 2016, p. 7.

二、公投的前期谈判与投票过程

在取得前所未有的胜利后，苏格兰分离势力又将公投作为其主攻方向。苏格兰地区发动分离公投并非一帆风顺，也非轻而易举，而是经过了漫长的谋划和准备，是在与英国中央政府反复的政治竞争中取得的。苏格兰是英国的地方行政单位，其公投必须与英国中央政府协商，并按照相关的规程进行，才具有合法性和有效性。

（一）苏格兰推动公投与英国政府的同意

带有分离倾向的苏格兰民族党在苏格兰地区的持续坐大，特别是在 2008 年爆发金融危机后，苏格兰分离运动便愈发迅猛，给原先较为稳固的央地关系增添巨大变数。如何妥适处理新的政治环境所带来的不安全感，是民族党与工党和保守党都需要共同面对的问题。实际上，以萨尔蒙德（Alex Salmond）为首的民族党处心积虑地举行分离公投，是有备而来的。从计划上来说，在 2007 年取得首次执政权后，民族党就准备一试身手，积极推动《苏格兰公投法案》，但因此时民族党在苏格兰议会内缺少优势，法案闯关失败。2011 年，民族党以绝对多数取得议会组阁权，推动分离公投志在必得，在与保守党达成协议后，更是疯狂宣传分离公投，先后印发了“你的苏格兰，你的公投”宣传手册以及“苏格兰的未来”白皮书。而就在同年，保守党政府为应对苏格兰公投的攻势，卡梅伦变被动为主动，同意苏格兰议会进行全民公投，但在关键议题上绝不让步，并尽力压缩苏格兰民族党的政策空间。[①]由此可见，纵使民族党与保守党在公投的指向上有所不同，但最终还是在通过公民投票的方式来决定双方关系的分歧上达成了一致。

英国中央政府为何同意苏格兰公投？国内有学者总结了主权国家准许某地区公投的三大原因：一是分离势力过于强大，且长期与母国对抗甚至不惜诉诸战争，或者在外部势力的支持下已经实现事实上分离，母国考虑到代价问题，被迫同意；二是母国虽然不愿意公投，但迫于民意压力不得不有所

① 曲兵:《苏格兰独立公投背后的博弈》，载《国际研究参考》2013 年第 1 期，第 2—3 页。

让步，于是在同意公投的同时设立了非常严苛的公投条件，企图用以守为攻的方式“曲线救国”；三是母国抱持着政治侥幸心理，认为分离地区民意不足，公投不会成功，所以母国干脆用一次看似胜券在握的公投来震慑分离主义并挽回民意。[①] 苏格兰公投并非是英国中央政府的主动的作为，而是被动上的无奈，因而属于典型的第三种情形，英国执政党与苏格兰政府之间存在重大的意识形态分歧，而这种分歧只能公开解决。[②] 根据苏格兰法（Scotland Act, 1998），苏格兰议会和政府都没有决定国家领土变更、改变与英国领土外之关系，或者颁布违反任何公约或共同体法律的权力，这些都属于保留事项（reserved matters）。因此，为保证公投做到有法可依，苏格兰政府和英国中央政府于 2012 年 10 月签署了关于公投事项的爱丁堡协议（Agreement between the United Kingdom Government and the Scottish Government on a Referendum on Independence for Scotland），该协议规定苏格兰分离公投的具体操作由苏格兰议会负责，其还就公投的目的、时间表、问题设置、投票资格、组织机构、公投活动规则、经费限制等形成了共同意见，并表示会尊重公投结果。“爱丁堡协定”的签署，允许临时转让法定权力。根据该协定，英国政府起草了一项委员会命令，授权苏格兰议会在 2014 年 12 月 31 日或之前举行分离公民投票的必要权力。[③]2013 年 11 月民族党在苏格兰议会通过了《苏格兰“独立”公投法案》（Scottish Independence Referendum Act 2013），决定于 2014 年 9 月 18 日举行公投，并将问题设定为“苏格兰是否应该成为一个‘独立’的国家”（Should Scotland be an independent country?）。

（二）苏格兰公投的构成要件与时间表

苏格兰公投的得以举行需要有促成其实践的相关条文规定，一方面可以使公投能够有序进行，另一方面也保证公投结果具有最大程度的可接受度。根据苏格兰“独立”公投法令，其内容主要涵盖了除公投本身的事项外，还包括选举权、选民资格、投票规则、执行部门、公投活动、代理人、观察员、宣传、公投报告、选举委员会的行政监督、违规行为、作出补充等的规定和

---

① 庄吟茜:《苏格兰公投与克里米亚公投的比较分析》，载《学海》2017 年第 2 期，第 159 页。

② Paul Cairney, ‘The Scottish Independence Referendum: What are the Implications of a No Vote?’, *The Political Quarterly*, Vol. 86, No. 2, 2015, p. 188.

③ https://en.wikipedia.org/wiki/Scottish_independence_referendum,_2014.

修改的权力、法律程序以及最终条款等内容。这里仅就以下要件作一梳理：

第一，公投的法源。依据 1998 年苏格兰法附表 5 第 1 部第 5A 段的规定以及根据苏格兰议会法案或根据苏格兰议会法案所作的规定来举行苏格兰分离公投。

第二，公投问题及选票。选票上只能出现一个有关公投的问题，这个问题就是"苏格兰是否应该成为一个'独立'的国家？"公投法对选票设计进行了严格规定，要求除了必要的要素（问题、选项、选务机构）外，不能再出现任何其他内容。除了选项（同意或不同意）的明确之外，选票的选项提示也必须以加大号的字体印刷，以提醒选民慎重圈填。规定了选票的尺寸必须不少于为 180 毫米宽，圈填栏必须为 21 平方毫米。如下图（图 14–1）：

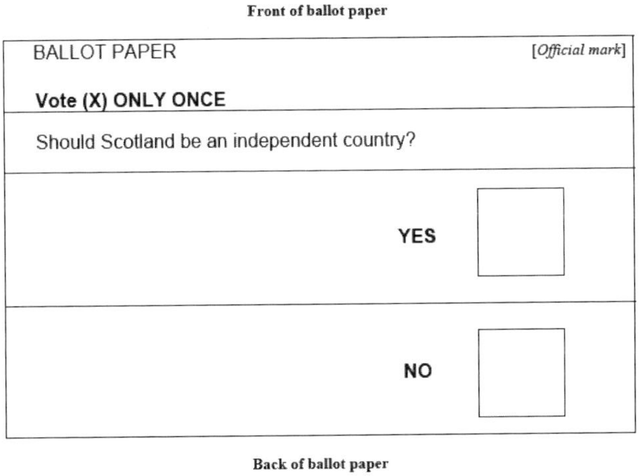

Front of ballot paper

BALLOT PAPER **Vote (X) ONLY ONCE**	[*Official mark*]
Should Scotland be an independent country?	
YES	☐
NO	☐

Back of ballot paper

图 14–1：苏格兰公投的选票样本

（图表来源：Wikipedia）

第三，公投时间。如果苏格兰部长会议没有将日期变更至不迟于 2014 年 12 月 31 前的任何一天，那么按规定举办公投的时间就是 2014 年 9 月 18 日。如有改变，那么在这一天举行公投既是不切实际的，也是不合适的。

第四，选民资格。在投票当天必须是年满 16 周岁的公民。公民必须进行投票登记，符合以下四种情况为合格选民，根据"1983 年法令"第 9（1）（b）条备存的地方政府选民登记册，二是根据苏格兰公投法第四条规定的年轻选民登记册，三是不受任何法定无行为能力投票的限制，四是居住在苏格兰的英联邦公民、爱尔兰共和国公民或欧盟中的相关公民。根据统计，注册人数为4283392人。附表2还对投票行为、现存的缺席及代理投票等还作了详细规定。选民可以现场投票或通过邮寄形式进行投票。

第五，执行机构。整个公投由中立性的选举委员会来予以执行，选举委员会的职责是负责选民的登记、监督和确保公投活动遵守规则、执行法院的决定、邀请观察员、负责公投的宣传活动、必须在公民投票后的合理切实可行的范围内尽快向苏格兰议会提交一份关于公投的执行报告等。公投的首席计票官由苏格兰首席部长任命，并在本条生效之前根据“2011年苏格兰地方选举管理（苏格兰）法令”第2条获委任为苏格兰选举管理委员会召集人，首席计票官必须以书面形式任命每个区域的点票官。

第六，公投的时程安排。从签署协议到公投的正式举行，其间的业务安排都有明确的规定，各个时间节点内，应完成所规划的各项工作，这样才能保证公投有条不紊地进行。苏格兰公投自通过“独立”公投法案后，其主要作业从2014年3月开始，到2017年3月最终全部完成。

表14–1：苏格兰公投进程表（2014—2016）

时间	事项
2014/3/20—2014/4/16	开放指定机构申请
2014/4/17—2014/5/2	决定指定机构
2014/5/30—2014/9/18	公投活动期
2014/8/13	公投公告的出版
2014/8/14—2014/8/15	派发选票
2014/8/22—2014/9/18	“深闺”期（不公开期）
2014/9/2	登记截止日期
2014/9/18	投票日
2014/9/19	发布地区投票结果及全部结果，并发布公投结果公告
2015/3/18	向选举委员会交付公民投票费用（超过25万英镑）的最后期限
2015/9/20	文件必须安全销毁的保留期限届满
2016/9/19—2017/3/18	选举委员会举行费用报销的时间

（图表来源：作者自制）

（三）民众对公投的态度及投票结果

公投活动主要分为支持派和反对派两个阵营，前者以苏格兰民族党和“是的，苏格兰”等组织为代表，后者以工党、保守党和“一起会更好”等组织为主。在双方攻防方面，支持分离阵营的主要观点有：其一，政治上，可以建立更加民主、平等、公正的社会，组建一个更具有代表性、真正表达苏格兰人利益的政府。任何有关苏格兰的决定都将由关心它的大部分生活在或工作在苏格兰的人民来共同决定。[①] 其二，经济上，可以自主制定经济政策和税收政策，从而拥有更多北海油田的收入，通过自主发展新能源，使苏格兰再工业化。[②] 其三，文化上，可以自主的制定强化苏格兰民族认同的文化政策以增强身为苏格兰人的民族自豪感和民族荣誉感，可以更加自由的制定平等、公正的教育政策。其四，对外关系上，苏格兰分离后可以自主发展同欧盟及其成员的政治和经贸关系，自主的制定适合于本地区的外交政策和移民政策，以缓解市场单一问题和劳动力不足等问题。反对分离的一方，更多的是强调维持现状对苏格兰利大于弊：一方面，维持现状可以保持苏格兰现有的国际地位和政治影响力，依靠英国现有的政治地位，可供利用的政治资源更多。如果苏格兰分离，它必须以独立身份重新融入国际社会，而能不能加入联合国，英国既有的会员身份起着决定性的作用；另一方面，中央政府可以下放更多的经济权力和税收权力给苏格兰，并在财政上对相关领域予以补助，且苏格兰可以继续使用英镑和现存的英国货币制度，从而相较于分离后的苏格兰更有利于保持经济的繁荣稳定。需要指出的是，无论是分离公投本身还是未来可能发生的分离谈判，英国政府都拥有决定权。

尽管正反双方对苏格兰分离利弊得失各执一端，但总体上来说，无论是苏格兰民众，还是英格兰和威尔士民众，不赞成公投分离的民众都占多数。虽然，苏格兰民众在支持分离的态度上一度大增，甚至超过不支持民众，但从纵向上来看，苏格兰民众在绝大部分时期还是赞成留在英国。在 2014 年 9 月以前，苏格兰赞成分离的民众始终维持在四成以下，最高点则在 9 月 2 日达到 47%，但此后又开始滑落。由于 9 月 18 日举行公民投票，因此突然出

---

① The Scottish Government, Scotland’s Future (a summary), the Scottish Government, November 2013, p. 2.

② Alex Salmond, ‘Energy Economy to Reindustrialise Scotland, The Scottish Government’, http://www.gov.scot/News/Releases/2012/02/LSE15022012.

现峰值，可能是受到了分离团体最后催票的影响。不过，反对分离的苏格兰民众则始终稳定在五成以上，其中只有一次跌到了 45%，也即是在支持分离的民众达到最高峰的时候，这应该算作是偶然现象，而不是常态。从英格兰和威尔士角度上来说，在公投未提上日程以前，他们对苏格兰分离的态度模棱两可，赞成和反对的民众不相上下，但在 2013 年正式通过“独立”公投法案以后，反对分离的民众迅速上升到 50%，且紧随着在 2014 年 2 月就开始持续在六成以上浮动，而赞成苏格兰分离的民众则从三成跌落至两成，到了八月更降至一成多，由此可以看出，当苏格兰正式向分离发起进攻时，大多数的英国民众希望苏格兰能够继续留在英国。苏格兰分离，无论是在本土地区还是在英格兰地区和威尔士地区都缺乏充分的民意基础，在这种大背景下，苏格兰分离公投实难获得民众支持。

表 14–2：“苏格兰人对苏格兰是否应该成为一个独立国家的看法”调查结果统计表

时间	13/9	13/11	14/1	14/2	14/3	14/4	14/6	14/7	14/8	14/9	14/9
赞成	32%	33%	33%	35%	37%	37%	36%	35%	38%	47%	45%
反对	52%	52%	52%	53%	52%	51%	53%	54%	51%	45%	50%
不知道	15%	15%	15%	12%	11%	12%	9%	12%	11%	8%	6%

（资料来源：You-Gov survey）

表 14–3：“英格兰和威尔士人对苏格兰是否应该成为一个独立国家的看法”调查结果统计表

时间	2011/5	2012/1	2012/1	2013/11	2014/1	2014/2	2014/8	2014/9	2014/9
支持	41%	33%	36%	27%	24%	21%	18%	17%	16%
反对	40%	37%	39%	50%	54%	61%	63%	61%	66%
不知道	19%	30%	25%	23%	22%	17%	19%	21%	18%

（资料来源：You-Gov survey）

自2012年签署爱丁堡协议至2014年9月18日公投结束，支持和反对阵营各自铆足全力，战斗到最后一刻。根据简单多数的原则，从开票结果来看，最终反对阵营以55.3%的得票率击败了支持阵营的44.7%，“统派”有惊无险地取得维持现状的胜利。本次公投，有投票资格的选民达443万，注册选民428万，投票选民362万，有效投票361万，投票率为84.59%，有效投票到达99.91%，从数据上看，公投结果反映了大多数苏格兰民众的心声。

表14–4：苏格兰公投结果统计表

苏格兰公投结果统计		
选项	投票人数	百分比
不同意	2001926	55.30%
同意	1617989	44.70%
有效投票人数	3619915	99.91%
无效票或空白票	3429	0.09%
总投票人数	3623344	100.00%
注册选民人数和投票率	4283392	84.59%
合格选民人数和投票率	4436428	81.67%

（资料来源：BBC, The National Archives）

为什么支持分离的阵营在简单多数制度的情况下都未能获胜？首先，从理论上来说，维持现状比反对现状更具有优势。因为反对派的消极策略往往是有效的，尤其表现在媒体上；而赞成派需要通过“教育”并劝说一个经常怀疑和不知情的民众来支持变革。[①]显然后者比前者更有难度；其次，苏格兰民众对不确定前景的担忧。尽管支持阵营罗列了许多分离后的好处，但是否可以真正做到，还有很多的未知数。加上，全国性的主要三党团结一致，给予反对阵营政策诉求上的支持，让游移不定的中间选民在最后一刻选择站在维持统一的一边。最后，就情感上来说，苏格兰与英格兰联合了300百余年，大多数民众对联合王国是有感情的，苏格兰能有今天的繁荣景象也是离

① Lawrence LeDuc, ‘Electoral Reform and Direct Democracy in Canada: When Citizens Become Involved’, *West European Politics*, Vol. 34, No. 3, 2011, p. 552.

不开中央政府的长期支持。然而，公投的结束并非意味着民族分离运动的终结，苏格兰最终走向何方，仍有待继续观察。

三、该案例的理论误区及其澄清

苏格兰公投作为典型的分离案例，牵涉到许多理论和现实问题。有不少学者和媒体都认为苏格兰公投是"独立"公投，但事实上此"独立"非彼独立。如果我们以独立的视角去界定苏格兰公投，恐会造成不仅抓不住该问题的要害，反倒是有可能形成误解。为此，厘清苏格兰公投的性质与类型就显得十分必要。

（一）苏格兰公投的两大理论误区

误区一：认为苏格兰公投是自决性公投。根据规范的理论研究，公民投票主要分为自决性公投（plebiscite）和民主性公投（referendum）两种类型。前者是国际法意义上作为领土变更方式的公民投票，后者是国内法意义上作为直接民主手段的公民投票。自决性公民投票通常是指创设领土边界以及实现独立建国或决定领土归属以合并到他国的公民投票；民主性公民投票通常是指在一个主权国家的既定疆界内，人民对全国性或地方性重大事务进行集体表决的公民投票。[①] 如果一个民族或地区要从主权国家中分离，其只能是某一个国家内部的事情。根据理论上的分类和生活中的实践，苏格兰公投属于民主性公投，而非自决性公投。

联合国相关文件规定，在去殖民化时期，自决权的主体属于殖民地、托管地和自治领；只是到了去殖民化结束之后，自决权是否可以应用到其他政治范畴中，联合国文件中并没有明文规定。苏格兰既不是英国的殖民地，也不是英国的自治领，从性质上来讲，其公投只能是民主性公投。民主性公投分为全国性和地区性两种类型，全国民主性公民投票亦即宪法层面的公民投票，地区民主性公民投票亦即宪法之下的公民投票，由某一地区的居民自己

① 王英津著:《自决权理论与公民投票》，九州出版社 2007 年版，第 214 页。

参与地方事务，或者制定地方特别法。[①] 一方面，苏格兰公投属于宪法之下地区性公投，因为苏格兰公投的最初始法源是1998年的苏格兰法，苏格兰法是英国不成文宪法之下的地方法，尽管它带有地方“宪法”的性质，但它不是全国性法律；另一方面，地区性公投是否可以包括有关领土变更的事项？一般而言，有关领土变更的公民投票的权利属于全国公民所有，这是领土和主权完整的本质体现，任何国家的任何地区都不具有变更主权的权利，即使是要改变，这种权利也应该是全国所有公民的整体性权利。[②]

那么，苏格兰地区的公民为何可以借助公投决定苏格兰的主权归属？其核心就在于苏格兰分离公投它获得了代表所有公民的中央政府的同意。也就是说，苏格兰地区本身没有这种权利，但它可以获得代表全国民意的中央政府的同意，这种同意成为对外分离性地区民主公投的合法性来源。没有中央政府的这种同意，苏格兰公投是非法的，也是无效的。涉及领土变更的地区性分离公投应该是在宪法架构下的、有中央政府明确准许的民主性公投。

误区二：认为苏格兰公投是“独立”公投。许多人认为苏格兰公投属于“独立”公投，这是由对独立与分离之间的含混认识所造成的误读。在国际法上，独立（independence）和分离（secession）是两个不同的法律术语。分离是指某一个主权国家一部分或几部分脱离母国。……独立，就是在国际关系中不依附其他任何政治实体，通常特指包括殖民地在内的非自治领、托管地领土及其附属领土实现自主。[③] 独立有特定意涵和范畴，具有时代背景性，而分离则较为宽泛，没有规定具体的使用场合。虽然分离的最终指向也是独立，但分离和独立有本质上的差异。法理上，分离受国内法的调整，独立受国际法的规范；应用范畴上，分离主要限于国家领土内，独立则及于殖民地、托管地和附属领土等区域；政治指向上，分离首先是要分裂国家，独立则直接是建立国家或并入他国或与他国合并。然而，为什么当今国际社会仍有不少“独立”问题，甚至有愈演愈烈之势？追根究底是因为西方学界牵强地把国际法上的自决权进行畸形拓展，即区分为“外部自决权”和“内部自决

① 王英津著:《自决权理论与公民投票》，九州出版社2007年版，第236页。

② 王英津著:《自决权理论与公民投票》，九州出版社2007年版，第268页

③ 王英津著:《自决权理论与公民投票》，九州出版社2007年版，第182—183页。

权”。[①] 其目的在于：一是分离主义者可以堂而皇之打着“自决”的招牌谋求分裂，以争取国际支持和同情；二是自决权意义上的独立在国际法上具有合法性、正当性；三是有利于西方国家继续掌握国际政治话语，为干涉他国内政提供便利。可以说，包括苏格兰在内的当今绝大多数所谓的“独立”活动在本质上都是主权国家内部发生的分离行为，而非国际法意义上的独立行为。

从实践层面上来看，“独立”公投若获得通过，无论原宗主国持何种态度，它都自然地享受一定的作为国际法人的权利和义务，而能否加入比如像联合国这样的主权国家组织，关键在于组织本身，而不在于宗主国。但分离则不同，在许多已经发生过分离公投的国家，其公投的结果在很大程度上都是咨询性的，例如此次苏格兰公投的问题“苏格拉是否应该成为一个‘独立’的国家？”显然就是带有征求大众意见的公投，而不是拘束性的公投。而且，即便是分离公投获得通过，其也并不意味着可以立刻成为独立国家或享有独立国家的资格和待遇。能否成功分离和能否顺利地加入象征主权国家身份的国际组织，关键还在于母国的立场。苏格兰从公投诉求的提出到公投诉求的实现，都紧紧与英国中央政府联系在一起，这从某种层面上说明了苏格兰公投的分离性质。除此之外，尽管分离和独立都在某种程度上受到大国支持，但大国对独立的支持往往具有正义性，但对分离的支持常常带有浓厚的利己主义色彩，故而很难说其存在正义性。在独立公投的案件中，殖民地、自治领和托管地几乎都能在大国的支持下获得独立，但分离地区则不完全一致，有的在外国的支持下获得事实上的分离如乌克兰的克里米亚，也有得到外国支持但未获得事实上的分离如伊拉克的库尔德。有一种趋向是，大国对分离的干涉受到越来越多的关注甚或节制。

（二）苏格兰公投的合法性问题

有人认为苏格兰公投的非法的。出现这样的认知是因为：一方面，分离运动及其行为是许多主权国家宪法和法律明文禁止的事项，于是他们常常将分离和非法勾连，或者直接将二者画等号。实际上，是否合法完全取决于该国中央政府对待分离的态度和立场。分离的民主诉求如何才能突破法律的限制，变成一种能付诸实践的政治事实？除了直接由中央政府组织的有关是否

① 美国著名法学家卡塞斯就持这种观点，参见 Antonio Cassese, *Self-Determination of Peoples, A legal Reappraisal*, Cambridge: Cambridge University Press, 1995, pp. 90-101.

赞成某一分离行为的全国性公民投票外，那就是必须要经过中央政府的同意，因为国际法的条文中都不承认分离是单方面可以完成的行为，同时在国际法中承认主权国家政府具有对分离要求的处置权力。[①]换句话说，某一地区或某一民族要从主权国家分离，必须取得主权所有者的同意，至少应得到该国中央政府的批准。[②]也就是说，单方面分离行为，才是非法的；另一方面，将合法性与正当性相混淆，认为苏格兰公投不具有正当性，就以此否认其合法性，这是不理性的认识。苏格兰公投因为事实上的不充分性存在非正当性，其体现在：第一，宪制性法律都没有规定苏格兰具有任何分离权利；第二，苏格兰以一己之私破坏了英国整个国家的完整性；第三，苏格兰在英国国内并没有受到不公正待遇。分离公投缺乏正当性，是苏格兰公投的局限所在，即便我们还未能界定正当与合法孰先孰后的问题，但也不能就此否定合法之存在。

苏格兰公投之所以具有合法性，原因就在于苏格兰公投是协议式分离公投，而非单方面分离公投。鉴于苏格兰分离运动在苏格兰民族党的推波助澜下愈演愈烈，加之双方在公共福利、北海石油、对欧关系等问题上争执不下，英国政府便“以退为进”，开始就苏格兰分离事宜与苏格兰自治政府进行协商，双方于2012年10月在苏格兰首府签署了《爱丁堡协议》。根据该协议，苏格兰议会获得了立法并举办分离公投的授权。虽然同意让苏格兰具体操办分离公投，但该协议第一条原则就规定，公投的具体议案，必须尊重苏格兰法以及英国议会，且公投的举行也必须依照全英“选举与公投法”（2000年）第七部分的有关规定执行。[③]苏格兰协议式分离公投具有以下五个特点：其一，协商双方是两个不同法律位阶上的政府（即中央政府和地区政府）；其二，协商的主题是关于权力的授予与被授予问题；其三，苏格兰政府在行使权力时必须遵照中央政府与苏格兰所达成的相关协议；其四，双方签署的有关协议只有国内政治效力，不周延至国际范畴；其五，协商双方秉持平等、公平的政治立场，共同尊重结果。苏格兰议会严格按照英国法律和协议内容推动分离法案、依法设立公投事务机构以及公开透明的公投规则使得苏格兰

① 王英津著：《自决权理论与公民投票》，九州出版社2007年版，第246、186页。

② 王英津著：《自决权理论与公民投票》，九州出版社2007年版，第265页。

③ Agreement between the United Kingdom Government and the Scottish Government on a Referendum on Independence for Scotland, Edinburgh, October 15, 2012.

公投无论是从法律上还是在操作中都具有了合法性与有效性。

四、该案例对英国的政治影响

苏格兰公投虽未过关，但围绕着苏格兰公投所衍生的政治竞争尚未结束，例如苏格兰如何应对此次的挫败，英国中央政府又该怎么履行之前的承诺以及防止苏格兰再次公投，都是处理两者关系的题中之义。苏格兰公投尽管以失败收场，但其对苏格兰本身、英国国内乃至其他的地区所造成的影响均不可忽视。

（一）该公投给英国带来的教训和挑战

总体上，苏格兰公投的负面意义大于正面意义。其一，公投对苏格兰分离主义运动的影响。尽管苏格兰公投首次败北，但这并不表示分离主义运动就随之画上了句号。事实上，对民族主义者来说，此次公投显然是虽败犹荣的。根据 You-Gov 公司的跟踪调查，2013 年 9 月 16 日，支持分离的民众有 32%，而到了 2014 年的投票日，这一数据上涨近 13 个百分点，高达 45%。[①] 可见，民族主义势力的实力不可小觑。对于此次公投，需要从正反两个方面来看：一方面，公投的举行及其结果鼓舞了分离集团的士气，让他们觉得分离仍然大有可为，给往后持续推动分离提供了信心，例如自公投结束以来，支持苏格兰分离的民众持续上升，超过了以往任何时候。另一方面，苏格兰公投失败在一定程度上说明了分离势力的能量有限，如果英国对苏格兰关系处理得当，未来或可将苏格兰分离运动框限在可控范围之内。客观地说，民族主义者可以利用的资源非常有限，他们在追求分离的道路已达到了极限，要想再有所突破，十分困难。与之相反，中央政府则有许多可供开发的空间，只要不触及体现国家主权和领土完整的事项，中央政府都可以尽可能地满足苏格兰地区的诉求。另外，中央政府还会不会放任苏格兰肆无忌惮推行分离路线，恐怕也不会再像以前那样自信满满了，正所谓吃一堑长一智，今后的政策或许更多的是防患于未然。

① BBC, Scotland Decides, http://www.bbc.com/news/events/scotland-decides/poll-tracker.

其二，公投对英国国内其他分离主义的影响。英国政府允许苏格兰进行分离公投，在国内开了先例，这对于国内其他蠢蠢欲动的分离地区起到了某种程度上的参照作用。例如北爱尔兰分离问题、威尔士分离问题等等。即便是他们不要求分离公投，但中央政府继续向苏格兰放权，必然会引发地区与地区之间的权力不对称现象。若对放权不当，地区之间、央地之间的竞争又会新一轮上演。问题是，给予他们权力将使联合王国的权力趋于分散化，出现尾大不掉的局面，……英国作为世界大国的效率将遭受持久、甚至是根本性的削弱，[①] 这不仅使得英国中央政府面临两难选择，而且还有可能会陷入权力收放的怪圈。换句话说，苏格兰参与其中的分权化运动将影响整个英国政治的发展轨迹。放权固然可以暂时缓解民族主义者要求分离的压力，但其并不能从根本上解决一开始就难以兼容的国族认同，反倒是通过放权，地方得到了更多的权力，会进一步固化这种各地区之间的主体意识。如果各民族与社群试图寻求分离，英国亦有分裂之虞。最终起决定作用的乃是人民的政治意识与身份认同，并非政府的制度与机制——尽管后者的效力亦会对人们的政治态度产生影响。[②] 因此，对英国而言，除了在硬权力层面作出分权安排之外，还需要考虑如何建构统一的国家认同。即是说，如何在分权与认同之间寻找一个有效而持久的连接点，需要培植共同的政治文化和政治认同。

（二）该公投使得中央政府进一步下放权力

2014 年 9 月公投结束后，英国首相卡梅伦随即邀请凯尔文勋爵（Lord Smith of Kelvin）监督并就改善与加强苏格兰权力下放的形式达成跨党派协议，其将继续改变苏格兰议会在 2012 年苏格兰法案中商定的权力。10 月，英国主要三党发布了就支持向苏格兰议会进一步分权的共同声明。2014 年 11 月，凯尔文勋爵公布一项由包括五个苏格兰主要政党在内的所有政党就授予苏格兰议会更多权力达成的一致性协议。根据协议，此次放权主要涉及司法、教育、卫生、农业、治安、贸易、环境、渔业、文艺、交通、体育、消防等十二大类别，在 2012 年苏格兰法的基础上增加了印花土地税、垃圾填埋税、借贷权力以及制定苏格兰收入税利率的权力，并规定前三项于 2015 年 4 月生

① 周永生:《苏格兰独立公投的深远影响》，载《人民论坛》2014 年第 30 期，第 49 页。

② ［英］比尔·考克瑟、林顿·罗宾斯、罗伯特·里奇著:《当代英国政治》（第四版），孔新峰、蒋鲲译，北京大学出版社 2009 年版，第 477 页。

效，最后一项于 2016 年 4 月实施。当然，国防及国家安全、福利、宏观经济政策、宪法、外交事务、移民、通讯、能源管理等仍属于英国议会的主要保留权力。[①]2015 年 1 月，苏格兰法案（Scotland Bill 2015）出台，该年 9 月 18 日，卡梅伦在公投一周年纪念致辞上再次重申："将提出苏格兰法修正案，下放权力，确保苏格兰议会成为全世界拥有权力最多的议会之一。"[②]2016 年 3 月，英国议会通过了新的苏格兰法令（Scotland Act 2016），并由女王签署生效。

诚然，此次放权有两个政治目的：一是履行公投前的政治承诺。公投前英国主要三党向苏格兰地区许诺若继续留在英国，后者将给予前者更大空间的自治权。这既是民主责任政治的使然，也是增进苏格兰地区与中央政府之间信任的必要手段；二是意图通过放权，拉近与苏格兰的距离，挽留苏格兰地区的民心，从根本上永久解决苏格兰分离问题的重要举措。但是，像这样一味地放权，而忽略强化统一的要素，能否如愿以偿，还不得而知。至少从两个方面看，存在着一定的变数。一方面，苏格兰法令一修再修，权力一放再放，这几十年来的实践似乎效果不彰，分离运动随着苏格兰议会权力的不断扩充不仅没有收敛，反而变得得寸进尺，苏格兰自治政府就曾声称要求更多在传统上属于英国议会的保留权力，如移民和外交事务。[③]另一方面，比较政治的经验也告诉我们，过分的分权或放权，不但不能有效应对分离主义的挑战，反而会带来更加突出的国家分裂危机。西班牙与英国同是存在分离问题的单一制国家，向加泰罗尼亚的一味分权，最终酝酿了接连不断的央地冲突。正如有学者指出"旨在提供领土自治的修宪，并不能提供永久的保障措施来防止分离主义的再次出现（如魁北克）"。[④]本来，公投是中央政府取得了胜利，但其反而向苏格兰"俯首称臣"，或许只会让英国在央地关系分权问题上越陷越深。

---

① https://www.gov.uk/government/news/scottish-independence-referendum-whats-next.

② https://www.gov.uk/government/news/pm-statement-on-the-anniversary-of-the-scotland-referendum.

③ Christopher McCorkindale, 'Scotland and Brexit: The State of the Union and the Union State', *King's Law Journal*, Vol. 27, No. 3, 2016, p. 54.

④ Steven C. Roach, 'A Constitutional Right to Secede? Basque Nationalism and the Spanish State', *International Studies Perspectives*, Vol. 8, No. 4, 2008, p. 45.

（三）该公投对其他地区的有限扩散效应

从苏格兰的特性和英国的政治传统看，苏格兰公投无法复制到世界其他地区。首先，在国家结构上，英国是联合王国的性质，各组成部分在历史上都是主权独立的王国，这一背景使得联合王国天生就具有“和而求同、和而不同”的双重特性，也即是“统而不一”的政治架构；其次，在政治文化上，英国不仅是当代自由主义思潮的发源地，而且在去殖民化运动中也被动接受了“民族自治”的政治原则，包括作为英联邦成员的加拿大亦深受这一文化的影响；再次，在政党政治上，苏格兰民族党至今在该地区连续执政整整十年，掌控着政府机器，加上英国主要三党对苏格兰地区相对不同的政治盘算，导致了央地关系“外强内弱”。英国中央政府并非从一开始就赞同苏格兰分离公投，其对苏格兰公投的被动、消极态度或多或少都阻止了苏格兰案例在世界其他地区进行扩散。

从分离主义运动的横向比较上来看，苏格兰案例也很难助长分离运动的气焰。虽然各个国家的分离活动具有一定的相似性，但更多的是特殊性。第一，每个国家的国情不同。英国之所以允许苏格兰公投，是基于自身的政治文化、地理特征、经济实力和社会传统等因素，而其他国家在这些方面并不一定就与英国完全吻合；第二，分离主义自身的不同，虽然分离运动的表征都是政治分离，但其内核却可能是种族、经济、宗教、地域、语言、文化等因素，也有可能是几种因素交织在一起的复合体；第三，区域和国际组织的制约，欧盟的态度在很大程度影响着欧洲分离主义的发展。时任欧盟主席巴罗佐就指出由于那些内部存在分离运动的欧盟成员国如西班牙的反对，苏格兰加入欧盟几乎是不可能的。[①] 重置会员身份和成员国的表态，均透露出欧盟对苏格兰分离持不支持甚至反对的态度；第四，由于苏格兰公投与欧债危机、中东内战、网络革命、乌克兰冲突等密切相关，国际社会普遍将苏格兰分离视为干扰，并会确保其不会引起国际危机。[②]

然而，需要正视的是，苏格兰公投不是孤立的，其他地区也有类似要求，其虽未成功，但已经激起了另一波关于“独立”的辩论，加泰罗尼亚，巴斯

---

① Pauline Schnapper, ‘From One Referendum to the Other: The Scottish Dimension to the Debate over Europe’, *French Journal of British Studies*, Vol. 22, No. 2, 2015, p. 6.

② William Walker, ‘International Reactions to the Scottish Referendum’, *International Affairs*,Vol. 90, No. 4, 2014, p. 744, p. 754.

克地区，南蒂罗尔州和格陵兰岛可能争先效之。[1]欧洲是分离运动的活跃区，德国、西班牙、比利时、意大利等国都存在分离主义问题，分离主义在欧洲构成了一个相互借重的庞大的政治网络。苏格兰公投发生在西欧的核心地区将会形成一个明确的先例，从地理和概念上扩大，它将使全球类似的运动合法化，并强迫其他国家接受这一国家。[2]不可否认，苏格兰公投已然发生，对后来的加泰罗尼亚公投、库尔德公投等均产生了一定限度的外溢效应。

由上分析可见，尽管苏格兰公投已尘埃落定，但分离运动并未销声匿迹。2014 年苏格兰公投的失败给了英国中央政府喘息之机，使得英国有时间集中精力对付脱欧一事，然苏格兰地区、英国中央对待欧盟的立场不同，使得二者在某种上又加重了本身就有些脆弱的央地关系。当前，英国政府正忙于与欧盟进行脱欧谈判，但苏格兰却按捺不住，开始就分离事宜向中央政府再次发起进攻。2016 年 10 月，苏格兰政府已经提议将举行脱离联合王国的第二次公投，2017 年 3 月，苏格兰自治政府向英国政府请求准允时被后者拒绝，其理由是苏格兰是联合王国四个部分之一，它在英国议会中有自己的代表，且下放给苏格兰的权力已超过了一些内部事务控制的范畴。然而，不可忽视的是，自 2014 年公投结束后，支持苏格兰分离的民众居高不下，并在 2016 年首次超过赞成放权的民众。这对英国而言，既是一个警讯，也是一个挑战。未来英国中央政府如何处理脱欧后的与苏格兰的关系以及苏格兰与欧盟的关系，都需要认真考量和评估。不夸张地说，倘若处理不当，不排除苏格兰会抗争以求举办第二次公投的可能。

五、台湾举行“独立”公投的非法性

苏格兰公投对岛内“独派”政党和团体产生了巨大的刺激作用。公投之前，“独派”势力甚至组成观察团赴苏格兰“取经”，公投结束后，民进党曾发表声明稿表示“这个结果是苏格兰人民决定自身前途的重大里程碑”。民进

① Belen Olmos Giupponi, Hannes Hofmeister, ‘The “Day After” the Scottish Referendum: Legal Implications for Other European Regions’, *Liverpool Law Review*, Vol. 36, No. 3, p. 212, pp. 224-225.

② John Mauldin, ‘The Consequences of Scottish Independence Cannot Be Overstated,’ *Business Insider*, September 12, 2014.

党一贯主张，“台湾的前途须由2300万台湾人民来决定”。2017年底，台湾当局立法部门对所谓“公投法”进行了“去笼化”翻修，使得很多分离主义性质的公投可能会接踵而至。因为他们认为苏格兰可以举行分离公投，台湾为什么就不可以进行公投“独立”？但是，无论台湾当局如何将自己与苏格兰及其公投相类比，也无法掩盖其推行分离公投的非法性，这需要从台湾问题与苏格兰问题的异同比较中来加以论证。

两者的不同点在于：历史上，苏格兰本身就是一个民族，也是一个独立的王国，即便是组成联合王国后，其也保留了相当程度的独立性和传统权利，而台湾自始至终都不是一个拥有过独立地位的地区，相反它一直以来都是中国领土不可分割的一部分，历史上受到中国中央政府的管辖，尽管其曾经被日本占领，但中国政府从日本收回台湾主权的事实不容置疑；在民族上，两岸人民同属中华民族，并且同根同源、同文同种。苏格兰要求从英国分离的基础或者正当性在于其民族特性与英格兰、威尔士和北爱尔等有着质的差异，但纵使如此，这也没有成为英国中央政府同意其公投的依据。正如前文所言，英国中央政府的初衷并不是要给予苏格兰地区分离的自由，而是希望“以退为进”遏制住分离态势的蔓延。

两者的相同之处在于：从法理上说，台湾与苏格兰都属于单一制下的地方行政单位，跟中央政府是下位与上位的隶属关系，地方权力来源于中央的授予，且由中央政府独立行使国家主权；两者都建立了较为完备的民主制度，皆欲通过公民投票的方式谋求从母国分离；两者在某种程度上都具备一定的“自主地位”，都有以地方单位身份参与一定的国际组织或国际活动，但这均不构成其为分离出去、实现“独立建国”的理由；两者内部都有维持现状派和分离派，对于未来自身走向常常存在分歧。

苏格兰公投的结果表明，虽然其未达到法定票数而没有实现分离，但就公投本身而言，却是合法的，这是因为：苏格兰自治政府与英国中央政府进行了政治协商，并取得后者的同意与授权。换句话说，《爱丁堡协议》是苏格兰公投的合法性来源。“台独”分裂势力在未与中国中央政府进行协商或谈判，且未取得后者同意的情况下，单方面推动分离性质的公投是非法无效的。这是因为：台湾地区的领土主权属于包括大陆人民在内的14亿全体中国人民，台湾地区领土主权的变更必须由两岸全体中国人民共同决定，倘若台湾单方面做出变更决定，这意味着对大陆人民拥有台湾领土主权所有权的剥夺。[1] 当然，即使台湾当局打算与中央政府进行协商，中央政府也不会同意其分离公投。

由上可见，台湾问题和苏格兰问题的异同从正反、事实与程序等不同层面皆否定了台湾当局宣称的台湾人民有权决定其未来政治地位的主张。如若台湾社会强行推动“台独”公投，中国中央政府有权在任何时候、采取任何方式进行反制。

① 王英津著:《两岸政治关系定位研究》，九州出版社 2016 年版，第 385、391 页。

第十五章　加泰罗尼亚公民投票

西班牙由 17 个自治区，以及在摩洛哥境内的休达和梅利利亚两个自治市共同组成。加泰罗尼亚作为西班牙的 17 个自治区之一，不仅可以将加泰罗尼亚语与西班牙语同时作为本自治区的官方语言，而且还有权将自己的区旗、区徽与西班牙国旗共同悬挂于自治区的各公共建筑和正式场合。[①] 除享有宪法规定的自治权外，加泰罗尼亚作为西班牙三大“历史民族”之一，[②] 还可通过自治区立法而享有更多的自治权。在如此宽松的制度架构下，加泰罗尼亚自治区与西班牙的关系理应是和谐有序的，但它为何依然产生了公投分离诉求？我们该如何看待加泰罗尼亚公投分离事件？其对西班牙、欧洲乃至整个国际社会产生了怎样的影响？西班牙王国与加泰罗尼亚自治区的关系前景又将怎样？西班牙处理加泰罗尼亚分离公投事件给我们带来哪些启示？为厘清和回答上述问题，本章尝试从政治学、法学和民族学相结合的视角，对加泰罗尼亚公投分离案例及其所涉及的相关问题进行深入探讨。

---

① 《西班牙宪法》第 3 条规定：“卡斯蒂利亚语为国家官方语言，全体国民有义务掌握它、有权利使用它。根据各自治区的规定，西班牙的其他语言亦为各自治区的官方语言”；第 4 条规定：“法律规定承认各自治区的区旗、区徽，可与西班牙国旗共同悬挂于各公共建筑和正式场合”。参见《西班牙宪法典》，潘灯、单艳芳译，中国政法大学出版社 2006 年版，第 4 页。

② 其余两大历史民族是加利西亚民族和巴斯克民族，三者并称为西班牙的三大“历史民族”。

一、从诉求自治到宣布"独立"：加泰罗尼亚分离史回顾

加泰罗尼亚是西班牙东北部的一个高度自治区，下辖巴塞罗那省、莱里达省、赫罗纳省和塔拉戈纳省，首府是巴塞罗那。加泰罗尼亚是西班牙经济最为发达的地区之一，人口 750 万左右，相当于全国人口的 16%。经济总量占全国五分之一，并贡献了全国五分之一以上的税收。相对于西班牙其他自治区，加泰罗尼亚在文化发展上具有一定的独特性。

加泰罗尼亚在法律上的自治地位由来已久。早在第一次世界大战刚刚结束的 1919 年，加泰罗尼亚就曾向西班牙政府提交了一份自治条例草案，但"胎死腹中"。1931 年市政选举后，西班牙宣布建立第二共和国，弗朗西斯科·马西亚（Francesc Masia）借机宣布成立"加泰罗尼亚共和国"；但与西班牙共和国临时政府多次谈判后，"加泰罗尼亚共和国"最终更名为"加泰罗尼亚自治政府"。随后，自治政府拟定了一份自治条例草案，该条例草案在付诸自治区公民投票时得到了绝大多数民众的支持。于是，1932 年加泰罗尼亚颁布了第一份《加泰罗尼亚自治条例》，确立了自治地位及实施细则，并获得西班牙共和国国会批准。所以，在 1932—1934 年和 1936 年的一段时间里，加泰罗尼亚地区曾一度实行自治。西班牙内战（1936—1939 年）爆发后，佛朗哥政权（1936—1975 年）推行中央集权制度，实施残酷镇压政策，把当时的大部分政治领导人、工会领导人及知识分子判处死刑或流放，加泰罗尼亚语被严禁使用，加泰罗尼亚的自治实践被迫中断。1975 年佛朗哥去世后，随着 1977 年西班牙民主化进程的启动，加泰罗尼亚民众又提出了"制定自治法规"的诉求，该诉求被其他地区的政治精英们所接受。1978 年《西班牙宪法》通过后，要求自治的呼声更趋强烈。事实上，新宪法通过自然就为加泰罗尼亚回归自治铺平了道路。1979 年西班牙实现政治转型后，新的《加泰罗尼亚自治条例》便经由加泰罗尼亚地区公投通过，地区的自治地位随之得以恢复。新自治条例有效保障了加泰罗尼亚在西班牙国家整体中的地位和角色，并在自治区治理中发挥了积极作用。尽管加泰罗尼亚自治政府与西班牙政府之间也时有一些张力，但总体来看，绝大多数加泰罗尼亚民众对西班牙的宪政体

制及自治区体制秉持肯定态度。

近十几年以来，由于加泰罗尼亚自治区与西班牙政府之间的分歧不断扩大、矛盾不断加深，加之经济危机的爆发，致使加泰罗尼亚民众对西班牙政府的不满情绪与日俱增。[①] 在加泰罗尼亚看来，1979 年通过的自治条例在当时就带有很大局限性，时至今日更是无法适应加泰罗尼亚日益高涨的自治需求，所以必须修订自治法规。2001 年，加泰罗尼亚自治区启动了自治法规的修订程序。2005 年，由民族主义政党主导的加泰罗尼亚自治区议会通过了《加泰罗尼亚自治条例》修正草案。2006 年 6 月 18 日，加泰罗尼亚自治区将自治条例修正案交付公投并通过，但随后修正案的 14 项条款被宪法法院判决违宪，必须予以修改。后来修正案虽然再次修改并被西班牙国会批准，但加泰罗尼亚民族主义者与西班牙政府之间的矛盾却因此而越来越深。

2012 年，主张分离的政党在加泰罗尼亚自治区议会选举中获得胜利。9 月 11 日，在加泰罗尼亚民众纪念被西班牙征服的所谓“沦陷日”当天，有近 200 万人上街游行示威，要求脱离西班牙政府的管治，寻求分离建国。2013 年 1 月 23 日，加泰罗尼亚自治区议会通过了“主权与人民自决权声明”，宣称加泰罗尼亚人民“具备政治上与法律上的主权地位”，但该声明随即被西班牙宪法法院判决为违宪。后在西班牙各方压力之下，加泰罗尼亚自治政府于 2014 年 10 月 14 日宣布，决定暂时放弃 11 月 9 日以“独立”为议题的公投，待考虑成熟后再选用其他办法推进本地区的“独立”诉求。即便如此，加泰罗尼亚自治政府依然决定于 2014 年 11 月 9 日举行自治区公投，只是临时改口称公投为民意调查性质的“公民参与”。虽然此次公投不具有任何法律效力，但结果显示，有 80.7% 的投票民众选择赞同分离独立，[②] 这在一定程度上可以反映出加泰罗尼亚民众对分离独立的渴望。

2015 年 11 月 9 日，由民族主义政党占多数的加泰罗尼亚自治区议会以 72 票赞成、63 票反对的表决结果通过声明，正式启动旨在于 2018 年 1 月 1 日实现加泰罗尼亚分离建国并加入欧盟的路线图。作为落实该路线图的一部分，加泰罗尼亚自治区议会于 2017 年 9 月 6 日擅自通过《独立公投法》，并

---

① ［西］徐利奥·里奥斯:《西班牙的加泰罗尼亚问题》，栾昀译，载《世界民族》2014 年第 2 期，第 56 页。

② 《加泰罗尼亚举行非正式独立公投 超 8 成选民挺独》，载中国新闻网，2014 年 11 月 10 日，http://www.chinanews.com/gj/2014/11-10/6764476.shtml。

宣布将于2017年10月1日举行分离公投。针对加泰罗尼亚自治区议会通过《独立公投法》的行为，西班牙政府当即向宪法法院提起诉讼，宪法法院随即受理并于9月7日做出判决，判定加泰罗尼亚擅自发动分离公投的行为是违宪的。西班牙政府也根据宪法法院的判决采取了一系列强制手段试图制止公投，包括收缴投票设施和选票、查封与公投有关的网站等等。西班牙政府制止分离公投的举措引发了加泰罗尼亚分离主义者的强烈不满，千人规模以上的示威游行几乎每天都在上演。9月11日加泰罗尼亚数百万支持分离独立的民众聚集巴塞罗那街头，爆发了规模最大的示威游行，随后矛盾逐渐升级。

2017年10月1日，虽然西班牙政府派出国家警察和国民警卫队接管了加泰罗尼亚地方警察，并在加泰罗尼亚各个投票站点设置障碍，但是，加泰罗尼亚分离主义势力无视宪法法院和中央政府的禁令，投票依然如期举行。据统计，此次参与投票者高达226万人，占加泰罗尼亚总人口的42.3%，其中90%投票者支持脱离西班牙独立建国。[①] 加泰罗尼亚自治区主席卡尔斯·普伊格德蒙特（Carles Puigdemont）在10月4日表示将在短期内宣布独立。10月27日，加泰罗尼亚自治区议会表决通过了关于脱离西班牙并成立共和国的决议，随即单方面宣布从西班牙“独立”。这一举措尽管得到了加泰罗尼亚分离主义者的支持，但却遭到了西班牙其他自治区民众的反对，他们纷纷走上街头表示抗议。

在加泰罗尼亚宣布独立建国的情况下，西班牙参议院最后使出了捍卫国家主权的“杀手锏”——启动宪法第155条，[②] 授权中央政府采取一切必要行动捍卫国家统一。依据宪法第155条和西班牙参议院的决定，西班牙时任首相马里亚诺·拉霍伊（Mariano Rajoy）随即宣布解散加泰罗尼亚自治区议会和自治区政府，并解除普伊格德蒙特自治区主席的职务，将其职权交由西班牙副总理代为行使，六个月内选出新的自治区议会。加泰罗尼亚自治区主席普伊格德蒙特等六人被解除职务后，为逃避西班牙国内法律制裁，出走比利

① 《加泰罗尼亚政府称90%投票者支持脱离西班牙》，载新浪财经网，2017年10月2日，http://finance.sina.com.cn/stock/usstock/c/2017-10-02/doc-ifymmiwm3481173.shtml。

② 该宪法第155条规定：“如果一个自治区未履行宪法或其他法律规定的义务，或行为严重危害西班牙王国的整体利益，政府可督促自治区主席改正；如果不能获得满意，经参议院绝对多数批准，政府可采取必要措施迫使自治区强制履行上述义务，或保护上述整体利益。根据前款规定措施的执行，政府可向各自治区机构发出指令。”参见《西班牙宪法典》，潘灯、单艳芳译，中国政法大学出版社2006年版，第59页。

时，至此加泰罗尼亚分离公投暂时以失败而告终。2018 年 6 月 2 日，新加泰罗尼亚政府宣布就职，这意味着西班牙中央政府对加泰罗尼亚自治区的直接控制权自动被解除。

二、加泰罗尼亚分离公投原因探析

就目前而言，西班牙王国并不存在蓄意的民族歧视政策，加泰罗尼亚自治区既未在国家政治生活中被边缘化，其平等权利也未受到压制或剥夺。加泰罗尼亚民众寻求分离独立的原因十分复杂和多元。历史上的“恩怨情仇”，自治历程的一波三折，经济危机的“脉冲”，国家认同的日趋淡薄，以及与中央政府分歧的不断扩大，最终使加泰罗尼亚选择与西班牙分道扬镳。

第一，历史因素。从历史上看，加泰罗尼亚地区被纳入西班牙王国，源于 15 世纪后半叶，当时伊比利亚半岛上的卡斯蒂利亚和阿拉贡两个王国形成了共主国家。加泰罗尼亚是阿拉贡王国的主要组成部分，此前已有完整的政府体系。加泰罗尼亚有三级议会，议会还有常设机关——“议会委员会”负责税收。卡斯蒂利亚的伊莎贝拉一世（Isabel I）和阿拉贡的斐迪南二世（Fernan do II）联姻后，他们的女儿胡安娜（Juana）嫁给了哈布斯堡的菲利普（Felipe），开启了西班牙哈布斯堡王朝时代。但是，哈布斯堡王朝并没有取缔加泰罗尼亚的议会委员会。[①] 但到波旁王朝时期，加泰罗尼亚地区丧失了自治地位。至第二共和国时期，其自治地位又有所恢复。佛朗哥政权统治时期，加泰罗尼亚再次失去所有权力，并遭到了历史上最严酷的镇压，他们被禁止在公共场合讲加泰罗尼亚语，所有与加泰罗尼亚认同相关的行为都被禁止；除此之外，佛朗哥政府还采取同化政策，鼓励其他地区的西班牙民众移居加泰罗尼亚。尽管这段历史已过去四十余年，但在加泰罗尼亚民众的脑海里却挥之不去，至今仍被反复提及。他们认为自己的民主与自由权利长期以来遭到西班牙政府的压制和剥夺，尽管西班牙政府于 1978 年颁布了新宪法，并且在表决新宪法草案时加泰罗尼亚地区的赞成票高达 90%，但加泰罗

① 屠凯：《单一制国家特别行政区研究：以苏格兰、加泰罗尼亚和香港为例》，载《环球法律评论》2014 年第 5 期，第 9 页。

尼亚民众仍普遍认为 1978 年宪法的中央集权色彩十分浓厚，带有明显的“佛朗哥痕迹”，并未充分体现加泰罗尼亚民众的意愿。同时，他们认为，在可预见的未来，修订 1978 年宪法的可能性并不大，因为修订宪法的程序极为复杂冗长，即便提出修宪动议案，最终也无法获得通过。加泰罗尼亚民众对他们未来的自治前景感到悲观。因此，加泰罗尼亚的不同阶层或界别（包括自治政府和自治区议会）的大多数人都认为，只有从西班牙分离出去、独立建国，才是实现加泰罗尼亚民族自主和地区自治的最佳选择。

第二，经济因素。长期以来，加泰罗尼亚民众对自己所享有的经济权利和所获取的经济利益心存不满。在他们看来，在整个西班牙的国家财政收入中，来自加泰罗尼亚自治区的收入占 20%，出口贸易额超过国家出口贸易总额的 1/4，吸引外资的能力在西班牙 17 个自治区中遥遥领先。西班牙的注册企业，加泰罗尼亚几乎占 20%，全国排名第一。[①] 可是，西班牙政府对加泰罗尼亚自治区的公共投入却严重不足，因而西班牙政府对财政收入的分配不公一直为加泰罗尼亚民众所诟病。在加泰罗尼亚分离主义者看来，如果加泰罗尼亚不选择从西班牙分离出去，就无法获得更多财政收入。换言之，争取更多经济利益和财政独立是加泰罗尼亚分离运动的重要诱因。其实，从自治区建立以来，历届自治政府就一直要求西班牙政府修改财政分配制度，减轻该区经济负担。近些年，随着欧洲经济危机的加剧，西班牙政府的财政分配体系在加泰罗尼亚受到来自民族党、公社党等社会力量的严厉批评。加泰罗尼亚自治政府开始呼吁西班牙政府与其签署一份解决“财政赤字”问题的协议。加泰罗尼亚民众普遍认为，西班牙政府在加泰罗尼亚地区的公共资本投入、基础设施和服务设施投入不及其他地区多，这对加泰罗尼亚生产总值的增加产生了负面影响。自治区的财政模式问题，一直是引发西班牙政府和加泰罗尼亚自治政府双方争吵不休的原因。简单来说，这个模式就是国家征税，自治区按照收到的转移支付进行消费。在西班牙政府看来，这一问题可以通过中央政府对加泰罗尼亚财政给予额外补助来解决，尽管西班牙政府不否认加泰罗尼亚自治区对于西班牙的巨大贡献，但认为加泰罗尼亚要求制订另一种模式的协议则有些过分，所以西班牙政府无法接受加泰罗尼亚提出的主

① 刘泓：《西班牙加泰罗尼亚地区独立公投的民族学解读》，载《中国民族报》2017 年 10 月 27 日，第 8 版。

张。[①] 加之西班牙政府在拒绝加泰罗尼亚的诉求时未能排除简单粗暴的方式，致使矛盾进一步激化，这也助长了分离主义的发展和壮大。

第三，文化因素。依据宪法第 3 条规定，加泰罗尼亚自治区可以将加泰罗尼亚语与西班牙语同时作为本自治区的官方语言，但从实际情况看，加泰罗尼亚民众平日不喜欢使用国语西班牙语，而喜欢使用本地语加泰罗尼亚语。这种语言使用状况必然淡化加泰罗尼亚民众对西班牙应有的国家认同。除此之外，文化因素还表现在：其一，专制统治的历史记忆。回顾佛朗哥政权时期，中央政府终止了他们在语言和文化上的独立地位，西班牙语成为该地区唯一官方语言，各种社会和文化活动均被禁止。虽然佛朗哥政权结束后加泰罗尼亚逐渐恢复为西班牙的一个自治地区，但他们仍然对文化保护忧心忡忡；其二，在历史上，加泰罗尼亚的确具有一定的特殊性，其在文化和传统上与西班牙不能完全算作“同根同源”，它们与西班牙政府的关系长期处于貌合神离状态；其三，随着加泰罗尼亚地区经济的繁荣发展，西班牙其他地区的民众开始纷纷迁入该地区，土著居民的主体地位及其社会文化逐渐受到冲击，[②] 这种态势催生了加泰罗尼亚民众担心自己被边缘化的危机感。加上，主张分离的加泰罗尼亚民众多数为土生土长的当地居民，或者父辈为西班牙其它地区公民的二代移民，他们对加泰罗尼亚的感情胜过对西班牙王国的感情。因此，由于以上民族文化原因，加泰罗尼亚民众对西班牙的国家归属感非常淡薄，使得他们一旦遇到不满情绪，这种情绪就很容易演化为分离主义倾向。

加泰罗尼亚分离问题的爆发，除历史因素、经济因素和文化因素之外，分离主义精英的煽动也是重要原因。分离主义政治精英描绘出了成立“加泰罗尼亚共和国”后，在政治、经济、文化、福利等方面的美好前景和宏伟蓝图，似乎为加泰罗尼亚人民提供了一个走出困境的最佳方案，这也是很多加泰罗尼亚民众尾随政治精英追求分离的又一重要原因。

---

① ［西］徐利奥·里奥斯：《西班牙的加泰罗尼亚问题》，栾昀译，载《世界民族》2014 年第 2 期，第 58 页。

② 刘泓：《西班牙加泰罗尼亚地区独立公投的民族学解读》，载《中国民族报》2017 年 10 月 27 日，第 8 版。

三、加泰罗尼亚分离公投缺乏合律性

此处的合律性主要与后文的正当性或合法性相区分，意指是否合乎法律及其符合程度。其中的“律”是广义上的，既包含宪法，也包含法律；既涵盖国内法，也涵盖国际法。加泰罗尼亚作为西班牙领土不可分割的一部分，擅自打着公民投票旗号从事分离主义的行为，不论从《西班牙宪法》还是从国际法来看，都是对西班牙国家主权和领土完整的破坏，均不具有合律性。

（一）《西班牙宪法》并未赋予加泰罗尼亚分离权

加泰罗尼亚地区实行高度自治的主要法源是1978年《西班牙宪法》和2006年修正过的《加泰罗尼亚自治条例》。西班牙是单一制国家，其地方自治权系中央作为“主权代表者”通过宪法授予的，既然如此，自治权就不能超越宪法。从宪法规范看，加泰罗尼亚并没有从西班牙王国中分离出去的权利。

从发动公投的主体来说，《西班牙宪法》第92条规定：“特别重要的政治决定可以用咨询性公民投票的方式向全体公民提交”，“公民投票根据众议院授权，政府首相提议，并由国王召集”。[①]按照通常认知逻辑，加泰罗尼亚从西班牙分离出去的公投，应属于“特别重要的政治事项”，那么，涉及该议题的公投就应该由众议院授权，西班牙首相提议，并由国王召集。反观这次加泰罗尼亚分离公投，其并未按照宪法规定的程序来操作，而是由加泰罗尼亚自治政府擅自在自治区范围内发动，这显然是违宪的。

从发动公投的权限来看，按照《西班牙宪法》第149条规定，“通过举行公民投票进行民众咨询的授权”是“国家排他的职权”。[②]也就是说，要发动咨询性公民投票，属于国家性职权，而非地方性职权，即必须由国家层级的中央政权机关来启动公投程序。然而，加泰罗尼亚单方面擅自启动涉及西班牙整体利益的公投程序，不符合上述规定。另外，从《西班牙宪法》第

---

① 《西班牙宪法典》，潘灯、单艳芳译，中国政法大学出版社2006年版，第34页。

② 《西班牙宪法典》，潘灯、单艳芳译，中国政法大学出版社2006年版，第55页。

148 条关于自治区职权的规定来看，自治区可以行使 22 项职权，但这 22 项职权中从未包括可启动公投来表决能否从西班牙分离出去的权利。[①]

从参加投票的主体来说，根据《西班牙宪法》第 1 条规定："国家主权归于西班牙人民，国家权力源于西班牙人民"；[②] 第 2 条规定："本宪法基于西班牙民族的团结、全体西班牙人共有的统一国家，承认并保障组成西班牙的各民族和各地区的自治权和团结"。[③] 这两个宪法条文表明，西班牙的领土主权属于包括加泰罗尼亚民众在内的全体西班牙人民，其变更涉及全体西班牙人民的利益，所以即便要举行以加泰罗尼亚可否从西班牙分离为议题的公投，也须由全体西班牙民众共同表决，而非单单由加泰罗尼亚自治区的民众决定。

从公投的表决议题来说，凡是涉及国家整体利益的主权事项，通常由中央政权机关依法启动的全国性公投来表决；但经中央政权机关批准的除外。加泰罗尼亚作为西班牙的地方行政实体只可以就自治范围的经济、政治、社会、民生等事项进行公投，而无权就关涉主权或与其他自治区边界问题进行公投。按照《西班牙宪法》第 148 条第 2 款的规定，自治区仅仅可以更改自治区范围内市镇的边界，[④] 而无权更改自治区与其他自治区的边界，更无权决定可否从西班牙分离出去。《西班牙宪法》第 149 条也明确规定："本宪法未明确规定由国家管理的事项，可以根据自治章程归于自治区的权限之下。自治章程未规定的职权，由国家行使。如果发生冲突，国家规范在所有未划为专属自治区职权的问题上优于自治区。在任何情况下，国家的法律是对自治区规章的补充。"[⑤] 由此可见，加泰罗尼亚自治政府及其主要地方性政党策划的关于"加泰罗尼亚应否自西班牙分离"的公投是违宪行为，必然遭到西班牙政府的坚决反对。不论从法理还是现实来看，西班牙政府能够接受的也仅仅限于《加泰罗尼亚自治法》的颁布、修正或其他重大自治议题的公投，且始终保留对该自治条例和其他重大议题进行合宪性审查的权力。

从比较宪法的角度看，分离在宪法上被确立为一项权利仅属于个案。根据加拿大法学家蒙纳罕（Patrick J. Monahan）和布兰特（Michael J. Bryant）

① 《西班牙宪法典》，潘灯、单艳芳译，中国政法大学出版社 2006 年版，第 52—53 页。
② 《西班牙宪法典》，潘灯、单艳芳译，中国政法大学出版社 2006 年版，第 3 页。
③ 《西班牙宪法典》，潘灯、单艳芳译，中国政法大学出版社 2006 年版，第 4 页。
④ 《西班牙宪法典》，潘灯、单艳芳译，中国政法大学出版社 2006 年版，第 52 页。
⑤ 《西班牙宪法典》，潘灯、单艳芳译，中国政法大学出版社 2006 年版，第 56 页。

两位学者的研究成果，世界上绝大多数国家的宪法根本不承认任何族群、团体、地区享有要求分离的权利。[①] 在他们研究的 89 个国家的宪法中，只有 7 个国家的宪法有与分离相关的条款，而有 22 个国家（包括澳大利亚、圭亚那、罗马尼亚、保加利亚、蒙古、巴拿马等国）的宪法特别明文强调国家主权与领土完整不可分割，其中科特迪瓦和喀麦隆的宪法甚至禁止任何将来的修宪涉及领土变动。在规定了分离权利或者涉及可能的分离程序的七国宪法中，苏联和捷克斯洛伐克的宪法有分离的条款而且分离已经实现，而在奥地利、法国、新加坡、埃塞俄比亚和加勒比岛国圣西斯中，只有埃塞俄比亚和圣西斯宪法规定了可以通过一定的程序分离，其它宪法只是有相应的有关承认领土和国界变动的条款或地方分权的条款。而英国有关北爱尔兰前途的 1998 年《复活节停火协议》原则上同意了北爱尔兰在公投基础上实现分离的可能（但事实上不可能）。[②] 反观《西班牙宪法》，它并没有赋予加泰罗尼亚可以从西班牙分离出去的权利。按照西班牙现行单一制国家结构及宪政体制，宪法高于普通法与地方法，且明文规定了公投的先决条件，也对国家主权统一有详细规定。显然，加泰罗尼亚单方面发动分离公投，试图从西班牙王国中分离出去的行为系违宪行为，在法律层面上是无效的。

需要进一步澄清的是，加泰罗尼亚为了论证其分离公投并不违宪，还从自治权来源角度去寻找法理支撑。那就是：加泰罗尼亚认为，它的自治权属于“历史权利”，并非来自《西班牙宪法》。其论证依据有三：其一，早在 1978 年宪法重新制定之前的西班牙民主转型过程中，加泰罗尼亚的自治权就已存在，并在当时扮演了调和西班牙左右政治力量矛盾的关键角色。因此，加泰罗尼亚的自治权不仅先于宪法，而且其还参与、推动了《西班牙宪法》的制定。正是在这一意义上，有学者认为加泰罗尼亚在历史上“积攒”的事实权力，可以视为“一部分制宪权”。[③] 其二，《西班牙宪法》也不得不承认加泰罗尼亚的“历史权利”，因为按照《西班牙宪法》过渡性条款第 2 条：“过去通过公民投票批准自治章程草案并且在本宪法颁布时实行临时自治政治体

① Patrick Monahael, Michael J. Bryant and Nancy C. Coté, ‘Coming to Terms with Plan B: Ten Principles Governing Secession’, *CD Howe Institute Commentary*, 1996, p. 83.

② Jonathan Tonge, ‘Politics in Northern Ireland’, in Patrick Dunleavy, *Developments in British Politics*, New York: Palgrave, 2003, pp. 181-202.

③ Stephen Tiemey, ‘Reframing Sovereignty? Sub-State National Societies and Contemporary Challenges to the Nation-State’, in Neil Walker, ed., *Relocating Sovereignty*, England: Ashgate, 2006, p. 247.

制的地区，经由其高级集体准自治机构以绝对多数作出的决议，可以立即按照第 148 条第 2 款的规定实行，并适时将决定通知政府。准自治集体机构按照第 151 条第 2 款的规定起草自治章程草案。”[①] 该条文清晰地表明，《西班牙宪法》承认某些地区享有“历史权利”，这些地区当然包括早就拥有自治政府的加泰罗尼亚在内。[②] 其三，2006 年《加泰罗尼亚自治条例》第 5 条规定：“加泰罗尼亚的自治立基于加泰罗尼亚人民的历史权利、她的世俗机构和法律传统，……加泰罗尼亚自治政府的组织和它处理民法、语言、文化、教育的权力由此确立。”[③] 总而言之，在加泰罗尼亚看来，只要能论证清楚其自治权并非完全来自宪法的授权，那么作为其实现“完全自治”手段的分离公投就可以规避违宪指控。

然而，以上观点存在两个问题：其一，尽管加泰罗尼亚的自治权先于《西班牙宪法》而存在，但只要后来参与了共同制宪的过程，就意味着其接受了《西班牙宪法》，其后来所享有的自治权均来源于《西班牙宪法》，因此必须接受宪法的规制。换言之，虽然加泰罗尼亚的自治权存在某种历史特殊性，但这并不能改变其为西班牙单一制宪法所授权、受西班牙单一制宪法所规范的性质。[④] 其二，自治权不等于分离权，即便退一步讲，承认加泰罗尼亚的自治权部分延续了“历史权利”，甚至优先于宪法，是制宪权的组成部分或者来源，但这也与分离权无关。除非加泰罗尼亚能证明其历史上的自治权包含分离权，分离权的相关意涵在 1978 年宪法制定前就出现在加泰罗尼亚自治权之中，否则以上观点就不能成立。所以，加泰罗尼亚要想完成其分离公投不受宪法规制的论证需要经过两个步骤：第一步，证明加泰罗尼亚存在“历史性的自治权”，且优先于 1978 年宪法；第二步，证明加泰罗尼亚历史上的自治权包含分离权。然而，从加泰罗尼亚的既有论证来看，其只论证了第一步，而没有论证第二步。因此，加泰罗尼亚试图从“历史权利”的角度来论证其自治权并非（完全）来自宪法，进而论证其分离公投并不违宪的逻辑是站不住脚的。

---

① 《西班牙宪法典》，潘灯、单艳芳译，中国政法大学出版社 2006 年版，第 65 页。

② 屠凯：《西方单一制多民族国家的未来：进入 21 世纪的英国和西班牙》，载《清华法学》2015 年第 4 期，第 13 页。

③ The Statute of Autonomy of Catalonia, 2006, art. 5.

④ 屠凯：《西方单一制多民族国家的未来：进入 21 世纪的英国和西班牙》，载《清华法学》2015 年第 4 期，第 13 页。

（二）国际法并未赋予加泰罗尼亚自决权

所谓民族自决权是指受外国奴役和殖民压迫的民族摆脱殖民统治、建立民族独立国家的权利。行使民族自决权的前提是受到外国的殖民压迫和统治，其权利主体是主权国家意义上的国族（nation），而不是种族（nationality）。只要考察民族自决权原则的演变历程，我们就可以发现，自决权与分离权没有必然的联系，自决权不包括分离权。[①]众所周知，自决权的行使不会损害宗主国的领土主权完整，因为殖民地和其他被外国占领（或统治）的领土，从来就没有被它们的宗主国视为其领土的组成部分，殖民地人民及其他被外国占领（或统治）领土上的居民也不能享有与宗主国本土居民相同的法律地位。从殖民地及其他被压迫民族的角度来看，它们过去曾经是某个独立的主权国家，正是殖民侵略和殖民统治才使得它们处于被压迫、被奴役的地位。因此，殖民地及其他被压迫民族的独立既是结束被压迫、被奴役地位的一种方式（而且是最主要的方式），也是它们的一项权利。但这种权利不是分离权，因为这与一个地区从其所属主权国家分离出去没有任何关系。[②]《给予殖民地国家和人民独立宣言》把民族自决权宣告为直接反对异国奴役的权利，表明运用民族自决权来自由地决定一个民族的政治地位，只能是直接用来反对殖民统治而不是原有的国内统治。[③]殖民地及其他被压迫民族的自决权所包含的应该是独立权，而不是分离权。其实，在酝酿《给予殖民地国家和人民独立宣言》的过程中，某些联合国的成员国就担心毫无限制的自决权可能会导致现存国家的分裂，从而危及国际秩序的稳定。联合国大会在支持自决权的同时，特别表示要保证其成员国现存领土的完整，限制以自决为名的分离。因此，现存国家（哪怕它以前曾是殖民地）中少数民族进行的分离运动并不在民族自决权的保护之下。[④]基于以上分析，笔者认为，加泰罗尼亚分离是西班牙的内部事务，且不存殖民压迫，因而加泰罗尼亚人民没有国际法上的自决权，更谈不上通过行使自决权完成独立建国。正是在这一意义上说，国际法上的自决权原则并非加泰罗尼亚分离主义的挡箭牌。

同时需要特别指出的是，加泰罗尼亚分离主义者之所以将其分离行为与

---

① 白桂梅著:《国际法上的自决》，中国华侨出版社 1999 年版，第 189—190 页。
② 白桂梅著:《国际法上的自决》，中国华侨出版社 1999 年版，第 190 页。
③ 李龙、万鄂湘著:《人权理论与国际人权》，武汉大学出版社 1992 年版，第 138 页。
④ 任东来著:《政治世界探微》，北京大学出版社 2005 年版，第 274 页。

自决权相挂钩，这是因为：其一，“分离主义”这个词带有某种程度的贬义，而“自决权”是得到国际法支持的概念，是正义、褒义的词语，故分离主义者通常喜欢打着“自决”的旗号来为其分离行径作合法性辩护。[1]其二，分离行为在国内法上通常是被禁止的，在从国内法上找不到法律依据的情况下，分离势力只好到国际法规范中去寻找合法性依据，进而求得国际社会的保护和支持。然而，只要从学理和法理上对上述问题做出澄清之后，就能辨识出加泰罗尼亚分离主义者所谓“法律依据”的虚无性，正如联合国前秘书长潘基文（Ban Ki-moon）曾说：“一个地方想要行使民族自决权时，需要联合国承认它是非自治领土，但加泰罗尼亚不属于这一范畴。”[2]

四、加泰罗尼亚分离公投缺乏正当性

加泰罗尼亚分离势力无法从西班牙宪法和国际法上找到支撑分离公投的依据后，便转向从政治学理论中寻求支持。其所依循的理论主要有两类：一是社会契约学说，尤其是该学说对解除契约自由的强调；二是直接民主与公民投票理论，主要力图证明地区民主性公投能够单方面决定分离议题。不过，以上两种理论都无法为加泰罗尼亚分离公投提供道德正当性。

（一）单方面分离不符合社会契约理论[3]

西班牙属于西方自由民主国家，历来信奉社会契约理论。按照近代西方的社会契约学说，契约理论强调契约自由，其中包括签订契约自由和解除契约自由。然而，加泰罗尼亚却对解除契约的自由存在误解，或者说夸大了解除契约的自由程度。解散契约不是无条件的、单方面的，而是要遵循严格的限制条件与协商程序。正如同婚姻自由一样，尽管存在结婚自由与离婚自由，但无论是结婚还是离婚均需要符合相应条件和程序。分离意味着解散建立国

① 白桂梅著：《国际法上的自决》，中国华侨出版社 1999 年版，第 178 页。

② 《联合国秘书长潘基文：“加泰”无权自决独立》，载新华网，2015 年 11 月 2 日，http://www.xinhuanet.com/world/2015-11/02/c_128381445.htm。

③ 作为西方自由民主理论的经典学说，社会契约论本身存在诸多漏洞，相关批判已经汗牛充栋，这里就不再赘述，笔者仅在假设社会契约论成立的基础上进行分析。

家共同体的契约，这比婚姻契约重大得多，因而也需要更高的程序和协商门槛。按照社会契约论的假设，即便加泰罗尼亚要从西班牙的国家契约中退出，也需要与其他地方行政实体进行协商谈判（通常由中央政府或联邦政府代表其他地方行政实体来进行谈判），只有各方达成共识，同意加泰罗尼亚通过公投实现分离，其公投才具有正当性、合法性，正如同 2014 年苏格兰发动的分离公投，其事先经过与英国中央政府的协商，并取得了英国议会的批准，然后才发动了分离公投，所以苏格兰公投是合法有效的（当然，公投结果未达到法定门槛，那是另外一回事）。加泰罗尼亚的认知错误在于：将契约自由片面地理解成签约自由，仅仅注意到了签约时需要与其他签约方进行协商，各方达成合意后组建一个国家共同体；然而却忽视了解约时也需要与其他签约方进行谈判，只有获得其他签约方的一致同意后方可自由退出。否则，必然要承担违约责任，重则受到战争的惩罚。

事实上，历史经验已经充分证明单方面违约（分离）的非正当性及其所需付出的沉重代价。当年美国十三州从邦联走向联邦，共同组建了美利坚合众国，其实这视同为十三州通过制定宪法（这个契约）来组建一个国家共同体。可是，当 19 世纪 60 年代，美国南部一些州宣布脱离联邦时，联邦政府总统亚伯拉罕·林肯（Abraham Lincoln）发表了著名的“裂屋演说”，反对使“房子倒塌”、使“联邦解体”的分离主义，于是奋起还击，发动了一场被马克思称为“现代历史上第一个伟大的战争”[①]的南北内战，从而制止了南方诸州的分离、维护了美国的统一。该案例表明，国家的组成单位要想脱离国家共同体，必须征得该国全体人民或代表全体人民之中央政府（或联邦政府）的批准；不然就要付出血的代价。

（二）地区民主性公投无法决定国家主权议题

针对此次分离公投，有人因投票率微过 40% 而判定公投不能体现完整的加泰罗尼亚民意；还有人认为，公投后，加泰罗尼亚自治区议会在反对分离议员缺席的情况下，强行通过从西班牙分离出去独立建国的议案，既不符合法律程序，也不能代表多数民意，因而对加泰罗尼亚公投的合法性提出质疑。然而笔者认为，这些观点固然是为了论证加泰罗尼亚分离公投的非法性和非

① 《马克思恩格斯全集》第 15 卷，人民出版社 1963 年版，第 344 页。

正当性，但对于该问题的分析不能仅着眼于投票率高低、议员是否出席等技术细节，更应重点分析加泰罗尼亚人民是否有权通过地区性公投单方面表决“分离”和“独立”之类的主权议题，后者才是分析分离公投正当性的关键所在。

为充分认清这一问题，首先需要厘清加泰罗尼亚公投的性质。从理论上说，此次公投是民主性公投而非自决性公投。所谓自决性公投是指国际法上创设领土边界以实现独立建国或决定领土归属以合并到他国的公民投票，该公投通常是殖民地人民和其他被压迫民族的人民实现民族自决权的重要手段；而民主性公投是指在一个主权国家的既定疆域内，人民对全国性或地方性重大事务进行集体表决的公民投票，该公投是实现直接民主的重要方式。① 因为加泰罗尼亚与西班牙政府之间的矛盾不是殖民地与宗主国的矛盾，所以此次公投属于民主性公投。那么，这一区分有何意义呢？其意义正在于通过对民主与自决的辨析推导出加泰罗尼亚公投在领土变更问题上的局限性。从表面上看，民主和自决都含有人民自己决定自我事务的含义，两者在理念方面有很多相似甚至相同之处；但事实上，民主和自决是分属两个范畴的概念。自决意味着要通过独立建国来创设疆界，而民主则必须在一定的疆界内运行，它不能创设边界，更不能单方面改变疆界。譬如，美国纽约州选州长，其他州的人无权参与。纽约州通过的决议只适用于纽约州，对其他州不具有效力，且不能违背联邦宪法。没有预设疆界的民主无法操作,因为无法判定“多数”。民主政治必须在大家已经预先接受了的领土疆界范围内运作。② 正如美国政治学家达尔所说，民主只能决定既定政治体内部的事务，而不能用于决定政治体的边界，因为民主的多数原则的计算，已经预设了大家共同接受的政治体之边界。③ 因此，加泰罗尼亚公投作为一种地区民主性公投，其表决议题只能限于加泰罗尼亚自治区内部治理的事项，而不能就整个西班牙的领土主权变更议题进行表决；倘若要决定后者，其就需要与作为共同领土主权所有者的另一部分人民（即西班牙其他行政单位）及西班牙中央政府进行协商并

① 王英津著:《自决权理论与公民投票》，九州出版社 2007 年版，第 214—216 页。

② David Held, Anthony McGrew, David Goldblatt and Jonathan Perraton, *Global Transformation: Politics, Economics and Culture*, California: Stanford University Press, 1999, p. 46-49.

③ 转引自潘维著:《法治与“民主迷信”——一个法治主义者眼中的中国现代化和世界秩序》，香港社会科学出版社有限公司 2003 年版，第 318 页。

达成一致意见，否则公投就缺乏正当性。

值得进一步探讨的是，既然民主与自决是两个不同范畴的概念，那么为何在很多场合人们仍将两者紧密联系甚至混同使用呢？这主要与人们将不同学科意义上的自决混为一谈有关。目前学界主要在两种意义上使用自决，一是国际法意义上的自决，二是宪政意义上的自决。本来，我们通常所说的自决就是国际法意义上的自决（法律概念），可是由于宪政意义上的自决（学术概念）也强调内部自主、人民自我决定等价值，所以很多人在表达民主意涵的场合也会用宪政意义上的自决来代替，以至于两者在很大程度上成为同义语，经常被互换使用。在这种情况下，由于很多人没有厘清宪政意义上的自决和国际法意义上的自决的区别，因此就将前者与民主的联系误当成后者与民主的联系，这是使自决（国际法意义上的自决）与民主连结或混同起来的主要原因。[①]

五、西班牙及国际社会的态度和反应

除了在合律性和正当性层面存在双重缺失之外，加泰罗尼亚分离公投在现实层面还直接冲击了既有的秩序和利益格局，因此受到西班牙政府和国际社会的一致谴责。公投发生前，已被西班牙宪法法院判决为违宪；公投发生后，西班牙政府紧急启动宪法第 155 条，采用司法与行政手段双管齐下遏制了分离运动的升级。国际社会也纷纷发声，坚决支持西班牙政府捍卫领土主权的行动。

（一）西班牙政府捍卫国家统一的举措

加泰罗尼亚是西班牙领土不可分割的一部分，无论是从维护主权和领土完整的要义来说，还是从维持政权体系正常运转的角度来说，西班牙政府都不会允许加泰罗尼亚地区分离出去。

1. 司法手段：宪法法院作出违宪判决

根据《西班牙宪法》第 161 条规定：“国家与自治区之间或自治区之间的

① 王英津著：《自决权理论与公民投票》，九州出版社 2007 年版，第 176—177 页。

权限冲突”，由西班牙宪法法院管辖和审理。[①] 西班牙宪法法院在制止加泰罗尼亚分离主义、捍卫宪法权威、维护国家统一方面起到了不可替代的作用，其具体表现如下：

其一，2006 年加泰罗尼亚自治区议会大幅修改《加泰罗尼亚自治条例》，旨在提高加泰罗尼亚的法律地位、扩张自治区政府的权限。西班牙政府对于自治条例修正案的部分内容存有不同意见，认为部分条款有违宪嫌疑，故向西班牙宪法法院提出七项诉讼请求。针对这一诉讼请求，经过漫长的审理，宪法法院于 2010 年最终作出了长达 881 页的判决书。该判决书指出：自治条例修正案中关于强化加泰罗尼亚语教育与承认加泰罗尼亚为“国族”等 14 项条款违宪，必须予以修改。[②] 判决书指出：“宪法只承认西班牙国族，不承认其他国族。”[③] 尽管该措辞在加泰罗尼亚自治区引起了特别强烈的反对，但判决书同时指出，使用“国族”这个术语虽然不具法律含义，但从观念、历史或文化意义上把这个术语限于表达“一个民族集体的自我表现”，也是合法的，可以完全合法地在民主秩序内得到包容，只是不要由此而引申出更多的意涵（譬如要求自决权）。[④] 总之，虽然宪法法院的判决认定在新自治条例的序言中使用“国族”不具法律效力，但却为使用这个术语背书了。[⑤] 针对自治条例修正案第 8 条，判决书指出：自治条例修正案不能否定宪法规定的“西班牙国族不可分裂的统一性”，自治条例可以确立自己的民族象征，但不能因此与西班牙国族的象征形成竞争或矛盾。[⑥] 判决书还明确指出：加泰罗尼亚所谓的“自决权利”[⑦] 完全地来源于 1978 年宪法的规定，不存在先于宪法的权利；《西班牙宪法》的民主正当性则完全地来源于作为一个整体的西班牙全体公民，2006 年《加泰罗尼亚自治条例》关于“加泰罗尼亚公民”的相

① 《西班牙宪法典》，潘灯、单艳芳译，中国政法大学出版社 2006 年版，第 61—62 页。

② S. T. G.，de 28 de junio de 2010，Sentencia 31/2010 (BOE nflm. 172, de 16 de julio de 2010).

③ S. T. G.，de 28 de junio de 2010，Sentencia 31/2010 (BOE nflm. 172, de 16 de julio de 2010).

④ S. T. G.，de 28 de junio de 2010，Sentencia 31/2010 (BOE nflm. 172, de 16 de julio de 2010).

⑤ ［西］徐利奥·里奥斯：《西班牙的加泰罗尼亚问题》，栾昀译，载《世界民族》2014 年第 2 期，第 57 页。

⑥ ［西］徐利奥·里奥斯：《西班牙的加泰罗尼亚问题》，栾昀译，载《世界民族》2014 年第 2 期，第 57 页。

⑦ 需要注意的是，宪法法院此处使用的“自决”概念是指宪政意义上（侧重于自治或民主之意涵）的自决，而非国际法意义上（侧重于独立建国）的自决。

关规定不能与此相冲突；[①] 加泰罗尼亚自治区的权力在法理上都是《西班牙宪法》所赋予的，必须在宪法框架下来理解和解释。《加泰罗尼亚自治条例》是宪法的下位法，必须服从宪法。[②] 沿循这一逻辑，西班牙宪法法院正式判决加泰罗尼亚自治区议会宣言中关于加泰罗尼亚（人民）“主权”原则的表述是违宪无效的。[③] 后来，经修改后的自治条例修正案在 2006 年 6 月 18 日举行的加泰罗尼亚地区公投中以超过 70% 的支持率顺利通过。

其二，2013 年 1 月 23 日，加泰罗尼亚自治区议会通过了《主权与人民自决权声明》，宣称加泰罗尼亚人民“具备政治上与法律上的主权地位”。2014 年 3 月 25 日，西班牙宪法法院的 12 名法官对加泰罗尼亚提交主权声明进行审议，当日下午就依据宪法第 2 条关于“国家统一和自治权利”条款[④] 和《加泰罗尼亚自治条例》判决加泰罗尼亚关于主权和自决权的声明以及推动分离公投的行为是非法的。

其三，加泰罗尼亚提交的主权声明被宪法法院裁决无效后，自治区议会于 2014 年 9 月 26 日又通过《民意调查及公众参与法》授权自治政府组织有法律效力的民意调查，并在 2014 年 11 月 9 日举行自治区公投，以表决加泰罗尼亚“是否建国 / 州”“是否应当独立”的问题。面对已临近加泰罗尼亚自我设定的投票日期，西班牙政府迅即请求宪法法院做出判决。宪法法院审查后判定：中止加泰罗尼亚《民意调查及公众参与法》的法律效力，以待最终审议结果。在公民投票的法律基础被彻底颠覆的情况下，自治政府于 11 月 9 日当天临时改口称公投为不具法律效力的民意调查。[⑤] 对于此次公投及其结果，宪法法院仍判定其为违宪行为。

其四，加泰罗尼亚自治区议会于 2017 年 9 月 6 日自行通过《独立公投法》，并宣布将于 2017 年 10 月 1 日举行分离公投。鉴于此，西班牙政府立即向宪法法院提出诉讼，宪法法院受理后于 9 月 7 日连夜召开紧急会议，一致

---

① S. T. G.，de 28 de junio de 2010，Sentencia 31/2010 (BOE nflm. 172, de 16 de julio de 2010).

② S. T. C.，de 28 de junio de 2010，Sentencia 31/2010 (BOE nfim. 172, de 16 de julio de 2010).

③ S. T. C.，de 25 de marzo de 2014，Sentencia 42/2014 (BOE ndm. 87, de 10 de abril de 2014).

④ 宪法第 2 条规定：“本宪法基于西班牙民族的团结、全体西班牙人共有的统一国家，承认并保障组成西班牙的各民族和各地区的自治权和团结。”参见《西班牙宪法典》，潘灯、单艳芳译，中国政法大学出版社 2006 年版，第 4 页。

⑤ 屠凯：《西方单一制多民族国家的未来：进入 21 世纪的英国和西班牙》，载《清华法学》2015 年第 4 期，第 150 页。

否决加泰罗尼亚自治区议会的决议，宣布《独立公投法》及发动分离公投是非法无效的。

对于加泰罗尼亚自治区发动分离公投的行为，西班牙宪法法院基于捍卫国家主权和领土完整的考量，依法多次判决或裁定加泰罗尼亚擅自发动分离公投是违宪行为，不具有任何法律效力。宪法法院成为西班牙运用司法手段坚定捍卫国家主权和领土完整的重要机构，也是加泰罗尼亚分离独立难以逾越的最大屏障。

2. 行政手段：西班牙政府启动宪法第 155 条

站在西班牙政府的立场上看，它绝不会允许加泰罗尼亚分离，因为一旦分离成功，就容易引发多米诺骨牌效应，巴斯克等其他自治区很可能会随即宣布分离，届时西班牙王国将面临四分五裂的危机。有鉴于此，西班牙政府多次明确重申，加泰罗尼亚的分离公投属于违宪之举，他们绝不会对分离势力有丝毫的妥协退让。

就 2017 年 10 月 1 日的公投来说，早在 9 月 7 日宪法法院判决公投违宪的当天，西班牙政府就详细列出了公投决议违反《西班牙宪法》的八项条款，以及国家章程的三项条款，其中包括“西班牙人民主权”“议会君主制国家体制”“国家统一”等。西班牙政府指出，国家是唯一有权决定进行公民投票的机构，地方政府无权决定。即使需要修改宪法，也需要依照宪法规定的程序进行，而此次加泰罗尼亚议会的决议并未遵循有关程序，因而是违法无效的。早在 10 月 1 日之前，西班牙政府就一直表示将采取各种行动保障国家利益不受侵犯。2017 年 10 月 28 日，其正式接管对加泰罗尼亚地区的管治，并解除该地区高级领导人的职务。

除了宪法法院和中央政府之外，西班牙国家总检察官马萨（José Manuel Maza）也宣布，以“叛乱、煽动叛乱、滥用公共资金”的罪名起诉策划分离的加泰罗尼亚自治区前主席。如果罪名成立，普伊格蒙特等人将面临最高 30 年刑期。而比利时政府已明确表态，将不会向普伊格蒙特提供任何形式的政治庇护。

从结果来看，加泰罗尼亚自治区暂时被西班牙政府接管，此举获得不少加泰罗尼亚民众支持，至此分离势力付出了惨重代价。出现这一结果是必然的：一是因为西班牙政府在法律、国际舆论和力量对比占据明显优势；二是西班牙主要政党在此问题上表现出空前的一致性，坚决站在中央政府一边，分离势力难以在中央政府内部得到任何策应；三是西班牙其他地区的民众也反对加泰罗尼亚地区的分离活动。这种“强中央、弱地方”的力量对比格局决定了加泰罗尼亚分离公投必定以失败告终。分离公投所引发的动荡尽管对西班牙的局势造成一定冲击，但仍在中央政府可控制的范围内。中央政府启动宪法第 155 条后，加泰罗尼亚分离主义不仅受到中央政府全方位的制裁和打击，而且内部精英乃至基层民众也陷入分裂，这严重削弱了加泰罗尼亚分离主义。

（二）主流国际社会的态度和反映

面对加泰罗尼亚自治区发动的单方面分离公投及其在西班牙国内引发的动荡局势，国际社会纷纷表态支持西班牙政府维护国家统一的举措。

在欧盟看来，加泰罗尼亚分离公投有可能会冲击欧洲一体化进程，并有可能使欧洲局势陷入动荡。所以，欧盟坚决反对加泰罗尼亚地区从西班牙王国中分离出去。近些年，欧洲债务危机缠身，欧盟“三驾马车”在西班牙投入较多，如果加泰罗尼亚地区分离出去，西班牙和欧盟之间的发展计划就会被打乱，包括会影响西班牙在解决难民问题上的资金投入。为此，欧盟委员会主席巴罗佐（José Maneul Durao Barroso）等欧盟多位领导人均公开表示坚决反对加泰罗尼亚从西班牙分离出去，不承认其分离公投具有合法性[①]。为了表达不支持分离公投的态度，欧盟还表示，即便加泰罗尼亚独立建国了，其也不能直接延续西班牙作为欧盟成员国的既有身份，新成立的国家意欲加入欧盟，必须重新申请。同时，根据欧盟协定第 4 条规定：国家尊重各自的国家认同，这种认同体现于它们包括地区或地方自治在内的基本的政治架构。欧盟认为，加泰罗尼亚分离问题是西班牙内政，欧盟不便直接干预，故多次主张西班牙各方早日展开对话、结束纷争和恢复秩序。欧洲议会也宣称，加泰罗尼亚的分离行为不会得到他们的承认。欧盟议会认为，当前国际秩序正处于一个极不稳定的动荡不安状态，保守主义势力甚嚣尘上，一些国家正伺机退出业已加入的国际机制，一些国家内部的地区行政实体正寻求分离建国或更高自治，这些都将威胁国际秩序的稳定。欧洲议会议长安东尼奥·塔亚尼（Antonio Tajani）于 2017 年 10 月 27 日在个人推特上发文说，欧盟内没有

① 刘泓：《西班牙加泰罗尼亚地区独立公投的民族学解读》，载《中国民族报》2017 年 10 月 27 日，第 8 版。

国家会承认加泰罗尼亚单方面发动的公投及其结果。[①] 除此之外，欧盟其他官方机构也明确表示支持西班牙政府维护国家主权和领土完整的举措，不会承认加泰罗尼亚分离独立。

除了欧盟作为一个共同体单独发声之外，其部分成员国及美洲主要国家在加泰罗尼亚举行分离公投后也纷纷表态，谴责加泰罗尼亚单方面发动分离公投的行为，拒绝承认加泰罗尼亚的“独立”宣告，坚决支持西班牙政府捍卫国家统一的举措。为扼要起见，现将各国对加泰罗尼亚分离公投的立场和态度列表如下：

表 15-1：欧美大国对加泰罗尼亚分离公投的态度汇总表

序号	国家	加泰罗尼亚分离公投前后的态度和反映
1	英国	①政府声称不会承认加泰罗尼亚的“独立”，并谴责加泰罗尼亚单方面宣布“独立”的做法；②时任首相卡梅伦表示，肯定西班牙政府为维护本国主权和领土完整所作出的努力；③首相府发言人也表示，英国不会承认加泰罗尼亚“独立”，因为这一结果是基于已被西班牙宪法法院宣布为非法的公投，希望《西班牙宪法》受到尊重、统一得到维护。
2	法国	①明确表示完全拥护西班牙政府维护宪法权威所采取的举措；②总统马克龙表示全力支持西班牙首相拉霍伊的决定，“我一直表示我在西班牙只有一位对话伙伴，就是拉霍伊首相”。
3	德国	①明确表示不会承认加泰罗尼亚的“独立”地位，更斥责了加泰罗尼亚这种单方面宣布分离独立的做法，坚决支持西班牙首相在加泰罗尼亚地区恢复宪法秩序的做法，同时呼吁相关各方能够尽最大可能缓和局势，通过对话解决问题；②总理默克尔亦表态，支持西班牙中央政府维护国家统一的做法；③政府发言人赛伯特通过政府官方网站和社交媒体表示，德国政府不承认加泰罗尼亚自治区单方面宣布“独立”，西班牙的主权和领土完整不容破坏，而加泰罗尼亚单方面宣布独立有违这一原则。

① 《欧美主要国家和组织支持西班牙中央政府维护国家统一》，载新华网，2017 年 10 月 28 日，http://www.xinhuanet.com/world/2017-10/28/c_1121870198.htm。

续表

4	意大利	外长阿尔法诺声明，意大利不论现在还是将来都不会承认加泰罗尼亚单方面宣布的“独立”，他强烈谴责加泰罗尼亚自治区议会的不明智做法。
5	葡萄牙	葡萄牙总理科斯塔表示，加泰罗尼亚宣布“独立”的行为是对西班牙国家政治生活的破坏，葡萄牙完全支持西班牙政府根据宪法捍卫国家统一的举措。
6	美国	①国务院发言人诺尔特声称，加泰罗尼亚自治区是西班牙王国不可分割的一部分，美国支持西班牙政府采取措施，维护西班牙的团结和稳定；②白宫发言人桑德斯也在记者会上表达了这一立场，表示美国支持西班牙的强大和统一。
7	加拿大	总理特鲁多表示，加拿大承认一个统一的西班牙，加泰罗尼亚问题的讨论与解决应该在《西班牙宪法》和法律的框架内进行。
8	哥伦比亚	总统桑托斯表示，哥伦比亚支持西班牙中央政府的立场，希望看到一个团结的西班牙，这符合西班牙以及国际社会的利益。

（资料来源:《欧美主要国家和组织支持西班牙中央政府维护国家统一》，载新华网，2017 年 10 月 28 日，http://www.xinhuanet.com/world/2017-10/28/c_1121870198.htm。）

除了欧美主要大国之外，中国也对加泰罗尼亚分离独立表达了自己的立场和态度。鉴于中国同样饱受分离主义的挑战，故而充分理解西班牙政府的处境和使命。从维护地区和平与稳定的大局出发，2017 年 10 月 12 日中国外交部表示，中方理解并支持西班牙政府为维护国家统一、民族团结和领土完整所做的努力。①

从国际社会的态度和反应来看，加泰罗尼亚企图通过公投脱离西班牙的行为，没有得到国际社会的支持和认同，甚至没有一个国家公开站出来表示支持加泰罗尼亚的分离行为，充其量只有几个与加泰罗尼亚有类似境况和诉求的他国某些地区对其表示同情，譬如，苏格兰民族党（Scottish National Party）党代会一致通过决议，支持加泰罗尼亚地区行使“自决权”。需要注意的是，西方主要大国对加泰罗尼亚公投分离的态度，较之以往对其他国家

① 《加泰罗尼亚“独立”闹剧失道寡助》，载新华网，2017 年 10 月 29 日，http://www.xinhuanet.com/world/2017-10/29/c_1121873071.htm。

之地区分离公投（譬如科索沃公投及后来的独立）的态度有所不同。[①] 此次他们一改过去从自由主义、保护人权等理念出发而支持地区分离主义的态度，坚定地站在捍卫国家统一的西班牙政府一边。由此表明，西方国家在分离主义问题上秉持双重标准，即在对待自己境内或阵营内的分离主义运动（英国的苏格兰、西班牙的巴斯克和加泰罗尼亚、加拿大的魁北克等）时，会采取反对态度，并设法强力阻挠；但在对待其他国家的分离主义时则采取包容、鼓励的态度，甚至企图通过支持他国的地区分离运动来达到颠覆、肢解他国的政治目的。

六、对世界反分离实践的经验与警示

加泰罗尼亚分离公投直接将西班牙推向主权危机的边缘，虽然目前暂告失败，但分离势力并不会甘心，未来只要条件成熟，他们可能会继续利用公投的形式来从事分离运动。所以，在这次公投事件结束后，仍有许多问题值得我们进一步研究和反思。

（一）过度放权并非解决分离主义的灵丹妙药

按照《西班牙宪法》和《加泰罗尼亚自治条例》的相关规定，加泰罗尼亚享有高度自治权。譬如，宪法第 149 条规定：“本宪法未明确规定由国家管理的事项，可以根据自治章程归于自治区的权限之下。”[②] 在这种情况下，加泰罗尼亚自治区享有的政治权力，类似德国、奥地利等联邦制度下的各邦或州所拥有的权力。这种权力受国家宪法保护，高于其他被认为是“非中央集权国家的自治地区”的权力，意味着国家机构对自治区机构在政治管理上的权力让渡。有人认为，西班牙各自治区的政治权力可等同于“具有特殊性质

① 西方国家对待加泰罗尼亚分离和科索沃分离的截然不同态度。20 世纪 90 年代，科索沃自称为“共和国”，当时仅有阿尔巴尼亚一国予以承认。2008 年，它单方面宣布独立建国，西方国家纷纷表示承认。此前“南斯拉夫社会主义联邦共和国”的迅速解体，也与西方国家支持分离主义的推力不无关系。

② 《西班牙宪法典》，潘灯、单艳芳译，中国政法大学出版社 2006 年版，第 56 页。

的国家政治权力”[①]。譬如，自治区机构只对自己政府的主席负责，在其城市建设、教育、环境和卫生等方面拥有重要的立法和执法权力，自治区法规与联邦制度下各邦或州的宪法具有相似性。依常规逻辑推理，既然加泰罗尼亚已经获得了如此宽容的自治权，那么理应逐渐放弃分离，然而事实却恰恰相反，其离心倾向反而日益严重。这是为什么呢？一个合理的解释是，随着加泰罗尼亚自治权的增多，以及对西班牙贡献的增大，其主体性意识不断增强。在这种情况下，加泰罗尼亚自治政府与西班牙中央政府一旦遇到利益冲突，其主体性意识就很容易转化为分离意识。中央政府原本希望通过授予高度自治权的方式来获得加泰罗尼亚民众的认同和支持，不料却孕育出了更强的分离主义意识，这是西班牙中央政府始料未及的。

加泰罗尼亚分离案例表明，中央政府企图通过赋予高度自治权的办法来消解分离主义，可能并不现实；事实证明，某个地区的自治权越高，其主体性意识反而可能越强，分离主义越容易发生。不仅加泰罗尼亚如此，其他地区如英国苏格兰、加拿大魁北克等出现分离主义也有类似原因。过去很长一段时间内，学界习惯性认为，权力下放可以舒缓分离诉求，增进当地民众的国家认同感，因为权力下放不仅可以给地方行政实体或非主体民族提供更多的权力和资源使其更好地进行地方建设，而且可以赋予地区政治精英或非主体民族精英以权力、声望和利益。然而，政治实践表明，权力下放不仅使地方行政实体或非主体民族在意识形态上大幅偏离国家和主体民族认同，而且为分离主义提供了制度上的便利与可能路径，所以过度权力下放不仅不能解决分离主义，反而可能“养虎为患”。

其实，单一制下的地方自治制度固然可以很好地解决现代国家整合与发展过程中的差异性和包容性问题，有助于缓解中央与地方的诸多争端，增进政权稳固和国家统一。但是，该制度之实践需要较高的技术操作，其关键是宪法赋予地方自治权时能否把握好一个恰当的“度”（即“平衡点”），地方自治程度“不足”或“过高”均会影响中央与地方关系的正常发展。倘若地方自治程度不足，不仅会影响地方政府发展的动力和活力，而且容易造成人心背离，进而产生对中央的对抗情绪；倘若地方自治程度过高，则容易产生地

① 刘泓:《西班牙加泰罗尼亚地区独立公投的民族学解读》，载《中国民族报》2017年10月27日，第8版。

方主义，甚至演化为分离主义。综上所述，如何处理好中央集权统一和地方分权自治的平衡问题是当今民族主权国家所普遍面临的重大现实问题。尤其是中央政府在向地方下放自治权的同时，一定要加强对自治地区的有效管辖，实现中央全面管辖权与地方高度自治权的有机统一，过分强调地方的高度自治权而忽视中央对自治地区的有效管辖权，被实践证明是有害的做法。

（二）分离主义的发生与国家经济政治发展水平无直接关联

以前，分离主义多发生在欠发达国家，而进入 21 世纪后，尤其最近十几年，分离主义现象逐渐蔓延至西方发达国家，如英国的苏格兰、西班牙的巴斯克和加泰罗尼亚等。可见，分离主义的发生与一个国家的发达程度没有直接关联。不过，西方发达国家产生分离主义的原因与欠发达国家有所不同，一般不存在宗教民族压迫、经济发展乏力、意识形态斗争、外部势力插手等欠发达国家所面临的传统问题。笔者认为，当前西方发达国家之所以分离主义高涨，主要存在以下几个方面的原因:（1）历史上的主权纠葛。西方发达国家寻求分离的地区往往在历史上就与其目前所属的主权国家存在“恩怨”，有的本不属于该国，后来因各种机缘巧合而并入（或共同组成）现主权国家；有的在历史上还曾遭到过该国中央政府的强权统治。这些历史恩怨使得这些国家始终存在主权隐患，一旦遇到外来刺激就很容易爆发分离主义。（2）宗教民族分歧。西方发达国家的分离主义多发生在非主体民族地区，该民族往往有独特的民族文化，历来对本民族有一种根深蒂固的认同感；但随着经济交往和区域一体化的发展，外来人口大量涌入该民族地区，使得该民族的语言文化受到侵蚀，进而使他们产生了被边缘化的危机感，并对中央政府或主体民族产生不满情绪，于是就企图通过分离建国来强化自身地位。（3）经济发展不平衡。西方发达国家的分离主义高发地区在经济发展水平、资源占有数量、富裕程度等方面通常高于（或多于）本国其他地区。但因国家财政制度的规定，这些地区的“经济贡献”一般多于“政府回馈”，所以他们容易产生心理不平衡，进而主张分离出去，“过自己的日子”“走自己的路”。如前所述，加泰罗尼亚的分离主义就有这方面的原因。（4）民粹主义泛滥。西方发达国家不仅有繁荣的经济，而且有一套健全的落实人民主权的政治制度，例如公民投票制度。但近些年来，西方自由民主国家出现了民粹主义的气焰，在这种情况下，本来是实现直接民主手段的公民投票被分离主义用作实现分离的工具，使得“分离”与“公投”开始挂钩，最终形成一股温和的、渐进的分离公投浪潮。在这一点上，发生在西方发达国家的分离主义与之前欠发达国家出现的以血腥、暴力手段为标志的分离主义有很大不同，这也是西方发达国家分离主义的一个特点。（5）分离公投的溢出效应。在互联网时代，伴随着社交媒体和通讯工具的革新，分离公投的溢出效应被空前扩大。这主要体现在：他国发生的分离公投案例通常被另一国分离主义者所援引，用以佐证自己从事分离公投的正当性与合法性。譬如，加泰罗尼亚分离势力曾多次援引苏格兰公投的案例，不断质疑西班牙政府：为何苏格兰可以举行分离公投，而加泰罗尼亚就不能呢？（6）西方发达国家的衰落。近些年来，西方发达国家在经济和政治方面都面临着从未有过的挑战：经济下滑或长期停滞，使得国家向心力有所减弱；西式自由民主体制面对不断细化的社会分工和日益复杂的国际国内矛盾，在管治能力上显得有些力不从心。尤其西式自由民主体制本身带来的政府权威和国家能力不足问题，致使国家对地方行政实体或非主体民族的控制能力大大弱化，这为分离主义提供了可乘之机。

由此可见，经济发展水平与分离主义情势之间没有必然联系。我们应正确看待经济发展和解决分离主义的关系，前者仅仅是为后者创造条件和奠定基础，但前者并不必然地导致后者。也就是说，即便一个国家的经济获得了突飞猛进的发展，其分离主义也不一定会就此消失。只有充分认识到这一点，欠发达国家才不会把解决分离主义的希望完全寄托在经济发展之上，而应该在发展经济的基础上，加强其他领域的配套建设，多管齐下才能产生更好的效果。

另外，分离主义与一个国家的政治民主发展水平也无直接关联。长期以来，西方学者多将分离主义与非自由民主政体挂钩，认为分离主义是地方行政实体或非主体民族无法忍受威权或专制统治的产物，因此在民主社会里，因有宽松的政治社会环境能够包容民族的差异性，故不会产生分离主义。目前看来，这种观点值得商榷。事实上，当今分离主义泛滥的加拿大、英国、西班牙等国家均为民主发展水平较高的国家，甚至堪称世界自由民主的典范，然而，即便在这些民主国家，依然无法阻止分离主义的产生。这表明，分离主义与政治民主的发展水平没有必然联系，西方有些学者硬将两者联系在一起，无非是为分离主义寻找借口，或者以分离主义为要挟，迫使其他国家接受西式自由民主。

七、余论

加泰罗尼亚分离事件结束后，虽然西班牙局势有所缓和，但分离公投的影响依然存在，甚至蔓延到了西班牙之外。譬如，继加泰罗尼亚分离公投后，苏格兰首席大臣妮古拉·斯特金（Nicola Sturgeon）就曾表示英国脱欧的混乱局势正在推动苏格兰分离，[①] 意大利的威尼托、伦巴第大区也酝酿举行公投，谋求更高自治或分离。这表明加泰罗尼亚地区分离公投对其他欧洲国家的分离运动产生了一定影响。但是，从加泰罗尼亚地区举行分离公投的缘起、合法性、正当性和民众基础等方面看，该案例的外溢效应比较有限，不宜过分夸大。

加泰罗尼亚分离主义利用公投的形式来实现分离，虽然在手段上是温和的、民主的，既没有像巴斯克地区那样产生埃塔组织（ETA）的暴力问题，也没有像革命运动一样产生疾风骤雨式的冲击和震荡；但是，它对西班牙国家主权的冲击与伤害仍是有目共睹的。这次加泰罗尼亚分离公投引发的街头暴力冲突，严重影响着社会秩序的稳定，这不仅伤害了加泰罗尼亚自治区与西班牙政府之间本来就非常脆弱的关系，也酿成了西班牙四十年来所面临的最严重的主权危机。因此，那种因加泰罗尼亚奉行和平主义分离路线而对之抱有同情、支持的观点，应该是遭到批判。站在维护国家主权和整体利益的立场看，即便是温和、渐进的分离主义公投，我们也应该予以反对，除非要求分离的地区与中央或联邦政府通过协商谈判达成了分离协议。

① 《英国脱欧前景未明朗！苏格兰或再次独立公投》，载中金网，2017 年 10 月 9 日，http://m.jrj.com.cn/toutiao/2017/10/9/23207217.shtml。

第十六章　库尔德公民投票

2017 年 9 月 25 日，伊拉克库尔德自治区[①]举行了所谓的"独立"[②]公投，虽然其官方机构宣布公投结果以高票达到通过的法定门槛，但公投并未引发伊拉克的分裂。库尔德自治区举办公投的真实意图是什么？是谋求"独立"，还是别有用心？库尔德真能实现他们公投的初衷吗？以及库尔德公投产生了哪些影响？都会决定着伊拉克未来解决库尔德问题的走向。本章拟就上述问题进行深入探讨。

一、库尔德问题的由来及发展

伊拉克库尔德问题[③]大约发端于 20 世纪初，在英国殖民当局的统治下，伊拉克库尔德的民族主义意识得到较快发展，英国"为制衡阿拉伯人和土耳其人，它还是鼓励摩苏尔的库尔德人发展势力，有意提高苏拉曼尼亚的政治

① 库尔德地区全称为伊拉克库尔德斯坦地区，为了方便和习惯表达，2005 年以前，本章将其简称为库尔德地区，2005 年宪法正式通过后，将其简称为库尔德自治区。

② 库尔德公投一般被外界误认为是"独立"公投，其实是分离公投，独立特指去殖民化时期的独立建国运动，分离是指从母国中脱离出来的政治行为，二者有着本质上的区别。

③ "库尔德问题"是指源自相关国家和民族对库族的歧视，以及库族为争取平等地位而展开的反抗，最终催生谋求库族独立的思潮与运动。参见董漫远:《库尔德问题与中东局势》，载《国际问题研究》2017 年第 4 期，第 49 页。

地位，把库尔德语定为该市官方语言，允许库尔德语报纸出版，从而为库尔德民族主义创造了机会。”[①] 相比其他地方，伊拉克库尔德地区文字水平高，经济相对发展较好，其民族主义相当活跃。随着库尔德认同的不断发展和增强，要求独立的呼声和诉求渐渐高涨。特别是一战结束后，在美国总统威尔逊倡导“十四点原则”的背景下，库尔德民族主义获得了进一步成长空间。然而，由于后来土耳其国内形势的反转，《色佛尔条约》被《洛桑条约》取代，库尔德地区成为大国博弈的牺牲品，其独立建国的梦想就此化为泡影。1930 年的英伊条约，更激发了库尔德人的强烈不满，民族建国的步伐愈演愈烈。

1946 年，库尔德民主党建立，为库尔德自治或独立运动提供了组织力量，且在对付伊拉克政府方面更加强劲。库民党并非一开始就激进的主张独立，而是强调在统一的伊拉克框架下谋求和落实库尔德人各项平等权利。20 世纪 50 年代，伴随着石油资源的发现和开采，伊拉克社会的主要矛盾由部落冲突转向阶级矛盾，库民党借此在农村和下层社会壮大了自己的实力与队伍。1958 年卡塞姆政变，库尔德的命运似乎迎来了新的转机，可好景不长，由于土地政策上的歧义以及价值观上的分歧，卡塞姆政府与库民党之间的合作关系很快就瓦解了，但此时的库民党已然不是之前的一盘散沙和弱小，他们的主体性意识与自治要求更加明显和突出，他们既看到了自己的实力，也更明确了自己的目标。复兴党再次上台以后，情势又发生逆转，伊拉克政府方面采行了从承诺给予一定的自治权到严格管控的政策，即实行由怀柔政策到强硬政策的转变，其前后分别以《三月宣言》(1970)和《库尔德斯坦自治法》(1974)为标志。复兴党政府出尔反尔，彻底激怒库尔德人，由此爆发了大规模武装反叛，并得到美国和伊朗的支持。但随着 1975 年《阿尔及尔协议》的签署，库尔德失去伊朗支持，同时也被切断了美国的物资支援，库尔德民族运动陷入空前危机。更严重的是，此举也导致库民党的内部分裂，带有社会主义倾向的左翼政党库尔德爱国联盟由此成立。

抛开伊拉克“库尔德问题”本身不论，“库尔德问题”由于伊朗和美国的插手或干涉，开始走向区域化和国际化，库尔德更难摆脱被利用的命运。1988 年，萨达姆进行惨绝人寰的“安法尔行动”，库尔德问题震惊国际，继

---

① 敏敬著:《中东库尔德问题研究》，中央编译出版社 2015 年版，第 100 页。

而又在1990年侵入科威特，其成为库尔德民族运动的催化剂。萨达姆从以入侵科威特为开端的海湾战争溃败后，国内民怨沸腾，库尔德民族运动欲乘势而上，但功亏一篑。1991年的联合国“第688号决议”是伊拉克库尔德问题的转折点，“它强调联合国有权干预成员国内部事务，并要求伊拉克停止镇压公民，特别是在库尔德地区。”[①] 该决议还宣布在北纬36度以北设立安全区，随后在英美等国的主导下，又正式建立“禁飞区”。禁飞区的出现，一方面库尔德人在英美的庇护下实行“自治”，另一方面也使得伊拉克联邦政府对库尔德地区完全失去控制，而只维系着名义上的主权，库尔德俨然成为伊拉克境内的“国中之国”。至此，伊拉克库尔德民族运动取得了实质性胜利。

二、联邦制度及自治地位的确立

萨达姆政权被美国推翻后，如何重建伊拉克成为战后的新问题。早在2002年，美国国务院就开始筹划伊拉克的重建问题，并提出了一项名为“伊拉克的未来规划”（The Future of Iraq Project）的计划书。其中在“伊拉克的民主过渡”一章中提到建议将联邦制作为新伊拉克政治的基础，倘若不在改造过程中同时实现联邦制的话，未来的伊拉克将是不民主的。[②] 不过，本身执笔这份报告的作者马基亚（Kanan Makiya）后来对此表达了不同意见，他认为如果在伊拉克建立以种族为基础的联邦制只会导致该国的困境。而且，这样的计划除了会在省与省之间形成经济和社会壁垒外，同时还有可能导致周边国家干预内政。[③] 用民主化的方式重建伊拉克的困难是显而易见的：一是伊拉克内部三大派别对联邦制的安排持有不同意见；二是联邦制与伊拉克传统的国家结构形式以及政治文化完全不符，这能否达到预期的制度绩效还是未知数；三是联邦制具体怎么设计尤其是有关库尔德地区的安排是否能够形成一致看法等，对美国和三大派别都是考验。

尽管如此，美国基于国家安全的考量，以及对“民主和平论”的信仰，

---

① 汪波著：《中东库尔德问题研究》，时事出版社2014年版，第71页。

② Democratic Principles and Procedures Working Group, ‘The Transition to Democracy in Iraq’, *The Future of Iraq Project*, November 2002, p. 3, p. 91.

③ Kanan Makiya, ‘Federalism in the New Iraq’, *The New Republic*, No. 4603, April 7, 2003.

将民主工程进一步推广和扩大，欲借伊拉克改造为契机，酝酿在中东推行“民主化运动”，“将伊拉克建成穆斯林世界的民主楷模，并推而广之，以此作为消除恐怖主义根源的最佳手段，最终使大中东地区实现在美国独立主导下的长治久安”。[①] 这样看来，将民主制和联邦制移植到伊拉克似乎是势在必行，而现实的问题或许就是如何减少阻力以及争取各方支持的问题。联邦制作为美国民主输出的一个重要方面，对伊拉克政治安排具有重要作用：其一，分散三大派别的力量，便于美国对伊拉克局势进行掌控，假如新伊拉克是一个与传统无异的中央集权制国家，那么对美国安全的挑战可能是存在和潜在的；其二，有利于维持库尔德地区的现状，以符合巩固美国在中东政治秩序建构中的地位。库尔德地区的局势直接牵涉到周边国家的政治生态和地区稳定，如果该地区再次动乱，对已经有些精疲力竭的美国来说，似乎是不愿意看到的；其三，联邦制的设想或许可以减少美国重建伊拉克的阻力，因为库尔德人和什叶派都对专制制度心有余悸；其四，建立一个与美国有着制度传承和政治文化连结的新伊拉克，有利于培植亲美政权。

然而，伊拉克国内对联邦制的安排有着不同的看法。库尔德人是积极主张的联邦制的一派，他们把联邦制当作是维护自身利益和留在伊拉克的前提条件。没有联邦制，库尔德地区可能走向分离。什叶派作为人口最多的派别，当然希望获得更多的权力，他们一直对“逊尼派的霸权俘虏国家的做法心存警惕，也将联邦制看着是对中央政府滥用职权的一种消毒剂”。[②] 持反对声音的是逊尼派，逊尼派长期占据着伊拉克的权力核心，其希望通过加强中央集权以控制国家机器。比较诡异的地方是，有研究指出联邦制在伊拉克的受众度其实并不高，“全国 69% 的伊拉克人希望通过宪法建立一个‘强大的中央政府’，只有 22% 的民众希望‘赋予地方政府重要权力’。即使在南部的什叶派占多数的地区，也仅有 25% 的民众支持联邦制，而有 66% 的民众拒绝联邦制。”[③] 这在一定程度上呼应了有学者认为伊拉克之所以在战后能够建立联邦国家，是因为“只是在 14 万美国领导的联军的压力下，才被迫接受了美国

---

① 郭宪纲:《美国输出“民主”的第三部曲——评布什政府酝酿改造大中东的计划》，载《国际问题研究》2004 年第 4 期，第 43 页。

② David L. Phillips, ‘Power-Sharing in Iraq’, Council on Foreign Relations, CSR No. 6, April 2005, p. 15.

③ International Republican Institute Survey, July 9-14, 2005, cited in Michael E. O’Hanlon and Nina Kamp, *Iraq Index: Tracking Variables of Reconstruction & Security in Post-Saddam Iraq*, Brookings Institution, www.brookings.edu/iraqindex, August 25, 2005.

提出的方案”[①] 的观点。

分析至此，问题就不是要不要实行联邦制，而是如何实现联邦制的问题。这既需要法律上的规制，也需要权力上的配置。库尔德人是三大族群中最小的群体，其对联邦制的安排特别重视。对库尔德人来说，有三件事情是直接涉及他们的核心利益：一是关于库尔德地区的现状问题，二是关于基尔库克等争议地区的问题，三是关于库尔德武装的问题。宪制设计必须对这三个问题要有所关照。制定永久宪法之前的2004年，联盟临时管理当局就制定了《过渡时期行政管理法》（Transitional Administrative Law）以维护伊拉克战后的国内秩序，该法对库尔德人的相关诉求作了相应规定。比如：承认库尔德语与阿拉伯语共同为伊拉克的官方语言；承认库尔德地区政府是杜胡克、埃尔比勒、苏莱曼尼亚、基尔库克、迪亚拉和内涅韦省等管理领土的官方政府；行使除联邦政府专属权力外的既有职能；保留对警力和区域安全的控制权；征税权；有权决定联邦法律（专属权限除外）在本地区的适用问题等。[②] 在过渡时期，库尔德似乎成了一个“有实无名”的独立地区。自然而然，永久宪法的制定就围绕着检视或修正库尔德人的这些权力而展开。阿拉伯人反对永久宪法原封不动地照搬“过渡时期行政管理法”的联邦制以及与库尔德地区相关的内容。在他们看来，这样的联邦制的国家结构形式以及对库尔德自治的安排，只会导致伊拉克由统一走向分裂，他们倾向于重新调整中央与地方的权力关系，即加强中央集权。

实际上，美国的态度是既要维持伊拉克的统一，又要保证库尔德地区的自治。库尔德直接寻求独立的可能性很渺茫，最好的办法就是跟其余两派讨价还价。可是，不少阿拉伯人不仅反对联邦制，也反对库尔德的扩张，“伊拉克阿拉伯人领导人、北部少数民族，乃至伊拉克的邻国都认为库尔德人的过分要求威胁到了伊拉克的完整性”，[③] 这种情况下，库尔德人既要争取联邦制，又要维持自治，可能必须作出一定地让步，才能获得一部分阿拉伯人对永久宪法的支持，其主要体现在“承认对自然资源管理的控制仍然属于联邦政府的专有权力，以及同意在有争议地区实现‘正常化’，赋予相关人口决定其未

---

① 汪波著:《中东库尔德问题研究》，时事出版社2014年版，第4页。

② Coalition Provisional Authority, Law of Administration for the State of Iraq for the Transitional Period, March 8, 2004.

③ Kenneth Katzman, ‘The Kurds in Post-Saddam Iraq’, *Congressional Research Service*, October 1, 2010, p. 5.

来地位的权利。”[1]这样，库尔德人和阿拉伯人在永久宪法的核心问题上就达成妥协，为永久宪法最终的公投通过，奠定了基础。对库尔德人来说，宪法第117条规定“承认作为联邦单位的库尔德斯坦地区及其现存当局”，永久宪法正式将其自治地位法律化，库尔德地区的自治地位正式得到确立。

三、库尔德公投的现实主义考量

库尔德公投是近年来库尔德自治区内部政治纷争及其与联邦政府关系演化的一个综合表征。如果说历史伤痕是库尔德公投的思想根源的话，那么现实问题则是其最为直接的动因。库尔德公投肇始于现实问题，也是为了解决现实问题。

（一）巩固执政合法性

起初，库尔德公投纯粹是库尔德自治区主席巴尔扎尼（Masoud Barzani）的一厢情愿，其他党派均持反对意见。那么，反对派反对的到底是巴尔扎尼本人？还是反对的是库尔德公投？抑或说两者都有？从1992年库尔德自治区政府形成以来，巴尔扎尼就一直担任着政府主席（包括两个并立政府时期），可谓是库尔德地区最有权势和掌权最长久的人。2009年库尔德自治区议会修正了主席选举法，规定主席任期四年，可连任一届，且将议会间接选举改为人民直接选举产生。在当年的主席选举中，巴尔扎尼以近70%的选票获得连任，[2]但按照新的规定，巴尔扎尼正式任期将在2013年结束。此外，在同期进行的议会选举中，虽然库民党与库爱盟联手拿下59席，但也出现了强大的反对党，即“改革运动”（又称“戈兰运动”），一举夺得了25席。

这种政治力量的变化，让巴尔扎尼感觉到执政上的压力。2013年5月26日，巴尔扎尼宣布将在该年9月21日举行主席、议会及省级选举。由于库民党与库爱盟之间的权力矛盾，加上“改革运动”力量的不断增强，巴尔

---

① Liam Anderson, Gareth Stansfield, ‘Avoiding Ethnic Conflict in Iraq: Some Lessons from the Åland Islands’, *Ethnopolitics*, Vol. 9, No. 2, 2010, p. 222.

② Https://en.wikipedia.org/wiki/Iraqi_Kurdistan_presidential_election,_2009.

扎尼还没有做好交出权力的准备，于是跟库爱盟达成协议，随后的 6 月 30 日议会将其任期再延长两年。[①] 在如期进行的议会选举中，“改革运动”成为第二大党，库爱盟紧随其后。权力分配开始变得越来越困难，直到 2014 年 6 月，巴尔扎尼的侄子（KDP）被任命为总理，塔拉巴尼的儿子（PUK）被任命为副总理，“戈兰派”被授予部长职务后，政府才得以成立。[②] 不难发现，随着权力格局的变动，一方面巴尔扎尼的权力被其他党派逐渐稀释，另一方面其想要单独掌控库尔德的局势也变得更加艰难了。

2014 年，巴尔扎尼开始酝酿库尔德公投问题。巴尔扎尼明知道在这个爆发“伊斯兰国”运动并对之反击的敏感和关键时刻，既无法真正实现“独立”，也无法获得各方的支持，为什么还要一意孤行强推公民投票？最为直接的理由或许是，2015 年他的任期即将届满，其必须为自己继续执政提前解套，“他开始将他的总统任期与创建一个独立的库尔德国家捆绑在一起，也就是说他将不会在 2015 年依照法律的规定下台”。[③] 在巴尔扎尼的操作下，库尔德司法委员会又将其任期延长两年。此举引发反对派的不满，萨迪克认为这是非法的行为。不久，萨迪克被禁止进入首府埃尔比勒，总理内奇尔万·巴尔扎尼（Nechirvan Barzani）也从内阁中开除了四位“改革运动”阵营的部长。从此以后，议会便处于休会状态。[④] 面对政治上反对声浪的增强，难以调和的内部矛盾让巴尔扎尼有更加强烈的欲望推动公投。因为“公投可以让他在伊拉克和地区政治之间的微妙平衡中以及在面对其他对手挑战时找到支撑起他合法性的支点。”[⑤]

（二）纾解内部经济危机

库尔德斯坦是一个以石油为主要产业的地区，与世界上其他大部分的自治区相比较，该地一直处在贫困与落后状态。主要有以下三方面的原因：一

---

① Chomani, Kamal, Iraqi Kurdistan Elections Could Be Turning Point, http://ekurd.net/mismas/articles/misc2013/8/state7303.htm, 2018-5-6.

② Eric Pichon, Regional Implications of Iraqi Kurdistan’s Quest for Independence, *European Parliamentary Research Service*, December 2016, p. 4.

③ Scott Ritter, ‘Understanding the Kurdish Referendum’, *World Energy Opinion*, October 2017, p. 2.

④ Mustafa Gurbuz, The Independence Referendum: A Pyrrhic Victory for Barzani, Arab Center Washington, D. C., July 10, 2017.

⑤ Abdulwahab Al-Qassab, The Follies and Pitfalls of the Kurdish Referendum, Arab Center Washington D. C., September 22, 2017.

是库尔德自治区政府的治理问题。库民党是一个家族型和地区型政党，控制着库尔德斯坦以西的地区，以及掌握着一直训练有素的军队（即“自由斗士”），其还未完全实现从革命党向执政党的转型。任人唯亲、贪污腐败、践踏法制、非法攫取地区所得、管理无方等，使得自治区政府财政很快被掏空，政府无法支付公务员的薪水，反对派和公务员的抗议日趋高涨；二是联邦政府与库尔德自治区政府在石油开采和所有权问题上存在巨大争议。双方在基尔库克油田问题上各不相让，库尔德自治区政府坚持自主开采和运输，致使联邦政府一方面加紧与土耳其当局的谈判，限制其出口路线，另一方面在财政上也对库尔德自治区进行削减，库尔德自治区政府腹背受敌，经济状况雪上加霜；三是受到国际市场波动的影响，石油价格大幅下跌，加上“吸收了数量空前的国内流离失所者，其人口增加了28%”，[①]财政更加艰难。

面对这种情势，巴尔扎尼推动公民投票的目的也是围绕着解决上述三个问题而展开的。第一，经济上的治理失败，使得库民党领导人在库尔德自治区的执政能力备受质疑，当然更重要的是激发了对其合法性的挑战。借助“独立”公投可以转移民众视线，“对独立性的集体支持至少暂时掩盖了政府的功能性障碍”；[②]第二，鉴于联邦政府和库尔德自治政府在石油问题上的僵局，巴尔扎尼试图通过没有拘束力的公投来强化其政府在这一问题上的立场和积蓄力量，迫使联邦政府进行对话且能够做出一定程度上的让步，进而缓解财政上的困难；第三，除了经济上的直接考量外，库尔德自治区政府也有意将石油问题与自治权问题勾连在一起。在他们看来，石油能够增加财政收入，其可以减少对联邦政府的依赖，这样才可以保证库尔德斯坦的自治地位和自治权。“拥有对油气勘探和运输的控制权是其实现自主权的必要条件”。[③]将资源问题政治化，那么就需要用政治的方式来解决资源的问题。但是，库尔德自治区政府意图通过公投是不是既可以纾解经济困局，又可以获得政治好处，仍是值得怀疑的。

---

① Mustafa Gurbuz, The Independence Referendum: A Pyrrhic Victory for Barzani, Arab Center Washington D. C., July 10, 2017.

② Ruth Citrin, Iraqi Kurdish Referendum: Let the Tempest pass, European Council on Foreign Relations, September 23, 2017, www.ecfr.eu/article/commentary_iraqi_kurdish_referendum_let_the_tempest_7231.

③ Burak Bilgehan Özpek, 'Democracy or Partition: Future Scenarios for the Kurds of Iraq', *Insight Turkey*, Vol. 14, No. 3, 2012, p. 135.

（三）将占领地区永久化

基尔库克蕴藏着巨大的石油资源，是伊拉克最大的油田之一，其储量占到该国石油储量的 10%，[①] 可是，问题就在于基尔库克的地理位置恰好处在库尔德斯坦传统边界与由巴格达管制地区的接壤的地方，历来是兵家必争之地。2003 年萨达姆政权倒台以后，巴格达便对其进行了管控，显然其是不愿意放弃基尔库克的。其实，基尔库克一直是库尔德与巴格达之间的症结所在。库尔德除了石油利益的考量之外，对它还有十分浓厚的历史情结。“他们不仅将之视为未来的首都，塔拉巴尼甚至称基尔库克为‘我们的耶路撒冷’，表明了其在库尔德历史和库尔德人的国家叙事中的核心地位。”[②] 基尔库克对库尔德人特别是追求独立来说似乎显得不可或缺，“没有基尔库克，库尔德人很难宣布独立，或者即便是他们这样做了，他们也不知道该如何生存”，[③] 基尔库克对库尔德人的重要性可见一斑。到了 2014 年极端组织“伊斯兰国”进攻伊拉克并占领摩苏尔之后，库尔德自治区便趁机接管基尔库克，遂进行石油开采活动。在与极端组织的战斗过程中，“库尔德人控制的地区增加了约 40%，预估石油储量从 420 亿升至 650 亿桶，居世界第九位。”[④] 虽然这一数据被指有夸大的嫌疑，但对基尔库克的占领确实强化了库尔德自治区对抗联邦政府的决心。

实际上，2005 年制定永久宪法期间，双方就对基尔库克等有争议地区展开了攻防，最后双方同意以公投的方式解决这一领土的管辖归属。然而，宪法只对基尔库克等有争议地区的公投作出了时间规定，并没有就细节和关键问题进行规范，这增加了公投实施的难度。因为双方始终在投票资格上达不成一致意见。根据 1957 年在该地区进行的人口普查调查显示，库尔德人约 48.2%，阿拉伯人约 28.2%，土库曼人 28.2%，而到了 1997 年的时候，阿拉

---

① Eric Pichon, Regional Implications of Iraqi Kurdistan’s Quest for Independence, European Parliamentary Research Service, December 2016, p. 3.

② Elizabeth Ferris, Kimberly Stoltz, The Future of Kirkuk: The Referendum and Its Potential Impact on Displacement, The Brookings Institution-University of Bern Project on Internal Displacement, March 3, 2008, p. 4.

③ Aram Rafaat, ‘Kirkuk: The Central Issue of Kurdish Politics and Iraq’s Knotty Problem’, *Journal of Muslim Minority Affairs*, Vol. 28, No. 2, 2008, p. 251.

④ Iraqi Kurds Prepared for ISIS Offensive for a Year and Expanded Their Territory by 40% in Hours, Reuters, June 13, 2014.

伯人约72%，库尔德人为21%，土库曼人为7%。[①] 所以，到底是以1957年的人口基数为准，还是以现在的人口基数为准，是双方争执的焦点。要回到1957年显然不可能，只能以现在的人口基数为准。但库尔德人之所以在半个世纪内锐减，主要是因为中央政府的霸权导致成千上万的库尔德人背井离乡，故为扭转不利局面，巴尔扎尼政府大举号召这些人在人口普查前迁回基尔库克，此举引起联邦政府的强烈不满。于是，有争议地区的公投被无限期拖延。但即便如此，联邦政府还是占据上风。而在极端组织"伊斯兰国"入侵伊拉克西部后，库尔德人重新控制了基尔库克，他们便想借助库尔德自治区的人口优势，将公投范围涵盖至基尔库克等有争议地区，变相举行基尔库克的管辖权公投，以此才能保证在这一较量中取胜，至少可以提前预演，弄清状况。

（四）扭转相对于联邦的不利局面

库尔德自治区从一开始就在美国的保护下保持着自己的独特地位。2011年美国从伊拉克撤军，无形之中给了库尔德自治地位某种不安全感。这种不安全感，或许是因为自身力量的弱小，也或许是因为历史的伤痛记忆所产生的对联邦政府的不信任感甚或恐惧。总而言之，没有美国直接的从中协调，库尔德自治区面临着被边缘化的危险。的确，正如库尔德人所料，美军撤离伊拉克后，时任总理马利基（Nouri al-Maliki）便开始利用军事、财政、选举和经济等手段加强联邦集权，推行事实上的独裁统治，此举不仅招致库尔德人的反对，甚至也引来逊尼派人要求建立自治区的呼声，更为严重的是还导致伊拉克国家的失败。库尔德人的担心并不是没有道理，"2005年公投通过的宪法虽然已经将伊拉克定义为联邦制国家，但是伊拉克各党派始终未能就联邦政府与自治区政府或省政府之间如何广泛下放权力或如何分配权力达成共识。"[②] 与此同时，双方在争议领土和石油问题也长期对峙，就更加强化了各自的权力倾向。换句话说，联邦政府要求加强更多的权力，而地方政府则要求下放更多的权力。

可是，联邦政府几乎掌控着全国的财政大权和基础设施建设的权力，省政府和自治区政府均难以与之抗衡，其只能以抗议、示威甚至公投来表达诉

① Liam Anderson, Gareth Stansfield, *Crisis in Kirkuk: The Ethnopolitics of Conflict and Compromise*, Philadelphia: University of Pennsylvania Press, 2011, p. 312.

② Raad Alkadiri, 'Oil and the Question of Federalism in Iraq', *International Affairs*, Vol. 86, No. 6, 2010, p. 1317.

求。鉴于马利基得寸进尺的违宪行为，库尔德自治区有意与联邦政府划清界限，试图通过自身发展捍卫自治权利。巴尔扎尼表示“我们不能接受独裁的回归，我们（库尔德与联邦政府之间）只是名义上的治理伙伴。……威胁到伊拉克统一的是独裁统治”。[①] 而且在这之前，巴尔扎尼就已经透露了他“反对巴格达的独裁者统治库尔德，如果其试图这样做的话，那么库尔德将会选择走分离的道路”。[②] 十分明显，马利基并没有因为巴尔扎尼的警告而有所收敛，除了干涉库尔德自治区与土耳其有关石油管道的谈判外，也未完全履行每一年度支付给库尔德自治区 17% 的财政拨款。虽然马利基的继承者、同样出身什叶派的阿巴迪（Haider al-Abadi）支持联邦制和分权治理，但其与巴尔扎尼所追求的目标相去甚远。于是，在自治权日益受到挑战以及财政上逐渐虚空恶化的情势下，巴尔扎尼发动公投，欲借助库尔德自治区全民的力量，迫使联邦政府进入谈判桌，并期望后者能够有所妥协和让步。

四、案例解析：启动、成案与结果

库尔德公投从提出到举行，并非一帆风顺，而是一个充满了政治斗争和算计的过程。那么，库尔德公投是如何一步步走向终点的？以及库尔德公投与一般意义上的领土分离公投又有哪些不同，这是我们认识库尔德公投的几个基本面向。

（一）公投的提出、发展及成案

从某种意义上说，库尔德公投跟伊拉克中西部局势紧密相关。2014 年 7 月 1 日，巴尔扎尼提出“独立”公投，除了缓解自治区内部的政治压力外，其也看到了有利于他延续政治生命的外部环境，即联邦政府在抵抗极端组织“伊斯兰国”入侵时的软弱、弃守和失败，使得中西部地区很快陷入了权力真

---

① President Barzani, We don't Threaten the Unity of Iraq; It is Dictatorship that Threatens the Unity of Iraq, 2012/5/8. http://www.malpress.com/english/news/302-president-barzani-we-dont-threaten-the-unity-of-iraq-it-is-dictatorship-that-threatens-theunity-of-iraq.html.

② Globe Editorial, 'Gap Widens Between Erbil and Baghdad Amidst Lack of Kurdish Unity', *The Kurdish Globe*, No. 349, April 23, 2012, p. 2.

空状态。巴尔扎尼接管了包括基尔库克在内的中西部地区，而此时的联邦政府已经无暇顾及于此。巴尔扎尼在对 BBC 采访的报道中指出“从现在起，我们不会隐藏那是我们的目标，伊拉克如今已经被有效分割了，现在是时候考虑是否要在这个悲惨状态的国家中继续生活。但决定独立的不是我，而是人民。我们将举行公投，这是几个月的事情”。[①] 不过，到了该年 9 月，阿巴迪接任马利基成为伊拉克总理，库尔德与巴格达之间的关系出现了一丝缓和的迹象。由于极端势力对库尔德“独立”构成的威胁越来越大，库尔德方面首先释出善意，声称目前的优先事项是清理极端组织，而不是其他事项，“独立”公投将被推迟。[②] 而阿巴迪也采取了一些措施试图与逊尼派和库尔德达成利益上的妥协。11 月底，巴格达与库尔德达成了一项关于库尔德分立于巴格达的石油出口的临时协议。

但这份协议的实施并不顺畅，库尔德方面开始越来越抱怨联邦政府并未完全遵照执行，加上本来互信就不足，双方的嫌隙越来越显露。2015 年 5 月，巴尔扎尼率先放话说一旦极端组织被平息，库尔德将举行“独立”公投。随后不久，由于双方在相关问题上的分歧太大，临时协议形同虚设，大部分内容被毁。可是，“改革运动”并不支持巴尔扎尼的公投倡议，库民党政府为此开除了戈兰派成员，暴力示威接踵而至，好在到了 12 月，双方又开始接触，以消除分歧。2016 年 1—2 月，巴尔扎尼接连表示公投的时机已经到来，并说这次公投不会立即宣布建国，而是表达库尔德人对未来的意愿和看法，他设想公投将在该年 10 月也即是 11 月份美国总统大选之前举行。但是到了 10 月底，或许是碍于摩苏尔还没解放，巴尔扎尼表示将在其解放后才举行，公投再次被推延。2017 年，随着摩苏尔解放的逐步推进，在巴尔扎尼看来举行公投的时间也变得越来越明朗，或许也是越来越紧迫，因为他的任期已经超期，且反对派的批评声浪日渐高涨，其急需要借助民族主义来掩盖内部矛盾。4 月，库民党和库爱盟主导成立七党委员会，开始大步推动公投。6 月，库尔德政府高层和相关政党同意在 9 月 25 日于自治区的三个省及其管辖之外的库尔德斯坦地区举行公投，此举引起联邦政府和当地其他少数族群的不满和抗

① BBC, Iraq Kurdistan Independence Referendum Planned, 2014/7/1，http://www.bbc.com/news/world-middle-east-28103124，

② Roy Gutman, Kurds Agree to Postpone Independence Referendum, The Start, September 5, 2014，https://www.thestar.com/news/world/2014/09/05/kurds_agree_to_postpone_independence_referendum.html.

议。9 月 15 日，库尔德议会在戈兰派等抵制的情况下以执政优势同意了有关“独立”公投的提案。至此，库尔德公投正式确立。

（二）公投的过程及结果

负责统筹和执行此次公投的部门是库尔德自治区高等选举和公民投票独立委员会。委员会公布的资料显示，超过 500 万人拥有投票资格。[①] 根据该委员会的公告，居住在其他国家的库尔德自治区侨民将需要进行选民登记，选民注册将从 9 月 1 日至 9 月 7 日开放一周。[②]9 月初，该委员会宣布愿意邀请希望观察“库尔德‘独立’公投”的所有国际组织，国际观察员须提前注册并提供相关材料。9 月 5 日，委员会宣布在新葛（Shingal）和基尔库克设立办事处，以确保当地的公投正常进行。同时，这一天也拉开了“独立”公投的相关活动，其将持续 18 天。次日，选举与公投委员会公布四种语言的公投样票，其公投问题为“你是否希望库尔德自治区及其政府管辖之外的库尔德斯坦地区成为一个独立的国家？”并表示海外侨民网上注册时间延长至 9 月 22 日，且符合资格的海外侨民可于 9 月 23 日在网上进行电子投票。[③]9 月 25 日正式投票以前，有关公投的基本程序已大致完成。

那么，库尔德公投将是怎样的一个结果？早在 8 月底，位于英国的库尔德研究中心就曾在包括争议地区在内的投票省份进行了一次民意调查，结果显示，打算当天去投“是”的选民占到 52.9%，投“否”的选民占到 25.6%，3.6% 的选民打算不投票，其余 17.9% 的选民仍尚未决定。[④] 另一项稍早在有争议地区的民调显示，土库曼人和阿拉伯人中 93% 认为举行公投不合时宜，而且 66% 的人将不会参与投票。[⑤] 因此前一项民调，赞成票比例低可能是因为戈兰派和非库尔德人的反对所致。然而，根据 9 月 27 日高等选举与公民投票委员会公布的最终投票结果显示，合格的注册选民为 458 万，参与投票选民 330 万，投票率为 72%，有效票为 309 万，支持“独立”的有 286 万，约

---

① Mina Aldroubi, Iraqi Kurds Launch Independence Vote, 2017/9/5，https://www.thenational.ae/world/mena/iraqi-kurds-launch-independence-vote-1.625834.

② Http://www.kurdistan24.net/en/news/12a357d5-ea30-465d-b8f8-6b6f0137b41d.

③ Http://www.rudaw.net/english/kurdistan/060920172.

④ Kurdish Knowledge Centre, Survey on Kurdistan Independence Referendum, August 2017, http://www.kurdish-consultancy.com/wp-content/uploads/2017/09/August-2017-Polling-Survey-2.pdf.

⑤ Http://ekurd.net/public-opinion-poll-kurdistan-2017/09/12.

占到93%。[1] 虽然库尔德方面宣称将基于投票结果呼吁联邦政府进行谈判，但伊拉克总理阿巴迪之前就曾表示将不会和库尔德方面进行任何接触，因为公投是违宪的行为。公投之后，联邦政府采取了一系列措施回应库尔德自治区单方面的做法。比如：最高法院裁定其公投违宪和无效，强化联邦权威，收复争议地区，对库尔德地区实行禁飞令，以及和土耳其在边界地带进行联合军演等。

（三）性质与类型之解析

正确认识库尔德公投，不能仅仅只了解库尔德公投的前因后果，而且还需要在深层次对库尔德公投的性质和类型进行辨析，这样才能抓住库尔德公投的分离本质和法理缺陷。

库尔德公投是分离公投。无论是在库尔德自己的内部文件中，还是在一些学者的行文里，其时常把库尔德公投称之为“独立”公投。严格上讲，独立有特定的语境和历史意涵，它是指二战以后的殖民地、托管地或自治领等从宗主国脱离出来的过程。分离是指某国的一部分从母国脱离出来成立一个新的主权国家，或加入别的国家，或与别的国家合并。库尔德的诉求是成立一个主权独立的国家，符合分离定义中的第一种内涵。为什么库尔德公投一直被外界误认为是“独立”公投而不是分离公投，其原因在于：从理论上来说，如不从学理上加以认真甄别，其很难从外观上辨别它们之间的不同，加上分离和独立一般都有共同的导向指涉即建立新的国家，常常容易被人们混淆。最重要的一点是，库尔德自治区政府从一开始就定性成“独立”公投，意图增强公投的合法性，以便获得国际社会支持。分离是相对于完整来说的，其在绝大部分主权国家都是被禁止的至少是高度受限的事项，因此分离常常伴随着来自母国甚至主流国际社会的反对。“伊拉克联邦政府认为库尔德公投是冒犯伊拉克主权的单边主义行为而且也是对巴格达维护国家统一能力的严重挑战”[2]，而且除了美国强烈反对库尔德政府计划在 9 月 25 日举行“独立”公投之外，伊拉克的几乎所有邻国以及国际社会也反对这一公投。[3] 库尔德

---

① Http://www.khec.krd/pdf/173082892017_english%202.pdf.

② Alireza Nader, Larry Hanauer, Brenna Allen, Ali G. Scotten, *Regional Implications of an Independent Kurdistan*, Calif: RAND Corporation, 2016, p. xii.

③ VOA, Unnecessary Kurdistan Referendum, https://editorials.voa.gov/a/unnecessary-kurdistan-referendum/4040862.html.

公投有近 93% 的支持率，但库尔德的政治现状仍然没有改变，没有成为独立的国家。不难看出，除非分离地区与中央或联邦政府达成了相关的协议，分离公投一般是无效的，尽管不排除极少数非法的分离公投案例在外国干涉之下能够取得成功的可能。

库尔德公投是单方面公投。独立受国际法调整，分离受国内法规范。界定库尔德公投合法与否需要从是否跟国家法（宪法）相冲突，或者是否征得中央政府的同意。如果有一项不满足或者二者都不满足，那么这样的公投就是单方面公投。单方面公投的特点有：一是违宪性。库尔德公投所依据的自治区议会授权，其超越了伊拉克宪法所规定的权限，“库尔德的法律不能直接反驳伊拉克宪法的规定”[①],伊拉克联邦最高法院已裁定该公投违宪就是例证；二是强行性。不仅伊拉克联邦多次反对和劝阻，而且连周边国家亦对此均持公开反对立场，希望库尔德能够适可而止，但库尔德方面依然一意孤行，强行举办公投，让该地区的政治氛围紧张；三是间歇性。某种意义上，分离公投成为分离地区与中央或联邦政府进行博弈的筹码，单方面的分离公投更是如此，只要时机成熟或条件许可，有关分离公投的议题就会浮出水面。伊拉克从建国之初就备受分离主义的纷扰，新宪法实施以来更是备受分离公投的威胁。库尔德自治区此次公投没有达成所谓“独立”的目标，但不意味着分离运动就到此结束。

五、库尔德公投的政治影响分析

库尔德公投以高支持率获得通过，但由于缺乏合法性，不被伊拉克联邦政府和周边国家乃至域外大国承认，实际上也没有走向宣告独立。从这一点上来看，库尔德公投是失败的。然而，库尔德公投对其本身、与联邦关系、周边地区和大国关系都产生着不可忽视的政治影响，其将制约着库尔德问题的未来走向。

① Michael J. Kelly, ‘The Kurdish Regional Constitution within the Framework of the Iraqi Federal Constitution: A Struggle for Sovereignty, Oil, Ethnic Identity, and the Prospects for a Reverse Supremacy Clause’, *Penn State Law Review*, Vol. 114, No. 3, 2010, p. 727.

（一）内部政治关系未因公投而和解

库尔德自治区各党派皆对分离公投隐藏着自己的政治算计。以"改革运动"为首的反对派长期与库民党在腐败和政治文化上存在分歧，尽管他们可能不反对"独立"，但反对作为延续巴尔扎尼个人政治生命的工具性公投，其与他们的建党价值相背离。库爱盟与库民党之间也并非全然亲密无间，库爱盟在政治上有着自己的考量，时而与"改革运动"打成一片，时而又跟巴格达互动频繁。问题是，这些党派明明都反对公投，为什么到了公投后期又开始转变态度支持公投？或许是因为"尽管存在对风险的担忧，其他库尔德党派仍支持公民投票，部分原因是为了阻止巴尔扎尼单独获得政治利益。"[①] 由此可见，分离公投既造就了库尔德"团结一致"的假象，也潜藏着各党派相互盘算的危险。公投结束后，面对联邦政府和周边国家的制裁，各党派矛盾又开始浮上台面，许多人要求巴尔扎尼为公投所引发库尔德的困境和危机负责。

多重压力下，巴尔扎尼于 2017 年 11 月 1 日正式辞职，但这是否真的结束了各党派之间根深蒂固的矛盾？显然没有，而是拉开了新一轮权力角逐的序幕。2018 年 5 月 8 日，库尔德自治区总理内奇尔万宣布将于该年 9 月 30 日举行大选。随着老一代领导人的凋零和淡出，新一代领导人之争势必成为各党派未来的主轴。由于受到公投的冲击，库民党在一定程度上不但没有拓展自己的合法性，反而压缩了自己的政治空间；库爱盟虽然不是公投的始作俑者，但其跟巴格达之间的暧昧关系，例如塔拉巴尼（Bafel Talabani）与阿巴迪达成的有关从基尔库克撤离的谅解，这一动作被认为破坏了库尔德的统一以及加速了巴尔扎尼领导权的瓦解，[②] 也成为其他党派挞伐和诟病的对象；身为第二大党的"改革运动"尽管有一定的政治基础，但其没有军队，能否在新的权力重组中保持或者扩充政治版图，尚难预料。"可以说，库区各大阵营内部的争夺，与在如何应对内忧外患上的分歧交织，库区政局和政策走向更为晦暗不明。"[③]

---

① Ruth Citrin, Iraqi Kurdish Referendum: Let the Tempest Pass, European Council on Foreign Relations, September 23, 2017, www.ecfr.eu/article/commentary_iraqi_kurdish_referendum_let_the_tempest_7231.

② Saad Aldouri, Renad Mansour, 'Gamble by the Kurds', *The World Today*, Dec. 2017 & Jan. 2018, p. 43.

③ 唐恬波：《伊拉克库尔德人"独立公投"述评》，载《国际研究参考》2017 年第 12 期，第 20 页。

（二）伊拉克维护主权完整的决心更加坚定

本来，巴尔扎尼的如意算盘是想借助公投及其结果向联邦政府施压，希望联邦政府能够有较大空间的让步，可是库尔德公投非但没有让联邦政府跟库尔德自治区之间进行任何接触和谈判，反倒是采取更加严肃和有力的行动遏制库尔德地区的分离举动。这可能是巴尔扎尼方面意料之外的。为什么伊拉克联邦政府在国家濒临失败的情况下还要对库尔德采取毫不妥协的立场?

首先，库尔德自治区与联邦政府实力太过悬殊。库尔德自治区约占伊拉克领土的五分之一，人口上也只占到全国人口的15%，加上库尔德在经济上对联邦政府依赖很大，因而从体量和实力上来说，在没有外力的干预下，联邦政府足有能力对库尔德自治区采取反制措施。或许，这也是库尔德自治区从一开始就宣称其公投不会引发宣布独立的考虑因素之一。

其次，伊拉克联邦政府之所以采取强硬做法，是想通过实际作为来捍卫宪法和联邦制在国家整合中的元素与价值，伊拉克“宪法中的分裂成分多于统一的成分”，[①] 倘若不通过政治行为努力捍卫宪法中的统一成分，那么在库尔德自治区的实际治理中就更容易滑向分裂的一极。这种情况下，联邦政府必须更加坚定和强硬的回应分离主义，否则一旦向其妥协，可能给国家统一带来的伤害更大。虽然联邦政府一时间也难以釜底抽薪的挫败分离运动，但至少要通过行动，使库尔德自治区意识到分离并不可取。

最后，伊拉克的国内政局和民意要求阿巴迪强硬回击库尔德分离公投。一方面，2005年制定宪法乃至后来的公投新宪过程中，大多数阿拉伯人就曾反对分权的联邦制，并进行了大量的抵制活动。而如今，库尔德自治区再闹“独立”，在国家危难之时趁火打劫，加上库尔德某些不妥当的政策，更让一直积蓄在阿拉伯人内心已久的不满和愤怒随之爆发。另一方面，当时的阿巴迪政府立足未稳，在马利基及其旧势力阳奉阴违的情况下，急需要通过对库尔德分离主义的打击，赢得民意，巩固和延续政权。[②]

---

① Liam Anderson, Gareth Stansfield, ‘Avoiding Ethnic Conflict in Iraq: Some Lessons from the Åland Islands’, *Ethnopolitics*, Vol. 9, No. 2, 2010, p. 220.

② 唐恬波:《伊拉克库尔德人“独立公投”述评》，载《国际研究参考》2017年第12期，第19页。

（三）主流国际社会普遍反对库尔德公投

在既无法律依据也未与伊拉克联邦政府达成有关公投协议的情况下，库尔德自治区举办分离公投的做法从一开始就遭到周边和域外国家的一致反对。但库尔德自治区政府似乎并不以为然，而是坚持己见强行举办公投。强行举办公投的后果可想而知，它既无法获得外国的承认，甚至连既有的关系都将受到波及。从地缘政治上看，库尔德自治区的一举一动都牵动着周边国家的敏感神经。由于库尔德民族是一个横跨四国的无国家民族，库尔德公投与其他具有库尔德问题的三国息息相关。即便库尔德公投是伊拉克的内政，但周边国家也是决定其走向的重要因素。库尔德公投的失败，根本上说是因为联邦政府的反对和反击所致外，但周边国家的态度也推进了库尔德公投失败的趋势和速度。

地缘政治对库尔德自治区的制约主要体现在：一方面，库尔德自治区在地缘上是一个被多国环绕的内陆地区，没有自己的出海口，要与外界进行经贸往来如绕道联邦政府就必须经过第三国。如果第三国对库尔德公投持反对立场，那么库尔德公投无异于是自缚手脚，画地自限；另一方面，库尔德自治区势单力薄，没有周边的支援，库尔德自治区假使强行“独立”，也无法立足，诚如有学者指出“如果没有来自一个邻国如土耳其的强大和可靠的支持，任何推动独立的举动都有可能尤其在短期内对库尔德人的利益产生反作用”。①

周边国家和域外大国对库尔德公投的态度是至关重要的，而周边国家乃至主流国际社会之所以要反对库尔德公投，是基于以下现实原因：其一，伊拉克、伊朗、土耳其和叙利亚四国经常因为库尔德问题合纵连横或相互利用，而维持现状正是他们维护微妙平衡的一个关键。一旦这个平衡被打破，甚或一个独立的库尔德国家由此诞生，这是他们都不愿意看到的。一个独立的库尔德，不仅会改变中东的政治格局，而且还会“挑战一战后《塞克斯—皮科协定》所确立的现有国家体系。”② 其二，库尔德公投的合法性要件的缺失，加上库尔德人对待该地区其他少数民族的恶劣态度，均导致了国际社会反对

---

① Mohammed A. Salih, ‘Low Oil Prices Complicate Iraqi Kurdish Independence’, *MEI Policy Focus*, No. 7, 2016, p. 4.

② 李秉忠、梁钦：《库尔德人独立建国问题的突破及其有限性》，载《现代国际关系》2017 年第 11 期，第 29 页。

这一公投。“中东的分化，可能会增加地区不稳定，而且也不能保证少数民族的权益。虽然库尔德自治区被认为是宗教宽容的一个典范，但其也常被指责歧视非库尔德人。在现有边界内实行区域自治仍然是主要国际参与者的首选”。[①] 由此可见，当下乃至以后很长时间，世界各国反对库尔德诉求分离的公投的态度是一贯的、长期的。国际社会的态度，无形之中左右着伊拉克库尔德问题的发展。

（四）美国希望库尔德问题回归宪法框架

美国因素在很大程度上决定着库尔德问题的走向。“美国致力于伊拉克当前边界的主权与领土完整，但由于库尔德人在北部地区已经拥有自治权，其也已经开始接受库尔德人提出的一定程度的地方自治”，[②] 这是美国当初在伊拉克建立联邦制的原因。美国当前最核心的利益是“尽快消灭‘伊斯兰国’、实现稳定秩序、构建有利于美国的新地区格局”。[③] 假若库尔德实现了“独立”，其不仅会破坏美国打击和根除反恐组织的长期目标，而且还会影响美国在中东地区的战略地位。从地区政治的角度看，相较于土耳其来说，显然伊朗对美国的威胁和挑战更大。美国不会给自己树立一个更强大的敌人，而是必须遏制这种势头的蔓延。倘若“巴格达将进一步推进与伊朗的关系，这本身就是一个严重的问题，而且也会导致严重的并发症”[④]，这就使得美国必须处理好伊拉克、土耳其和伊朗三者之间的政治关系。

美国要防止伊朗在中东地区称霸，就需要与土耳其联手，要求安卡拉政府不得支持库尔德“独立”，“美国希望土耳其和伊拉克的库尔德人成为朋友，但不是联姻”，[⑤] 唯此才有可能减缓库尔德人对“独立”的幻想，也才有可能避免伊拉克倒向伊朗。这样看来，库尔德谋求从伊拉克分离的举动，与美国的国家利益是不相符合的。其难以得到美国对“独立”的承认，而且也无法

---

① Eric Pichon, Regional Implications of Iraqi Kurdistan's Quest for Independence, European Parliamentary Research Service, December 2016, p. 7.

② Hadi Elis, 'The Kurdish Demand for Statehood and the Future of Iraq', *The Journal of Social, Political, and Economic Studies*, Vol. 29, No. 2, 2004, p. 206.

③ 周鑫宇:《美国对库尔德独立问题的政策及其发展前景》，载《现代国际关系》2017 年第 10 期，第 43 页。

④ Mustafa Gurbuz, The Independence Referendum: A Pyrrhic Victory for Barzani, Arab Center Washington DC. July 10, 2017.

⑤ David Romano, 'Iraqi Kurdistan and Turkey: Temporary Marriage?', *Middle East Policy*, Vol. 22, No. 1, 2015, p. 89.

获得周边国家对之的支持。未来要想继续推动分离公投微乎其微。虽然美国政府宣称“美国与伊拉克库尔德自治区的历史关系不会因为今天的非拘束力公投而发生改变,但这一行为无疑会增加自治区及其人民的不稳和困难。……美国反对任何一方采取暴力和单方面的行为来改变边界”。[1]基于这样的立场,美国在库尔德问题上不会袖手旁观,它会敦促库尔德自治区与联邦政府在宪法的架构下进行建设性对话。也就是说,美国在某种层面是更倾向于伊拉克联邦的立场,例如对伊拉克联邦政府就库尔德公投后所采取的种种做法,并没有阻挠。或许,维护伊拉克的领土与主权完整本身就是美国中东战略中的重要一环,库尔德问题的解决需要符合这一政治安排。

六、结语

近年来,分离主义风气席卷全球。每个国家虽然在应对分离主义问题上的具体做法可能不完全一致,但总体思路或指导方针还是相似的,即采取不同程度的反制措施维护国家主权和领土完整。也正是基于这种共同的价值取向,库尔德公投招致了伊拉克联邦政府和世界许多国家的反对,分离主义的嚣张势头得到一定程度上的扼制。显然,伊拉克库尔德问题不会因为公投的结束而销声匿迹,但库尔德问题的解决必定有赖于联邦政府与库尔德自治区之间的谈判以及相互妥协。对于其他国家来说,从伊拉克联邦政府反制库尔德公投中得到的启示是:第一,母国反对分离的坚定态度是维护国家主权的重要前提。伊拉克联邦政府在库尔德公投后对其采取的强硬行动,不仅使得库尔德公投的影响降到最低,而且也打击了分离主义的气势;第二,主流国际社会对分离主义的齐声谴责是维护国家主权的外在保证。伊拉克周边国家乃至主流国际社会皆对库尔德公投持反对立场,库尔德分离主义成为众矢之的;第三,完善制度和发展经济是解决分离主义问题的基础性条件。不对称的制度设计和落后的经济状态是库尔德萌生分离倾向的政治经济根源。检讨过度的分权体制、集中力量发展经济是建构和培植跨族群的国家认同的不二法门。

---

① U.S Department of State, Iraqi Kurdistan Regional Government's Referendum, September 25, 2017, https://www.state.gov/r/pa/prs/ps/2017/09/274419.htm.

第十七章　公投案例比较：苏格兰与克里米亚

尽管苏格兰公投与克里米亚公投获得了学界的广泛关注，但对两者的分析大多集中于事件本身的发展过程、对英国和乌克兰两国民主政治的冲击、背后所体现的国际政治博弈，以及对全球分离主义形势的示范效应等方面，缺乏对两地公投类型的清晰界定，导致学界和舆论至今对两地公投性质存在误解，进而对公投的分类体系、分离权的法律地位与道德基础，以及民主、自决、分离和独立等相关概念的关系等问题产生困惑。因此，本章从公投类型的角度对两个公投案例进行比较，以期找到其在公投分类坐标中的准确位置和异同点。

一、均为民主性而非自决性公投

公民投票存在两种基本形式——自决性公投（plebiscite）与民主性公投（referendum）。自决性公投是基于国际法上的自决权而启动的公投，其主体为国际法上享有自决权的殖民地、托管地、非自治地区的人民，以及那些原本独立但后来被其他国家强行兼并或占领地区的人民，通常发生在独立建国之前，是缔造主权国家的重要手段，主要接受国际法调整。民主性公投是基于国内直接民主制度而启动的公投，其主体为主权国家内部的人民，通常发生在独立建国之后，是实现直接民主、决定国内重大事务的重要手段，主要接受国内法调整。[①]依照这一区分，苏格兰公投和克里米亚公投均属于民主性而非自决性公投，因为两地人民没有自决权。

两地公投之所以往往被误解为自决性公投，是因为人们混淆了自决与民主的概念。自决（self-determination）是国际法上的一项重要人权，“狭义上的自决权是特指处于外国殖民统治、占领或奴役下的民族或人民的政治自决权，即决定自己的命运和政治地位直至取得民族独立包括建立民族国家的权利。广义的自决权……还包括已经独立建国的人民的经济自决权、社会自决权和文化自决权，即自由谋求经济、社会和文化发展的权利。”[②]民主（democracy）是一种体现人民主权的制度或权利，罗伯特·达尔（Robert A. Dahl）认为其包含“有效的参与、投票的平等、充分的知情、对议程的最终控制和成年人的公民资格”等五个要素。[③]不难看出，自决与民主都根植于人民主权学说，都以对人民自我决定和自我统治的呼吁为核心意涵，都以公民投票为重要实现手段，因此很容易被人们混为一谈。而且，自决与民主在历史实践中一直纠缠不清，中世纪的西欧君主通常由异族担任，所以当时反对君主专制的民主运动也带有某些民族自决色彩；在二战后的去殖民化浪潮中，对帝国主义的反抗也与对民主政体的追求部分合流[④]；这些现象进一步加剧了人们对二者的混淆和误用。

然而，自决与民主毕竟分属两个范畴，两者之异远大于两者之同。其一，自决是一项集体人权，而民主是一项个人权利；其二，自决权受国际法调整，而民主权利受国内法调整；其三，自决发生在独立建国之前，是创设疆界的重要手段，民主实施在独立建国之后，多数计算原则要求民主必须基于一个既定疆域；其四，自决的主要敌者是国外殖民者，民主的主要敌者是国内专制者和独裁者；其五，自决是对国家地位的选择，民主是对政体形式的选择；其六，自决权的行使主体不受政体限制，而民主权利只有民主国家的人民才享有。[⑤]总之，自决和民主在内涵外延、行使条件和发生时序等方面均有很

---

① 王英津著:《自决权理论与公民投票》，九州出版社 2007 年版，第 214—217 页。

② 王英津著:《自决权理论与公民投票》，九州出版社 2007 年版，第 59 页。

③ [美] 罗伯特·达尔著:《论民主》，李柏光、林猛译，商务印书馆 1999 年版，第 43 页。

④ 王英津著:《自决权理论与公民投票》，九州出版社 2007 年版，第 173—175 页。

⑤ 王英津著:《自决权理论与公民投票》，九州出版社 2007 年版，第 170—171 页。

大不同，因此自决性公投和民主性公投不能互相替代。随着二战后去殖民化运动的结束，当今世界几乎已不存在自决性公投的案例，大多数公投都是依据直接民主原则和国内法而举行的民主性公投，但却经常被误认为自决性公投，苏格兰公投和克里米亚公投正是如此。

另需强调的是，国际法所规定的自决权行使主体是“所有人民和民族”[①]，从表面上看，苏格兰和克里米亚人民似乎享有自决权，但事实恰恰相反，因为自决权语境中的“所有人民和民族”是有严格限制条件的。就行使条件而言，自决权只适用于出现外国殖民统治、占领或奴役的情形。换句话说，在殖民地、非自治领和托管地，人民可以直接行使自决权；而在已经实现自决的主权独立国家，虽然其自决权并没有因独立而消失，但其行使却受到了限制，只有重新出现殖民统治时才能再次行使。[②]就行使主体而言，自决权所指涉的“所有人民和民族”是一国范围内的所有人民而非部分人民，是整个国族（nation）而非某个民族（nationality，对单一民族国家而言，国族即民族；对多民族国家而言，国族由一国之内的所有民族组成），无论是土著人、少数民族还是个人在国际法上都未被言明拥有自决权。[③]显然，苏格兰和克里米亚人民既没有遭受殖民统治或非法侵占，也不构成整个国族，因此没有自决权。[④]

---

① 例如，1952 年联合国大会通过的《关于人民与民族的自决权的决议》指出：“联合国会员国应拥护各国人民与民族自决的原则”，1966 年联合国大会通过的《公民权利和政治权利公约》指出：“所有人民都有自决权，他们凭这种权利自由决定他们的政治地位，并自由谋求他们的经济、社会和文化的发展。”参见董云虎、刘武萍编著：《世界人权约法总览》，四川人民出版社 1990 年版，第 1346 页、第 972 页。

② 王英津著：《自决权理论与公民投票》，九州出版社 2007 年版，第 81 页。

③ 王英津著：《自决权理论与公民投票》，九州出版社 2007 年版，第 105—124 页。

④ 当然，若按照某些学者对自决权的定义，两地人民也可能享有自决权，但笔者并不赞同这种定义。二战后，随着殖民地的纷纷独立，传统自决权理论面临过时危机，于是一些学者提出了关于自决权的扩大版理论和内外自决权的划分理论，将人民实现自治和享有民主政府的权利纳入自决权的范畴。然而，此类观点不仅模糊了自决、民主、自治等概念的边界，而且将分离权包含在了自决权之内，更重要的是，它们将受国际法调整的概念延伸至国内法和国内政治领域，极易造成干预他国内政的合法化，因此笔者并不赞同。相关理论参见 Allan Rosas, ‘Internal Self-Determination’, In Christian Tomuschat, ed., *Modern Law of Self-Determination*, Dordrecht: Kluwer Academic Publishers, 1993, pp. 225-252；Patrick Thornberry, ‘the Democratic or Internal Aspect of Self-Determination with some Remarks on Federalism’, In Christian Tomuschat, ed., *Modern Law of Self-Determination*, Dordrecht: Kluwer Academic Publishers, 1993, pp.101-138; Antonio Cassese, *Self-Determination of Peoples, a Legal Reappraisal*, Cambridge: Cambridge University Press, 1995, pp. 101-140.

二、均为分离性而非独立性公投

从独立和分离两个概念的界分来看，苏格兰公投和克里米亚公投均属于分离性公投而非独立性公投。独立（independence）是指“原来处于殖民地或附庸国和被保护国地位的民族，为求得民族解放，根据国际法上的民族自决原则……推翻殖民统治……成为新国家”[①]，分离（secession）是指“属于一个主权国家一部分的人民从该主权国家脱离出去……分离的部分可能成立独立国家，可能成为另一个国家的一部分，也可能与另一个国家合并”[②]。尽管独立和分离均会引发国家领土主权的变更，但两者并不相同。首先，独立与国际法上的自决权相连，通常受国际法调整；而分离则与自决权无关，是主权国家内政范畴的事务，通常受国内法调整；自决权包含的是独立权而非分离权。其次，独立不会对国家领土主权完整造成伤害，因为诉求独立的部分原来并非“母国”的组成部分，只是后来被“母国”用殖民等非法手段强占；而分离则会对国家主权完整造成冲击，因为诉求分离的部分在分离前是母国的合法组成部分。[③]

依照独立与分离的不同，涉及领土主权变更的公民投票可以分为独立性公投和分离性公投，两者是前文所述的自决性公投和民主性公投的子类型。独立性公投属于自决性公投，全称为领土独立性公投，指殖民地、附属国、非自治领等实现独立建国的公民投票，比如 1955 年柬埔寨从法国独立的公投和 1999 年东帝汶从印尼独立的公投；同时，自决性公投还包括领土归属性公投，指殖民地、附属国、非自治领等决定是否并入他国的公民投票，比如 1935 年和 1955 年萨尔区先后两次关于归属法国还是德国的公投。[④] 分离性公投则属于民主性公投，全称为对外分离性地区民主公投，是地区民主性公投下的子类型，主要用于决定主权国家内部某地区能否脱离该国的问题；另外，地区民主性公投还包括对内治理性地区民主公投，主要用于决定本地区自治

① 王铁崖主编:《国际法》，法律出版社 1995 年版，第 82 页。

② 白桂梅著:《国际法上的自决权》，中国华侨出版社 1999 年版，第 181 页。

③ 白桂梅著:《国际法上的自决权》，中国华侨出版社 1999 年版，第 183 页。

④ 王英津著:《自决权理论与公民投票》，九州出版社 2007 年版，第 224—225 页。

范围内的重大政策、选举、社会和道德等议题。[①]

苏格兰和克里米亚此次公投均以分离为主题，其依据为民主原则和国内法，主体为英国和乌克兰两国内部某一地区的公民，故均属于上述公投类型划分中的“公民投票→民主性公投→地区民主性公投→对外分离性地区民主公投”，只不过苏格兰分离的指向是独立建国，而克里米亚分离的指向是并入俄罗斯。[②] 值得说明的是，英国官方一般称苏格兰公投为“独立公投”，但这并非是在否认苏格兰公投的分离性，而是与独立的另一个含义及苏格兰公投的具体问题设置有关。根据国际法，独立还表示“在国际关系上不依附任何实体”[③]，依照该定义，独立是分离的主要结果之一。苏格兰公投仅设有一个问题，既“苏格兰应该成为一个独立国家么？”[④]，若公投成功，苏格兰将成为一个全新的独立国家，所以英国政府在这个意义上称其为“独立公投”。

分析至此，就引出了一个问题，既然苏格兰公投和克里米亚公投都是分离性公投，那么为何两者却常被误解为“独立公投”呢？主要原因两点：其一，独立和分离的概念非常相似，均涉及国家领土主权变更，均以从母国（或宗主国）脱离并建立新国家为主要指向，若非专业研究者，很难厘清它们的关系。其二，分离是对国家主权的严重破坏，且会损害国内其他地区民众的利益，具有较强的贬义色彩；同时，分离不被国际法支持，更被绝大多数国家的国内法所反对。相反，独立则是受国际法保护的正义行为，且与人民的自主追求及亚非拉民族解放运动相连，充满道德感召力。因此，若分离方直接诉诸分离只会使自己在民意和法律上双双陷入被动，为提高合法性，其往往会冒用独立的概念，故意将舆论向于己有利的方向上引导。

① 王英津著：《两岸政治关系定位研究》，九州出版社 2016 年版，第 388 页。

② 苏格兰和克里米亚此次公投并非其历史上的第一次公投，苏格兰曾于 1979 年和 1997 年就扩大自治权及组建苏格兰议会的问题举行过两次公投，克里米亚曾于 1991 年和 1994 年就扩大自治权及其在乌克兰与俄罗斯之间的政治取向问题举行过两次公投，以上四次公投均以地方分权为主题，故属于上述公投类型划分中的对内治理性地区民主公投。

③ 白桂梅著：《国际法上的自决权》，中国华侨出版社 1999 年版，第 182 页。

④ Scottish Independence Referendum Act 2013, p. 1.

三、关于“分立”和“回归”的争议

在苏格兰公投和克里米亚公投前夕，英国和乌克兰还分别出现了关于“分立”与“回归”的争议，有必要予以澄清。

（一）对英国“分立”争议的澄清

分立（dismemberment）或解体（dissolution），是指“一个国家分裂为两个或两个以上部分而各部分自成为国家或为其他国家（通常是周围国家）所吞并”[①]。分离与分立的重大区别在英国掀起了其在苏格兰分离后是否能够维持原国际人格的讨论。苏格兰希望在分离后保有原英国的国际地位，尤其是在北约、欧盟和联合国等国际组织中的重要成员身份，所以宣称分离后的苏格兰与英国分别平等地继承原来的国际权利与义务[②]。由于英国是一个建立在协议之上的联合王国，这一说法很可能给大众造成英国在苏格兰公投成功后将解体为两个新国家的印象，也可能使苏格兰人民以为分离后能免费延续原有地位而支持分离，因此英国政府专门邀请国际法专家克劳福德和波义耳（James Crawford and Alan Boyle）进行澄清。据两位学者解释，虽然苏格兰分离会造成英国领土和人口的损失，但剩余的英国将是原英国的继续国（continuator state），保留母国的各项国际权利；而苏格兰则是原英国的继承国（successor state），无法自动享有母国的国际权利；由于分离与分立的最大区别在于前者实现后母国仍然存在而后者实现后母国不复存在，因此苏格兰公投成功的结果是苏格兰分离而非英国分立。[③]

① ［美］詹宁斯、瓦茨修订：《奥本海国际法》（第一卷第一分册），王铁崖等译，中国大百科全书出版社1995年版，第143页。

② HM Government, *Scotland Analysis: Devolution and the Implications of Scottish Independence*, London: The Stationery Office, 2013, pp. 34-36.

③ HM Government, *Scotland Analysis: Devolution and the Implications of Scottish Independence*, London: The Stationery Office, 2013, pp. 32-38. 其实，由于分立意味着没有任何一个新国家是母国的继续国，因此若英国解体，那么苏格兰更加无法享有原英国的国际地位和权利。

（二）对克里米亚“回归”争议的澄清

克里米亚公投期间曾出现关于“回归”（reunification）说法的争议，这与克里米亚在历史上的归属有关。克里米亚曾是苏联的自治共和国之一，大部分人口属于俄罗斯族。1954 年，为纪念乌克兰与俄罗斯合并 300 周年，苏联最高苏维埃主席团下令将克里米亚州划归乌克兰。1990 年，乌克兰宣布国家主权，并与苏联就联合协议的签订问题展开协商；作为回应，克里米亚于 1991 年 1 月举行公投，决定是否重建曾经的苏联自治共和国地位并成为苏联的一部分，以及是否参与联合条约的签订。结果显示，93% 的克里米亚人民选择同意。虽然 1991 年的克里米亚公投暗含克里米亚人民要求留在苏联的意味，但这一公投结果并未执行，因为不久后苏联就解体了。1991 年 12 月，乌克兰正式独立，而克里米亚选择留在乌克兰，据统计，60% 的克里米亚民众参与了乌克兰此次公投，其中 54% 的选民赞成乌克兰独立。[①] 由于克里米亚在历史上曾属于苏联，所以部分克里米亚人就在公投时喊出了“回归”俄罗斯的口号，但事实上克里米亚自 1954 年至今一直是乌克兰的一部分，即便要“回归”也应先经过乌克兰的同意。况且，“回归”并非一个规范概念，而是一个充满感情色彩的通俗说法，克里米亚称分离为“回归”是为了激发当地俄罗斯族的民族自尊心和对俄罗斯的归属感，以此规避分离口号可能带来的负面观感，但就学术意义而言，并不存在“回归公投”这一类型。

四、苏格兰协议式分离公投

从本质上说，分离是一种单边行为，但在现实政治中，受到各种因素影响，母国有可能与分离方达成一致，同意其就分离问题进行公投。母国的同意有多种形式，可以是母国最高立法机关或最高行政机关的授权，可以是国内其他行政单位的一致同意，也可以是分离公投议题在全国性公投中的通过。总之，一旦母国与分离方达成一致，后者就拥有了国内法所赋予的共识性分离权，并能够以此为基础举行合法的协议式分离公投（negotiated secession

① The Crimean Referendums of 1991 and 1994, March 16, 2014, http://culturedarm.com/the-crimean-referendums-of-1991-and-1994.

referendum)。[①] 纵观历史，协议式分离公投仅在极少数国家出现过，比如1973年北爱尔兰要求脱离英国的公投、1995年魁北克要求脱离加拿大的公投和2011年南苏丹要求脱离苏丹的公投等。

此次苏格兰公投是一场典型的协议式分离公投。2012年1月，苏格兰政府公布《你的苏格兰，你的公投》白皮书，宣布将于2014年秋天举行公投。[②] 一开始，英国政府坚决反对，因为根据《1998年苏格兰法案》，英国与苏格兰的关系属于英国议会的保留权力，苏格兰议会无权单方面通过公投法案，苏格兰自己也承认这一点，所以宣称将举行一场咨询性公投（consultative referendum）。[③] 根据马尔库·苏克西（Markku Suksi）的分类，咨询性公投是指与拘束性公投（binding referendum）相对的一种公投形式，其结果并无强制性的法律效力，仅仅作为国家决策的参考。[④] 在一系列争论之后，英国政府还是做出了让步，将举行公投的权力授予苏格兰议会，并承诺将尊重公投结果。2012年10月，英国政府与苏格兰政府签署了《爱丁堡协议》，该协议表明:(1)英国政府承认苏格兰人民有通过公投实现分离的权利;(2)苏格兰政府和英国政府能够就公投程序问题达成协议;(3)英国将公投的具体细节交由苏格兰自行决定。[⑤]2013年11月，苏格兰议会通过《苏格兰独立公投法案》，该法案对公投问题、投票者范围、公投过程、举办机构、监督机构、造势运动和结果核定等问题进行了详细规定。[⑥]

不难看出，虽然经历了一些波折，但英国政府对苏格兰公投的态度总体比较友善，苏格兰公投建立在苏格兰与英国的充分协商及英国的同意之上。英国政府对这一点也十分看重，其在文件中一再强调苏格兰公投的共识性和双边性，以及所体现出的自由民主精神。另外，也有学者盛赞苏格兰公投是大众民主与审议民主的出色实践和对传统公投偏见的有力反驳，能够减轻学

---

① 王英津著:《自决权理论与公民投票》，九州出版社2007年版，第192、245—246页。

② The Scottish Government, *Your Scotland, Your Referendum*, January 25, 2012.

③ Stephen Tierney, 'Legal Issues Surrounding the Referendum on Independence for Scotland', *European Constitutional Law Review*, Vol. 9, No. 3, 2013, p. 361.

④ Markku Suksi, *Bringing in the People: A Comparison of Constitutional Forms and Practices of the Referendum*, Lonton: Martinus Nijhoff Publishers, 1993, Cited in Hannu Nurmi, 'Referendum Design: An Exercise in Applied Social Choice Theory', *Scadinavian Political Studies*, Vol. 20, No. 1, 1997, p. 33.

⑤ Stephen Tierney, 'Legal Issues Surrounding the Referendum on Independence for Scotland', *European Constitutional Law Review*, Vol. 9, No. 3, 2013, p. 362.

⑥ Scottish Independence Referendum Act 2013.

界对公投两大病症——“精英操控症”（the elite control syndrome）和“审议缺乏症”（the deliberation deficit）的抱怨。[①] 从英国与苏格兰的互动过程来看，英国从一开始就承认苏格兰人民有权举行分离公投，双方争论的焦点仅在于公投是否能由苏格兰议会单方面授权，以及公投的具体安排和分离后的利弊得失，而非苏格兰人民是否拥有协议式分离权。从这个角度看，苏格兰公投是一场获得母国同意的协议式分离公投。

五、克里米亚单方面分离公投

除协议式分离公投外，分离性公投还存在一种形式，即单方面分离公投（unilateral secession referendum）。与协议式分离公投不同，单方面分离公投缺乏相应的国内法基础，通常会遭到母国的坚决反对，1991 年科索沃要求脱离塞尔维亚的公投、1992 年南奥塞梯要求脱离格鲁吉亚的公投和 2014 年加泰罗尼亚要求脱离西班牙的公投等均属于单方面分离公投。

此次克里米亚公投也是一场典型的单方面分离公投。2014 年，乌克兰爆发革命，亲俄派总统亚努科维奇被赶下台，俄罗斯对此非常不满，宣布乌克兰革命为“政变”和“黑幕”，趁机派军占领克里米亚，并积极策动公投。然而，克里米亚公投并无相应的国内法基础，也未获得乌克兰同意。根据乌克兰宪法第 72、73、85 和 134 条规定，国家领土归属问题只能通过全国性公投决定，乌克兰宪法法院也宣布此次公投违宪[②]，乌克兰临时总统图尔奇诺夫还撤销了克里米亚议会宣布公投的决定并解散了议会，基辅也发布了逮捕克里米亚议会发言人的命令。另外，克里米亚公投不仅涉及脱离乌克兰的问题，还涉及并入俄罗斯的问题，考虑到国际法上的“占有原则”（principle of utipossidetis）、俄乌两国签订的承诺相互尊重主权和领土完整的条约，以及苏联自愿将克里米亚划给乌克兰的历史，将并入俄罗斯作为公投的选项之一

---

① Stephen Tierney, ‘Reclaiming Politics: Popular Democracy in Britain after the Scottish Referendum’, *The Political Quarterly*, Vol. 86, No. 2, 2015, pp. 228-229.

② ［英］西蒙·史密斯：《为什么克里米亚全民公投不被认可》，载凤凰网，2014 年 3 月 19 日，http://ukinchina.blog.ifeng.com/article/32213724.html。

并不合适。[①]虽然有俄罗斯学者辩护称，乌克兰现任政府是靠极端手段上台的民族主义政权，一个非法政权无权指责其境内的公投违法，而且乌克兰的宪政规范在非法政权之下已经丧失了必要假设和有效性，所以克里米亚公投是合法和民主的[②]，但这一辩护站不住脚。首先，乌克兰前总统因民众反对和议会弹劾而下台，现任政权由民主程序产生，乌克兰的宪政制度并没有失效；其次，即便乌克兰现政权的合法性存疑，克里米亚议会也不能违宪，前者的非法性不能抵消后者的非法性。克里米亚公投的非法性和单边性毋庸置疑。

克里米亚在公投前还引证国际法院2010年针对科索沃分离的咨询意见，宣称该意见表明单方面分离符合国际法，以此作为其公投的国际法依据。然而，科索沃与克里米亚并不具有可比性。当年科索沃发生了塞尔维亚政府对阿尔巴尼亚族人的屠杀，而克里米亚的俄罗斯族并没有受到严重的不公正待遇，乌克兰虽曾于1995年取消了《1992年克里米亚宪法》和克里米亚总统设置，等于收回了克里米亚的自治权[③]，但并未剥夺克里米亚人民的基本参政权。更重要的是，国际法院的咨询意见只是认为“科索沃临时自治机构单方面宣布独立不违反国际法”，然而“宣布独立”和“独立”是两回事，“不违反”国际法和“符合”国际法也是两回事，况且这份咨询意见是一系列复杂政治因素的产物，其正当性本来就饱受质疑[④]，所以该咨询意见无法作为克里米亚单方面分离的国际法依据。

六、英、乌两国对分离公投态度迥异的原因

英国和乌克兰在面对分离公投时的态度大相径庭，英国最终选择了同意，而乌克兰却反对至今。那么，两国为何采取了截然相反的态度呢？

两国的不同选择根植于两国不同的政治文化和宪政制度土壤。英国有着

① 孙世彦：《克里米亚公投入俄的国际法分析》，载《法学评论》2014年第5期，第145页。

② Alexei Moiseev, ‘Concerning Certain Positions on the Ukrainian Issue in International Law’, Translated by Stephen D. Shenfield, *Russian Politics and Law*, Vol. 53, No. 2, 2015, p. 50.

③ 顾志红：《克里米亚问题评析》，载《东欧中亚研究》1995第5期，第32页。

④ 参见余民才：《科索沃“独立”的国际法透视》，载《现代国际关系》2008年第5期，第28—33页；罗国强：《独立、分离与民族自决的法律困局——结合科索沃和克里米亚问题的探讨》，载《政法论丛》2015年第1期，第10—16页。

至少可以追溯到13世纪的个人主义传统[①]，而且，在普通法的塑造下，主权者日益被驯化，国家高度社会化，英国的宪政制度浸染在乡镇小型共同体充满“空间聚合感”的自由精神之中。[②]在这样的背景下，英国对待分离主义的态度不够坚定，尤其在经历了与北爱尔兰分离势力的多年战争之后，英国倾向于以一种比较低的姿态处理苏格兰问题。因此，即便“与十九世纪的爱尔兰不同，苏格兰并不是一个在帝国体系内政治、经济、文化、宗教自由受压迫的少数民族，而是联合王国内一个与英格兰在名义上地位平等的实体，苏格兰在内部立法、行政管理上，已经拥有很大程度的自治空间，苏格兰社会的福利待遇甚至高于英格兰的平均水平”[③]，但英国依然向苏格兰做出了让步。乌克兰则没有如此的文化和制度背景，其更看重国家主权而非个人权利，不会允许分离势力打着自由民主的旗号伤害国家领土主权，始终对克里米亚公投保持强硬立场。

然而，对自由民主的不同信仰并非两国态度迥异的根本原因，现实政治博弈才是两国衡量公投问题的核心标尺。近年来，尽管苏格兰的分离主义情绪日益高涨，但因苏格兰经济不振且脱离英国后损失极大，故大部分苏格兰民众没有强烈的分离意向，只是希望以此换取更大的自治权和更优惠的福利待遇而已。历次民调显示，支持统一的苏格兰人占到多数。[④]英国保守党政府正是看到了这一点，希望通过一次不成功的公投来安抚选民，同时也让苏格兰民众明白，既然不想独立就不要再以此威胁政府，从而一劳永逸地解决苏格兰问题。[⑤]因此，英国同意公投的初衷是争取民心并阻止分离，而非听凭苏格兰民意或无所谓分离，民调反转后英国迅即承诺将再次放权以留住苏格兰的反应就是最佳证明。乌克兰政府的处境则比英国政府艰难得多。克里米亚从苏联解体后就在自治权和与俄罗斯关系的问题上同乌克兰政府争斗不休，从要求与莫斯科建立直接关系到要求实行双重国籍，从单方面分割乌克

① ［英］艾伦·麦克法兰著:《英国个人主义的起源》，管可秾译，商务印书馆2008年版，第216—217页。

② 泮伟江著:《一个普通法的故事：英格兰政体的奥秘》，广西师范大学出版社2015年版，第110—126页。

③ 陈琦:《苏格兰公投事件的回顾与总结——9·18公投并未消除苏格兰独立因素，英国政治改革将持续动荡》，载求是网，2014年10月20日，http://www.qstheory.cn/laigao/2014-10/20/c_1112901407.htm。

④ 李靖堃:《苏格兰独立公投及其影响》，载《当代世界》2014年第10期，第34页。

⑤ 陈琦:《苏格兰公投事件的回顾与总结——9·18公投并未消除苏格兰独立因素，英国政治改革将持续动荡》，载求是网，2014年10月20日，http://www.qstheory.cn/laigao/2014-10/20/c_1112901407.htm。

兰与克里米亚的财产到单方面解除乌克兰任命的克里米亚总理[1]，克里米亚的分离欲望一直十分强烈。更重要的是，苏格兰公投完全是英国国内政治角力的产物，无论分离势力如何运作，整个局势基本在英国的掌控之中，而克里米亚公投却有俄罗斯的强势干预，在公投前乌克兰就已丧失了对克里米亚的控制权，公投一旦举行必将成功，故乌克兰政府不会同意。

总而言之，英国之所以国同意苏格兰公投，不仅是因为对自由民主的信仰，更是因为预判公投不会成功，若保守党政府料到公投结果如此危险，恐怕不会同意公投，或至少也会像加拿大对魁北克或当年英国对北爱尔兰一样，将公投门槛提高至难以逾越的水平；而也正是因为苏格兰公投的成功率较低，故而英国政府选择以退为进。乌克兰不同意公投并不代表其漠视自由民主，而是乌克兰政府明白，一旦同意克里米亚的公投诉求其必将成功分离，后来的事实也充分印证了这一预判。其实，英、乌两国的根本利益和行动立场是一致的，都是为了捍卫国家主权和领土完整，只不过两国所面对的现实条件不同，故而采取的应对方式也有所不同。英国尚有很大回旋余地，能够“曲线救国”，而乌克兰已没有其他选择。[2]

七、结语

国家主权原则依然是当今世界的主流，对国家领土完整的坚守并非一个应被抛弃的旧式信仰，相反，在分离主义的冲击之下，国家的主权和领土完整更加值得捍卫。苏格兰公投并不能为他国政府树立协议式分离的“典范”，克里米亚公投也无法为他国分离势力提供单方面分离的“榜样”，无论是自由民主的浩荡潮流，还是分离地区的民意压力，抑或某些大国的粗暴干预，都不是单方面分离的坚实凭据，分离公投属于一国内政，唯有母国才有最终的决定权。

---

① 顾志红：《克里米亚问题评析》，载《东欧中亚研究》1995 第 5 期，第 31—32 页。

② 苏格兰和克里米亚的情形也适用于其他举行过分离公投的国家。概览世界各国的分离公投案例，分离地区的民意基础和外部大国态度是母国同意公投与否及公投成功与否的决定性因素。若公投的民意基础较弱且缺乏大国支持，则母国有可能同意，但往往不会成功，典型案例是此次苏格兰公投和 1995 年的魁北克公投；若公投的民意基础较强或深受大国支持，那么母国一般会坚决反对，但分离方仍会强行举行单方面公投，并且反而容易成功，典型案例是此次克里米亚公投和 1992 年的南奥塞梯公投，另外西班牙对加泰罗尼亚公投的强烈反对也在一定程度上印证了这一点。

第三编

理论概括与探讨

第十八章　自决的历史演进：双轨叙事与三重危机

自决（Self-Determination）可以说是政治学中最错综复杂的概念之一，其受争议程度不亚于民主与民粹，并与分离、独立、民主、自治与自由等概念纠缠不清。自决概念的争议性是与生俱来的，其从诞生伊始就存在着列宁传统与威尔逊传统之辨，并由此引发了"咸水学说"与"比利时学说"之争。这种刻在骨子里的概念分歧埋下了自决在此后一百多年里同时沿着两条道路分头演进的种子——一条道路是列宁传统的继承者，并在二战后的国际法中烙下深刻印记；另一条道路是威尔逊传统的继承者，一直深受政治学者的偏爱并日益在西方学界中占据显赫位置。横亘在自决的双轨演进历程之中的，是权利过时、概念泛化与国家主权碎片化的三重危机，其中，"过时危机"让自决的威尔逊传统在非殖民化运动基本结束后骤然复兴，这种复兴一方面造就了自决概念在政治学领域被无限扩大充盈的空前盛景，另一方面又导致了新的"泛化危机"与"主权危机"。为了解决以上三重危机，回归列宁传统不失为一项理性选择。

一、自决的缘起与"咸水学说"的胜利

现代意义的自决概念诞生于一战末期，在二战后的去殖民化浪潮中大显

身手，并逐步从一种政治学说升级为一项国际法权利，在此过程中，自决的涵义之争日益激烈。

（一）从政治学说到国际法权利

尽管自决的理论萌芽可以追溯到卢梭、康德和费希特，历史上的自决实践也可以追溯到美国独立战争和法国大革命，但是，正式提出自决的概念并使其流行于世的人当属列宁和威尔逊。一战末期，列宁首先喊出了“民族自决”的口号，将自决变为殖民地人民反抗帝国主义、争取民族独立和平等的政治武器；[①] 几乎同一时间，威尔逊也将自决原则加入了自己的“十四点原则”，并宣称所有人民都有自主选择统治者和实现自治的权利。[②] 此后，自决逐渐成为一个流行热词，谈论自决成为全球性的政治风尚。不过，虽然当时大家对自决颇为推崇，但这种推崇背后潜藏着强烈的政治动机，列宁的自决主要服务于苏联的建立和世界范围内的无产阶级革命，是吸引周边国家加入苏联、塑造苏联反帝国主义领袖角色的重要旗帜；威尔逊的自决则服务于美国的帝国主义政策，目的是在战后的政治利益分配中增加话语筹码。[③] 华辛芝教授曾一针见血地指出，“这些帝国主义国家，这时又把民族自决权、民族独立作为侵略他国领土、掠夺殖民地的借口。如美国从西班牙手中抢夺菲律宾和古巴，英国从土耳其抢走埃及等等。至于沙俄，打着解放各民族人民的幌子，使用暴力掠夺别国领土，更是它的惯伎。”[④] 此外，在一战后的领土安

---

① 参见［苏］列宁著:《论民族自决权》，载《列宁全集》第 2 卷，人民出版社 1984 年版，第 507—567 页。

② 威尔逊在最初提出“十四点原则”时，使用的是自治（Autonomous Development or Self-Government）一词，直至列宁提出自决概念后才转而使用自决一词，不过其含义与列宁所说的自决始终存在差异。参见 Woodrow Wilson, President Woodrow Wilson’s Fourteen Points, Yale Law School, Lillian Goldman Law Library, 8 January, 1918, http://avalon.law.yale.edu/20th_century/wilson14.asp. Trygve Throntveit, ‘The Fable of the Fourteen Points: Woodrow Wilson and National Self-Determination’, *Diplomatic History*, Vol. 35, No. 3, 2011, pp. 445–481.

③ 威尔逊本人也许怀有某种理想主义情怀，而且美国也没有太多殖民包袱，但“十四点原则”整体上还是服务于美国的国家利益，并在国际联盟“表面实现自决、实质易主殖民”的委任统治制度中得到贯彻。孙建中教授指出，威尔逊当初提出“十四点原则”主要出于三点动机：第一，服务于美国的世界大国目标，通过减少海外殖民地的方式削弱西欧各国的实力；第二，与苏维埃俄国进行意识形态竞争，扩大自己在国际社会尤其是殖民地的影响，抓住一战后和平谈判的主动权，趁机跻身世界大国之列；第三，为未来的新殖民主义政策作铺垫。参见孙建中:《论国家主权与民族自决权的一致性与矛盾性》，载《北京大学学报（哲学社会科学版）》1999 年第 2 期，第 40 页。

④ 华辛芝著:《列宁民族问题理论研究》，内蒙古人民出版社 1987 年版，第 48 页。

排和对国际秩序的重建中，决定性因素仍是大国意志与密室政治，故此时的自决尚处于“口惠而实不至”的阶段，是普世主义理想与政治营销术的妥协产物。

二战后，去殖民化运动在全球如火如荼地展开，在广大殖民地人民地努力之下，自决正式被写入国际法。自决在国际法上的发展大致经历了两步：第一步，自决原则成为一项国际法原则。联合国宪章是第一个明确载入自决原则的国际法文件，其第一章规定联合国的宗旨与原则之一是“发展国际以尊重人民平等权利及自决原则为根据之友好关系，并采取其他适当办法，以增强普遍和平”。[①] 此后，联合国大会 1960 年通过的第 1514 号决议《给予殖民地国家和人民独立宣言》和 1970 年通过的第 2625 号决议《关于各国依联合国宪章建立友好关系及合作之国际法原则之宣言》，以及 1955 年的《亚非会议最后公报》和 1975 年的《欧洲安全和合作会议最后文件》陆续对自决原则进行了确认，这四个文件是自决原则国际法化的主要里程碑。第二步，自决权成为国际法上的集体人权。1966 年，联合国大会通过了《公民权利和政治权利国际公约》和《经济、社会及文化权利国际公约》，两者均在第一条规定：“所有人民都有自决权。他们凭这种权利自由决定他们的政治地位，并自由谋求他们的经济、社会和文化的发展。”[②] 此后，1981 年的《非洲人权和民族权宪章》和联合国大会 1998 年通过的第 4893 号决议《普遍实现各国人民自决权利》等国际法文件也对自决权做出了相关规定。概言之，自决的发展基本经历了“政治学说→国际法原则→国际法权利”的三个阶段。

（二）“咸水学说”与“比利时学说”之争

尽管自决在今天已经成为一项重要的国际法权利，但将自决写入国际法的过程并非一帆风顺，沿途除了历经帝国主义国家的挣扎与阻挠外，自决的涵义之争也构成了重要障碍。前文提到，从概念诞生伊始，自决就朝着两个截然不同的方向演进——一个方向是列宁式的自决，主要是对外的，强调弱小民族对帝国主义殖民统治的反抗，体现国际关系；另一个方向是威尔逊式的自决，主要是对内的，强调一国之内的民主和自治制度，反映国内关系——两个方向的分歧一直贯穿自决概念的发展始终。二战后，随着非殖民化运动

① 王铁崖、田如萱和夏德富编：《联合国基本文件集》，中国政法大学出版社 1991 年版，第 20 页。
② 王铁崖、田如萱编：《国际法资料选编》，法律出版社 1982 年版，第 166—168 页。

的深化，列宁传统与威尔逊传统的纷争日益凸显出来，使得各国在自决的国际法定义问题上争执不下，迟迟无法达成共识。

20 世纪 50 年代，在联合国讨论国际法上的自决涵义时，亚非拉国家代表主张“咸水学说”，即将自决原则严格适用于传统意义上的殖民地（指那些在地理上与宗主国隔离，在种族和文化上与宗主国不同的地区），并认为自决权主要包括独立权；比利时及其它老牌殖民国家代表则提出了“比利时学说”，即认为自决权属于非自治领土上的人民，但非自治领土不限于殖民地，部分主权国家内部可能存在被剥夺了平等参政权的人民（尤其是少数民族），他们也没有实现自治，故其所居住的地区也属于非自治领土，因此他们也有自决权，该观点将自决权与民主权利和少数者权利相连。①“比利时学说”是现实主义殖民心态与理想主义民主追求的混合产物：一方面，老牌殖民国家希望最大限度地维系帝国荣光，通过赋予自决以民主宪政意涵的手段来淡化、回避自决的民族解放与反殖民色彩，尽可能地将殖民地挽留在统治秩序之内；另一方面，他们又的确怀抱着某种普世主义的道德理想，对那些尚未获得平等参政权和自治权的人民有一定程度的同情与理解，试图描绘出一幅民主宪政之光普照世界的乐观蓝图。不过，由于去殖民化运动主要由亚非拉国家领导，所以“比利时学说”在当时并未被采纳。

直至今天，自决的对外涵义依然在国际法领域延续着来之不易的胜利，现行国际法上的自决主要是列宁传统的继承者。正如白桂梅教授所言，国际法上的自决主要是指“殖民地人民和其他被外国统治和压迫的民族（包括托管领土和非自治领土上的人民）有权摆脱殖民统治、争取独立、建立新国家的原则 / 权利”。② 王铁崖教授也认为，“民族自决作为国际法的一项基本原则，是在第一次世界大战，特别是第二次世界大战后形成的。据此，在外国奴役和统治下的民族和人民可以决定或经过民族独立斗争取得本地区的独立，组成新的国家，对其领土拥有主权。民族自决可以通过当地居民的公民投票来和平实现，也可以通过武装斗争，赶走外国统治者”。③ 由此可知，国际法上的自决权是一项被限定在去殖民化语境中的集体人权。

---

① Patrick Thornberry, ‘Self-Determination, Minorities, Human Rights: A Review of International Instruments’, *International and Comparative Law Quarterly*, Vol. 38, No. 4, 1989, p. 873.

② 白桂梅著：《国际法上的自决权》，中国华侨出版社 1999 年版，第 88 页。

③ 王铁崖著：《国际法》，法律出版社 1995 年版，第 239 页。

二、国际法上的自决及其三大命题

自决的概念天然包含三个问题：一是“谁来决定？”，二是“决定什么？”，三是“如何决定？”，现行国际法已经对这三个问题做出了较为明确的回答，答案分别是“特定的人民”“决定民族和国家地位问题”与“以独立建国为最终方式”，通过这三个回答又可以推导出国际法上自决的三个特性——整体性、对外性与独立导向性。

（一）“谁来决定”与整体性

自决所包含的第一个问题是“谁来决定”。对于这个问题，国际法文本只是笼统地写到“所有人民都有自决权”。不过，通过国际法的基本原则（如主权和领土完整、不干涉内政等）和自决权的实践历史可以大致推导出自决语境中的“人民”涵义——殖民地人民和其他被外国奴役压迫的民族。从历史上看，列宁最初提出自决的概念是为了鼓励弱小民族摆脱帝国主义和殖民主义；一战后，国际联盟将战败国的殖民地列为委任统治地（Mandate Territories），这些地区的人民成为国际法上自决权的早期行使主体（或者说名义上的行使主体）；[①]二战后，自决权又成为亚非拉民族解放运动的武器，尤其与联合国的托管领土（Trust Territories）和非自治领土（Non-self-governing Territories）名单联系在一起。王英津教授认为，从自决权的实践历史来看，自决权的行使主体主要涵盖：殖民地（Colonies）、半殖民地（Semi-colonies）、委任统治地、托管领土、非自治领土、附属地（Dependencies）、自

① 委任统治地是指由国际联盟委任的第一次世界大战战败国的海外殖民地和属地，主要包括德意志第二帝国和奥斯曼土耳其帝国的殖民地或属地。其中，按照各殖民地或属地的人民发展程度、经济状况和地理条件划分为甲、乙、丙三类，在二战结束成立联合国时，甲类地区已经获得独立，乙类和丙类地区则被转化为联合国托管制度下的托管领土。委任统治地是国联委任统治制度的一部分，标志着一战后帝国主义殖民政策的一种新发展，即从原来赤裸裸的私下瓜分和直接兼并升级为貌似公正地依照国际法解决。从表面上看，这种解决方式受到国联监督、尊重国际法，并且实现了民族自决，但事实上不过是将战败国的殖民权利转交给了战胜国，所以列宁批判其是托管帝国主义对殖民地人民的“盗窃和抢劫”。参见何芳川、宁骚等编著：《非洲通史》（现代卷），华东师范大学出版社 1995 年版，第 63—64 页。

治领（Dominions）、海外领地（Overseas territories）和被保护国（Protectorates）等。[①] 这些地区不是任意的，而是被列于政府间国际组织制定的公开名单中，例如委任统治地的名单由国际联盟公布，非自治领土和托管领土的名单由联合国公布，因此只有特定的"人民"才拥有自决权。

对第一个问题的回答决定了自决的第一个特性——整体性。整体性是指自决权的行使主体不能无限度分割，而须契合当时当地的历史情景。这一点非常好理解，因为如果人民是"泛指"的，那么世界上的每一个种族、民族、部落、社群甚至家庭都能自决，世界秩序就会崩溃，所以必须对人民设置较高的门槛，而这个门槛就是整体性。整体性意味着自决权的行使主体不是民族（nation）而是国族（nationality），这种国族不一定在殖民统治之前就形成了，也可以在经历殖民的过程中被形塑。如果殖民地在被殖民之前已是一个国家（不一定是现代主权国家），那么其通过自决形成的新国家边界应该与原来的国家疆界基本一致，例如埃及、中国和印度；如果殖民地在被殖民之前没有建立国家，那么其通过自决形成的新国家边界应该与原来的殖民统治边界基本一致，例如大多数非洲国家和印度尼西亚。换言之，作为国际法上自决权行使主体的"人民"既是文化上、语言上、宗教上和历史上的，又是政治上的，而且主要是政治上的。"人民"要么是中华民族、印度民族这样拥有悠久历史的"旧国族"；要么是赞比亚人、印度尼西亚人这样由多个族群或民族组成、在去殖民化运动中逐渐实现聚合的"新国族"。如果仅有文化性而缺乏政治性，例如东巴基斯坦人、魁北克人、西藏人、苏格兰人，那么他们就不属于国际法上自决语境中的"人民"。

当然，现实远比国际法的规定复杂，在实践中存在一些极为特殊的案例，例如长期受到法国占领的萨尔区德国人和被英国吞并的直布罗陀西班牙人，他们并不构成一个国族，甚至不构成一个民族，但依据国际法也拥有自决权。一个较为合理的解释是，这些地区的人民虽然没有独特的血统、宗教、语言或文化，但在长期的异国殖民或强占下已经被高度政治化，属于政治上的"人民"，因此也可以自决，只不过它们自决的指向不是独立建国，而是回

① 王英津著：《自决权理论与公民投票》，九州出版社 2007 年版，第 101—105 页。事实上，托管领土还包括从二战战败国割离的领土和殖民国家自愿置入托管制度下的领土，但由于第二类领土只有索马里一例，第三类领土因为没有国家愿将自己的殖民地交出而不存在，所以托管领土基本等同于二战后未独立的委任统治地，而那些尚未建立托管制度的殖民地则被划归为非自治领土。

归母国。[①] 此类案例具有极强的特殊性，不能将处理它们的方案随意套用在其他案例上，只能个案分析、个案处理。[②]

（二）"决定什么"与对外性

自决所包含的第二个问题是"决定什么"。自决的反义词是"他决"，这意味着自决必须体现人民对自身命运的自主选择，而"自身命运"又可以进一步拆解为两层内容：一是民族地位，二是国家地位。上文已经分析过，自决权的行使主体是殖民地人民及其它受压迫民族，这些民族为了改变被压迫的命运，首先就要寻求民族解放、实现独立自主，而在当时的环境下，实现民族独立的最有效手段就是建立民族国家，通过国家平等实现民族平等。因此，自决的决定对象是民族地位与国家地位，这导致了自决的对外性。

对外性是指自决主要体现民族之间和国家之间外部关系的变更，而非一国之内人民与政府之间或少数民族与主体民族之间内部关系的调试，即特指西方"内外自决"划分理论中的"外部自决"。白桂梅教授认为，"外部自决主要涉及人民或民族在国际上的地位问题，或者说外部自决原则主要调整一个人民或民族与其他人民或民族之间的关系"。[③] 哈罗德·约翰逊（Harold Johnson）教授也将自决与国家承认和国际体系的变动相连，认为自决的关键在于国际社会愿意承认哪些民族可以获得主权身份、建立自己的国家，去殖民化运动其实是在有能力建立国家的民族之间的领土再分配，是国际社会不断接纳新成员的过程。[④] 同时，自决也与人民主权相连，如果说政府应该建立在人民的同意之上是一种民主共识，那么国际体系也应该建立在民族国家的同意之上，从这个角度看，自决是民主观念的国际版本，只不过将民主的单位从主权国家内部的人民扩展为了国际社会中的不同民族而已。[⑤] 因此可

---

① 直布罗陀地区曾经属于西班牙，主要以西班牙人为主，直到21世纪后都是如此；但英国占领直布罗陀后不断向其输送移民，并长期驱逐西班牙人，致使直布罗陀目前的人口比例发生重大变化。萨尔地区在历史上主要以德国人为主，但后来长期被法国占领并在德国与法国之间几易其主，致使萨尔地区的人口成分也较为复杂。萨尔地区历史上曾在联合国的非自治领土名单中，直布罗陀至今仍在该名单中，因此均拥有国际法上的自决权。

② 例如中国的香港和澳门虽然也曾分别受到英国和葡萄牙的殖民统治，但它们并不享有自决权。

③ 白桂梅著：《国际法上的自决权》，中国华侨出版社1999年版，第64页。

④ Harold Johnson, *Self-Determination within the Community of Nations*, Leyden: A. W. Sijthoff, 1967, pp. 31-32.

⑤ Harold Johnson, *Self-Determination within the Community of Nations*, Leyden: A. W. Sijthoff, 1967, p. 200.

以说，国际法上的自决与领土和国家主权息息相关，二战后的自决实践历史就是当代国际格局的形成历史。

（三）“如何决定”与独立导向性

自决所包含的第三个问题是“如何决定”，国际法对这个问题的回答是“通过独立建国的方式决定”，这缔造了自决的独立导向性。所谓独立导向性是指自决权主要体现为独立权，这包含两层意涵：第一，在去殖民化运动中，绝大多数殖民地人民自决的方式都是建立独立的新国家，采取其他形式的案例很少。[①] 第二，即便部分殖民地人民一开始没有选择独立，那么他们也保留了独立权，日后如果改变意愿可以重新独立。换言之，尽管独立不是自决的唯一实现形式，但却是最高实现形式，许多二战后没有选择独立的殖民地现在依然在联合国的非自治领土名单中，它们随时可以选择独立。[②] 这是因为，自决实际上体现了国际社会对于一个人民是否具有国家资格的判定，既然已经给予了某个人民自决权，那就说明该人民有权成立国家，至于是否行使该权利、何时行使该权利应由人民自己决定。历史上的案例已经证明了这一点。例如，马耳他在 1956 年时曾决定继续接受英国统治，但在 1965 年时重新选择了独立；塞内加尔在 1958 年选择成为法兰西共同体内的自治共和国，但在 1959 年与苏丹结成马里联邦并在 1960 年实现独立；英属洪都拉斯在 1964 年选择留在英国并实现自治，但最终还是在 1981 年独立为伯利兹。

当然，现实中的自决实践非常复杂，因为自决不仅是一个国际法问题，还是一个现实政治问题，并非所有选择独立的殖民地都能顺利独立，也并非所有拥有自决权的殖民地都希望独立。例如法罗群岛和阿鲁巴分别于 1946 年和 1977 年通过自决公投表示了明确的独立意愿，但公投结果却被其宗主国（丹麦和荷兰）作废，导致两地至今未实现独立。按理说，两地应该仍然拥有自决权，可以继续公投独立，但联合国却将两地踢出了非自治领土名单。又

---

① 虽然独立建国是自决的主要实现方式，但也存在其他方式，例如加入其他新独立的前殖民地国家、与其他殖民地合并成新国家，甚至留在宗主国；留在宗主国的方式也多种多样，可以直接成为宗主国的一部分，也可以在维持高度自治的前提下与宗主国结成自由联邦。历史上极少的没有选择独立建国的自决案例包括：1974 年，纽埃岛选择与新西兰保持自由联合关系；1963 年，北婆罗洲和沙捞越并入马来西亚；1952 年，波多黎各成为美国的自由联邦，并在此后积极要求加入美国；1959 年，阿拉斯加和夏威夷并入美国；1957 年，多哥与黄金海岸合并为加纳，等等。参见王铁崖、田如萱和夏德富编：《联合国基本文件集》1999 年版，第 863—869 页。

② 白桂梅著：《国际法上的自决权》，中国华侨出版社 1999 年版，第 152 页。

如1967年直布罗陀和1995年百慕大曾分别进行自决公投，决定留在英国，但公投结果并不被联合国承认，两地现在仍然在非自治领土名单中。希望独立的人民始终无法独立，不希望独立的人民却拥有自决权，这无疑是对国际法的一种讽刺。

最后，有必要对自决、独立与分离的关系稍作解释。以上三个概念在现实生活中极易被混淆，甚至连许多学者也没能厘清它们的关系。相当一部分人认为，分离、自决与独立是同义词，所以几乎所有分离运动都打着“自决”的旗号，而大多数分离实践也被舆论称为“闹独立”。事实上，自决、独立与分离存在相当差异：自决被严格限定在去殖民化语境中，是受压迫人民和民族意图主宰自身命运的努力，体现不同国族之间或民族国家之间的关系；独立有两层涵义，一是自决的最主要实现形式，二是“在国际关系上不依附任何实体”[①]，或者“国家在不损害或违反他国合法权利的前提下，为自己提供福祉、不受他国控制而自由发展的能力”[②]，依照该定义，独立可能是分离的结果之一；分离是指主权国家的一部分从中脱离，体现主权国家与其内部部分领土与人民的关系。自决的主体是殖民地人民，而殖民地并非宗主国的合法组成部分，殖民地人民通常没有公民权或至少没有与宗主国人民同等的公民权，宗主国也仅将殖民地视为榨取民脂民膏的对象。所以，与分离堪称国家主权的头号大敌不同，自决并不会对国家主权造成冲击，相反，它会缔造国家主权，自决的历史就是新国家大规模涌现的历史。

总之，自决与分离的最关键界分标准是：发生在独立建国前还是独立建国后，以及要求脱离的地区在诉求当下是否是主权国家的合法组成部分。分离与自决是两回事，但两者都与独立密切相关。独立有两重涵义，就偏向过程的涵义而言，自决权主要包含独立权而非分离权；就偏向结果的涵义而言，分离和自决都可能导致独立。

① 白桂梅著:《国际法上的自决权》，中国华侨出版社1999年版，第182页。

② ［英］詹宁斯、瓦茨修订:《奥本海国际法》（第一卷第一分册），王铁崖等译，中国大百科全书出版社1995年版，第211页。

三、“过时危机”与威尔逊传统的复兴

既然国际法上的自决与去殖民化运动密切相连，那么当去殖民化运动结束时，自决可能就会面临某种尴尬。尽管广义的去殖民化时期是指美国独立战争至今，目前全球仍有 17 块非自治领土尚未实现完全自治，但更具现实意义的去殖民化时期定义其实是狭义的，即特指二战后至 20 世纪 80 年代末的民族解放运动高潮时期，彼时，世界上的绝大多数殖民地都已获得独立。随着殖民地相继独立，国际法上的自决开始失去现实效能，面临“过时危机”，于是大批西方学者开始重新审视自决，希望挖掘出一些新内涵帮助自决重获生命力。

在此风潮之下，曾在国际法领域败给列宁叙事的威尔逊叙事逐渐步入自决理论舞台的中心，在政治学领域产生重大影响，甚至开始反作用于国际法领域的自决。在列宁提出自决概念前，政治学领域并没有自决的概念，只有自主或自律（Autonomy）、自我控制（Self-Control）、自治（Self-Government/Self-Rule）和人民主权（Popular Sovereignty）等类似概念，列宁提出自决概念后，自决虽然变成了政治学领域的热门概念，但并未与以上传统概念发生深度融合，主要还是局限于去殖民化语境中。然而随着去殖民化运动的基本结束，越来越多的西方学者投入到对自决的扩大解读乃至解构重建中，将其嵌入一个更广阔的概念光谱中，使其从集体人权扩展为个体人权，从一次性行使的权利升级为可持续行使的权利，从去殖民化语境下的权利延伸为宪政民主语境下的权利，最终成为囊括独立、民主、分离、自治、自由等众多概念的“超级概念”或“元概念”。

四、政治学中的自决及其两大版本

如前所述，依循列宁传统与威尔逊传统，自决已演化出国际法与政治学的两套不同叙事。政治学中的自决虽然远比国际法上的自决涵义宽广，但两

者并非毫无关联，相反，存在着明显的继承与延展关系，并呈现出一条循序渐进的演绎理路。笔者将西方学者对自决的不同解读划分为五个版本，内容广度和激进程度从 1.0 版本到 5.0 版本依次递增。自决的 1.0 版本即国际法上的自决，该版本的支持者主要是非西方国家学者，例如中国的白桂梅教授、王英津教授、余民才教授、潘志平教授和李捷教授等，[①] 另外印度在签署两个人权公约时作出的保留申明也表明了对该自决版本的支持。[②]2.0 至 5.0 版本均为政治学中的自决，其中，前两者又可称为自决的有限版本，后两者又可称为自决的无限版本。

（一）自决的有限版本与低度共识

自决的 2.0 版本是西方学界对国际法上的自决的有限延伸，该版本主张，除了传统殖民地，国际法上的自决还适用于被外国非法吞并的国家和种族群体被拒绝参政的地区，自决权的持有者分别是作为国族的整个殖民地人民、被侵略国家的全体人民和主权国家内部失去平等参政权的部分人民（值得强调的是，依照这些学者的理论，该部分人民不是随机的、无共同特征的，他们一般在文化、种族、宗教或语言上具有特殊性，并因这种特殊性而被排除在民主决策之外）。支持该版本的代表性学者有詹姆斯·克劳福德（James Crawford）、简·萨曼（Jean Salmon）和艾伦·布坎南（Allen Buchanan）等，[③] 另外，1997 年加拿大最高法院关于魁北克分离问题的咨询意见也基本赞同该版本。[④]

自决的 3.0 版本源自流行于西方国际法学界的“内外自决”划分理论，而该理论的奠基人是意大利著名国际法学者安东尼奥·卡塞斯（Antonio

① 白桂梅著:《国际法上的自决权》，中国华侨出版社 1999 年版；王英津著:《自决权理论与公民投票》，九州出版社 2007 年版；余民才:《科索沃“独立”的国际法透视》，载《现代国际关系》2008 年第 5 期，第 28—33 页；潘志平:《正确认识“民族自决”与“高度自治”论》，载《理论与改革》2018 年第 1 期，第 43—53 页；李捷:《对基于自由民主角度的分裂权利理论的简评》，载《世界经济与政治》2011 年第 12 期，第 38—58 页。

② 白桂梅著:《国际法上的自决权》，中国华侨出版社 1999 年版，第 97 页。

③ James R. Crawford, *The Creation of States in International Law*, Oxford: Oxford University Press, 2006, pp. 374-415; Jean Salmon, ‘International Aspects of the Right to Self-Determination: Towards a Democratic Legitimacy Principle,’ in Christian Tomuschat eds., *Modern Law of Self-Determination*, London: M. Nijhoff Publishers, 1993, p. 256; Allen Buchanan, *Justice. Legitimacy, and Self-Determination: Moral Foundations for International Law*, Oxford: Oxford University Press, 2004, p. 4.

④ Canadian Supreme Court, *Reference re Secession of Quebec*,［1998］2 SCR 217, 25506.

Cassese）教授。他将自决划分为“外部自决”（External Self-Determination）和“内部自决”（Internal Self-Determination）。“外部自决权”是指民族或人民实现自主和独立的权利，尤其是指摆脱异族奴役、建立独立国家的权利，是一种一次性的、会造成国家主权和国际关系变化的权利，主要包括：（1）受到殖民压迫的人民获得独立的权利；（2）被外国军事吞并的人民获得独立的权利；（3）主权国家内的全体人民不受他国干涉自由决定其政治地位和经济、社会、文化发展的权利。“内部自决权”指实现真正的民主和自治的权利，是一种可持续的、不会造成国家主权和国际关系变化的权利，主要包括：（1）主权国家内部的全体人民享有民主政府的权利；（2）少数者群体（包括种族、文化、宗教和语言的少数者以及土著人）参与民主政治、保存自己的特殊文化并获得自治的权利；（3）被剥夺参政权的种族群体平等参政的权利。[①] 不难看出，除了去殖民语境下的自决权外，卡塞斯教授还将国家的自卫权、不被他国干涉内政的权利、所有公民的民主权利、种族群体平等参政的权利、少数者发展自身文化并进行自治的权利加入了自决权的范畴，这使得自决的内涵大幅增加。

自决的2.0版本和3.0版本虽然不具有1.0版本那样坚实的国际法支撑，但也并非空穴来风。两者均建立在对现行国际法文本咬文嚼字式地解读之上，尤其是1970年的《关于各国依联合国宪章建立友好关系及合作之国际法原则之宣言》和1975年的《欧洲关于指导与会国间关系原则的宣言》，这两份国际法文件措辞相当暧昧，为自决的扩大解读提供了弹性空间。此外，联合国大会1998年通过的第4893号决议《普遍实现各国人民自决权利》明文规定了如下内容：“重申普遍实现所有人民，包括在殖民、外国或外来统治下的人民的自决权利，……宣布坚决反对外国军事干预、侵略和占领的行为，因为这些行为在世界某些地区已导致人民自决权利及其他人权受到压制；……呼吁应对这些行为负责的国家立即停止它们对外国和外国领土的军事干预和占领……要求人权委员会对外国军事干预、侵略或占领导致人权、特别是自决权受到侵犯的情况继续给予特别注意……”[②] 这实际上是将被外国侵略吞并

① Antonio Cassese, *Self-Determination of Peoples, a Legal Reappraisal*, Cambridge: Cambridge University Press, 1995, pp. 101-140.

② 联合国大会第三十五届会议：《普遍实现各国人民自决权利》，1998年12月9日，http://www.un.org/chinese/aboutun/prinorgs/ga/ares/53/a53r134.htm。

的情形也纳入了国际法上的自决范畴，与2.0版本和3.0版本的部分内容相契合。正因如此，自决的2.0版本和3.0版本才在西方国际法学界广为流传，甚至达成了某种低度共识，故笔者称之为自决的有限发散版本或低度共识版本。

（二）自决的无限版本与概念失焦

除了国际法版本和两个有限发散版本外，西方学者还建构了形形色色的自决理论，这些理论将自决的意涵无限拓展，远远超出了国际法文本与实践的规范轨道，各成一体、莫衷一是，故笔者称之为自决的无限发散版本，并依据发散程度进一步细分为4.0版本和5.0版本。

自决的4.0版本所涵盖的内容比3.0版本更加丰富。例如莫顿·霍尔珀林（Morton Halperin）和大卫·谢弗（David Scheffer）等人将自决划分为六种类型：（1）反殖民主义的自决，即遭受殖民统治或外国侵略的人民的自决；（2）次国家（Sub-state）的自决，即一国之内的部分人民获得政治或文化上的自治乃至分离的权利；（3）跨国（Trans-state）的自决，即被国家边界分开但属于同一个民族的人民重新团聚并建国的权利；（4）散居在一个或多个国家内的属于同一民族的人民的自决；（5）土著人的自决；（6）代表性自决，指一国之内的全体人民享有民主政府的权利。① 又如艾伦·罗萨斯（Allan Rosas）将可能的自决权形式归纳为五种：（1）一国之内的所有人民不受外国干涉自由决定自身地位的权利；（2）被外国侵占的人民摆脱侵占的权利；（3）人民，包括殖民地人民，从一国分离，独立建国或并入他国的权利；（4）人民自由决定宪法并在较大的国家内部获得自治的权利；（5）人民享有民主政府的权利。②

自决的5.0版本比4.0版本更进一步，几乎到了无所不包的地步。在该版本中，自决权的持有者包括：（1）殖民地人民或国族，例如印度人、阿尔及利亚人和巴西人；（2）被国家边界分开但属于同一个民族的人民，主要指在去殖民化时期被宗主国强行分开建国的民族，例如非洲的许多民族和部落；

---

① Morton Halperin and David Scheffer and Patricia Small, *Self-Determination in the New World Order*, Washington, D.C.: Carnegie Endowment for International Peace, 1992, pp. 48-52.

② 虽然罗萨斯教授同意卡塞斯教授的“内外自决”划分，但卡塞斯教授的自决其实不包含分离，而罗萨斯教授的自决则包含分离，所以笔者将其观点划为4.0版本而非3.0版本。Allan Rosas, ‘Internal Self-Determination’, *Modern Law of Self-Determination*, Christian Tomuschat, eds., London: M. Nijhoff Publishers, 1993, pp. 229-230.

（3）散居在一个或多个国家内的属于同一种族的人民，例如犹太人、库尔德人和突厥人；（4）被外国侵略和占领的人民，例如东帝汶人、波罗的海三国人、克什米尔人和巴勒斯坦人；（5）主权国家内的所有公民，与殖民地人民不同，他们是作为独立的个体而非整体行使自决权；（6）主权国家内部在文化、宗教或语言上的少数者，例如北爱尔兰人、加泰罗尼亚人与魁北克人；（7）主权国家内被拒绝平等参政的群体，他们可以是多数者也可以是少数者，多数者如南非的黑人、南罗德西亚的黑人，少数者如美国的华裔群体和印度裔群体；（8）土著人或原住民。

自决的类型或实现自决的途径包括：（1）殖民地独立；（2）不被他国军事占领（包括自卫）；（3）不被他国干涉地发展本国经济、政治和文化；（4）政治自由；（5）民主或平等参政权；（6）少数者权利保护与文化发扬；（7）联邦制；（8）区域自治；（9）分离；等等。可以说，对5.0版本而言，几乎世上一切美好的、与人权相连的、有助于个人或群体自我主宰的概念都可以算作自决，至此，自决的概念已经彻底失去焦点。

五、“泛化危机”与“主权危机”的挑战

为了解决自决的“过时危机”，西方理论家们不遗余力地为自决添砖加瓦，使之几乎成为政治学中最繁复多元、模棱两可的概念之一。遗憾的是，这种烈火烹油式的理论建构盛景不仅没能解决问题，反而引发了两个新挑战——“泛化危机”与“主权危机”。

（一）“泛化危机”

“泛化危机”是指自决概念因漫无边际、失去控制的阐释而无限扩大，以至于变成一个空洞的、飘忽不定的、囊括一切美好意向的浪漫语汇集合，进而失去现实解释力与理论穿透力。纵观西方学者对自决的定义，民主、自治和分离是三个主要构成要素，诚然三者与自决有共通之处，但相异之处远多于相似之处：自决是对国家地位的选择，目的是消除和预防殖民主义；民主是对国家政体的选择，目的是实现人民主权；自治是对国内次级政治实体

乃至非政治实体制度安排的选择，目的是精细化地践行民主宪政并保护少数者权利；分离是对一国部分地区主权归属的选择，目的是从母国脱离。自决一般发生在独立建国之前，民主和分离一般发生在建国之后，而自治则贯穿建国前后的历史；自决与分离同政体无关，无论采行何种政治制度的国家或地区都可能发生自决或分离，而民主与自治同政体息息相关，前者本身就是一种政体形式，后者的实现程度则与政体的民主程度基本成正比。不难看出，自决与民主、自治和分离存在显著差别，过于热心地将它们糅合在一起只会造成概念本身的泛化与空心化，从而断送每个概念的命运，并在实践中引起混乱。

（二）“主权危机”

“主权危机”是指将分离纳入自决范畴的做法在不知不觉中为世界分离运动提供了“战争檄文”，因为如果分离是自决的组成部分，那么分离就具备了道德和国际法的双重“正当性”，世界分离运动之火必然熊熊燃烧。曾经，分离只是一个现实政治问题，主要依靠铁与血、冲突与妥协、国内博弈与国外角力来决定；但近年来，随着自决理论与分离理论的相互渗透，各国分离势力竭力渲染自决与分离的同一性，高喊“民族自决”“住民自决”或“本土自决”的口号，并打出“分离权”的旗帜。可以说，正是因为西方学者对自决的过度解读，世界分离实践开始出现了从高呼“我要分离”到呐喊“我有分离权”的转变，分离运动的呼声几乎响彻世界的每一个角落。曾几何时，泰南四府、印尼亚齐、斯里兰卡泰米尔人聚集区、印度东北部各邦、中国西藏和新疆的分离运动让世人以为分离主义只是非西方欠发达国家的梦魇，然而分离运动在加拿大的魁北克、法国的科西嘉、意大利的北方联盟、英国的苏格兰和北爱尔兰、西班牙的巴斯克和加泰罗尼亚以及美国的加利福尼亚和得克萨斯的大肆蔓延让人们幡然醒悟，分离主义无关地域、文明、经济发达程度或社会政治制度，只要将自决与分离相连，那么分离运动就将势如破竹，主权国家碎片化的潘多拉魔盒已被悄然打开。

六、解决之道：回归列宁传统

面对理论过时、概念泛化和主权国家碎片化的三重危机，学术界提出了三类解决方案。

（一）方案一："只做加法"

第一类方案是反其道而行之地"只做加法"，一方面无视"泛化危机"，一方面合理化"主权危机"，将自决解读为4.0版本和5.0版本的西方学者或多或少主张此类方案。他们否认"泛化危机"的存在，断言扩大解读反而能够增益自决，在概念的交互中形成更广阔的理论视野；同时，宣称"主权危机"是危言耸听，即便未来可能出现主权国家碎片化的趋势，那么对于"分离权"和"自决权"等"基本人权"的尊重与保护也优先于国家利益的计算与国际秩序的稳定。显然，此类方案属于掩耳盗铃，只会加剧危机。

（二）方案二："先做加法、再做减法"

第二类方案是"先做加法，再做减法"，即先将自决的涵义扩大并分类，然后再将当代或主权国家内部的自决实践限定在某一分类当中。例如，孙建中教授先将自决权划分为前民族自决权和后民族自决权，然后再倡议将去殖民化运动结束后的自决权视为后民族自决权。他认为，民族自决权至少包含两重含义，一是民族自决权，二是民族自治权，前者基本等同于国际法上的自决权，后者基本等同于主权国家内部人民的自我管理权。在去殖民化运动完成之前，自决权主要体现为前民族自决权，即殖民地人民和被压迫民族的政治独立权。随着民族殖民地问题在世界范围内的基本解决，各个民族逐渐实现前民族自决权并上升为国家主权或以国家主权的面目出现，此时该民族的自决权就等于国家主权，两者完全重叠，核心是对内进行自我管理、对外保持平等独立。于是，民族自决问题就成为一个与主权国家内部社会、经济、政治结构深度勾连的问题，政治独立权随之退居次要地位，甚至完全退出历史舞台，后民族自决权即民族自治权浮出水面，成为新形势下民族自决权的主要内容。[①]

卡塞斯教授的“内外自决”划分理论与孙建中教授的“前后自决”划分理论有异曲同工之妙，该理论先将自决细分为内部自决与外部自决，然后再将主权国家内部所有或部分人民的自决限定在内部自决的框架内，以此排除分离主义的风险。[②]此类方案看似美好，因为它即最大限度地丰富了自决权的思想内涵，又用精致的分类设计巧妙规避了概念泛化和国家破碎的风险。诚然，其在解决“泛化危机”方面确有一定成效，但对“主权危机”却束手无策，因为分离主义者的欲望是无法精准控制的，只要将自治、民主和分离等元素都纳入自决的怀抱，并赞同几者没有质的区别只有度的差异，那么就无法将分离主义者宥于现存主权秩序之中。几乎没有分离运动在争取到自治与民主后就戛然而止，最终结果均是一路狂奔至分离，该方案只能存在于理论构想的镜花水月中，一旦遭遇现实必然碰壁。

（三）方案三："只做减法"

第三类方案是“只做减法”，即回溯自决概念产生与演进的历史理路，回归自决的列宁传统与国际法涵义，即便承认威尔逊传统与政治学涵义是自决概念不可忽视的组成部分，但无论在理论研究还是政治实践中，均将列宁传统与国际法涵义置于首位。持该方案的代表人物是王英津教授，他指出，“自决权同时具有对内属性和对外属性。国际法是侧重于对外属性进行研究的，强调的是人民的对外独立性。而政治学则是侧重于自决权的对内属性进行研究的，强调的是人民的对内自主性，即人民当家做主以及如何实现人民当家做主的问题，即民主政治问题。”[③]对于解决“泛化危机”与“主权危机”而言，更具意义的自决涵义是国际法涵义，至于政治学中的自决，可以作为学者思辨与观点激荡的丰硕果实，但不宜直接用其剖析现实中的自决或分离问题。如果使用国际法上的自决定义，那么就与分离无关，不能为分裂主权提供依据；如果使用政治学中的自决定义，那么就与国际法上的自决无关，不能因此援引国际法。

---

① 孙建中:《论国家主权与民族自决权的一致性与矛盾性》，载《北京大学学报（哲学社会科学版）》1999 年第 2 期，第 42—44 页。

② Antonio Cassese, *Self-Determination of Peoples, a Legal Reappraisal*, Cambridge: Cambridge University Press, 1995, pp. 101-140.

③ 王英津著:《自决权理论与公民投票》，九州出版社 2007 年版，第 73 页。

也许有人会质疑，如果仅仅回归列宁传统，那么在去殖民化运动已经基本结束的今天，自决权该如何化解“过时危机”呢？王英津教授提供了一个极具启发性的思路，即区分自决权的持有者和自决权的行使者。虽然所有人民都有自决权，但对现代主权国家中的人民而言，自决已经实现了，也就没必要重复行使自决权，而一旦殖民主义或其他民族压迫再度出现，那么人民就可以重新行使自决权。换言之，自决权在受压迫民族和人民实现独立建国后会暂时休眠，直至再次发生殖民压迫；自决权的传统意义是消除殖民主义和民族压迫，而当代意义则是预防殖民主义和民族压迫。[①]

为了更好地理解以上区分，可以将自决权与宪法学中的制宪权类比。宪法学中的一个重要问题是主权者的出场与退场，在实行直接民主的国家中，主权者的出场以建立政府、初次制宪和定期集会体现。国家与人民的关系结构体现为两种，一是主权者—政府，二是政府—臣民，两个结构不能同时出现，人民要么是主权者，要么是臣民。在代议政体下，主权者通过选举代表和制宪出场，制宪权在立国时第一次行使，是始发性制宪权（Primordial Constituent Power），立国之后所行使的都是革命性制宪权（Revolutionary Constituent power），但两者并无本质区别，都体现主权者的决断。国家与人民的关系结构体现为两种：一是主权者—政府；二是政府—主权者的普通代表—市民社会—臣民。因此，虽然人民一直拥有制宪权，但不能一直行使，否则日常政治就无法运行，平时人民以臣民、市民社会的形式存在，部分人民变成代表，监督宪法的执行，行使宪定权（Constituted Power），一旦宪法彻底背叛公共利益，那么人民就会以主权者的身份再次出场。人民的出场方式可能是和平的，即委托特别代表重新制宪，也可能是暴力的，以人民直接革命的形式体现，人民一旦出场就进入了所谓的“立宪时刻”。[②] 在这个意义上讲，“制宪权的再次行使是常态政治的一个例外状态”。[③] 如果说，制宪权是人民相对于国家的权利，那么自决权就是人民相对于另一个人民的权利，两者都有持有和行使之分，故自决权的再次行使也是常态政治的一个例外状态。

---

① 王英津著:《自决权理论与公民投票》，九州出版社 2007 年版，第 59 页。

② 陈端洪:《人民既不出场也不缺席——西耶斯的民族制宪权理论解读》，载《中外法学》2010 年第 1 期，第 95—98 页。

③ 陈端洪:《人民既不出场也不缺席——西耶斯的民族制宪权理论解读》，载《中外法学》2010 年第 1 期，第 102 页。

第十九章　分离、分立与分裂：概念困局及其突破

分离（Secession）是现代主权国家面临的严峻挑战之一，但与如火如荼的分离运动形成鲜明对比的是，学界对于分离的理论研究并不充分，尤其在中国学界，学者们甚至对分离的基本概念都未达成高度共识。在中文语境中，分离并非一个高频词汇，无论是学者还是大众传媒均习惯于以分裂或分立等词语指代分离，例如将分离主义等同于“分裂主义”或“分立主义”[①]，批判分离势力为“分裂势力”。但事实上，分离与分立是两个不同概念，分裂也有多重涵义，三者所涉及的领土变更现象、国家继承类型及现实案例均有所不同，混用它们不仅会造成概念上的混乱，还可能在应对分离问题时陷入困境。鉴于此，本章尝试对分离的概念进行系统界定，并着重描摹分离与分立、分裂的涵义分野，以期澄清概念误区，为进一步的分离研究铺设规范性轨道。

① 参见潘志平主编：《民族自决还是民族分裂——民族和当代民族分立主义》，新疆人民出版社 1999 年版；李捷：《对基于自由民主角度的分裂权利理论的简评》，载《世界经济与政治》2011 年第 12 期，第 38—58 页；杨恕：《分裂主义界定研究》，载《国际政治研究》2010 年第 3 期，第 1—13 页。

一、中英文语境中的分离

（一）英文语境中的分离

在英文中，分离一般用 Secession 表达，有时也会使用 Political Divorce 或 Separation。其中 Secession 是比较严谨与规范的表达，大部分关于分离的学术著作都使用这一单词；当然，一部分学者在使用 Secession 时，其指涉不仅限于分离，可能还包括国家解体（Dissolution）、主权国家从国际组织中退出（例如英国脱欧，舆论一般使用 Exit 一词）、殖民地从宗主国独立（Independence），以及国际法上的自决（Self-Determination）等。[①]Political Divorce 是一种形象表达，当一些学者意图用无过失离婚（No-fault Divorce）来类比分离，进而论证单方面分离权的存在时，往往会用到该词，但该词的准确涵义只是"政治离婚"或"政治脱离"，在学术研究中不能与 Secession 相互替换。[②]

Separation 是比较口语化、通俗化的表达，一些学者会在论述中混用 Separation 和 Secession，将两者视为同义词；一些学者则认为 Separation 的含义比 Secession 更为广泛，例如艾伦·布坎南（Allen Buchanan）将解体和分离都纳入 Separation 的范畴，并称解体为"失序脱离"（Sauve qui peut Separation），言外之意分离是"有序脱离"，声称两者的区别在于脱离行为发生时国家是否良好运转。[③] 还有一些学者将殖民地从宗主国独立与国际法上的自决也称为 Separation，甚至连美国《独立宣言》（Declaration of

---

① James R. Crawford, *The Creation of States in International Law*, Oxford: Oxford University Press, 2006; Allen Buchanan, *Justice. Legitimacy, and Self-Determination: Moral Foundations for International Law*, Oxford: Oxford University Press, 2004; Andrew Shorten, 'Constitutional Secession Rights, Exit Threats and Multinational Democracy', *Political Studies*, Vol. 62, No. 1, 2014, pp. 99-115.

② Harry Beran, 'A Liberal Theory of Secession', *Political Studies*, Vol.32, No.1, 1984, pp.21-31; David Gauthier, 'Breaking Up: An Essay on Secession', *Canadian Journal of Philosophy*, Vol. 24, No. 3, 1994, pp. 357-375.

③ Allen Buchanan, *Justice, Legitimacy, and Self-Determination: Moral Foundations for International Law*, Oxford: Oxford University Press, 2004, pp. 227-228.

Independence）也采取了这一措辞，《独立宣言》开篇写到："在有关人类事务的发展过程中，当一个民族必须解除其和另一个民族之间的政治联系，并在世界各国之间依照自然法则和自然之造物主的意旨，接受独立和平等的地位时，出于人类舆论的尊重，必须把他们不得不独立的原因予以宣布。"[①] 其中的"独立"就使用了Separation一词，正因如此，许多学者都将美国独立定性为分离，并由此得出推论——既然历史上的美国享有从英国分离的权利，那么现在的美国各州就可能拥有从美国分离的权利。[②] 为了将分离与分立、自决和独立等概念区分开来，笔者将Separation翻译为"脱离"而非分离，并且不将其作为规范概念使用，在本章中，提及脱离的情况有两种：第一，用于说明分离的涵义；第二，在同时论及分离、独立、自决和退出等概念时，用于抽象地描述一个较小的政治主体（包含分离地、殖民地、非自治领土和主权国家等）从另一个较大的政治主体（包括一般主权国家、宗主国和国际组织等）中脱离的现象。

（二）中文语境中的分离

在中文中，与分离相关的词语包括脱离、分立、分裂、独立等，对应的英文单词分别是Separation、Dissolution、Dismemberment、Division和Independence等，这些词语不仅出现在大众传媒上，而且也出现在学术著作中，尤其中国学者通常会使用分裂或分立来指代分离。尽管这些概念与分离存在着千丝万缕的联系，但其内核并不相同，基于规范与准确的考虑，本文统一使用"分离"一词，其对应的英文单词为Secession。

分离既是一个国际法概念，也是一个政治学概念，它的政治学涵义主要建立在国际法涵义之上。在国际法上，分离是国家国际人格变更的重要场合之一与领土主权变更的重要形式之一。奥本海国际法将分离定义为"一个国家的一部分脱离出来而成为另一个国家"[③]；王铁崖国际法将分离界定为"一个主权国家的一部分与母国脱离，成为一个新国家"[④]；白桂梅教授将分离界

① 姜士林等主编：《世界宪法全书》，青岛出版社1997年版，第1614页。

② 刘晗：《民主共和与国家统一：美国早期宪政中的北方分离运动》，载《环球法律评论》2011年第6期，第111—115页。

③ ［英］詹宁斯、瓦茨修订：《奥本海国际法》（第一卷第二分册），王铁崖等译，中国大百科全书出版社1998年版，第145页。

④ 王铁崖主编：《国际法》，法律出版社1995年版，第82—83页。

定为："属于一个主权国家一部分的人民从该主权国家脱离出去……分离的部分可能成立独立国家，可能成为另一个国家的一部分，也可能与另一个国家合并。"[①] 不难看出，以上三个定义存在些许不同：奥本海教授认为被分离的主体是"国家"，而王铁崖教授和白桂梅教授则认为是"主权国家"；奥本海教授与王铁崖教授仅强调一种分离后果——"成为新国家"，而白桂梅教授则提到三种后果——独立建国、并入他国及与他国合并为新国家。相较而言，笔者认为白桂梅教授的定义最为精准，所以本章主要采用该定义。在接下来的论述中，笔者一般将要求分离的地区称为"分离地"，将要求分离的人民、组织以及地区统称为"分离方"，将被分离的国家称为"母国"，其中，"母国"主要指面临分离诉求但尚未被分离的完整国家，但有时也指已经经历过分离的"剩余国家"（Remainder State）。

二、分离的构成要素

分离包涵三组构成要素，分别是：人民—领土—国家主权，被分离方—分离方，分离行为—分离结果。

（一）人民—领土—国家主权

人民、领土和国家主权是构成分离概念的第一组要素，也是辨识分离的最重要参照物。一个完整的分离行为必然同时包含人民、领土和国家主权三个要素，缺一不可。如果人民单独离开，而没有携带领土，那么该行为属于移民或政治避难；如果人民与领土获得了相当程度的独立性，但没有达到彻底分割国家主权的程度，那么该行为属于自治、权力下放或者去中央集权化。

（二）被分离方—分离方

被分离方主要指现代主权国家，而非前现代国家。尽管分离与国家可以说是一枚硬币的两面，广义上的分离现象几乎自国家诞生起就存在，但分离正式成为一个政治学和国际法概念却是在现代主权国家诞生之后，或者说在

① 白桂梅著：《国际法上的自决权》，中国华侨出版社1999年版，第181页。

现代国际法和现代国际体系形成之后。现代意义上的分离基于两个前提存在，一是国家领土主权的确立，二是各国对领土主权至高性的共识，而在现代主权国家诞生之前，主权神圣不可侵犯的观念还未深入人心，各个国家之间也未形成清晰、固定的边界，所以既无从界定分离，也无所畏惧分离。

对于那些历史上的前现代国家而言，分离是一个漂浮在空中的词汇：在城邦国家，“城”与“邦”的性质很难辨识，很难说古希腊是一个国家还是雅典或斯巴达是一个国家；在建立在武力征服之上的多民族帝国中，一般都有中心地区与边缘地区之分，被武力征服的边缘地区的脱离很难被界定为分离，东欧从蒙古帝国的脱离和埃及从罗马帝国的脱离更类似于二战后的民族自决而非分离；在封建时代的西欧或者说基督教普世主义国家，只有疆域而无国界，只有人身依附关系而无领土归属关系，而且存在着大量的共主和王室通婚现象，也很难界定分离；至于被称为王朝国家或文明国家的中华帝国，则更是无从辨识分离，因为只有天下而无国家，只有宗藩关系而无国际关系。[①]因此可以说，现代意义上的分离随着主权国家的诞生而出现，是条约体系而非朝贡体系或殖民体系的伴生物。

值得注意的是，尽管现代主权国家主要指现代民族国家，但历史上仍然出现过一些介于现代民族国家与传统国家之间的过渡类型，这些国家类型的产生远远晚于现代民族国家和现代国际体系——以 1648 年《威斯特法利亚条约》的签订为标志——的形成，具有某些现代主权国家的特征，但又明显区别于一般民族国家，它们是否可以作为被分离的主体是一个尚不明确的问题。此类国家的典型案例是历史上的政合国（Real Union）。政合国又称物合国、事合国，根据《中华法学大辞典》，政合国是指“两个或两个以上国家按照国际协议由一个君主统治并为了国际目的而组成的复合国。成员国同受一个国家元首管辖，制定共同宪法，有统一的国家机关。……在对外关系上，政合国是国际法主体，但成员国各有自己的宪法、议会和政府，保持一定程度的独立性。”[②]依据该定义，政合国应该属于主权国家，这一方面是因为它是独立的国际法主体，一方面是因为国内设有统一的中央机构并拥有相当的主权权力。不过考虑到国内政治实体的极高独立性及其与普通联邦制国家的区别，

① 此处对于国家和现代主权国家的概念界定主要源于［英］塞缪尔·芬纳著：《统治史：古代的王权和帝国——从苏美尔到罗马》（卷一），王震、马百亮译，华东师范大学出版社 2014 年版，第 1—99 页。

② 李浩培、王贵国主编：《中华法学大辞典·国际法学卷》，中国检察出版社 1996 年版，第 669 页。

笔者称之为“邦联已达、联邦未满”。

作为一种特殊的国家形式，政合国在今天已经不复存在，不过在历史上却多次出现，例如 1814 年至 1905 年的瑞典挪威联合体、1818 年至 1840 年的丹麦冰岛联合体以及 1867 年至 1918 年的奥匈帝国。[①] 以上政合国都曾出现过脱离现象，且均被研究分离的西方学者引用过，尤其是 1905 年挪威从瑞典脱离和 1944 年冰岛从丹麦脱离经常被西方学者列举为和平分离的经典例证。[②] 不过，由于政合国一般通过武力吞并或殖民形成，而且被吸纳的部分往往会有所反抗甚至宣布独立，所以从政合国脱离是否属于分离其实是一个难以回答的问题。如果说波罗的海三国从苏联独立和东帝汶从印度尼西亚独立属于自决，那么恐怕很难断言挪威从瑞典脱离和冰岛从丹麦脱离属于分离。从这个角度讲，通过挪威和冰岛的案例论证和平分离乃至“分离权”历史渊源的做法有失严谨。[③]

分离方通常特指主权国家的一部分，而非主权国家本身，或者殖民地、附属国、被保护国、委任统治地、托管地和非自治领土。这是因为，分离的核心特征是伤害国家领土主权，而一个主权国家并不是另一个主权国家或国

① 童之伟、李言静:《现代国家结构形式基本分类问题评议》，载《法商研究——中南政法学院学报》1995 年第 6 期，第 37 页。

② 挪威脱离瑞典的具体情况是：1814 年，丹麦在拿破仑战争中战败，被迫签订《基尔条约》将挪威割让给瑞典。挪威不满条约内容，趁机宣告独立，但瑞典随后入侵挪威，挪威被迫同意和瑞典成立政合国。1905 年初，挪威议会通过法案，要求获得对外派驻领事的权力，法案遭到瑞典国王拒绝后，挪威内阁成员于 5 月宣布总辞，辞呈再次遭到国王拒绝。6 月，挪威议会通过决议，宣布鉴于内阁全体成员已全部辞职，而国王声明自己无力组织一个新内阁，这导致王权职能停止，瑞典与挪威的联合形同解体。瑞典政府起初视该决议为叛乱，但由于挪威去意已决，许多瑞典人也支持挪威分离，因此瑞典政府最终不得不表示愿以谈判的方式终止联合，但需要挪威通过公投证明民意。8 月 13 日，挪威举行公投，99.95% 的投票者支持结束联合，瑞典政府随即确认联合解体。冰岛脱离丹麦的具体情况是：冰岛曾是挪威的殖民地，1918 年 12 月 1 日，丹麦与冰岛签订《丹麦冰岛联合条约》，正式结成政合国，该条约的有效期为 25 年。1943 年 12 月 31 日，《丹麦冰岛联合条约》到期，从 1944 年 5 月 20 日开始，冰岛人民进行了一次为期四天的公投，以决定是否废除君主制、终止与丹麦的联合关系并建立共和国。公投结果表明，97% 的投票者赞成结束联合，95% 的投票者赞成新的共和宪法，6 月 17 日，冰岛正式从丹麦独立。

③ 值得澄清的是，瑞典挪威联合体和丹麦冰岛联合体经常被舆论当做君合国（Personal Union），这是一种误解。君合国即身合国、人合国，是指两个以上的主权国家共同拥戴一人为君主而形成的政治形式。这种联合体除了共一君主外，没有其他联合机构，两国各有自己的政权体系和法律，两国各自的主权完整无损，各有其完整独立的国际法主体资格。这显然与瑞典挪威联合体和丹麦冰岛联合体的情况不符，历史上君合国的典型案例是 1714 年至 1901 年间英国与汉诺威王朝的结合关系，不过现在也已不复存在。参见童之伟、李言静:《现代国家结构形式基本分类问题评议》，载《法商研究——中南政法学院学报》1995 年第 6 期，第 36 页。

际组织的领土构成要素，殖民地也不是宗主国的合法组成部分，所以这些政治实体的脱离不属于分离。如果一个主权国家被另一个主权国家非法吞并，那么前者摆脱后者的行为属于自决或独立，例如1991年波罗的海三国相继从苏联独立、2002年东帝汶从印尼独立；[①] 如果一个主权国家从其所加入的国际组织脱离，那么这种行为属于退出，例如2009年格鲁吉亚退出独联体、2016年英国公投决定退出欧盟；如果一个殖民地、附属国、被保护国、委任统治地、托管地或非自治领土从宗主国脱离，那么这种行为也属于自决或独立，例如1935年和1955年萨尔区两度脱离法国重归德国、1952年埃及摆脱英国的殖民统治获得独立。

（三）分离行为—分离结果

分离不仅是一个行为过程，还是一个事实结果。从表面上看，这种区分似乎多此一举，但实际上却意义重大，因为其直接影响到国家对分离运动的反应程度与政策选择，同时还关系到分离与独立的概念区别。

按照直觉，可以将分离行为简单定义为“将主权国家的一部分分割出去的行为”，然而这种观点忽视了一个问题——分离并非一种即刻完成的、单一性的政治行为，而是一种历经曲折的、复合性的政治过程，那种纯粹的、明晰的、可轻易捕捉的“分离行为”其实并不存在。在现实中，分离往往是一系列言论与行为的合集，例如对分离思想进行宣传、发动争取分离的游行和集会、组建以分离为目标的政党、要求分离的地方政党积极参加选举并在议会中推动关于分离的法案、地方政府与中央政府就分离公投进行谈判并达成协议、地方政府单方面举行分离公投、地方议会或自治机构单方面宣布分离（UDI, Unilateral Declaration of Independence）、地方武装进行以分离为民目标的叛乱或恐怖主义活动、地方政府与中央政府就分离后的两国关系和财产债务分割等问题进行谈判等，如果将这些细碎繁杂的行为排除在外，那么所谓的“分离行为”将失去内容支撑，沦为一个缺乏现实意义的干瘪标语。然而，这些行为又不都严格属于分离行为，在少数极度崇尚人权和政治自由的民主国家，对分离思想进行宣传也许可以划归为言论自由，组建以分离为目标的政党可以划归为结社自由，发动争取分离的游行和集会可以划归为集会自由，

① 当然，在一个主权国家被另一个主权国家吞并的场景中，除了自决权之外还会激发自卫权，前者是人民或民族的权利，后者是主权国家的权利，两者虽然可能大面积重叠，但却是性质不同的两种权利。

要求分离的地方政党积极参加选举可以划归为竞选活动与政党竞争。正因为以上行为在某些国家也许能被纳入政治自由或民主宪政的一般范畴，所以它们的法律与道德地位可能比那些较为赤裸激进的分离行为——例如在议会中推动关于分离的法案、单方面举行分离公投、单方面宣布分离、进行以分离为目标的武装叛乱或恐怖主义活动等——更为暧昧或无碍。

鉴于此，韦恩·诺曼（Wayne Norman）教授认为相较于观感较为单薄的"分离行为"，"分离政治"更能体现分离行为的丰富内涵，并认为"分离政治""是一段从不违法的、无碍的分离宣传活动到在法律和道德上比较暧昧的单方面宣布独立和武装叛乱的行为的持续光谱，其中还包括居于两者之间的，创立以分离主义为施政纲领的政党、通过该党在竞选中积极角逐、在组成地区政府后组织以独立为目标的公投等行为"。[①] 在诺曼教授的思考之上，笔者建议将分离行为区分为广义与狭义两类，广义的分离行为就是前文所说的那段内涵丰富的动态光谱，狭义的分离行为则集中于对分离结果存在直接影响的行为，主要指要求分离的地方政党在议会中推动关于分离的法案、单方面举行分离公投、单方面宣布分离以及进行武装叛乱或采取恐怖主义行径等。

分离结果的涵义比分离行为简单得多，主要包含三种形式，一是独立建国，二是并入其他国家，三是与其他国家合并为一个新国家。例如，台湾分离主义的目标是建立"主权国家"，克里米亚分离的目标是加入俄罗斯，北爱尔兰分离的目标是加入爱尔兰，而土耳其东南部、伊拉克北部、伊朗西部，以及叙利亚和亚美尼亚小部分地区的库尔德人的分离目标则是合并成名为"库尔德斯坦"的新国家。可见，分离与独立并不相同，后者只是前者可能导致的结果之一，所以用"闹独立"指代"闹分离"并不严谨。不过，必须承认的是，尽管从理论上说分离的结果多种多样，但历史上分离实践的主流诉求仍是独立建国，所以将独立作为分离的民间替代用词也无伤大雅，只要能在学术研究和政策设计时保持清明头脑即可。

---

① Wayne Norman, *Negotiating Nationalism: Nation-Building, Federalism, and Secession in the Multinational State,* Oxford: Oxford University Press, 2006, p. 191.

三、分离的类型学分析

按照母国对分离的态度、分离手段和分离地的法律地位，分离可以被划分为单方面或协议式分离、和平或武力分离，以及法理或事实分离。

（一）单方面分离—协议式分离

所谓单方面分离（Unilateral Secession）是指未获母国同意甚至遭到母国强烈反对的分离，例如1971年孟加拉国（东巴基斯坦）从巴基斯坦分离、1991年索马里兰从索马里分离和2008年科索沃从塞尔维亚事实分离；协议式分离（Negotiated Secession）是指获得母国同意的分离，例如1945年外蒙古从中华民国分离、2006年黑山从塞尔维亚和黑山分离，以及2011年南苏丹从苏丹分离。[①] 在现实中，受到各种因素影响，母国有可能与分离方达成一致，同意分离请求，所以可能出现协议式分离。但是，分离从本质上说是一个单方面行为，因为其会严重损害主权国家的利益，没有国家会主动支持分离。因此，即便极少数国家最终同意分离，也是不得已而为之，是在现实的重压之下，经过复杂的政治博弈与利益计算后做出的无奈决定。可以说，就本质而言，所有分离都是单方面分离。

分离的单边性不仅意指在分离过程中一方要求而另一方反对，还指要求的一方和反对的一方分别是分离方与母国。一个罕见的反例是新加坡从马来西亚联邦分离。1963年，新加坡加入马来西亚联邦，但由于马来西亚人与华人矛盾重重，新加坡执政党人民行动党与马来西亚执政党巫统在金融、税收和贸易政策上也龃龉颇深，所以新马两地一直未能良好融合。之后的几年里，新加坡总理李光耀的国际影响力不断上升，并积极联合马来西亚团结公会试图改造巫统的马来人至上政策，这使得巫统大为不满，抨击李光耀为“亲共产主义者，积极地反对马来人”，联邦内的种族暴乱也愈演愈烈。1965年，

① 有必要进一步解释的是，协议式分离与单方面分离的区别并非泾渭分明，因为现实中的分离案例往往充满变数，可能游走于协议式分离与单方面分离之间。例如，南苏丹分离运动一开始引发了苏丹内战，但在多年战乱之后，苏丹政府在联合国的调停下与南苏丹武装力量达成协议，举行分离公投并最终同意南苏丹分离，所以很难对南苏丹分离的性质进行单一界定。

新马高层达成秘密协议，认为分家是化解危机的唯一途径，于是新加坡在8月9日宣布独立。[①]这场分离并非新加坡主动寻求的结果，而是马来西亚步步紧逼的产物，分家前马来联邦首相东姑曾在国会中扬言自己只有两条路可走，一条是对新加坡进行镇压，另一条是与新加坡断绝关系，而这两条路都不是新加坡所希冀的路。正因如此，李光耀在宣布分离的媒体见面会上泣不成声，并在回忆录中形容当年的历史是“被强加的独立”[②]，所以舆论通常称新加坡分离为“被驱逐”。此类案例在历史上极为罕见，是分离的特殊类型或者说“被动分离”。

（二）和平分离—暴力分离

分离既可以采取和平方式，也可以采取暴力方式。英国著名国际法学者詹姆斯·克劳福德（James Crawford）在著作中将分离与Devolution相提并论，认为两者均指一部分人民和领土从母国脱离，均是产生新国家的重要方式，其中母国既包括殖民时期的宗主国也包括一般主权国家，只不过分离特指在未经母国同意的情况下通过使用武力或威胁使用武力的方式创造国家，而Devolution特指在获得母国同意的情况下通过和平手段创造国家。[③]换言之，克劳福德将Devolution作为协议式和平分离的同义词，在其论述中，只有单方面武力分离与协议式和平分立的差异，没有分离与自决或独立的区隔。

据此，克劳福德总结道，在一战前，分离是最普遍的创造新国家的方式，从1776年到1900年，世界见证了一系列分离运动，包括美国从英国独立、中南美洲各殖民地从西班牙独立、希腊从奥斯曼土耳其独立以及比利时从尼德兰独立；而在一战后，Devolution成为最流行的新国家产生方式，这主要是因为在非殖民化运动的背景下，帝国主义国家不得不同意殖民地自决。不过，虽然Devolution在一战后占据了主流，但是分离的尝试却日益频繁——例如从巴基斯坦分离出来的孟加拉国、试图从刚果民主共和国分离的加丹加省、试图从尼日利亚分离的比夫拉和已经从索马里分离出来的索马里兰等——

① ［英］康斯坦丝·玛丽·藤布尔著:《新加坡史》，欧阳敏译，东方出版中心2016年版，第387—399页。

② ［新］李光耀著:《风雨独立路——李光耀回忆录》，外文出版社1998年版，第1—2页。

③ James R. Crawford, *The Creation of States in International Law*, Oxford: Oxford University Press, 2006, p. 330, p. 375.

尽管它们中的许多并未获得成功。[①]

笔者对克劳福德教授的观点持保留意见，主要基于以下四点原因：

（1）在英文中，Devolution 一般指主权国家的中央政府向地方政府下放权力，是一个去中央集权化的过程，与区域自治密切相连，并不牵涉国家领土主权变更，例如英国向苏格兰、北爱尔兰及威尔士放权，将协议式和平分离的涵义注入 Devolution 的做法不符合词汇的习惯性用法。

（2）和平或武力、经过母国同意或遭到母国反对只是分离的不同手段或形式而已，并不触及分离概念的内核，协议式和平分离不足以构成一个独立概念。反观分离与自决，前者是指主权国家的一部分脱离主权国家，后者是指殖民地人民或其他受压迫民族摆脱殖民压迫，两者在道德根基、国际法依据以及对国家主权与国际秩序的影响等方面存在巨大差异，这种差异远大于协议式和平分离与单方面武力分离的差异，所以将分离与自决混同但却将两种分离形式拔高的做法不符合概念创造与分类的常识逻辑。

（3）由于几乎没有主权国家会主动同意分离，故克劳福德在文中列举的 Devolution 案例主要涵盖以下三类：一是和平自决，主要体现在二战后的去殖民化浪潮中；二是放权自治，克劳福德称之为“不完全独立”（Incomplete Independence），即人们惯常所知的 Devolution 涵义；三是种族隔离，主要指南非曾经设立的班图斯坦（Bantustans）或称“独立家园”（the Independent Homelands）。[②]然而，自决、放权与种族隔离是三个完全不同的概念——自决会缔造新的主权，而放权与种族隔离只涉及国家内部的权力调整；自决与放权体现了民族平等与自治精神，而种族隔离却是一种反人类的严酷种族歧视制度——将它们归为一类既无必要也不合理。

（4）在分离与 Devolution 二分的基础上，克劳福德又将后者分为渐进式（Gradual Devolution）与明确式（Explicit Devolution）两类，并以称赞的口吻将英国于 1945 年之前在五个自治领（包括加拿大、澳大利亚、南非、新西兰和纽芬兰）采行的去殖民化政策——分阶段放权直至自治领基本独立——作为渐进式 Devolution 的典型案例，暗示该政策是英国务实智慧与演进理性的

① James R. Crawford, *The Creation of States in International Law*, Oxford: Oxford University Press, 2006, p. 375.

② James R. Crawford, *The Creation of States in International Law*, Oxford: Oxford University Press, 2006, pp. 330-373.

结晶体。然而事实上，渐进式去殖民化政策只是英国在自身国力江河日下与自治领民族主义日益高涨的双重压力下所做出的无奈妥协，并非心系自治领人民福祉的高尚选择，克劳福德教授的论述大有美化英国早期殖民政策的嫌疑，意识形态色彩过于浓重。①

（三）法理分离—事实分离

除了以上两种分类模式外，分离还可以分为法理（de jure）分离与事实（de fato）分离。两者的划分依据主要有四点：（1）分离方是否已经正式宣布分离；（2）分离方是否已经摆脱了母国控制、实现了长期且有效的统治；（3）母国是否已经对分离结果予以承认；（4）国际社会是否已经对分离结果予以承认，这种承认主要表现为联合国接纳分离出的新国家为成员国或联合国大会通过决议承认分离地并入他国的事实。如果分离结果符合上述四个条件，那么就属于法理分离，如果仅符合前两个条件，那么就属于事实分离。

据笔者统计，1945年以来，全球共出现六起法理分离案例，分别是：1946年外蒙古从中华民国分离、1965年新加坡从马来西亚联邦分离、1974年孟加拉国（东巴基斯坦）从巴基斯坦分离、1993年厄立特里亚从厄立特里亚—埃塞俄比亚联邦分离、2006年黑山从塞尔维亚和黑山分离与2011年南苏丹从苏丹分离。同时，全球共出现至少八起事实分离案例，分别是：1983年北塞浦路斯从塞浦路斯事实分离、1990年德涅斯特河沿岸从摩尔多瓦事实分离、1991年索马里兰从索马里事实分离、1991年纳戈尔诺—卡拉巴赫从

---

① James R. Crawford, *The Creation of States in International Law*, Oxford: Oxford University Press, 2006, p. 330, pp. 349-371. 在克劳福德教授的著作中，英国对民族解放运动的阻挠及对非殖民化政策的“精心设计”被轻描淡写，好像在渐进式Devolution的语境下，整个英属殖民地的独立进程平稳而顺利。然而事实是，为了最大限度地保留帝国荣光，英国战后一度在“殖民撤退”与“固守帝国”之间摇摆，并实施了“以退为进”的渐进非殖民化政策，即以殖民地“民智未开”、无法立即独立为由，在殖民地实行“宪政改革”，建立与当地上层温和派结盟的“白人民主政权”。英国的算盘是，通过该政策一方面尽可能地拖延独立进程、促使殖民地留在英联邦内，一方面又给国际社会一个交代、维护负责任的大国形象；一方面暗地扶植当地代理人、最大限度地延续殖民利益，一方面又有效地笼络人心、使殖民地人民在独立后感怀“往日恩情”。然而，英国的算盘落空了，殖民地人民已经觉醒，不断用坚决的武力抗争回应英国的精巧设计，最终，英国不得不在麦克米伦内阁时期真正放手。可见，价值中立对社会科学而言几乎是一片海市蜃楼，即便是西方国际法学界的扛鼎之人也难逃意识形态窠臼。尤其在分离主义研究领域，中西方学者更是怀有强烈的价值预设，只不过西方学者更善于包装，往往能够将价值输出巧妙地藏在看似中立规范的理论模型中，这一点值得中国学界深思。关于英国二战后的非殖民化政策，详见刘广斌、宋飞：《二战后英国非殖民化政策的演变（1945—1964）》，载《广西社会科学》2003年第1期，第145—147页。

阿塞拜疆事实分离、1992 年南奥塞梯和阿布哈兹分别从格鲁吉亚事实分离、2008 年科索沃从塞尔维亚事实分离和 2014 年克里米亚从乌克兰事实分离。

四、分离与分立的核心分野：国家继承问题

分立是指“一个国家分裂为两个或两个以上部分而各部分自成为国家或为其他国家（通常是周围国家）所吞并”。[①] 在英文中，分立的对应单词是 Dissolution 或 Dismemberment，这两个单词同时也可以翻译为解体，所以分立与解体事实上是同义词，只不过大多数英文文献习惯使用 Dissolution 一词，而中文语境惯于使用解体一词。出于与分离、分裂相对照的考虑，本文统一使用分立一词。分离与分立的核心区别在于行为发生后母国是否继续存在，以及由此引发的不同国际法解释与现象——局部国家继承与全部国家继承。

（一）全部国家继承与局部国家继承

分离不会导致母国消亡，而分立发生后母国不复存在。用更确切的国际法术语讲，就是分离发生后原国家的国际人格继续存在，而分立发生后原国家不再是一个国际人格者。国际人格的消失意味着国家的消灭，奥本海国际法将导致国家消灭的原因分为四类：（1）一个国家合并于另一个国家，成为后者的一部分；（2）一个国家分立，它的全部领土分别组成两个或两个以上国家；（3）一个国家分立为几个部分，各部分分别成为其他国家（通常是周围国家）的一部分；（4）一个国家战败于另一个国家，后者征服并吞并了前者。[②] 其中，（4）不符合当今的国际法，一旦发生将被视为无效，已无法导致国家灭亡，而（2）和（3）均属于分立，只是分立进程结束后的具体结果不同而已。因此，导致国家灭亡的原因共有两种——一是并入他国，二是分立，分离不在其中。

母国消亡与否的差异直接引出了国家继承（State Succession）类型的不

---

① ［英］詹宁斯、瓦茨修订：《奥本海国际法》（第一卷第一分册），王铁崖等译，中国大百科全书出版社 1995 年版，第 143 页。

② ［英］詹宁斯、瓦茨修订：《奥本海国际法》（第一卷第一分册），王铁崖等译，中国大百科全书出版社 1995 年版，第 135 页。

同。国家继承是一个国际法概念，是指“当一国在国际关系上对其领土范围内所享有的国际权利和承担的国际义务被另一国取代时而产生的一种法律关系的转移”。[①] 当国家继承发生时，取代别国国际权利和义务的国家称为继承国（Successor State），被取代国际权利和义务的国家称为被继承国（Predecessor State）。[②] 因为国家继承与领土变更密切相关，而领土变更既可能是全部的，也可能是局部的，所以国家继承也分为不同类型。如果领土变更是全部的，那么被继承国的国际人格不再继续存在，此时发生全部国家继承（Universal State Succession）；如果领土变更是局部的甚至几乎未发生变更，那么被继承国的国际人格继续存在，此时发生局部国家继承（Partial State Succession）。

将会引发全部国家继承的领土变更形式主要包括以下三种：（1）自愿合并，包括一个国家合并于另一个国家和两个或两个以上国家合并成一个新国家，在前一种情况下，并入他国的国家不复存在，在后一种情况下，所有原国家都不复存在；（2）分立；（3）非法吞并。其中，（3）已不被现代国际法所承认，所以导致全部国家继承的情形只有合并与分立两种。将会引发局部国家继承的领土变更形式主要包括以下四种：（1）转让或交换领土，如割让、买卖、交换或赠与领土等；（2）分离；（3）一个完全主权国家降格为非完全主权国家，例如一个国家因加入一个联邦或成为另一国的被保护国、附庸国而

---

① 王铁崖主编：《国际法》，法律出版社 1995 年版，第 89 页。

② 除了国家继承外，还存在政府继承（Government Succession），即同一国家继续存在的情况下，由于革命或者政变导致政权更迭，代表该国的旧政府为新政府所取代，从而引起的权利义务转移。国家继承和政府继承的概念经常被分离势力作为法律理据，明确区分两者对处理分离问题有重要意义。例如，一些台湾人士宣称，当年“中华民国”先后经历了两次国家继承，第一次是外蒙古分离，第二次是大陆分离，致使“中华民国”的“领土”仅剩下台澎金马，所以目前“台湾当局才是代表中国的唯一合法政权”。该观点故意混淆了国家继承与政府继承，外蒙古脱离中华民国的确是分离，但后来中华人民共和国政府取代中华民国政府属于政府继承，而非国家继承，所以台湾当局的存在不影响中国的延续和主权完整，但中华民国政权已经不复存在。另外还有一些台湾人士建构了不完全政府继承的概念，主张当年中华人民共和国政权对中华民国政权的继承并不完整，现在的台湾当局是当年中华民国政权的残余，据此将目前的两岸政治关系定位为“一国两府”或“一国两治”。该观点的问题在于虚构了“不完全政府继承”的概念，事实上，国际法上并不存在完全与不完全政府继承之分，因为同一时间代表国家的中央政权只能有一个。目前的台湾当局更类似于“地方割据政权”或“叛乱团体”，并不是历史上中华民国政权的延续。

丧失部分独立性;[①]（4）一个非完全主权国家升级为完全主权国家,例如独立,这里的独立是非殖民化和自决意义上的独立。[②]在以上四种情形中，主权国家沦为被保护国或附庸国以及殖民地独立的案例在去殖民化运动基本结束的今天已几乎消失，所以可以引发局部继承的情形在当代一般只有转让或交换领土与分离两类。

由此可见，发生局部继承时，原国家的国际人格不灭；发生全部继承时，原国家的国际人格湮灭；分离是引发局部国家继承的重要领土变更方式，分立则是引发全部国家继承的重要领土变更方式。

（二）继承国与继续国

分析至此引出一个问题——当分离发生时，母国的剩余部分性质如何？是否像分离出去的新国家或分立所产生的新国家一样属于母国的继承国？对于该问题，英国政府在苏格兰分离公投前发布的文件中进行了充分解释，该解释主要基于剑桥大学国际法教授克劳福德和波义耳（Boyle）的研究成果。两位教授在研究中区分了国家继承与国家继续（State Continuity），分离会同时引发国家继承与国家继续，其中分离出去的新国家是母国的继承国，而母国的剩余部分则是原国家的继续国（Continuator State）。两个概念的差异意味着继续国无须处理继承国在分离后所面临的一系列问题，例如重新申请加入原国家所在的国际组织、重新与他国协商原国家所签订的条约。[③]举例而言，假如苏格兰实现分离，那么苏格兰将是原英国的继承国，需要重新申请加入联合国、欧盟和北约；剩余的英国则是原英国的继续国，将自动延续原

---

① 《奥本海国际法》认为一国加入一个联邦制国家会引发局部国家继承，这主要是考虑到联邦制国家的独特主权权利结构。一般而言，联邦成员会拥有剩余权力、保留部分主权，具备不完全的国际法主体资格，从这个角度讲，主权国家加入联邦可能会引发局部国家继承。不过该问题也存在另一个视角——既然加入联邦后，大家组成了一个主权国家，原来的领土完全并入了联邦，那么此情形其实属于合并的一种，所引发的国家继承更接近于全部继承。与之相较，如果一国加入的是邦联，由于邦联不属于主权国家，因此就未出现一国对另一国国际权利义务的取代，也就未发生国家继承。基于此，笔者认为此类情形是否属于局部国家继承有待商榷，故在后文的归纳中予以剔除。

② 参见［英］詹宁斯、瓦茨修订:《奥本海国际法》(第一卷第一分册)，王铁崖等译，中国大百科全书出版社 1995 年版，第 136 页；王铁崖著:《国际法》，法律出版社 1995 年版，第 89 页。以上情形由笔者综合两版著作内容而来，依据原文,《奥本海国际法》中没有买卖、交换或赠与领土的情形，王铁崖国际法中没有非法吞并和完全主权国家降格为非完全主权国家的情形。

③ HM Government, *Scotland Analysis: Devolution and the Implications of Scottish Independence*, London: The Stationery Office, 2013, pp. 33-34.

英国的全部国际权利与义务。与之相较，捷克斯洛伐克分立后，没有新国家能延续原来的联合国成员身份，捷克和斯洛伐克均需重新申请加入联合国。

可见，继承国与继续国的分野十分重要，因为其直接关系到原国家组成部分的国际权利分配，正因如此，在一些分立案例中，可能会有继承国竭力主张自己是原国家的继续国。例如，南斯拉夫分立时，由塞尔维亚和黑山组成的新国家南联盟一度宣称自己与其他分立出去的自治共和国不同，是原南斯拉夫的继续国，将承担原南斯拉夫的所有国际权利义务，无须国际社会重新承认南联盟政权。① 但是，该主张并未获得国际社会承认，联合国直至2000年才接纳南联盟成为新成员。不过，凡事都有例外，在某些特殊的分立案例中，也存在某个继承国拿走原国家所有国际权利义务的情形，甚至不用重新加入联合国，这个特殊案例就是苏联分立。1991年苏联分立时，俄罗斯成为苏联的唯一继承国，苏联在联合国的席位以及在海外的一切财产、存款、外交机构、使领馆等均由俄罗斯接收。如此一来，虽然苏联是公认的分立，但俄罗斯实际上获得了“不是继续国，胜似继续国”的身份，马尔科姆·肖（Malcolm Shaw）教授在其国际法著作中甚至直接称俄罗斯为苏联的继续，② 可见继承国保留原国家权利义务的多寡主要视历史情境与国家实力而定，而非简单依照学术或国际法中的理想类型来划分。

五、分离与分立的外围分野：历史进程问题

除了上文所述的核心区别之外，分离与分立还存在不少外围的区别，主要体现在两者的具体历史进程中。

（一）是否能被母国否决

分离有可能被母国或宣称代表母国的主体否决，而分立则不能。这是因为分离一般不会导致国家的整体性崩塌，母国政府仍然保有相当程度的代表

① 关于南联盟对原南斯拉夫的继承要求参见徐鹏堂：《南斯拉夫解体的原因及南共盟执政失败的教训（下）——访中国前驻波黑大使温西贵》，载《中共党史研究》2009年第3期，第95页。

② Malcolm N. Shaw, *International Law*(*Sixth Edition*), New York: Cambridge University Press, 2008, p. 209.

性和权威性，故母国一般有权利、意愿与能力阻止分离进程；而分立是一个国家因无法维系统治而轰然倒塌的过程，身处其中的部分只是洪流中的沙石，谁也无法力挽狂澜，所以分立很难被否决。在南斯拉夫的分立过程中，虽然最高苏维埃一直竭力反对，并采取了包括军事镇压、协商谈判、改行邦联制、取消社会主义制度和共产党执政地位等多项措施，但仍然无力回天。[①]除了自身实力的因素外，国际社会的态度也对时局至关重要，而这很大程度上取决于剩余国家的代表性。在分立的进程中，随着各部分逐渐脱离，剩余部分的领土面积和人口数量剧烈减少，当减少到一定程度后，即便剩余部分宣称自己代表全国，国际社会也很难接受，剩余部分也就随之失去了否决分立的资格与能力。正是出于如此考虑，1992 年 7 月 4 日，南斯拉夫仲裁委员会第 8 号意见（Yugoslav Arbitration Commission No.8 Opinion）判定南斯拉夫的分立过程已经完成，南联盟不是南斯拉夫的继续国。[②]

（二）是否举行公投

二战以来，公投已成为分离主义者的重要武器，但几乎没有国家举行过“分立公投”。这一方面是因为分立通常由突然的国家政权分裂或崩溃导致，人民缺乏选择余地，比如捷克斯洛伐克分立主要由斯洛伐克政党主导，尽管当时的捷克斯洛伐克总统一再呼吁举行公投（因为大多数斯洛伐克人民其实不愿国家解体），但在斯洛伐克政党的阻挠下，公投提案一直搁浅在议会；[③]另一方面是因为分立主要体现为最终结果，其往往由国家各部分的先后分离所致，所以多次分离公投取代了一次分立公投，比如历经数次分离公投而分立的苏联和南斯拉夫。当然，历史上也出现过一次“分立公投”，不过其合法性一直饱受诟病，结果也并未被执行。为了挽救联邦，苏联共产党曾于 1991 年 3 月举行过关于是否保留联邦的公投，结果显示 76.4% 的投票者同意保留改革后的联邦，但该结果明显与当时的民意不符，而且遭到了立陶宛、拉脱维亚、爱沙尼亚、亚美尼亚、格鲁吉亚、摩尔多瓦及车臣—印古什苏维埃社

---

① 徐鹏堂:《南斯拉夫解体的原因及南共盟执政失败的教训（下）——访中国前驻波黑大使温西贵》，载《中共党史研究》2009 年第 2 期，第 85—91 页。

② James R. Crawford, *The Creation of States in International Law*, Oxford: Oxford University Press, 2006, p. 396.

③ 郑非:《“天鹅绒分离”二十年——捷克斯洛伐克国家分裂的经验与教训》，载《开放时代》2013 年第 1 期，第 126—131 页。

会主义自治共和国的共同抵制，[①] 因而可以说历史上尚未出现过真正的“分立公投”。[②]

六、分离与分立在实践中的深度交叉

需要强调的是，以上分野主要是基于学理与国际法所得出的结论，分离与分立在实践中并非如此泾渭分明，反而相互交织，这也是许多学者在论述中将两者打包处理的主要原因。

（一）两者的捆绑与共振

对于那些由多个体量相当的民族组成的联邦制国家而言，由于分离出的部分在人口和领土上与剩余部分难分伯仲，剩余部分很难维持对原国家的代表性，所以分离极易导致分立。此点正是英国在苏格兰公投前一再澄清苏格兰分离不会造成英国分立的主要原因。英国在 2013 年发布的文件中罗列了三个苏格兰公投可能导致的结果：一是剩余的英国成为原英国的继续国，苏格兰成为原英国的继承国并建立一个新国家，即发生分离；二是剩余的英国和苏格兰均成为原英国的继承国，原英国灭亡，即发生分立；三是剩余的英国成为原英国的继续国，苏格兰恢复到 1707 年前的国际法地位，即也属于分离。经过一番分析，英国政府得出的结论是只有第一个结果成立，并暗示即便未来北爱尔兰和威尔士分离出去，英格兰也仍是原英国的继续国，英国不

① G.N. Seleznev, ‘On the Legal Force for the Russian Federation–Russia of the Results of the Referendum of the USSR of 17 March 1991 Concerning the Question of the Preservation of the Union of Soviet Socialist Republics’, *Statutes & Decisions*, Vol. 33, No. 6, 1997, pp. 65-66.

② 历史上还有一次濒临举行的分立公投。1991 年，欧洲共同体针对南斯拉夫问题提出彼得·卡灵顿（Peter Carington）计划，在该计划中，南斯拉夫将分阶段分立，各共和国逐步承认彼此独立。作为交换，欧洲诸国向塞尔维亚的米洛舍维奇政权保证塞尔维亚人将得到保护。然而，米洛舍维奇并不同意这个计划，他认为欧共体并没有肢解南斯拉夫的权利，并且这项计划将塞尔维亚人分割在塞尔维亚、黑山、波黑、克罗地亚四国，有损塞尔维亚人的利益。卡灵顿勋爵提议将这项计划在各共和国诉诸公投，黑山最初表示赞成，但后来在塞尔维亚的持续施压下改变了立场，这场分立公投最终并未上演。

会因此土崩瓦解。[①] 英国政府的主张可以理解，毕竟一旦被界定为分立，英国将失去大部分国际权利，尤其是在联合国、欧盟与北约的地位。然而，假设未来苏格兰、北爱尔兰和威尔士果真分离出去，那么国际社会恐怕未必会接受英格兰的“继续国”论调。

上一点也可以反过来思考，即对于那些由多个部分组成的多民族国家而言，分立并非是一蹴而就的，而是一个漫长的动态过程，这个过程大多由一系列分离实践组合而成。历史上当然存在一些“简答干脆”的分立案例，例如 1960 年的马里联邦分立、1963 年的中非联邦分立和 1993 年的捷克斯洛伐克分立，以上国家均由两三个主体民族组成，分立过程相对简单，比较容易定性。然而，苏联和南斯拉夫的情况则复杂得多。苏联分立由立陶宛、格鲁吉亚、爱沙尼亚、拉脱维亚、乌克兰、白俄罗斯、摩尔多瓦、阿塞拜疆、乌兹别克斯坦、吉尔吉斯斯坦、塔吉克斯坦、亚美尼亚、土库曼斯坦和哈萨克斯坦的先后分离组成，时间从 1990 年 3 月持续到 1991 年 12 月。整个分立进程至少包括四步：第一步是波罗的海三国率先独立，这一事实被大多数学者定性为自决；第二步是除俄罗斯外的其余 11 个加盟共和国依次宣布独立；第三步是俄罗斯与白俄罗斯、乌克兰签订明斯克协议，宣布成立独联体，这意味着俄罗斯承认苏联分立；第四步是除波罗的海三国和格鲁吉亚外的各加盟共和国在阿拉木图签订加入独联体的协议，苏联正式分立。南斯拉夫分立由斯洛文尼亚、克罗地亚、马其顿和波黑的先后分离组成，时间从 1991 年 12 月持续到 1992 年 4 月。整个进程至少包括两步：第一步是斯洛文尼亚、克罗地亚、马其顿和波黑相继宣布独立；第二步是塞尔维亚和黑山组成南联盟；如果再加上 2006 年黑山从塞尔维亚和黑山共和国分离，以及 2008 年科索沃从塞尔维亚事实分离，那么整个分立进程就可以分为四步。

（二）国际实践业已形成的区分标准

可见，苏联和南斯拉夫的崩溃其实是分离与分立的混合体，因此在现实中界定分离与分立比想象中困难许多。正如奥本海教授所言，“关于所有新的领土单位是否都应该适当的称为新的国家，或者其中之一是否继续是原来（大大缩小了的）国家的问题，并不总是容易回答的，而且提出了一个国家在

① HM Government, *Scotland Analysis: Devolution and the Implications of Scottish Independence*, London: The Stationery Office, 2013, p. 34.

什么情况下就不再是原国家的复杂问题。例如，第一次世界大战后奥地利—匈牙利的解体，以及第二次世界大战结束时德国战败后，都发生过这样的问题。”[①] 值得欣慰的是，国际社会在处理苏联与南斯拉夫问题时已经形成了一些可供参考的标准。例如，国际社会对南斯拉夫已经分立的判定主要基于以下四个事实：（1）斯洛文尼亚、克罗地亚、波斯尼亚和黑塞哥维那已经被国际社会承认为新国家；（2）塞尔维亚和黑山共和国已经通过新宪法，并更名为南联盟；（3）联合国决议中已经出现“前南斯拉夫”一词；（4）南斯拉夫的大多数组成部分（包括大部分领土和人口）已经成为独立国家，南斯拉夫政权已经无法有效运转。[②] 以上国际实践为分离与分立的辨识提供了较为可行的操作标准。

七、分裂与“分裂国家”理论

（一）分裂的三重指涉

分裂是中国学者讨论分离问题的常用词，其在中文语境中主要有三层涵义，第一层涵义与分离相同，人们习惯于批判分离势力为“分裂势力”，许多学者也习惯用分裂指代分离，[③] 甚至连我国针对“台独”的立法也以《反分裂国家法》为名；第二层涵义与分立相同，人们经常将苏联分立称为苏联分裂；第三层涵义则与部分西方学者提出的“分裂国家”（Divided State /Nation）理论相连，在英文中的对应单词是 Division。在笔者看来，中文语境中的分裂一词过于模糊，如果不加限定，就会如同脱离（Separation）一词般变成泛化的通俗语汇，失去概念边界与研究指向性。而且，分裂的第一层涵义和第二层涵义在国际法上已经有对应的词语表示了，无须再使用“分裂”一词，故

---

① ［英］詹宁斯、瓦茨修订：《奥本海国际法》（第一卷第一分册），王铁崖等译，中国大百科全书出版社 1995 年版，第 135 页。

② Malcolm N. Shaw，*International Law (Sixth Edition)*，New York: Cambridge University Press, 2008, p. 210.

③ 参见潘志平主编：《民族自决还是民族分裂——民族和当代民族分立主义》，新疆人民出版社 1999 年版；李捷：《对基于自由民主角度的分裂权利理论的简评》，载《世界经济与政治》2011 年第 12 期，第 38—58 页；杨恕：《分裂主义界定研究》，载《国际政治研究》2010 年第 3 期，第 1—13 页。

本章的分裂特指其第三层涵义，对应的英文单词是 Division。

（二）“分裂国家”理论及其漏洞

“分裂国家”理论由格雷戈里·韩德逊（Gregory Henderson）、理查德·李鲍（Richard Lebow）和约翰·史多辛（John Stoessinger）提出，主要根据二战后的东西德国、南北朝鲜、南北越南和中国大陆与中国台湾的特殊现象而建构。[①] 该理论诞生后，获得了许多台湾学者的拥护。台湾学者赵国材将“分裂国家”的特征提炼为四点：（1）一国由于内战或国际势力安排而分为两个或更多法律或政治实体；（2）分裂产生的法律或政治实体均声称自己是原来国家的唯一合法代表，其主权和领土范围在法理上涵盖自己实际未能有效控制的另一部分实体；（3）各个实体之间长期对立，各自在自己的实际控制区内实行有效管辖，但彼此都无法突破现状；（4）各个实体都以重新统一为最终目标。[②]

由上可知，“分裂国家”理论中的“分裂”与通常意义上的“分离”也是不同的，概括起来，两者主要存在以下五点不同：（1）“分裂国家”的各个实体均属于同一民族，其分裂一般由政治原因而非民族原因导致；分立前的国家则一般由不同民族构成，民族矛盾是引发分立的主要根源。（2）分裂全部出现在二战之后，而且通常采行完全不同的政治、社会和经济制度（即一半实行社会主义和人民民主，一半实行资本主义和自由民主），“正如更早前的‘殖民边界’一样，它们（笔者注：指“分裂国家”）是‘冷战’边界的标记”[③]；分立则没有这一特征。（3）对于分裂出的实体与原国家的继承关系存在争议，由于各个实体均宣称自己是原国家的唯一合法代表，且在法理上的统治范围覆盖对方，故至少就法理而言原国家并未分立，各个政治实体不是严格意义上的主权国家；与之相对，分立后母国不复存在。（4）分裂后的各个实体之间彼此对立，以吞并另一方为目标；因分立而产生的各国关系则多种多样，可能彼此对立，也可能友好相待。（5）由于分裂一般是由内战或大

---

① Gregory Henderson, Richard Lebow and John Stoessinger eds., *Divided Nations in a Divided World*, New York: David Mckay Company, Inc, 1974, pp. 438-442.

② 赵国材：《从国际法观点论分裂国家承认》，载台湾《中国国际法与国际事务年报》（第三卷），商务印书馆 1988 年版，第 28—29 页。

③ James R. Crawford, *The Creation of States in International Law*, Oxford: Oxford University Press, 2006, p. 451.

国干涉导致，且两个实体同属一个民族，所以在分裂后有强烈的统一欲望，通常会以统一为国家政略，甚至写入宪法；由分立产生的国家通常没有重新统一的欲望，因为它们本来就是因为矛盾不可调和而主动分道扬镳的。

不过，“分裂国家”理论只是部分西方学者提出的理论学说，并非一个国际法上的理论。就连西方学者都质疑该理论的正当性与科学性，例如克劳福德就批评道，虽然“分裂国家”概念的提出颇具现实意义，但将其作为一个独立概念未免有些武断。判定国家性质的关键不在于它们是否有再次统一的信念，或者它们之间的边界是否是暂时的（分裂后的各实体一般认为彼此之间的边界不是国界而是停火线），而在于它们当下是否具备主权国家的要素。[①] 而且，被列为“分裂国家”的案例之间存在显著差异，例如南北朝鲜已经分别被联合国接纳，无论在法律还是事实上都已经是两个主权国家，南北越南和东西德国已经重归统一。需要指出的，尽管在台湾海峡两岸存在着未统一的事实，但中国不是所谓的“分裂国家”。在国际社会，中国是单一国际法主体，所以不能运用西方和台湾学者的“分裂国家”理论来解释两岸未统一现状；否则，会造成两岸“分裂分治”“一国两府”或“两个中国”的危险。

---

① James R. Crawford, *The Creation of States in International Law*, Oxford: Oxford University Press, 2006, p. 451, p. 477.

第二十章　西方“分离权”理论的道德论证及其缺陷

虽然分离问题在世界范围内广泛存在，但对于分离的理论研究主要集中于西方，而西方分离理论又主要围绕“分离权”这个核心概念展开。[①]所谓的分离权是指主权国家内部部分群体的“分离自由”，依据这种自由，分离主体可以排除母国对分离行为的干涉，自由地发布分离言论、进行争取分离的游行和集会、结成要求分离的政党并参与选举、推动分离法案、举行分离公投或者单方面宣布分离（UDI, Unilateral Declaration of Independence），甚至可以要求国际社会对自己的分离行为进行支援。对于中国学界而言，“分离权”是一个伪概念，绝大多数中国学者都不承认分离权的存在。事实上，“分离权”在现实中也的确几乎不存在，因为无论在国际法还是各国国内法中都很难找到“分离权”的痕迹。就国际法而言，其中并无关于分离的明确规定，因为分离属于一国内政和主权问题，而不干涉内政和维护国家主权完整是国际法的基本原则；[②]就国内法而言，绝大多数国家的宪法和法律都反对分离，加拿大学者帕特里克·莫纳汉（Patrick Monahan）等人曾对 89 个国家的宪法

---

① 在笔者看来，分离仅在某种极为狭窄的范围内可被称为一项权利，不加限定地使用“分离权”一词极易造成人们的误解，在不知不觉中赋予其资格之外的，广泛而真实的权利属性。因此，笔者主张在使用该概念时一律加注引号。

② 关于“分离权”的“国际法地位”问题及国际社会对分离的态度，请参见王英津:《有关“分离权”问题的法理分析》，载《世界经济与政治》2011 年第 12 期；白桂梅著:《国际法上的自决权》，中国华侨出版社 1999 年版。

进行研究，结果表明，绝大多数国家的宪法或明或暗地禁止分离。[1]

与中国学者态度相反的是，许多西方学者都对“分离权”抱持一个支持或至少部分支持的态度，并积极论证“分离权”的存在、建构“分离权”的理论。在纷繁浩杂的西方“分离权”理论中，关于道德权利的论证最为突出，其不但是西方“分离权”理论的中流砥柱，而且“巧妙”地规避了“分离权”在实然层面支撑不足的弱点，绕过国际法和国内法对分离的阻挠，从应然层面为“分离权”提供道德正当性。可以说，对于“分离权”的道德论证是最为危险的论证路径，因为一旦“分离权”被塑造为一项道德权利，那么即便它现在没有被写入法律，那么错的也不是“分离权”而是法律，分离势力完全可以站在道德的高地上俯瞰甚至跳过法律；一旦“分离权”上升到道德权利的高度，那么问题的关键就不在于法律是否承认“分离权”了，而在于如何努力完善法律、将“分离权”纳入其中。因此，对于西方“分离权”理论道德论证的梳理与回应非常必要，本章正是其中一步。本章除引言外共分为四部分，第一部分归纳西方“分离权”研究的基本逻辑，提炼出三条研究路径——国际法路径、道德权利路径与功利主义路径，以及道德权利路径下的三个主要理论——民族分离理论、民主分离理论与正义分离理论；第二、三、四部分分别对道德权利路径下的三个理论进行分析，并对“分离权”的“道德正当性”予以反驳。

一、西方“分离权”理论的基本逻辑

西方学者对“分离权”的描摹几乎都建立在自由民主主义的底色上，与人权、自决、民主、自由、对统治的同意、公民投票、分配正义、联邦主义等概念密切相关，可以说，西方“分离权”理论是西方自由民主理论的一个分支。纵览西方“分离权”理论，大致可以划分为三条论证路径——国际法

① Patrick J. Monahan et al., ‘Coming to Terms with Plan B: Ten Principles Governing Secession’, *CD Howe Institute Commentary*, No. 83, June 1996, pp. 6-7.

路径、功利主义路径与道德权利路径。[①]

国际法路径是最先引发全球性学术与政治激辩的论证路径。二战后，自决成为国际法上的一项重要原则和权利，并在高涨的非殖民化运动中得到广泛实践，然而，随着殖民地的相继独立，自决原则 / 权利遭遇过时危机，于是西方学者开始对国际法进行扩大解读，将分离也纳入自决的范畴，或至少认为自决权行使受阻可以为分离提供合法性。[②] 国际法路径不仅关注分离的实然权利，而且关注分离的应然权利，后者触及了分离权的道德基础问题。然而，这种深层次的探讨带来了严重的副作用，即道德是一个说不清的问题，一味进行道德溯源很可能会使研究陷入困境，而且也无法说服反对者，因为道德本身就是多元的。鉴于此，一些学者开始将目光转向分离行为，不再纠结于“分离权”是否具有正当性，而是从民主法治主义或民主联邦主义的角度出发，关注如果分离行为无法避免，那么如何将其纳入法治轨道。由于此类论证不是为了替“分离权”本身正名，而是为了最大限度地减少分离带来的危害，最终目的是促进民主宪政或多民族联邦的发展，因此笔者将其称为功利主义路径。

不过，仍有一些学者迎难而上，试图建构关于“分离权”道德基础的完备论述。当发现“分离权”在国际法和国内法上的存在感非常微弱时，他们进一步追问:“分离权”是否是一项道德权利？或者说，“分离权”是否具有道德上的正当性？通过对以上问题的肯定回答，第三条“分离权”论证路径浮出水面，即道德权利路径，这也是本章的关怀所在。根据对“分离权”道德基础的不同判断，笔者将沿循该路径的理论划分为三种：民族分离理论、民主分离理论和正义分离理论。当然，也有学者提出了其他分类方法，例如

---

① 在“分离权”论证路径的划分上，我受到了韦恩·诺曼的影响，他认为呼吁承认某种程度上的法律化的分离进程的理由大致分为三种：一是应用道德理由（applied moral reasons），二是民主法治理由（democratic rule-of-law reasons），三是民主联邦主义理由（democratic-federalist reasons）。参见 Wayne Norman, *Negotiating Nationalism: Nation-Building, Federalism, and Secession in the Multinational State* , Oxford: Oxford University Press, 2006，p. 182，pp. 189-190.

② 参见Antonio Cassese, *Self-Determination of Peoples, a Legal Reappraisal*, Cambridge: Cambridge University Press, 1995, pp. 101-140; James R. Crawford, *The Creation of States in International Law*, Oxford: Oxford University Press, 2006, pp. 127-128; Jean Salmon, ‘International Aspects of the Right to Self-Determination: Towards a Democratic Legitimacy Principle’, in Christian Tomuschat eds., *Modern Law of Self-Determination*, London: M. Nijhoff Publishers, 1993, p. 256; Alexis Heraclides, ‘Secessionist Conflagration: What is to be Done?’, *Security Dialogue*, Vol. 25, No. 3, 1994, p. 284. 当然，部分学者在论证“分离权”的时候可能不直接使用分离一词，而使用自决一词，但其所说的自决其实包含分离。

玛格丽特·摩尔（Margaret Moore）将“分离权”理论划分为民族自决理论（national self-determination theories）、选择理论（choice theories）和正义原因理论（just-cause theories）；[①] 艾伦·布坎南（Allen Buchanan）将“分离权”理论归纳为初始性权利理论（primary right theories）和唯一救济性权利理论（remedial right only theories），其中前者又分为归属性群体理论（ascriptive-group theories）和结合性群体理论（associative-group theories）；[②] 另外，在一份西班牙学者的研究报告中，“分离权”理论被划分为自由 – 民族主义理论（liberal-nationalist theories）、选举或公投理论（elective / plebiscite theories）、正义原因理论和固定少数民族理论（national permanent minorities theories）。[③] 尽管学者们的分类多种多样，但分类依据都是类似的，即“分离权”的道德基础，而道德基础又大致分为三类——民族自决权、个人政治自由与人民主权、公平正义原则，因此笔者将这些理论归纳为民族分离理论、民主分离理论和正义分离理论。参见图 20-1。

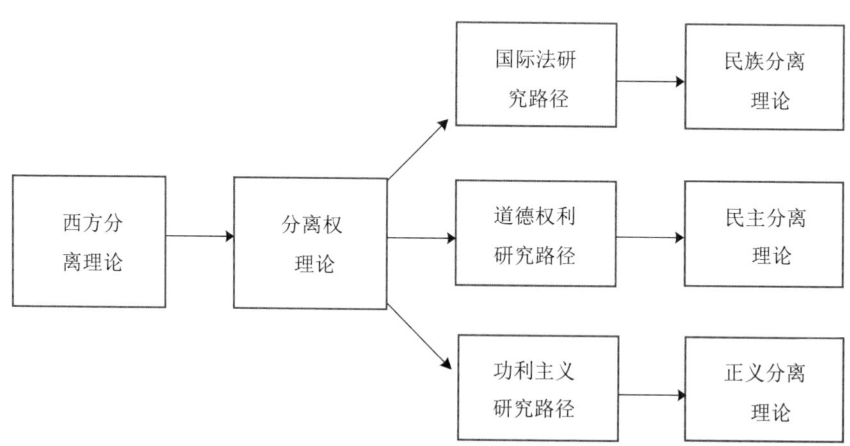

图 20–1：西方分离理论构成图

（资料来源：作者自制）

① Margaret Moore, ed., *National Self-Determination and Secession*, New York: Oxford University Press, 1998, pp. 1-13.

② Allen E. Buchanan, ‘The International Institutional Dimension of Secession,’ Percy B. Lehning, ed., *Theories of Secession*, London: Routledge, 1998, p. 270.

③ Ferran Requejo, Make Sanjaume, Secession and Liberal Democracy, The Case of the Basque Country, Political Theory Working Paper, No. 7, 2009, pp. 1-29.

关于以上三大分离理论的比较，可参见表 20-1。

表 20–1：民主分离理论、民族分离理论和正义分离理论比较表

内容＼类型	民族分离	民主分离	正义分离
道德基础	民族自决	个人自由、对统治的同意、多数决	公平正义
描绘分离权的侧重点	分离主体	分离方式	分离条件
逻辑起点	“我是谁？”	“我想做什么？”	“我经历了什么？”
决定分离的核心要素	身份与资格	意愿与选择	处境与遭遇
领土权利第一持有者	民族	个人	国家
分离权的性质	初始性权利	初始性权利	唯一救济性权利
分离权持有者的性质	归属性群体	结合性群体	遭遇严重不公对待的群体
自由放任程度	中	高	低

（资料来源：作者自制）

二、民族分离理论与归属性群体权利

将民族自决权作为“分离权”的道德基础是西方分离理论最早的论证流派，也是影响最广泛的论证流派。这一方面是因为民族自决与现代民族国家建构的历史相契合，满足了人们对“一族一国”的美好畅想；另一方面是因为民族自决权与国际法上的自决权关系密切，而后者拥有道德与法律上的双重正当性。[①]20 世纪 80 年代后期，非殖民化运动基本进入尾声，但人们对民族

① 自决（self-determination）与民族自决（national self-determination）不同。自决既是一个政治学概念也是一个国际法概念，在国际法上，自决没有“民族”作为前缀，自决权的行使主体是“所有人民”（all peoples），至于政治学意义上的自决则内涵非常丰富，民族自决是其重要组成部分。

建国的热情并没有消退，反而日益高涨，许多不具备民族自决资格的主体也开始要求自决，民族分离理论应运而生。民族分离理论以自由民族主义为根基，宣称每个民族都有保存并发展自己的文化、自治乃至分离的权利，因此只要某个群体具备民族资格且意欲分离即可分离，代表人物主要有大卫·米勒（David Miller）、阿维萨·马格利特（Avishai Margalit）、凯·尼尔森（Kai Nielsen）和上文提到的摩尔等。

（一）文化性民族分离理论

米勒和马格利特是最早系统阐述民族分离理论的学者之一，两人均将民族视为一种具有内在目的和指向的文化共同体，并由此产生了道德和文化上的特殊性与有限优越性，这种道德和文化上的天然禀赋给予了民族实现政治自治乃至独立建国的资格。在米勒的理论中，民族是“一个成员之间互相承认彼此同属一个社群，对彼此承担特殊义务，并且渴望政治自治的群体——这来源于成员之间的共享特征，尤其是依附于某个地理位置的共同历史，以及将成员与其他邻居区别开来的公共文化”。[①] 马格利特则将民族定义为包容性文化群体（encompassing cultural groups），即一个共享特殊文化特征和共同家园的群体，这个群体是大型的、匿名的，而非小型的、面对面的，成员之间彼此认同并自我认同。[②] 总之，民族有权进行文化自决和政治自决，而政治自决包含分离。

（二）政治性民族分离理论

如果说米勒和马格利特更强调民族的文化性，那么尼尔森则认为文化性与政治性同等重要。他提出，民族具有天生的、内在的政治性和文化性，所谓的政治性是指有追求自治乃至独立的强烈意愿，这是民族与其他特征群体的本质不同。族群（ethnic groups）、移民团体和国内的少数民族（national minorities）具有文化性，但缺乏政治性；自由主义者和社会主义者可能具有

---

① David Miller, ‘Secession and the Principle of Nationality’, *Canadian Journal of Philosophy*, Vol. 26, No. 1, 1997, p. 266.

② Margalit and Raz, ‘National Self-Determination’, *The Journal of Applied Philosophy*, Vol. 87, No. 9, 1990, pp. 445-447.

政治性，但却被不同的文化割裂；所以只有民族才有资格分离。[①] 尼尔森主张，只要发生下列两种情形之一，那么民族就可以分离：一是民族文化的生存受到母国威胁，无论是故意的还是无意的；二是民族通过民主形式明确表达了分离意愿（例如公投），但母国坚决反对，在这种情形下，母国虽然没有直接威胁到民族文化，但通过反对民族意愿的方式间接威胁了民族文化，所以民族也可以分离。[②] 当然，尼尔森也在一定程度上赞同国家有维护领土主权完整的道德权利，但一来在他的理论中这种权利只属于自由民主国家（包括社会主义的自由民主国家），非自由民主国家没有反分离的权利（他以印度尼西亚和缅甸为例）；二来即便在自由民主国家，民族自我统治的道德权利也优先于国家维持主权完整的道德权利，故自由民主国家也没有反分离的权利。[③] 总之，在尼尔森看来，无论母国的政体如何、对待民族的方式如何，民族都有权分离。

摩尔进一步抬升了民族的政治性，她断言，民族"不仅享有消极自由，而且是一种自我形成的所在，有能力自省地对他们自己的生活和生存条件做出决定"。[④] 当合法居住在某片土地上的民族同时满足以下三个条件时，就拥有领土权利:（1）存在一个共享的对于自决的政治承诺;（2）有能力建立并维持政治自决的机构;（3）拥有政治合作的客观历史，比如国家、次国家机构或反抗运动。[⑤] 当民族符合以上三个条件后，就可以依据"占有原则"（occupancy principle）获得领土并进行分离，即当下占有了哪些土地，分离时就可以带走那些土地。摩尔认为，"占有原则"是最佳的领土分配方案，因为它具有以下三个优点:（1）广泛适用性，能够解释大部分的领土持有案例，其他原则诸如宗教、文化等都无法做到;（2）与不能将人们从他们所居住生活的土地上强行移除的道德常识一致;（3）匹配民主原则，是唯一能直接从

① Kai Nielsen, 'Liberal Nationalism, Liberal Democracies, and Secession', *The University of Toronto Law Journal*, Vol. 48, No. 2, 1998, p. 256.

② Kai Nielsen, 'Liberal Nationalism, Liberal Democracies, and Secession', *The University of Toronto Law Journal*, Vol. 48, No. 2, 1998, pp. 265-266.

③ Kai Nielsen, 'Liberal Nationalism, Liberal Democracies, and Secession', *The University of Toronto Law Journal*, Vol. 48, No. 2, 1998, pp. 271-272.

④ Margaret Moore, 'The Ethics of Secession and a Normative Theory of Nationalism', *The Canadian Journal of Law and Jurisprudence*, Vol. 13, No. 2, 2000, p. 234.

⑤ Magaret Moore, 'Which People and What Land? Territorial Right-holders and Attachment to Territory', *International Theory*, Vol. 6, No. 1, 2014, p. 127.

民主治理概念中推导出的原则，该概念意味着领土权利范围仅包括民主管辖权威能够延伸到的地区。①

（三）小结

由以上不难看出，民族分离理论将分离方的身份与资格作为“分离权”的道德来源，逻辑起点是“我是谁”，关注点在于分离主体。在理论家们看来，民族才是领土权利的第一持有者，国家拥有领土主权的唯一正当理由是它是民族国家，遗憾的是，当今世界的绝多数国家都是多民族国家，所以各民族应该努力塑造自己与国家的同一性，收回领土权利，实现民族自决。因此，民族“分离权”是一种无需符合特殊条件就能行使的权利，布坎南教授称之为初始性权利（primary right）。这种权利虽然不像自然权利或人权那样具有强烈的“自然”属性，是人之为人的权利，但也无需特定的行使条件，只需具备某种民族资格。此外，虽然一些学者十分看重民族的政治性，但这种政治性是以文化性作为支撑的，既民族至少是一类共享身份认同、文化网络和情感纽带的个体所组成的归属性群体（ascriptive-group），从这个意义上讲，民族“分离权”还是一项归属性群体权利。

三、局限一：民族自决与民族分离之间的裂痕②

作为历史最悠久的“分离权”理论，民族分离理论与民族自决紧密相连，这一方面使得其在领土论证上具备天然优势，另一方面也大幅增强了道德感召力。然而，在民族分离与民族自决及其所深植的土壤——自由民族主义之间却存在巨大断裂，主要表现在以下三方面：

第一，与传统的族裔民族主义（ethnic nationalism）或威权民族主义（authoritarian nationalism）不同，自由民族主义语境下的民族自决权是个体

① Margaret Moore, ‘The Ethics of Secession and a Normative Theory of Nationalism’, *The Canadian Journal of Law and Jurisprudence*, Vol. 13, No. 2, 2000, p. 244.

② 此处不讨论民族分离与国际法上民族自决的关系，仅聚焦于民族分离与政治学、民族学中民族自决的关系，主要指目前在西方学界占据支配地位的自由民族主义语境中的自决。至于前一组关系，在第十八章中已有详尽讨论，此处不再赘述。

权利，而民族“分离权”则是集体权利，显然，一项个体权利无法包含一项集体权利。自由民族主义的先驱耶尔·塔米尔（Yael Tamir）曾指出：“民族自决权应该被看做一种个体权利，依赖个体把自己联系于一个特定民族群体并公开表达这种联系的一种自主决定，而为了行使正当的民族自决权，个人身份的形成必须是通过他所享有的民族身份来实现；维护民族权利的过程实质上就是赋予了个体自决的权利；个体必须被赋予表达他民族身份的机会。”[①]可见，自由民主主义语境下民族自决权的出发点和落脚点都是个人自由，其虽然然强调民族身份，但在本质上是一项个体权利，这与“分离权”的集体权利属性相互矛盾。

第二，民族自决一般要求文化自决，属于文化民族主义，而民族分离要求政治自决，是典型的政治民族主义。米勒在研究柏林的民族主义思想时，曾区分了民族主义的四类不同取向，将民族主义归结为“政治性的”或“文化性的”、“整体性的”或“多元性的”、“道德上无限制的”或“道德上受限制的”，以及“特殊主义的”或“重叠性的”。[②]按照米勒的划分，民族自决只要求在特定的民族环境中更有效地实现个人自由、完成文化保存和表达，其自决的最高形态是自治，强调政府的唯一合法形式是民主的民族自治政府，但并不要求分离，一般是文化性的；但民族分离却要求与母国一刀两断，其自决的最高形态是独立建国，是政治性的。自由民族主义语境下的自决权约等于民族文化表达权和民族自治权，而非民族“分离权”。

第三，民族自决的最终目的是更好地实现个人自由，但民族分离属于不加限制的民族自决，反而会侵害个人自由。在现实中，民族分离往往与民族冲突、专制独裁、种族主义和宗教极端主义等相连，因为其主张极端的、一元的、敌我不容的“一族一国”论，而非民族自决所提倡的温和的、多元的、并存共荣的多民族联邦制或区域民族自治。在一般的自由民族主义者那里，民族主义已经与国家主权达成和解，因为他们意识到“一族一国”既是危险的，也是不切实际的，故而基本放弃了推动国家疆界与民族边界重合的乌托

① ［以色列］耶尔．塔米尔著：《自由主义的民族主义》，陶东风译，上海人民出版社 2005 年版，第 66—68 页。

② David Miller, ‘Crooked Timber or Bent Twig? Isaiah Berlin's Nationalism’, *Political Studies*, Vol. 53, No. 1, 1995, pp. 103-106.

邦理想，转而关注优化主权国家内部权力结构的务实制度安排，[①] 很多时候，自由民族主义是多元民族主义与自由联邦主义的同义词。然而，民族分离却要求“擦干净画布”式的激进解决方案，这与自由民族主义的包容气质截然相反。

四、局限二：族群撕裂与主权国家碎片化

民族分离理论是一个激情澎湃的理论，这种激情点燃了世界民族分离主义的熊熊大火，同时也造成了该理论的第二个局限——极易导致主权国家的碎片化与民族冲突的激化。按照民族分离论者的设想，世界上大部分民族都可以建立自己的国家，然而“当今世界上只有二百多个主权国家，但却有至少五千个不同的民族存在，人们绝不可能看到国际体系中出现五千个主权国家”。[②]

根据宁骚教授的研究，当代国家的民族结构可以分为如下几种：（1）一元的单一主体民族结构，即在国家中只存在一个主体民族，国内任何一个少数民族都不超过总人口的5%，德国、日本和中国等国属于此类；（2）一元的双主体民族结构，即在国家中存在两个主体民族，其中较少的一方人口不低于15%，乌克兰、塞尔维亚和加拿大等国属于此类；（3）一元的多民族结构，即尽管存在多个民族，且其中至少一个民族的人口比例超过5%，但仍然形成了较为统一的联邦制或单一制国家，法国、印度和巴基斯坦等国属于此类；（4）多元的多民族结构，即存在两个及以上主体民族，各自成立过自己的国家，并在此基础上结成了联邦制国家，目前此类国家已不存在，历史上的苏联、南斯拉夫和捷克斯洛伐克属于此类；（5）无中心的多民族结构，该结构大多存在于二战后摆脱殖民的新国家中，这些国家的人民一般由多民族捏合

① 例如金利卡认为，民族自决主要是指文化自决，少数民族的自决权主要包括自治权，多民族权和特别代表权，其中并不包含“分离权”。参见［加拿大］威尔·金里卡著：《少数的权利》，邓红风译，上海世纪出版集团2005年版，第254页。

② 朱毓朝：《国际法和国际政治中的分离主义》，载《国际政治科学》2005年第2期，第74页。

而成，尚未形成国族意识。[1] 不难看出，当今世界根本不存在纯粹的单一民族国家，即便那些公认的较为纯粹的单一民族国家也有少数民族存在，如果按照民族分离理论，那么所有国家都会分崩离析。更重要的是，“倘若建立族体国家被认为是一种符合历史潮流的合理诉求，那就必然在世界范围内引发性质相同而表现形式相异的两种‘运动’：在一些民族构成相对单一国家里触发‘民族净化运动’，将‘非我族类’逐出国门之外；在一些民族构相对复杂的国家里触发‘民族分离运动’，几乎每一个族体，甚至一些族体组成部分，都要求建立自己的国家。这样，整个世界不是变得更加相互依赖、更加整合，而是被众多各自拥有主权的飞地的国界分割得更加支离破碎。”[2]

五、民主分离理论与结合性群体权利

民主分离理论产生于20世纪80年代，是最自由放任的“分离权”理论。该理论断言每个自律的个体都有自由决定政治地位的权利，而政治地位包括是否继续留在母国中，因此只要个人意欲分离且在公投中达到多数即可分离。由于民主分离理论非常强调个人的自主选择与公民投票，所以也被称为选择理论或公投理论，代表人物主要有哈利·贝南（Harry Beran）、大卫·高蒂尔（David Gauthier）、丹尼尔·菲尔波特（Daniel Philpott）和马修·韦伯（Matthew Webb）等。[3]

民主分离理论的主要观点可以归纳为四个命题——积极自由命题、消极自由命题、对统治的同意命题和公投命题。其中，前三个命题主要探讨分离权的道德基础，并以积极自由、消极自由和对统治的同意作为回答，最后一个命题是前三个命题的衍生命题，主要探讨分离权的实现手段，并以多数原则和分离地的单方面公投作为回答，该命题可以与前面任意一个命题相结合。

---

① 宁骚著:《民族与国家——民族关系与民族政策的国际比较》，北京大学出版社1995年版，第259—263页。

② 宁骚著:《民族与国家——民族关系与民族政策的国际比较》，北京大学出版社1995年版，第248页。

③ Harry Beran, ‘A Liberal Theory of Secession’, *Political Studies*, Vol. 32, No. 1, 1984, pp. 21-31；David Gauthier, ‘Breaking Up: An Essay on Secession’, *Canadian Journal of Philosophy*, 1994, Vol. 24, No. 3, pp.357-375；Daniel Philpott, ‘In Defense of Self-Determination’, *Ethics*, Vol. 105, 1995, pp. 165-169.

（一）积极自由命题

积极自由命题的基本内容是，个体只有在自我决定和自我主宰中才能实现意义或者说真正的自由，而自我决定和自我主宰意味着“自愿的政治选择”，政治选择又包含是否分离，所以可以从积极自由中推导出“分离权”。至于具体的推导过程，不同学者有不同见解，比较典型的路径有三种：（1）从个人的政治联合权（the right of political association）中推导出“分离权”，代表人物有高蒂尔和贝南等；（2）从个体道德自律（individual moral autonomy）中推导出“分离权”，代表人物有菲尔波特和大卫·科普（David Copp）等；（3）从个人自决权或政治自决权（the right of political self-determination）中推导出“分离权”，代表人物有贝南和克里斯托福·威尔曼（Christopher Wellman）等。

高蒂尔最早从政治联合权的角度对“分离权”进行了系统阐述。他认为，每个人都有政治联合权，但该权利是一种弱权利，只有在构成联合的双方都情愿的前提下才能行使，一个人不能强行与不愿和自己联合的人进行联合，而国家正是政治联合的一种，故而是否维系国家的决定权掌握在要求分离的一方手中。[①] 菲尔波特和科普则从个体道德自律的角度为“分离权”进行辩护。菲尔波特将康德所说的个体道德自律视为人之为人的根本内容，主张政治制度应该有效促成个体道德自律，而在他看来，有三个政治制度与个人道德自律最为匹配，分别是自由、民主和分配正义。其中，民主包含了自决这一特殊形式，因为自决能够有效增益民主，而自决又进一步体现为自治与分离，最终建构出一条“自律→自由＋民主＋分配正义→自决→分离”的逻辑链。[②] 科普的主张与菲尔波特类似，他提出了道德权力（moral power）的概念，认为个体天然拥有改变自身道德地位、将自身投入某种义务的权力，这当然包括组建新国家而不被母国干涉的权力。[③]

贝南和威尔曼则旗帜鲜明地提出了政治自决的口号，并据此要求“分离权”。贝南认为存在两种自决，一是个人自决，意指个人自我决定和自由结社的权利；二是集体自决，也称政治自决，意指某一社群自由决定其政治地位

① David Gauthier, ‘Breaking Up: An Essay on Secession’, *Canadian Journal of Philosophy*, Vol. 24, No. 3, 1994, pp. 360-361.

② Daniel Philpott, ‘In Defense of Self-Determination’, *Ethics*, Vol. 105, No. 2, 1995, p. 359.

③ David Copp, ‘International Law and Morality in the Theory of Secession’, *The Journal of Ethics*, Vol. 2, No. 3, pp. 219-245.

的权利，包括“分离权”。基于以上判断，贝南提出了三段式的“政治自决的民主立论”：第一，个人拥有自决权；第二，个人有在合法获得的土地上继续居留的权利；第三，综合前两项权利，由个人组成的社群拥有政治自决权，其中包含“分离权”。[①] 威尔曼比贝南审慎一些，他认为政治自决权的持有者必须具备一定的统治能力，基于此，威尔曼创造出一种调和了分离理论的同意模式（consent model）与目的论模式（teleological model）的混合模式（hybrid model），并得意地宣称，“同意模式允许了太多政治自由，而目的论模式允许了太少”[②]，混合模式“既是同意的因为它所允许的自由，又是目的论的因为它所否认的自由”。[③]

（二）消极自由命题

相较于积极自由命题，主张消极自由命题的学者较少，主要代表人物为韦伯。韦伯认为，传统的自由主义将个人平等、自由和自律视为优先级最高的价值，但同时看重国家主权，因为只有国家才能为个人提供实现自我价值的有序环境，故传统自由主义包含相当的保守主义和国家主义色彩。正因如此，在面对分离议题时，建立在传统自由主义之上的积极自由命题进退维谷，无法回答自由民主国家中的群体是否拥有“分离权”的问题。于是韦伯提出，自由主义的真谛在于每个人都能自由追求自己定义的、没有优劣等级之分的价值和目的，衡量一个社会是否自由，不应看它是否以个人平等和自律为最高价值和目的，而应看它是否足够容忍异议（tolerance of dissent）。对于主权国家而言，移民或分离都是对统治的异议，所以如果国家反对分离，那么该国就失去了正当性，人民就可以分离。换言之，无论意欲分离的群体是否打算建立一个自由民主国家，也无论母国在自由民主方面的绩效如何，该群体

---

① Harry Beran, ‘A Democratic Theory of Political Self-Determination for a New World Order’, in Percy Lehning eds., *Theories of Secession*, London: Routledge, 1998, pp. 42-48.

② Christopher Wellman, ‘A Defense of Secession and Political Self-Determination’, *Philosophy & Public Affairs*, Vol. 24, No. 2, 1995, p. 160. 威尔曼所说的同意模式与贝南的理论基本一致，几乎赋予所有意欲分离的地域社群以“分离权”，所以威尔曼认为其允诺了过多的自由；目的论模式则是指那些认为分离会造成严重消极现实影响而反对“分离权”的理论，威尔曼认为此类理论过于结果导向，阻碍了自由的实现。

③ Christopher Wellman, ‘A Defense of Secession and Political Self-Determination’, *Philosophy & Public Affairs*, Vol. 24, No. 2, 1995, p. 164.

都有“分离权”。[①]

（三）同意命题

对统治的同意命题宣称国家建立在社会契约上，国家只是人民的代理人，人民可以随时撤销同意或者更换代理人，同时，国家的领土是人民签订契约时暂托国家保管的，因此当人民撤销同意时，就可以带走自己曾带来的土地。同意命题的集大成者是早期的贝南。他提出，统治的正当性之所以来源于同意，是因为同意代表了承诺（promise），而承诺包含一种道德义务，正是这种道德义务引发了服从统治的政治义务。[②] 如果一个人撤销了同意，那么可以通过三种方式表达——移民、分离和在自己生活的土地上发表不接受国家成员资格的公开宣言。[③] 总之，贝南设计了三种撤销同意的方式，其中前两种是撤销默示同意，后一种是撤销明示同意，而分离正是撤销默示同意的重要表现。

（四）公投命题

公投命题主要服务于前三个命题，因为无论从怎样的道德渊源中推导出“分离权”，都要通过某种具体方式行使，否则就是纸上谈兵，而在主张民主“分离权”的学者看来，这种方式就是公投，因为公投最能快捷有效地聚合并反映多数民意。值得注意的是，民主分离论者所说的公投无需与母国政府协商，也无需母国其他地区人民参与，是一种仅在分离地举行的单方面公投。

（五）小结

由上可知，民主分离理论将分离方的意愿与选择作为“分离权”的道德来源，逻辑起点是“我想干什么”，并聚焦于公投这个分离的实现方式。同时，民主分离理论认为领土权利的第一持有者是个人，国家只是个人领土的托管者，个人可以随时收回原本就属于自己的领土，基于此，民主“分离权”

---

① Matthew Webb, ‘Is There a Liberal Right to Secede from a Liberal State?’, *Trames Journal of the Humanities & Social Science*, Vol. 10, No. 4, 2006, pp. 377-378.

② Harry Berran, ‘In Defense of the Consent Theory of Political Obligation and Authority’, *Ethics*, Vol. 87, No. 3, 1977, p. 262.

③ Harry Berran, ‘In Defense of the Consent Theory of Political Obligation and Authority’, *Ethics*, Vol. 87, No. 3, 1977, pp. 262-269.

也是一种初始性权利，这与民族“分离权”一致。不过，民主“分离权”的持有者是由平等而自由的个体所组成的地域群体，与民族不同，此类群体是由意欲分离的个体临时组成的，缺乏共同的文化特征、生活方式与悠久历史，更没有强烈的归属感与认同感，将其凝聚在一起的仅仅是对分离的热切渴望，故民主“分离权”是一种结合性群体权利（associative-group rights）。

六、局限一：对“自由边界”的忽视与领土论证的缺失

民主分离理论将“分离权”视为一种政治自由，然而，自由不是漫无边界的，根据密尔的理论，它应该至少符合“不伤害他人”的原则。[①] 从这个意义上讲，分离显然不能算作政治自由，因为它严重伤害了母国本身和母国其他地区的人民。第一，如果分离是政治自由，那么就等于说：一个国家的公民有破坏这个国家的自由，共同体的一部分有分裂这个共同体的自由，如此不仅在逻辑上自相矛盾，而且会使国家失去存在和运转的基础。第二，分离权侵犯了母国其他人的权益，包括无法自由迁徙、与亲友隔离、失去自然资源、综合国力下降、引发分离的连锁反应等。自托克维尔以来，当代民主一直在警惕“多数暴政”，严防多数人对少数者的侵害，尽力保护少数者权利，然而少数者的要求并非全都合理，如果少数者提出了伤害多数者的无理要求，国家如何应对？分离就是少数者凌驾于多数者的暴政，即“少数暴政”。的确，少数者的权利非常值得保护，但如此便能矫枉过正么？少数者权利保护不等于少数者特权。第三，分离权侵犯了分离地内更少数者的权益。例如魁北克的原住民主要是北美印第安人，虽然他们人口数量较少，但居住地面积占据了魁北克省领土的 70% 以上，而他们明确反对分离。另外在魁北克还有大量的英裔居民和支持联邦主义的少数族群，比如在与加拿大首都渥太华毗邻的豪尔地区和蒙特利尔地区，许多人都要求自己所在的地区留在加拿大联邦，“分离权”会伤害到这些更少数者的权益。[②]

---

① ［英］约翰·密尔著：《论自由》，许宝骙译，商务印书馆 2009 年版，第 10 页。

② 朱毓朝：《魁北克分离主义的挑战与近年来加拿大联邦政府在法律和政策上的应对》，载《世界民族》2007 年第 4 期，第 22 页。

除此之外，民主分离理论还无法提供坚实的领土论证。民主分离理论不仅是一个关于个人权利的理论，还是一个规划合法领土疆界、变更国家主权范围、决定公民政治义务归属的理论，即一个关于领土主权的理论。然而，民主分离论者并没有完成对于领土主权的论证。正如莱亚·布利梅耶（Lea Brilmayer）所指出的那样，"分离权"不是仅仅关于个人的权利，还是关于个人、领土和国家主权关系的权利，建构分离理论的重点在于提供人民能够破坏母国主权并携带部分领土离开母国的正当理由，所以仅仅给出关于个人权利的论证并不足够。① 不幸的是，几乎所有民主分离论者都在竭力论证个人权利，而极少关注个人权利与领土主权的关系，他们的理论至多只能算是关于个人权利的理论，而非关于领土划界或国家建构的理论。试问，假如我有决定与谁联合的自由，那么我就有决定国家疆界的自由么？假如我有自我控制的权利，那么我就有拿走领土的权利么？答案显然是否定的，除非后者是实现前者的唯一途径。布利梅耶提出了一个很好的参照对象——难民。虽然难民与分离方都想斩断与母国的政治纽带，但难民选择自己离开，分离主义者却要求携带领土离开。如果分离方的目标是个人自由，那么他们为何不像难民一样仅自己离开？显然其目标在于领土而非自由，所以必须提供携带领土离开的正当性论证。相反，难民则没有此项负担，他们无需对自己离开母国的行为做过多解释，关键问题只是能否找到愿意收留他们的国家。②

七、局限二：与同意学说的背离

民主分离理论的第二个缺陷是误用了同意学说，这一误用使得民主分离理论的同意命题变得十分尴尬。在民主分离论者眼中，同意学说与国家主权势不两立，但实际上同意学说并没有理论家们想象得那么强势，它在分离问题上其实相当保守，尼拉·昌迪霍克（Neera Chandhoke）称之为"同意的弱

① Lea Brilmayer, 'Secession and Self-Determination: A Territorial Interpretation', *Yale Journal of International Law*, Vol. 16, No. 1, 1991, pp. 187-190.

② Lea Brilmayer, 'Secession and Self-Determination: A Territorial Interpretation', *Yale Journal of International Law*, Vol. 16, No. 1, 1991, p. 187.

理论”（the weak theory of consent）。[1]

同意学说的弱属性源于洛克对明示同意（express consent）和默示同意（tacit consent）的界分，前者指建国者或后续加入者对统治的明确同意，仅有极少数公民的同意属于此类；后者指公民通过享用一国之内的任意土地而体现出的同意，绝大多数公民的同意都属于此类。那么，默示同意具体以怎样的形式表达呢？洛克在《政府论》中明确写道：“只要一个人占有任何土地或享用任何政府的领地的任何部分，他就因此表示他的默认的同意……这不关他所占有的是属于他和他的子子孙孙的土地，或只是一星期的住处，或只是在公路上自由地旅行……”[2] 这是因为，“任何人既然为了保障和规定财产权而和其他人一起加入社会，却又认为其财产权理应由社会的法律来加以规定的他的土地，可以不受他作为土地所有人而身为其臣民的该政府的管辖权的约束，这简直是一种直接的矛盾。……当只对政府表示这种默认同意的土地所有人以赠与、出售或其他方法出脱上述土地时，就可以随意去加入其他任何国家或与其他人协议，在‘空的地方’，在他们能够找到的空旷和尚未被占有的世界的任何部分，创建一个新的国家。至于凡是以明确的同意和明白的声明表示他同意属于任何国家的人，他就永远地和必然地不得不成为、并且始终不可变更地成为它的臣民，永远不能再回到自然状态的自由中去，除非他所属的政府遭受任何灾难而开始解体，或某些公共行为使他不能再继续成为国家的一个成员。”[3]

洛克对明示同意与默示同意的界分先发制人地堵死了民主分离的出路。因为财产权是由政府界定并保障的，个人之所以能够占有和享用土地或物品是因为政府进行了有效管辖，一个人不能既享受政府提供的好处又否认政府的合法性。所以只要一个人拥有、买卖或使用一国之内的部分领土和物品，只要他在该国范围内活动并参与该国事务，那么就代表他表达了默示同意。

---

① Neera Chandhoke, *Contested Secessions, Rights, Self-Determination, Democracy and Kashmir*, New Delhi: Oxford University Press, 2012，pp. 90-101.

② ［英］洛克著:《政府论》下篇，叶启芳、瞿菊农译，商务印书馆 1997 年版，第 96 页。

③ 尽管洛克从逻辑上推导出了人民撤销默示同意的可能结果——重新回到自然状态或在尚未建立国家的“空的地方”筑造新统治，但他同时也补充道，这两种结果在现实中均不太可能存在。因为签订社会契约并非某种小众选择，出于自保的考量，几乎所有人都会选择签订契约，事实也是世界上的所有土地都变成了政治社会的一部分，已经没有可以回归前政治社会的“空的地方”了。参加［英］洛克著:《政府论》下篇，叶启芳、瞿菊农译，商务印书馆 1997 年版，第 96—97 页。

正如彼得·斯坦伯格（Peter Steinberger）所言，“对制度化过程的参与既是一种对所获好处的主动接受，也是一种对过程本身合法性的相信”。[①] 如果一个人想要撤销明示同意，那么他可能只有两种选择，一是通过选举投票更换政府，[②] 二是通过革命推翻政府；如果一个人想要撤销默示同意，那么他只能选择移民，因为只要占有和享用母国土地就意味着默示同意，而分离会继续占有和享用母国土地，所以个人只能通过放弃土地的方式撤销默示同意。[③] 总之，领土主权以领土而非同意为基础，只要契约达成，国家就有不容分割的领土主权，虽然领土在法律意义上可能归个人所有，但在政治意义上不容分裂，洛克的同意学说虽然使公民不必履行卢梭式的积极政治义务，但也没有消极到允许公民随意分裂国土的地步，无论撤销明示同意还是默示同意都不会动摇国家的领土主权。[④]

八、正义分离理论与唯一救济性权利

正义分离理论基于公平正义原则提出，认为每个遭受苦难的个人或群体都有摆脱苦难重获正义的权利，因此只有在遭受到母国严重不公正对待且分离是此时仅剩的缓解手段时才能分离，“分离权”的持有者是陷入悲惨境遇的个人、民族或其他群体。正义分离理论的代表人物主要有布坎南、安东尼·伯区（Anthony Birch）、布利梅耶和昌迪霍克等。[⑤]

① Peter Steinberger, ‘Political Obligations and Derivative Duties’, *Journal of Politics*, Vol. 64, No. 2，2002, p. 459, pp. 449–465.

② 对于通过选举更换政府是否属于撤销明示同意，学界存在不同观点，例如在洛克的论述中就没有这一选项。此外，贝南也主张，选举投票仅仅撤销了对于某一届政府的明示同意，与此同时，又将新的明示同意授予另一届政府，其整个过程维持在既有的宪政框架之下。换言之，参与投票本身就彰显了投票者对于既有统治秩序的认可，因此基于民主安排之上的政府更迭不算公民同意偏好转变的表现之一。Harry Berran, ‘In Defense of the Consent Theory of Political Obligation and Authority,’ *Ethics*, Vol.87, No.3, 1977, p.265.

③ Neera Chandhoke, *Contested Secessions: Rights, Self-Determination, Democracy, and Kashmir*, New Delhi: Oxford University Press, 2012, pp. 76-81.

④ 王涛：《洛克思想中的“默示同意”概念》，载《华东政法大学学报》2011 年第 2 期，第 87—89 页。

⑤ Anthony Birch，‘Another Liberal Theory of Secession’, *Political Studies*， Vol. 32, No. 4, 1984, pp.596-602； Allen Buchanan，*Justice, Legitimacy, and Self-Determination: Moral Foundations for International Law*, Oxford: Oxford University Press, 2004； Lea Brilmayer，‘Secession and Self-Determination: A Territorial Interpretation’, *Yale Journal of International Law*, Vol. 16, No. 1, 1991, pp. 177-202.

（一）类似“革命权”的“分离权”

布坎南是正义分离理论的集大成者。他认为，“分离权”是一种类似于革命权的自卫权。洛克的革命理论给予了人民反抗暴政的权利，但问题在于，国家对全体人民采取暴政的情况较为罕见，很多时候，它只是对一部分人民进行压迫而已，在这种情况下，揭竿而起就有些“大炮打蚊子”了。所以，应该在人民遭受非正义对待时给予他们“分离权”，这种解决方案更加温和而有针对性，是革命权的重要补充。[①] 布坎南认为正义分离理论比其他两大理论更具优势。第一，该理论更具可行性，符合最低现实主义的标准，因为国际法的制定者是主权国家，它们不可能容忍民族分离和民主分离那样自由放任的理论。第二，它契合领土主权完整的道德进步解释。关于领土主权完整的解释有两种，一种是绝对主义的，一种是道德进步的，前者捍卫任何情况下的领土主权，而后者只尊重具有道德正当性的国家的领土主权，目前国际法上的领土主权解释是第二种。正义分离理论既不与现有的领土主权完整原则相冲突，保全了基本的世界格局，又维护了基本人权，实现了普遍准则与特殊情况的巧妙平衡，是一种“进步的保守”（progressive conservation）。第三，该理论最大限度地避免了使现实更加恶化的诱因。其他两个理论由于过度放任，很可能导致民族冲突、分离敲诈和母国的提前反制，这些将使现实的列车向着背离分离理论初衷的方向行驶，而正义分离理论的门槛较高，能更好地调和理论与实际。[②] 此外，布坎南认为正义分离理论还可以一并解释解体问题。在国家解体时，统治秩序陷入混乱，人民的基本权利得不到保障，此时人民就可以为了自卫而分离。可以说，分离是人民从一个良好运转的国家脱离，而解体是人民从一个失败国家脱离；分离的触发条件是基本人权受损，而解体的触发条件是国家失败导致的基本人权受损。从这种角度而言，解体是分离的特殊形式，布坎南称之为“失序分离”（sauve qui peut separation）。[③]

---

① Allen Buchanan, ‘The International Institutional Dimension of Secession’, in Percy B. Lehning, ed., *Theories of Secession*, London: Routledge, 1998, p. 277.

② Allen Buchanan, ‘The International Institutional Dimension of Secession’, in Percy B. Lehning, ed., *Theories of Secession*, London: Routledge, 1998, p. 300.

③ Allen Buchanan, *Justice, Legitimacy, and Self-Determination: Moral Foundations for International Law*, Oxford: Oxford University Press, 2004, pp. 227-228.

（二）不正义陈述的多样性

那么，究竟什么是不正义对待呢？布坎南认为，不正义对待主要包含以下三种情形：（1）大规模且持续地违反基本人权，例如当年巴基斯坦对待东巴基斯坦；（2）夺取他国合法领土，例如波罗的海三国被苏联吞并；（3）违反州际自治协议，例如俄罗斯之于车臣、伊拉克之于库尔德人聚集区、南联盟之于科索沃。另外还有两种情形有待商榷：（4）民主社会中存在固定少数，这些少数者虽然拥有民主权利，但因为人口过少，即便有决策权也无决策力，始终无法决定国家的基本问题（fundamental issues）。布坎南认为此类情形不能算作不正义，因为少数者总会存在，不过在具体实践中可以由各国自行决定能否分离，若允许分离也无不可，例如加拿大允许魁北克分离。（5）"良心分离"（conscientious secession），即目睹他人悲惨境遇的人出于同情受害者和反对施暴者的考量要求分离，例如19世纪20年代的美国废奴主义者和1990年前后的黑山人。此类情形与前三种情形具有同样的道德基础，母国都因不正义而丧失了合法性，只不过该情形下要求分离的人不是直接受害者，而是同情受害者的人。布坎南支持"良心分离"。[①]

除了布坎南外，许多其他学者也对不正义对待进行了归纳。布利梅耶将不正义解读为"历史性冤屈"（historical grievance），主要涵盖两条内容：一是领土被外国强占，二是领土边界被第三方不合理地划分。[②] 伯区罗列了四种不正义的情形：（1）领土被外国强占；（2）政府在维护地区安全和基本人权方面出现持续或剧烈失败；（3）正常的民主机制出现扭曲，政府对部分地区采取歧视性政策，无法保障该地区人民的合法政治经济利益；（4）政府背弃与地方的自治协议，使人口占少数的地方长期在民主过程中被多数否决。[③]

昌迪霍克大致同意布坎南的观点，但比布坎南更加保守和务实。他主张，"分离权"是一种因具体情境而不同的权利（contingent right），并致力于分离权的语境化（contextualizing）。他认为，只有当无可挽回的、机制化的不正义（institutionalized injustice）——例如对基本人权的践踏或对契约义务的违

① Allen Buchanan，*Justice, Legitimacy, and Self-Determination: Moral Foundations for International Law*, Oxford: Oxford University Press, 2004，pp. 219-227.

② Lea Brilmayer, 'Secession and Self-Determination: A Territorial Interpretation', *Yale Journal of International Law*, Vol. 16, No. 1, 1991, p. 190。

③ Anthony Birch, 'Another Liberal Theory of Secession', *Political Studies,* Vol. 32, No. 4, 1984, pp. 599-600.

反——发生时，“分离权”才能被激发。而且，尽管在非民主国家中，受到严重不正义对待的群体拥有明确的“分离权”，但在那些正常的民主国家，“分离权”是一项弱权利（weak right），即便这些国家的民主可能是不充足的、正义是不完善的。所谓的弱权利是指可以被道德考虑限制的相对权利，这些道德考虑包括两种，第一种主要指分离方践踏少数者权利、第三方干涉和分离抗争的暴力性，一旦这些情况发生，分离权就应该立即被剥夺；第二种道德考虑与规范政治理论的终极关怀有关，即何种社会能够为个人提供最佳的生活情境。由此，昌迪霍克得出了自己的结论——即使在出现非正义情况时，分离也不是必然选项，因为在多元主义的民主制度下，受害者可以得到足够的补偿，并且可以通过多样的自治安排实现自决，所以应该将分离的空间进一步压缩。[①]

（三）小结

总之，正义分离理论将分离方的处境和遭遇视为分离的道德来源，逻辑起点是“我经历了什么”，关注点在于分离条件。正义分离理论之所以如此强调适用条件是因为其在本质上坚持国家主义的主权观念，认为国家是领土权利的第一持有者，只不过这种权利不是无条件的，它建立在国家的正义行为以及由其带来的正当性之上。可以说，正义分离理论与正义战争理论（just war theory）十分类似，后者认为维护世界和平是普遍准则，而使用武力是例外权利（exceptional right）；相似的，正义分离理论认为维护现存国家——包括主权和领土完整——是普遍准则，而分离是例外权利。[②] 因此，正义分离权是一种救济性权利。与之相较，民族分离理论和民主分离理论一般也承认非正义对待下的“分离权”，只是非正义对待并非必要条件，故这两种理论其实也可被称为救济性权利理论；正义分离理论比它们更严格，只承认救济性“分离权”，故布坎南称之为唯一救济性权利理论（only remedial right theories）。

① Neera Chandhoke, *Contested Secessions, Rights, Self-determination, Democracy and Kashmir*, New Delhi: Oxford University Press, 2012，pp. 90-101.

② Allen Buchanan，*Justice, Legitimacy, and Self-Determination: Moral Foundations for International Law*, Oxford: Oxford University Press, 2004, p. 257.

九、中庸之道与正义分离理论的可能性

（一）正义分离理论的局限性

与其他两大分离理论一样，正义分离理论也存在很强的局限性，其中最难克服的是无法清晰界定“不正义”的内涵。在伯区的理论中，少数者在民主过程中长期被多数否决属于不正义，但布坎南却明确反对这一点；大多数学者都在严重侵犯基本人权和强占他国领土这两种不正义情形上达成了共识，但对于其他情形——例如违背地方自治承诺、侵犯少数民族权利、分配不正义、实行非自由民主制度等——的性质判断则莫衷一是，甚至，大家对这些情形本身的定义也大相径庭。例如，遭受歧视性分配的民众能否分离？怎样的分配政策属于歧视性政策？在非自由民主制度下的民众能否分离？非自由民主制度是否等同于没有竞争性选举和政党轮替？被压制文化或宗教发展的少数民族能否分离？如果权利受损的少数民族有“分离权”，那么在历史上遭受屠杀并被夺走领土的土著人是否更有“分离权”？以上问题都很难回答，正如正当防卫与防卫过当在司法实践中很难判定一样。

基本概念的争议性直接导致了不正义“顶线”的模糊，使得正义分离理论在实际应用时遭遇瓶颈。人类文明发展到今天，人们对不正义的底线问题已达成基本共识，正义分离论者们对此的回答也基本一致，即严重侵犯基本人权，可是不正义的“顶线”呢？除了一些被广泛接受并写入国际法的不公正情形（如种族灭绝、种族隔离、奴隶贸易、酷刑等）外，还存在许多模棱两可的灰色地带，处于这些灰色地带的人们是否有权分离？在现实中，大部分要求分离的人们都没有遭到持续性的、大规模的人权侵害，处境基本都在不正义的底线之上，例如东巴基斯坦、泰国南部四府、印度东北部各邦、斯里兰卡的泰米尔人聚集区与中东各国的库尔德人聚集区，这些地区的人民的确遭受到了不公正对待，但远没有达到基本人权严重受损的地步。而且，无论分离主义者的处境如何，他们都会竭力渲染自己的“悲惨遭遇”，连苏格兰、台湾、香港、德克萨斯和加泰罗尼亚这样享有高度自治并在经济上较为

繁荣的地区都认为自己受到了严重的不正义对待，如何还能将正义原则应用于其他地区呢?

此外，正义分离理论还很难回答以下三个问题:

（1）也许分离可以维护正义，但同时也会带来新的不正义，而且这种不正义通常是无法避免的，此时该如何选择？纵观世界历史，绝大部分分离案例都伴随着民族冲突、宗教仇恨、战争或者恐怖主义，这与分离方的民族性或宗教信仰无关，是由分离主义本身的内向性和排外性造成的。分离行为本身就是一种拒绝温和解决方案的要求“擦干净画布”的一刀两断式做法，这种做法引发新的不正义的概率极高，而且一旦发生很难中止，如果分离是为了重塑正义，那么如何面对其所酿成的新的不正义?

（2）如果母国与分离地同时采取了不正义行为，那么如何权衡两者的轻重？如果母国的不正义行为可以激发“分离权”，那么分离方的不正义行为是否可以冻结“分离权”？例如，南奥塞梯的分离理由之一是格鲁吉亚侵犯了当地奥赛梯人的权利，但南奥塞梯在分离过程中进行了大规模的种族清洗，将数以万计的格鲁吉亚人驱逐出境，使得这些格鲁吉亚人颠沛流离无家可归，若是比较南奥塞梯与格鲁吉亚的作为，恐怕很难计算出谁更加不正义，同样的计算困局也出现在车臣和科索沃。

（3）按照正义分离理论，应该所有遭受严重不正义对待的群体都有分离权，然而常识却告诉我们这并不可能。在历史上，印尼的华人、美国的印第安人和纳粹德国时期的犹太人都曾遭受过严重的不正义对待，而且可能比东巴基斯坦人、科索沃人和车臣人的遭遇更悲惨，但由于这些群体要么属于新移民，要么属于土著人，即便他们符合正义分离理论所制定的分离标准，世人恐怕也很难承认他们的“分离权”。从这个角度讲，即使存在道德性“分离权”，它也不是由正义原则简单缔造，而是与民族历史、民主选择、地域性以及社群与土地的情感羁绊等因素混合而成。

（二）正义分离理论的中庸取向与人道关怀

尽管上文陈列了正义分离理论的诸多缺陷，但在笔者看来，该理论仍是三大分离理论中最务实、最值得思考的理论，因为它在总体上采取了国家主义的领土主权立场，对“分离权”的危害较为警惕，但同时又未放弃公平正义的乌托邦理想，对基本人权有着真诚关怀。相较于其他两大理论，正义分离理论既保全了人权的底线，又维护了国家主权，体现出一种精致的平衡技巧与中庸的理论智慧。考虑到分离主义带来的巨大负面影响，笔者坚决反对绝大多数分离行为，但笔者也不得不承认，维护基本人权的确具有某种道德优先性。在某些极特殊的情境下（例如种族清洗），如果被迫害的群体已经穷尽了各种合理合法的自卫手段，但仍然无法摆脱母国的严重非正义对待，那么分离可能是一个可以考虑的救济手段。从这个意义上讲，尽管正义分离理论无法为“分离权”奠定坚实的道德基础，但也有助于时刻警醒主权国家，使它们不会轻易触碰践踏人权底线，并对公平正义长存敬畏之心。

第二十一章　真实与想象的“分离权”

分离主义者常常援引国际法上的自决权来为其分离活动作合法性论证，给人们的印象是国际法上好像存在着所谓的“分离权”，甚至连有些学者也认为国际法上确实存在着“分离权”。由于在理论上没有将“分离权”的有关问题搞清楚，导致了现实中反对分离主义的“乏力”。那么，国际法上是否真正存在所谓的“分离权”？“分离权”究竟是怎么回事？分离在什么情况下可以被视为一项权利？这项权利的性质和行使条件是什么？国内法怎样看待“分离权”？为了从法理上澄清有关分离权的上述问题，本章特作如下探讨。

一、国际法层面：分离未被确立为一项权利

从历史上看，国家领土的范围不是一成不变的，领土分离跟领土的其他变动形式一样，是一个经常发生的事实，然而，在国际法上“分离权”却不是一种事实存在。如果人们要坚持使用“分离权”这个概念，也只能说，它在国际法上是一个虚拟的学术概念，而非法律概念。考察现行国际法规范就会发现，国际法对分离主义一直采取不支持的态度，根本不承认“分离权”。具体表现在以下几个方面：

第一，相关的国际法律文件明确表示不支持分离行为。从国际法的角

度看，在民族自决与分离主义相关问题上，联合国有两个非常重要的决议：1960年的《给予殖民地国家和人民独立宣言》和1970年《国际法原则宣言》。除了重申自决权原则只适用于仍在托管的前殖民地和没有形成住民自治政府的领土外，这两个文件都为防止分离主义破坏国际秩序而作了专条规定，着重强调了只有在三种情况下可以支持民族自决：殖民主义统治、外国占领和强加的政治统治，以及种族主义政权，同时申明支持民族自决并不表示鼓励现存主权国家内部少数民族要求分离独立的行为。像绝大多数国际法文件一样，这两个重要决议在强调民族自决、反对殖民主义、支持民族独立的前提下均特别规定了对国家主权原则的保护条款。前一个宣言第六条明文规定："任何旨在部分地或全面地分裂一个国家的团结和破坏其领土完整的企图都是与联合国宪章的目的和原则相违背的。"[①] 后一个宣言则更明确地指出，民族自决权原则"不得解释为授权或鼓励采取任何行动，局部或全部破坏或损害在行为上符合上述各民族享有平等权及自决权原则并因之具有代表领土内不分种族、信仰或肤色之全体人民之政府之自主独立国家之领土完整或政治统一。"[②] 一项联合国主持的权威研究进一步表明，这些条款实际上暗示着国际法不承认分离权。由于分离主义会严重挑战和冲击现存的国际政治秩序，因此联合国在其文件和决议中特别区分了民族自决与分离主义的不同。对于在少数族群地区全民公决或选举分离主义地方政府的情况下的分离要求，主权国家的中央政府并没有接受其要求的法律责任和一般义务。[③] 因为国际法的有关条文均不承认分离是单方面可以完成的行为，同时在国际法中承认主权国家的中央政府拥有对分离要求的自行处置权力。需要指出的是，国际法虽然不支持分离行为，但也没有完全禁止分离行为，因为在它看来，是否允许分离是一个主权国家内政范围内的事项。所以，国际法将分离问题留给了主权国家自己去作内部处理。但从总体上来说，国际法基于维护国家主权不得侵犯的原则，不支持分离行为，不承认分离为一项权利。

这里需要澄清一个问题，2010年7月22日，国际法院就"科索沃单方面宣布独立是否符合国际法"这一问题发表咨询意见，认为"科索沃宣布独

---

① 王铁崖、田如萱编：《国际法资料选编》，法律出版社1982年版，第11页。

② 王铁崖、田如萱编：《国际法资料选编》，法律出版社1982年版，第8页。

③ ［德］沃尔夫刚·格拉夫. 魏智通主编：《国际法》，吴越、毛晓飞译，法律出版社2002年版，第270页。

立没有违反国际法"。据此，有些人将该咨询意见误解为科索沃单方面宣布独立是符合国际法的，进而误认为国际法有时也支持分离主义。事实上，国际法院并没有明确承认科索沃单方面宣布独立符合国际法，这里仅仅说是"不违反"，"不违反"和"符合"是两个不同的法律概念，其含义有着重大的差别。"符合"意味着许可、授权或鼓励，即国际法明确允许或鼓励从事某种行为；而"不违反"只是意味着在国际法上不存在对某种行为的明文禁止性规则，国际法对该行为的合法性持中立立场。[①] 导致这一误解的关键是人们"非此即彼"的二元思维方式，认为只要"不违反"国际法，就"符合"国际法。事实上，从国际法规范的角度来看，科索沃单方面宣布独立的行为，即便是"不违反"国际法，也并不意味着它"符合"国际法。准确地说，应该是"既不违反，也不符合"，因为国际法根本就不规范分离这一本属于国内法范畴的事项。所以，有些学者援引这个案例来佐证国际法支持分离主义是站不住脚的。不过，需要指出的是，对于不十分熟悉国际法对分离之态度的人们来说，国际法院的这一咨询意见具有一定程度的误导性，会使他们误认为科索沃的分离行为"符合"国际法，这在客观上会对今后国际秩序的稳定产生不利的影响。

第二，长期以来国际社会对各国维护主权统一的行为持以支持的态度。国际法允许主权国家以武力方式维护国家领土主权，允许主权国家对武装分离势力采取军事行动。国际法不鼓励分离主义，不仅因为国际法是建立在主权国家基础之上的法律体系，而且因为国际社会如果对分离主义势力让步，只能导致越来越多的战乱和灾难，危害世界和平与稳定。从联合国有关机构和官员对分离主义所发表的一些意见也可以看出联合国对待分离主义的态度是相当明确的。联合国消除种族歧视委员会第 21 号建议指出："委员会（指联合国消除种族歧视委员会——笔者注）注意到一些种族或宗教团体或少数民族经常引用自决权作为他们要求分裂的依据…… 委员会强调，根据《国际法原则宣言》，委员会的任何行为都不可理解为授权或鼓励任何旨在全部或部分地分裂或损害国家的领土完整和政治统一，如果该国是遵循人民平等权利和自决权利的、独立和有主权的，并具有代表该领土上的全部人民，而没有种族、信仰或肤色的区分的政府。委员会考虑到国际法并没有承认人民通常

① 余民才:《"科索沃独立咨询意见案"评析》，载《法商研究》2010 年第 6 期，第 50 页。

有权利单方面地宣布脱离一个国家，在此方面，委员会遵循《和平日程》中所表达的观点，即国家分裂可能不利于保护人权和维护和平与安全。”[①]联合国前秘书长吴丹也曾明确地指出：“至于一个成员国的特定部分的分离问题，联合国的态度是明确的。作为一个国际组织，联合国过去从未接受过、现在不接受，而且我相信永远也不会接受某一成员国的一部分分离出去的原则。”[②]

第三，国际社会对因分离而诞生的新国家的承认持以谨慎的态度。在国际政治行为和国际惯例中，国际社会一般不支持也不接受单方面分离行为，但如果要求分离的一方通过赢得战争来实现分离并且在分离地区建立了有效统治，或当事国在事实上处于解体的状态，国际社会在当事国承认既成事实的情况下最终也可能会接受分离的事实。毫无疑问，当事国政府的现实状况和明确态度至关重要。在当事国拒绝接受分离的情况下，国际社会一般不会承认分离的事实，联合国也不会接受新独立的政治实体为正式成员国。回顾20世纪70年代的东巴基斯坦事件，当时东巴基斯坦从巴基斯坦分离出来建立了独立的孟加拉国以后，只有印度与不丹给予孟加拉国正式的国家承认。联合国对此采取了不干涉的态度，其相关决议亦没有承认孟加拉国的独立属于民族自决的范围，并且在相当长一段时间内拒绝承认新独立的孟加拉国。直到1974年2月巴基斯坦政府最终承认独立的孟加拉国之后，联合国才接受其为正式成员国。当时各主权国家在是否承认孟加拉国的问题上相当谨慎，大多数是在它的母国巴基斯坦作出承认的决定后才陆续承认孟加拉国。国际社会采取这种慎重态度与殖民地人民因行使自决权而宣布独立后的积极反应

---

① 引号中的汉语是根据英文译出的，不是联合国文件的原文。鉴于这段文字对于加深理解“分离权”的有关问题有着重要的意义，现将原文注释出来，以便读者对照：“The Committee notes that ethnic or religious groups or minorities frequently refer to the right of self-determination as a basis for an alleged right to secession…The Committee emphasize that, in accordance with the Declaration of the General Assembly on Friendly Relations, none of the committee's actions shall be construed as authorizing or encouraging any action which would dismember or impair, totally or in part, the territorial integrity or political unity of sovereign and independent states conducting themselves in compliance with the principle of equal rights and self-determination of peoples and possessing a government representing the whole people belonging to the territory without distinction as to race, creed or colour. In view of the Committee international law has not recognized a general right of peoples to unilaterally declare secession from a state. In this respect, the Committee follows the views expressed in the Agenda for Peace, namely that a fragmentation of States may be detrimental to the protection of human right as well as to the preservation of peace and security. This does not, however, exclude the possibility of arrangements reached by free agreements of all parties concerned。”

② United Nations Monthly Chronicle, No. 2, 1970, p. 36.

形成鲜明对比。[①] 该案例进一步表明，尽管国际法并不能排除分离主义能够从主权国家分离出来建立一个新国家的情况，但对于分离主义建国，国际法不是主动地促成，而是被动地事后承认，即当新国家的产生已经既成事实并获得国际承认后，才予以接受。

通过以上分析我们可以发现，国际法和国际社会均不承认“分离权”。究其原因，主要是：倘若承认“分离权”，便意味着承认主权国家的部分人民从国家整体中脱离出去独立建国的行为是合法的，倘若如此，无疑会激发主权国家内部的地区分离主义和民族分离主义，这与维护国家主权及领土完整这一国际法基本原则是对立的。正是由于分离与国家领土完整之间存在着冲突关系，作为国际法主要“制定者”的各主权国家根本不会“制定”出任何允许主权国家的一部分享有“分离权”的国际法。可以说，只要主权国家作为国际法的主要“制定者”这个事实不改变，国际法将来也不会承认破坏国家领土完整和政治统一的“分离权”。[②] 正如马勒森（Rein Muller Son）教授从法律和政治两个方面对国家不支持分离主义、否定“分离权”的态度所作的分析：在国际法上，如果承认一个实际上尚未取得国家资格之团体的分离要求，就将构成对国家管辖事项的干涉，从而违反联合国宪章的原则和精神；在政治上，如果因承认分离主义者从统一的国家中分离出去的要求而严重削弱国家原有的相对权力或从根本上诋毁它，主权国家都拒绝接受这种要求。主权国家都不允许属于其一部分的人口和领土分离出去，因为分离将导致一个统一主权国家的财富、资源、权力的衰减，从而削弱其经济实力、国防能力和潜在的国际实力。[③]

诚然，在理论学说层面上，确实有一些西方学者从自由主义理念出发，主张分离是一项国际法权利，但这仅仅是西方学者们的一种动议或“学术观点”，而不是国际法上的“现行规范”。学者们所主张或动议的权利（应然的法律权利）与事实上被确立为法律层面的权利（实然的法律权利）毕竟不是一回事。在各种学术主张中，只有那些在理论上能自圆其说，且符合政治现

① Hurst Hunnum, ‘Rethinking Self-Determination’, *Virginia Journal of International Law*, Vol. 34, No. 1, 1993, p. 49.

② 白桂梅著:《国际法上的自决》，中国华侨出版社 1999 年版，第 204 页。

③ 马勒森:《人民自决与苏联的解体》，载罗纳德・麦克唐纳主编:《王铁崖纪念文集》1993 年英文版，第 580 页。转引自白桂梅著:《国际法上的自决》，中国华侨出版社 1999 年版，第 204—205 页。

实的“权利主张”，才能最终被确立为一项法律权利。像所谓的“分离权”这种与国际法原则以及国际政治现实相冲突的“权利主张”，不可能被国际法所接纳并最终确立为一项法律权利。

二、误认为国际法上存在“分离权”的原因

如前所述，很多分离主义者在论证自身合法性时大都从国际法上的自决权原则中寻求“合法性”依据。为此，消除种族歧视委员会在关于自决权的一般性建议中指出：“委员会注意到，种族或宗教团体或少数群体经常提到自决权，视之为指称的分离权利的基础。”[①] 另外，在有些国际政治学者的文献中，也常常将“分离权”与自决权联系在一起，甚至将“分离权”混同于国际法上的自决权。诚然，分离与独立虽然在表面上或形态上具有某些相似点，即都是一个国家的一部分领土和人口从国家整体中脱离出去而实现独立建国，但从深层次上看，所脱离出来的这部分领土在分离和独立语境下所揭示的意义是不一样的。从它们与被脱离国家的关系来看，因分离而脱离出来的这一部分原来就是被脱离国家的一部分，但因独立而脱离出来的这一部分原本就不属于被脱离国家的一部分，只是后来因殖民统治而将其纳入了被脱离国家。许多学者将分离与独立混同起来，主要是只看到了两者的相似点，而没有看到两者的内在差异。具体说来，原因如下：

国际法上自决权的原始含义是政治独立权，即殖民地、托管地或非自治领土的人民在去殖民化过程中所行使的实现国家独立的权利，他们在行使自决权而完成独立建国时，并没有损害宗主国的领土主权完整。但是，分离权的情况有所不同，尽管分离主义、分离行为、分离运动等都是客观存在的，但将“分离”与“权利”结合在一起而组成所谓的“分离权”，在国际法上却是不存在的，它是一个被人们“想象出来”的概念，只不过人们久而久之地沿用这一概念，也就“习惯成自然”，进而误认为国际法上存在着分离权。只要考察自决权原则的演变历程，就可以发现，自决权与“分离权”没有必然的联系，自决权不包括“分离权”。众所周知，自决权的行使并不会损害宗

---

① 杨宇冠主编:《联合国人权公约机构与经典要义》，中国人民公安大学出版社 2005 年版，第 294 页。

主国的领土主权完整，因为殖民地和其他被外国占领或统治的领土，从来就没有被它们的宗主国视为其领土的组成部分，殖民地人民及其他被外国占领（或统治）领土上的居民也不能享有与宗主国本土居民相同的法律地位。从殖民地及其他被压迫民族的角度来看，它们曾经是某个独立的主权国家的一部分，正是帝国主义的侵略和殖民主义统治才使得它们处于被压迫、被奴役的地位。因此，殖民地及其他被压迫民族的独立和解放既是结束被压迫、被奴役地位的一种方式（而且是最主要的方式），也是它们的一项权利。但这种权利不是“分离权”，因为这与从一个主权国家分离出去没有任何关系。显然，殖民地及其他被压迫民族的自决权所包含的应该是独立权，而不是“分离权”。[①]

从国际法的视角来看，分离行为不同于去殖民化过程中的自决运动，它在国际法上不但得不到支持反而还受到特别的限制。《给予殖民地国家和人民独立宣言》把民族自决权宣告为直接反对异国奴役的权利，表明运用民族自决权来自由决定一个民族的政治地位，只能是直接用来反对殖民统治而不是原有的国内统治。[②] 国际法在自决权和分离的问题上所形成的共识是，自决权主要适用于去殖民化，并非一概支持少数民族的分离建国要求。[③] 在酝酿《给予殖民地国家和人民独立宣言》的过程中，联合国的一些成员国就担心毫无限制的自决权可能会导致现存国家的分裂，从而危及国际社会的稳定。因此，联大在支持自决权的同时，特别表示要保证其成员国现存领土的完整，限制以自决为名的分离。现存国家（哪怕它以前曾是殖民地）中少数民族进行的分离运动并不在民族自决权的保护之下。[④] 如果歪曲和滥用民族自决原则、支持分离主义的行为得不到制止，那就相当于干涉他国的内部冲突，其结果必然是对国际法关于尊重其他国家领土完整的准则的背叛。[⑤] 正如英国剑桥大学迈尔可姆·肖教授所说：“自决只限于公认的殖民地领土范围之内，

---

① 白桂梅著:《国际法上的自决》，中国华侨出版社 1999 年版，第 190 页。

② 李龙、万鄂湘著:《人权理论与国际人权》，武汉大学出版社 1992 年版，第 138 页。

③ Richard Falk, 'Self-Determination Under International Law: the Coherence of Doctrine Versus the Incoherence of Experience', in Wolfgang Danspeckrruber ed., *The Self-Determination of Peoples*, Boulder: Lynne Rienner Publishers, 2002, p. 31.

④ 任东来著:《政治世界探微》，北京大学出版社 2005 年版，第 274 页。

⑤ Vernon van Dyke, *Human Rights, the United States, and the World Community*, New York: Oxford University Press, 1970, p. 107.

任何想扩大这个范围的尝试都从未成功过，而且联合国总是极力反对任何旨在部分地或全面地分裂一个国家的团结和破坏其领土完整的企图。”① 美国学者熊玠也指出：“在自决和尊重领土完整、国际法和国内法之间，并不存在必然永远的冲突。在各国和联合国的实践中，自决主要被限于殖民地情况，且不意味着分离的权利……在自决的例子中，自决是由国际法确认的，许多细节则留给国内管辖权去处理，就像在处理有关国家继承权的所有事务那样。”② 分析至此，我们必须澄清一个误区，即不能将“分离权”混同于殖民地、半殖民地人民及其他被压迫民族在国际法上所享有的自决权。

究其原因，人们之所以将“分离权”混同于国际法上的自决权，主要是因为人们对分离与自决之间的区别存在着模糊认识，以及对自决概念存在着误解。首先，由于“分离主义”这个词带有某种程度的贬义，故分离主义团体通常比较喜欢借用“自决”这个中性词语，这在一定程度上加大了分离与自决之间的混乱。借着这种混乱，分离主义者通常打着“自决”的旗号来为其分裂行径作合法性辩护。其次，国际法上的自决没有任何确切的定义，结果使一些人错误地将自决与分离必然地联系在一起，甚至将自决等同于分离，进而将国际法上关于自决权的规范误认为是关于“分离权”的规范，这样也就将国际法与“分离权”联系在一起了。③ 再次，分离主义势力之所以竭力勾连国际法，还因为分离行为在国内法上通常是被禁止的，它们只好到国际法规范中去寻找合法性依据，进而求得国际势力的保护和支持。第四，由于绝大多数殖民地人民行使自决权的结果都是脱离宗主国并建立新国家，而分离的结果也大多是分离团体脱离原来主权国家而建立新的国家，两者具有表面上的相似性，也使得人们误认为自决就是分离、自决权就是“分离权”。

基于以上分析，笔者认为，民族自决权原则作为国际法上的基本原则，理应受到推崇。但是，对于民族自决权的适用，应当采取比较慎重的态度，④ 以防止分离主义势力假借自决权的旗号来从事分裂活动。从当今国际社会来看，许多国家都不同程度地存在着分离主义问题，这些分离主义运动（或倾

---

① Malcolm N Shaw, *International Law*（Second Edition）, Cambridge: Cambridge University Press, 1998, p. 110.

② ［美］熊玠著：《无政府状态与世界秩序》，余逊达、张铁军译，浙江人民出版社 2001 年版，第 183—184 页。

③ 白桂梅著：《国际法上的自决》，华侨出版社 1999 年版，第 178 页。

④ Fernando R. Teson, *A Philosophy of International Law*, Boulder: Westview Press, 1998, pp. 150-151.

向）有其特殊而复杂的历史背景，不应当盲目地以民族自决权为由加以支持，[①] 自决权并非分离主义的挡箭牌。

三、国际实践层面：分离仅被“视为”一项救济性权利

国际法上没有“分离权”的规定，要了解“分离权”的性质，只能借助于国际社会的实践和国际学术界的主张。虽然在国际法上分离并未被确立为一项权利，但在国际实践中，如果一个国家没有在宪法以及相关法律和政策中对其弱势团体（如少数民族等）的权利给予实际的保护，在现实中存在着中央政府的歧视性统治（准殖民地状态）和集体性屠杀的事实，或者强制推行种族同化和文化灭绝政策，那么这些弱势团体就被“视为”[②] 享有要求自治甚至分离的权利（即分离权）。国际社会之所以在特定情形下视分离为一项自我救济的特殊权利，从根本上说，是基于人道主义理念和保护弱势团体人权的考量。此情形下的分离权是弱势团体保护自身免遭毁灭而最后不得已行使的一种救济性权利，是弱势团体实行自我保护的例外机制。在分离被视为一项权利的过程中，学界的积极推动和建议是至关重要的。可以说，没有学界的呼吁和推动，分离不可能在国际实践中被视为一项救济性权利。所以，研究国际实践中的分离权离不开对学界的相关观点进行回顾、梳理和分析。

在有关“分离权”的论述方面，学界的观点并非完全一致，有些学者在论述“分离权”时，并没有恰当处理是否要或如何与国际法律制度加以整合的问题。[③] 他们只提到分离的“权利”，却没有进一步去研究这一权利究竟是缺乏任何制度基础的道德诉求，还是得到国际承认的合法权利；另有一些意

---

① 杨泽伟著:《主权论——国际法上的主权问题及发展趋势研究》，北京大学出版社 2006 年版，第 176 页。

② 在法律上，“视为”类似“类推”的规定，通常指在法律上没有明文规定，但根据其情形，应将其看作是能够适用于法律规定中最相类似规范。在这里，“视为”的意思是，法律上尽管没有规定“分离”是一种权利，但一个主权国家内的某个种族或部分人民在面临来自国内（特别是来自中央政府）的种族灭绝或人道主义残害时，依照人权保护的理论和规则，可以类推他们拥有从这个国家分离出去的权利。

③ Harry Beran, *The Concept Theory of Political Obligation*, London, Croom Helm, 1987; David Gauthier, ‘Breaking up: An Essay on Secession’, *Canadian Journal of Philosophy,* Vol. 24, No. 3, 1994, pp. 357-375.

识到了他们正在试图改变国际社会对分离事件的处理方式（而这可能还包含法律的部分），但没有指出在“分离权”正当性及范围的讨论与实务上国际法律制度改革的整体规划之间尚存有很大的差距；[①] 也有些学者意识到了这个差距并小心翼翼地注明他们的理论只是为改革指出大致方向，但他们仍然没有为缩短这个差距提供任何改革方案。[②] 上述三种观点的不足在于，它们均没有明确提出“分离权”的行使必须要有一定的限制条件，故这些观点不能有效地防止“分离权”被滥用。

尽管学界在分离权问题上观点不一，但基本上可以将它们划归为两大理论形态，即“仅限救济权利理论”和“初始权利理论”。在这两大理论形态中，“仅限救济权利理论”是学界的主流理论，其主要代表人物是布坎南（Allen Buchanan）等。该理论认为，在国际实践中，分离权在一定情况下仅限于被视为一种救济性权利（Remedial Right），即一个团体只有在遭遇特定的“严重不公正待遇”而现有的法律手段又不能提供解决这种不公正的有效方案时才有权进行分离。该理论的核心概念是“救济性分离权”，这种分离权类似于西方近代自由主义思想家洛克学说中的革命权，[③] 这种权利是一种在中央政府违背或破坏民意、人民基本权利被强行剥夺的情况下，对民众来说作为最后救济行为的权利，其突出特点是给予弱势团体分离权的同时，又规定了行使该权利的严格条件。早在 1917 年，当阿兰德群岛居民谋求脱离芬兰加入瑞典遭到芬兰政府拒绝时，阿兰德群岛人将案件提交国际联盟。由国际联盟理事会任命的三名法学家组成的委员会最终作出报告认为，国家的组成部分分离出去成为一个独立的国家或者与他国合并，只能在国家不能或不愿实施公正和有效的保护时被作为例外的、最终的解决手段。[④] 加拿大学者朱毓朝教授认为，行使这种权利的前提条件必须是当事政权为问题的罪魁祸首，并且没有任何改正的迹象，而且用和平协商解决问题的方式都已经穷尽，在此情况下，作为受害群体的最后选择，用非暴力甚至暴力形式完成的分离才

① Daniel Philpott, 'In Defense of Self-Determination', *Ethics*, Vol. 105, No. 2, 1995, pp. 165-169.

② Avishai Margalit and Joseph Raz, 'National Self-Determination', *The Journal of Applied Philosophy*, Vol. 87, No. 9, pp. 439-461.

③ Allen Buchanan, 'Secession, State Breakdown, and Humanitarian Intervention', in Deen K. Chatterjee and Don E. Scheid, eds., *Ethics and Foreign Intervention*, Cambridge: Cambridge University Press, 2003, p. 198.

④ *Report of International Commission of Jurists on Legal Aspects of the Aaland Islands Question*, in Henry J. Steier and Philip Alston, op.cit, Note3, p. 1256.

可以在道义上被接受。[1] 美国学者卡塞斯（Antonio Cassese）教授认为，只有当中央政府以种族、宗教或肤色为由拒绝某团体参政时，它才有权主张自决权（笔者注：卡塞斯在这里所说的自决权，其含义就是分离权）。[2] 荷兰籍国际法院法官科艾曼斯（P.H.C Kooijmans）也认为，“分离权”并非民族自决权的正常衍生物，而是一种最后的救济方法。“分离权”本身不属于自决权，在一定条件下充其量算是保障自决权实现的一种救济手段，并且这种救济手段的行使是有条件的，即当某个群体的权利受到侵害时，只有在国家框架内寻找解决问题的所有努力均不奏效，且区域和国际的救济均被证明无效时，才可援引“分离权”。只有当主权被滥用，即政府实施了民族歧视、不能作为国家真正的代表时，某个群体才能以分离的形式对该国的主权和领土完整构成挑战。[3]

从上述学者们对救济性分离权之行使条件的论述来看，尽管表述有所不同，但均认为救济性分离权必须是一种带有严格限制条件的特殊权利。然而，对于中央政府来说，如果其在法律和政治制度安排上有民族平等、保护弱势团体基本权利的政策，分离权就没有理由被援引，那么中央政府在处理分离要求的问题上就拥有完全的自主权。即便是在少数族群通过在聚集居住的地区用公民投票的方式表达出分离的集体愿望，中央政府也没有法律上的责任和义务承认或接受分离主义的诉求，因为中央政府代表和考虑的是国家的整体利益，而且是唯一被国际社会承认的在该领土上的合法政权。[4] 应当承认，上述学者们所言，尽管属于“一家之言”的学术观点而非国际法的规范，但对于主权国家来说，这些观点还是能对其中央政府构成一定程度的约束。因为面对其境内的弱势团体（特别是少数民族）拥有这种在道义上可以获得支持的权利，能够促使它们很好地重视其国内弱势团体的发展。如果其漠视弱势团体的人权保障，并推行极端的侵犯人权的政策（如种族歧视和种族灭绝政策），弱势团体就可以凭着这项救济性权利从该国分离出去，以便获得“自救”。当然，弱势团体能否分离成功，并非完全取决于它们是否拥有这项权

① 朱毓朝:《国际法和国际政治中的分离主义》，载《国际政治科学》2005 年第 2 期，第 78 页。

② Antonio Cassese, *Self-Determination of Peoples, A Legal Reappraisal*, Cambridge: Cambridge University Press, 1995, p. 12.

③ P. H. Kooijmans, ‘Tolerance, Sovereignty and Self-Determination’, *Netherlands International Law Review*, 1996, No. 2, 1996, pp. 211-217.

④ 朱毓朝:《国际法和国际政治中的分离主义》，载《国际政治科学》2005 年第 2 期，第 78 页。

利，而是取决于它们与中央政府的实力对比、国际力量的支持等多重复杂因素。

相较于“初始权利理论”来说，“仅限救济权利理论”将“分离权”界定为一项带有严格限制条件的救济性权利的确有其合理之处，具体表现在：[①] 首先，将“分离权”界定为一种救济性权利，为“分离权”的行使设定了相当严格的限制条件，却又没有完全排除其行使。在某团体遭遇严重不公而除了分离又别无解决之道时，该团体方才拥有分离权。因为从现实方面来看，大部分分离事件常常引发暴动，随之而来的是大规模人权侵犯和资源破坏，所以必须正视分离权可能会引发的负面效益。其次，分离运动在事实上可能会加剧种族冲突。一是因为在现实世界中，许多分离事件是由少数民族所引发，而当某少数民族分离出去之后，在此新成立的国家中仍有其他少数民族存在，分离运动会使得他们加以效仿，结果是先前受迫害者往往变成了新的加害者；二是因为在大部分的实际案例中，欲进行分离的团体之所有成员并非都居住于同一区域，结果通常是那些留下来的成员更占少数，因而更容易受到被分离所激怒的他者之歧视与迫害。[②] 以“遭遇严重不公正待遇”作为分离正当性的条件，能够表现出对分离建国行为的限制和慎重，同时也反映了分离背后种族冲突的现实。再次，从本质上说，分离行为属于国内政治范畴，应受国内宪法的规范。它的实现必须在宪法程序之下，以协商共识为前提。从权利的角度来说，“分离权”不是简单的单方面的基本权利，而应该是一种共识性权利，即在有关各方达成共识的条件下才能实现的权利。[③] 从国际实践的角度来看，在各方共识中，分离团体与中央政府之间的双方共识特别是中央政府对分离问题的态度是至关重要的，甚至是决定性的。1945 年以来，国际社会从未在当事国政府拒绝接受分离行为和事实的情况下，以接受联合国新成员的方式承认新独立的国家。[④] 因此，以独立建国为诉求的分离主义都面临着一个难以逾越的阻碍：当事国政府的坚决反对。倘若当事国政府坚

---

① ［英］佩西·列林编著：《分离主义的理论》，许云翔等译，台湾韦伯文化事业出版社 2002 年版，第 286—287 页。

② Donald Horowitz, 'Self-Determination: Politics, Philosophy, and Law', in Will Kymlicka and Ian Shapiro, eds., *Nomos 39: Ethnicity and Group Rights*, New York: New York University Press, 1997, pp. 421-463.

③ Allen Buchanan, 'Secession, State Breakdown and Humanitarian Intervention', in Deen K. Chatterjee and Don E. Scheid, eds., *Ethics and Foreign Intervention*, Cambridge: Cambridge University Press, 2003, pp. 189-211.

④ 朱毓朝：《国际法和国际政治中的分离主义》，载《国际政治科学》2005 年第 2 期，第 82 页。

决反对分离行为，则分离行为获得成功的可能性极小。如果认为分离是单方面的权利和单方面可以完成的行为，不需考虑其他当事人特别是当事主权国政府的意见，那就肯定会产生争议、导致冲突。以上表明，分离在根本上是一种非建设性的行为，绝对不是对民族分歧、族群争议、不同形式的种族歧视等问题的正面而有效的解决办法。[①] 所以，对其加以限制，将其界定为在特定条件下方可行使的救济性权利是合理的。

虽然“仅限救济权利理论”有其合理的一面，但也存在着许多问题和不足。譬如，以“遭遇严重不公正待遇”作为救济性分离权正当行使的条件，但达到什么样的程度才算是“严重不公正”？如何来界定“严重不公正”？由谁来判定？目前国际上没有解决此类问题的法律认定标准以及相关仲裁制度。这些非常现实的问题得不到很好的解决，就容易导致救济性分离权的滥用，如在前述科索沃分离案例中，支持科索沃“独立”的许多国家大都是从所谓的救济性分离权方面来论证科索沃单方面宣布独立的合法性的。笔者认为，这是对救济性分离权的误解和滥用，因为科索沃人民没有遭遇所谓的“严重不公正待遇”，科索沃人民不享有国际实践中所谓的救济性分离权，援引救济性分离权来对其分离行为作合法性论证着实开辟了一个危险的“先例”。对此，欧美各承认国也有所担心，它们反复强调，科索沃问题只是一个“特例”，不能视为世界上其他民族冲突以及鼓励突破民族国家模式的“先例”。

鉴于以上关于“仅限救济权利理论”两个方面的分析，我们要正确看待和评价该理论的利弊。试想，如果不承认救济性分离权，弱势团体在遭遇严重不公正待遇时，就无法保障它们的生存权益；如果承认救济性分离权，该理论本身的局限性又容易导致其潜伏着被滥用的可能性或倾向性。所以说，救济性分离权是一把双刃剑，虽然有保护弱势团体免遭迫害的积极意义，但也存在被滥用的可能。对于其局限性，我们不能漠视，就其跟“初始权利理论”相比，由于它为分离权的行使设定了限制条件，故它在一定程度上可以防止分离权的滥用，但因为它设定的分离权之行使条件在现实政治中很难准确而具体地把握，故它也不能完全防止分离权的滥用。为此，对救济性分离权应有一个正反两方面的认识，不能将其跟通常的法律权利混为一谈，也不

---

① Radha Kumar, ‘Settling Partition Hostilities: Lessons Learned, Options Ahead’, in Michel Seymour, ed., *The Fate of the Nation State*, Montreal-Kingston: McGill-Queen’s University Press, 2004, pp. 247-269.

能将其作为通常的法律权利来过分地强调和高举，更不能在实践中无限扩大这种救济性权利的正面功能。

除了认识到“分离权”是一种救济性权利之外，还应认识到它仅仅是一种道德性权利（即只是在道义上可以获得支持的权利），而不是法律权利。既然是道德性权利，那么它就不可能像法律权利那样具有制度性保障。在国际实践中，它通常依靠同情、理解与支持来加以保障和实现，当然，有时也借助于外在国际力量的支持。不过，分离的道德正义因素即使存在，对分离运动的成功也仅有非常有限的影响和帮助。所以，从国际实践来看，通过拥有和行使救济性分离权而获得独立建国的案例极为少见。

另外，学界也有学者从自由主义理念出发，提出了“初始权利理论”，其主要代表人物是马格利特（Margalit）、雷兹（Raz）、贝南（Harry Beran）、威尔曼（Christopher Wellman）等。该理论认为，“分离权”是民主权利的一部分，是一种可以主动行使且不受条件限制的初始性权利（Primary Right），该理论的核心概念是“初始性分离权”。该理论认为，某些弱势团体即使没有遭受到不公平的待遇也享有分离权，它们并不认为分离只有在用于改善不公正状态时才具有正当性。[①] 事实上，“初始权利理论”只有在不考虑任何制度的状态下才具有说服力，并且该理论对于解决现实中的分离事件，并无太大意义，因而，该理论在学界不占主流地位，影响很小，基本上不被人们所接受。倘若将分离权界定为初始性权利，则极易导致其被滥用，从国际政治实践来看，分离权由被动性权利滥用为主动性权利、由共识性权利滥用为单向性权利、由道德性权利滥用为法律性权利，大都是由于将分离权由救济性权利滥用为初始性权利所致。该理论还经常成为西方强权国家肢解他国，维护自己霸权地位的理论工具，对此必须予以警惕。

四、国内法层面：分离被确立为一项权利仅属特殊个案

事实上，真正将分离确立为一项法律权利的领域是国内法（而不是国际法），但是，这是极个别国家的做法。从法理上说，是否允许分离属于一个主

① ［英］佩西·列林编著：《分离主义的理论》，许云翔等译，台湾韦伯文化事业出版社 2002 年版，第 76 页。

权国家内政的范畴，属于国内法（宪法）调整的问题。那么，国内法是怎样对待分离的呢？在国内法层面，分离诉求一般都被认为是非法的，因为国内法的主要目的是在法律上定义国家的性质和政府的权限并且规定如何保证政府功能的实现，而不可能是如何肢解国家。[①] 分离主义挑战的是现存的主权国家，中央政府一般都强烈反对分离主义肢解国家的要求并且视分离为非法行为，几乎所有国家的国内法都严格保护国家主权统一和领土完整，分离主义行为在国内法上通常是被作为犯罪行为来对待的，特别是当分离主义者诉诸武力或恐怖手段的时候。即使分离权在国内法上偶尔被承认过，也是出于特定目的的考量，譬如苏联的 1936 年宪法，虽然规定了各民族享有从苏维埃联邦分离出去的权利，但苏联宪法规定这项权利的动机是想通过赋予分离权来使各民族相信他们拥有的分离权是有宪法保障的。只有规定他们可以自由地加入也可以自由地分离出去，才可以使他们安心地加入联邦。因此说，苏联宪法规定分离权的目的不是放任或提倡分离，而是借此而达到扩大加盟共和国数目、“建立大国”、“使各民族接近乃至融合”的目的，正如列宁在此以前所论述的，允许“被压迫民族有分离的自由，并不是因为实行经济上的分裂，或者想实现建立小国的理想；相反，是因为想建立大国，想使各民族接近乃至融合，但是这要在真正民主和国际主义的基础上相互接近乃至融合的需要，但如果没有分离自由，这种接近和融合的基础就不可能建立。马克思在 1869 年要求爱尔兰分离，并不是为了制造分裂，而是为了将来爱尔兰能同英国自由结盟”。[②] 另外，从苏联存续 69 年期间的政治实践来看，这项分离权从未被行使过，这也是苏联宪法规定分离权的动机的最好注释。[③]

加拿大法学家蒙纳罕（Patrick J. Monahan）和布兰特（Michael J. Bryant）两位学者的研究成果表明，世界上绝大多数国家的宪法根本不承认任何族群、团体、地区享有要求分离的权利。[④] 在他们研究的 89 个国家的宪法中，只有 7 个国家的宪法有与分离相关的条款，而有 22 个国家（包括澳大利亚、圭亚那、罗马尼亚、保加利亚、蒙古、巴拿马等国）的宪法特别明文强调国家主

① 朱毓朝:《国际法和国际政治中的分离主义》，载《国际政治科学》2005 年第 2 期，第 75 页。

② 《列宁全集》第 27 卷，人民出版社 1990 年版，第 85 页。

③ 白桂梅著:《国际法上的自决》，华侨出版社 1999 年版，第 187 页。

④ Patrick J. Monahael, Michael J. Bryant, with Nancy C. Cote, Coming to Terms with Plan B: Ten Principles Governing Secession, CD Howe Institute Commentary, No. 83, June 1996, pp. 6-7.

权与领土完整不可分割，其中科特迪瓦和喀麦隆的宪法甚至禁止将来的任何修宪涉及领土变动。在规定了分离权利或者涉及可能的分离程序的七国宪法中，苏联和捷克斯洛伐克的宪法有分离的条款而且分离已经实现。而奥地利、法国、新加坡、埃塞俄比亚和加勒比岛国圣西斯中，只有埃塞俄比亚和圣西斯宪法中规定了可以通过一定的程序分离，其它宪法只是有相应的有关承认领土和国界变动的条款或地方分权的条款。而英国有关北爱尔兰前途的1998年《复活节停战协议》原则上同意了北爱尔兰在公民投票基础上的分离的可能（但事实上不可能）。[①] 另外，1995年后，加拿大联邦政府在魁北克分离问题的政策和法律程序上的一系列调整虽然承认了魁北克在法律上分离的可能，[②] 但2000年5月通过的《清晰法案》却规定了各邦脱离联邦获得独立的严格而复杂的程序，显然如此严格而复杂的程序在事实上否定了魁北克省企图通过单方面公民投票来实现分离的可能。俄罗斯先在1993年的宪法修改中明确剥夺了联邦各成员的分离权，继而对作为其领土一部分的车臣分离势力进行了武力镇压，最终以军事行动捍卫了自己的领土主权。以上表明，一个主权国家通过宪法赋予其民族或构成单位以“分离权”的情况，属于极为特殊的、少之又少的情况，况且亦有其极为特殊的目的。

在绝大多数主权国家，分离是被禁止的行为，即使在崇尚自由与个性解放的美国，情况也是如此。19世纪60年代，美国南部各州企图分离出去另行建国，结果导致南北内战。美国如此，世界上其他国家也一样，都视国家的整体利益高于局部地区利益，国家主权和领土完整不容许国家局部地区的“民族分离”或“地区分离”。“民族分离”或“地区分离”问题属于一国的内政，国家有权采取一切必要的措施对“民族分离”或“地区分离”进行阻止或镇压。我国1997年刑法典，在总则第13条和分则第102、103、104条中明文规定，危害国家主权、领土完整和安全，分裂国家、破坏国家统一的，构成危害国家安全罪。[③] 毫不例外，如果在中国的领土上某些地区出现分离主义问题，中国政府有权依法采取一切必要措施加以解决。

主权国家的宪法大都限制或反对分离的根本原因在于分离直接损害国家

---

① Jonathan Tonge, ‘Politics in Northern Ireland’, in Patrick Dunleavy, *Developments in British Politics*, New York: Palgrave, 2003, pp. 181-202.

② 朱毓朝：《国际法和国际政治中的分离主义》，载《国际政治科学》2005年第2期，第75—76页。

③ 华青：《“台独公投”行为违反国际法》，载香港《文汇报》，2003年11月24日。

的利益。为此，有学者从经济学的角度对这种“损害”作了如下概括：首先，当一个国家分裂时，领土自然会分割开来。无论人民在分裂的哪一部分，都会减少自由旅行和迁徙的空间，而空间则是人们进行经济活动及生活的最重要的资源。因此，一个国家的分裂，意味着这个国家的福利在实际上受损或减少。其次，当分离导致国家的领土规模变小以后，显然减少了其相对于世界上其他国家的抗衡力量，其国际影响力和国际地位会随之大大降低。再次，分离有时还会使双方产生敌意，使得双方更倚重于武力相互抗衡。这样一来，它们双方就会消耗更多资源于军事对峙当中，这给某些强权国家的武器制造商提供了商机。也正因如此，某些强权国家出于本国利益的考量，也愿意看到他国分裂，甚至会将支持分裂作为其国际政治战略的一部分。[①]

那么，主权国家的宪法反对或禁止分离的法理依据何在呢？首先，就领土主权的性质来说，它既是国家对领土的所有权，也是国家对领土的最高管辖权。正因为国家拥有领土的所有权，所以决定领土命运的，只能是国家（但在现实中通常由其中央政府来决定），而不是国家的区域单位；国家对其领土的最高管辖权，具体表现为在其领土内行使属地管辖的权力。根据属地管辖的原则，在其领土内的人可以做什么或不可以做什么，完全由国家来决定，这种决定权具体体现在国家的法律之中。国家能以国内立法的形式禁止各式各样的分离活动，因为分离活动在本质上是背叛国家的行为，是对国家领土主权的挑战。其次，对一个“国族”构成单位的种族来说，分离权是一种共识性权利，必须在有关各方达成共识的情况下才有可能实现。如果它要与母国分离，这必须要经过其他种族或人民的同意，至少要经过国家最高民意机关的批准。原因在于民族共同体（即国族）是历史和自然形成的，在形成和发展的过程中，各个种族之间相互支援，共同抗御外敌，一起组建了国家。国家组建以后，这个种族的命运就与其他种族的命运连为一体，其中任何种族都无权仅按自己单方面的愿望随意脱离这个国家，因为任何种族脱离国家都会给其他种族带来一定的利益损害。事实也充分表明，没有任何一个种族拥有可以随意从主权国家中分离出去的权利。

众所周知，拥有权利是合法地行使权利的基础和前提，如果某个团体在法律上没有被赋予某一项权利，却在现实中硬要行使这一项权利，那是非法

① 盛洪:《祖国统一与和平的感言》，载《国际经济评论》2000年第3—4期，第33页。

的。分离权的情况就是这样，如果在国内法上没有赋予某一团体这一项权利，那么该团体随意行使这一项权利就缺乏法律根据，就是非法的，那么中央政府有权采取必要的镇压措施。

五、结语

与独立、自决等概念不同，分离在国际法上不被支持。但在现实政治生活中，不论是分离主义者还是社会大众，常常将分离与自决混为一谈，甚至借着自决的旗号来从事分离。在厘清了以上几个概念之间的区别后，我们应正确地使用这几个概念。尽管我们在习惯上已将某些分离主义的行为表述成了“独立”行为，例如“藏独”“疆独”和“台独”等，从国际法的角度来分析，这些行为的实质是从中国脱离出去以另行“建国”，其在国际法上属于“分离”行为，而不是“独立”行为，但人们已习惯用“某某独”来表述它们，虽然这也“约定成俗”，但作为研究者，必须清楚，当我们在反对或批判“某某独”这种行为时，必须采用反对“分离”行为的理论工具，而不能采用反对“独立”行为的理论工具。否则，不仅在反驳工具上“张冠李戴”，而且在理论上也站不住脚，因为“独立”通常是得到国际法支持的正义行为。

分离和分离权也是两个不同的概念。从国际法的角度来看，分离的行为是客观存在的，而“分离权”却是不存在的。通过前面从国际法、国际实践和国内法三个层面对“分离权”所作的法理分析，必须明白，分离主义势力通常援引的所谓“国际法上的分离权”，是不存在的。虽然分离在国内法上被确立为一项法律权利仅仅是特殊个案，但这也常常是出于一种特定政治目的之考量。在国际实践层面，分离只是在特定条件下才被视为一项救济性的权利，但这项权利也仅仅是缺乏制度保障的道德性权利，而非法律权利。所以，在使用“分离权”这个概念时，首先要分清是在哪个层面（国际法、国际实践抑或国内法）上使用之。在不存在“分离权”的层面（如国际法）上使用“分离权”概念，那就是错误的。即使在存在分离权的层面（如国际实践）上使用“分离权”概念，也要防止其被滥用，只能将其视为救济性权利、被动性权利、道德性权利和共识性权利，而不能将其视为初始性权利、主动性权利、法律性权利和单向性权利。只有如此，我们才能辨别和澄清关于“分离权”问题的各种错误的观点及论述，从而更好地从理论上反对各种形式的分离主义。

在国际实践层面，认可分离权并不意味着鼓励每个弱势团体在遭遇灭绝人性的严重不公正待遇时都应该而且也可以成为独立的国家。从国际社会认可分离权的目的来看，不能否认这样一个事实，即国际社会也想利用中央政府担心或害怕分离诉求的心理，通过认可弱势团体在遭遇了灭绝人性的严重不公正待遇时为自我保存而享有分离权，可以在某种程度上起到防范和限制一个国家的中央政府推行种族歧视和严重不人道政策之功效。但国际社会认可分离权的这一“良苦用心”有时也会被弱势团体所歪曲和利用，成为它们要挟中央政府的工具。从实际情况来看，由于弱势团体的处境不尽相同，它们要求分离的目的也并非完全一致，有的是想完全独立建国，有的并非真想从母国分离出去独立建国，而只是想以分离作为讨价还价的手段，逼迫中央政府允许它们在某个领域里面实行更高程度的自治或自主。对于分离主义的动机，中央政府应该作出清晰而准确的判断，只有这样，才能针对其不同目的而采取相应的解决措施，这样才能更加有效地解决分离主义问题。

最后，我们需要注意分离主义的一种新动向，即将分离权与国内法意义上的民主权利联系在一起，打着“民主”“公投”的旗号来从事分离活动，这种分离主义活动将分离权视为民主权利的一部分，也具有一定程度的迷惑性。必须指出的是，国内法意义上的分离权与民主权利是两码事，是两种性质不同的权利。分离权是一个群体作为一个整体在免遭毁灭时而享有的一种权利，是一项集体权利，而不是个人在法律上所享有的权利。如前所述，分离权只有在个别主权国家的宪法上偶尔被确立为法律权利，属于非常罕见的事例；而民主权利在所有民主国家的宪法上都被确立为法律权利。这些分离主义理论就是通过利用概念之间表面上的某些相似性来故意混淆是非，将“分离”“自决”“民主”等本不属于同一范畴的概念及理论混同起来，穿插使用，以达到为其分离主义行为作合法性论证的目的。只要将这些概念及理论的真正涵义及相互关联从学理上厘定清楚，就可以解除它们的理论武装。

第二十二章　关于分离公投的认知误区及其澄清

随着民族主义的泛滥、全球化的回潮以及民主与自决观念的深入人心，分离与公民投票的结合日益紧密，武装斗争等传统手段逐渐淡出大多数分离主义者的视野，公投因其现代、民主、道德的美好属性成为炙手可热的新型分离武器。在世界分离运动的滚滚浪潮中，一些关于分离公投的说辞流行起来，包括但不限于:（1）相当一部分主权国家的宪法允许或至少默许分离，并设有关于分离公投的具体条款;（2）分离公投与人民主权一脉相承，是直接民主的自然推论与高级形态;（3）自决权是国际法上的一项基本人权，而单方面分离公投是实现自决权的重要途径;（4）苏格兰与魁北克等地的实践表明，当代国家（尤其是西方自由民主国家）对分离的态度已经发生巨大转向，协议式公投日益成为解决分离问题的普世方案;（5）协议式分离公投与一般民主性公投类似，它们共享一套基本样态、通过门槛与配套设施。

以上说法并不准确，有些甚至与事实截然相反，但它们却在很大程度上构成了大众乃至部分学者对分离公投的模糊理解与刻板印象。因此，提炼、解构并澄清这些观点刻不容缓，本章正是这方面的一个初步尝试。不过，在展开分析之前，有必要对相关概念进行简单界定，它们是分离公投的三个基本类型——协议式分离公投、单方面分离公投与自治型分离公投。协议式分离公投是指分离方与母国达成一致或征得母国同意的分离公投，单方面分离公投指分离方未与母国达成一致或遭到母国反对的分离公投。自治型公投则介于两者之间，典型案例是 1980 年和 1995 年魁北克举行的两次分离公投。

这两次公投被视为魁北克的自治事务，加拿大联邦政府虽然在口头上表示反对，但并未在行动上予以禁止，甚至未像西班牙政府对待 2008 年的巴斯克分离公投[①] 和 2017 年的加泰罗尼亚分离公投那样，提请宪法法院进行裁决。但另一方面，加拿大政府又未同意魁北克举行公投，更未就公投问题与魁北克签订协议或通过批准公投的法案，因此这两次公投的性质较为模糊，笔者暂称之为自治型公投。下面，就关于分离公投的五个常见误区进行展开分析。

一、究竟多少国家宪法允许或默许分离公投?

第一个常见的认知误区是以为相当一部分主权国家的宪法允许或默许分离公投。事实上，宪法恰恰是分离公投的软肋，因为主权国家缔造宪法的目标是自我保护与自我规范，很难想象一国宪法会将矛头对准自己，应允分离主义对自身领土主权的无情瓦解，并对具体的瓦解形式与过程做出明晰规定。尽管有极少数国家的宪法设有分离条款，但也仅是就可能的分离程序做简单规定，并未赋予公民举行分离公投的必然权利，而且相关程序异常严苛。

（一）绝大多数国家宪法对分离的禁止立场

根据著名公投理论家马尔库·苏克西（Markku Suksi）教授的统计，当今世界 160 个主要国家的宪法中，有 85 部宪法明确规定了某种形式的公投条款，即约有 53.13% 的主权国家宪法承认公民投票；[②] 加拿大法学家帕特里克·莫汉那（Patrick Monahan）、迈克尔·布莱恩特（Michael Bryant）和南希·科特（Nancy Cote）等人在苏克西教授的统计基础上做了进一步研究，将列有明确公投条款的宪法数量更新至 89 部，并对其中包含分离条款的宪法进行了梳理，结论是，在这 89 部宪法中，仅有 7 部宪法规定了分离的相关程

① 2008 年 6 月 27 日，西班牙巴斯克自治区议会通过公投提案，计划在 10 月 25 日举行一场分离公投，此举遭到西班牙政府的强烈反对，西班牙政府随即上诉宪法法院，后者于 7 月 17 日暂停了公投，并在 9 月 11 日判定巴斯克公投违宪，此次公投胎死腹中。

② Markku Suksi, Referendum and National Decision Making: A Study of Constitutional Form and Practice, SJD Thesis, University of Michigan, 1992, p. 293.

序，占涵盖公投条款的宪法的 7.87%，占 160 部世界主要国家宪法的 4.38%。[①]与之相对的，是绝大多数国家宪法对分离或明或暗地禁止态度。在莫汉那等人考察的 89 部宪法中，有 82 部宪法不允许任何情形下的分离，其中大多数以在分离问题上的沉默作为表示，而有 22 部宪法明文强调国家主权与领土完整不可分割。

例如，澳大利亚宪法在序言中写道，澳大利亚是一个统一的、“不可分解的”（indissoluble）联邦；赤道几内亚宪法第 3 条规定，国家领土是“不可分割的”（inalienable）和“不可减少的”（irreducible）；喀麦隆宪法第 1 条第 2 款、圭亚那宪法第 1 章、科特迪瓦宪法第 2 条、法国宪法第 2 条、马达加斯加宪法第 1 条及罗马尼亚宪法第 1 条第 1 款规定，国家领土“不容分割”（indivisible）；保加利亚宪法第 2 条第 2 款和外蒙古宪法第 4 条第 1 款规定，国家主权“神圣不可侵犯”（inviolable）。还有一些国家的宪法禁止任何破坏领土主权完整的修宪案，例如喀麦隆宪法第 37 条、佛得角宪法第 313 条第 1 款 a 项、科摩罗宪法第 82 条、刚果宪法第 8 条、赤道几内亚宪法第 104 条、伊朗宪法第 78 条、科特迪瓦宪法第 73 条、马里宪法第 76 条、尼日尔宪法第 124 条、巴拿马宪法第 3 条、罗马尼亚宪法第 148 条、卢旺达宪法第 96 条；另外，还有一些宪法禁止国家转移其所管辖领土上的领土权利或主权权利，例如苏里南宪法第 2 章第 2 条。[②]

不难看出，世界上禁止分离的宪法在数量上对允许分离的宪法形成了压倒性优势，而且这些宪法所在的国家类型呈现出了令人惊讶的多元特征。尽管世界各国在经济社会发展水平、意识形态和政体类型上存在巨大差异，但当它们面临分离威胁时却显示出了难得的同仇敌忾，绝大多数国家都反对分离——无论是第一二世界的早发国家，还是第三世界的后发国家；无论是自由民主国家，还是非自由民主国家；无论是主张“人权高于主权”的国家，还是主张“主权高于人权”的国家。

对于那些向来注重国家主权完整的后发国家与非自由民主国家（或自由

① 由于苏克西教授的论文发表于 1992 年，莫汉那教授的论文发表于 1996 年，四年间又有一些国家的宪法中新增了公投条款，因此莫汉那教授将考察名单中的宪法数量扩充至 89 部。Patrick J. Monahan et al., Coming to Terms with Plan B: Ten Principles Governing Secession, *CD Howe Institute Commentary*, No. 83, June 1996, p. 7.

② Patrick J. Monahan et al., Coming to Terms with Plan B: Ten Principles Governing Secession, *CD Howe Institute Commentary*, No. 83, June 1996, pp. 6-7.

民主制度尚不成熟的国家）而言，反分离的决心是显然易见的。例如，俄罗斯宪法第 1 章第 5 条第 2 款规定，“俄罗斯联邦的联邦体制建立在国家领土完整、国家政权体系统一……的基础之上”；[①] 第 13 条规定：“禁止以暴力改变宪法制度的基础、破坏俄罗斯联邦的统一、危害国家安全、建立武装组织和煽动社会、种族、民族和宗教仇视作为目的和行为目标的社会组织的创建与活动。”[②] 印度宪法在序言中写道，“我们印度人民已庄严决定，将印度建成为主权的、社会主义的、世俗的民主共和国，并确保一切公民……相互团结以维护个人尊严和国家的统一和领土完整”；[③] 第 4A 篇第 51A 条规定：“每个公民应尽下列义务……（3）维护印度主权统一和领土完整。”[④] 巴西宪法第 1 条规定，“经由不可分割的州、县、联邦地区联合的巴西联邦共和国是一个建基在下列事项上的民主国家……”；[⑤] 第 34 条规定：“联邦不得干涉州或联邦地区事务，但下列情况除外：1. 维护国家完整……”[⑥] 印度尼西亚宪法在序言中写道，“为了成立一个旨在保护印度尼西亚全体人民、维护民族独立和领土完整的印度尼西亚政府……且应将印度尼西亚共和国建设成为一个以信仰唯一真主，崇尚正义、人道，维护印度尼西亚统一……的主权国家”；[⑦] 第 18B 条第 2 款规定：“国家承认并尊重传统的社团及传承下来的传统的习惯性权利，只要其符合社会的发展和印度尼西亚共和国国家统一的原则。”[⑧]

至于那些高呼“人权高于主权”的西方早发国家和老牌自由民主国家，绝大多数也不允许分离。例如，德国基本法在序言中开宗明义地宣示：“我巴登—符腾堡、巴伐利亚、柏林、勃兰登堡、不莱梅、汉堡、黑森、梅克伦堡—前波莫瑞、下萨克森、北莱茵—威斯特法伦、莱茵兰—普法尔茨、萨尔兰、萨克森、萨克森—安哈尔特、石勒苏益格—荷尔斯泰因及图林根各邦之

---

① 朱福惠、邵自红编著：《世界各国宪法文本汇编（欧洲卷）》，厦门大学出版社 2013 年版，第 211 页。

② 朱福惠、邵自红编著：《世界各国宪法文本汇编（欧洲卷）》，厦门大学出版社 2013 年版，第 212 页。

③ 朱福惠、王建学编著：《世界各国宪法文本汇编（亚洲卷）》，厦门大学出版社 2013 年版，第 814 页。

④ 朱福惠、王建学编著：《世界各国宪法文本汇编（亚洲卷）》，厦门大学出版社 2013 年版，第 822 页。

⑤ 朱福惠、胡婧编著：《世界各国宪法文本汇编（美洲、大洋洲卷）》，厦门大学出版社 2013 年版，第 95 页。

⑥ 朱福惠、胡婧编著：《世界各国宪法文本汇编（美洲、大洋洲卷）》，厦门大学出版社 2013 年版，第 105 页。

⑦ 朱福惠、王建学编著：《世界各国宪法文本汇编（亚洲卷）》，厦门大学出版社 2013 年版，第 912 页。

⑧ 朱福惠、王建学编著：《世界各国宪法文本汇编（亚洲卷）》，厦门大学出版社 2013 年版，第 914 页。

德意志人民依自由决定完成德国之统一与自由。”[①] 法国宪法第1章第2条规定，“法兰西是不可分的、世俗的、民主的和社会的共和国”；[②] 第3条规定：“任何一部分人民或者任何个人都不得擅自行使国家主权。”[③] 西班牙宪法第1条第2款规定，“国家主权属于西班牙人民，国家权力盖源于此”；[④] 第2条规定，“本宪法的基础是西班牙国牢不可破的团结和全体西班牙人所共有的不可分割的祖国，承认并保障组成西班牙国的各民族和各地区的自治权利及其团结”；[⑤] 第8条第1款规定：“武装力量由陆海空军组成，任务是保障西班牙的主权和独立，捍卫西班牙的领土完整和宪法秩序”；[⑥] 在第148条对自治区的规定中，罗列了一系列中央授予自治区的权力，但不包括更改自治区边界或从西班牙分离的权力，仅可决定“自治市区域内边界的变更”。[⑦]

此外，还有一个较为特殊的案例是美国。在美国宪政史上，分离始终是一个法无明文的宪政难题，一些学者认为根据美国建国的独特历史，美国宪法实际上暗含了对“分离权”的许诺。例如南北战争时期著名的法学家约翰·卡尔霍恩（John C. Calhoun）认为，组成联邦的13州是主权州，它们从未放弃作为独立州的固有属性，联邦和各州不是在共享一个被分割了的主权，而是各州独自享有完整的国家主权。[⑧] 还有学者主张，美国人民虽然在宪法层面可能没有“分离权”，但在道德层面肯定有，不然就等于否定了当年美国独立战争的正当性。[⑨] 但其实，美国南北战争的爆发及其结果已经昭示了美国宪法对统一主权的捍卫，林肯实际上是美国主权的守护者而非奴隶制的掘墓人。林肯曾在信中直言不讳地表示：“我的最高目标是拯救联邦，既不是保存奴隶制度，也不是摧毁奴隶制度。”[⑩] 正因如此，南北战争后的美国大法官一般都认为，尽管宪法没有对分离问题做出明确规定，但内战已经解决了这

---

① 朱福惠、邵自红编著:《世界各国宪法文本汇编（欧洲卷）》，厦门大学出版社2013年版，第185页。
② 朱福惠、邵自红编著:《世界各国宪法文本汇编（欧洲卷）》，厦门大学出版社2013年版，第225页。
③ 朱福惠、邵自红编著:《世界各国宪法文本汇编（欧洲卷）》，厦门大学出版社2013年版，第225页。
④ 朱福惠、邵自红编著:《世界各国宪法文本汇编（欧洲卷）》，厦门大学出版社2013年版，第544页。
⑤ 朱福惠、邵自红编著:《世界各国宪法文本汇编（欧洲卷）》，厦门大学出版社2013年版，第544页。
⑥ 朱福惠、邵自红编著:《世界各国宪法文本汇编（欧洲卷）》，厦门大学出版社2013年版，第544页。
⑦ 朱福惠、邵自红编著:《世界各国宪法文本汇编（欧洲卷）》，厦门大学出版社2013年版，第559页。
⑧ [美]小查尔斯·梅利亚姆著:《卢梭以来的主权学说史》，毕洪海译，法律出版社2006年版，第139—141页。
⑨ 刘晗:《民主共和与国家统一：美国早期宪政中的北方分离运动》，载《环球法律评论》2011年第6期，第111-115页。
⑩ Abraham Lincoln, Letter to Horace Greeley, August 22, 1862, Michael P. Johnson, p. 205.

个问题，林肯原则已经成为美国宪法的核心精神之一。1869 年美国联邦法院关于“得州对怀特案”（Texas v. White）的判决意见也证明了这一点，意见写道：“合众国的联结不是人造的和随意的，它有某种永恒的特质，宪法赋予国家成为更完美的联合的命运，当德州成为合众国一部分的时候，她就进入了一段不可分解的关系。”①

（二）极少数国家宪法对分离公投的谨慎规定

主权国家宪法对分离的禁止态度不难预料，毕竟主权独立与领土完整是国家存在与发展的基石，各国政府都会竭力杜绝领土损失的可能，不会在宪法中加入对自己不利的条款，而且宪法一般诞生于建国时刻，没有哪个国家在建立时就预料到自己未来的瓦解并未雨绸缪地为之铺路。不过，凡事总有例外，在莫汉那教授考察的 89 国宪法中，还是有 7 部宪法规定了分离条款，它们是奥地利宪法、埃塞俄比亚宪法、法国宪法、新加坡宪法、圣克里斯托弗及尼维斯宪法、苏联宪法和捷克与斯洛伐克联邦共和国宪法②，具体情况如下表（表 22–1）：

---

① U.S. Supreme Court, *Texas v. White*, 74U.S. 7 Wall. 700 (1868), https://supreme.justia.com/cases/federal/us/74/700/case.html.

② 捷克斯洛伐克（Czechoslovakia）在历史上多次变更国名与政体：1918 年至 1948 年间为捷克斯洛伐克共和国；1948 年，捷克斯洛伐克共产党上台执政，遂更名为捷克斯洛伐克社会主义共和国；1989 年，受民主化改革与斯洛伐克分离主义影响，捷克斯洛伐克改行多党议会民主制与联邦制，再度更名为捷克与斯洛伐克联邦共和国（Czech and Slovak Federative Republic）；1992 年，捷克与斯洛伐克联邦共和国又解体为捷克与斯洛伐克两个独立国家。现在人们所说的捷克斯洛伐克一般是指捷克斯洛伐克社会主义共和国，而此处考察的宪法中载有分离条款的是指捷克与斯洛伐克联邦共和国。

表 22-1：七国宪法分离条款一览表

国家①	发动和监督公投的机关	公投问题的规划者	参加投票的人口	表决规则	领土边界
奥地利	全国性立法机关	全国性权力机关②	全国人口	有效投票数的多数	边界变更须经国家和次国家政府同意
埃塞俄比亚	全国性立法机关③	全国性权力机关	当地人口	投票数的多数	若未达成一致，则由联邦委员会划定边界，该边界须建立在聚落形态和相关人民意愿的基础之上④
法国	全国性立法机关①	国家和地方政府②	当地人口	投票数的多数	假设曾经的殖民边界将成为新的独立国家边界

① 以上提到的大多数宪法文本来自：A.P. Blaustein and G. H. Flanz, eds., *Constitutions of the Countries of the World*, looseleaf edition, New York: Oceana Publications。其中，奥地利宪法指 1985 年 12 月颁布的《联邦宪法》(The Federal Constitutional Law)；埃塞俄比亚宪法指 1994 年 12 月颁布的《埃塞俄比亚联邦民主共和国宪法》(The Constitution of the Federal Democratic Republic of Ethiopia)；法国宪法指 1988 年 6 月颁布的《法国宪法》(French Constitution)；新加坡宪法指 1995 年 9 月颁布的《新加坡共和国宪法》(The Constitution of the Republic of Singapore)；圣克里斯托弗及尼维斯宪法指 1984 年 4 月颁布的《圣克里斯托弗及尼维斯宪政秩序》(St. Christopher and Nevis Constitutional Order)；捷克与斯洛伐克联邦共和国宪法指 1992 年 9 月颁布的《1991 年 7 月 18 日宪法》(Constitutional Law of 18 July 1991)。唯一的例外是苏联宪法，本章的苏联宪法指《苏维埃社会主义共和国联盟宪法（基本法）》[Constitution (Basic Law) of the Union of Soviet Socialist Republics] 和 1990 年 4 月 3 日通过的《关于加盟共和国从苏维埃社会主义共和国联盟中分离的决定性问题的程序的决议》(On the Procedure for Deciding Questions Connected with the Secession of a Union Republic from the USSR，简称“苏联分离法”)。资料来源为：W. E. Butler, *Basic Documents of the Soviet Legal System*, New York: Oceana Publications, 1994。

② 奥地利宪法第 44 章第 1 款规定，任何宪政性变更必须由众议院 2/3 多数投票通过。

③ 埃塞俄比亚宪法第 39 章第 4 款规定，分离首先必须获得“国家、民族或人民”立法委员会成员的 2/3 多数同意；联邦政府必须在立法委员会同意之后的三年之内组织分离公投。

④ 埃塞俄比亚宪法第 39 章第 5 款将“国家、民族或人民”定义为：“一群拥有或分享大量共同文化或相似习俗、对彼此语言相互理解、信仰共同或相关身份认同、主导性地居住在可辨识且相邻领土上的人。”

续表

新加坡	全国性立法机关	全国性权力机关	全国人口	总投票数的 2/3	边界变更须在国家公投中经所有投票者的 2/3 多数同意
圣克里斯托弗及尼维斯	全国性立法机关③	全国性宪法④	当地人口	总投票数的 2/3⑤	尼维斯将自动保持它的现存边界⑥
苏联	全国性立法机关或自治共和国立法机关（如果后者不与前者矛盾）⑦	由要求分离的共和国的最高苏维埃组成的委员会，包括共和国内的“所有相关政党”代表	当地人口	合格选民数的 2/3	特别条款规定，分离出去的共和国中的“自治地区”仍是苏联的一部分⑧

① 根据法国宪法第 86 章，只有法国的海外领土可以分离；第 2 章规定，共和国的自身领土是“不可分割”的。

② 法国宪法第 86 章规定，“控制这种变化的程序应由获得共和国议会和相关立法大会通过的协议来决定”。

③ 公投由“选举的监督者”举行与监督，该监督者由总督在咨询过首相、总理和反对党领袖之后指定。

④ 圣克里斯托弗及尼维斯宪法 113 章第 12 款 c 条规定：“未来尼维斯宪法的全部的和细节的提案（无论是作为一个独立国家还是作为其他国家的一部分抑或与其他国家结成联盟），应该在国民议会召开和公投举行之前至少 6 个月制定。”同时，宪法列出了许多在尼维斯分离之后将自动发生的变化，包括议会中不再有尼维斯代表和议会拥有剥夺尼维斯公民在圣克里斯托弗的公民权的特殊权力。

⑤ 法案规定分离必须获得尼维斯议会民选成员 2/3 多数的支持。

⑥ 圣克里斯托弗及尼维斯宪法 3 章第 1 款规定了尼维斯分离后自动成形的圣克里斯托弗领土。

⑦ 根据苏联宪法第 1、2、4 章，公投由要求分离的共和国的最高苏维埃组成的委员会举行和监督，该委员会应该包含“所有相关政党”的代表，包括共和国内部所有自治地区和民族地区的代表；第 5 章规定，为了监督投票，外部观察者应参与公投，包括苏联、共和国内自治地区和联合国的授权代表；公投中的准确角色将由苏联最高苏维埃和要求分离的共和国协商一致决定。

⑧ 苏联宪法第 3 章规定：“自主决定是否留在苏联或要求分离的加盟共和国的问题，以及它的国家法律的地位问题的权利，应由自治共和国和自治形态（autonomous formations）的人民保留”；第 12 章规定，边界问题应由苏联部长会议提案、要求分离的共和国政府参与，并由苏联人民代表大会最终决定。

续表

捷克与斯洛伐克联邦共和国	全国性立法机关	国家总统和捷克斯洛伐克国家委员会[①]	全国人口[②]	每个共和国选民数的绝对多数	假设分离后既有共和国的边界将维持不变

（资料来源：Patrick J. Monahan et al., Coming to Terms with Plan B: Ten Principles Governing Secession, *CD Howe Institute Commentary*, No. 83, June 1996, pp. 10-11.）

不难看出，在以上七个国家中，法国宪法所谓的“分离条款”其实是自决条款，适用对象是法国曾经的殖民地、现在的海外领地，至于法国本土，宪法第 2 章明文规定共和国的自身领土不可分割。另外，苏联和捷克斯洛伐克联邦共和国均已在 20 世纪 90 年代初解体，包含分离条款的苏联宪法和捷克斯洛伐克联邦共和国宪法当然也成为历史，苏联的主要继承国俄罗斯以及捷克斯洛伐克联邦共和国的继承国捷克与斯洛伐克的新宪法中不仅不再有分离条款，而且明文规定领土“不可分割”——俄罗斯宪法中的反分离条款在前文中已经详述，此处不再赘言；捷克宪法第 1 章规定：“捷克共和国是立足于尊重人和公民的权利与自由基础之上的主权的、统一的、民主的法治国家”；[③] 第 11 条规定：“捷克共和国的领土统一且不可分割，领土边界的划定只能通过宪法性法律改变。”[④] 斯洛伐克宪法第 1 章第 3 条规定：“1. 斯洛伐克共和国的领土是一个不可分割的整体。2. 斯洛伐克共和国领土边界之变动只能通过宪法性法律为之”。[⑤] 因此，在莫汉那教授归纳的七国宪法中，目前还有效的宪法只有五部，其中又有一部宪法的“分离条款”其实是自决条款，故实际上只有四部宪法规定了真正的分离条款，即奥地利宪法、埃塞俄比亚宪法、新加坡宪法和圣克里斯托弗及尼维斯宪法。而且，这四部宪法并未承认公民个人或其结成的群体拥有法定的、事先的分离权利，仅仅规定了引发分

① 捷克与斯洛伐克联邦共和国宪法第 3 章第 3 款规定，若共和国之间未就公投问题达成一致，则双方均可提出问题。

② 根据捷克与斯洛伐克联邦共和国宪法第 6 章第 2、3 款，若提案仅在一个共和国内通过，则联邦在一年之内停止存续，关于财产和债务分割的联邦法律必须被通过。

③ 朱福惠、邵自红主编：《世界各国宪法文本汇编（欧洲卷）》，厦门大学出版社 2013 年版，第 273 页。

④ 朱福惠、邵自红主编：《世界各国宪法文本汇编（欧洲卷）》，厦门大学出版社 2013 年版，第 274 页。

⑤ 朱福惠、邵自红主编：《世界各国宪法文本汇编（欧洲卷）》，厦门大学出版社 2013 年版，第 492 页。

离事实所需的公投要件或者说可能的分离程序。可见，主权国家对待分离公投的态度是相当谨慎的。[①]

二、分离公投是直接民主的自然推论?

将分离公投与直接民主深度捆绑是第二个常见误区。不可否认，直接民主是一种实现人民主权的必要途径，也是一种提高治理绩效的重要手段，但分离与直接民主的关系却很微妙，后者无法为前者提供强劲的道德或政治支撑，遵循民主原则不意味分离主义者能够随心所欲地发动分离公投。

（一）国家主权相较于民主的逻辑优先性

无论从概念层级、操作手段还是历史时序来说，国家主权都优先于民主，所以，能否通过民主方式变更乃至减损国家主权是一个有待商榷的问题。

第一，就概念层级而言，民主是国家主权的次级概念。从理论流变上看，法国思想家让·博丹（Jean Bodin）最早完备阐述了国家主权的概念，将主权定义为永恒的、非授予的、不可转让的、不受法律约束的、对公民和臣民进行统治的最高权力，[②]其后国家主权理论经历了从霍布斯的“君主主权论”到洛克的“议会主权论”再到卢梭的“人民主权论”的演变；从政治实践上看，国家主权也经历了从英国式议会主权到美国和法国式人民主权的蜕变。[③]因此，民主是人民主权的体现，而人民主权包含两部分内容，一是人民，二是国家主权，连起来就是人民的国家主权，故人民主权是国家主权的表现形式

---

① 此外，还有一些国家以法律或政府间协议的方式表明了对分离的态度，例如印度议会曾于1967年通过《防止非法活动法案》（Unlawful Activities Prevention Act），规定任何支持分离的意图或行为（包括口头表示或书面表示）都将面临牢狱之灾，参见 Valentina Gentile，‘Reconsidering Contested Secessions: Unfeasibility and Indeterminacy’, *Philosophy and Public Issues (New Series)*, Vol. 4, No. 1, 2014, pp. 36-37。再如英国因为没有统一的成文宪法，故以2012年《爱丁堡协议》和2013年《苏格兰公投法案》的形式同意苏格兰举行分离公投，前者属于英国中央政府与苏格兰地方政府签订的政府间协议，后者属于苏格兰议会通过的地区性法律，参见 Agreement between the United Kingdom Government and the Scottish Government on a Referendum on Independence for Scotland，Edinburgh, 15 October 2012；Scottish Independence Referendum Act 2013.

② ［美］萨拜因著:《政治学说史（下册）》，盛葵阳等译，商务印书馆1986年版，第462页。

③ 黄嘉树、王英津:《主权构成：对主权理论的再认识》，载《太平洋学报》2002年第4期，第4—6页。

之一。国家主权包括对内主权和对外主权，其中对内主权又分为君主主权、议会主权和人民主权等，人民主权主要以民主的形式来实现。[①] 换言之，人民主权是国家主权的次级概念，而民主又是人民主权的次级概念，一个下级概念不能决定它的上级概念，民主在事关国家主权的分离议题上缺乏不容置疑的决策力。

第二，就操作手段而言，固定的主权疆界是民主运行的前提条件。民主向来是一个关于统治方式的理论和实践，从前，民主的核心问题是“如何统治”；近年来，随着治理理论的发展，人们逐渐将目光转向多主体、扁平化、动态化、去中心化乃至去国家化的治理概念，于是民主的核心问题变为“如何治理”，民主治理成为热词。然而，不论是民主统治还是民主治理，都需要先确定一个实践范围，因为民主的运行已经预设了大家共同接受的政治体边界，只有先建构国家本身，才能对政体进行整体塑造和细节调整。孙中山先生当年决定先进行军政和训政，然后再达至宪政正是此意。据此王英津教授总结道，民主只能决定既定政治体内部的事务，不能决定政治体的边界；创设疆界是自决的权利，而非民主的权利，民主与分离南辕北辙。[②]

尽管民主的理论与实践花样繁多，但清晰的操作范围是它们的共同基石，主权疆界是民主的前提而非结果，正如詹宁斯著名的讽语所言，“在其他人决定谁是所谓的人民之前，人民无法作出决定。”[③] 代议民主（Representative Democracy）与选举民主（Electoral Democracy）是现代自由民主实践的主流，既然要选举，那么就必须先确定选区和选民，并依照多数原则计算选票，而这一切都需要先划定一个明晰的操作疆界。除了强调程序正义和多数决的代议民主与选举民主外，理论家们设计的民主形式还包括：（1）强调权力制衡和有限政府的分权式民主（Madisonian Democracy）或共和式民主（Republican Democracy）；[④]（2）以“多重少数人统治”为核心、注重社会多元力量博弈和政党竞争的多元主义民主（Pluralist Democracy）；[⑤]（3）推崇共

---

① 王英津著：《两岸政治关系定位研究》，九州出版社 2016 年版，第 383 页。

② 王英津著：《自决权理论与公民投票》，九州出版社 2007 年版，第 170 页。

③ 转引自 Harry Beran, ‘A Democratic Theory of Political Self-Determination for a New World Order’, in Percy Lehning eds., *Theories of Secession*, London: Routledge, 1998, p. 54.

④ ［美］达尔著：《民主理论的前言》，顾昕译，生活·读书·新知三联书店 1999 年版，第 1—28 页。

⑤ ［美］达尔著：《论民主》，李柏光、林猛译，商务印书馆 1999 年版，第 91—108 页。

同体、政治认同和社会教育的社群主义民主（Communitarian Democracy）；[①]（4）强调话语世界、协商讨论、交往理性和公共性的协商民主（Consociational Democracy）；[②]（5）追求重叠共识、柱状体之内的比例分配、共同协商和相互否决的共识民主（Consensus Democracy）；[③]（6）倚重公民自我治理、将民主视为政治行动和政治生活本身的强势民主（Strong Democracy）或参与民主（Participatory Democracy）；[④]（7）突出执政党、国家能力和统治秩序的极具国家主义和新保守主义色彩的代议民主；[⑤]等等。然而，无论是分权制衡、多党竞争还是公民直接参与，抑或比例代表、对话协商、政治认同或者执政党主导，都必须在既定的边界内才能践行，在明晰的主权疆域被划定前，民主无法运转。

第三，就历史时序而言，现代民主晚于现代民族国家而产生。对现代民族国家和现代民主而言，民族的整合、领土的固定、国家权力的集中以及政治参与民主化是一个相互交织、彼此共振的过程，正是高涨的民族热情与残酷的领土争夺战争激发了反对神权、王权、封建等级特权的启蒙思想。在漫长的中世纪，欧洲民主并没有显著发展，一个重要原因就是尚未从传统国家过渡到现代国家，只有变动的边境而无固定的边界，只有阶级和荣誉的纽带而无民族和共同体的勾连。在中世纪的欧洲，“政治结构的基础是领土附庸关系，土地和臣民的归属是根据封建人身依附关系确定的。政治权力与统治的合法性来源于宗教神权和家族世袭。土地仅仅是财富和势力的象征，它作为领主的财产在不同领主之间任意转移，或为嫁妆，或为抵，或为战争赔偿。……只有当土地进入了政治权力结构，成为国家主权的基本要素时，只有生活在这块土地上的人民拥有对这片土地的权力的时候，领土与生活于其上的人民才不可分割，生活在这片土地上的人民才具备了拥有共同历史和共

① ［美］杜威著:《杜威五大讲演》，张恒编，胡适口译，安徽教育出版社 2005 年版，第 11—62 页。

② ［德］哈贝马斯著:《公共领域的结构转型》，曹卫东等译，学林出版社 1999 年版，1990 年版序言第 19—33 页。

③ ［美］利普哈特著:《多元社会中的民主：一项比较研究》，刘伟译，上海人民出版社 2012 年版，第 23—48 页。

④ ［美］巴伯著:《强势民主》，彭斌等译，吉林人民出版社 2006 年版，第 145—195 页。

⑤ ［美］亨庭顿著:《变化社会中的政治秩序》，王冠华等译，生活·读书·新知三联书店 1989 年版，第 366—400 页。

同命运的前提，他们之间的交往和利益关系从此才密不可分。”[①] 正是有了领土主权和民族意识的新发展，“特定领土上生活的人民再也不是国王和封建领主的臣民，而是居住在一个共同的地区、在其共同的政府里拥有发言权并意识到其共同的遗产和共同的利益的‘民族’的一员”，[②] 欧洲的民主化进程才开始加速。所以，从产生顺序上讲，是先有国家再有民主，国家是复杂历史过程的产物，民主则是国家的产物，认为民主能够随意分割国家主权的观点忽视了历史的谆谆教诲。

（二）单方面分离公投与直接民主的内在张力

分离主义者的一个典型口号是：“单方面分离公投充分体现直接民主，因为它反映了分离地多数人的意志。”然而，国家主权属于一国之内的所有人民，在分离地之内，相对于那些反对分离的人，支持分离的人可能占据多数；但放眼全国，支持分离的人却是绝对少数，如果分离公投仅由分离地人民参与，那么所谓的民意标准就是虚伪的。有些人可能会反驳道：“分离地只属于分离地人民，拿走它无需母国其他人同意。”该观点混淆了领土主权和土地权利，正如潘维教授所言，“上海并不仅仅是上海人的上海，而是全中国人民的上海。一个人购买了一块土地，但买的只是土地的使用权，国家对这块土地的主权并未出售给他。政府就凭着对土地的主权收他的税，不允许他坐在家里宣布独立，拒绝纳税。人并没有权利‘自决’去分割属于‘全体的’，而且是‘不可分割的’领土主权。”[③]

分离主义者的另一个典型口号是：“分离公投是分离地人民的自治事务，与母国其他地区人民无关。”该口号的问题在于，分离并非一个单向的、孤立的分离地人民自组织、自治理问题，而是一个双向的、互动的分离地人民和母国其他地区人民的关系问题，“国家的疆界是‘外务’，民主之只能够用来决定‘内务’……谁会认为越南人民的公投有资格认定中国与越南的边

① 王建娥：《民族分离主义的解读与治理——多民族国家化解民族矛盾、解决分离困窘的一个思路》，载《民族研究》2010 年第 2 期，第 2 页。

② 王建娥：《民族分离主义的解读与治理——多民族国家化解民族矛盾、解决分离困窘的一个思路》，载《民族研究》2010 年第 2 期，第 3—4 页。

③ 潘维著：《法治与“民主迷信”——一个法治主义者眼中的中国现代化和世界秩序》，香港社会科学出版社有限公司 2003 年版，第 317 页。

界呢？”[①] 1967 年、1993 年、1998 年、2012 年和 2017 年，波多黎各先后五次举行是否加入美国的公投，支持加入的投票比例持续攀升（前四次分别是 39%、46%、47% 和 61%），在 2017 年的那场公投中，这一比例甚至到达了空前的 97%，[②] 然而波多黎各人从此就是美国公民了么？答案显然是否定的。分离公投的双边性和协商性在加拿大和英国对分离问题的回应中体现得尤为明显。加拿大联邦议会在 2000 年的《清晰法案》中明文规定，即便未来魁北克公投成功，也仍须与联邦政府及其他省份就分离的具体事宜达成协议；[③] 英国政府则坚决主张苏格兰无权单方面公投，因为分离属于英国与苏格兰的关系问题，而《1998 年苏格兰法案》（Scottish Act 1998）规定处理两者关系问题的权力由英国议会保留。[④]

因此，分离既可以被视为一个大政治共同体的边界问题，也可以被视为两个小政治共同体的关系问题；如果将分离看作前者，那么此时的大共同体是指整个主权国家，依照直接民主原则，分离议题就应由全体公民决定；如果将分离看作后者，那么此时的两个小共同体分别指分离地和母国剩余部分，依照直接民主原则，分离议题应由分离地和母国剩余部分的公民共同决定。可见，只有协议式分离公投才可能与直接民主原则耦合，不过此处的“协议”不局限于狭窄的字面涵义，而是指母国对分离公投广义上的同意，这种同意具有多重体现形式，至少包含以下三类：（1）母国宪法载有分离条款，明定了实现分离的具体程序。值得注意的是，没有成文宪法或者在宪法中没有涉及分离问题不能算作载有分离条款，前者的典型代表是英国，后者的典型代表是美国。正如前文所言，载有分离条款的宪法在现实中极为罕见。（2）母国先在全国范围内举行一次公投，用于决定分离地是否有权举行地区性分离公投或就分离问题与母国政府进行协商。不过，由于母国其他地区的人民大多不支持分离，故分离方一般会反对此类公投，该形式在现实中的发生几率极小。（3）母国政府或议会通过法律文件批准分离地举行公投，这种法律文

① 潘维著：《法治与“民主迷信”——一个法治主义者眼中的中国现代化和世界秩序》，香港社会科学出版社有限公司 2003 年版，第 318 页。

② Alexia Fernández Campbell, Puerto Rico’s Push for Statehood, September 24, 2018, https://www.vox.com/policy-and-politics/2018/1/11/15782544/puerto-rico-pushes-for-statehood-explained.

③ Canadian Clarity Act, June 29, 2000.

④ Stephen Tierney, ‘Legal Issues Surrounding the Referendum on Independence for Scotland’, *European Constitutional Law Review*, Vol. 9, No. 3, 2013, p. 361.

件既可以是中央或联邦政府与分离方签订的政府间协议，也可以是母国最高立法机关通过的法律，加拿大和英国均属此类。

三、单方面分离公投能够援引国际法上的自决权？

第三个常见的认知误区是认为单方面分离公投是践行国际法上自决权的重要形式。为了向国际法寻求帮助，分离主义者通常会宣称自己属于民族自决，如果实在达不到"民族"标准，那么他们就会将自决与其他概念嫁接，创造一些看似合情合理但在国际法上并不存在的自决类型——如"公民自决""住民自决""民主自决"与"本土自决"等——为自己正名。可惜的是，概念的精致繁复无法掩盖合法性的虚弱空洞，与分离主义者们的期盼相反，国际法上不存在"分离权"，国际法上的自决权也不包括"分离权"，自决无法为单方面分离公投提供合法性。

（一）国际法上不存在"分离权"

纵览国际法，其中并无关于分离的明文规定，因为分离属于一国内政，不干涉内政是国际法的基本原则，所以国际法只涉及分离可能带来的结果（如国际法上的承认和继承制度），对于分离行为本身并不触及。[①]不过，由于国际法的制定者是主权国家，其不会制定损害自己的法律，因此现行国际法在整体上呈现出不支持分离的态度。其一，相关国际法文件明确表示不支持分离行为。例如1960年的《给予殖民地国家和人民独立宣言》第6条规定："任何旨在部分地或全面地分裂一个国家的团结或破坏其领土完整的企图都是与《联合国宪章》的目的和原则相违背的。"其二，国际社会对各国维护主权统一的行为持支持态度，国际法允许主权国家以武力方式维护领土完整。其三，国际社会对因分离而诞生的国家的承认持谨慎态度，对于分离出来的政治实体，国际社会一般不会先于当事国对其表示承认，联合国也不会在当事国反对的情况下接受新实体成为会员国。[②]

---

① 白桂梅著:《国际法上的自决》，中国华侨出版社1999年版，第181页。
② 王英津著:《自决权与公民投票》，九州出版社2007年版，第185—188页。

正因国际法对分离权的态度相对明朗，所以即便是受英国和加拿大政府之邀为苏格兰与魁北克分离公投提供咨询，并主张国际法上的自决权可能包含特定情况下的“分离权”（主要指被拒绝平等参政的群体的分离权）的英国知名国际法学者詹姆斯·克劳福德（James R. Crawford）也不得不承认，国际社会和国际法已经对分离问题做出了诸多回应，从这些回应中可以凝练出国际社会和国际法处理分离问题的一般模式：

第一，国际社会和国际法对单方面分离采取非常不支持的态度，而且也不承认仅仅建立在分离地人民多数投票之上的单方面“分离权”。从原则上讲，一国之内的人民或群体自决主要通过参与国内宪政体系而实现，并且建立在对领土完整的尊重之上。

第二，在许多案例中，在分离地举行的公投中赞成分离的比例都达到了实质多数（从 65% 到 99%），但是即便在那些显示出强烈、持续独立诉求的案例中，处理分离问题也是母国自己的事，怎样回应分离诉求取决于母国政府自己的考量。

第三，即使在殖民地的语境中，单方面分离[①]也属于例外。自决首先是殖民地当局（即宗主国）的事情，除非殖民当局阻挠自决，否则联合国不会支持单方面分离。在殖民语境之外，联合国极度不愿在母国反对的情况下接受一个分离实体成为成员国。自 1945 年以来，尚未出现联合国违背母国意愿接纳分离实体为成员国的案例。在母国同意一部分领土分离并且各方达成一致的情况下，分离方可以选择与母国保持联合关系，也可以选择独立建国。如果独立是在这种情况下实现的，那么联合国很快就会接纳分离地。但如果母国政府对单方面分离的企图保持反对态度，那么在现代国际实践中，这种分离不会获得国际支持或承认。

第四，这种处理模式反映在 1970 年联合国大会通过的《关于各国依联合国宪章建立友好关系及合作之国际法原则宣言》的“保留条款”中，并在 1993 年的维也纳世界人权大会宣言（Declaration of the Vienna World Conference on Human Rights）中得到重申。根据以上两个文件，一个其政府基于平等原则代表境内全体人民的国家符合自决原则，所以有权维持领土完

① 克劳福德教授将自决也称为分离，其单方面分离主要指殖民地寻求独立。笔者不赞同这一观点，但为了维持原作者观点的完整性与统一性，在此保留了克劳福德教授的原本表述。

整。此类国家的人民通过平等参与国家治理体系的方式行使自决权。与之相关，一个实行民主统治且尊重全体人民人权的国家的领土完整应该获得尊重。

第五，存在“内部自决”的特殊问题，其意涵是对一国之内多种文化身份的承认，以及不同群体或人民的内部自治。不过，这种对自决的发展不影响已经建立的关于自决和国家领土完整的规则与实践。这些规则与实践不支持独立国家之内的部分人民拥有单方面“分离权”的观点。①

（二）国际法上的自决权不包含“分离权”

现行国际法上不仅没有“分离权”，而且国际法上的自决权也不包含“分离权”，这在国际法文本和国际实践中有较为明确的体现，主要包括以下几点：

第一，不干涉内政原则和主权完整原则是国际法的基本原则，自决权是国际法上的基本人权，如果自决权包含“分离权”，那么国际法内部就出现了重大矛盾，为了调和这种矛盾，要么需要取消不干涉内政原则和主权完整原则，要么需要取消自决权，而这在短期内看来都是不可能的。况且，国际法的基本目标之一是维持世界和平与秩序，但分离主义将严重冲击甚至颠覆世界秩序，造成民族矛盾、地区冲突与主权国家碎片化，所以很难想象国际法会容纳一项与自身目标背道而驰的内容。

第二，联合国宪章和两个人权公约中关于自决的规定充分体现出自决的对外性，即以实现国族之间和主权国家的全体人民之间的平等关系为主要目标。联合国宪章关于自决的规定出现在第1章“宗旨及原则”的第1条中，此条共有四款，均是对国与国关系的规范，尤其涉及自决的第2款原句是：“发展国际以尊重人民平等权利及自决原则为根据之友好关系，并采取其他适当办法，以增强普遍和平。”“国际”一词充分说明自决不涉及主权国家内部的分离问题。《公民权利和政治权利国际公约》关于自决权的规定在第1条中，虽然其中的第1款规定“所有人民都有自决权”，但与之并列的后两款

① 值得补充说明的是，克劳福德教授的观点与笔者有两处显著不同：其一，他认为分离是指一部分地区从另一部分地区脱离，后者既包括殖民时期的宗主国也包括一般主权国家，殖民地独立自决也属于分离，故他区分了殖民语境内的分离与殖民语境外的分离。其二，他将分离划分为单方面武力分离（未经母国同意的情况下通过使用武力或威胁使用武力的方式创造国家）和协议式和平分离（在获得母国同意的情况下通过和平手段创造国家），这与笔者对分离的分类基本一致，但他将前者称为Secession，后者称为Devolution。笔者对以上两个观点均持保留意见。参见James R. Crawford, *The Creation of States in International Law*, Oxford: Oxford University Press, 2006, pp. 417-418.

中明确出现了国际、各国和国家等词，充分说明了本条所说的“所有人民”特指作为整个国族（Nation）的人民，而非一国之内的部分人民或作为民族（Nationality）的人民。[①]

此外，公约还将自决权与少数者权利做了明确区分，少数者权利单独出现在第27条中。[②]第27条至少透露了如下两层意涵：第一，该条所规定的权利是针对作为少数者群体成员的个人，而非整个少数者群体，鉴于国际法上的自决权属于集体人权，故依据该公约少数者并非自决权的行使主体；第二，该条所指的权利仅限文化、宗教和语言方面，即在一个主权国家内部保持其特殊群体身份与文化特征的权利，不包括从主权国家中分裂领土的政治权利。以上两点在该公约起草过程中的有关文件里得到了证实，因为参与该公约谈判的大多数国家都认为，如果授予一国境内少数者以民族自决权或“分离权”，势必造成主权国家动荡不安的严重后果。[③]

第三，在多部重要的规定自决权的国际法文件中，都有专门强调国家主权完整的特别条款，设置这些条款的目的就是防止有人将国际法上的自决权向分离权解读。除了上文提到过的1960年《给予殖民地国家和人民独立宣言》外，1970年的《关于各国依联合国宪章建立友好关系及合作之国际法原则宣言》也规定：“因此深信凡以局部或全部破坏国家统一及领土完整或政治独立为目的之企图，均与宪章之宗旨及原则不相容。”[④]1993年的《在民族或族裔、宗教和语言上属于少数群体的人的权利宣言》第8条第4款也规定：“本宣言的任何内容均不得解释为允许从事违反联合国宗旨和原则、包括国家

① 第1条原文是：“一、所有人民都有自决权。他们凭这种权利自由决定他们的政治地位，并自由谋求他们的经济、社会和文化的发展。二、所有人民得为他们自己的目的自由处置他们的天然财富和资源，而不损害根据基于互利原则的国际经济合作和国际法而产生的任何义务。在任何情况下不得剥夺一个人民自己的生存手段。三、本公约缔约各国，包括那些负责管理非自治领土和托管领土的国家，应在符合联合国宪章规定的条件下，促进自决权的实现，并尊重这种权利。”《公民权利和政治权利国际公约》，1966年12月16日，联合国人权事务网站，http://www.un.org/chinese/hr/issue/ccpr.htm。

② 第27条原文是：“在那些存在着人种的、宗教的或语言的少数人的国家中，不得否认这种少数人同他们的集团中的其他成员共同享有自己的文化、信奉和实行自己的宗教或使用自己的语言的权利。”

③ ［奥］曼弗雷德·诺瓦克著：《〈公民权利和政治权利国际公约〉评注》，孙世彦、毕小青译，生活·读书·新知三联书店2008年版，第662—665页。

④ 王铁崖、田如萱编：《国际法资料选编》，法律出版社1982年版，第1—9页。

主权平等、领土完整和政治独立的任何活动。”①

第四，以上国际法文件在提到自决权时，往往也会同时提到“殖民地”“非自治领”或“为消除殖民主义”等表述，这些表述充分说明了自决权的特殊语境，即限定在去殖民化背景中。20 世纪 70 年代后期，联合国消除歧视和保护少数者委员会（Sub-Commission on Prevention of Discrimination and Protection of Minorities）的特别调查员海克特 • 埃斯皮尔（Hector Espiell）曾指出，“联合国已经将自决权确立为一项在殖民和外国统治下的人权。该权利不适用于在殖民和外国统治之外且已经组织为国家的人民，因为 1514 号决议和其他联合国文件谴责任何致力于部分或全部破坏国家统一和领土完整的尝试。”②

在 20 世纪 50、60 年代，国际社会的确存在关于自决权涵义的“咸水学说”和“比利时学说”之争，但通过联合国对非殖民化运动的有力推动以及后续通过的一系列大会决议，“咸水学说”至少已在现行国际法文件与国际实践中获得了胜利。联合国大会第 1541 号决议总结道：“对于在地理上与管理国家相隔且在种族与 / 或文化上复不相同之领土，显有递送情报之义务。”③正如帕特里克 · 索恩波利（Patrick Thornberry）教授所言：“（要求自决的领土与其所在国家的）地理与种族的连结十分重要；只有没有地理（连结），授予非自治领土自决资格的设计才是可能的，如果加上地理（连结），尽管这个定义的目的是排除所有少数群体（的“分离权”），那么它也是不完美的。”④

第五，在非殖民化运动中，国际法逐渐形成了一系列指导自决权行使的原则，这些原则反映出国际法的反分离态度。事实上，在民族解放的浪潮中，“大国族”与“小民族”的争论一直贯穿始终，因为并非所有殖民地在被殖民前都建立了国家或形成了国族，尤其非洲在被帝国主义殖民前充斥着大大小小的民族、族群和部落，这些民族、族群和部落在二战后纷纷要求建立

① 联合国人权事务高级专员办事处编：《人权国际文件汇编》（第一卷第一部分），纽约和日内瓦，2002 年，第 130—133 页。

② *The Right to Self-Determination: Implementation of United Nations Resolutions*, UN doc. E/CN.4/Sub.2/405/Rev.1, 1980, p. 10.

③ 联合国大会第十五届会议：《会员国确定是否负有义务递送宪章第七十三条（辰）款规定的情报所应遵循的原则》，1960 年 12 月 15 日，http://www.un.org/zh/documents/view_doc.asp?symbol=A/RES/1541(XV)。

④ Patrick Thornberry, ‘Self-Determination, Minorities, Human Rights: A Review of International Instruments’, *International and Comparative Law Quarterly*, Vol. 38，No. 4, 1989, p. 873. 括号内文字为笔者加注。

自己的国家，若是如此，非洲将出现几百个袖珍国家。针对这一情况，国际社会制定了一系列指导原则：一是在西撒哈拉案中体现出的“不可能原则”（Impossibility），即认为欧洲人没有义务将土地让给印第安人或大洋洲人，因为这是不可行的；二是1964年开罗第二届不结盟国家元首和政府首脑会议所定下的“边界不可改变的原则”，该原则认为殖民地国家的边界一旦确定，就不能再随意细分或更改；① 三是在1986年国际法院对“边界争端案”的裁决中形成的“占有原则”（Principle of uti possidetis），该原则与“边界不可改变的原则”类似，也主张维持既有的国家边界。② 以上三个原则均表明了国际法对主权国家领土边界稳定性的关怀。

第六，尽管几乎所有分离主义者都打出了自决的旗号，但真正获得联合国认可的自决案例绝大多数都局限于非殖民化背景中。目前学术界讨论较多的处于非殖民化背景之外的可能属于自决的分离案例主要包括东帝汶、孟加拉国、波罗的海三国和科索沃。其中，被联合国明文承认为自决的只有东帝汶，但东帝汶不属于分离。1960年，第15届联合国大会通过第1542号决议，宣布东帝汶为非自治领土，③ 这表明东帝汶与包含西帝汶的印尼一样，是独立的自决权行使单元，拥有平等的从葡萄牙独立的权利；而且在1975年12月印尼出兵强占东帝汶之前，其已宣布独立，东帝汶从来都不是印尼的合法组成部分。所以，东帝汶是单纯的自决案例，而非分离案例。与东帝汶相反，孟加拉国和科索沃是单纯的分离案例，联合国没有通过任何文件表明它们属于自决。在孟加拉国要求分离的早期，联合国一直不加干涉，这与其对殖民地自决的支持态度形成鲜明对比。印巴战争打响后联合国才开始介入，但这是为了维护和平、减少伤亡，联合国后来通过的决议也仅关于督促停火和撤军，而非支持孟加拉国“自决”或分离。④ 联合国对科索沃的态度也是类似，将它划归为自决只是部分西方学者的主观愿望。

一个可供比较的案例是厄立特里亚从厄立特里亚–埃塞俄比亚联邦分

① 潘志平主编:《民族自决还是民族分裂：民族和当地民族分立主义》，新疆人民出版社1999年版，第131页。

② 白桂梅著:《国际法上的自决权》，中国华侨出版社1999年版，第104页。

③ 联合国大会第十五届会议:《依宪章第七十三条（辰）款规定的情报问题》，1960年12月15日，http://www.un.org/zh/documents/view_doc.asp?symbol=A/RES/1542(XV)。

④ James R. Crawford, *The Creation of States in International Law*, Oxford: Oxford University Press, 2006, p. 393.

离。厄立特里亚与埃塞俄比亚在历史上同是意大利的殖民地，1950 年 12 月，联合国通过决议促使两地共同行使自决权并结成联邦。后来埃塞俄比亚皇帝一意孤行实行独裁统治，违反了联合国关于厄立特里亚和埃塞俄比亚自决的决议，厄立特里亚遂要求分离。然而，联合国并没有承认厄立特里亚的单独自决权，也没有厄埃内战中对其予以支持，后来即便埃塞俄比亚过渡政府自己都宣布厄立特里亚拥有自决权，联合国依然没有松口，国际法上自决权与“分离权”的严格界分可见一斑。[①]

另一个极为特殊的案例是波罗的海三国脱离苏联。与东帝汶一样，波罗的海三国也是自决案例，其自决性质虽然未在当时立即获得国际法文件的确认，但却在几年后的联合国决议中受到了肯定，目前也为学界所公认。只不过，波罗的海三国不属于传统意义上的自决，而属于自决的第二重涵义。波罗的海三国并入苏联是苏德密约与苏联武力胁迫的产物，1940 年三国国会通过以加盟共和国的身份申请加入苏联的决议时，苏联已在三国驻扎了二万五千名军队，并在国会大楼内外驻军。[②]1989 年 12 月，波罗的海三国部分人民代表大会发表了关于 1939 年《苏德互不侵犯条约》的政治和法律评价的呼吁书，主张波罗的海三国加入苏联是“不自愿的”和“在军事占领的严酷条件下实现的”，[③] 根据 1969 年签订的维也纳条约法公约第 51 条和 52 条，苏德在 1939—1940 年间签订的一系列密约以及由此引发的苏联对波罗的海三国的吞并均为无效。[④]

波罗的海三国脱离苏联的合法性建立在苏联的军事占领和无效的秘密条约之上，三国认为自己从未丧失国家主权，只是短暂失去了主权行使权，其

---

① James R. Crawford, *The Creation of States in International Law*, Oxford: Oxford University Press, 2006, p. 402.

② Romuald J. Misiunas and Rein Taagepera, *The Baltic States: Year of Dependence 1940-1990*, London: Hurst & Company, 1993, pp. 15-20.

③ 李兴汉：《波罗的海三国的独立与苏联解体》，载《东欧中亚研究》2000 年第 3 期，第 83 页。

④ 公约原文为：“第五十一条 对一国代表之强迫一国同意承受条约拘束之表示系以行为或威胁对其代表所施之强迫而取得者，应无法律效果。第五十二条 以威胁或使用武力对一国施行强迫条约系违反联合国宪章所含国际法原则以威胁或使用武力而获缔结者无效。”《维也纳条约法公约》，1969 年 5 月 23 日，http://www.un.org/zh/documents/treaty/files/ILC-1969-3.shtml。

脱离行为不是首次独立，而是恢复独立。[①] 正因如此，尽管苏联宪法规定各加盟共和国拥有分离权，但波罗的海三国始终拒绝援引，并多次拒绝戈尔巴乔夫关于签订新盟约和举行全苏联范围内公投的提议，其目的正是充分彰显三国对苏联统治合法性的拒绝与三国国家连续性的存在。[②] 在联合国安理会通过的关于波罗的海三国的决议文中，也使用了“恢复独立”（restoration of independence）的措辞。[③]

由上可知，波罗的海三国脱离苏联不属于分离，那么为何又说三国人民拥有自决权呢？前文明明说过国际法上的自决权基本限定在去殖民化背景中，而三国并非苏联的殖民地。这是因为，除了殖民地人民外，国际法上的自决权还存在另一个行使主体——被外国军事干涉、侵略和占领下的人民，后者与殖民地人民同属被压迫、奴役的人民。联合国大会 1998 年通过的第 4893 号决议《普遍实现各国人民自决权利》规定：“重申普遍实现所有人民，包括在殖民、外国或外来统治下的人民的自决权利，……宣布坚决反对外国军事干预、侵略和占领的行为，因为这些行为在世界某些地区已导致人民自决权利及其他人权受到压制；……呼吁应对这些行为负责的国家立即停止它们对外国和外国领土的军事干预和占领……”[④] 据此，波罗的海三国人民也拥有国际法上的自决权，其脱离苏联恢复独立的行为符合自决的第二重涵义，与分离无关。

第七，国际社会对自决和分离产生的新国家的态度截然不同：对于前者，国际社会非常欢迎，一般会第一时间予以承认，对于后者则冷淡得多，一般在母国承认之前不会予以承认。国际法文件一般会把“新独立国家”，即从殖民统治下新独立出来的国家，单独列为一个类型，并给以比较有利的待遇。

---

① 事实上，国际社会也一直对苏联吞并三国持保留态度。一个明显的例证是，美国历届政府从未承认过苏联对三国的吞并，立陶宛、拉脱维亚和爱沙尼亚的公使馆一直在华盛顿正常活动，美国也一直在三国首都派有官员。立陶宛在 1990 年 3 月 11 日宣布独立前，曾将独立声明等文件秘密传给华盛顿，美国提出了修改意见并同意发表。参见［法］若韦尔：《改变世界的六天》，鲁方根译，载《国外社会科学文摘》2000 年第 6 期，第 63—64 页。

② 魏百谷：《波罗的海三国独立公投之研析》，载陈隆志、陈文贤编著：《国际重要公民投票——案例解析》，台湾新世纪文教基金会、台湾联合国研究中心 2010 年版，第 105 页。

③ 魏百谷：《波罗的海三国独立公投之研析》，载陈隆志、陈文贤编著：《国际重要公民投票——案例解析》，台湾新世纪文教基金会、台湾联合国研究中心 2010 年版，第 109 页。

④ 联合国大会第三十五届会议：《普遍实现各国人民自决权利》，1998 年 12 月 9 日，http://www.un.org/chinese/aboutun/prinorgs/ga/ares/53/a53r134.htm。

目前，虽然北塞浦路斯、德涅斯特河沿岸地区、纳戈尔诺-卡拉巴赫、索马里兰、南奥塞梯、阿布哈兹和克里米亚等地已经事实独立多年，但由于母国并未承认，所以联合国始终没有接纳它们为成员国，世界上的绝大多数国家也没有承认它们，这些地区的“国家身份”主要通过彼此之间抱团取暖式的互相“承认”而来。此外，由于塞尔维亚始终反对科索沃分离，尽管科索沃目前已获得了包括北约国家在内的108个国家的承认，但联合国依然将其拒之门外。

对此韩国学者柳炳华曾总结道：“随着国际社会的发展，地球上所有的空间均已置于各种形式的统治之下，……新国家的创立不是从殖民统治下独立，就是从已形成的国家中分离，对这两种国家创立的形式，国际社会的态度是对于殖民地解放积极承认其权利，而对于国家中的分离则根据领土保全原则、不干涉内政原则等，反应十分消极。”① 王铁崖教授也补充道：“1948年5月14日美国对以色列的承认被视为过急承认的例子，美国是在以色列独立文件生效的同一天作出承认的，当时以色列国家的存在这一事实尚不确定。印度1971年12月对孟加拉国的承认是另一个过急承认的例子，因为在作出承认时，整个东巴基斯坦还处于巴基斯坦的权力控制之下。在分离的场合，一般认为母国对新国家的存在已给予明示或默示的承认，现存国家就不必再为承认的时机担心了。”②

四、协议式公投已成为解决分离问题的普世方案？

第四个常见误区是认为协议式公投已成为解决分离问题的普世方案。一些分离主义者宣称，在分离问题上已形成了某种“国际惯例”，尤其英国和加拿大这两个西方自由民主大国已经承认了用协议式公投解决分离问题的正当性与有效性，所以其他国家应仿效两国，将举行协议式分离公投的权利赠与公民。然而事实是，解决分离问题从来都不存在所谓的“国际标准”，协议式分离公投也远没有看上去那么“协议式”。

① ［韩］柳炳华：《国际法》（上卷），朴国哲、朴永姬译，中国政法大学出版社1997年版，第32页。
② 王铁崖主编：《国际法》，法律出版社1995年版，第83页。

（一）协议式分离公投的稀缺性

公投并非解决分离问题的必经之路，协议式分离公投更是历史罕见。笔者对二战后世界范围内所举行的分离公投进行了梳理，归纳如下表（表22–2）：

表 22–2：世界分离公投案例一览表（1945—2018 年）

公投类型	时间	分离方	母国	分离指向	支持分离的比率	结果[a]
协议式公投	1945 年	外蒙古	中国	独立	100.00%	成功[b]
	1973 年	北爱尔兰	英国	并入爱尔兰	1.10%[c]	失败
	1993 年	厄立特里亚	厄立特里亚—埃塞俄比亚联邦	独立	99.83%	成功
	1998 年	尼维斯	圣基茨—尼维斯联邦[d]	独立	61.80%	失败[e]
	2006 年	黑山	塞尔维亚—黑山共和国	独立	55.50%	成功
	2011 年	南苏丹	苏丹	独立	98.83%	成功
	2014 年	苏格兰	英国	独立	44.70%	失败
单方面公投	1990 年	斯洛文尼亚	南斯拉夫	独立	88.50%	成功
	1991 年	克罗地亚	南斯拉夫	独立	93.24%	成功
	1991 年	马其顿	南斯拉夫	独立	96.40%	成功
	1991 年	科索沃	塞尔维亚[f]	独立	99.98%	失败[g]
	1991 年	纳戈尔诺—卡拉巴赫	阿塞拜疆	独立	99.89%	成功
	1991 年	德涅斯特河沿岸[h]	摩尔多瓦	独立	97.00%	成功
	1991 年	亚美尼亚	苏联	独立	99.51%	成功

续表

单方面公投	1991 年	阿塞拜疆	苏联	独立	99.80%	成功
	1991 年	格鲁吉亚	苏联	独立	99.50%	成功
	1991 年	乌克兰	苏联	独立	92.30%	成功
	1991 年	土库曼斯坦	苏联	独立	94.06%	成功
	1991 年	乌兹别克斯坦	苏联	独立	98.30%	成功
	1992 年	波黑	南斯拉夫	独立	99.70%	成功
	2005 年	库尔德地区	伊拉克	独立	98.98%	失败[i]
	2006 年	南奥塞梯[j]	格鲁吉亚	保持独立	99.88%	成功
	2006 年	德涅斯特河沿岸[h]	摩尔多瓦	并入俄罗斯	97.00%	成功
	2014 年	克里米亚	乌克兰	并入俄罗斯	96.77%	成功
	2017 年	加泰罗尼亚	西班牙	独立	92.01%	失败[k]
	2017 年	库尔德地区	伊拉克	独立	93.25%	失败[i]
例外	1980 年	魁北克[l]	加拿大	独立	59.56%	失败
	1995 年	魁北克	加拿大	独立	49.42%	失败

a 成功是指赞成分离的投票比例达到法定标准，且公投地区实现了法理分离或事实分离；失败是指赞成分离的投票比例未达法定标准，或赞成票虽达分离方自己设定的“法定标准”但未获母国与国际社会承认，且未实现事实分离。

b 1945 年 8 月 14 日，国民党政府与苏联签订《中苏友好同盟条约》，同意外蒙古根据公投结果独立，次年对独立予以承认。1952 年，已经退败台湾的国民党当局在联合国以苏联违反了《中苏友好同盟条约》并与中国共产党合作为由引发“控苏案”，从此不再承认外蒙古独立。

c 在 1973 年的北爱尔兰公投中，支持分离的比例很低是因为受到了当地天主教徒和民族主义者的抵制。

d 圣基茨 – 尼维斯联邦（The Federation of Saint Kitts and Nevis）即前文提到过的圣克里斯托弗及尼维斯（St. Christopher and Nevis），后者为历史上的国名，现在一般使用前者。

续表

e 尼维斯公投的赞成票比例已经超过半数，但其宪法规定的通过门槛为有效选票的 2/3 多数，故公投仍然失败。

f 科索沃 1991 年公投时，南斯拉夫尚未正式解体，塞尔维亚也未成为主权国家，所以从严格意义上讲，科索沃是从南斯拉夫分离而非塞尔维亚，但当时的南斯拉夫政府已失去对各自治共和国的控制，而且科索沃分离所导致的矛盾主要存在于塞尔维亚和科索沃之间，所以从本质上说此次公投的主题是科索沃要求从塞尔维亚分离。

g 科索沃公投的赞成票比例虽然高达 99.98%，但并不被塞尔维亚与国际社会承认，其在公投后也未立即宣布独立。直至 2008 年，科索沃才正式宣布独立，目前已实现事实分离。

h 德涅斯特河沿岸在历史上举行过两次分离公投，1991 年公投的问题为是否支持从摩尔多瓦独立；2006 年公投的问题为是否支持独立并在未来加入俄罗斯联邦。

i 伊拉克库尔德地区在历史上举行过两次公投，2005 年公投与当年的伊拉克议会选举和库尔德地区议会选举一并举行，赞成票比例高达 98.98% 但未获各方承认；2017 年公投的赞成票比例仍然高企，但库尔德地区政府一方面宣称此次公投具有拘束力，另一方面又宣布将“冻结”公投结果，愿与伊拉克中央政府展开对话而非立即宣布独立。

j 2006 年南奥塞梯公投的问题并非是否成立独立国家，而是是否保持实质上的独立国家地位，因为当时南奥塞梯已经事实独立。

k 加泰罗尼亚公投的赞成票比例高达 92.01%，且当地政府在公投后旋即宣布独立，但不久后西班牙中央政府解散了加泰罗尼亚议会和政府，目前该地区仍处于西班牙控制之中。

l 1980 年魁北克公投的问题在字面上仅关乎是否给予魁北克政府与加拿大联邦政府就分离协议展开协商的权利，其原文是:“魁北克政府已经公布了它的建立在民族平等基础上的、关于与加拿大其他部分协商并签订新协议的提案；这个协议使得魁北克获得制定法律、征收税款和建立外交关系的排他性权力——换言之，主权——同时与加拿大保持包括统一货币在内的经济联合关系；由这些协商带来的政治地位变化只有在另一场公投中获得广泛赞同后才会实现；在这些条件下，你愿意给予魁北克政府就正在计划中的在加拿大和魁北克之间达成的协议进行协商的权利么？”但基本等同于分离，且与1995年的分离公投一脉相承，故笔者也将其视为分离公投。

（资料来源：笔者根据有关文献汇总整理而成。）

依据上表，从1945年至今全球已举行过28次正式的分离公投，[①] 其中协议式分离公投7次，单方面分离公投19次，自治型分离公投2次。在7次协议式分离公投中，1945年的外蒙古分离公投后来被败退台湾的国民党当局斥为无效，其协议性质发生改变；1973年的北爱尔兰公投被当地天主教徒和爱尔兰民族主义者抵制，而这两类人是支持分离的主要群体，导致公投缺乏代表性；故真正体现双边性的协议式公投其实仅有5例，分别是1993年厄立特里亚公投、1998年尼维斯公投、2006年黑山公投、2011年南苏丹公投和2017年苏格兰公投，占据1945年以来全部公投案例的17.86%，足见协议式分离公投从来都不是分离公投的主流，遑论形成某种“普世标准”。

（二）协议式分离公投的非自愿性

除了稀缺性之外，协议式分离公投还具有强烈的非自愿色彩。1945年以来举行过的7次协议式公投均是现实政治的产物，每个案例都或多或少流露出母国的“无可奈何”或“言不由衷”，公投的“双边性”其实是母国政府被分离方单边胁迫的结果。回溯这7次公投，可以将母国最终妥协的原因分为如下几类：

（1）母国在宪法中明确载有实现分离的相关程序，例如1983年圣克里斯托弗－尼维斯宪法第10章第113条规定，“尼维斯岛立法机构可立法宣告尼维斯岛终止与圣克里斯托弗岛的联邦，宪法将不再适用于尼维斯岛”；[②] 再如2003年塞尔维亚和黑山宪章规定，两个共和国在2006年2月之后有权通

---

① “正式”与否的标准不是公投结果是否具有拘束力，而是公投形式是否规范。依照该标准，历史上还有一些地区举行了不规范的非正式分离公投，例如：2009年，泰米尔伊拉姆举行的一次要求脱离斯里兰卡的公投，结果显示99.68%的投票者支持独立，不过公投是在英国、法国、加拿大等国的泰米尔社区中进行的，并未在斯里兰卡本土进行；同年，意大利的帕达尼亚地区也举行了一次模拟分离公投，结果显示45%的投票者赞成独立。

② 朱福惠、胡婧主编：《世界各国宪法文本汇编（美洲、大洋洲卷）》，厦门大学出版社2013年版，第718页。

过全民公决确定是否独立。[①]

（2）母国的形成历史较为特殊，分离地曾经是主权国家，后来被母国通过签订合并条约或殖民侵略的方式占据，故分离地始终对母国的统治颇有微词，典型案例是苏格兰、北爱尔兰和英国的关系。苏格兰在历史上长期保持独立，且在几个世纪中与英格兰鼎足而立、分庭抗礼。1603 年起，两国开始由同一君主统治。18 世纪初，为了缓和两国之间因抢夺殖民资源而产生的紧张关系，避免陷入战争泥潭，安妮女王提出合并建议；1707 年，苏格兰议会批准了《合并条例》，两国正式合并为“大不列颠王国”。[②]不难看出，苏格兰与英格兰从某种程度上说是建立在国际条约之上的联合关系，而非普通主权国家内部地方行政区之间的关系；苏格兰分离主义者坚称，苏格兰始终保留修改乃至废止合并条约的权力。

北爱尔兰在历史上虽不如苏格兰强盛，但也具有相当的独立性，自被英格兰殖民至今，爱尔兰人从未放弃过反抗。1919 年，主张独立的新芬党宣布成立爱尔兰共和国并组建爱尔兰共和军，英爱战争随之爆发。1921 年，英国政府与新芬党签订《英爱条约》，爱尔兰南部 26 郡成立“爱尔兰自由邦”，并于 1948 年正式脱离英联邦。尽管新教势力占优势的爱尔兰北部 6 郡仍选择留在英国治内，但当地的分离运动却愈演愈烈。[③]英国在爱尔兰的殖民历史为北爱尔兰分离增添了某种自决色彩。总之，英国的独特建国路径是英国中央政府难以言说的“历史软肋”，如果没有这一点，那么英国政府对待苏格兰和北爱尔兰的态度也许会强硬许多。

（3）母国已因各种原因陷入混乱，不仅失去了对分离地的控制，而且自身也危如累卵，典型案例是外蒙古公投、厄立特里亚公投和南苏丹公投。在中华民国同意外蒙古公投时，它已自身难保，一方面对日作战还未结束，另一方面国民党与共产党的合作关系破裂，况且外蒙古当时早已事实分离多年，苏联还在东北虎视眈眈。在这种情况下，国民党政府不得不用外蒙古分离来换取苏联对自己的支持。在厄立特里亚公投前，埃塞俄比亚政府已经被厄立特里亚解放阵线和埃塞俄比亚起义军推翻，埃塞俄比亚皇帝逃亡海外，由于

---

① Sabrina P. Ramet, *Serbia Since 1989: Politics and Society Under Milošević and After*, Seattle: University of Washington Press, 2005, pp. 55–65.

② 许二斌:《苏格兰独立问题的由来》，载《世界民族》2014 年第 4 期，第 22—23 页。

③ 洪建军:《北爱尔兰冲突的由来》，载《国际资料信息》2002 年第 1 期，第 13—14 页。

新组建的埃塞俄比亚临时政府与厄立特里亚解放阵线是共同反对原政府的战友关系，而且临时政府刚刚建立，急需结束战争稳固政权，所以才会同意厄立特里亚举行分离公投。[①] 南苏丹公投前，苏丹已经陷入内战多年，支离破碎、生灵涂炭，而且北方政府早已失去对南方的控制权，故在联合国的协调下，北方政府不得不同意南方地区公投。[②] 这些案例充分证明了协议式公投在更深层次上的“非协议性”。

（4）第三方大国支持分离势力，甚至不惜动用武力，母国政府无力与之抗衡，于是同意分离公投，典型案例如外蒙古公投和北爱尔兰公投，两者分别是苏联和爱尔兰强力干涉的产物。外蒙古历史上长期处于苏联的势力范围，1945 年，随着抗日战争进入尾声，苏联吃定国民党渴求自己的支持，不断在外蒙古问题上施压。斯大林在会见宋子文时甚至毫不避讳地说道，“如果苏联无权保护外蒙古领土，那么苏联的整个远东地区都面临着丧失的威胁”，并警告：“中国最好能让外蒙古分离出去，否则外蒙古就可能成为中国内政的一个重大不安定因素……外蒙古将联合所有蒙古人以谋求整个蒙古民族的独立。”[③] 爱尔兰的国力虽然不及当年的苏联，但在北爱尔兰分离问题上也起到了至关重要的作用，正因爱尔兰的支持，北爱分离势力才异常凶猛，不惜与英国血战多年，甚至动用恐怖主义手段，迫使英国不得不同意公投。

（5）分离地内部反对分离的人占据多数，母国抱有侥幸心理，认为民意涣散公投不会成功，希望干脆用一次失败的公投来震慑分离势力并挽回民意，典型案例是北爱尔兰公投和苏格兰公投。英国同意北爱尔兰举行公投的一个关键原因是，当时愿意留在英国的新教派人口在北爱尔兰境内占据多数，公投几乎不会成功。正因如此，广大支持分离的天主教徒认为自己被陷害了，北爱民族党嘲讽此次公投结果在 1920 年到 1921 年相关决策者的既定权谋与算计中，共和党也批评公投只是保守党政府为了宣示北爱尔兰法律地位的橡

---

① James R. Crawford, *The Creation of States in International Law*, Oxford: Oxford University Press, 2006, p. 401.

② Khalid Mustafa Medani, ‘Strife and Secession in Sudan’, *Journal of Democracy*, Vol. 22, No. 3, 2011, pp. 135-138.

③ 《斯大林与宋子文会谈记录：关于签署中苏条约》（1945 年 7 月 2 日，绝密），《俄罗斯解密档案选编：中苏关系》第一卷，第 50—52 页；转引自周锦涛：《战后政权接收视域下国民政府与苏联的关系》，载《复旦学报（社会科学版）》2018 年第 5 期，第 73 页。

皮图章而已，故公投遭到了当地天主教徒的联合抵制。[①]英国同意苏格兰公投也是基于类似理由。近年来，虽然苏格兰人的分离情绪激昂，但因苏格兰经济不振且脱离英国后损失极大，大部分苏格兰人在理性上明白分离并非明路，只是希望用分离呼声换取更大的自治权和更优惠的福利待遇而已。在公投前的历次民调中，支持统一的苏格兰人均占到多数。英国保守党政府正是看到了这一点，希望通过一次不成功的公投来安抚选民，同时也让苏格兰民众明白，既然不想独立就不要再以此威胁政府，从而一劳永逸地解决苏格兰问题。[②]总之，英国同意两地公投的初衷其实是争取民心、阻止分离，而非真心实意地赞同公投。

可见，协议式分离公投不是一个“应不应”的问题，而是一个“能不能”的问题；不是一门“你情我愿”的美好婚事，而是一桩“强买强卖”的赔本生意。

五、协议式分离公投的形式门槛与一般民主公投持平?

将协议式分离公投与普通民主公投混为一谈是第五个常见误区。该观点认为，协议式分离公投的基本样态与其他民主性公投类似，希望维持较低的通过门槛，为分离主义大开方便之门。事实是，协议式分离公投不仅应具有与修宪公投持平的形式门槛，而且应备置系统、多元、立体的配套设施。

（一）与修宪公投持平的形式门槛

分离不是普通的地方自治事务，也不是一般意义上的重大公共决策，它涉及领土主权变更，而领土主权在宪法中有明确规定，所以分离相当于宪法修正，分离公投的形式门槛至少应该与修宪所要求的公投门槛持平，具体而言包括如下三点：

第一，国家层级的立法机关主导公投过程。宪法修正案一般由国会提出

① ［美］巴特勒、兰尼编著:《公民投票的实践与理论》，吴宜容译，台湾韦伯文化事业出版社 2002 年版，第 47 页。

② 李靖堃:《苏格兰独立公投及其影响》，载《当代世界》2014 年第 10 期，第 34 页。

或公民联署，经国会法定多数议员投票通过后交付全国性公投（当然也可能无需公投），公投的举行、细则规定与结果确认均由国家立法机关主导。例如，奥地利宪法第 4 节第 46 条规定："1. 全民公决的举行，由联邦总统之命令宣布。……3. 全民公决程序的细则，由联邦法律规定……"[①]分离公投的情况与之类似，国家立法机关应在选民登记、问题起草、公投举行、规则决定、竞选活动、投票、复查选票等问题上肩负决策责任，除非国家通过法案或政府间协议将决定公投具体事宜的权力授予分离方，否则分离地立法机关无权独自决定。在前文所列举的七个在宪法中载有分离条款的国家中，分离进程均由国家层级的立法机关主导或至少由国家与分离方共同商定，尤其是分离公投的具体问题与所需赞成票数应由国家立法机关裁夺。[②]

一个可供参考的例子是魁北克。在 1980 年和 1995 年两次举行分离公投前，魁北克分离主义者均宣称自己拥有垄断性的公投问题决定权，根据他们制定的魁北克公投法案，公投问题的制定者是魁北克总理和国民议会，联邦政府和魁北克的反分离政党均被排除在外。[③]这一声称遭到了加拿大联邦政府的坚决反对，1998 年加拿大最高法院颁布的咨询意见和 2000 年联邦议会制定的《清晰法案》明定，分离公投所使用的问题必须在文字上清晰表明独立意图，不能用含混的表述来模糊人民对分离后果的认识，而且赞成分离的票数必须达到绝对多数，至于公投问题是否清晰、赞成票是否达到绝对多数，只有加拿大联邦议会有权决定。[④]以上事实均反映了国家立法机关在分离公投进程中的主导地位。

第二，双重绝对多数的高通过门槛。一般而言，各国宪法所规定的法律通过门槛与宪法修正案通过门槛存在显著差异，如果涉及公投，那么立法、修法或废法一般只需赞成票达到有效票的相对多数即视为通过，有些国家的宪法甚至不要求赞成票达至多数，反而要求反对票达至多数，例如爱尔兰宪法第 16 章第 47 条第 2 款规定："任何提交全民公决的提案如果在全民公决中多数投票者反对该提案成为法律，且反对票占所有登记选民之比例不低于百

---

① 朱福惠、邵自红主编：《世界各国宪法文本汇编（欧洲卷）》，厦门大学出版社 2013 年版，第 66 页。

② Patrick J. Monahan et al., 'Coming to Terms with Plan B: Ten Principles Governing Secession', CD Howe Institute Commentary, No. 83, June 1996, pp. 10-11.

③ Patrick J. Monahan et al., 'Coming to Terms with Plan B: Ten Principles Governing Secession', CD Howe Institute Commentary, No. 83, June 1996, p. 8.

④ Canadian Clarity Act, June 29, 2000.

分之三十三又三分之一，则该提案被视为被人民否决，但本项规定不适用于修改宪法的提案。”[①] 相比之下，修宪所须的公投通过门槛则高得多，大多数国家的宪法都要求过半数的全体登记选民对修宪案投赞成票；或者投票者先过全体登记选民半数，然后赞成票再达到有效票的特定多数。例如爱尔兰宪法第 16 章第 47 条第 1 款规定，“……任何提交全民公决的法案，如果全体选民过半数对该法案表示赞成，则该修正案被视为获得人民之批准”，[②] 再如丹麦宪法第 10 章第 88 条规定：“……若参加投票者过半数，且至少百分之四十的选民投票赞成议会通过的法案，并且法案获得国王批准，则该法案应成为本宪法的组成部分。”[③]

在另一些国家的宪法中，修宪所需的公投通过门槛虽然没这么高，赞成票仅须达至投票数或有效票的绝对多数，但它们往往要求法案在付诸公投前先在国家议会中获得通过，而议会通过门槛一般较高。例如，奥地利宪法第 4 节第 45 条规定，“全民公决应以有效票中的绝对多数票的意见为最终意见”，[④] 同时第 4 节第 44 条又规定：“宪法性法律或包含宪法性规范的普通法律，非经国民议会不少于一半之议员出席、三分之二多数票赞成不得通过……”[⑤] 鉴于在举行分离公投前，议会可能无需先通过关于分离的法案，因此分离公投自身的通过门槛就需提高至全体登记选民的绝对多数，或者全体登记选民与有效票的双重绝对多数。[⑥]

第三，公投举行频次不宜过高。宪法是国家的根本大法，必须保持相当的稳定性，不能频繁修订；同理，领土变更也不能天天发生，修宪与分离所需的公投均不宜密集举行，若第一次公投未通过，那么须在一定时间后才能举行下次公投，应在两次公投之间设置等待期。这一点已在举行过分离公投的国家中得到了应验。苏联和捷克与斯洛伐克联邦共和国都限制了举行分离公投的频率，其中，苏联分离法第 10 条规定，两次分离公投之间必须有 10 年的等待

---

① 朱福惠、邵自红主编:《世界各国宪法文本汇编（欧洲卷）》，厦门大学出版社 2013 年版，第 30 页。
② 朱福惠、邵自红主编:《世界各国宪法文本汇编（欧洲卷）》，厦门大学出版社 2013 年版，第 30 页。
③ 朱福惠、邵自红主编:《世界各国宪法文本汇编（欧洲卷）》，厦门大学出版社 2013 年版，第 183 页。
④ 朱福惠、邵自红主编:《世界各国宪法文本汇编（欧洲卷）》，厦门大学出版社 2013 年版，第 66 页。
⑤ 朱福惠、邵自红主编:《世界各国宪法文本汇编（欧洲卷）》，厦门大学出版社 2013 年版，第 66 页。
⑥ 当然，也有一些国家在修宪时不要求议会程序，而且公投通过门槛为有效票的相对多数，例如瑞士，但这种情况极为罕见，只有像瑞士这样公投历史悠久的袖珍国家才会如此。瑞士宪法关于修宪和公投的规定参加福惠、邵自红主编:《世界各国宪法文本汇编（欧洲卷）》，厦门大学出版社 2013 年版，第 466 页。

期，捷克与斯洛伐克联邦共和国宪法第5条则规定了5年的等待期。[①]

除了以上三点之外，分离公投的性质也值得商榷，其并不必然具有拘束力。国际经验表明，大多数议会民主制国家的公投都是咨询性的，因为现代自由民主始终对直接民主抱持较强的怀疑态度，人民主权在议会制国家主要以议会主权的形式体现，对比之下，在那些具有悠久直接民主传统且公投实践丰富的小型国家，例如瑞士和冰岛，拘束性公投较为常见。正如莫汉那教授总结的那样："一般而言，如果国家宪法和法律对此无规定，那么公投就是咨询性的，这仅仅是因为缺乏使其具有拘束力的法律基础。因此，从法律维持不变的意义上讲，大多数公投都是咨询性的，直到一份结果性的协议和最终的法律措施确认公投结果。……更重要的是，拘束性公投，特别是那些涉及修宪的拘束性公投，在代议制下是否合宪是一个并不确定的问题。"[②]

（二）其他宪政配套设施

基于宪政民主原则，分离公投除了形式门槛与修宪公投持平外，可能还需以下几类配套设施：

第一，修改母国宪法或法律。在一些国家中，宪法有明确的反分离条款，比如西班牙、俄罗斯和印度，要想在这些国家举行分离公投就必须先修改宪法。另一些国家的宪法虽然没有明确禁止分离，但也没有许可分离，例如美国宪法只规定了新州加入的程序而无旧州退出的程序，[③] 考虑到领土主权问题的重大性，仅仅公投或征得母国同意可能并不足够，还需在宪法中增加关于分离程序的条款，即须先修改宪法。加拿大也属于此类情况。尽管加拿大联邦议会已于2000年通过《清晰法案》对魁北克分离事宜进行规范，但加拿大宪法中并无关于分离的规定，倘若日后魁北克果真举行分离公投并成功分离，那么加拿大势必要对宪法进行修正。加拿大的宪法制度介于英美法系与大陆法系之间，其宪法虽然不像法国宪法一样属于刚性宪法，内设了较为苛刻的修订门槛，但也不至于像英国一样没有成文宪法，修宪相当于修改普通法律，

① Patrick J. Monahan et al., 'Coming to Terms with Plan B: Ten Principles Governing Secession', CD Howe Institute Commentary, No. 83, June 1996, p. 12.

② Patrick J. Monahan et al., 'Coming to Terms with Plan B: Ten Principles Governing Secession', CD Howe Institute Commentary, No. 83, June 1996, pp. 14-15.

③ 美国宪法关于新州加入的规定在第3条第3款中，详见朱福惠、胡婧主编:《世界各国宪法文本汇编（美洲、大洋洲卷）》，厦门大学出版社2013年版，第594页。

相较而言，加拿大宪法属于柔性宪法，具备一定的修宪门槛，尤其是在涉及改变宪政架构的重要条款上，这就为分离设置了较大障碍。[①]

加拿大宪法第 5 章第 38 条规定："（一）加拿大宪法修正案如果已经下述决议认可，可以由总督以盖有加拿大国玺颁布的公告予以制定：1. 参议院和众议院的决议；2. 至少有三分之二的省，在立法会议中作出决议，并且根据当时最后的人口普查，这些省的人口合计至少占全国各省总人口的百分之五十。……（二）根据第一款制定的修正案，如其减损省立法机关或者省政府的立法权、财产权或者任何其他权利或者特权，必须有参议院议员、众议院议员和本条第一款规定的各省立法的议员，分别以过半数通过决议。……（三）如果某一省的立法会议在本条第二款所规定的修正案的公告颁布前，以其议员过半数通过的决议，表示不同意该修正案时，此项修正案在该省即不发生效力，除非后来该立法会议以其议员的过半数通过的决议，撤销其不同意的意见，并且认可该修正案。"[②] 显然，魁北克分离会大大减损其他省的权利，故若严格按照加拿大宪法，即便魁北克在未来公投决定分离，那么也须获得至少七个省份以及参众两院的半数支持来修改宪法以正式分离，这在现实中几乎不可能。

除了修宪之外，分离公投可能还需要立法、修法或废法。在一些国家中，存在禁止分离的法律，比如中国的《反分裂国家法》，若未来台湾地区想举行"台独公投"，那么就必须先废止《反分裂国家法》，否则"公投"就既违宪又违法。还有一些国家或地区可能没有《公投法》或者其原本的《公投法》没有关于分离的条款，那么这些国家或地区在公投前就需先订立或修改《公投法》。例如，台湾地区虽然制定了"公投法"，但从法理上说，台湾当局并非代表中国的合法政府，其"公投法"缺乏正当性；况且，台湾地区的"公投法"本身也将领土变更事项排除在外，即便依循该"法"台湾也无权举行"台独公投"。还有一些国家不存在成文宪法，例如英国，那么它在举行分离公投前

① 加拿大宪法不是一部统一的成文法，而是由多部宪法与法律文件以及判例、惯例组成。之所以说加拿大宪法有成文宪法是因为它拥有 1867 年宪法（《不列颠北美法案》）、1982 年宪法以及《加拿大权利与自由宪章》，之所以说加拿大没有成文宪法是因为它拥有大量的判例与惯例。同时，作为联邦制国家，加拿大各省的法律制度也有所不同。在十个省中，有九个省的司法制度起源于英国的普通法，属于英美法系；而魁北克的司法制度来自法国，属于大陆法系。参见汪习根、李蕾：《别具一格的加拿大宪法》，载《当代法学》2004 年第 4 期，第 132—133 页。

② 姜士林等主编：《世界宪法全书》，青岛出版社 1997 年版，第 1607 页。

就需先通过相关法案或签订政府间协议，《爱丁堡协议》和《苏格兰公投法案》正是此意。

第二，与母国其他地区协商并达成一致。分离具有牵一发而动全身的效果，会深刻影响分离地之外人民的权利行使与资源占有，因此，在分离公投获得成功后，分离方还需与母国其他地区或母国中央 / 联邦政府充分协商，并就资产和负债分割、资源共享、边境划分、少数者权益、经济社会关系等问题签订协议。例如，加拿大《清晰法案》明定，魁北克须在由联邦政府和所有省份都参加的谈判中取得三分之二多数同意才可实现分离。[①] 此外，尽管分离主义者往往宣称分离后的边界自动维持原有行政区划边界，但事实并非如此，在莫汉那教授考察的七部包含分离条款的国家宪法中，只有两部宪法规定自动维持原有边界，其他四部宪法均要求分离方重新与母国及其它省份商议，例如苏联分离法第 12 条规定，在公投后会有一个过渡期，在此期间，苏联部长会议将与要求分离的共和国政府一同提出重新划界的建议，而该建议最终将由苏联人民争议会议裁定。主权国家对分离导致的边界变更的一般态度是：尽管协商的最终结果可能是维持原边界不变，但协商程序是必须的。

第三，针对分离协议的二次公投。常规的分离公投只是对分离地人民政治意向的笼统确认，并未涉及具体而明晰的分离前景，因此，在分离地与母国中央 / 联邦政府或其他地区签订描摹未来两国关系的协议后，分离地也许有必要再次举行一个通过该协议的公投，以保证分离地人民对分离后果的知情权与决定权。

第四，少数者权利保护。分离公投本身是分离地少数人民对其他地区大多数人民的反抗，是保护少数者权利的某种体现，因此，分离公投以及由之形塑的分离协议与分离事实也须充分体现对于少数者权利的关怀，否则就等于动摇了自身的正当性。对此，苏联分离法提供了很好的先例，该法第 4 条规定，分离进程必须保证多方参与，尤其是要求分离的加盟共和国内的自治共和国、自治地区和民族地区的多边协商。[②]

以上形式门槛与配套设施并非空想，加拿大法学家帕特里克·莫纳汉教授的观点与笔者不谋而合，他在对历史上的分离公投实践进行了系统梳理后，

---

① Canadian Clarity Act, June 29, 2000, http://www.canadianlawsite.ca/clarity-act.htm.

② Patrick J. Monahan et al., 'Coming to Terms with Plan B: Ten Principles Governing Secession', CD Howe Institute Commentary, No. 83, June 1996, p. 12.

提出了几点关于魁北克分离公投的建议：

第一，联邦政府在两次公投期间的沉默使魁北克人党（Parti Québécois）获得了描述如何实现分离的自由。保持这种沉默是不负责任的，而且在魁北克试图单方面宣布独立时将导致混乱。

第二，魁北克人党宣称魁北克地区以外的加拿大人无权参与制定下一次公投的基本规则，这在法律上和其他已经处理过分离问题的国家实践中都找不到支持。

第三，一个明智的解决办法是，联邦政府赶在未来的任何公投之前承担起制定清晰基本规则的领导角色。这些规则应该基于以下原则：（1）在加拿大法律框架下，分离是可能的，只要它尊重法治原则；（2）只有被要求分离的省份所举行的公平透明的基于清晰问题的咨询性公投通过时，分离才能够发生，超过 50% 的多数可以引发关于分离问题的协商谈判，谈判达成的任何协议需要由相关省份人口参加的第二次公投进行确认。换言之，分离程序不仅仅是公投，还包括协商、签订协议和修宪等其他环节，而公投也不止一次，第一次公投不能直接引发分离，而是引发分离协商，第二次公投是对分离协商成果的批准，而且不一定局限于要求分离的省份；（3）领土分割在法律上和逻辑上是适用于分离问题的，如果要求分离的省份中的部分居民表达出留在加拿大的明确意愿，那么分割就是可能的；（4）联邦政府对加拿大土著人承担的信托义务应该受到尊重，在任何分离协商中，土著人都应该有直接代表，如果他们希望留在加拿大，那么他们有权如此；（5）分离将使某些即时的修宪成为必要，但与此同时宪法的其他部分应该保持不变，换言之，国家体制的变更不应与分离同时进行。①

以上观点再度印证了笔者的论断：分离公投与普通民主公投具有完全不同的样态，不但需要符合与修宪公投类似的形式门槛，而且还要备置一系列配套措施。

① Patrick J. Monahan et al., 'Coming to Terms with Plan B: Ten Principles Governing Secession', CD Howe Institute Commentary, No. 83, June 1996, p. 3.

第四编
台湾地区公民投票

第二十三章　台湾地区“公投政治”对一中框架的侵蚀与挑战
——以新版“公投法”为分析中心

台湾“公民投票法”（简称“公投法”）是政党博弈的产物，其中充满了政治算计和政治妥协，其立法之初的政党利益超越了该法本身的价值；同时，该法本身就是民进党追求“台独”的结果，这些因素注定了台湾各政治力量围绕着“公投法”修正问题展开博弈的必然性。研究“公投法”修正过程中各主要政治力量的分歧与共识、态度变化，以及修正后的“公投法”文本，对于了解岛内统“独”力量的消长，把握岛内政治生态的变迁，防范和应对绿营势力利用修正后的“公投法”来挑战一个中国框架，均具有重要理论和现实意义。

一、台湾地区推出“公投法”修正案的缘起及过程

“中华民国宪法”已经赋予人民拥有“创制、复决权”，并允许订立相关法律实行之。本来台湾只需制定“创制复决法”即可，而无须将“创制复决法”的名称改为“公民投票法”，但民进党为了与“中华民国宪法”的“创

制、复决权”概念相区别，以便从法理上落实“2300万人决定论”的“台独”理念，故在名称上“另起炉灶”，积极酝酿和推动“公民投票法”的出台。[①]从1990年5月到2003年11月“公投法”在“立法院”得到通过之前，台湾先后共举办过21场无法律依据的地方性公投，平均每年举办1.62次。这些地方性公投多涉及环保、反“核四”等议题，[②]在政治转型过程中，其不仅比较能够得到民众的呼应，而且台湾当局迫于“民主浪潮”之压力也不得不做出种种退让，公投的议题不断增多，民进党的话语权也就是在这个过程中发展起来的。民进党的努力并非仅停留在发动无法源的地方性公投，而且还积极建构公投理论、提出公投议案。

建立公投制度是民进党反对国民党的“神主牌”。最初，国民党极力反对民进党的这一倡议和做法，但后来发现，“公投立法”已是大势所趋。于是，改变过去一贯的反对策略，顺势以“借力使力”“以毒攻毒”的手法，抢先推出门槛极高的国亲版“公投法”草案，并凭借当时在“立法院”多数党地位的优势，于2003年11月27日将其强行表决通过。需要说明的是，当时国、亲两党之所以能够成功地“以快打慢”，联手推出自己的“公投法”版本并得以通过，这里有一个特殊背景，那就是：2003年陈水扁当局大力推动具有强烈“台独”色彩的公投立法，因其“公投法”草案中含有公投适用范围包括“国旗、国号和领土变更”等挑战一个中国原则的内容，致使两岸关系陷入剑拔弩张的局面。2003年11月23日中国外交部罕见地通知各驻外大使馆，知会各国政府，大陆将被迫对“台独”作出反应。在当时两岸关系陷入高度紧张状态、民进党应接不暇的情势下，国、亲两党趁势而上，主动出击，率先推出自己的立法版本并强行通过。

“公投法”是在当时特殊历史条件下政党博弈的产物，从其诞生之日就有要求“修正”的呼声，可以说，这些年来，岛内政治势力尤其绿营势力推动“公投法”修正的努力从来就未停止过。

2008至2016年马英九主政时期，国民党基于自身利益及两岸关系和平发展大局考虑，在其继续掌控“立法院”多数席位的情况下，尽管绿营势力不断要求修改“公投法”，并提出多达五个版本的“公投法”修正案，但均被

① 张莉著:《台湾“公民投票”考论》，九州出版社2007年版，第58—59页。
② 林佳龙主编:《民主到底：公投民主在台湾》，台湾智库2007年版，第11—12页。

搁置。2016年5月，民进党上台执政后，开始加快推动“公投法”修正的步伐。长期以来，民进党一直决意推翻“公投法”的“鸟笼”部分，但不具备条件。如今既然再度执政，拥有修订“公投法”的实质提案权，而且在“立法院”占有多数席位优势。在这种情况下，蔡当局当然不会放过推动修改“公投法”的机会。2016年12月15日，“立法院内政委员会”通过了对“公投法”修正案的初审。对于初审之后的慢动作，2017年4月，林义雄等绿营人物出面指责，由民进党所主导的“立法院”就“公投法”修正问题已经运作近一年，至今尚未完成二读，对此深表不满。于是，2017年9月22日，“立法院”第九届第四会期开议，蔡英文当局列出72个优先法案，其中“公投法”部分条文修正草案被列入议程。

2017年12月8日，“立法院”面对的“公投法”修正条文有55个，经朝野协商，其中50个条文朝野达成共识，对余下5个条文仍有争议，另国民党团主张增列1条开放不在籍投票规定，“时代力量”党团主张增列1条两岸政治协议强制公投的规定，因此共有7个条文有争议。为提高议事效率，“立法院”院会先行二读通过50个没有争议的条文，剩下7个有争议的条文留待12日院会再处理。2017年12月12日，“立法院”院会继续处理存有争议的7个条文，并三读通过“公投法”部分条文修正案。综观最后通过并生效的“公投法”修正案，其最为主要的修正要点有以下几个方面：（1）降低公投提案门槛，由最近一次“总统”“副总统”选举人总数千分之五（9.4万多人）降到万分之一（1800多人）以上；（2）降低连署门槛，从原本百分之五（94万多人）降为百分之一点五（28万多人）；（3）降低投票通过门槛，由原先的“双二一门槛”改为“有效同意票多于不同意票，且有效同意票达投票权人总额的四分之一（约465万人）以上，即为通过”；（4）投票年龄下调至18岁；（5）废除“公投审议委员会”（简称“公审会”），未来全台性公投的主管机关为“中央选举委员会”（简称“中选会”）、地方公投的主管机关为地方政府；（6）开放电子连署方式，可由系统认证码进行连署；（7）原规定公投案提出后放弃或公投结果公布后，相同性质的题目三年内不得再重新提出，此次修正后放宽为两年内不得重行提出；（8）赋予“行政院”发动公投权。

二、四项主要修正条款及其影响解析

（一）下调公投三大门槛

三大门槛包括：一是提案门槛，由原来“总统”“副总统”选举人总数千分之五（9.4 万多人）降到万分之一（1800 多人）以上，等于降低了 98%；二是连署门槛，从原本百分之五（94 万多人）降为百分之一点五（28 万多人）；三是通过门槛，由原先的“双二一门槛”改为“有效同意票多于不同意票，且有效同意票达投票权人总额的四分之一（约 465 万人）以上，即为通过”。

按照原“公投法”第 10 条、第 12 条、第 14 条、第 15 条的规定，从提案门槛、连署门槛以及由此进入“公投”程序的一系列复杂规定看，经由公民连署发动公投的难度非常大。自 2003 年 12 月 31 日“公投法”颁布至 2017 年 12 月 12 日“公投法”修正案通过，期间还没有一个全台性公投案例沿循法定程序获得通过。根据原“公投法”第 30 条：“公民投票案投票结果，投票人数达‘全国’、‘直辖市’、县（市）投票总人数二分之一以上，且有效投票数超过二分之一同意者，即为通过。投票人数不足前项规定数额或未有有效投票数超过二分之一同意者，均为否决。”如此“高门槛”，“公投案”难以过关。从实施层面看，自 2003 年 12 月 31 日台湾地区“公民投票法”公布实施至 2017 年 12 月 12 日，在全台湾地区先后举行的公投有三次六案，[①]这六案均因投票人数未达到“公投法”第 30 条规定的百分之五十门槛而遭否决。在岛内各县市先后举行的公投，共有五次四案（有一案曾重复投票），其

① 三次全台性公投分别是 2004 年“三二〇公投”（一案是“强化国防”，另案是“对等谈判”），2008 年“一一二公投”（一案是“讨党产”，另案是“反贪腐”），2008 年“三二二公投”（一案是“加入联合国”，另案是“重返联合国”）。

中四案遭到否决，一案获得通过。[①]“公投法”的实施结果及其他不便于公投操作的制度设计，引发了民进党等绿营势力的强烈不满，声称这部“公投法”是一部反民主的“鸟笼公投法”[②]，亦即表面看是民主，但却是被关在鸟笼里的，根本无法操作。因此，民进党党团曾经几次动议要修订“公投法”，将公投门槛降低，但均遭到国、亲两党“立委”的联手反击而未能成功。

作为代议制民主的例外机制，公民投票除了对重大事项进行表决外，还应就应该立法而没有立法的事项，提出创制；对已经立法的，如果持有不同意见，也可以提出复决。所以，如果门槛设置过低，甚至低于多数党在定期投票中取得过半数支持度的比率，就容易出现例外规则破坏正常原则的情形；如果门槛设置过高，则会使公民投票徒具制度形式而难以操作，进而使公投制度成为摆设。因此保留适度门槛是必要的，但过高或过低均会使公投政治走向畸形。依照此次修正后的“公投法”，公投门槛大幅度降低，尤其公投发起门槛从原来选举人总数的千分之五降为万分之一，等于降到五十分之一。如此低的门槛，容易导致公投制度的滥用，并加剧民粹主义的蔓延。

（二）废除“公民投票审议委员会”

通过此次“公投法”修正，长期以来备受民进党诟病的“公审会”正式被废除。有关公投事项是否符合“公投法”的认定，全台性公投的主管机关是“中选会”，地方性公投的主管机关是“直辖市”或县市政府。

“公审会”在“立法”之初就是政党斗争的产物。2003 年“立法”时，民进党掌握行政权，却是“立法院”中的少数党。而在野的国民党对于处在民进党掌控下的“中选会”极不信任，故另辟蹊径，直接催生了“公审会”的出现。从当时的情况看，“公审会”是国亲版本“公民投票法草案”独有的

① 第一次是 2008 年“高雄市降低‘国’中小班级人数公投案”，因投票人数未达到 50% 门槛而遭到否决；第二次是 2009 年“澎湖县博弈公投案”，未获得通过；第三案是 2012 年“连江县博弈公投案”，获得通过，也是目前唯一获得通过的一次公投；第四次，2016 年 10 月 15 日，澎湖县第二次就是否开放博彩议题举行公投，结果还是未获得通过，需要指出的是，澎湖和连江二县的博弈公投系依照“离岛建设条例”第 10 条第 2 款规定举办的公投，不受“公投法”规定的投票率门槛的限制，而依照同意票与不同意票的高低来认定公投结果；第五次，2017 年 10 月 28 日，金门县就是否设置博弈特区进行公投，由于反对者超过九成，故此次公投遭否决。

② 林佳龙主编:《民主到底：公投民主在台湾》，台湾智库 2007 年版，第 26 页。

制度设计，从一开始，台湾各界就对其充满了争议。[①] 依据原"公民投票法"总则第 2 条第 5 项规定："公民投票事项之认定，由公民投票审议委员会为之"；并专设第五章之规定"公民投票审议委员会"；第 34 条又规定："行政院应设'全国性'公民投票审议委员会，审议下列事项：一、'全国性'公民投票事项之认定。二、第三十三条公民投票提案是否为同一事项之认定"。上述规定赋予"公审会"具有实质审查和决定连署是否有效的权限。在台湾的公投实践中，绿营势力提出的多项议案被该机构否决，这使得绿营人士大为不满，认为"公审会"是由少数"审议委员"决定十几万人的连署，不符合民主政治的规则，进而认为"公审会"扼杀了台湾十余万人的"民意"，是国民党压制台湾直接民主的工具，因此废除"公审会"是破除"鸟笼公投"的重要组成部分。

对于"公审会"的性质，原"公投法"并未明确规定，只是 2008 年"司法院大法官第 645 号解释"将"公审会"明定为非独立行政机关，而是在行政程序上执行特定职务的组织。但是，绿营学者一直质疑"释字第 645 号解释文"的正当性，认为"一个连行政机关（更遑论独立行政机关）地位都不具备的组织，竟然在具有高度政治意义的'公投'议题上做成最后决定，拘束'全国最高行政机关'行政院"的职权，这不符合逻辑。[②] 事实上，岛内关于"公审会"的性质及存废问题一直争议不断，从这一角度看，"公审会"的存废成为"公投法"修正的焦点也就在所难免。

当时国、亲两党主张设立"公审会"，其目的是为了牵制在台执政的民进党。然而，时过境迁，如今民进党既是执政党，又是"立法院"多数党，在这种格局下，国民党利用该机构牵制民进党的价值已经大打折扣。时至今日，蓝绿在此问题上对决的意义已经大为褪色，民进党现已全面执政、时机成熟，其基于一贯反对该机构的立场和态度，欲将之废除志在必得；而国民党鉴于岛内新情势下的政治生态和政治格局，自知继续捍卫该机构的存在亦不合时宜，故有意在该问题上与民进党妥协。

以前有些公投案即便通过提案千分之五门槛，也可能会被"公审会"驳

---

① 《中评深度专访：王英津析公投与"台独"》，在《中国评论新闻网》，2017 年 12 月 18 日，http://www.crntt.tw/doc/1049/1/3/0/104913065.html?coluid=7&kindid=0&docid=104913065&mdate=1218004829。

② 陈英钤：《"公投法"补正草案研究》，第 200 页，http://www.taiwanthinktank.org/page/English attachment 4/2351/04 9.pdf。

回；有的即便“审议委员会”认定符合规定，但多半会在连署百分之五门槛之前被“卡住”。根据2008年“司法院大法官第645号解释文”，并结合该机构的实际运作情况，可以发现，该机构虽然在性质上是非独立行政机关，但在当时却不仅有权进行程序审查，而且进行实质审查，对于那些不符合“公投法”规范或者模棱两可的议题，都可能会被该机构否决。事实表明，在“公投法”实施过程中，绿营势力提出的议案多次被该机构认定为“不合规定”而被“卡掉”。但是，现在废除之后，未来全台性公投和地方性公投分别交由“中选会”和地方政府主管。那么，“中选会”或地方政府对公投提案的审查是实质审查，还是仅程序审查，抑或兼而有之？此次修正条文并未明确提及，还要看其后出台的实施细则如何规定。后退一步，即便是实质审查，在目前国、民两党公投共识日趋扩大的情势下，该机构先前的“门阀”功能无疑会大大弱化。

（三）公民投票年龄下调至18岁

此次“公投法”修正案将公民投票年龄由20岁下调至18岁（但选举投票年龄目前仍是20岁），表面上并未直接触及两岸关系，但将对两岸关系产生不可低估的影响，至少有助于民进党煽动和发起两岸关系议题的公投，因为把公投年龄下调至18岁，可以扩大年轻投票权人近60万。这部分年轻人，因受到李登辉、陈水扁时期的“台独”教化，对一个中国的认同度比较低，其对民进党发动的公投比较有利。

需要指出的是，这次下调的是公报年龄，而非选举年龄。理解这一问题的关键是，从理论上厘清公投和直选的关系。两者共同之处是，都通过一人一票来落实直接民主，但其不同在于：一般意义而言，前者是“决事”，而后者是“选人”。在台湾地区，前者由“公投法”规定，后者由“宪法”和“选举法”规定。这次“公投法”修正案将投票年龄下调至18岁，是就公投年龄而言的，而选举年龄则需要通过修改相应的“选举法”和“宪法”来完成。虽然这次下调的是公投年龄，但会产生外溢效应，对下调选举年龄至18岁会形成一个“催化效应”，进而会催生“公职人员选举罢免法”修正案的出台，在此基础上自下而上地倒逼“修宪”，以最终在“宪法”层面上把选举年龄下调至18岁。

（四）赋予“行政院”公投发动权

修正后的“公投法”还有一个新规定，那就是：“行政院”对于“重大政策创制或复决”，认为有必要进行公投时，得经“立法院”同意交由主管机关办理公投；“行政院”提案经“立法院”否决者，两年内不得重新提出。“修法”期间，“立法院”在讨论“行政院”能否发动公投的问题上，民进党坚决主张，但国、亲两党持反对态度，譬如李鸿钧指出，如果让“行政院”拥有发动公投的权力，会让“立法院”无法监督，民主制衡机制将全部崩解，若民进党执意要纳入“行政院”有发动公投的权力，至少也应规范若“行政院”发动的公投失败，“内阁”应总辞以示负责，才能防止行政权扩张与滥用公投。[①] 因民进党在“立法院”处于多数优势地位，最后依然通过了“行政院”有权发动公投的修正案。该条款尽管规定了“立法院”对“行政院”发动公投的监督权，但没有规定公投失败的责任条款，这样容易导致“有权无责”现象的出现。没有法律责任，“行政院”发动公投就无后顾之忧，进而发动公投的可能性随之增加。

三、台湾地区“立法院”排除两项敏感议题剖析

从最终生效的修正文本来看，其基本维持 2106 年底“立法院内政委员会”通过的初审版本，“领土变更”公投以及两岸政治协议公投均被排除在“公投法”规范之外。

（一）“领土变更”议题

“公投法”修正案最敏感的条款是，“领土变更案之复决”是否要纳入全台性公民投票适用范围，成为各主要政治力量争论的焦点之一。2003 年的民进党版本“公投法”草案里并没有“领土变更”，只有“制宪”和“修宪”，但“领土变更”和“制宪”被国亲版列为排除事项，蓝绿后来妥协的结果是既没有明确将“领土变更”和“制宪”列为排除事项，但也没有明确列为适

① 《亲民党表态：反对“领土变更”案纳“公投法”》，载中国评论新闻网，2017 年 12 月 11 日，http://hk.crntt.com/doc/1049/0/7/7/104907771.html?coluid=7&kindid=0&docid=104907771。

用范围，只明确列入了“宪法”修正案的复决问题。2005年“宪法”增修条文加入了“领土变更”的规定，其后民进党虽打算将其再纳入“公投法”，但国民党认为这是多此一举，因为“宪法”对其已经有所规定。

从议题的推动力量来看，“时代力量”是主张将“领土变更”议题纳入“公投法”修正案的最坚定支持者。对民进党而言，它在这个问题是矛盾的：一方面希望将这一条款纳入“公投法”，作为未来实现“法理台独”或举行“统独公投”的法律依据，以落实其“台独党纲”；另一方面，又担心引发大陆的反弹而不敢将其纳入。因此，民进党内部在这个问题上曾出现过分歧。但至12月12日最后表决阶段，民进党“立法院”党团总体意见是，“领土变更”等“主权”事项属于“宪法”规范的范畴，“公投法”不能逾越自身运行的边界，故反对将其纳入“公投法”修正案，主张让其“回归宪法处理”[①]。

国民党长期以来反对将“领土变更”事项纳入“公投法”规范，然而在2016年12月15日初审阶段，国民党“立法院党团”决定调整以往反对者的立场，倾向支持民进党过去的这一提案，旨在逼绿营表态，政治后果让绿营自负。不过，这一策略调整曾在国民党内部引起过争议，担心深蓝选民对国民党放弃原有立场产生不满，于是有国民党“立委”参加亲民党“立委”反对“领土变更”公投提案，蓝营内部一度混乱。鉴于两岸关系以及自身利益的考量，审议当天，国民党态度鲜明，坚决反对将“领土变更”事项纳入“公投法”修正案。另外，需要提及的是，在表决该议题时，亲民党一反长期以来日趋“绿化”的态势，也坚决反对将“领土变更”事项纳入“公投法”。

“领土变更”事项虽然暂时被排除，但并不意味着今后不会被纳入“公投法”规范。不论从理论上看，还是从岛内政治生态看，“领土变更”事项被纳入“公投法”修正案的可能性仍然存在。不过，需要指出的是，即便将来被纳入“公投法”规范，“领土变更”事项的公投程序在“修宪”之前也必须按照“宪法”增修条文第四条所规定的程序和门槛，而不能按照此次修正后“公投法”下调的一般性公投门槛。因为“宪法”的效力位阶高于“公投法”，

① 譬如，主导“公投法”初审过关的“绿委”赵天麟则说，在委员会审查时，“领土变更”这部分基本上是回归“宪法”规定去处理，“宪法”所规定相关事由，“宪法”有自己的公投门槛，“公投法”只有处理到当公投要进行时，相关程序能进行而不是胎死腹中，但只处理程序性问题，“宪法”应该规定的事项、高度门槛就回归“宪法”处理，所以这次“公投法”版本没有讨论到这一块。参见《柯建铭：领土变更不会入“公投法” 蓝为何挡？》，载中国评论新闻网，2017年12月8日，http://hk.crntt.com/doc/1049/0/5/5/104905582.html?coluid=0&kindid=0&docid=104905582。

修正后“公投法”下调的门槛仅仅是一般性公投的门槛，其不能改变“宪法”增修条文规定的适用于“领土变更”公投的高门槛。因此说，下调门槛对一个中国原则固然有冲击，但没有外界想象得那么大。倘若未来将“领土变更”事项纳入“公投法”规范的话，其真正的挑战在于，被载入“公投法”的“领土变更”公投的门槛，与其他一般性“公投”门槛不一样，会使“台独”势力以“公投法”修正来倒逼“宪法修改”，以达到下调 2005 年第七次“修宪”第三条关于高门槛设置的目的。一旦通过“修宪”下调“领土变更”事项的门槛，那就“门户洞开”，一个中国框架将面临严峻挑战和冲击，届时台海冲突的可能性陡然升高。

（二）两岸政治协议议题

两岸政治协议是否要纳入“公投法”规范，是台湾各政治力量角力的另一重要议题。马英九主政时期，两岸通过“两会”签署了一系列经济、金融、环保等协议，随后双方学者开始呼吁两岸推进政治协商、签署两岸和平协议。这让民进党大为不满与紧张，开始思考应对策略。于是，蔡英文早在 2011 年就提出两岸政治事务需要公投。2016 年 5 月，台湾“立法院”在审查“公投法”修正案时，民进党“立委”陈其迈提案，增列第 17 条之一：“只要是两岸政治性协商，协商前后都要经由公民投票。”尽管当时台湾“中选会”表示反对，但民进党依然坚持将这一条款纳入修正案。与此同时，民进党的政治盟友“经济民主连合”“北社”等“激进台独”团体要求民进党坚持曾经提出的“两岸政治谈判强制公投”主张。2016 年 12 月 15 日，台湾“立法院内政委员会”审议“公投法”修正案时，民进党为避免引发大陆的反弹和两岸对抗的加剧，在国民党“放水”的情况下自行将“两岸政治事务协商前后都需要公投”条文删除，强调应回归到“两岸协议监督条例”处理。①

总之，因台湾地区的“法律体系”是属于大陆法系，故通常采取“正面清单”的方式来列明规定事项。按照现行“公投法”及其修正案的规定，全台性公投只适用于“法律”之复决、“立法”原则之创制、重大政策之创制或复决、“宪法”修正案之复决四项，而地方性公投，则只适用于地方自治法规之复决、地方自治法规立法原则之创制、地方自治事项重大政策之创制或复

---

① 陈丽丽：《“公投法”修正案的政治风险》，载香港《广角镜》2017 年 1 月号，第 79 页。

决三项。"公投法"还明文规定，预算、租税、投资、薪俸及人事事项不得作为"公民投票"之提案。既然"公投法"修正案没有将"领土变更事项"和"两岸政治协议事项"列举为"公投"的适用范围，那么这两项议题在客观上就成为"负面清单"，被排除在"公投法"适用范围之外。

最后需要指出的是，民进党在"公投法"修正问题上排除"时代力量"提出的两岸政治协商议题，并不表示民进党放弃"台独"立场，只是时机未到或胆量不足，今后只要条件成熟，该项议题的公投可能随时被提上日程。

四、台湾地区发动公投的途径与可能性分析

根据"公投法"原来的规定，发动公投有三种途径；现在修正案又增加了一种，目前总共有四种。

其一，由"总统"发起"防御性公投"。依据修正后的"公投法"第16条规定："当'国家'遭受外部威胁，致'国家主权'有改变之虞，'总统'得经'行政院院会'之决议，就攸关'国家安全'事项，交付公民投票。"[①]从其运作看，成案不需要经过"立法院"或"公民联署"程序，可较为容易地进入公投程序。2004年陈水扁发动"三二〇公投"就是依据该条款，当时陈水扁以"解放军正在威胁台湾的安全"为借口直接发动公民投票，无须经过选民联署程序，也无须经过"立法院"程序。因此，当年陈水扁曾洋洋得意地声称，是他发现了"公投法"第16条（备注：在"公投法"修正前是第17条）这个"窍门"。

其二，由"立法院"发动公投。依据修正后的"公投法"第15条规定，"立法院"对于第二条第二项第三款之事项（即地方自治事项重大政策之创制或复决），认为有提出公民投票之必要者，得附具主文、理由书，经"立法院院会"通过后10日内，交由主管机关办理公民投票。"立法院"的提案经"院会"讨论被否决者，自该否决之日起两年内，不得就该事项重新提出。从

① 民进党推动"公民立法"的初衷是追求"台湾独立"，1999年民进党的"台湾前途决议文"出台后，民进党改变"台独"策略，将台湾政治地位现状界定为：已经是"主权独立国家"，只是"国名"为"中华民国"。倘若要改变这一现状，必须"由台湾2300万人民通过公投"来决定。

法条规定看，成案并进入公投程序并不复杂。

其三，由“公民连署”发动公投。新修正的“公投法”第9、10、11、12、13条对“公民连署”发起公民投票做了详细规定，其中第10条规定，公民投票案提案人的人数，应达提案时最近一次“总统”“副总统”选举选举人总数万分之一以上。主管机关于收到公民投票提案或补正的提案后，应于30日内完成审核。

其四，由“行政院”发动公投。修正后的“公投法”第14条规定，“行政院”对于第二条第二项第三款之事项（即地方自治事项重大政策之创制或复决），认为有进行公民投票之必要者，得附具主文、理由书，得经“立法院”同意，交由主管机关办理公投；“行政院”向“立法院”提出公民投票的提案后，“立法院”应在15日内议决，于休会期间提出者，“立法院”应于15日内自行集会，30日内议决。“行政院”的提案经“立法院”否决者，自该否决之日起两年内，不得就该事项重新提出。

对于以上四种路径的公投，均存在可能性，具体分析如下：

其一，途径一的可能性。就当下而言，通过这一路径发动公投的可能性并不大。从大陆来看，目前并没有将“武统”“统一时间表”等议题提上议程，台湾当局没有理由沿循这一途径来发动关涉台湾前途问题的公投。但将来有可能出现这类公投以对抗大陆的统一。因为实现国家的完全统一是中华民族伟大复兴的必然要求，今后随着两岸关系的发展，大陆会积极形塑和引导“以我为主”的新型两岸关系，在适当时机将国家统一问题提上议事日程。不难预料，台湾当局有可能会依据这一路径发动公投，煽动和凝聚台湾民意来抵制大陆的统一。除此之外，在中美战略对抗日益加剧的情势下，台湾当局为迎合美国牵制大陆而触碰一个中国底线，进而逼迫大陆采取武力手段，这时台湾当局也可能会依据该途径启动公投。

其二，途径二的可能性。过去，民进党在“立法院”是少数党，很多议题无法通过“立法院”成案，也就无法进入公投程序，譬如2010年绿营发动“ECFA公投”，在“立法院”就无法获得通过。现在民进党成为“立法院”多数党，加之“时代力量”的支持，在国民党不竭力阻拦的情况下，提案公投的可能性就大大增加。

其三，途径三的可能性。按照原“公投法”第12条规定，连署人数应达到提案时最近一次“总统”“副总统”选举选举人总数5%以上；原“公投法”第 14、15 条规定了主管机关对于提案人和连署人资格审查的严格要点与内容。从连署门槛以及由此进入公投程序的一系列复杂规定看，经由该途径发动公投的难度非常大。自“公投法”颁布至修正前的 14 年间，至今尚无一个经由该途径在最终投票中获得通过的公投案。但是，新修正的“公投法”第 12 条则将门槛大幅下调,规定连署人数只达到提案时最近一次“总统”“副总统”选举选举人总数 1.5% 以上即可立案。这样一来，通过该途径发动公投的难度大大降低。

其四，“行政院”发动公投。单单从程序上看，倘若“行政院”要发动公投，在目前民进党全面执政，且在“立法院”占多数席位的有利条件下，发动该类公投变得相对容易。从现实角度看，“行政院”和“立法院”通过相互配合来发动一些表面上属于岛内议题、实则关涉两岸关系议题的公民投票，是有可能的。

五、新修正“公投法”生效后的影响与隐患

“立法院”院会三读通过“公民投票法”部分条文修正草案后，蔡英文随即在脸书发文表示，“过去极受争议的‘公投审议委员会’正式被废除，‘公投立法’多年以来的诸多缺陷从此走入历史，打破鸟笼、还权于民，这是人民作主的历史时刻”。[①] 过去“公投法”所设定的诸多限制，现在均被取消，尤其门槛大幅降低，加之可以电子连署，使得公投风险大幅增加。

（一）对岛内政治发展的影响

修正后的“公投法”将公投门槛大幅降低，虽然可以更加彰显民众的直接民主权利，但也增加了新的政治、经济、社会风险。门槛下调后，公投的提案、连署和通过，变得相对容易很多，任何议题都可能被拿来进行公投，会造成社会经济资源的巨大浪费，激化社会矛盾，民粹主义更加泛滥。

第一，或致政府能力下降。西式自由民主体制的最大缺陷之一就是政府

① 《“公投法”修正三读　蔡英文：打破鸟笼还权于民》，载中国评论新闻网，2017 年 12 月 12 日，http://bj.crntt.com/doc/1049/0/9/4/104909464.html?coluid=0&kindid=0&docid=104909464。

能力不足，台湾属于西式自由民主体制，本身也存在这一问题。这次“打破鸟笼、还权于民”[①]，其结果必将导致权力下沉。以往的公投是“鸟笼公投”，法理上赋予人民的权利并未在现实中真正得到落实，权力仍集中在政府手中的时候，政府就存在能力不足问题。现在“还权于民”得以实践，无疑会使政府能力不足问题“雪上加霜”。伴随而来的，就是政府管治社会、驾驭对抗、化解矛盾的能力日趋下降，这会给台湾当局带来一系列治理体系和能力上的问题。

第二，或使民粹主义加剧。目前西方先进国家都出现不同程度的民粹主义问题。台湾的民粹主义一度非常严重，近几年略有好转，但此次“公投法”修正后，公投政治可能成为不同政治力量相互争斗的工具，这会对台湾民主政治的发展产生消极影响。公民投票看似最尊重“人民当家作主”，最能符合民主政治原理，表面上很难找到反对理由。问题是，公投理论与公投实务落差很大，尤其是全国性公投，先进民主国家多采取戒慎恐惧的“不得已而用之”态度。例如美国、德国、荷兰根本没有全国性公投，即使是老牌民主国家英国，全国性公投也只是具有参考性质的咨询性公投，公投效力完全由政府事后决定，并不像台湾公投是具有法律约束的强制性公投。[②]台湾这种拘束性公投可能会加剧民粹主义的进一步泛滥。

第三，“多数决”异化为“少数决”问题。按照目前修正案，1/4（465万）即可通过，少数人通过公投案，决定2300万人的意志，这违背多数意志。从世界公投政治实践来看，多数决的门槛尽管因各国国情不同而有所差异，但仍有规律可循。就多数国家的通过门槛而言，从高到低依次为：五分之四，四分之三，三分之二，二分之一，三分之一，四分之一。目前台湾的公投门槛是四分之一，乃全世界最低。如此低的门槛，除了在实践中会带来公投滥用之外，在法理和学理上与民主政治的精神也不相符。众所周知，民主政治是大众政治，必须体现多数人的意志，“尊重多数，保护少数”是民主政治精髓，而台湾的公投政治容易导致“尊重少数，却无法保护多数”的结局。

---

① 《“公投法”修正三读　蔡英文：打破鸟笼还权于民》，载中国评论新闻网，2017年12月12日，http://bj.crntt.com/doc/1049/0/9/4/104909464.html?coluid=0&kindid=0&docid=104909464。

② 《郭正亮：低门槛公投是蔡“政府”新灾难的开始》，载中国评论新闻网，2017年12月13日，http://hk.crntt.com/doc/1049/1/0/2/104910214.html?coluid=93&kindid=2777&docid=104910214。

（二）对两岸关系的风险和挑战

修正后的“公投法”虽然没有直接涉及“国旗、国歌、国号、领土变更、国家主权”等议题，但已或多或少地触及带有“主权”色彩的某些内容，这实际上为将来“台独”势力举行涉及或变相涉及“主权”议题[①]的公投留下了伏笔。

废除“公审会”及其实质审查权，以及大幅降低人民公投提案、连署和通过门槛，均使公投成案及通过机会大幅度提高。修正后的“公投法”虽没有明显的“台独”内容，但门槛下调无疑为未来“台独”发展营造法理环境，为今后民进党推动“台独”议案提供方便，为“法理台独”创造了条件。将来一旦出现“法理台独”的时机，民进党不会轻易放过。所以，“公投法”修正案的通过，尤其公投门槛大幅降低，将使未来两岸关系面临着很大考验。譬如，台湾社会正在酝酿的“更改国歌”公投、“台湾中立”公投、“加入联合国”公投，以及已宣告失败的“奥运正名公投”等，这些公投必会对两岸关系产生冲击和破坏。不过，需要指出的是，“台独”公投可会在岛内收到部分“成果”，但从整体上看，根本不可能获得成功。当然，也需要认识到，台湾一些政治力量发动公投，其目的不在于最后是否能够通过，而在于借此来搅动台湾社会、挑起政党对抗和煽动两岸对立。

（三）潜在隐患：以“公投法”修正带动“宪改”

“公投法”修正很可能与“修宪”发生联动，进而为“法理台独”预留空间。众所周知，2003 年该法案颁布实施后，随即进行了“公投”，并在 2004 年 8 月 23 日，由“立法院”三读通过第七次“宪法修正案”，将“修宪”程序修改为由“立法委员”四分之一提议，四分之三出席，及出席“委员”四分之三决议，提出“宪法修正案”，并于公告半年后，经“中华民国自由地区”投票“复决”，有效同意票超过选举人总额之半数即为通过。2005 年 6 月 7 日，任务型“国大”通过第七次“修宪”，完成了“公投入宪”，此后的一切“修宪”须经“公民复决”程序。这就为消除“公民投票法”中与“宪法”冲突的地方扫清了道路。

① 不过，有主权意涵的公投议案毕竟不同于“主权变更”的公投议案，后者一定要经过“修宪”程序，两者有一定区隔，不能混淆。

虽然此次“公投法”修正把“领土变更”公投事项排除在外，但并不意味着将来会永远排除在外。倘若未来民进党要求把“领土变更”纳入“公投法”，情况就变得微妙起来。虽然“宪法”规定了“领土变更”的高门槛，即使降了公投门槛也会把“领土变更”排除在外，但民进党同时会要求下降“修宪”门槛，保不准以后会要求下调“领土变更”门槛。因而从长远看来，危险依然存在。此举至少会给民进党带来以下好处：其一，进一步将“领土变更”与公投捆绑，强化民众对“2300 万人决定论”的理念。倘若频繁如此炒作，必然会使台湾民众觉得公投决定“领土变更”是天经地义的事。其二，为自己造势，抬升选情。其三，跟下调“修宪”门槛联动，倘若一旦下调成功，马上就可以下调“领土变更”门槛，毕竟其他议题的公投门槛都已降下，可借此要求把“领土变更”门槛也降下来，理由是“既然都写在‘公投法’里，那就应该一视同仁”。所以，大陆应谨防民进党会采取“步步为营”策略。步骤①：先降普通公投议题门槛（从双 1/2 到相对多数 +1/4）；步骤②：再降“修宪”门槛 1.0（主要指“立法院”门槛从双 3/4 到双 2/3）；步骤③：后降“修宪”门槛 2.0（主要指公投复决门槛从双 1/2 到相对多数 +1/4）；步骤④：最后降“领土变更”门槛（从双 3/4+ 双 1/2 到双 2/3+ 相对多数 +1/4）。

步骤①的修正案已经通过，民进党正在争取步骤②，目前尚未诉求步骤③和④，但是如果步骤①和②获得了通过，那么步骤③和④获得通过的阻力会大大减小。其实，“领土变更”门槛包含两道门槛，一是“立法院”门槛，二是公投门槛。步骤①旨在降低公投门槛，步骤②旨在降低“立法院”门槛，其实都能为“领土变更”公投铺路，虽然“领土变更”和一般公投议题并不相同，和“修宪”也不一样，但在普通民众看来，既然其他门槛都下调了，为何唯独“领土变更”的门槛不被下调？因此，“领土变更案”的门槛应不应该下调并不重要，重要的是一视同仁，一旦其他都下调了，民众自然觉得它也应该下调。所以说，可能会出现“多米诺骨牌”效应。

六、国、民两党“修法”态度的变化

随着岛内政治生态的变化，国民党和民进党在“公投法”修正问题上的政治态度及策略经历一个发展变化的过程。我们只有以发展、变化的眼光来审视两大政党的这一变化，才能深刻理解和把握“公投法”修正能够顺利完成的复杂原因。

（一）民进党对“公投法”修正态度的前后变化

民进党一开始竭力推动“公投法”修正，有三重原因：（1）实现“台独”的需要。固然与其一贯的政治理念和目标有关，竭力落实 1991 年“台独党纲”第一条“基于国民主权原理，建立主权独立自主的‘台湾共和国’及制定‘新宪法’的主张，应交由台湾全体住民以公民投票方式选择决定”。（2）与国民党斗争的需要。推动“公投立法”是民进党瓦解国民党“合法性”基础的重要步骤，尽管其对 2003 年国亲版“公投法”一直秉持反对态度，但迫于当时的政治环境，民进党以退为进，暂时与蓝营政党达成妥协，但这并不意味着民进党就此罢休。（3）落实直接民主的需要。对于台湾 2003 年版的“公投法”，以民进党为首的绿营势力极为不满，认为公投门槛太高、限制太多，极力主张通过“公投法”修正，以降低公投门槛，真正落实直接民主。

基于上述理由，民进党对“公投法”进行大刀阔斧翻修的意图不言而喻。现在民进党是“立法院”多数党，按道理说，无论怎么修正“公投法”都易如反掌。只是，民进党如今也是“执政党”，它不得不考虑如果一成不变地照搬原初的公投理念和内容，可能在两岸之间引发“政治海啸”。因此，以往那些骗取选票的激进的公投诉求就必须暂时搁置。民进党“立法院”党团初审“公投法”部分条文修正草案版本时，因“领土变更案之复决”与“两岸政治协议应先交付公投”两项条文涉及两岸敏感神经，绿营“立委”自行将其删除。民进党从“公投法”修正的积极“推动者”到部分议题的“刹车者”，其角色转换不是为了停止“公投法”修正，而是策略的运用，同时也是其走务实、渐进“台独”路线的体现。

（二）国民党对“公投法”修正态度的前后变化

国民党在“公投法”修正问题上的态度前后有所不同。“公投法”修正意味着改变过去国亲版本的“公投法”，在某种意义上是对国民党的否定，一般来说国民党会反对。然而，国民党是一个变化的政党，且其内部派系林立，对“公投法”的立场也有可能出现摇摆和转向。当前，国民党自身、台湾政局以及岛内社会政治生态已发生重大变化，国民党对此不得不做出相应的路线和政策调整，在“公投法”修正问题上，其态度经历了由反对到配合甚至积极推动的转变。这里面有国民党借助“公投法”修正来改善自己处境的需要，[①] 也有国民党对一个中国原则坚守的松动。我们要认识和把握台湾修改“公投法”，不仅要看到民进党对待“公投法”修正的态度，而且要看到国民党对“公投法”修正态度的变化，这样才能全面看清和准确把握“公投法”修正案通过的必然性、未来走向以及对两岸关系的影响。一定要从台湾社会发展演变以及两岸关系演变的大背景下来审视台湾“公投法”修改问题，不能总是静态地停留在“民进党修改、国民党反对”的旧思维框架之中。

国民党“立法院”党团在初审“公投法”修正案时一度“放水”，既显示出国民党政治立场的动摇，更反映出台湾政治生态的蜕变，这是令大陆焦虑的地方。当初国民党设置“鸟笼公投”的目的，是出于自身政治发展的需要，而不是取悦于大陆。以前“公投法”修正难以启动，是因为国民党的反对和阻挠，但如今随着国民党自身实力的下降，伴随而来的是其牵制能力的减弱。在目前台湾政治体系中，向“中间路线”靠拢是国民党求得生存的势所必然，而不再像以前一样抵制民进党修改“公投法”，甚至还有主动配合之意。在这种情况下，完成“公投法”修正就水到渠成。

（三）蓝绿携手修改“公投法”所折射出的挑战

“公投法”修正是台湾岛内各政治势力一场新的政治竞逐，在涉及敏感的统“独”与两岸议题上，国民党和民进党出现了完全不同的角色转换与策

---

① 2016 年 12 月，民进党党团再次提出修订“公投法”之时，恰逢蔡英文当局向日本开放日本核灾食品入台。为了要让“反核食公投”能顺利过关，国民党党团竟然一反自己过去所坚持的底线，并主动地提出降低“公投门槛”。这正中民进党下怀，两个政治立场对立的政党竟然“一拍即合”，携手推动降低“公投门槛”。参见富权：《“统独公投”亲民党强硬国民党放弃立场》，载澳门《新华澳报》，2016 年 12 月 16 日。

略运用。

从某种意义上说，“公投法”修正之所以在台湾能够顺利得以推动，既是蓝绿两大阵营相互靠拢的表现，也是相互靠拢的结果。往更深层次说，国民党之所以要向中间路线靠拢，一是为了选举的需要，它必须顺应这一趋势；二是国民党一个中国立场的渐趋松动。而民进党之所以向中间路线靠拢，是因为原来的激进“法理台独”或极端“台独”路线已经行之不通，而迫使其走上务实、渐进“台独”的路线。蓝绿相互靠拢、凝聚共识，在“修宪”和“修改公投法”问题上不断合作，又不断迎合所谓“台湾主流民意”，其折射出来的态势和深层变化，值得大陆高度关切与思考。

起初民进党反对国亲版“公投法”，既是出于反对国民党统治的目的，也是推动“台独”的需要，是一体两面；但此次推动“公投法”修正，民进党却有所节制，反对国民党的成分大大褪色。相较之下，国民党反对修改“公投法”，是欲借此牵制民进党，而当下却非尽然，在很大程度上，是基于谋求和实现自身利益的考虑。

台湾各主要政党特别是国、民两党受到不同政治利益的驱动，分别提出了对自己有利的“公投法”修正版本。尽管它们在一些问题上存在着分歧，但随着国民党的本土化与民进党的务实化，两党在“公投法”修正问题上的利益渐次出现交叉和重叠，其决定了两党在该问题上不仅有着较大共识，而且还能形成共同推力。过去，两党围绕着“公投法”修正问题产生了激烈的对立，尽管目前仍时有发生，但分歧无疑在逐渐缩小，共识则在逐步扩大。假若，今后国、民两党日益趋同且在许多问题上凝聚起来，这种变化无疑将对大陆的对台政策造成严峻挑战。因为以往作为大陆反对“台独”抓手的“以国（国民党）制民（民进党）”，在两党不断相互借力的趋势下，将不会再像以前那样运用自如。

七、“台独”公投的挑战与大陆因应策略

“公投法”历来是岛内某些政治势力进行政治动员、挑衅两岸关系的工具，因此“公投法”与大陆有着直接或间接的千丝万缕的联系。当“公投法”

逾越岛内事务的界限时，其很容易触及两岸关系的敏感神经。对此，大陆不仅高度关注和警觉，更是有坚定的决心和毅力，反对任何形式的"台独"公投。陈水扁"执政"期间，大陆在综合国力不是十分强大的情况下，尚且不惜一切代价来反对"台独"公投，而今两岸力量对比发生了巨大质变，大陆更加不会允许岛内出现"台独"公投（或变相"台独"公投）。

（一）应全面看待此次"公投法"修正

第一，不仅要研究台湾"公投法"的修正条文，而且要研究其既有条文。某些过去由于高门槛而这些年来被束之高阁的"公投法"条款，可能会因这次修正案所规定的低门槛有所激活，进而或对两岸关系产生负面影响。

第二，不仅要研究台湾地区的"公投法"，还要研究国外的公投法。只有将台湾的"公投法"与国外的公投法进行系统的比较研究，才能更加全面而精准地发现台湾"公投法"的短板及危险所在。

第三，不仅要看到民进党推动"公投法"的民主动机，而且要看到其背后的"台独"动机。这些年来，台湾公投政治一直被困在"鸟笼"里，能够成案并得以通过的公投案例屈指可数，直接民主形同一纸空文。不难看出，台湾各界推动"公投法"修正案确实有完善和落实直接民主的需求和愿望，但也必须正视，其强调民主动机的同时隐藏着"台独"的企图。不能否认"公投法"是其践行"台独"理念并为之提供方便的法律和制度设计的事实。只有抓住民进党推动"公投法"的"台独"内核，才能理解其不遗余力翻修"公投法"的本质。

第四，不仅要研究台湾"公投法"的现状，也要去研究台湾"公投法"的缘起和历史演变化。可以说，民进党推动"公投法"的出台和"公投法"修正是一脉相承的。

（二）大陆的立场和态度

众所周知，大陆尊重台湾民众追求直接民主的愿望，无意干涉纯属于台湾内部的事务。在公投问题上，基于台湾是中国不可分割的一部分的历史和法理事实，大陆坚决反对岛内任何势力借助公投方式来改变台湾的主权归属的行为。正如十九大报告重申："我们坚决维护国家主权和领土完整，绝不容忍国家分裂的历史悲剧重演。一切分裂祖国的活动都必将遭到全体中国人坚决反对。我们有坚定的意志、充分的信心、足够的能力挫败任何形式的‘台独’分裂图谋。我们绝不允许任何人、任何组织、任何政党、在任何时候、以任何形式、把任何一块中国领土从中国分裂出去！”①

回溯台湾“公民投票法”的发展轨迹便不难发现，该法从产生之日就烙上了“台独”的印记，无论其贴上怎样的民主标签，都无法脱去这种天然的属性，也无法取信于大陆。这不仅是因为“公投法”是民进党追求“台独”的直接产物，而且民进党还多次利用公投谋求“法理台独”，尤其是陈水扁时期，更达到了登峰造极的程度。面对“台独”势力利用公投制度来从事分裂国家主权和领土完整的严峻挑战，全国人大于2005年3月专门出台《反分裂国家法》，旨在为“台独”活动划出“红线”。

大陆坚决反对任何势力以任何方式进行“台独”分裂活动，或为“台独”分裂活动打开方便之门的行径。大陆明确表达了反对“台独”的决心和意志，对于以“台独”为目的的公投，大陆绝不可能坐视不理。两岸关系和平发展的实践表明，只有在一个中国框架下，两岸关系才能取得健康稳定的发展。如果台湾当局执意用“公投”来挑衅一个中国原则，必将把台湾人民引向灾难的深渊。

（三）大陆的应对策略

当前乃至今后一段时期内，大陆应对“台独”公投的有效办法就是通过列举方式明确界定“法理台独”的意涵，以给“台独”势力划出禁区。毋须质疑，大陆反对“台独”的立场是一贯的和坚定的，但是，何谓“台独”？出现怎样的“台独”，大陆才会出手打击？大陆对于这些问题并没有具体回答。长期以来，“台独”概念的意涵在整体上是明确的，但在细节上却是模糊的。由于这种模糊，客观上给“台独”势力留下了可乘之隙，使得他们时常在某些灰色地带上游走，并做出一些“擦边球”的“台独”动作。过去我们没有界定“台独”的内涵和具体所指，主要是出于策略考量。如今，随着大陆综合实力的提升，加之岛内政治环境不确定性的增大，环境的交错使得大陆有必要对之进行反思，并将这一问题放置于新时代背景下来重新审视和思考，清晰界定出“台独”意涵。

① 习近平:《决胜全面建成小康社会　夺取新时代中国特色社会主义伟大胜利——在中国共产党第十九次全国代表大会上的报告》，人民出版社2017年版，第57页。

长期以来，大陆反对“台独”的相关论述，仅仅是原则性宣示和规定，为很好地落实这些论述的精神，必须将这些原则性、概括性的内容加以具体化，使之更具可操作性。当下，对所有类型的“台独”之意涵进行界定尚有些难度，但只对“法理台独”的意涵进行界定是可行的。例如，大陆官方可以通过规范性文件，通过逐一列举的方式，明确界定哪些是“法理台独”。根据笔者的研究，仅从法理上说，“法理台独”包括五种类型，即“制宪台独”“修宪台独”“立法台独”“修法台独”“释宪台独”。通过对“法理台独”的定性和分类，实现对其的准确打击，不仅有利于大陆反“独”政策更具可操作性，而且对应对“公投法”修正案给两岸关系造成的直接或间接挑战具有重要意义。

为了便于技术上的操作，以更好地反对“台独”，笔者依照“台独”公投对两岸关系冲击的大小或强弱程度，将其划分为低烈度、中烈度和高烈度三种类型。

（1）低烈度“台独”公投。这类公投对两岸关系虽然有冲击，但其烈度不是那么强，其议题主要有：①“全面撤县改市，直属中央”；②“改直辖市为省”；④“东京奥运正名”；⑤护照移除“中华民国”字样；等等。

（2）中烈度“台独”公投。这类公投对两岸关系的冲击明显加大，其“去中国化”目的非常明显，其议题主要有：①“改变国歌”；②“改变国旗”；③“加入联合国”；④“将大陆事务委员会改为中国事务委员会”；⑤“和平中立公投”；等等。

（3）高烈度“台独”公投。这类公投对两岸关系的冲击是高强度的、破坏性的，其会触碰大陆划设的底线、直接挑战中国的国家主权和领土完整，是大陆无法容忍的，其议题主要有：①“变更国号”；②“重新制宪”；③“草拟新宪法”；④“变更领土范围”等。

除了对“台独”公投进行不同烈度的区分之外，还应当针对“台独”公投的具体烈度，制定相对应的反制或打击细则。就像刑法典一样，针对不同的罪名，设定有对应的刑罚措施，以实现对“台独”精准而有力的打击。

影响未来两岸关系的公投议题，目前台湾各政治力量已经抛出很多，譬如前述不同烈度的公投议题即是。可以预见，今后一段时间，“台独”势力操纵的公投议题大致如此，其为我们提前制定预案提供了参照和素材。另外，从公投议题的酝酿到真正落实公投，尚有一段间隔，大陆可以利用这段时间，在前期基础上，组织相关研究力量，对那些即将推出或可能推出的公投个案逐一进行“沙盘推演”，充分估算各种可能出现的情形，做到在每一个步骤、环节都要有相应的舆论攻势和军事准备。“到了哪个环节，我们该出哪张牌”，一定要做到心中有数。至公投临近时，再结合届时的具体情势变化，随机应变，在预案基础上做出新的调整，这不仅会节省制定方案的时间，而且也会大大增强我们应对局势的主动性。

第二十四章 “台独”公投的理论解构：分类体系的视角

台湾方面在统“独”问题上，通常强调台湾是一个民主社会，凡涉及台湾前途的重大事宜均要尊重台湾民意，由“2300万台湾人民通过公民投票来共同决定”。考察二十余年来“2300万人决定论”的演变脉络，其主要有以下三种形式：一是“住民自决论”，这是分离式“台独”的一种理论说辞，主要观点是，主张台湾享有国际法上的自决权，通过行使自决权来实现“台湾独立”。二是“独立公投论”，这是分离式“台独”的另一种理论说辞，主要观点是，台湾通过2300万人民的“统独公投”来决定台湾的未来走向。三是“拒统公投论”，这是固守式“台独”的理论说辞，主要观点是，对于台湾“现状”的改变，必须在“中华民国宪法”架构下，由“台湾2300万人民公投”来共同决定。那么，“2300万人公投决定论”及其三种理论说辞是否成立？如果不能成立，其错在何处？

一、“住民自决论”剖析

公民投票作为一种实现自决权的手段或方式，在国际实践中经常被运用。按照国际法上的民族自决原则，公民投票有自己特定的适用范围和运作模式。然而，在台湾社会，“台独”势力却常常打着“自决”“公投”等旗号来从事“台独”分裂活动，其中最具代表性的论述是“住民自决论”。所谓“住民自决论”，强调台湾的未来前途和走向“由当地 2300 万住民通过自决性公投来决定”的说辞。

（一）厘清自决与民主的关系是剖析“住民自决论”的前提

“住民自决论”者借着自决与民主的某些关联性，来混淆两者的区别，进而达到浑水摸鱼的目的。为更好地认清该说辞的问题所在，首先应从理论上厘清自决与民主的关系。

从表面上看，自决和民主都含有人民自己决定自我事务的含义，两者在理念方面有很多相似甚至相同之处。正因如此，有人常常将两者混同起来，特别是“内部自决”概念的提出，使得自决与民主的关系更趋复杂化，乃至有人将“内部自决”和民主等同了起来。但事实上，自决和民主是两个不同范畴的概念。概括起来，两者的不同主要有：

第一，实质内容不同。自决的本质是“去殖民化”，而民主的本质是人民当家作主。前者是相对于“外国殖民统治”而言的，而后者则是相对于“国内专制统治”而言的。从根本上说，自决强调人民作为一个整体的独立性，而民主则强调人民的自主性、对政府的制约性和运行的程序性，也就是说，民主是人民依照宪法和法律所规定的程序与形式来约束政府、管理国家，使之按照人民的意志来行事。

第二，行动先后不同。自决行为通常发生于国家独立之前，从历史上去殖民化的过程可以看出，大量的殖民地和被压迫民族通过自决实现了国家独立，可以说，自决是国家独立的重要手段。民主则是国家独立之后的行为，在殖民地社会里没有真正的民主可言，因为民主是一个国家内部如何落实和操作人民主权理念的具体制度，只有先确立了国家主权，才能实现人民主权，然后才谈得上实行民主。简言之，自决是独立建国前的行动，旨在独立建国，而民主是独立建国后的活动，旨在落实人民主权。

第三，权利性质不同。从《公民权利与政治权利国际公约》的规定来看，自决权体现于第 1 条的规定，而民主权利更多地体现于第 25 条的规定。[①] 具

① 该《公约》第 25 条的原文是：“每个公民都应有下列权利和机会，不受第二条所述的区分和不受不合理的限制：（甲）直接或通过自由选择的代表参与公共事务；（乙）在真正的定期的选举中选举和被选举，这种选举应是普遍的和平等的并以无记名投票方式进行，以保证选举人的意志的自由表达；（丙）在一般的平等的条件下，参加本国公务。”参见董云虎、刘武萍编著：《世界人权约法总览》，四川人民出版社 1990 年版，第 978 页。

体不同可以概括为：其一，民主权利是在独立建国之后公民基于宪法和法律而享有的权利，是个体权利；而自决权是独立建国之前居民所享有的权利，是集体权利，该权利不是基于宪法而享有的，一般被视为与生俱来的。其二，民主权利是政治权利，并非每个人都享有，有年龄、是否被剥夺政治权利等的限制，而自决权是集体人权，没有类似限制。其三，自决权是本源性权利，而民主权利是派生性权利，通常被用于决定国家主权范围内的重大事务。其四，民主权利受国内法调整，而自决权受国际法调整。

通过以上比较不难发现，自决与民主存在着重大区别，但在很多场合人们仍将两者紧密联系起来，甚至混同使用，这主要是因为人们将不同学科意义上的自决混为一谈。目前学界主要在两种意义上使用自决，一是国际法意义上的自决，二是宪政意义上的自决。本来，通常所说的自决就是国际法意义上的自决（法律概念），可是由于宪政意义上的自决（学术概念）也强调内部自主、人民自我决定等价值，所以很多人在表达民主意涵时会用宪政意义上的自决来代替，以至于两者在很大程度上成为同义语，经常被互换使用。由于很多人没有厘清宪政意义上的自决和国际法意义上的自决的区别，将前者与民主的联系误当作了后者与民主的联系，这是使自决（国际法意义上的自决）与民主连结或混同起来的主要原因。倘若我们在分析自决与民主的关系时不去分辨学科视角，将政治学视角下对两者关系的分析结论，直接套用于国际法视角下对两者关系的分析，所得出的结论必定是错误的。

（二）“住民自决论”不能成立

在厘清自决与民主关系的基础上，我们再来剖析台湾“住民自决论”的错误所在。按照国际法上的自决理论，台湾无权打着自决权的旗号来从事“台独”。这是因为：其一，从权利所有的角度来说，“民族自决权”的“民族”有其特定的涵义，是指“国族（nation）”而不是指“种族（nationality）”。台湾不是一个民族，它并不单独拥有自决权，而是和大陆人民共同拥有中华民族的自决权（备注：关于这一权利，1945 年日本战败将台湾交还中国时已经实现）。“台独”理论设计师们对此心知肚明，由于台湾不是一个民族，无法援引“民族自决”，故将“民族自决”的“民族”偷换为“住民”，提出了“住民自决论”。事实上，国际法上没有“住民自决”这个概念，该概念是“台独”理论包装师们精心杜撰的结果。其二，从权利行使的角度来说，自决权的行使是有条件的，即拥有自决权的主体只有处于殖民地、半殖民地、自治领、托管地、附属国等状态时才能行使自决权。很显然，台湾不具备上述自决权行使的条件。针对这一情况，“台独”理论设计师们故意将宪政意义上的自决与国际法意义上的自决混淆起来，又将国际法意义上的自决与民主嫁接在一起，以达到混淆视听的效果。从台湾“住民自决论”的相关论述来看，实质上是就宪政意义上的自决而言的，其只可决定台湾社会内部的事务，而无权单方面决定台湾领土主权的归属。倘若借用孙中山先生的三民主义理论来分析，通过民主实现当家作主属于民主主义范畴，通过自决实现独立建国属于民族主义范畴。然而，当前台湾社会并不存在民族主义的解放任务，因为其并没有遭受哪个外来国家的殖民统治。“台独”人士故意模糊自决与民主的不同，以民主主义代替民族主义，是企图以民主主义的手段来解决民族主义所要解决的问题，是借民主主义之名，行分离主义之实。

第二，民族自决作为国际法的一项基本原则，对于通过公民投票手段实现民族独立是有条件的，那就是必须限于殖民地国家和民族、托管领土及非自治领土上的民族，而不是指那些生活在主权国家内部的不同人种、不同宗教、不同文化或不同语言的群体；换言之，民族自决的主体必须是殖民地、半殖民地、国际托管地、委任统治地、附属地、自治领、海外领地、海外省和被保护国等。台湾是中国领土不可分割的一部分，而非殖民地或带有殖民地性质的领土，因此不适用国际法上的民族自决原则。“台独”势力将“民族自决”偷换为所谓“住民自决”，妄想以“台湾住民”名义进行“公民投票”，决定台湾的政治前途，这不仅违背国际法的基本原则，也背离了国际社会的政治道德规范。从行为的性质上说，台湾意欲从中国脱离出去的行为属于国家内政意义上的分离，而非国际法意义上的自决。分离公投与国际法上的民族自决公投是两种不同性质的公投，“台独”势力故意混淆二者的区别，将其推动的“台独”公投说成是基于国际法上的自决权而进行的公投，在法理上缺乏依据。“台独”势力之所以喜欢打着行使“自决”的旗号去推动“独立”公投，无非是希冀得到国际社会的支持，因为自决是受国际法保护和支持的行为，而分离则不同，其属于主权国家的内政，倘若得不到主权国家的许可，分离行为很难取得成功。

第三，“台独”势力炮制“住民自决论”，旨在混淆台湾“当地住民”和“全体国民”这两个不同的概念。《经济、社会和文化权利国际公约》和《公民权利和政治权利国际公约》均在其第一条明确规定："所有人民都有自决权"，"台独"势力便以此为依据，认为"台湾人民也拥有自决权"，也可以"自我决定自身的前途和命运"，这是"台独"势力对国际法的歪曲，他们故意混淆国内宪政意义上的自决权和国际法意义上的自决权，然后又断章取义地歪曲了国际法上的自决权。上述两个国际人权公约的确规定了"所有人民都有自决权"，但这里的"所有人民"是指"一个国家的所有人所组成的整体"，而不是一个国家的部分人民。一个国家内部的部分人民不单独拥有自决权，因而也就不能单独行使自决权，只能和其他部分人民共同行使自决权。就台湾人民而言，它和大陆人民共同拥有"中华民族"的自决权。台湾方面不能借自决权理论来从事分裂活动，原因有二：一是自决权是用来对抗外来殖民主义的，而不是用来对抗中央政府的；二是只有当台湾出现被外来殖民主义统治或压迫时，台湾人民才能行使自决权，并且是与大陆人民共同行使自决权。

综上所述，不论从国际法理论，还是从国际政治现实来看，"台独"势力所谓的"住民自决论"都是站不住脚的。

二、"独立公投论"剖析

台湾"独立公投论"有广义和狭义之分。广义上的"独立"公投，通常是指所有在台湾社会推动的旨在落实台湾"独立建国"的公投，不仅包括直接以"台湾独立"为议题的公投，而且还包括间接以台湾"独立"为议题的公投，它有时与"台独"公投互换使用，甚至被视为同一概念。而狭义上的"独立"公投，则通常指直接以"台湾独立"为表决议题的公投。此处的"独立"公投，是就其狭义而言的。

（一）台湾"独立"公投的实质是分离公投

从性质上说，以"台湾独立"为表决议题的公投，其实质是分离性公投，而非国际法意义上的独立性公投。要正确认识"独立公投"的这一性质，需要区分分离（secession）与独立（independence）的不同。自决与分离从表面上看都是一个国家的一部分从整体中脱离出去而实现独立建国，这是两者在表面上或形态上的相似点。但从深层次上看，所脱离出来的这部分领土在自决和分离的语境下所揭示的意义是不一样的。从它们与被脱离国家整体的关系来看，因分离而脱离出来的这一部分原来就是被脱离国家的一部分，但因自决而脱离出来的这一部分原本就不属于被脱离国家的一部分。许多学者将自决与分离混同起来，主要是只看到了两者的相似点，而没有看到两者的内在差异。因此，自决与分离没有必然的联系，自决权不包括分离权。自决权并非“台独”分离主义的挡箭牌。

基于以上分析不难发现，人们通常所说的“独立”公投，是指台湾要通过公投从中国脱离出去成为一个“独立的主权国家”，其实，这一意涵就是分离公投的意思。人们之所以将“分离公投”表述成“独立公投”，有的是因为混淆“分离”和“独立”两个概念，有的是因为习惯表达。对于后者，我们没有必要去纠正这种习惯表达；但对于前者，我们应该澄清“分离”和“独立”的区别，否则，我们在运用理论工具批驳“独立”公投时就会犯“张冠李戴”的错误，也就是说，我们反对“独立”公投时必须使用反对分离公投的理论工具，而不能使用反对“独立”公投的理论工具。这一点很重要，其直接关系到我们反“独立”公投的合法性问题，因为反对“独立”公投是违背国际法原则的，而反对分离公投则不违背国际法原则。为此，我们必须认清台湾“独立”公投的这一性质。

（二）厘清三组概念是剖析“独立公投论”的理论基础

为了揭示这种说辞的错误，需要厘清国家主权、人民主权与民主三个概念之间的关系。从学术理论上说，三个概念的内涵非常接近，既有关联又有区别。台湾社会借着这三个概念之间的关联或相同之处将三者嫁接起来，并混同使用，导致许多问题模糊不清。为了明辨台湾社会的“分离公投论”，有必要对这三个概念加以梳理和界分。

1. 国家主权与人民主权

按照现代民主国家的生成原理，在正常状态下，国家主权与人民主权是统一的，因为国家是基于人民的同意或认可进行权利让渡而形成的政治共同体。然而，两者并不尽相同，具体表现在：

第一，具体内涵不同。国家主权包括对内主权和对外主权，具有对内和对外两个面向。在对内面向，其是高于国内其他政治机构的最高权威；在对外面向，其是一个国家对外独立于其他国家的权威。而人民主权仅与对内主权有关，与对外主权几乎无关。在对内主权面向，按照主权归属于个人、部分人或全体人，可将对内主权分为君主主权、议会主权、人民主权。所以，人民主权是国家对内主权的一种形式，其面向仅针对国家内部最高权力的归属。

第二，逻辑时序不同。在国家建构及其建设的逻辑时序上，国家主权先于人民主权，国家主权必须与领土相联系，通常先有国家建构，然后才能确定这个国家的领土范围，这个领土范围内的"人民"就是人民主权中的"人民"。若没有国家建构，就谈不上国家内部的最高权力（即主权）属于哪些人民的问题，因为人民的范围无法确定。不难看出，人们在论及人民主权时已经隐含着一个前提，即国家疆界范围已经确定。

第三，强调侧重不同。国家的四个要素包括领土、主权、人口和政府。只有具备这四个要素的政治共同体，才可以是主权国家。反过来说，只要是一个主权国家，就会具备这四个要素。国家主权体现在领土上就是领土主权。领土主权是一个主权国家在其领土内行使的最高的、排他的权力，处于其领土内的一切人和物都受其管辖。领土主权是国家主权的重要标志，失去了领土主权，国家主权就失去了依托。人民主权则是针对基于一定领土之上的人民（人口）与其政府之间的关系而言的，侧重于说明政府公权力来源于人民的授权和委托，以证明政府的合法性和正当性。

2. 国家主权与民主

自现代民族国家构建以来，只要有国家，就有国家主权。国家主权与民主既有区别又有联系，"台独"势力往往借着民主来对抗国家主权，比较典型的论述就是"民主拒统论"或"民主割据论"，该论述具有很强的迷惑性，必须从理论上加以澄清。

就理论层面而言，国家主权与民主之间并没有直接的、必然的联系，两者的联系大多是通过人民主权这一中介连结起来的。概括起来，两者的关系主要如下：

第一，国家主权是实现民主的基础和前提。如果个人所属的社会处于外国的奴役之下，那么这个社会中的个人就不可能有自由，[①] 也不可能享有真正的民主权利。坚持国家主权，就是要坚持国家的政治独立，从而为实现民主奠定政治基础。在通常情况下，个人的民主权利是基于所属的国家拥有独立主权而存在的权利。一般的建构逻辑是，先有独立的国家主权，才可建立起该国内部的人民主权；然后才能建立落实人民主权的民主体制；最后再通过民主体制表达民意。故从时序上看，国家主权→人民主权→民主→民意，依次而建。从结构层次上看，国家主权问题是最高层次的政治问题，是先要解决的问题。民主是主权国家建立后如何实现人民当家作主的问题，是基于主权问题之后的第二层次的政治问题。总而言之，没有独立的国家主权，就没有民主可言；主权国家建立后，通过立宪赋予公民民主权利，但公民民主权利的行使不能冲撞或挑战国家主权。

第二，国家主权是一个国家的最高政治权威，其体现为权利时则为本源性权利；而民主权利则是民主国家里的公民为实现当家作主而拥有和行使的权利，是派生性权利。国家主权（包括主权权力）是全体公民意志（即公意）的集中体现，"部分民意"不能挑战"公意"。按照现代民主国家的生成原理，在正常的状态下，人民主权与国家主权是统一的，因为国家是代表人民的组织，国家是基于人民的权利让渡而形成的政治共同体，这个共同体一旦形成，人民中的个体或部分均要服从它，该共同体就在价值上和事实上高于组成它的个体或部分，因为这个共同体在主权上是"公意的运用"。[②]

第三，两者联系的非必然性。国家主权与民主之间虽然存在着先行与后继的关系，但不存在引起与被引起、前因与后果的关系。在一定程度上，国家主权对于建立一个以民众意愿为基础的国家政体是必要的，但并非一个充分自足的原则。一个拥有主权的国家并非一定是民主国家，也可能是专制国家。换言之，国家主权并不必然地导致民主，它与民主之间没有必然的逻辑关系。

第四，国家主权是不可分割的，只能共有共享，其变更必须由这个国家的全体人民（即共同所有者）共同决定，而不能仅由该国家的部分人民（即

① Hurst Hannum, *Self-Determination as a Human Right*, in *Human Rights in the World Community* (2nd edition), in Richard Pierre Claude and Burns H. Weston, Philadelphia: University of Pennsylvania Press, 1992, p. 175.

② ［法］卢梭著:《社会契约论》，何兆武译，商务印书馆 2001 年版，第 29—35 页。

部分所有者）单方面决定（除非得到了另一部分所有者的同意），否则会损害另一部分所有者的合法权益。部分所有者只能就该部分所有者的内部事务自我决定，但若涉及与另一部分所有者之间的关系，则不能单方面自我决定，必须与另一部分所有者进行协商。而民主（权利）是可以分割的，因为民主要通过具体的行政区划制度和行政层级制度来实现，这样民主单位就会出现，在各个单位内部，人民可以自我决定内部事务。

3. 人民主权与民主

一般认为，"人民主权"是国内政治中最高、最终极的权威，但就主权的现实样态来看，人民主权只能作为集合概念存在。[①] 人民主权是现代民族国家的立国基石，民主则是人民主权在立国之后的具体形式和实现方式，但两者并不尽相同，主要表现在以下两个方面：

第一，权利性质不同。人民主权是人民作为一个整体在一个国家内部所享有的权利，是集体权利，[②] 其主体必须是"人民整体"，"人民整体"中的"部分人民"或"个人"不能成为人民主权的主体；人民主权是抽象的整体性权力，不可分割、不可转让、不可量化。然而，民主的权利主体既可以是"整体人民"，也可以是"部分人民"；民主权利是具体的个体性权利，可以分割、可以委托、可以放弃、可以量化。

第二，概念层次不同。包括以下两个方面：其一，人民主权强调一个国家内部的最高权力属于人民，解决的是权力归属问题；而民主则强调在确定人民主权的前提下，如何去实现人民主权，解决的是如何治理国家的问题。其二，人民主权侧重于政治哲学层面的民主理念，主要强调权力的来源；而民主权利则是侧重于民主实践来说的，主要强调权利的拥有和行使。两者不是同一层次的概念，人民主权属于第一层次，而民主权利属于第二层次。

从上述三组概念的辨识和分析来看，国家主权、人民主权和民主不是同一层次的概念。具体说来，国家主权分为对外主权和对内主权；对内主权又分为君主主权、议会主权和人民主权；人民主权的实现形式分为直接民主和

---

① 主权是最高的权力或权威，每个个体都具有最高的权威等于每个个体都不具有最高的权威。人民主权作为集合概念，必须由一个组织体代表，这个组织体就是国家，人民主权就演变为国家主权。卢梭将国家契约完全还原为一种委托，这样就巧妙地将人民主权和国家主权融合在了一起。

② 作为"人民主权"主体的"人民"是一个抽象的集合概念，是一个整体。因此，一般视人民主权为集体权利，尽管它在行使方式上最终要通过个人或团体的方式作出，但从法理上说，最终的主体仍是由个体或团体所组成的人民集合。

间接民主；直接民主分为古典的公民大会、抽签担任官职和轮流担任官职等，以及现代的公民投票、基层自治、听证会和陪审团等，在当代主要作为间接民主的重要补充；间接民主一般指西式代议民主，又可分为直接选举和间接选举两种，是目前世界上最主流的民主制度形式。

从民主在这个体系中的位置可以发现，其仅仅是一个主权国家内部或国家的某一行政区域内部落实或实现人民主权的一种方式，它只能决定其区域范围内的重大事项，而不能决定与他者共同体（外国或其他行政区域）的疆界。若一个主权国家欲改变与其他主权国家的疆界，则需要根据国际法与他国进行协商，单方面改变领土疆界是非法的无效行为；若一个国家内部的某一行政区域单位欲改变与其他行政区域单位的划界，除了双方协商通过之外，还要报请中央政府批准，否则即是非法无效行为。

（三）"独立公投论"的错误所在

在厘清国家主权、人民主权和民主三者关系的基础上，我们不难发现，台湾社会"独立公投论"在法理上主要存在以下主要错误。

第一，在通常情况下，疆界包括国家之间的主权疆界和国家内部不同行政区域之间的行政疆界；前者是一个国家在长期的历史发展过程中逐步形成的，后者是主权国家通过宪法进行内部行政区划完成的。台湾与大陆的边界不是国家之间的疆界，而是行政区划意义上的行政疆界。固然，台湾与大陆的行政管辖界限比较特殊，但并未改变其作为中国内部不同行政区域单位之间界限的性质。

在一个正常的统一国家里，本来应是以"主权疆界"来确定"民主范围"（尽管主权疆界内并非均衡地同步实行民主），两者是同一的，但台湾问题的复杂性在于，在中国这样一个内部存在"分裂分治"的国家中，台湾当局率先在台澎金马地区完成了民主化改造。尔后，不断重复着的民主实践以及选举政权的本土化进一步扩大了台湾与大陆地区的差异，久而久之便强化了台湾民众的"主体性"意识,并使得他们误将"民主范围"当作了"主权疆界"。然而，台湾的"民主范围"与其"宪法"上的领土"主权疆界"并不一致，于是"台独"势力就开始以民主来切割主权，将"民主范围"界定为"主权疆界"，以达到"事实台独"的目的。事实表明，如果在解决国家统一和国家认同问题之前，某一地区率先实行民主化，则这一地区的部分民众很容易误将“民主范围”当作“主权疆界”，进而引发国家认同危机，产生分离主义。

第二，国家领土主权疆界是在长期的历史发展过程中形成的，在这个过程中，它大致沿袭了历史上的传统和习惯，该疆界内的人民是一个利益共同体，倘若一部分人改变这个边界，必然会伤害到另一部分所有者的利益。中国在国家建构的历史过程中形成了特定的主权疆界，这个疆界范围包括大陆地区和台湾地区。按照中华人民共和国宪法，大陆是中华人民共和国（中国）的一部分，台湾也是中华人民共和国（中国）的一部分；而按照目前台湾所谓“中华民国宪法”，台湾是“中华民国”（中国）的一部分，大陆也是“中华民国”（中国）的一部分，亦即两岸同属“一个中国”。两岸领土主权为两岸全体中国人民所共同拥有，其中的“部分人民”不能单独拥有。因此，任何涉及中国主权和领土完整的变更问题，必须由包括台湾同胞在内的全体中国人民共同决定。既然台湾的领土主权为两岸全体中国人民所共同拥有，那么但凡涉及台湾领土主权的事项就必须经由两岸全体中国人民的一致同意。倘若其中的“部分人民”（即台湾 2300 万人民）通过区域性民主的方式做出单方面决定，那么就意味着对作为共同所有者的大陆人民之所有权造成了剥夺或侵害，这显然是不合法的。

台湾作为中国的区域性行政单位不能援引“人民主权”或“主权在民”理论。从政治学角度看，在一个主权国家内部，人民主权的主体是该国家的全体人民，这里的人民是一个集合概念，而不是指个体公民或部分公民。[①]台湾“独立公投论”的错误在于，把本来属于两岸全体中国人民的台湾当成了台湾 2300 万人民的台湾，把两岸民众共同享有的主权权力变成了台湾民众独享的主权权力，这是对“人民主权”或“主权在民”理论的断章取义。

第三，虽然自决性公投与民主性公投都可以就“领土变更”议题进行公民投票，但两者在投票主体、适用范围、法律依据、表决议题和结果效力等方面都有很大不同。考察国外公投案例不难发现：民主性公投表决“领土变更”议题有其特定的条件，即投票主体必须是一个国家的全体人民，换言之，只有全国民主性公投才能决定领土主权的变更。地区民主性公投若就领土议

① 在单一制的地方行政自治区域里，地方行政自治区的自主权是自治权而非主权，其通过选举接受当地居民的委托或授权，但不能援引“人民主权”或“主权在民”理论；在联邦制国家里，成员州的权力尽管来自人民的委托或授权，并带有部分主权在民的色彩，但其主权权力还须通过宪法与其他各州的共同确认才能被认可。

题进行表决，必须要经过中央政府的批准或授权，甚至有时还要举行全国民主性公投来决定是否许可地区民主性公投就领土主权变更问题进行表决。对于一个地区或族群来说，分离不是简单的单方面权利，而应该是一种共识性权利，即分离只有在有关各方达成共识的情况下才具有合法性。譬如，苏格兰公投即是如此，其是在取得了英国中央政府的同意，且双方于 2012 年 10 月签署了“爱丁堡协议”的情况下举办的，此亦即苏格兰民主公投的合法性基础。事实表明，单方面分离通常不被主权国家所允许，成功的概率非常小；即便某个族群或地区已经通过单方面公投表达出了分离愿望，当事国也没有法律上的义务承认或接受这一分离诉求，主权国家有权采取一切方式对分离行为予以制止。从国际实践看，一个地区要完成分离、实现独立建国往往要经历两次同意：第一次是全体人民的同意，或者至少是代表全体人民的中央政府的同意；第二次是地区居民的同意。前者的重要性和决定意义往往大于后者。倘若没有该项同意，单方面宣布“公投”或者“独立”的行为就是非法的、无效的。

从理论上说，台湾地区所推动的公投属于地区民主性公投，其表决议题只能限于台湾社会内部的治理性内容，而不能就台湾“领土主权变更”议题进行表决。台湾无权单方面通过公投来改变其主权归属。后退一步讲，即使台湾方面意欲发动“改变台湾领土主权归属”的公投，也必须事先与作为共同领土主权所有者的另一部分人民（即大陆人民）或其中央政府进行协商并达成一致意见，否则就是非法公投。“台独”势力打着“自决”“民主”等旗号，借助公投来从事“台独”活动，其操作手法就是利用国际法上的自决性公投与国内法上的民主性公投某些表面上的相似性，故意将二者嫁接起来，以达到混淆视听，为他们的“独立建国”寻找理论依据的目的。区分这两种公投的不同性质，可以帮助人们认清“台独”势力欲在岛内进行“台独公投”的真正错误之所在。

三、“拒统公投论”剖析

厘清国家主权、人民主权和民主的关系，不仅有助于我们剖析台湾所谓

“独立公投论”问题，而且还有助于我们澄清“拒统公投论”的错误所在。

第一，台湾“拒统公投论”的实质是以民主权利对抗国家主权，以少部分人的“民意”来对抗全体人民的“公意”。台湾“拒统”公投造成了中国主权行使权运行的阻梗，而权力运行受阻必使作为主权共有者的另一部分所有者的权益受损，不符合最大多数人的最大利益原则，是以少数人的利益取代绝大多数人的利益，违背了民主精神。主权所有权、主权行使权和民主权利是不同层次的权力 / 权利。在正常情况下，一个领土主权所有权统一的国家里，其主权行使权也应该是统一的，民主权利在权利位阶上居于主权所有权和主权行使权之下，它的运行以不碰撞主权行使权为原则。两岸统一问题是主权行使权的统一问题，以民主权利来对抗主权行使权是对中国国家主权的重大伤害。“拒统公投论”旨在通过“民主割据”达到“事实独立”的目的，是对民主本意的歪曲，其只顾“一部分民意”而无视作为共同所有者的“另一部分民意”，不符合人民主权的逻辑。

台湾长期不与大陆统一，给大陆民众的利益造成了很大损害，使大陆民众对台湾的主权（尽管与台湾民众共同拥有）不能得到实现，这既违背法理，也伤害了大陆民众的情感和利益。“拒统”公投与事务性的民主生活不同，岛内民众对于民主治理范畴内的事务，可经由公投程序，作出最后的法律决定；但领土主权变更问题不是单纯的民主问题，更不是岛内民众——作为整体的一部分——所能自我决定的，因为这涉及另一部分共有者的权益问题。如果单单由台湾民众这一部分共有者自我决定，在事实上就剥夺了另一部分共有者（即大陆民众）的权益。

第二，部分民意不可对抗整体主权。主权是不可分的，只能共享，不可分享，一旦分享就意味着国家的分裂。但民主权利是可以分享的，在一个主权国家内部，不同地区的人民所享有民主权利的范围并不完全相同，不同地区民主化的速度也不尽一致，这在联邦制国家表现得尤为明显，即便在单一制国家里，情况亦是如此，如中国的香港和澳门特别行政区。台湾民意作为部分人民的意志不是独立于中国国家主权之外的意志。通过某个地区的民主机制去挑战整个国家的主权，是超越民主运行边界的行为，也颠倒了主权与民主的逻辑关系。

两岸之间虽然存在着分裂，但不是领土和主权的分裂，然而台湾方面却以“分裂国家理论”来定位两岸关系，并以此作为处理两岸关系的出发点。

如此一来，统一自然就成了“改变现状”。台湾当局所谓“主权在民”的错误在于：该说辞隐含着台湾是一个“主权国家”的判断，是以“台湾是一个主权独立的国家”为逻辑前提的，而事实上，台湾并非一个“主权独立的国家”，其基本预设是错误的，以这个错误预设所得出的结论自然不会正确。

第三，“拒统公投论”的实质是变相的分离主义，是民主掩盖下的“事实台独”。国家主权的完整性被反复强调，通常发生于以下两种情形：一是相对于外国的挑战或伤害；二是国家内部的分离主义。长期“不统”其实就是一种变相的分离主义。“不统”是在直接分离难以实现的情况下，改变行动策略，以“不统”来维持“变相独立”的手段。从历史上看，地方割据其实并不挑战国家主权，因为其并非要分离出去独立建国，亦非要争夺中央政府的权位，其仅仅反对中央政府插手其地盘内的事务，维持所谓的“内部自治”，但这也是国家分裂的一种形式。正因如此，1925 年国民革命军发动北伐战争，结束国内军阀割据局面，建立统一的中华民国时，也被称为“完成中国统一”。

但是，当下台湾的“民主割据”与通常的地方割据所不同的是，它挑战了中国的国家主权和领土完整。台湾在早期与大陆存在政权之争（实质是挑战中国的主权行使权），后来在无力继续与大陆争夺中国代表权的情况下，转向分离式“台独”，直接挑战中国的领土主权所有权。在上述两种行动均无法得逞的情况下，又开始转向固守式“台独”，借助民主来抗拒两岸统一，以维持事实上的割据状态。不过，相较于历史上的地方割据，台湾的“民主割据”有其新特点：一是它打着民主的旗号，二是它声称自己是“主权国家”或“中央政府”。事实上，这无非是打着人民主权的旗号，为其地方割据增加合法性而已，并不能改变其地方割据的性质。台湾的“民主割据”虽然不像分离式“台独”那样直接分裂中国的领土主权所有权，但却会导致中国主权行使权及其衍生权力的运行梗塞，最终会伤害中国的领土主权所有权，故为大陆方面所坚决反对。

第四，台湾“拒统公投论”不符合法理。尽管事实割据不同于直接的领土主权变更，但这势必会影响到一个国家的主权和整体利益，因此，中央政府对国家内部以此为议题或目的的公投均秉持反对态度。台湾方面将“中华民国或台湾的现状”解释为“主权独立国家”，统一就是改变目前的所谓“主权现状”，必须经由 2300 万人的公民投票。很显然，这是台湾当局借公民投票来抗拒统一、借民主和民意来转嫁“拒统”责任。表面上看，台湾当局的这一说辞似乎有些道理，其实不然。其一，就台湾“现状”而言，不论台湾方面作出何种论证和解释，它在事实上并不是一个“主权独立国家”。其二，这是对民主的异化和滥用，违背民主性公投的本意。民主不能被用作政治对抗的手段和工具。试想，倘若大陆也采用民主方式来聚合大陆的民意，以大陆民意对抗台湾民意，台湾方面该如何应对？尽管大陆目前没有实行公投制度，但并非意味着没有民意表达的渠道和制度，例如人民代表大会。倘若大陆方面也像台湾方面一样，动辄以民意来作统“独”抉择的“挡箭牌”，通过人民代表大会的形式形成大陆民意，那么处于对抗之中的两岸民意该以何者优先？14 亿人的民意与 2300 万人的民意孰轻孰重？恐怕不能简单地作答。两岸关系问题不仅仅是政治问题，也是法律问题。既然是法律问题，就要遵守法理和事实，而不能单纯采用地区民主的方式来解决问题。民主并非万能，其解决问题的范围是有限度的。从务实层面讲，两岸宜通过协商谈判以解决双方分歧，而不应滥用公投制度，来扭曲民主政治和两岸问题本身。

四、结语

通过前文研究不难看出，国家主权、人民主权、民主、自决、公投、分离等既密切关联，也相互区别，而台湾社会将上述概念人为地混为一谈，故意混同或穿插使用这些不同范畴的概念，是为了达到混淆是非、实现分离的目的。

除此之外，我们还必须戳穿，台湾的“台独”公投实为精英操纵和主导下的公投。公投制度的局限性之一就是容易被少数人操纵和利用，这种情形在历史上曾多次出现。事实表明，由谁来决定公投的议题，由谁来启动公投的程序，对于投票结果非常关键。议题设计不同，投票结果可能会大相径庭。从西方民主国家的公投实践来看，决定公投的举行与否，通常掌握在执政党或精英集团的手中，也由他们来决定哪些人可以参加投票。使得公投很容易按照精英的意图去运作。认识到公投的这一局限性具有重要意义，它可以帮助我们认清那些打着公投旗号的“台独”活动的目的和性质。少数“台独”精英充分利用了公投制度的这一局限，利用台湾同胞渴望当家作主的心理愿望，以公投来操纵民意，从而达到他们“法理台独”的企图。我们在反对“台独”公投时，必须揭穿这一点。

参考文献

一、中文文献

（一）中文著作（按作者姓氏音序排名）

1. 白桂梅著:《国际法上的自决》，中国华侨出版社 1999 年版。

2. 包丽英著:《蒙古帝国》（第一版），南海出版公司 2008 年版。

3. 曹金增著:《解析公民投票》，台湾五南图书出版公司 2004 年版。

4. 陈波著:《马克思主义视野中的人权》，中国社会科学出版社 2004 年版。

5. 陈乐民著:《战后西欧国际关系（1945—1984）》，中国社会科学出版社 1987 年版。

6. 陈隆志、陈文贤主编:《国际重要公民投票案例解析》，台湾新世纪文教基金会、台湾联合国研究中心 2010 年版。

7. 陈隆志主编:《公民投票与台湾前途》，台湾前卫出版社 1999 年版。

8. 陈衍德编著:《多民族共存与民族分离运动：东南亚民族关系的两个侧面》，厦门大学出版社 2009 年版。

9. 陈云林主编:《当代国家统一与分裂问题研究》，九州出版社 2009 年版。

10. 陈志强著:《科索沃通史》，中国社会科学出版社 2016 年版。

11. 程晓霞主编:《国际法的理论问题》，天津教育出版社 1989 年版。

12. 程中原主编:《中国特色社会主义：奠基·开创·发展》，当代中国出版社 2004 年版。

13. 丁伟、朱榄叶主编:《当代国际法学理论与实践研究文集》(国际公法卷)，中国法制出版社 2002 年版。

14. 董云虎、刘武萍编著:《世界人权约法总览》，四川人民出版社 1990 年版。

15. 端木正主编:《国际法》，北京大学出版社 2000 年版。

16. 费孝通等著:《中华民族多元一体格局》，中央民族大学出版 1989 年版。

17. 富学哲主编:《从国际法看人权》，新华出版社 1998 年版。

18. 葛公尚主编:《当代国际政治与跨界民族研究》，民族出版社 2006 年版。

19. 葛公尚主编:《当代政治与民族问题》，中央民族学院出版社 1993 年版。

20. 葛公尚主编:《二十世纪世界民族问题报告》，民族出版社 2005 年版。

21. 韩德培主编:《人权的理论与实践》，武汉大学出版社 1995 年版。

22. 郝时远、阮西湖主编:《当代世界民族问题与民族政策》，四川民族出版社 1994 年版。

23. 何芳川、宁骚等编著:《非洲通史》(现代卷)，华东师范大学出版社 1995 年版。

24. 洪泉湖主编:《当代族群关系》，台湾商鼎数位出版有限公司 2011 年版。

25. 胡水君著:《法律的政治分析》，北京大学出版社 2005 年版。

26. 华辛芝著:《列宁民族问题理论研究》，内蒙古人民出版社 1987 年版，第 48 页。

27. 黄卉、晏韬等编译:《德国魏玛时期国家法政文献选编》，清华大学出版社 2016 年版。

28. 黄森、沈宗灵主编:《西方人权学说》(下)，四川人民出版社 1994 年版。

29. 黄文扬主编:《国内外民主要览》，中国人民大学出版社 1990 年版。

30. 黄云静主编:《发展与稳定：反思东南亚国家现代化》，时事出版社 2011 年版。

31. 季卫东著:《宪政新论——全球化时代的法与社会变迁》(第二版)，北京大学出版社 2005 年版。

32. 江伟钰著:《现代国际法原理解析》，中国人民公安大学出版 2002 年版。

33. 江宜桦著:《自由主义、民族主义与国家认同》，台湾扬智文化事业股份有限公司 1998 年版。

34. 姜士林等主编:《世界宪法全书》，青岛出版社 1997 年版。

35. 金炳镐主编:《跨界民族与民族问题》，中央民族大学出版社 2010 年版。

36. 孔寒冰著:《科索沃危机的历史根源及大国背景》，四川人民出版社 1999 年版。

37. 孔令杰编著:《领土争端成案研究》，社会科学文献出版社 2016 年版。

38. 赖彭城等著:《国际人权论》，上海人民出版社 1993 年版。

39. 李浩培、王贵国主编:《中华法学大辞典·国际法学卷》，中国检察出版社 1996 年版。

40. 李宏图著:《西欧近代民族主义思潮研究——从启蒙运动到拿破仑时代》，上海社会科学院出版社 1997 年版。

41. 李龙、万鄂湘著:《人权理论与国际人权》，武汉大学出版社 1992 年版。

42. 李先波等著:《主权、人权、国际组织》，法律出版社 2005 年版。

43. 林达著:《西班牙旅行笔记》，生活·读书·新知三联书店 2013 年版。

44. 林佳龙主编:《民主到底：公投民主在台湾》，台湾智库 2007 年版。

45. 刘泓等著:《当代国外民族分离主义与反分裂研究》，中国社会科学出版社 2016 年版。

46. 刘辉著:《民族国家构建视角下的苏丹内战研究》，中国社会科学出版社 2011 年版。

47. 刘明著:《国际干预与国家主权》，四川人民出版社 2000 年版。

48. 陆南泉等著:《苏联兴亡史论》，人民出版社 2002 年版。

49. 罗志刚著:《中苏外交关系研究（1931—1945）》，武汉大学出版社 1999 年版。

50. 毛俊响、王历编著:《国际法典型案例评析》，中南大学出版社 2016 年版。

51. 敏敬著:《中东库尔德问题研究》，中央编译出版社 2015 年版。

52. 莫纪宏著:《国际人权公约与中国》，世界知识出版社 2005 年版。

53. 慕亚平等著:《当代国际法》，法律出版社 1998 年版。

54. 慕亚平著:《和平、发展和变革中的国际法问题》，法律出版社 2003 年版。

55. 宁骚著:《民族与国家——民族关系与民族政策的国际比较》，北京大学出版社 1995 年版。

56. 潘维著:《法治与“民主迷信”——一个法治主义者眼中的中国现代化和世界秩序》，香港社会科学出版社有限公司 2003 年版。

57. 潘志平主编:《民族自决还是民族分裂——民族和当代民族分立主义》，新疆人民出版社 1999 年版。

58. 泮伟江著:《一个普通法的故事：英格兰政体的奥秘》，广西师范大学出版社 2015 年版。

59. 邱宏达主编:《现代国际法基本文件》，台湾三民书局出版有限公司 1989 年版。

60. 任东来、陈伟、白雪峰等著:《美国宪政历程：影响美国的 25 个司法大案》，中国法制出版社 2004 年版。

61. 任东来著:《政治世界探微》，北京大学出版社 2005 年版。

62. 邵津主编:《国际法》(第二版)，北京大学出版社 2005 年版。

63. 邵沙平、余敏友主编:《国际法问题专论》，武汉大学出版社 2004 年版。

64. 司马图强著:《列强分裂中国纪实》，新疆人民出版社 1997 年版。

65. 宋家巧著:《枫叶国度——加拿大的过去与现在》，山东大学出版社 1989 年版。

66. 孙建中著:《国家主权——理想与现实》，世界知识出版社 2001 年版。

67. 田桓主编:《战后中日关系文献集(1945—1970)》，中国社会科学出版社 1996 年版。

68. 万鄂湘、郭克强著:《国际人权法》，武汉大学出版社 1994 年版。

69. 汪波著:《中东库尔德问题研究》，时事出版社 2014 年版。

70. 王家福、刘海年主编:《中国人权百科全书》，中国大百科全书出版社 1998 年版。

71. 王家福等主编:《人权与 21 世纪》，中国法制出版社 2000 年版。

72. 王建娥等著:《族际政治与现代民族国家》，社会科学文献出版社 2004 年版。

73. 王启富、刘金国著:《人权问题的法理学研究》，中国政法大学出版社 2003 年版。

74. 王绳祖等编选:《国际关系史资料选编(17 世纪中叶—1945 年)》，法律出版社 1988 年版。

75. 王绳祖主编:《国际关系史》(第八卷)，世界知识出版社 1995 年版。

76. 王绳祖主编:《国际关系史资料选编》(上册·第二分册)，武汉大学出版社 1983 年版。

77. 王铁崖、田如萱编:《国际法资料选编》，法律出版社 1982 年版。

78. 王铁崖、田如萱、夏德富编:《联合国基本文件集》，中国政法大学出版社 1991 年版。

79. 王铁崖主编:《国际法》，法律出版社 1995 年版。

80. 王逸舟著:《当代国际政治析论》，上海人民出版社 1995 年版。

81. 王英津著:《两岸政治关系定位研究》，九州出版社 2016 年版。

82. 王英津著:《自决权理论与公民投票》，九州出版社 2007 年版。

83. 王哲著:《西方政治法律学说史》，北京大学出版社 1988 年版。

84. 魏贻恒著:《全民公决的理论与实践》，中国人民大学出版社 2007 年版。

85. 乌小花著:《当代世界和平进程中的民族问题》，中央民族大学出版社 2006 年版。

86. 习近平著:《决胜全面建成小康社会　夺取新时代中国特色社会主义伟大胜利——在中国共产党第十九次全国代表大会上的报告》，人民出版社 2017 年版。

87. 夏勇等主编:《法治与 21 世纪》，社会科学文献出版社 2004 年版。

88. 夏勇著:《人权概念的起源——权利的历史哲学》，中国政法大学出版社 2001 年版。

89. 肖佳灵著:《国家主权论》，时事出版社 2003 年版。

90. 徐显明主编:《国际人权法》，法律出版社 2004 年版。

91. 徐显明主编:《人权研究》(第一卷)，山东人民出版社 2001 年版。

92. 徐迅著:《民族主义》，中国社会科学出版社 1988 年版。

93. 许崇德、张正钊主编:《人权思想与人权立法》，中国人民大学出版社 1992 年版。

94. 许光建主编:《联合国宪章诠释》，山西教育出版社 1995 年版。

95. 薛衔天主编:《中苏国家关系史资料汇编(1945—1949)》，社会科学文献出版社 1996 年版。

96. 严庆著:《冲突与整合：民族政治关系模式研究》，社会科学文献出版社 2011 年版。

97. 杨恕著:《世界分裂主义论》，时事出版社 2008 年版。

98. 杨宇冠主编:《联合国人权公约机构与经典要义》，中国人民公安大学出版社 2005 年版。

99. 杨宇冠著:《人权法——〈公民权利和政治权利国际公约〉研究》，中国人民公安大学出版社 2003 年版。

100. 杨泽伟著:《主权论——国际法上的主权问题及发展趋势研究》，北京大学出版社 2006 年版。

101. 余建华著:《民族主义——历史遗产与时代风云的交汇》，学林出版社 1999 年版。

102. 余民才、程晓霞编著:《国际法教学参考书》，中国人民大学出版社 2002 年版。

103. 余民才主编:《国际法专论》，中信出版社 2003 年版。

104. 张国城著:《两岸关系概论》，台湾华梵大学人文教育研究中心 2009 年版。

105. 张莉著:《台湾“公民投票”考论》，九州出版社 2007 年版。

106. 张乃根著:《西方法哲学史纲》，中国政法大学出版社 1997 年版。

107. 张文木著:《世界地缘政治中的中国国家安全利益分析》，山东人民出版社 2004 年版。

108. 张文山等著:《自治权理论与自治条例研究》，法律出版社 2005 年版。

109. 张文显著:《法学基本范畴研究》，中国政法大学出版社 1998 年版。

110. 张显超、辛翠玲著:《加拿大魁北克省（Quebec）1995 年独立公投研究》，台湾民主基金会 2004 年版。

111. 张颖、马海伟编著:《国外四国公民投票通论》，中国政法大学出版社 2015 年版。

112. 张友国著:《后冷战时期民族分离主义研究》，首都师范大学出版社 2011 年版。

113. 赵宝云著:《西方五国宪法通论》，中国人民公安大学出版社 2005 年版。

114. 照那斯图等合编:《种族问题国际会议论文集》，重庆出版社 1988 年。

115. 郑海麟著:《海峡两岸关系的深层透视》，香港明报出版社有限公司 2000 年版。

116. 周琪、王国明主编:《战后西欧四大国外交（1945—1988）》，中国人民公安大学出版社 1992 年版。

117. 周星著:《民族政治学》，中国社会科学出版社 1993 年版。

118. 朱福惠、胡婧主编:《世界各国宪法文本汇编（美洲、大洋洲卷）》，厦门大学出版社 2015 年版。

119. 朱福惠、邵自红主编:《世界各国宪法文本汇编（欧洲卷）》，厦门大学出版社 2013 年版。

120. 朱维瑜主编:《2003 世界年鉴》，台湾"中央通讯社"2002 年版。

121. 朱晓青、柳文华著:《〈公民权利与政治权利国际公约〉及其实施机制》，中国社会科学出版社 2003 年版。

122. 诸建国著:《当代各国政治体制：加拿大》，兰州大学出版社 1998 年版。

123. 资中筠主编:《国际政治理论探索在中国》，上海人民出版社 1998 年版。

124. 国务院台湾事务办公室编:《台湾事务法律文件选编》，中国法制出版社 2015 年版。

125. 联合国新闻部编:《联合国手册》（第十版），中国对外翻译出版公司 1987 年版。

126. 中国人权研究会编:《正确认识民主、自由和人权》，党建读物出版社 2003 年版。

127. 中国社会科学院法学研究所编:《国际人权文件与国际人权机构》，社会科学文献出版社 1997 年版。

128.《列宁全集》（第 27 卷），人民出版社 1990 年版。

129.《反分裂国家法》，中国民主法制出版社 2005 年版。

130.《马克思恩格斯全集》（第 15 卷），人民出版社 1963 年版。

131.《中国大百科全书》（政治学卷），中国大百科全书出版社 1992 年版。

（二）中文译作（按作者国别音序排名）

1.［爱尔兰］艾德蒙·柯蒂斯著:《爱尔兰史》(下)，江苏师范学院翻译组译，江苏人民出版社1978年版。

2.［奥］阿·菲德罗斯等著:《国际法》，李浩培译，商务印书馆1981年版。

3.［奥］凯尔森著:《法与国家的一般理论》，沈宗灵译，中国大百科全书出版社1996年版。

4.［奥］曼弗雷德·诺瓦克著:《民权公约评注》，毕小青、孙世彦主译，生活·读书·新知三联书店2003年版。

5.［奥地利］阿·菲德罗斯等著:《国际法》，李浩培译，商务印书馆1981年版。

6.［奥地利］赫尔穆特·克拉默、维德兰·日希奇著:《科索沃问题》，苑建华译，中央编译出版社2007年版。

7.［德］哈贝马斯著:《论包容他者》，曹卫东译，上海人民出版社2002年版。

8.［德］黑格尔著:《法哲学原理》，范扬、张企泰译，商务印书馆1961年版。

9.［德］黑格尔著:《历史哲学》，王造时译，上海书店出版社1999年版。

10.［德］康德著:《法的形而上学原理》，苗力田译，商务印书馆1986年版。

11.［德］沃尔夫刚、格拉夫、魏智通主编:《国际法》，吴越、毛晓飞译，法律出版社2002年版。

12.［俄］瓦利里·季什科夫著:《民族主义及冲突：炽热的头脑》，姜德顺译，中央民族大学出版社2009年版。

13.［法］贡斯当著:《古代人的自由与现代人的自由》，阎克文、刘满贵译，商务印书馆1999年版。

14.［法］卢梭著:《论人类不平等的起源和基础》，李常山译，商务印书馆 1997 年版。

15.［法］卢梭著:《社会契约论》，何兆武译，商务印书馆 2001 年版。

16.［法］马里旦著:《人和国家》，霍宗彦译，商务印书馆 1964 年版。

17.［法］孟德斯鸠著:《论法的精神》（上册），张雁深译，商务印书馆 1997 年版。

18.［法］皮埃尔—安德烈·塔吉耶夫著:《种族主义源流》，高凌瀚译，生活·读书·新知三联书店 2005 年版。

19.［韩］柳炳华著:《国际法》（上卷），朴国哲、朴永姬译，中国政法大学出版社 1997 年版。

20.［加］威尔·金利卡著:《少数的权利》，邓红风译，上海世纪出版集团 2005 年版。

21.［加］威尔·金利卡著:《多元文化的公民身份》，马莉、张昌耀译，中央民族大学出版社 2009 年版。

22.［加］沃尔特·怀特等著:《加拿大政府与政治》，刘经美、张正国译，北京大学出版社 2004 年版。

23.［美］L. 亨金著:《权利的时代》，信春鹰等译，知识出版社 1997 年版。

24.［美］安哥尔·科利亚多—施瓦茨著:《美国最后一块殖民地：波多黎各》，陆静怡编译，九州出版社 2012 年版。

25.［美］巴伯著:《强势民主》，彭斌译，吉林人民出版社 2006 年版。

26.［美］巴特勒、兰尼编著:《公民投票的理论与实践》，吴宜容译，台湾韦伯文化事业出版社，2000 版。

27.［美］查尔斯·蒂利著:《强制、资本和欧洲国家（公元 990—1992 年）》，魏洪钟译，上海人民出版社 2007 年版。

28.［美］达尔著:《民主及其批评者》，曹海军等译，吉林人民出版社 2006 年版。

29.［美］菲利克斯·格罗斯著:《公民与国家——民族、部落和族属身份》，王建娥、魏强译，新华出版社 2003 年版。

30.［美］汉密尔顿、杰伊、麦迪逊著:《联邦党人文集》，程逢如等译，商务印书馆 2012 年版。

31.［美］汉斯·凯尔森著:《国际法原理》，王铁崖译，华夏出版社 1989 年版。

32.［美］汉斯·摩根索著:《国际纵横策论——争强权，求和平》，卢明华等译，上海译文出版社 1995 年版。

33.［美］亨廷顿著:《第三波——20 世纪后期民主化浪潮》，刘军宁译，上海三联书店 1998 年版。

34.［美］杰克·唐纳利著:《普遍人权的理论与实践》，王浦劬、张文成等译，中国社会科学出版社 2001 年版。

35.［美］科恩著:《论民主》，聂崇信等译，商务印书馆 1988 年版。

36.［美］路易斯·亨金著:《国际法：政治与价值》，张乃根等译，中国政法大学出版社 2005 年版。

37.［美］罗伯特·达尔著:《论民主》，李柏光、林猛译，商务印书馆 1999 年版。

38.［美］曼纽尔·卡斯特:《认同的力量》，曹荣湘译，社会科学文献出版社 2006 年版。

39.［美］乔·萨托利著:《民主新论》，冯克利、阎克文译，东方出版社 1998 年版。

40.［美］萨拜因著:《政治学说史》（下册），盛葵阳等译，商务印书馆 1986 年版。

41.［美］塞缪尔·亨廷顿、纳尔逊著:《难以抉择——发展中国家的政治参与》，汪晓寿等译，华夏出版社 1989 年版。

42.［美］托马斯·伯根索尔著:《国际人权法概论》，潘维煌等译，中国社会科学出版社 1995 年版。

43.［美］小查尔斯·爱德华·梅利亚姆著:《卢梭以来的主权学说史》，毕洪海译，法律出版社 2006 年版。

44.［美］熊玠著:《无政府状态与世界秩序》，余逊达、张铁军译，浙江人民出版社 2001 年版。

45.［美］约瑟夫·S. 奈著:《硬权力与软权力》, 门洪华译, 北京大学出版社 2005 年版。

46.［美］兹比格纽·布热津斯基著:《大棋局——美国的首要地位及其地缘战略》, 中国国际问题研究所译, 上海人民出版社 1998 年版。

47.［瑞士］托马斯·弗莱纳著:《人权是什么》, 谢鹏程译, 中国社会科学出版社 1999 年版。

48.［苏］萨纳柯耶夫, 崔布列夫斯基编:《德黑兰、雅尔塔、波茨坦会议文件集》, 三联书店 1978 年版。

49.［新］李光耀著:《风雨独立路——李光耀回忆录》, 外文出版社 1998 年版,

50.［以色列］耶尔·塔米尔著:《自由主义的民族主义》, 陶东风译, 上海人民出版社 2005 年版。

51.［英］A. J. M. 米尔恩著:《人的权利与人的多样性》, 夏勇、张志铭译, 中国大百科全书出版社 1995 年版。

52.［英］阿库斯特著:《现代国际法概论》, 汪瑄等译, 中国社会科学出版社 1981 年版。

53.［英］艾伦·麦克法兰著:《英国个人主义的起源》, 管可秾译, 商务印书馆 2008 年版。

54.［英］安东尼·吉登斯著:《民族—国家与暴力》, 胡宗泽等译, 上海三联书店 1998 年版。

55.［英］安东尼·D. 史密斯著:《全球化时代的民族与民族主义》, 龚卫斌、良警宇译, 中央编译出版社 2002 年。

56.［英］比尔·考克瑟、林顿·罗宾斯、罗伯特·里奇著:《当代英国政治》(第四版), 孔新峰、蒋鲲译, 北京大学出版社 2009 年版。

57.［英］戴维·赫尔德著:《民主的模式》, 燕继荣等译, 中央编译出版社 1998 年版。

58.［英］戴维·米勒、韦皮·波格丹诺编:《布莱克维尔政治学百科全书》,

邓正来译，中国政法大学出版社 1992 年版。

59.［英］霍布斯著:《利维坦》，黎思复、黎廷弼译，商务印书馆 1997 年版。

60.［英］基托著:《希腊人》，徐卫翔等译，上海人民出版社 2006 年版。

61.［英］杰弗里·巴勒克拉夫，雷切尔·F. 沃尔:《国际事务概览（1955—1956 年）》，陆英等译，上海译文出版社 1985 年版。

62.［英］康斯坦丝·玛丽·藤布尔著:《新加坡史》，欧阳敏译，东方出版中心 2016 年版。

63.［英］洛克著:《政府论》（下篇），叶启芳、瞿菊农译，商务印书馆 1997 年版。

64.［英］迈克尔·莱斯诺夫等著:《社会契约论》，刘训练等译，江苏人民出版社 2010 年版。

65.［英］弥尔顿著:《为英国人声辩》，何宁译，商务印书馆 1958 年版。

66.［英］佩西·列林编著:《分离主义的理论》，许云翔等译，台湾韦伯文化事业出版社 2002 年版。

67.［英］塞缪尔·芬纳著:《统治史：古代的王权和帝国——从苏美尔到罗马》（卷一），王震、马百亮译，华东师范大学出版社 2014 年版。

68.［英］苏珊·马克斯著:《宪政之谜：国际法、民主和意识形态批判》，方志燕译，上海世纪出版集团 2005 年版。

69.［英］休·希顿·沃森:《民族与国家》，吴洪英、黄群译，中央民族大学出版社 2009 年版。

70.［英］休谟著:《人性论》，张晖编译，北京出版社 2007 年版。

71.［英］伊恩·布朗利著:《国际公法原理》，曾令良、余敏友等译，法律出版社 2003 年版。

72.［英］以赛亚·伯林著:《自由论》，胡传胜译，译林出版社 2011 版。

73.［英］约翰·格雷著:《伯林》，马俊峰等译，昆仑出版社 1999 版。

74.［英］约翰·密尔著:《论自由》，许宝骙译，商务印书馆 2009 年版。

75.［英］詹宁斯、瓦茨修订:《奥本海国际法》（第一卷第二分册），王铁崖等译，中国大百科全书出版社 1998 年版。

76.［英］詹宁斯、瓦茨修订:《奥本海国际法》(第一卷第一分册)，王铁崖等译，中国大百科全书出版社 1995 年版。

(三)期刊论文(按作者姓氏音序排名)

1. 阿地力江·阿布来提:《境外“疆独”势力对新疆的网络渗透及其危害》，载《现代国际关系》2013 第 7 期。

2. 白桂梅:《国际法上的自决权与少数者权利》，载《中外法学》1997 年第 4 期。

3. 白桂梅:《国家主权与国际法》，载《中外法学》1990 年第 5 期。

4. 白桂梅:《论内部与外部自决》，载《法学研究》1997 年第 3 期。

5. 曾令良:《与克里米亚“脱乌入俄事件”有关的国际法问题》，载《国际法研究》2015 年第 1 期。

6. 陈端洪:《人民既不出场也不缺席——西耶斯的民族制宪权理论解读》，载《中外法学》2010 年第 1 期。

7. 陈红民:《蒋介石与 1961 年联合国“外蒙入会案”》，载《社会科学辑刊》2012 年第 2 期。

8. 陈建民:《西撒哈拉问题的现状与解决之道》，载《阿拉伯世界》2003 年第 4 期。

9. 陈孔立:《从“台湾认同”到“双重认同”》，载《台湾研究集刊》2012 年第 4 期。

10. 陈婷、赵小波:《世界主要国家反民族分裂的法律措施研究》，载《政法论丛》2011 年第 4 期。

11. 陈翁平:《东帝汶一九九九年自决公投之研究》，载台湾《大汉学报》2007 年第 22 期。

12. 储昭根:《克里米亚闪电入俄的经验与启示》，载《亚非纵横》2014 年第 4 期。

13. 戴正德:《国家构建与国族认同加拿大经验的反思》，载台湾《新世纪智库论坛》2008 年第 44 期。

14. 邓烈、盖然:《国际法上独立宣告的合法性要件研究》，载《西南民族大学学报（人文社会科学版）》2017 年第 5 期。

15. 杜子信:《萨尔国籍投票的分析》，载台湾《新世纪智库论坛》2010 年第 49 期。

16. 范宏云:《论国际法上的分离权》，载《武汉大学学报（哲学社会科学版》）2008 年第 1 期。

17. 封帅:《悲剧的诞生：身份认同困境与克里米亚的命运》，载《俄罗斯研究》2014 年第 3 期。

18. 傅军、张振洋:《印尼与菲律宾民主转型原因之比较研究》，载《国际论坛》2013 年第 5 期。

19. 高鹏宇、高凛:《全民公决的合法性要件：基于苏格兰和克里米亚公决事件》，载《法制博览》2016 年第 13 期。

20. 顾志红:《克里米亚问题评析》，载《东欧中亚研究》1995 第 5 期。

21. 郭道晖:《论集体权利与个人权利》，载《上海社会科学院学术季刊》1992 年第 3 期。

22. 郭宪纲:《美国输出“民主”的第三部曲——评布什政府酝酿改造大中东的计划》，载《国际问题研究》2004 年第 4 期。

23. 韩克敌:《波罗的海三国独立与美苏交涉（1991）》，载《俄罗斯中亚东欧研究》2010 年第 2 期。

24. 韩永利、关敬之:《〈开罗宣言〉对台湾及钓鱼岛归还中国的认定》，载《太平洋学报》2014 年第 4 期。

25. 郝时远:《民族分裂主义与恐怖主义》，载《民族研究》2002 年第 1 期。

26. 何雪丽:《建国之后再话南苏丹》，载《世界知识》2011 年第 24 期。

27. 何颖、李泽先:《克里米亚全民公决合法性判断》，载《法制博览》2015 年第 17 期。

28. 贺梦娴:《从波罗的海三国独立看苏联民族分离主义》，载《西伯利亚研究》2016年第5期。

29. 胡水君:《权利政治的流变——关于权利与国家理论的一个思想史考察》，载《清华法学》2007年第1期。

30. 胡肖华、徐靖:《论公民基本权利限制的正当性与限制原则》，载《法学评论》2005年第6期。

31. 胡云乔:《洛克和卢梭的契约政府理论比较》，载《北京大学学报（哲学社会科学版）》2001年第6期。

32. 黄芳:《论加拿大双语问题的历史、现状与趋势》，载《历史教学》2009年第2期。

33. 黄嘉树、王英津:《主权构成：对主权理论的再认识》，载《太平洋学报》2002年第4期。

34. 黄昭堂:《台湾的“独立”与国际法上的理论基础》，载《台湾法学会学报》1996年9月第17辑。

35. 纪舜杰:《魁北克独立运动之族群与非族群因素》，载《台湾国际研究季刊》2005年第1卷第1期。

36. 孔寒冰:《科索沃“独立”进行曲》，载《世界知识》2008年第4期。

37. 孔田平著:《巴尔干国际治理：科索沃案例》，载《俄罗斯中亚东欧研究》2009年第2期。

38. 邝杨:《当代欧洲民族问题概观》，载《西欧研究》1992年第1期。

39. 雷法章:《奉派赴外蒙古参观公民投票之经过》，载台湾《东方杂志》复刊1981年3月第14卷第9期。

40. 雷法章:《故国河山话外蒙——民国三十四年库伦视察记》，载台湾《中外杂志》1981年第3号。

41. 雷勇:《“分离权”和民主权利关系辨析——简评西方学界的“分离权”讨论》，载《上海行政学院学报》2015年第5期。

42. 李秉忠、梁钦:《库尔德人独立建国问题的突破及其有限性》，载《现代国际关系》2017年第11期。

43. 李济时:《从国家治理角度论苏格兰独立公投》，载《当代世界与社会主义》2015年第3期。

44. 李捷:《对基于自由民主角度的分裂权利理论的简评》，载《世界经济与政治》2011年第12期。

45. 李靖堃:《苏格兰独立公投及其影响》，载《当代世界》2014年第10期。

46. 李丽颖:《1707年英格兰、苏格兰合并的特征》，载《世界民族》2011年第6期。

47. 李巍:《从加拿大收回宪法看联邦制的效能》，载《文史哲》2012年第1期。

48. 李心月:《“港独”势力成不了气候》，载《党政论坛》2014年第3期。

49. 李兴汉:《波罗的海三国的独立与苏联解体》，载《东欧中亚研究》2000年第3期。

50. 李益波:《印度东北分离主义运动与印度政府的对策》，载《现代国际关系》2006年第12期。

51. 李元起、杜思雨:《法律是维护国家统一的有效手段——以加拿大联邦遏制魁北克省独立为例的法理分析》，载《学习与探索》2011年第6期。

52. 梁敏和:《印度尼西亚现代民族分离主义运动的特点》，载《世界民族》2001年第4期。

53. 梁强:《乌克兰危机一年：回顾、反思与展望》，载《俄罗斯研究》2015年第1期。

54. 梁占军:《1935年萨尔全民公决与英国外交》，载《史学月刊》2004年第11期。

55. 刘凤健:《从民族自决权看台湾的“公投自决”》，载《民族论坛》2003年第11期。

56. 刘广斌、宋飞:《二战后英国非殖民化政策的演变（1945—1964）》，载《广西社会科学》2003年第1期。

57. 刘晗:《民主共和与国家统一：美国早期宪政中的北方分离运动》，载《环球法律评论》2011年第6期。

58. 刘杰:《苏格兰议会设立的意义》，载《中国社会科学院研究生院学报》2004 年第 6 期。

59. 刘显忠:《克里米亚半岛的历史变迁》，载《当代世界社会主义问题》2014 年第 2 期。

60. 刘训练:《权利时代的经纬：自然权利学说、社会契约论与古典自由主义的论证方式》，载《天津师范大学学报（哲学社会科学版）》2008 年第 7 期。

61. 罗国强:《独立、分离与民族自决的法律困局——结合科索沃和克里米亚问题的探讨》，载《政法论丛》2015 年第 1 期。

62. 吕永红:《反思的民族主义：自由主义的民族主义——塔米尔〈自由主义的民族主义〉述评》，载《理论月刊》2012 年第 10 期。

63. 马德普:《价值多元论与普遍主义的困境——伯林的自由思想对自由主义政治哲学的挑战》，载《天津师范大学学报（哲学社会科学版）》2001 年第 6 期。

64. 毛亮:《不一样的〈独立宣言〉》，载《外国文学》2005 年第 3 期。

65. 毛兴贵:《功利抑或契约：论休谟对社会契约论的批判》，载《浙江社会科学》2015 年第 9 期。

66. 茅慧青:《波罗的海三国独立经过》，载台湾《问题与研究》1992 年第 6 期。

67. 彭谦、李聪:《试析巴斯克民族区域自治制度及其功能》，载《世界民族》2014 年第 3 期。

68. 戚其章:《一个伪命题“台湾地位未定论”》，载《探索与争鸣》2009 年第 9 期。

69. 戚如高编选:《抗战胜利前国民党政府接受台湾准备工作档案史料选》，载《民国档案》1989 年第 3 期。

70. 曲兵:《苏格兰独立公投背后的博弈》，载《国际研究参考》2013 年第 1 期。

71. 任丑:《目的论还是义务论——伦理学的困境与出路》，载《武汉大学学报（人文科学版）》2008 年第 4 期。

72. 申义怀：《罪恶昭彰话“埃塔”（上）》，载《世界知识》2000 年第 17 期。

73. 盛洪：《祖国统一与和平的感言》，载《国际经济评论》2000 年第 3—4 期。

74. 师嘉林：《1998 年公投后的波多黎各教育困境》，载《当代教育实践与教学》2016 年第 8 期。

75. 施兴和：《加拿大民族政策的嬗变》，载《世界民族》2002 年第 1 期。

76. 史志钦、赖雪仪：《西欧分离主义的发展趋势前瞻》，载《人民论坛·学术前沿》2015 年第 8 期。

77. 宋燕波：《民族分离主义思潮及其对国家主权的影响》，载《现代国际关系》2001 年第 4 期。

78. 孙建中：《论国家主权与民族自决权的一致性与矛盾性》，载《北京大学学报（哲学社会科学版）》1999 年第 2 期。

79. 孙兰芝：《魁北克问题的由来和发展》，载《世界经济与政治》1996 年第 3 期。

80. 孙世彦：《克里米亚公投入俄的国际法分析》，载《法学评论》2014 年第 5 期。

81. 孙卫华、刘彦龙：《加拿大魁北克问题论析》，载《世界民族》2004 年第 1 期。

82. 孙晔编译：《行走巴斯克》，载《世界博览》2005 年第 8 期。

83. 谭宏庆：《民族、民族主义与民族分离——对冷战后民族主义的思考》，载《现代国际关系》2001 年第 9 期。

84. 谭笑、王广金、吴金平：《冷战后美国的东南亚战略与美国—印尼关系》，载《东南亚纵横》2009 年第 1 期。

85. 唐恬波：《伊拉克库尔德人“独立公投”述评》，载《国际研究参考》2017 年第 12 期。

86. 田芳：《宪政民主与公民投票制度之设计》，载《政治与法律》2008

年第 5 期。

87. 屠凯:《单一制国家特别行政区研究：以苏格兰、加泰罗尼亚和香港为例》，载《环球法律评论》2014 年第 5 期。

88. 屠凯:《西方单一制多民族国家的未来：进入 21 世纪的英国和西班牙》，载《清华法学》2015 年第 4 期。

89. 王建波:《加拿大魁北克分离主义兴起之新探》，载《学术论坛》2011 年第 4 期。

90. 王建波:《魁北克拒绝签署加拿大〈1982 年宪法法案〉的原因探析》，载《历史教学》2011 年第 16 期。

91. 王建波:《魁北克问题与加拿大的多元文化政策》，载《中南大学学报（社会科学版）》2012 年第 6 期。

92. 王剑锋:《当代国际准则框架不支持民族分离主义》，载《青海民族研究》2015 年第 4 期。

93. 王磊:《当代苏格兰民族主义运动探析》，载《世界民族》2011 年第 5 期。

94. 王涛:《洛克思想中的"默示同意"概念》，载《华东政法大学学报》2011 年第 2 期。

95. 王文:《联合国关于非殖民化的机制与实践》，载《中国青年政治学院学报》2001 年第 6 期。

96. 王长斌:《联邦制的神话：加拿大魁北克案例研究》，载《"一国两制"研究》2009 年第 3 期。

97. 伍俐斌:《〈马关条约〉是否"割让"台湾给日本之考辩》，载《台湾研究》2013 年第 3 期。

98. 武文侠:《印度尼西亚的民族分离主义运动》，载《世界民族》2005 年第 2 期。

99. 夏勇:《权利哲学的基本问题》，载《法学研究》2005 年第 3 期。

100. 肖晞、杨晨曦:《西班牙巴斯克民族主义问题论析》，载《国际论坛》2010 年第 5 期。

101. 熊文驰:《民族主义、民族国家与正当性问题》, 载《国际观察》2011 年第 3 期。

102. 徐刚:《塞尔维亚与科索沃谈判: 背景、进程与展望》, 载《俄罗斯研究》2013 年第 5 期。

103. 徐隆彬:《苏联对波罗的海三国的吞并——基于〈苏联历史档案选编〉的考察》, 载《当代世界社会主义问题》2014 年第 4 期。

104. 徐鹏堂:《南斯拉夫解体的原因及南共盟执政失败的教训(下)——访中国前驻波黑大使温西贵》, 载《中共党史研究》2009 年第 2 期。

105. 许二斌:《苏格兰独立问题的由来》, 载《世界民族》2014 年第 2 期。

106. 严峻:《浅析加拿大多民族联邦制度对魁北克问题的影响》, 载《科教文汇》2012 年第 1 期。

107. 杨光斌:《民主观: 二元对立或近似值》, 载《河南大学学报(哲学社会科学版)》2012 年第 5 期。

108. 杨勉:《克里米亚和赛瓦斯托波尔脱乌入俄的历史背景和现实动因》, 载《西伯利亚研究》2014 年第 3 期。

109. 杨恕、续建宜:《巴斯克民族分离主义的历史由来及其发展》, 载《国际政治研究》2004 年第 3 期。

110. 杨恕:《分裂主义界定研究》, 载《国际政治研究》2010 年第 3 期。

111. 杨泽伟:《再论国际组织决议的法律效力问题》, 载《法商研究》1998 年第 6 期。

112. 姚云:《论康德自律的道德观》, 载《伦理学研究》2014 年第 1 期。

113. 余建华、沈跃萍:《悬而未决的西撒哈拉争端》, 载《阿拉伯世界》1993 年第 4 期。

114. 余民才:《"科索沃独立咨询意见案"评析》, 载《法商研究》2010 年第 6 期。

115. 余民才:《科索沃"独立"的国际法透视》, 载《现代国际关系》2008 年第 5 期。

116. 喻希:《国际正义与国际民主——兼论伊拉克战争后的世界秩序》,

载《战略与管理》2003 年第 5 期。

117. 张纲纲:《英西直布罗陀争端之鉴》，载《南风窗》2013 年第 24 期。

118. 张国清、王子谦:《充满温情的杀手：苏格兰分离主义评析》，载《云南大学学报（社会科学版）》2017 年第 3 期。

119. 张红:《全球化语境下的国家主权和民族自决权》，载《兰州学刊》2008 年第 2 期。

120. 张建军:《近二十年民族分离主义研究述评》，载《西南民族大学学报（人文社会科学版）》2011 年第 2 期。

121. 张久营、孔令德、寇子春:《从〈开罗宣言〉、〈波茨坦公告〉两个国际法文件看台湾地位——兼批在台湾地位问题上的种种“台独”谬论》，载《资料通讯》2005 年第 7、8 期。

122. 张莉清、陈竹君:《论联合国非殖民化方针的缘起》，载《理论月刊》2011 年第 4 期。

123. 张文木:《乌克兰事件的世界意义及其对中国的警示》，载《国际安全研究》2014 年第 4 期。

124. 张颖:《民国时期的“藏独”闹剧与反“藏独”斗争》，载《理论学刊》2015 年第 10 期。

125. 张永红:《“民族分离主义”辨析》，载《学术论坛》2011 年第 1 期。

126. 赵晨光:《主权弹性变化视角下的国际民主》，载《理论导刊》2010 年第 8 期。

127. 赵慧杰:《西撒哈拉问题与马格里布一体化》，载《西亚非洲》2010 年第 8 期。

128. 赵克仁:《俄乌克里米亚问题的由来》，载《世界历史》1997 年第 5 期。

129. 郑非:《“天鹅绒分离”二十年——捷克斯洛伐克国家分裂的经验与教训》，载《开放时代》2013 年第 1 期。

130. 郑伟伦:《论民族自决权与民族分离主义的关系——以克里米亚地区为例》，载《法制博览》2015 年第 2 期。

131. 郑昱:《台湾问题的国际法辨析》，载《中山大学学报论丛》2004 年第 6 期。

132. 周雯:《国际法院“科索沃案”进展及影响》，载《天津师范大学学报（社会科学版）》2010 年第 3 期。

133. 周鑫宇:《美国对库尔德独立问题的政策及其发展前景》，载《现代国际关系》2017 年第 10 期。

134. 周永生:《苏格兰独立公投的深远影响》，载《人民论坛》2014 年第 30 期。

135. 朱毓朝:《国际法和国际政治中的分离主义》，载《国际政治科学》2005 年第 2 期。

136. 朱毓朝:《魁北克分离主义的挑战与近年来加拿大联邦政府在法律和政策上的应对》，载《世界民族》2007 年第 4 期。

137. 庄吟茜:《苏格兰公投与克里米亚公投的比较分析——基于公投类型和分离权双重视角》，载《学海》2017 年第 2 期。

138. 左娅:《错综复杂的科索沃问题》，载《东欧中亚研究》1999 年第 3 期。

139.［法］若韦尔:《改变世界的六天》，鲁方根译，载《国外社会科学文摘》2000 年第 6 期。

140.［美］D·J. 格林伍德:《西班牙巴斯克人民族性在历史进程中的演变》，王胜林译，载《世界民族》1981 年 2 期。

141.［西］徐利奥 · 里奥斯:《西班牙的加泰罗尼亚问题》，栾昀译，载《世界民族》2014 年第 2 期。

142.［西］徐利奥 · 里约斯:《欧洲的跨界合作：西班牙的多样性》，邓颖洁译，载《世界民族》2008 年第 4 期。

二、英文文献

1. Agon Demjaha, 'Inter-Ethnic Relations in Kosovo', *Seeu Review*, Vol. 12, No. 1, 2017.

2. Ahmed T. el-Gaili, 'Federalism and the Tyranny of Religious Majorities: Challenges to Islamic Federalism in Sudan', *Harvard International Law Journal*, Vol. 45, No. 2, 2004.

3. Albert O. Hirschman, *Exit, Voice, and Loyalty: Responses to Decline in Firms, Organizations and States,* Cambridge, Massachusetts: Harvard University Press, 1970.

4. Alberto Alesina, Enrico Spolaore, *The Size of Nations*, Cambridge Massachusetts: The MIT Press, 2003.

5. Alex de Waal, 'When Kleptocracy Becomes Insolvent: Brute Causes of the Civil War in South Sudan', *African Affairs*, Vol. 113, No. 452, 2014.

6. Alexandre Kiss, 'The People's Right to Self-Determination', *Human Rights Journal*, Vol. 7, No. 2–4, 1986.

7. Alexei Moiseev, 'Concerning Certain Positions on the Ukrainian Issue in International Law', *Russian Politics and Law*, Vol. 53, No. 2, 2015.

8. Alexis Heraclides, 'Secessionist Conflagration: What is to be Done?', *Security Dialogue*,Vol. 25, No. 3, 1994.

9. Alison J. Ayers, 'Beyond the Ideology of "Civil War" : The Global-Historical Constitution of Political Violence in Sudan', *The Journal of Pan African Studies*, Vol. 4, No. 10, 2012.

10. Allan Rosas, 'Internal Self-Determination', in Christian Tomuschat, ed., *Modern Law and Self-Determination*, Dordrecht: Kluwer Academic Publishers, 1993.

11. Allen Buchanan, *'Secession, State Breakdown and Humanitarian Intervention'*, in Deen K. Chatterjee and Don E. Scheid, eds., *Ethics and Foreign Intervention*, Cambridge: Cambridge University Press, 2003.

12. Allen Buchanan, 'The International Institutional Dimension of Secession', in Percy B. Lehning, ed., *Theories of Secession*, London: Routledge, 1998.

13. Allen Buchanan, *Justice, Legitimacy, and Self-Determination: Moral Foundations for International Law*, Oxford: Oxford University Press, 2007.

14. Andreu Solà-Martin, *The United Nations Mission for the Referendum in Western Sahara*, New York: Edwin Mellen Press, 2006.

15. Andrew Shorten, 'Constitutional Secession Rights, Exit Threats and Multinational Democracy', *Political Studies*, Vol. 62, No. 1, 2014.

16. Ann Mosely Lesch, 'Confrontation in the Southern Sudan', *The Middle East Journal,* Vol. 40, No. 3, 1986.

17. Anthony Birch, 'Another Liberal Theory of Secession', *Political Studies,* Vol. 32, No. 4, 1984.

18. Antonio Cassese, 'The Helsinki Declaration and Self-Determination in Human Rights', *International Law and the Helsinki Accord*, Vol. 55, No. 1, 1977.

19. Antonio Cassese, *Self-Determination of Peoples, a Legal Reappraisal*, Cambridge: Cambridge University Press, 1995.

20. Aram Rafaat, 'Kirkuk: The Central Issue of Kurdish Politics and Iraq's Knotty Problem', *Journal of Muslim Minority Affairs*, Vol. 28, No. 2, 2008.

21. Arend Lijphart, *Democracy in Plural Societies: A Comparative Explanation,* New Haven: Yale University Press, 1977.

22. Artis Pabriks and Aldis Purs, 'Latvia', in David J. Smith, Artis Pabriks, Aldis Purs and Thomas Lane, eds., *The Baltic States*, London: Routledge, 2002.

23. Barber Benjamin R, *Strong Democracy: Participatory Politics for a New Age,* Berkeley: University of California Press, 1984.

24. Belen Olmos Giupponi, Hannes Hofmeister, 'The "Day Afterthe" Scottish Referendum: Legal Implications for Other European Regions', *Liverpool Law Review,* Vol. 36, No. 3, 2005.

25. Benyamin Neuberger, 'National Self-Determination: A Theoretical Discussion', *Nationalities Papers*, Vol. 29, No. 3, 2001.

26. Betty H. Zisk, *Money, Media and the Grass Roots: State Ballot and the Electoral Process*, Newbury Park, Calif.: Sage Publications, 1987.

27. Bing Bing Jia, 'The Independence of Kosovo: A Unique Case of Secession', *Chinese Journal of International Law,* Vol. 8, No. 1, 2009.

28. B. Roth, 'Democratic Intolerance: Observations on Fox and Nolte', *Harvard International Law Journal,* Vol. 37, 1996.

29. Burke-White W, 'Crimea and the international legal order', *Social Science Electronic Publishing*, Vol. 56, No. 4, 2014.

30. C. J. Hill, 'Great Britain and the Saar Plebiscite of 13 January 1935', *Contemporary History,* Vol. 9, No. 2, 1974.

31. Cerna, C., 'University Democracy: An International Legal Right or the Pipe Dream of the West ?', *New York University Journal of International Law and Politics*, Vol. 27, No. 289, 1995.

32. Cf. Ernst Tugendhat, *Self-Consciousness and Self-Determination*, Cambridge, Massachusetts: The MIT Press, 1986.

33. Christopher McCorkindale, 'Scotland and Brexit: The State of the Union and the Union State', *King's Law Journal*, Vol. 27, No. 3, 2016.

34. Christopher Wellman, 'A Defense of Secession and Political Self-Determination', *Philosophy & Public Affairs*, Vol. 24, No. 2, 1995.

35. Corntassel, J., Primeau, T., 'Indigenous "Sovereignty" and International Law: Revised Strategies for Pursuing "Self-Determination"', *Human Rights Quarterly*, Vol. 17, No. 2, 1995.

36. Crawford, J., *Democracy in International Law: Inaugural Lecture*,

Cambridge: Cambridge University Press, 1994.

37. Cristian Jura, 'Kosovo-History and Actuality', *AGORA International Journal of Juridical Sciences*, Vol. 7, No. 3, 2013.

38. Cronin, Thomas E, *Direct Democracy: The Politics of Initiative, Referendum, and Recall,* Cambridge, Mass.: Harvard University Press, 1989.

39. Curtis Bell. Scott Wolford, 'Oil Discoveries, Shifting Power, and Civil Conflict', *International Studies Quarterly*, Vol. 59, No. 3, 2015.

40. D. S. Morris, *Britain, Spain and Gibraltar 1945–1990: the Eternal Triangle*, London: Routledge, 2005.

41. Daniel Fierstein, 'Kosovo's Declaration of Independence: an Incident Analysis of Legality, Policy and Future Implications', *Boston University International Law Journal,* Vol. 26, No. 417, 2008.

42. Daniel Philpott, 'In Defense of Self-Determination', *Ethics*, Vol. 105, 1995.

43. David B. Magleby, *Direct Legislation: Voting on Ballot Propositions in the United States*, Baltimore, Maryland: John Hopkins University Press, 1984.

44. David Butler, Austin Ranney, eds., *Referendums around the World: The Growing Use of Direct Democracy,* Washington, D. C.: American Enterprise Institute Press, 1994.

45. David Copp, 'International Law and Morality in the Theory of Secession', *The Journal of Ethics*, Vol. 2, No. 3, 1998.

46. David Gauthier, 'Breaking Up: An Essay on Secession', *Canadian Journal of Philosophy*, Vol. 24, No. 3, 1994.

47. David Held, Anthony McGrew, David Goldblatt and Jonathan Perraton, *Global Transformation: Politics, Economics and Culture*, California: Stanford University Press, 1999.

48. David J. Smith, 'Estonia', in David J. Smith, Artis Pabriks, Aldis Purs and Thomas Lane, eds., *The Baltic States: Estonia, Latvia and Lithuania*, London:

Routledge, 2002.

49. David Miller, 'Crooked Timber or Bent Twig? Isaiah Berlin's Nationalism', *Political Studies*, Vol. 53, No. 1, 1995.

50. David Miller, 'Secession and the Principle of Nationality', *Canadian Journal of Philosophy*, Vol. 26, No. 1, 1997.

51. David Romano, 'Iraqi Kurdistan and Turkey: Temporary Marriage?', *Middle East Policy*, Vol. 22, No. 1, 2015.

52. Dawn Brancati, 'Another Great Illusion: The Advancement of Separatism through Economic Integration', *Political Science Research and Methods*, Vol. 2, No. 1, 2014.

53. Deon Geldenhuys, 'Darfur and Sudan's Politics of Deviance', *Africa Insight*, Vol. 35, No. 3, 2005.

54. Donald Horowitz, 'Self-determination: Politics, Philosophy, and Law', in Will Kymlicka and Ian Shapiro, eds., *Nomos 39: Ethnicity and Group Rights*, New York: New York University Press, 1997.

55. Dov Ronen, *The Quest for Self-Determination,* New Haven: Yale University Press, 1988.

56. Edward Hallett Carr, *Conditions of Peace*, New York: Macmillan, 1942.

57. Edward M. Morgan, 'The Imagery and Meaning of Self-Determination', *New York University Journal of International Law and Politics*, Vol. 20, No. 2, 1987.

58. ElizabethG. Traube, 'Mambai Perspectives on Colonialism and Decolonization', in Peter Carey and G. Carter-Bentley, eds., *East Timor at the Crossroads: the Forging of a Nation*, Hawaii: University of Hawaii Press, 1995.

59. Elsa Stamatopoulou, 'Indigenous Peoples and the United Nations: Human Rights as a Developing Dynamic', *Human Rights Quarterly*, Vol. 16, No. 1, 1994.

60. Enver Hasani, 'Self-Determination under the Terms of the 2002 Union Agreement between Serbia and Montenegro: Tracing the Origins of Kosovo's Self-

Determination', *Chicago-Kent Law Review*, Vol. 80, No. 1, 2005.

61. Erica-Irene A. Daes, 'Some Considerations on the Right of Indigenous People of Self-Determination', *Transnatinal Law and Contemporary Problems*, Vol. 3, No. 1, 1993.

62. Fernando R. Teson, *A Philosophy of International Law*, Boulder: Westview Press, 1998.

63. Frank Przetacznik, 'The Basic Collective Human Right to Self-Determination of Peoples and Nations as a Prerequisite for Peace', *New York School Journal of Human Rights*. Vol. 8, No. 1, 1990.

64. Frederick Neuhouser, *Fichte's Theory of Subjectivity*, Cambridge: Cambridge University Press, 1991.

65. G.N. Seleznev, 'On the Legal Force for the Russian Federation–Russia of the Results of the Referendum of the USSR of 17 March 1991 Concerning the Question of the Preservation of the Union of Soviet Socialist Republics', *Statutes & Decisions*, Vol. 33, No. 6, 1997.

66. Gary Hartman, 'The Origins and Growth of Baltic Nationalism as a Force for Independence', *Lithuanian Quarterly Journal of Arts and Sciences*, Vol. 38, No. 3, 1992.

67. Giovanni Sartori, *The Theory of Democracy Revisited,* Chatham, N.J.: Chatham House, 1987.

68. Glen Anderson, 'Unilateral Non-Colonial Secession and the Criteria for Statehood in International Law', *Brooklyn Journal of International Law*, Vol. 41, No. 1, 2015.

69. Globe Editorial, 'Gap Widens between Erbil and Baghdad Amidst Lack of Kurdish Unity', *The Kurdish Globe*, No. 349, 2012.

70. Gold, Peter, *Gibraltar: British or Spanish?* London: Taylor & Francis Group, 2005.

71. Gregory H. Fox, 'Book Review: Self-Determination in the Post-Cold War

Era: A New Internal Focus?', *Michigan Journal of International Law*, Vol. 16, No. 1, 1995.

72. Gregory Henderson, Richard Lebow and John Stoessinger, eds., *Divided Nations in a Divided World*, New York: David Mckay Company, Inc, 1974.

73. P.H. Kooijmans, 'Tolerance, Sovereignty and Self-Determination', *Netherlands International Law Review*, 1996, No. 2, 1996.

74. H. P. Young, 'Condorcet's Theory of Voting', *American Political Science Review*, Vol. 82, No. 4, 1988.

75. Hadi Elis, 'The Kurdish Demand for Statehood and the Future of Iraq', *The Journal of Social, Political, and Economic Studies*. Vol. 29, No. 2, 2004.

76. Hahn, Harlan, and Sheldon Kamieniecki, *Referendum Voting: Social Status and Policy Preferences*. Westport, Conn.: Greenwood Press, 1987.

77. Hakim Darbouche, Yahia H. Zoubir, 'Conflicting International Policies and the Western Sahara Stalemate', *The International Spectator: Italian Journal of International Affairs*, Vol. 43, No. 1, 2008.

78. Hans Kelsen, *The Law of the United Nations: A Critical Analysis of Its Fundamental Problems*, Toronto: The Carswell Co., 1950.

79. Harold Johnson, *Self-Determination within the Community of Nations*, Leyden: A. W. Sijthoff, 1967.

80. Harry Beran, 'A Democratic Theory of Political Self-Determination for a New World Order', Percy Lehning, ed., *Theories of Secession*, London: Routledge, 1998.

81. Harry Beran, 'A Liberal Theory of Secession', *Political Studies*, Vol. 32, No. 1, 1984.

82. Harry Beran, *The Concept Theory of Political Obligation*, London: Croom Helm, 1987.

83. Harry Berran, 'In Defense of the Consent Theory of Political Obligation and Authority', *Ethics*, Vol. 87, No. 3, 1977.

84. Heather J. Sharkey, 'Arab Identity and Ideology in Sudan: The Politics of Language, Ethnicity and Race', *African Affairs,* Vol. 107, No. 426, 2008.

85. Henry J. Steiner et al, *Report of International Commission of Jurists on Legal Aspects of the Aaland Islands Question, International Human Rights in Context: Law, Politics, Morals*, Oxford: Oxford University Press, 1996.

86. Heraclides, Alexis, *The Self-Determination of Minorities in International Politics,* London: Frank Cass, 1991.

87. Hilpold P., 'Ukraine, Crimea and New International Law: Balancing International Law with Arguments Drawn from History', *Chinese Journal of International Law*, Vol. 14, No. 2, 2015.

88. Hurst Hannum, *Autonomy, Sovereignty, and Self-Determination, The Accommodation of Conflicting Rights*, Philadelphia: University of Pennsylvania Press, 1996.

89. Hurst Hannum, '*Self-Determination as a Human Right*', in Richard Pierre Claude and Burns H. Weston, eds., *Human Rights in the World Community: Issues and Action*, Philadelphia: University of Pennsylvania Press, 1992.

90. Hurst Hannum, *Self-Determination in the Post-Colonial Era*, in *Self-Determination: International Perspectives,* New York: St. Martin's Press, Inc., 1996.

91. Hurst Hannum, 'New Developments in Indigenous Rights', *Virginia Journal of International Law*, Vol. 28, No. 649, 1988.

92. Hurst Hunnum, 'Rethinking Self-Determination', *Virginia Journal of International Law*, Vol. 34, No. 1, 1993.

93. Iain McLean, *Democracy and New Technology,* Cambridge, Eng.: Polity Press, 1991.

94. Isaias Afwerki, 'Challenge from Within: The Theory and Practice of Self-Determination', *Harvard International Review*, Vol. 17, No. 3, 1995.

95. J. Oloka-Onyango, 'Heretical Reflections on the Rights to Self-

Determination: Prospects and Problems for a Democratic Global Future in the New Millennium', *American University International Law Review*, Vol. 15, No. 151, 1999.

96. J. Schumpeter, *Capitalism, Socialism and Democracy* (*6th* edition), London: Unwin Paperbacks, 1987.

97. J. Syracuse, 'Rethinking Self-Determination: A Critical Ana1ysis of Current International Law', *International Law and Commerce*, Vol. 18, No. 3, 1992.

98. Jacque Freymond, *The Saar conflict,1945-1955*, London: F. A. Praeger, 1960.

99. James Crawford, *The Creation of States in International Law* (second edition), Oxford: Clarendon Press, 2006.

100. James Crawford, 'The Rights of Self-Determination in International Law: Its Development and Future', in Philip Alston ed., *Peoples' Rights*, Oxford: Oxford University Press, 2001.

101. James D, 'Fearon,Separatist Wars, Partition, and World Order', *Security Studies*, Vol. 13, No. 4, 2004.

102. JaumeSaura, 'Free Determination and Genocide in East Timor', *Human Rights Review*, Vol. 3, N0. 4, 2002.

103. Javaid Rehman, *International Human Rights Law: A Practical Approach*, New York: Longman, 2003.

104. Javier Tusell, *Spain, from Dictatorship to Democracy: 1939 to the Present*, Oxford: Blackwell Publishing, 2007.

105. Jean Salmon, 'International Aspects of the Right to Self-Determination: Towards a Democratic Legitimacy Principle', in Christian Tomuschat ed., *Modern Law and Self-Determination*, London: M. Nijhoff Publishers, 1993.

106. Jenik Radon, Sarah Logan, 'South Sudan: Governance Arrangements, War, and Peace,' *Journal of International Affairs*. Vol. 68, No. 1, 2014.

107. Jeremy Astill-Brown, *South Sudan's Slide into Conflict: Revisiting the*

Past and Reassessing Partnerships, London: Chatham House, 2014.

108. Joanne Sharp, Andy Cumbers, Joe Painter, Nichola Wood, 'Deciding Whose Future? Challenges and Opportunities of the Scottish Independence Referendum 2014 for Scotland and Beyond,' *Political Geography*. Vol. 41, No. 1, 2014.

109. Johannes Mattern, *The Employment of the Plebiscite in the Determination of Sovereighty*, Baltimore: The Johns Hopkins University Press, 1920.

110. John Howard, Jim Thomson, 'Sovereignty and Self-Determination: The Rights of Native Americans under International Law', *Buffalo Law Review*, Vol. 27, No. 4, 1978.

111. John Mauldin, 'The Consequences of Scottish Independence Cannot Be Overstated,' *Business Insider*, September 12, 2014.

112. Jonathan Tonge, 'Politics in Northern Ireland', in Patrick Dunleavy, ed., *Developments in British Politics*, New York: Palgrave, 2003.

113. Joseph F. Zimmeman, *Participatory Democracy*, New York: Praeger, 1986.

114. Jure Vidmar, 'International Legal Responses to Kosovo's Declaration of Independence', *Vanderbilt Journal of Transnational Law*, Vol. 42, No. 3, 2009.

115. Kai Nielsen, 'Liberal Nationalism, Liberal Democracies, and Secession', *The University of Toronto Law Journal*, Vol. 48, No. 2, 1998.

116. Kanan Makiya, 'Federalism in the New Iraq', *The New Republic*, No. 4603, 2003.

117. Karen Parker, *Understanding Self-Determination: The Basics, Presentation to First International Conference on the Right to Self-Determination,* Geneva: United Nations, 2000.

118. Kenneth Omeje, 'Nicodemus Minde, the SPLM Government and the Challenges of Conflict Settlement, State-Building and Peace-Building in South Sudan', *African Insight*, Vol. 45, No. 1, 2015.

119. Kiertisak Toh and Prahlad Kasturi, 'Foreign Aid in Post-Conflict Countries: The Case of South Sudan', *Journal of Third World Studies*, Vol. 29, No. 2, 2012.

120. M. Koskenniemi, 'The Future of Statehood', *Harvard International Law Journal*, Vol. 32, 1991.

121. Krieger, *East Timor and the International Community*, Cambridge: Cambridge University Press, 1997.

122. Kristin Henrard, 'The Interrelationship between Individual Human Rights, Minority Rights and the Right to Self-Determination and Its Importance for the Adequate Protection of Linguistic Minorities', *The Global Review of Ethnopolitics*, Vol. 1, 2001.

123. LaPalombara, Joseph, *Democracy Italian Style*, New Haven, Conn.: Yale University Press, 1987.

124. Lars Burema, 'Reconciliation in Kosovo: A Few Steps Taken, a Long Road Ahead', *Journal on Ethno Politics and Minority Issues in Europe*, Vol. 11, No 4, 2012.

125. Lawrence LeDuc, 'Electoral Reform and Direct Democracy in Canada: When Citizens Become Involved', *West European Politics*, Vol. 34, No. 3, 2011.

126. Lea Brilmayer, 'Secession and Self-Determination: A Territorial Interpretation', *Yale Journal of International Law*, Vol. 16, No. 1, 1991.

127. Leonard Andaya, 'The "Informal Portuguese Empire" and the Topasses in the Solor Archipelago and Timor in the Seventeenth and Eighteenth Centuries', *Journal of Southeast Asian Studies*, Vol. 41, No. 3, 2010.

128. Liam Anderson, 'Gareth Stansfield, Avoiding Ethnic Conflict in Iraq: Some Lessons from the Aland Islands', *Ethnopolitics*, Vol. 9, No. 2, 2010.

129. Liam Anderson, Gareth Stansfield, *Crisis in Kirkuk: The Ethnopolitics of Conflict and Compromise*, Philadelphia: University of Pennsylvania Press, 2011.

130. Lipjhart, Arend, *Democracies Patters of Majoritarian and Consensus*

Government in Twenty One Countries, New Haven: Yale University Press, 1984.

131. Luke A. Patey, 'Crude Days Ahead? Oil and the Resource Curse in Sudan', *African Affairs*, Vol. 109, No. 437, 2010.

132. Lung-Chu Chen, Herold D. Lasswell, *Formosa, China, and the United Nations: Formosa in the World Community*, New York: St. Martin's Press, 1967.

133. Magaret Moore, 'Which People and What Land? Territorial Right-holders and Attachment to Territory', *International Theory*, Vol. 6, No. 1, 2014.

134. Malcolm N. Shaw, *International Law (Sixth Edition)*, New York: Cambridge University Press, 2008.

135. Mansour Khalid, *War and Peace in the Sudan: A Tale of Two Countries*, London: Kegan Paul International, 2003.

136. Marc Weller, 'Settling Self-determination Conflicts: Recent Developments', *The European Journal of International Law*, Vol. 20, No. 1, 2009.

137. Margalit and Raz, 'National Self-Determination', *The Journal of Applied Philosophy*, Vol. 87, No. 9, 1990.

138. Margaret Moore, 'The Ethics of Secession and a Normative Theory of Nationalism', *The Canadian Journal of Law and Jurisprudence*, Vol. 13, No. 2, 2000.

139. Margaret Moore, ed., *National Self-Determination and Secession,* New York: Oxford University Press, 1998.

140. Markku Suksi, *Bringing in the People: A Comparison of Constitutional Forms and Practices of the Referendum*, London: Martinus Nijhoff Publishers, 1993.

141. Martin Loughlin, Ten Tenets of Sovereignty, in Neil Walker, ed., *Sovereignty in Transition,* Oxford: Hart Publishing, 2003.

142. Matt Qvortrup, 'Referendums on Independence, 1860–2011', *The Political Quarterly,* Vol. 85, No. 1, 2014.

143. Matthew Webb, 'Is There a Liberal Right to Secede from a Liberal

State?', *Trames Journal of the Humanities & Social Science*, Vol. 10, No. 4, 2006.

144. Matthias Basedau, Carlo Koos, 'When Do Religious Leaders Support Faith-Based Violence? Evidence from a Survey Poll in South Sudan', *Political Research Quarterly*, Vol. 68, No. 4, 2015.

145. Michael J. Kelly, 'The Kurdish Regional Constitution within the Framework of the Iraqi Federal Constitution: A Struggle for Sovereignty, Oil, Ethnic Identity, and the Prospects for a Reverse Supremacy Clause', *Penn State Law Review*, Vol. 114, No. 3, 2010.

146. Micheal Troper, 'Sovereignty', in Reinhard Zimmermann, ed., *The Oxford Handbook of Comparative Law*, Oxford: Oxford University Press, 2006.

147. Michla Pomerance, 'United State and Self-Determination: Perspectives on the Wilsonian Conception', *American Journal of International Law*, Vol. 70, 1976.

148. Mohammed A. Salih, 'Low Oil Prices Complicate Iraqi Kurdish Independence', *MEI Policy Focus*. Vol. 7, 2016.

149. Mortier Sellers, ed., *The New World Order: Sovereignty, Human Rights, and the Self-Determination of People*, Oxford: Berg Publishers, 1996.

150. Mossa Hussen Negash, 'Ethnic Identity and Conflicts: Lessons from the Kosovo Crisis', *Alternatives Turkish Journal of International Relations*, Vol. 12, No. 1, 2013.

151. Neera Chandhoke, *Contested Secessions, Rights, Self-Determination, Democracy and Kashmir*, New Delhi: Oxford University Press, 2012.

152. Neuman, W. Russell, *The Paradox of Mass Politics,* Cambridge, Mass.: Harvard University Press, 1986.

153. Nicholas Rostow, *Anglo-French Relation,1934-1936*, New York: St. Martin's Press, 1984.

154. Nihal Jayawickrama, 'The Right of Self-Determination: A Time for Reinvention and Renewal', *Suskachewan Law Review*, Vol. 57, 1993.

155. O. Roegelc, 'Aspects of the Saar problem', *The Review of Politics*, Vol. 14, No. 4, 1952.

156. Obehi S. Okojie, 'Between Secession and Federalism: The Independence of South Sudan and the Need for a Reconsidered Nigeria', *Global Business & Development Law Journal,* Vol. 26, No. 2, 2013.

157. Ole Frahm, 'Making borders and Identities in South Sudan', *Journal of Contemporary African Studies*, Vol. 33, No. 2, 2015.

158. Osbun, Lee Ann, *The Problem of Participation*, Lanham, Md.: University Press of America, 1985.

159. P. Deng D. Akol Ruay. *The Politics of Two Sudans (The South and the North 1821 – 1969)*, Sweden: Nordic Africa Inst, 1994.

160. P. H. Kooijmans, 'Tolerance, Sovereignty and Self-Determination', *Netherlands International Law Review*, Vol. 43, No. 2, 1996.

161. Partition, 'Future Scenarios for the Kurds of Iraq', *Insight Turkey*, Vol. 14, No. 3, 2012.

162. Patrick J. Monahael, Michael J. Bryant and Nancy C. Cote, 'Coming to Terms with Plan B: Ten Principles Governing Secession', *CD Howe Institute Commentary*, No. 83, 1996.

163. Patrick Thornberry, 'Self-Determination, Minorities, Human Rights: A Review of International Instruments', *International and Comparative Law Quarterly*, Vol. 38, No. 4, 1989.

164. Patrick Thornberry, 'the Democratic or Internal Aspect of Self-Determination with Some Remarks on Federalism', in Christian Tomuschat, ed., *Modern Law and Self-Determination*, Dordrecht: Kluwer Academic Publishers, 1993.

165. Patrick Thornberry, 'Self-Determination, Minorities, Human Rights: A Review of International Instruments', *International and Comparative Law Quarterly*, Vol. 38, 1989.

166. Paul Cairney, 'The Scottish Independence Referendum: What are the Implications of a No Vote?' *The Political Quarterly*, Vol. 86, No. 2, 2015.

167. Paul Hamilton, 'Converging Nationalisms: Quebec, Scotland, and Wales in Comparative Perspective', *Nationalism and Ethnic Politics*, Vol. 10, No. 4, 2004.

168. Pauline Schnapper, 'From One Referendum to the Other: The Scottish Dimension to the Debate over Europe', *French Journal of British Studies*, Vol. 22, No. 2, 2015.

169. Payne Stanley, 'Catalan and Basque Nationalism', *Journal of Contemporary History*, Vol. 6, No. 1, 1971.

170. Percy B. Lehning, ed., *Theories of Secession*, London: Routledge, 1998.

171. Peter Hopkins, 'Between Autonomy and Interdependence: The Challenges of Shared Rule after the Scottish Referendum', *The Political Quarterly*, Vol. 86, No. 2, 2015.

172. Peter Van Elsuwege, 'State Continuity and Consequences: The Case of the Baltic States', *Leiden Journal of International Law*, Vo.16, No. 2, 2003.

173. Philip Abbott, The Lincoln Propositions and the Spirit of Secession, Percy Lehning, ed., *Theories of Secession*, London: Routledge 1998.

174. Philip Allmendinger, Adam Barker, 'Attitudes towards Planning in a Devolved Scotland', *Regional Studies*, Vol. 35, No. 8, 2001.

175. PJ Steinberger, 'Political Obligations and Derivative Duties', *Journal of Politics*, Vol. 64, No. 2, 2002.

176. Q. M. Holt, M.W. Daly, *A History of the Sudan: From the Coming of Islam to the Present* (5th edition), Longman: Person Education Limited, 2000.

177. Raad Alkadiri, 'Oil and the Question of Federalism in Iraq', *International Affairs*, Vol. 86, No. 6, 2010.

178. Radha Kumar, *'Settling Partition Hostilities: Lessons Learned, Options Ahead',* in Michel Seymour, ed., *The Fate of the Nation State*, Montreal-Kingston: McGill-Queen's University Press, 2004.

179. Ranney, Austin, *The Referendum Device,* Washington, D.C.: American Enterprise Institute, 1981.

180. Raymond F. Betts, *Decolonization (2nd edition),* New York: Routledge, 2004.

181. Rebecca Strating, 'Contested Self-Determination: Indonesia and East Timor's Battle over Borders, International Law and Ethnic Identity', *The Journal of Pacific History*, Vol. 49, No. 4, 2014.

182. Redie Bereketeab, 'Redefining National Identity and Nation-Building in Post-secession Sudan: Civic and Ethnic Models', *Studies in Ethnicity and Nationalism,* Vol. 14, No. 2, 2014.

183. Rett R. Ludwikowski, 'Constitution Making in Former Soviet Dominance', *Georgia Journal of International & Comparative Law*, Vol. 23, No. 2, 1993.

184. Richard Falk, 'Self-Determination under International Law: The Coherence of Doctrine versus the Incoherence of Experience', in Wolfgang Danspeckrruber, ed., *The Self-Determination of Peoples*, Boulder: Lynne Rienner Publishers, 2002.

185. Robert A Dahl, *Democracy and Its Critics,* New Haven, Conn.: Yale University Press, 1984.

186. Robert. A. Dahl, *On Democracy*, New Haven: Yale University Press, 1998.

187. Robertson. A. H., Merrills. J. G., *Human Rights in the World (4th edition),* Manchester: Manchester University Press, 1996.

188. Rogen Dean, 'Rethinking the Civil War in Sudan', *Civil Wars*, Vol. 3, No. 1, 2000.

189. Romuald J. Misiunas, Rein Taagepera, *The Baltic States: Year of Dependence 1940-1990*, London: Hurst & Company, 1993.

190. Rosalyn Higgins, *Problems and Process: International Law and How We*

Use it, New York: Oxford University Press, 1994.

191. Rosalyn Higgins, *The Development of International Law Through the Political Organs of the United Nations*, Oxford: Oxford University Press, 1963.

192. Rupert Emerson, 'Self-Determination', *American Journal of International Law*, Vol. 65, 1971.

193. Rupert Emerson, 'The Problem of Identity, Selfhood and Image in New Nations', *Comparative Politics*, Vol. 1, No. 3, 1969.

194. Ryan D. Griffiths, Ivan Savi, 'Globalization and Separatism: The Influence of Internal and External Interdependence on the Strategies of Separatism', *Perspective on Global Development and Technology*, Vol. 8, No. 2 /3, 2009.

195. S. Farren, B. Mulvihill, 'Beyond Self-Determination Towards Co-Determination in Ireland', *Etudes Irelandaises*, Vol. 21, No. 1, 1996.

196. S. James Anaya, 'A Contemporary Definition of International Norm of Self-Determination', *Transnational Law and Contemporary Problems*, Vol. 8, No. 131, 1993.

197. Saad Aldouri, Renad Mansour, 'Gamble by the Kurds', *The World Today*. Dec. 2017 & Jan. 2018.

198. Saeah Kenyon Lischer, 'Causes of Communal War: Fear and Feasibility', *Studies in Conflict & Terrorism*, Vol. 22, No. 4, 1999.

199. Salman M. A. Salman, 'South Sudan Road to Independence: Broken Promises and Lost Opportunities', *Global Business & Development Law Journal*, Vol. 26, No. 2, 2013.

200. Schmidt, David D., *Citizen Lawmarkers: The Ballot Initiative Revolution,* Philadelphia: Temple University Press, 1989.

201. Scott P. Sheeran, 'International Law, Peace Agreements and Self-determination: The Case of the Sudan', *International and Comparative Law Quarterly*, Vol. 60, No. 2, 2011.

202. Scott Ritter, 'Understanding the Kurdish Referendum', *World Energy Opinion*, October 2017.

203. Sharath Srinivasan, 'The politics of negotiating peace in Sudan', in Devon Curtis and Gwinyayi Dzinesa, eds., *Peacebuilding, Power, and Politics in Africa,* Athens: Ohio University Press, 2012.

204. Slaughter Burley, 'International Law and International Relations Theory: A Dual Agenda', *American Journal of International Law*, Vol. 87, No. 2, 1993.

205. Stefan Wolff, *Disputed territories: the transnational dynamics of ethnic conflict settlement*, New York: Berghahn Books, 2004.

206. Stéphane Paquin, 'Globalization, European Integration and the Rise of Neo-nationalism in Scotland', *Nationalism and Ethnic Politics*, Vol. 8, No.1, 2002.

207. Stephen D. Krasner, 'Sovereighty and Intervention', in Gene M. Lyons and Michael Mastanduno, eds., *Beyond Westphalia, State Sovereighty and International Intervention,* Baltimore: The Johns Hophinks Univeisity Press, 1995.

208. Stephen Tiemey, 'Reframmg Sovereignty? Sub-State National Societies and Contemporary Challenges to the Nation-State', in Neil Walker, ed., *Relocating Sovereignty*, England: Ashgate, 2006.

209. Stephen Tierney, 'Legal Issues Surrounding the Referendum on Independence for Scotland', *European Constitutional Law Review*, Vol. 9, No. 3, 2013.

210. Stephen Tierney, 'Reclaiming Politics: Popular Democracy in Britain after the Scottish Referendum', *The Political Quarterly*, Vol. 86, No. 2, 2015.

211. Stephen Tierney, 'Sovereignty and Crimea: How Referendum Democracy Complicates Constituent Power in Multinational Societies', *German Law Journal*, Vol. 16, No. 3, 2015.

212. Stephen Zunes, Jacob Mundy, *Western Sahara: War, Nationalism and Conflict Irresolution*, New York: Syracuse University Press, 2010.

213. Steven C. Roach, 'A Constitutional Right to Secede? Basque

Nationalism and the Spanish State', *International Studies Perspectives*, Vol. 8, No. 4, 2007.

214. T. Musgrave, 'Self-Determination and National Minorities', *American Journal of International Law*, Vol. 93, No. 1, 1999.

215. Terence Mc Namee, *The First Crack in Africa's Map? Secession and Self-Determination after South Sudan,* South Africa: The Brenthurst Foundation, 2012.

216. Thomas M. Frank, 'The Emerging Right to Democratic Governance', *American Journal of International Law*, Vol. 86, No. 1, 1992.

217. Thomas W. Simon, 'Remedial Secession: What the Law Should Have Done, from Katanga to Kosovo', *Georgia Journal of International and Comparative Law*, Vol. 40, No. 1, 2011.

218. Tom Farer, 'The Ethics of Intervention in Self-Determination Struggles', *Human Rights Quarterly*, Vol. 25, No. 2, 2003.

219. Toshio Kuroda, Richard I. Lawless, *Nature of the Islamic Community*, Tokyo: Keiso Shobo, 1991.

220. Valters Nollendorfs et al., *The Three Occupations of Latvia, 1940-1991*, Riga: Occupation Museum Foundation, 2005.

221. Ved Nanda, 'Self-Determiation under International Law: Validity of Claims to Secede, Case W, Res. J.', *International Law*, Vol. 13, No. 2, 1981.

222. Velina Lilyanova, '*Serbia and Kosovo,* "Normalisation of Relations"', *European Parliamentary Research Service*, March 2016.

223. Vernon van Dyke, *Human Rights: The United States, and the World Community*, New York: Oxford University Press, 1970.

224. Walker Connor, 'National Self-Determination and Tomorrow's Political Map', in Alan C. Cairans, et al., *Citizenship, Diversity and Pluralism*. Montreal and Kingston: McGill-Queen's University Press, 1999.

225. Walker Connor, 'Nationalism and Political Illegitimacy', in Daniele Conersi, ed., *Ethnonationalism in the Contemporary World*, New York: Routledge,

2002.

226. Wayne Norman, *Negotiating Nationalism: Nation-Building, Federalism, and Secession in the Multinational State,* Oxford: Oxford University Press, 2006.

227. Wendy Isaacs-Martin, 'National Identity and Distinctiveness: Developing a Common Identity in a Nation State (with References to South Africa)', *Africa Insight*, Vol. 42, No. 2, 2012.

228. Werner Levi, *Contemporary International Law*, Boulder: Westview Press, 1991.

229. White Jr T. W., 'Referendum in Crimea: Developing International Law on Territorial Realignment Referendums', *Hous. J. Int'l L.*, Vol. 38, No. 3, 2016.

230. William Walker, 'International Reactions to the Scottish Referendum', *International Affairs*, Vol. 90, No. 4, 2014.

231. Yves Beigbeder, *International Monitoring of Plebiscite, Referenda and National Elections: Self-Determination and Transition to Democracy,* Leiden: Martinus Nijhoof Publishers, 1994.

232. Zoilo A. Velasco, 'Self-Determination and Secession: Human Rights-based Conflict Resolution', *International Community Law Review*, Vol. 16, No. 1, 2014.

附录一：

1791—1993年世界各地以领土变更为议题的公民投票

国家及领土	时间	议题	赞成率（%）	投票率（%）
澳大利亚				
科科斯群岛	1984年4月6日	与澳大利亚合并	88.5	—
新南威尔士	1967年4月29日	使新英格兰成为主权独立的国家	45.8	92.5
西澳大利亚	1933年4月8日	脱离澳大利亚宪法规范	66.2	92.0
奥地利				
萨尔茨堡	1921年5月29日	加入德国	98.7	—
提洛尔	1921年4月24日	加入德国[a]	98.7	—
福拉尔贝格	1919年5月11日	加入瑞士	87.5	—
比利时				
卢旺达	1961年9月	同意思瓦米（Mwami）制度[b]	20.2	—
	1961年9月	同意现在的思瓦米[b]	20.2	—
加拿大				
西北地区	1982年4月12日	分裂领土	55.9	—
	1982年5月4日	分裂为二	—	—
魁北克	1980年5月20日	支持“独立”	40.4	84.1
中国				
外蒙古	1945年10月20日	脱离中国独立	97.8	98.4
塞浦路斯				
土耳其部分领土	1985年5月5日	独立派的宪法	70.2	78.3

续表

丹麦				
法罗	1946 年 9 月 14 日	脱离丹麦[a]	50.1	66.4
格陵兰岛	1979 年 1 月 17 日	赞成地方自治	73.1	63.2
	1982 年 2 月 23 日	退出欧洲共同体	53.0	75.0
圣托马斯与圣约翰	1868 年 1 月 9 日	割让给美国[c]	98.2	—
埃塞俄比亚				
厄立特里亚	1993 年 4 月 25 日	支持独立	99.8	98.2
芬兰				
亚兰岛	1919 年 6 月	与瑞典结盟（非官方性质）	45.5	96.4
法国（1900 年前）				
亚维农	1791 年 7 月 7—24 日	加入法国	66.0[d]	—
日内瓦	1798 年 4 月 15 日	加入法国	—	—
摩罗兹	1798 年 1 月	加入法国	97.5	—
尼斯	1792 年 12 月	加入法国	100[d]	—
	1860 年 4 月 15 日	加入法国	99.3	85.0
巴黎	1870 年 11 月 3 日	同意政府防卫措施	89.9	—
萨瓦	1792 年 10 月 8—20 日	加入法国	99.8	—
	1860 年 4 月 22 日	加入法国	99.8	96.6
瑞士	1802 年 5 月	建立瑞士共和国	43.9	49.7
法国（1900 年后）				
阿法斯及埃赛斯（法国的索马利岛）	1958 年 9 月 28 日	续留法国共同体	75.2	72.3
	1967 年 3 月 19 日	继续与法国结盟	60.5	95.4
	1977 年 5 月 8 日	脱离法国独立	98.8	77.2

续表

阿尔及利亚	1958年9月28日	续留法国共同体	96.5	79.0
	1961年1月6—8日	民族自决	65.9	58.8
	1962年4月8日	同意埃维恩协定	—	—
	1962年7月1日	在埃维恩条款下独立	99.7	91.8
乍得	1958年9月28日	续留法国共同体	99.2	65.8
雪德纳格尔	1949年6月19日	与印度结盟	98.0	60.8
科摩洛	1974年12月28日	支持独立	95.6	92.9
刚果	1958年9月28日	续留法国共同体	99.4	78.3
达荷美	1958年9月28日	续留法国共同体	97.8	55.3
法属苏丹	1958年9月28日	续留法国共同体	97.6	45.3
加蓬	1958年9月28日	续留法国共同体	92.1	77.5
几内亚	1958年9月28日	支持独立	97.2	84.7
象牙海岸	1958年9月28日	续留法国共同体	99.9	97.5
马达加斯加	1958年9月28日	续留法国共同体	77.6	81.5
毛里塔尼亚	1958年9月28日	续留法国共同体	94.2	83.9
马约特岛	1976年2月8日	维持为法国一部分	99.4	88.3
	1976年4月11日	维持为法国海外领土	2.5	80.5
新加利多尼亚	1958年9月28日	续留法国共同体	98.1	75.6
	1987年9月13日	维持为法国的一部分	94.6	—
尼日尔	1958年9月28日	续留法国共同体	78.5	36.0
圣皮耶及密克萨	1941年12月24日	支持自由法国[g]	98.2	—
	1958年9月28日	续留法国共同体	98.1	84.6
	1976年3月7日	成为法国的省	91.5	43.0
塞内加尔	1958年9月28日	续留法国共同体	97.8	81.1
大溪地	1940年9月	支持自由法国，非维琪政府	99.7	—
多哥	1956年10月28日	自主权	93.4	76.7

续表

乌邦吉—萨里	1958年9月28日	续留法国共同体	99.0	78.8
	1961年5月11日	在宪法架构下支持独立[b]	85.4	77.6
荷兰				
库拉索岛	1993年11月19日	未来的地位:	—	58.0
		保留荷兰有大小安第列斯群岛联邦	73.6	—
		独立	0.5	—
		成为荷兰的一个省	8.0	—
		在荷兰君主同意下自主	17.9	—
尼日利亚				
中西部地区	1963年7月13日	创立中西部地区	98.2	90.2
南非				
纳他尔	1909年6月10日	与新南非合并	58.2	75.1
西南非	1977年5月17日	支持独立方案	94.9	64.9
瑞典				
圣巴塞罗密欧	1877年10月	割让给法国	99.7	67.9
土耳其				
卡尔斯、巴东及阿尔达罕	1918年7月	与土耳其统一	97.8	—
乌干达				
百欧橘及巴干榭达兹	1964年11月4日	与 Bunyoro 统一	78.8	—
英国				
喀麦隆北部	1959年11月7日	延迟决定，不并入尼日利亚[b]	62.3	—
	1961年2月11—12日	立即并入尼日利亚	59.8	83.6

续表

喀麦隆南部	1961 年 2 月 11—12 日	并入喀麦隆[b]	70.4	94.1
直布罗陀	1967 年 9 月 10 日	与英国保持联系	99.6	95.8
英国统治下的澳大利亚				
新南威尔士	1898 年 6 月 3 日	支持联合	51.9	43.5
南澳大利亚	1898 年 6 月 4 日	支持联合	67.4	30.9
塔斯马尼亚岛	1898 年 6 月 3 日	支持联合	81.3	25
维多利亚	1898 年 6 月 3 日	支持联合	82.0	50.3
印度				
朱纳迦达	1948 年 2 月 24 日	加入印度，而非巴基斯坦	99.9	94.7
西北边界	1947 年 7 月 6 日	加入巴基斯坦，而非印度	99.9	51.0
西尔贝特	1947 年 7 月 6 日	加入巴基斯坦，而非印度	56.5	—
伊奥尼亚群岛	1863 年 9 月 23 日	与希腊统一	99	—
牙买加	1961 年 9 月 19 日	同意西印度联盟	46.2	60.4
马耳他	1870 年	教会圣职者的政治权利	96	59.8
	1956 年 2 月 11—12 日	同意与英国合并	77.0	59.1
	1964 年 5 月 2—4 日	同意独立宪法	50.7	79.7
纽芬兰	1948 年 6 月 3 日	（1）政府责任制	45.1	三项共 88.4
		（2）加入加拿大	40.5	
		（3）留在英国托管	14.4	
	1948 年 7 月 22 日	加入加拿大，非负责的自主政府	52.3	84.9
北爱尔兰	1973 年 3 月 8 日	留在英国	98.9	58.7
苏格兰	1979 年 3 月 1 日	支持中央权利下放到地方	51.6[c]	63.6
雪特兰	1976 年 3 月 17 日	自由决定是否退出苏格兰，中央下放权力到地方	89.9	71.5

续表

新加坡	1962年9月1日	合并到马来西亚的三种形式	（1）70.8 （2）1.6 （3）1.8	三项共89.4
南罗得西亚	1922年10月27日	政府自主，不加入南非	59.3	78.5
	1953年4月9日	同意中非联邦	63.5	82.1
	1961年7月26日	批准宪法	65.8	76.5
	1964年11月5日	批准宪法	89.3	61.9
	1969年6月20日	成为共和国	81.0	92.4
	1969年6月20日	批准宪法	72.5	92.4
多哥	1956年5月9日	加入加纳[b]	58.1	83.6
图瓦卢	1974年8—9月	从吉尔特群岛分离出来	92.8	94.0
美国				
密克罗尼西亚	1978年7月12日 1983年6月21日	整部密克罗尼西亚国宪法 与美国订定自由联盟协议	61.6 79.0	78.8 63.2
关岛	1982年1月31日	六个自身地位选项	48.5	38.0
马绍尔群岛	1983年9月7日	与美国订定自由联盟协议	58.5	83.5
北马里亚纳	1975年1月17日	支持联邦地位	78.5	86.5
帕劳	1983年2月10日	与美国订定自由联盟协议	55.61	88.2
	1984年9月4日	与美国订定自由联盟协议	66.91	—
	1987年7月30日	与美国订定自由联盟协议	67.91	—
	1987年10月4日	与美国订定自由联盟协议	73.31	—
	1900年2月6日	与美国订定自由联盟协议	60.81	—
菲律宾	1935年5月14日	支持独立宪法	96.7	—
波多黎各	1951年6月4日	筹备联邦宪法	76.5	65.0
	1952年3月3日	批准宪法	81.9	58.2
	1967年7月23日	联邦，而非“州”的地位，或者是独立	60.5	65.8

续表

波多黎各	1993年11月14日	未来的地位： （1）加入美国 （2）州地位 （3）独立	48.4 46.2 4.4	— — — —
国际联盟托管地的公民投票				
爱伦斯坦	1920年7月11日	加入德国，非波兰	97.8	87.0
克拉根福	1920年10月10日	加入奥地利，非南斯拉夫	59.0	95.8
马林温得	1920年7月11日	加入德国，非波兰	92.1	87.0
萨尔	1935年1月13日	加入德国，非法国	90.3	97.9
北施乐苏益格	1920年2月10日	加入丹麦，非德国	75.4	91.5
南施乐苏益格	1920年3月14日	加入德国，非丹麦	80.2	90.6
索普罗	1921年12月17日	加入匈牙利；非奥地利	65.1	89.5
上西勒西亚	1921年3月20日	加入德国，非波兰	59.7	97.5
国际托管委员会				
萨尔	1955年10月23日	同意其欧洲化法令	32.2	93.3

备注：

“—”表示无法获得资料或资料暂时空缺。

a意指非正式的公投，无后续行动。

b在联合国的监督下。

c直到1916年的新协议达成才割让，在St. Croix举行的非正式公投中，有99.9%选民支持该提案。

d所有市的选票

e此次公投的结果是783对14票，其中有215张票是废票，故投赞成票的选民仅占77.3%。

f 非正式的（邮寄式）公民投票。

g 投赞成票比例未达到 75% 的法定门槛，该契约未获通过。

（资料来源：David Butler, Austin Ranney, eds., *Referendums around the World: The Growing Use of Direct Democracy*, Washington, D.C.: American Enterprise Institute, 1994.）

附录二：

二战以来国际社会典型分离案例汇总表

案例类型	案例	案情简介
已获母国承认的分离案例	1945年外蒙古从中华民国分离	清朝末年，清政府在外蒙古推行“新政”，引起外蒙古王公贵族不满，加之沙俄背后支持，外蒙古渐生分离之意。1911年，外蒙古宣布独立，但未获晚清政府及后继中华民国政府的承认。1913年，俄国迫使北洋政府与其签订《中俄声明》文件，使中国对外蒙古的主权降为宗主权。1924年11月26日，外蒙古宣布独立并成立蒙古人民共和国，但未获得北洋政府承认。1945年8月14日，为了换取苏联出兵抗日、承认中国在东北的主权以及不援助共产党的承诺，中华民国政府与苏联签订《中苏友好同盟条约》，同意外蒙古举行分离公投；10月20日，外蒙古举行公投。此次投票结果显示，参加投票者为494074人，投票赞成独立者为483291人，支持“独立”者高达97.8%。次年，中华民国政府承认外蒙古独立。虽然国民党当局败退台湾后因认为苏联违反《中苏友好同盟条约》而不再承认蒙古人民共和国，但外蒙古仍于1961年加入联合国。
	1965年新加坡从马来西亚联邦分离	1961年5月，马来亚首相公布了想把新加坡、马来亚、文莱等联合起来组成马来西亚的建国方案。经新加坡举行公民投票，高达71%的人赞成。于是，1963年9月，新加坡脱离英国的统治，加入马拉西亚联邦，由于马来西亚人与华人矛盾重重，加之新加坡执政党人民行动党与马来西亚执政党巫统在金融、税收和贸易政策上龃龉颇深，所以新、马两地一直未能良好融合。之后几年里，新加坡领袖李光耀的国际影响力不断上升，并积极联合马来西亚团结公会试图改造巫统的马来人至上政策，这使得巫统大为不满，抨击李光耀为“亲共产主义者，积极地反对马来人”，联邦内的种族暴乱也愈演愈烈。1965年，新、马高层达成秘密协议，认为分家是化解危机的唯一途径，于是新加坡在8月9日被迫宣布“独立”，成为一个主权独立的国家，尤索夫·宾·伊萨克出任首任总统。新加坡于1965年9月21日加入联合国。

续表

已获母国承认的分离案例	1971年孟加拉国从巴基斯坦分离	巴基斯坦曾是英国殖民地。1947年6月，英国结束在印度的殖民统治，并公布《蒙巴顿方案》，实行印巴分治政策；同年8月14日和8月15日，巴基斯坦与印度相继独立。事实上，巴基斯坦被印度在地理上隔离成了东巴基斯坦与西巴基斯坦，两地除了共同信仰伊斯兰教外，在语言、文化和经济上都差异很大。而且，东巴基斯坦人民一直没有获得平等待遇，不仅在公职人员和军事力量中的代表严重不足，而且在经济发展上一直受到歧视。1970年12月，巴基斯坦举行了首次以成人普选权为基础的大选，东巴基斯坦政党亚瓦米联盟党在国会中占据多数并提出六点自治要求，西巴基斯坦拒绝了瓦米联盟党的要求并取消了大选结果；在持续的对抗和谈判未果后，东巴基斯坦的自治诉求逐渐转为分离诉求。1971年3月25日，西巴基斯坦军队开进东巴基斯坦，第二天东巴基斯坦宣布独立。亚汗总统逮捕了拉赫曼，并采取了持续48小时的军事镇压行动，激起了东巴基斯坦人民的强烈反抗。在经过长达9个月的内战、印度干涉和联合国介入后，巴基斯坦军队宣布投降，战争结束。1972年1月孟加拉人民共和国成立。1974年孟加拉国加入联合国。
	1993年厄立特里亚从埃塞俄比亚—厄立特里亚联邦分离	厄立特里亚曾是意大利的殖民地，后于1941年成为英国的托管地。1950年12月，联合国通过决议，决定厄立特里亚与埃塞俄比亚结成联邦。1952年9月，联邦正式成立，同时厄立特里亚拥有独立的宪法、议会和政府。1962年，埃塞俄比亚皇帝单方面废除联邦协议，不断扩大皇权，干涉厄立特里亚自治事务；虽然此举违反了联合国决议，但联合国对此并未做出反应。此后，厄立特里亚人民解放阵线（简称“厄人阵”）带领厄立特里亚人民展开了艰苦的反抗运动。1991年5月，厄人阵与埃塞俄比亚人民革命民主阵线合作，一同推翻埃塞俄比亚政权，厄立特里亚临时政府与埃塞俄比亚过渡政府达成协议，决定让厄立特里亚省在两年之内举行分离全投。1993年4月23至25日，厄立特里亚省在联合国的监督下举行公民投票，结果显示，绝大多数（99.8%的支持率）赞成分离，厄立特里亚随后于5月24日宣布独立。

续表

已获母国承认的分离案例	2011 年南苏丹从苏丹分离	南北苏丹曾是英国和埃及的共管殖民地，并被长期分而治之。1955 年苏丹独立前夕，南方明确表示反对与北方共同组成国家，并发动第一次内战，持续到 1972 年才结束。1983 年，苏丹总统尼迈里宣布在全国范围内实施伊斯兰律法，但南方黑人期望建立一个政教分离的政权，于是双方矛盾激化，南方成立苏丹人民解放运动与中央对抗，第二次内战爆发。1994 年，苏丹政府与苏丹人民解放运动展开谈判，直到 2005 年 1 月，双方才签署《全面和平协议》，结束了长达 22 年的第二次内战。《全面和平协议》规定，苏丹将在战后组建由南北双方共同参与的民族团结政府，并进入为期六年的过渡期，过渡期结束后，南方人可以举行分离公投。2011 年 1 月 9 日至 15 日，公投在南苏丹的各个州如期举行。2 月 7 日，南苏丹公投委员会宣布公投结果，支持分离者以 98.83% 的得票率获得胜利。当天，苏丹总统巴希尔颁布总统令，表示承认南苏丹公投的结果。2011 年 7 月 9 日，南苏丹正式宣告独立。
未获母国承认的分离案例	1983 年北塞浦路斯从塞浦路斯分离	1960 年 8 月 16 日，塞浦路斯宣布独立，由希腊族和土耳其族共同组成联合政府。虽然塞浦路斯共和国成立了，但现代塞浦路斯民族尚未形成，长期形成的民族隔阂与对立一时难以化解，两族之间相互猜忌、缺乏互信。1963 年底，希、土两族因制宪问题产生龃龉，在希腊和土耳其两国的背后支持下，两族引发严重的流血冲突。1974 年 7 月，希腊军人在塞浦路斯发动政变，推翻了联合政权，土耳其遂以保护土族为由出兵塞浦路斯。此后，希族逐渐迁徙到南方，占据全国领土的 62%；土族逐渐迁徙到北方，占据全国领土的 38%。1975 年 2 月，土族宣布成立"塞浦路斯土族邦"，1983 年又宣布成立"北塞浦路斯土耳其共和国"，并获得土耳其承认。1983 年 11 月 18 日，联合国安理会紧急会议通过了第 541 号决议，该决议要求土族当局撤销独立决定，号召所有联合国成员国拒绝承认"北塞浦路斯土耳其共和国"。截止目前，这个土族人国家仍然只有土耳其一国承认，并与其建立了外交关系。虽然南部保留了塞浦路斯共和国的名称，并获得广泛的国际承认，但鉴于其已对北部失去控制长达 30 多年，所以北塞浦路斯在事实上已经分离成功。

续表

未获母国承认的分离案例	1990 年德涅斯特河沿岸地区从摩尔多瓦分离	德涅斯特河沿岸地区历史上属于摩尔多瓦，并和摩尔多瓦一样以罗马尼亚人为主。1922 年 12 月 30 日苏联成立后，该地区先后被划归乌克兰苏维埃社会主义共和国和摩尔多瓦亚苏维埃社会主义共和国，并在苏德战争其间被短暂并入罗马尼亚。作为苏联民族政策地区的一部分，该地区的罗马尼亚族被放逐到西伯利亚与哈萨克斯坦，取而代之的是乌克兰族和俄罗斯族。苏联解体前，该地区一直是摩尔多瓦最发达的地区，为了防止其并入罗马尼亚，苏联一直派兵驻守。1989 年，摩尔多瓦开始积极准备与罗马尼亚合并，德涅斯特河地区的斯拉夫人则在 1990 年 9 月 2 日宣布成立“德涅斯特河沿岸摩尔达维亚苏维埃社会主义共和国”。1992 年内战爆发，后来虽然签订了停火协议，但俄罗斯在德涅斯特河地区留下了一支“维和部队”，摩尔多瓦从此失去了对该地区的控制。2006 年，德涅斯特河地区举行公投，绝大多数投票者支持该地区独立并在未来加入俄罗斯。目前，该地区尚未获得国际社会的承认，也没有加入俄罗斯，但其仍一再请求加入俄罗斯并多次呼吁和主张进行公民投票。
	1991 年纳戈尔诺—卡拉巴赫从阿塞拜疆分离	苏联时期，纳戈尔诺—卡拉巴赫（简称“纳卡”）曾是阿塞拜疆共和国的一个自治州，但人口多数为亚美尼亚人。国际社会也普遍认为纳卡是阿塞拜疆的一部分。苏联解体前夕，纳卡地区在亚美尼亚共和国的支持下展开脱离阿塞拜疆而转为亚美尼亚自治州的运动，被莫斯科拒绝。1989 年底，纳卡地区与亚美尼亚单方面宣布合并；作为回应，1991 年 11 月 26 日，阿塞拜疆取消纳卡地区的自治权，将该地区置于直接控制之下。1991 年 12 月 10 日，纳卡地区举行分离公投，决定成立一个独立国家，但该公投遭到了当地阿塞拜疆人的抵制。随着苏联的解体和阿塞拜疆与亚美尼亚的相继独立，控制冲突的力量消失殆尽，阿塞拜疆与纳卡地区及亚美尼亚陷入战争；1994 年 5 月 12 日，双方在俄罗斯的调停下达成停火协议，但此后冲突仍未停止。2006 年 12 月 10 日，纳卡地区举行了关于该地区首部宪法的公投，该宪法宣称纳戈尔诺—卡拉巴赫为主权国家，公投随即被阿塞拜疆宣布为非法。目前，纳卡地区仅被阿布哈兹、南奥塞梯和德左三个政治实体所承认。

未获母国承认的分离案例	1991 年索马里兰从索马里分离	历史上，索马里兰曾经分别被英国和意大利殖民。1960 年，英属索马里兰和意属索马里兰分别获得独立，随即共同组建索马里民主共和国。1981 年，以伊萨克氏族为主的索马里民族运动成立，致力于索马里兰的独立。1991 年，索马里中央政权崩溃，索马里民族运动控制了索马里西北部地区，并于同年 5 月 18 日宣布成立“索马里兰共和国”，宣布自己是在 1960 年短暂存在过的索马里国的继承者，但并未获得国际社会的承认。2001 年 5 月 31 日，索马里兰举行公投，通过了含有“独立”条款的新宪法。目前，索马里兰未获得任何国家的承认，但鉴于自 1991 年起索马里就对其失去了控制，所以索马里兰在事实上已经分离，是一个独立的政治实体。自从宣布独立以后，索马里兰就陷入与同样未获国际承认的邦特兰共和国政权的领土纠纷之中。双方都声称对原索马里的萨纳格和苏尔两省拥有管辖权。虽然索马里兰与一些国家（包括英国、埃塞俄比亚、比利时、南非、加纳和瑞典等）有政治上的往来，但这不是外交意义上的互动往来。
	1992 年南奥塞梯从格鲁吉亚分离	南北奥塞梯都以奥赛梯人为主，但在苏联时期，前者是俄罗斯的自治州，而后者是格鲁吉亚的自治州。1989 年 11 月 10 日，南奥塞梯人民代表大会通过决议，决定将自治州升格为格鲁吉亚加盟共和国内的南奥塞梯自治共和国，但被格鲁吉亚最高苏维埃委员会否决。1990 年 9 月 20 日，南奥塞梯自治州单方面宣布成立共和国，该决议同样被格鲁吉亚宣布为非法，并且被后者取消了南奥塞梯的自治州资格，将其降为一个普通行政区，随后爆发武装冲突。1992 年 6 月，双方签订停火协议；7 月，由俄罗斯、奥塞梯和格鲁吉亚组成的维和部队进驻该地区。1992 年 1 月 19 日，南奥塞梯举行分离公投，绝大多数投票者赞成独立；5 月 29 日，南奥塞梯宣布独立。2004 年 6 月，南奥塞梯请求加入俄罗斯未果。2008 年 4 月，格鲁吉亚与南奥塞梯再次开战，在俄罗斯的干涉下格鲁吉亚退出南奥塞梯。目前，南奥塞梯已获得俄罗斯、委内瑞拉、尼加拉瓜和瑙鲁四个联合国成员国的承认，以及德涅斯特、阿布哈兹、纳卡地区、顿涅茨克和卢甘斯克五个政治实体的承认。

续表

未获母国承认的分离案例	1994 年阿布哈兹从格鲁吉亚分离	苏联时期，阿布哈兹曾是格鲁吉亚内的自治共和国，然而格鲁吉亚对阿布哈兹实行民族歧视政策，并不断向阿布哈兹移民，致使阿布哈兹族和格鲁吉亚族矛盾重重。1957 年、1967 年和 1977 年，阿布哈兹三次上书苏联领导人，请求直接划为俄罗斯的一部分或升格为加盟共和国。1992 年 7 月 23 日，阿布哈兹最高人民委员会通过决议，取消了 1978 年的阿布哈兹自治共和国宪法，相当于废除了阿布哈兹当年并入格鲁吉亚的宪法依据；同年 8 月，格鲁吉亚军队进入阿布哈兹，内战正式爆发。1994 年，双方在联合国和独联体的干预下签订停火协议，阿布哈兹宣布成立共和国，但遭到俄罗斯和格鲁吉亚的反对。阿布哈兹政府自内战开始起，就大量驱逐境内的格鲁吉亚族，使得地区人口锐减，难民流离失所。目前，阿布哈兹获得了俄罗斯、委内瑞拉、尼加拉瓜和瑙鲁四个联合国成员国的承认，并与德涅斯特、纳卡地区及南奥塞梯“建交”。
	2008 年科索沃从塞尔维亚分离	南斯拉夫解体前，科索沃曾是塞尔维亚共和国内的一个自治省，然而其境内大部分为阿尔巴尼亚族。铁托去世后，科索沃的分离诉求日益增强，要求成立科索沃自治共和国，然而由于科索沃是塞尔维亚的圣地，而且斯洛文尼亚、克罗地亚、马其顿和波黑已经相继实现分离，所以塞尔维亚坚决反对科索沃分离。1989 年 2 月 27 日，塞尔维亚取消了科索沃的自治省地位，导致塞族和阿族的冲突不断。1990 年 7 月 2 日，科索沃自治省议会发布“宪法宣言”，声称科索沃是“南斯拉夫联邦内平等的独立单位”，这预示科索沃要从塞尔维亚中分离出去。1996 年，科索沃军队向塞尔维亚官员及塞族发动攻击，冲突开始白热化。1998 年 3 月，塞尔维亚警察大肆搜捕科索沃军队，冲突进一步升级，大量阿族人沦为难民，联合国认为这是南联盟种族清洗政策的表现。1999 年 3 月，北约对南联盟进行空袭轰炸；6 月，南联盟接受了由八国集团提出的和平计划。2008 年 2 月 17 日，科索沃宣布从塞尔维亚“独立”，并在科索沃议会召开特别会议，由议员投票通过科索沃“独立”的决定。科索沃的“独立”行为虽然遭到了塞尔维亚的坚决反对，但目前已获得了 108 个国家承认。

续表

未获母国承认的分离案例	2014年克里米亚从乌克兰分离	克里米亚曾是苏联的自治州之一，大部分人口属于俄罗斯族。1954年，为纪念乌克兰与俄罗斯合并300周年，苏联最高苏维埃主席团下令将克里米亚划归乌克兰。1990年，乌克兰宣布国家主权独立，并与苏联就联合协议的签订问题展开协商；作为回应，克里米亚于1991年1月举行公投，决定是否重建曾经的苏联自治共和国地位并成为苏联的一部分，以及是否参与联合条约的签订，结果显示，93%的克里米亚人民选择同意，不过该公投并没有生效。1991年12月，乌克兰举行分离公投，60%的克里米亚民众参与了此次公投，其中54%的选民赞成乌克兰独立，此后克里米亚便留在了乌克兰。然而，克里米亚的分离倾向并未消减，为了缓和情势，乌克兰政府向克里米亚大力放权，1992年2月，克里米亚自治州升级为自治共和国，5月，克里米亚议会通过“克里米亚国家独立法”和“克里米亚共和国宪法”。1994年7月，亲俄的乌克兰总统库奇马上台，取缔了克里米亚宪法和总统制，等于收回了克里米亚的自治权，然而该时期乌俄关系缓和，所以克里米亚分离问题暂时沉寂。2014年3月16日，克里米亚就自身地位问题举行公投，次日，克里米亚议会宣布独立，同时申请加入俄罗斯。虽然乌克兰宣布克里米亚公投非法，联合国也通过决议认为公投无效，但克里米亚目前在事实上已成为俄罗斯的一部分。

（资料来源：庄吟茜:《西方分离权与民主分离理论研究》，中国人民大学国际关系学院政治学博士学位论文，2017年6月，第288—293页。）

后 记

二战以后，借着民族自决的东风，世界分离运动蔚然兴盛。最初，这股分离洪流以民族分离为主，强调分离者的民族身份烙印与宗教语言特质，发轫于东巴基斯坦分离，并在 20 世纪 90 年代初两个多民族社会主义大国的解体中达到高潮。进入 21 世纪后，随着民主理念的深入人心，分离势力又开始搭乘直接民主的便车，将公投与分离主义结合，民主分离主义逐渐走上舞台中央。一时间，公投成为分离势力的尖兵利器，一刀刀切割着世界各国本就在全球化冲击下不断缩限的主权。环顾全球，仅在近五年内就发生了包括克里米亚公投、苏格兰公投、加泰罗尼亚公投和库尔德公投在内的四起分离公投，举行地不但横贯发达国家与欠发达国家，而且覆盖老牌自由民主国家与处于后独裁时期的民主转型国家。可以说，分离主义已经成为各国内部势力角逐与国家间博弈的主战场之一，而公民投票正是这场战争的重型武器。

与世界民主分离大潮遥相呼应，岛内“台独”势力也高举自由民主、“住民自决”与“命运自决”的旗帜，故意混淆相关概念，错置历史上的领土变更公投案例，为“台独”分裂活动提供理据。鉴于此，笔者在传统台湾政治与两岸关系实务研究的基础上，深挖两岸问题背后的理论根基，开拓了分离、自决及公投理论研究的新领域，并与未来的两岸统一模式及统一后的治理方略衔接，逐步形成了以两岸关系实务、分离与公投理论、国家统一与政治整合理论为核心，三大知识模块相互支撑、彼此联动的研究体系。

近二十年来，笔者一直关注和研究“台独”公投问题，并先后主持过该领域的六个相关课题，分别是：中国博士后科研基金项目“公民投票的理论与实践”（2003）、国家社科基金项目“自决理论研究”（2004）、中国人民大学科研基金项目“公投制度及其对民族国家主权的新挑战”（2015）、国家社科基金重大项目之子课题“香港分离主义与‘港独’问题研究”（2017）、中国人民大学科研基金项目“台湾‘公投政治’对一中框架的挑战与应对（2018）、中国法学会研究项目“台湾地区‘公投法’修改后实务运作及对两岸关系影响的实证研究”（2018）；出版专著《自决权理论与公民投票》（2007），正在出版《国际领土变更公投案例研究——比较视域中的“台独”公投》和《西方国家民主性公民投票研究》；发表关涉分离公投议题的论文20余篇。

上述研究成果及其转化成果获得了学界的好评和有关政府部门的肯定。譬如，《自决权理论与公民投票》曾于2009年12月获我国哲学社会科学领域最高青年学术奖——“胡绳青年学术奖”（第五届），某些阶段性成果经由全国哲学社会科学规划办公室主办的《成果要报》或中国人民大学主办的《问题与思路》上报至党和国家领导人，并得到充分肯定和重视。今后，笔者会继续跟踪国内外学界在该领域的最新理论成果、学术动向与新生案例，进一步拓展和深化公投理论与实务研究，希冀能为大陆从学理、法理、历史与现实的高度反对“台独”公投提供强有力的理论武器。

本书是中国人民大学科研基金“研究品牌计划”项目“公投制度及其对民族国家主权的新挑战”的最终成果，历时四年，主要从现代国际社会典型领土变更公投的视角透视“台独”公投及其背后的分离主义。参与此课题的全体成员是：王英津，法学博士，中国人民大学国际关系学院教授、中外政治制度专业博士生导师、两岸关系研究中心主任，负责撰写导论（一）、导论（二）、第一章、第五章（合撰）、第八章、第十一章、第十五章、第二十一章、第二十三章、第二十四章，以及框架设计、全书统稿、文字校对和最终定稿；韩克芳，法学博士，中央民族大学马克思主义学院副教授，撰写第三章、第七章；刘亚丁，法学博士，山东工商学院法学院副院长、副教授，撰写第六章；刘海潮，法学博士，西南政法大学政治与公共管理学院讲师，撰写第十章；庄吟茜，法学博士，对外经济贸易大学国际关系学院讲师，撰写第五章（合撰）、第十七章、第十八章、第十九章、第二十章、第二十二章，以及附录二；常朝阳，法学博士，陕西学前师范学院马克思主义学院讲师，撰写第十三章；路雨微，中国人民大学国际关系学院中外政治制度专业博士生，撰写第九章；杨晶华，中国人民大学国际关系学院中外政治制度专业博士生，撰写第二章；许川，中国人民大学国际关系学院中外政治制度专业博士生，撰写第十二章、第十四章、第十六章；韩碧舟，中国人民大学国际关系学院中外政治制度专业博士生，撰写第四章。

值得说明的是，为凸显每个案例研究的完整性与特殊性，本书在撰写过程中采取了每位作者主攻一个案例并独立成章的方式（理论部分除外），由于每位作者的资料积累、知识体系与表述习惯不同，加之大家同属一个学术共同体，共享笔者所建构的公投分析框架，因此各个章节难免会出现少量重复的现象，甚至可能在一定程度上减损全书的结构系统性、文字统一性与逻辑严谨性。若有不当甚至错漏之处，恳请学界同仁批评指正。

另外，还要向博士生许川表示感谢，他为本书的校对工作付出了巨大心血。

最后，要特别感谢一贯给予我们大力支持的九州出版社，以及王守兵副社长和编辑习欣女士，如果不是他们，本书的撰写与出版不会如此顺利，我谨代表所有作者向他们表示由衷感谢！

王英津

于中国人民大学明德国际楼

2019 年 2 月 19 日